サンダハンの
入門サンスクリット
संधानस्य संस्कृत-प्रवेशः
Sandhaan's Introductory Sanskrit

A. ヴィディヤランカール
अनिलविद्यालङ्कारः Anil Vidyalankar

中島 巖
इवाओ नाकाजिमा Iwao Nakajima

東方出版

序　言

「サンダハンの入門サンスクリット」をこうして刊行するに至ったことに、私は大きな満足感を覚えている。過去八年間、我々はサンダハン活動の一環として、ヒンディー語、英語、日本語でサンスクリット通信講座を開いてきた。そもそもこの講座は、日本の友人達が、大乗仏教の原典を研究して自らの文化の根源を知るために、サンスクリットを勉強したいと言い出したことに始まる。この講座はゆっくり展開し始め、初心者にサンスクリットを効果的に教えるために様々な方法が試みられた。そしてついに、教室での授業、家庭での独学、いずれの場合にも使える初心者向け講座が完成した。この講座の特色を列記すれば、次の通りである。

1. サンスクリット学習の最初からデーヴァナーガリー書体を使用している。ローマ字でサンスクリットを学ぶことも可能であるが、その結果、その言語との間に心理的距離が出来てしまい、学習者が言語の真髄に触れることを阻害している。印刷技術面からいって、ワープロやパソコンがない時代には、ローマ字を使用するのもやむをえなかったと思う。しかし、現在では、サンスクリット文献を印刷、刊行する場合、どの国でもデーヴァナーガリーを使用出来るようになった。そこで元来の書体でのサンスクリットの学習が容易になり、極めて望ましいものになってきたのである。

2. 本書では文法よりむしろサンスクリットそのものに重点を置いている。大概のサンスクリット入門書は文法事項を沢山教え込むのに終始して、言語への洞察や言語の仕組を知らしめるところがない。本書によれば、学習者は最初から本当のサンスクリットに接触している実感が持てる上に、学習が進むにつれ、言語への親近感が喜びをもって自然に育まれるであろう。同時に、文法に対しても当然の配慮が払われており、文法規則は少しずつ順を追って提示されている。しかし、文法が言語学習の主要目的に暗い陰を落さない様に配慮されている。

3. サンスクリットの学習は無味乾燥で退屈な名詞の変化や動詞の活用の機械的暗記をしばしば伴っている。我々はこうした変化表や活用表を意識的に暗記する必要がないようなやり方を案出した。我々は常に学習者に機械的学習に陥らぬよう要請している。その代わり、我々はサンスクリットの文章や物語や詩句を出来るだけ繰返すよう勧めている。そうすると文法の主要部分は、意識的な暗記をしなくても、自ずから内面化してくるのである。

4. 整然と段階を追って内容が提示されている。例えば、名詞、代名詞、動詞の格、時制、態は、学習者の利用価値に従って提示され、文法的枠の観点には従っていない。重要でない文法の詳細は除外した。文法的事項は、学習

者が本物の文章を読み始め、自分自身でサンスクリットの文章が作れるようになる仕方で提示されている。全ての課は小節に分れ、各小節には扱う主題を示す英文字が付けられている。

　5. 語学の習得には練習が欠かせない。課毎に練習問題があり、その解答が課の末尾に出ているので、学習者は他の助けなしでも学習成果を容易にチェックすることが出来る。現在、我々は学習活動を支援するワークブックなども準備中である。

　6. 言語の話し方や正しい発音という側面にも重点が置かれている。学習初期から会話が導入され、学習者が学級で語彙や文章を実際に使って、サンスクリットを話す自信つけるように工夫されている。サンスクリットでは、詠唱が特別な地位にある。大多数の課に、学習者が詠唱できる詩句が掲げられ、それを支える音声教材も準備している。

　7. 学習に際しては、補遺に掲げた代名詞、名詞、形容詞の変化表、動詞の活用表などを大いに参照されたい。また学習の進行にともない本書の姉妹書サンダハンの『基本梵英和辞典』も適宜活用して頂きたい。

　8. 本書は、教室でも、独習する場合にも使えるように工夫されている。実際、私共の生徒は直接指導を受ける機会は滅多になく、彼等は大体、自学自習してきた。特に、私の友人中島巖氏のことにふれておこう。彼は八年前まで、サンスクリットのことを全く知らなかった。しかし、全課程を独習し終わると、彼は東京で小人数の学習グループに本講座を講義し始め、学課修了生さえ出している。このことは、本書により日本人にとってサンスクリットの学習がどこでも可能になったばかりでなく、さらに進んでサンスクリットの教師養成さえできるようになったことを示している。著者は、サンスクリットに埋め込まれている日本文化のルーツを日本人自らが再発見し、覚醒することを切に望むものである。

　私自身のサンスクリット学習は 6 歳の時に始まった。父は私にパーニニの *Ashṭādhyāyi* を一部買い求めてきて、毎日、昼食前に 10 個のスートラを暗記するように命じた。私は初等教育から高等教育まで一貫教育を行うグルクラ・カングリで 13 年間で教育を受けたが、その間、伝統的なサンスクリット教授法に従って学習した。学友と共に私は長い年月を費やしてサンスクリットの文法を学び、その古典を読んだが、それは私にはとてもよかったと思う。とはいえ、当時行われていたサンスクリットの授業がいま少し別の方法であったならば、自分達はその言語の蘊奥を究める時間をもっと多く持てたのではないかと思っている。この講座では、その別の方法を提示している。

　サンスクリットは地球上に何百もある言語の中の単なる一つというもの

ではない。世界中で最も深遠な精神的理性的な思想が盛り込まれている言語なのである。サンスクリットを学ぶ者は言語を学ぶばかりでなく、その言語で表現された思想の把握をも目指している。この古代言語には、現代にも通用するだけでなく、人類が今後生存し、更に発展して行くための未来の道筋を指し示す根源的な教えが存在している。こうした観念は世界のほかのどこにも見出せないだけでなく、それら観念の多くは他の言語には翻訳しにくい。

最も簡単な例を挙げてみよう。個別の魂を指すサンスクリットの言葉は、*ātman* で、神を表す言葉は *paramātman* である。*parama* という語は至高、究極を意味している。サンスクリットならびに同類のインド系言語では、人間の魂の最高形態が神であると言っても、自然に理解される。英語あるいは他の言語では、こうした考え方は不可能である、魂と神は別物だからである。サンスクリットでのみ理解できるが、他の言語では文化的相違から翻訳不可能な多くの観念がある。サンスクリットでインドの精神的思想を研究すれば、インドでの数千年にわたる精神的探求に直接参入できるのである。

この初心者向け講座を開発するにあたって、我々はサンスクリットのこの学習目的を常に念頭に置き、学習過程で、初心者でもサンスクリットで表現された深遠な思想に直接触れることが出来るように十分配慮した。この入門講座を終えるまでに、学習者が、バガヴァッド・ギーターやウパニシャッドの章節を自力で読めるようにしたいと思っている。そこで、ヴェーダを含め多くの原典から取捨選択したものを載せている。

特に、本講座はサンダハンの入門サンスクリットでも日本人向けに編集されたものなので、法句経、般若心経、法華経という重要な仏教経典を教材に取り上げた。

同時に、学習者がバラエティに富むサンスクリット文学の一端に触れられるようにするためにいろいろ工夫してみた。沢山の物語や寓話、詩句の中から、カーリダーサの不朽の戯曲シャクンタラー第四幕を教材に含めたので、学習者は広大で多面的な要素を持つサンスクリット文学についてもある程度の見識を持つことが出来るようになるであろう。我々としては今後ともこの線に沿って、学習者がサンスクリット語とその文献に対する見識を深められるような読み物を制作して行きたいと考えている。

この講座完成には、私は実に多くの方々の助力を得てきた。まず60年来の友人で共にサンダハン活動を続けきたバラト・ブーシャン博士は労を惜しまず、この講座の細部に至るまで、幾度もチェックしてくれた。私の友人で、日本におけるサンダハン活動の世話役をしてきてくれた中島巖氏は、日本人学習者が本講座を効率的かつ効果的に利用できるようあらゆる努力を惜しま

なかった。本講座が日本で受入れられるようになったのは、主として同氏のお陰であり、そのことは私の驚きでもあり、そのことで私は勇気づけられて、今日に至るまでこの仕事を続けることが出来たのである。

多くの日本人の友人達の中で、長谷川澄夫氏、坂田和雄氏、眼科医岡本繁氏、増田喜代美さんは、中島氏の日本語訳を幾度も詳しくチェックして助けてくれた。ニューデリーのインド文化国際アカデミー所長、ロケーシュ・チャンドラ博士は本講座の法華経寿量品解釈について貴重な助言をしてくれた。コンピュータ技師のサンジャイ・クマール氏は極めて細心の注意を払い私の草稿を入力してくれた。私の日本滞在中、中島氏と共にサンダハン事務所で世話をしてくれた中島博子さん、活動の支援をしてくれた大岩律子さん、鎌田洋子さん、高橋尚子さん、田中善雄さん、阿部悟由さん、小谷愛子さん、日本各地のヨーガ関係者の方々に心から感謝したい。

この仕事では、多くの著作を参考にしたが、中でも、Dr.Dharmendra Nath Shastri's *A New approach to Teaching Sanskrit* (in Hindi), A. McDonnell's *A Sanskrit Grammar for Students*, Whitney's *Sanskrit Grammar*, W. D. Whitney's *Sanskrit Grammaar*, R. Antoine's *A Sanskrit Manual* などをよく参照した。
これらの著者達にも謝意を表したい。

今後、本書の短所を取り除き、更に役立つものにしてゆきたいので、学習者ならびに研究者の方々から、お気付きの点などいろいろお聞かせ願えれば幸いである。

　　　　　　　2001年10月30日　　　　　　アニル・ヴィディヤランカール Ph.D

改訂増補版の刊行にあたって

今回、我々のサンスクリット入門書の増補改訂版が刊行に漕ぎつけたことは大変喜ばしい。我々の過去の努力が実を結びつつあることに大きな満足を覚える。かつて私は、新たに百人の日本人がサンスクリットを学習し、般若心経を原語で意味を解しつつ読誦するようになったならとても素晴らしい、と言ったことがある。これは精神の進歩につながる活動になるからである。

初版から15年経過して、中島氏以外に何人もの同志が、我々の教科書を使ってサンスクリットの手ほどきをするようになってきていることも頼もしく感じている。確かに我々の活動を真摯に支えてくれた大阪の長谷川澄夫氏が、昨年逝去されたことは本当に残念で、彼には今でも深く感謝しているが、彼がなきあとも、東では佐竹博之氏、西では真下尊吉氏などが我々の努力を継承する活動を展開していることに、大きな希望を抱いている。同志諸兄の活動の更なる発展を祈ってやまない。

　　　　　　　2016年9月2日　　　　　　アニル・ヴィディヤランカール Ph.D

目　次

序言		i
第一課	サンスクリット・アルファベットとデーヴァナーガリー文字／母音と子音／簡単な単語と文章の読み方練習	1
第二課	子音結合 consonant cluster ／ハランタ記号 *halanta* ／アヴァグラハ *avagraha* ／デーヴァナーガリーの数詞 numerals ／二つのサンディ *sandhi* 規則／ギーターと般若心経の読誦	15
第三課	-अ で終る男性名詞／中性名詞と-आ で終る女性名詞ならびに代名詞／अस्मद्, युष्मद्, तद् と एतद्の主格、属格における変化	28
第四課	動詞अस्の現在時制／サンスクリット形容詞／はい、いいえで答える疑問文／分詞 च／不変化詞 (अव्यय)／サンスクリットの詩句	36
第五課	第 1 類動詞 (भू.गण) の現在時制 (लट्)／-अ で終る男性と中性の名詞／-आ で終る女性名詞／一般代名詞の対格／敬語代名詞 भवत्／サンスクリットの会話	44
第六課	अस्मद् と युष्मद्の対格／サンスクリットにおける語順／तद्, एतद्, किम्, यद् ならびに सर्व の対格／第 1 類 (भू.गण)のその他の動詞／時間の不変化詞／यद् と तद् の間の相関的関係	52
第七課	名詞、代名詞の具格 Instrumental case／与格 Dative case／奪格 Ablative case／サンスクリットの会話	60
第八課	第 4 類動詞 (दिव्.गण) 並びに動詞 कृ (する) の現在時制(लट्)／幾つかのサンディ *sandhi* 規則／手紙と詩句	68
第九課	所格 Locative case ／呼格 Vocative case／-अ と-आ で終わる名詞並びに代名詞の全変化形	76
第十課	第 6 類動詞 (तुद्.गण)／第 10 類動詞 (चुर्.गण)／幾つかの母音サンディ *sandhi* 規則／サンスクリットの会話と詩句	84
第十一課	-इ と -उ で終わる男性名詞の変化形／代名詞 इदम् と स्व の変化形／過去時制(लङ्)	92
第十二課	不変化詞 चित् と स्म／『獅子と兎の物語』 सिंह-शशकयोः कथा／会話と二つの詩句	100
第十三課	-ई と-ऊ 並びに -इ と उ で終わる女性名詞／*ātmanepada* の現在時制(लट्)と過去時制(लङ्)	108

v

第十四課	-इ と -उ で終わる中性名詞と形容詞／1 から 10 までの基数とその格変化／母音サンディ sandhi (इ, ई が य्に、उ と ऊ が व् に変化する)／会話と二つの詩句	116
第十五課	命令法 (लोट्) と願望法 (विधिलिङ्)／物語『貪欲の果実』लोभस्य फलम्／二つの祈願の詩句	124
第十六課	単純未来時制 (लृट्)／इ-グループ動詞と non-इ-グループ動詞／絶対分詞 (त्वा と य)／物語『賢い猿』चतुरः वानरः	132
第十七課	不定詞 (तुम्)／受動態／時間や季節を表す言葉／基本方位／序数／物語「十番目はお前だ」दशमः त्वमसि	140
第十八課	-ऋ で終わる名詞の変化／非人称受動態 the Impersonal Passive／未来受動分詞 the Potential Passive Participles (तव्य, अनीय, य)／会話／物語『バルトリハリの遁世』भर्तृहरेः वैराग्यम्	148
第十九課	子音で終わる男性名詞と女性名詞ならびに形容詞／『アショカ大王の物語』／ギーターから選んだ四つの詩句	156
第二十課	子音で終わる中性の名詞と形容詞／過去受動分詞 त／過去能動分詞 तवत्／サンスクリットの手紙	164
第二十一課	現在能動分詞 अत् と मान／現在受動分詞 मान／代名詞 पर, अपर 等／代名形容詞 मदीय, मादृश 等／物語『騙し屋には騙しで立向かうべし』शठे शाठ्यं समाचरेत्	172
第二十二課	母音で終わる不規則な名詞／子音やヴィサルガを含むサンディ sandhi 規則／11 から 18 までの基数詞・序数詞／『愚かな学者達の物語』मूर्ख पंडितानां कथा／幾つかの詩句	180
第二十三課	अ 群と non-अ 群の動詞／第 5 類 (सु.गण) の動詞／『シュリー・ラーマクリシュナの 物語』	188
第二十四課	第 8 類動詞(तन्.गण)／サンスクリット接頭辞と आविस्, तिरस्, अलम्／接頭辞による態の変化／19 から 100 までの基数詞・序数詞／代名詞 अदस्／物語『聖典についてのうぬ惚れ』शास्त्रदर्पः	196
第二十五課	第 3 類 (हु.गण)／第 9 類(क्री.गण)動詞／絶対所　画　・ン(m)／物語『誰が神で、誰が悪魔か』कः देवः कः असुरः ?	204
第二十六課	第 7 類 (रुध्.गण) の動詞／サンスクリットの複合語／タットプルシャとバフブリーヒ tatpuruṣa and bahubrīhi／『ガンガダッタとプリヤダルシャナの物語』गङ्गदत्त-प्रियदर्शनयोः कथा	212

第二十七課	第2類動詞 (अद्.गण) ／動詞 अस् ／アヴヤイーバーヴァ avyayībhāva ／抽象名詞、女性名詞の作り方／形容詞の作り方	220
第二十八課	完了時制 The Perfect Tense (लिट्) ／複合完了形 Periphrastic form of Perfect ／複合未来形 Periphrastic Future(लुट्) ／会話 a dialogue	228
第二十九課	『ラーマーヤナの物語』The story of Rāmāyana ／形容詞の比較級、最上級 Adjectives of Comparison	236
第三十課	アオリスト時制 लुङ् (Aorist) ／『マハーバーラタの物語』The Mahābhārata	244
第三十一課	条件時制 लृङ् (Conditional Tense)／祈願法 आशीर्लिङ् (Benedictive Mood)／動詞使役活用(the causative forms of verbs)／ヴァールミーキの叙事詩『ラーマヤナ』	253
第三十二課	その他の複合語／ドワンドワ dvandva ／ドヴィグ dvigu／カルマダーラヤ karmadhāraya ／ナン नञ् 複合語／ यद् と तद् の相関／その他の付随的接尾辞／動詞の意欲形	261
第三十三課	『仏陀の生涯』 बुद्धचरितम्	269
第三十四課	『法句経』の詩句 Dhammapada	277
第三十五課	『ギーター』の詩句 Bhagavadgītā	285
第三十六課	『般若心経』 प्रज्ञापारमिता-हृदयसूत्रम्	295
第三十七課	ウパニシャッドから:『ナチケーターの物語』नचिकेतसः कथा ／『ヤジュヴァルキヤとマイトレーイーの物語』याज्ञवल्क्य-मैत्रेयी कथ	303
第三十八課	法華経　『如来寿量品』 तथागतायुष्-प्रमाणपरिवर्तः	313
第三十九課	カーリダーサの『シャクンタラー』Śakuntalā　第四幕	339
第四十課	『ヴェーダ』のマントラ Mantras from the Vedas	358
補遺		
	代名詞、数詞、名詞、形容詞の格変化表	372
	名詞、形容詞の簡略・格変化表	378
	主要動詞の活用表	380
	簡略・動詞活用表	405
	総合項目別索引	422
	サンスクリット辞書について	426
訳者あとがき		427

第一課

> サンスクリット・アルファベットとデーヴァナーガリー文字／
> 母音と子音／簡単な単語と文章の読み方練習

1.1 サンスクリットの母音 (Sanskrit vowels)　サンスクリットには10個の主要な母音があるが、次に掲げる３つが短母音である。

　　サンスクリット音　　　英語音　　　日本語音

a	as	*u*	in	*cup*	梨
i	as	*i*	in	*sit*	今
u	as	*u*	in	*put*	靴

　その他の７つの主要母音はすべて長母音である。発音の際には、短母音の2倍の長さになる。

ā	as	*a*	in	*father*	母さん
ī	as	*ee*	in	*sheep*	いいえ
ū	as	*oo*	in	*pool*	空気
e	as	*a*	in	*gate*	駅
ai	as	*igh*	in	*high*	愛
o	as	*o*	in	*hope*	時
au	as	*ou*	in	*out*	該当音ナシ

注：*ā, ī, ū* はそれぞれ *a, i, u* の長音の形である。短母音と長母音の区別は極めて重要なので、良く練習すること。 *ai*と *au*は二重母音 (diphthong)である。*ai*を発音する時は、*a*の音のすぐ後に、*i*の音が続く。同じく*au*という音は、*a*と *u* が直ぐに続くように発音される。

1.2　以上の10の母音のほかに、サンスクリットには元来の発音が失われた３つの母音がある。　それらは現在では子音と母音の結合のように発音される。

ṛ = *r* + *i*,　　*ṝ* = *r* + *ī*,　　*ḷ* = *l* + *r* + *i*

注：**1.**　３つのうち *ṛ* だけがよく使われる。これは母音と子音との結合のように発音されるようになった母音の例で、サンスクリットという単語の第二音節に出て来る音である。元々どのような音であったかは今では知る由もない。インドのある地域では、この母音は *ṛ* = *r* + *u* のように発音される。

2.　*ṛ* と *ṝ* のように、母音 *ḷ* の長母音 *ḹ* も理論的にはありうるが、サンスクリットには実際それに見合う単語はない。

3.　これらの音は母音のようには発音されないものの、2500年以上前にサンスクリット文法が出来上がった頃から、文法の立場からは母音として扱われる。

1.3　サンスクリットの母音（Sanskrit vowels）はデーヴァナーガリーで次のように書く。

अ *a*　　आ *ā*　　इ *i*　　ई *ī*　　उ *u*　　ऊ *ū*
ऋ *ṛ*　　ॠ *ṝ*　　ए *e*　　ऐ *ai*　　ओ *o*　　औ *au*

注：　母音*ḷ*は लृ と表記される。しかし、独立しては使われない。

次の文字を声を出して読みなさい

अ आ इ ई उ ऊ ऋ ॠ ए ऐ ओ औ उ अ
इ ए आ ऊ ई ऐ उ औ ओ इ ए उ आ
ई अ ओ ऐ ऊ औ ऋ आ

1.4 母音記号 (Vowel marks) अを除いて全ての母音には二通りの表記法がある。上記の母音表記は、母音が独立して使われる場合にのみ使われる。単語の最初に使われるか或いは他の母音に続く場合にのみ使われる。अを除く母音が子音の後に来る場合には、その子音に特別の記号が付加されて表記される。子音に何の印もないときには अの音をつけて発音する。次にデーヴァナーガリーの子音 न *na*を取り上げ、そこにいろいろな母音をつけてみよう。

अ	Nil	न	*na*	ऋ	ृ	नृ	*nṛ*
आ	ा	ना	*nā*	ॠ	ॄ	नॄ	*nṝ*
इ	ि	नि	*ni*	ए	े	ने	*ne*
ई	ी	नी	*nī*	ऐ	ै	नै	*nai*
उ	ु	नु	*nu*	ओ	ो	नो	*no*
ऊ	ू	नू	*nū*	औ	ौ	नौ	*nau*

注：**1.** इ の記号は子音記号の前に書かれるが、 ई の記号は子音記号の後に書かれる。

2. 母音 ऌ には特別の印はない。子音に付け加わるときには、この母音が簡略された形で子音の下に書かれる。

1.5 サンスクリットの子音 (Sanskrit consonants) サンスクリットの子音は、発音の部位と発音の仕方により極めて組織的に幾つかのグループに類別されている。グループ別に整理して掲げると次のようである。

子音 Consonants

a. 閉鎖音 (Stops)　（破裂音と鼻音）

	単純無気音 Simple	無声帯気音 Aspirated	有声無気音 Voiced	有声帯気音 Asp.+Vc.	鼻音(有声) Nasals
喉音Gutturals	क *ka*	ख *kha*	ग *ga*	घ *gha*	ङ *ṅa*
口蓋音Palatals	च *ca*	छ *cha*	ज *ja*	झ *jha*	ञ *ña*
反舌音Cerebrals	ट *ṭa*	ठ *ṭha*	ड *ḍa*	ढ *ḍha*	ण *ṇa*
歯音 Dentals	त *ta*	थ *tha*	द *da*	ध *dha*	न *na*
唇音 Labials	प *pa*	फ *pha*	ब *ba*	भ *bha*	म *ma*

b. 半母音 Semi-vowels	य *ya*	र *ra*	ल *la*	व *va*
c. 歯擦音 Sibilants	श *śa*	ष *ṣa*	स *sa*	
d. 気音 Aspirates	ह *ha*	ः *ḥ*		
e. 特別鼻音 Special nasals	ं *ṃ*	ँ		

1.6　閉鎖子音 (Stops)　上の表を見ると子音の配列には組織的階梯があることが分かる。最初の25の子音は「閉鎖」子音で、発音の区切りで、息の流れが一時的に止められて発声される音である。第1列 の子音喉音（*Gutturals*)は喉で発音され、息は舌の後ろの方で止められる。次の列の子音 口蓋音（ *Palatals*）は口蓋の後部で作り出される音で、息は舌の中程で止められる。次の列　反舌音（*Cerebrals*）は口内の中央で発音され、息は舌の上部或いは先端で止められる。

第一課

第4列の歯音（ *Dentals* ）は上歯に舌の先端が接して発音される。第5列の子音唇音（ *Labials* ）は両唇を閉じることで発音される。このように発音部位が発声器官の最後部から最前部へと移行する順序がこの表には見られる。口蓋音（ *Palatals*）は今では反舌音(*Cerebrals*) と歯音(*Dentals*)の中間で発音されている。

　　これら25の子音はさらに、1. 発音する際に、息を外に出すか出さないか、 2.発音の際に声帯が震えるか震えないか (濁音か、そうでないか)、さらに　3. 発音の際、息が鼻から出るかどうかで、区別されている。

1.7　　単純子音 (Simple consonants)　第一列の五つの「単純子音」は発音部位において、出る息を舌もしくは唇で一時的にストップし、それから自然に息を抜いて発音する。喉の中の क (*ka*) に始まり次第に前方に移り、唇で発音される प (*pa*) で終わる。

子音	英語との対比	注
क	*k* in skull	無気音
च	*ch* in chair	舌を口蓋前部に押し付け発音
ट	*t* in fit	無気音
त	—	舌を上の歯に押し付けて発音,無気音
प	*p* in sip	無気音

注：便宜上、子音に言及するときは母音अ (a)が付随しているものとする。しかし、子音を論議するときはもちろん母音を伴わないそれ自体として理解しなければならない。

次の文字を母音の印に注意を払って声を出して読みなさい

क प त च ट पा ते चि कु टा पू तो ती चै को
कृ टी की तौ पि चो पी तू का कौ
पृ टि चा पौ पे तृ कि ची पु

1.8 帯気子音 ह (*ha*)とヴィサルガ*visarga* (ः)　文字 ह (*ha*) は英語の *hut* や *happy* の最初に使われる有声帯気子音を示す。記号 (ः) (*visarga*という) は h に似た音で無声音である。サンスクリットの単語の末尾によく使われる。

1.9 これまでに学んだ文字と母音記号によって、次の幾つかのサンスクリットの単語を読んでみよう。

पिता	*pitā*	父	एकः	*ekaḥ*	一つ	(*masc.*)
च	*ca*	そして	एका	*ekā*	一つ	(*fem.*)
चटका	*caṭakā*	すずめ	ते	*te*	彼ら	(*masc.*)
अपि	*api*	も又	ताः	*tāḥ*	彼女ら	(*fem.*)
अति	*ati*	大変、とても	कः	*kaḥ*	誰が?	(*m. sing.*)
अतः	*ataḥ*	それゆえ	का	*kā*	誰が?	(*f. sing.*)
कपिः	*kapiḥ*	猿	कृपा	*kṛpā*	恩恵	
एकः कपिः		一匹の猿	एका चटका		一羽のすずめ	

1.10 無声帯気閉鎖音 (Aspirated stops) 「閉鎖音」(stops) の第二列目にある子音は次のような仕方で発音される。

　舌もしくは唇を第一列の単純子音を発音する部位に置く。しかし、そこで空気圧を作り、それを一気に息を放出して発音する。息の吹きかけがあるためにこの第二列の子音を帯気音(*aspirates*)という。発音するときに手の甲を口の前に置いてみると、はっきり空気の流れが感じられるはずである。無気音と帯気音との区別はサンスクリ

ットでは極めてはっきりしている。よく練習すること。５つの有気子音は次の通りである。

ख *kha* छ *cha* ठ *ṭha* थ *tha* फ *pha*

次の文字を声を出して読みなさい

क ख च छ ट ठ त थ प फ के खे चा छा पा

फा तु थु को खो पी फी छे खि

पाठः	*pāṭhaḥ*	学課	फेनः	*phenaḥ*	泡
नखः	*nakhaḥ*	指の爪	कथा	*kathā*	物語
छटा	*chaṭā*	輝き	अतिथिः	*atithiḥ*	客人
एकः पाठः		一つの学課	एका कथा		一つの物語

1.11　有声閉鎖音(Voiced stops)　「閉鎖音」第三列の子音は第一列のそれぞれの子音を有声化して発音する。発音にあたって声帯を振動させる。それらの子音は次の通り。

子音	英語の発音	日本語
ग	*g* in gum	外人
ज	*j* in jug	事件（舌の先端を口蓋に押し付ける。）
ड	*d* in duck	
द	*th* in thus	花壇　(舌の端を上の歯に押し付ける)
ब	*b* in but	勉強

次の文字を声を出して読みなさい

क ग च ज ट ड त द प ब जा दा गे बु डि जै
दी बी गौ दे जि गु दो जी बि डी गी दू डे जा
बा ब जो दौ गा दि

गतिः	*gatiḥ*	動き	कदा	*kadā*	何時?
पादः	*pādaḥ*	足	तदा	*tadā*	その時
देहः	*dehaḥ*	身体	दुःखी	*duḥkhī*	不幸な
गौः	*gauḥ*	雌牛	बकः	*bakaḥ*	鶴

एकः बकः　一羽の鶴　　एका गौः　一頭の雌牛

1.12　有声帯気子音(Aspirated voiced consonant)　「閉塞音」(stops) の第四列の子音は、第三列の子音と同じように発音するが、発音にあたって強く息を吐き出す。これらの子音を有声帯気音(*aspirate and voiced*)という。それらは次の通りである。

घ *gha*　झ *jha*　ढ *ḍha*　ध *dha*　भ *bha*

次の文字を声を出して読みなさい

ग घ ज झ ड ढ द ध ब भ धी भा घो धै भी भू
झा भे धू घृ धौ भो झि धे भृ

भगिनी	*bhaginī*	姉、妹	नाभिः	*nābhiḥ*	へそ
घटः	*ghaṭaḥ*	水瓶	दधि	*dadhi*	ヨーグルト
अधुना	*adhunā*	今	धातुः	*dhātuḥ*	本質的要素

1.13　鼻音　(Nasal consonants)　最後の第五列の子音はすべて鼻音

である。それらの子音はそれぞれ第一列の子音と同じ部位から発音されるが、発声する息が鼻から出る。それらの子音は次の通り。

ङ *ṅa*　ञ *ña*　ण *ṇa*　न *na*　म *ma*

次の文字を声を出して読みなさい

म न ण ङ ञ मी मे मो मौ मु मा मि मू मृ मै ना

नि नी नु नू नृ ने नै नो

माता	*mātā*	母	तमः	*tamaḥ*	暗闇
दानी	*dānī*	与える人	मदः	*madaḥ*	誇り
जनः	*janaḥ*	人間	मम	*mama*	私の
नाम	*nāma*	名前	न	*na*	ノー、否
नमः	*namaḥ*	敬礼	मनः	*manaḥ*	心
कणः	*kaṇaḥ*	分子	कृपणः	*kṛpaṇaḥ*	けちん坊
मानः	*mānaḥ*	名誉	अपमानः	*apamānaḥ*	侮辱

मम माता च पिता च　私の母と私の父

1.14　半母音と歯擦音 (Semi-vowels and sibilants)　半母音は母音と子音との性質をそなえた子音である。半母音と関連子音との関連性は後で詳しく見て行く。歯擦音の発音にあたっては舌の位置によってある種の摩擦が生まれ、息が出る時に擦れるような音が出る。サンスクリットの半母音と 歯擦音は英語のそれらと一般的にはよく似ている。 しかし、 र् (*r*)の音はかなり強い振動を伴なうのが特徴

である。この音を出すには、舌の先端を口蓋の前部に向けて絶えず振動させる事が大事である。 ष् (*ṣ*)の発音は、もともと 反舌音 (cerebral consonant) であったが、今では口蓋音の श् (*ś*)と殆ど同じように発音される。

半母音	英語の例	歯擦音	英語の例
य	*y* in yes	श	*sh* in shut
र	*r* in run	ष	as above
ल	*l* in love	स	*s* in sun
व	*v* in vulture		

注： व は通常下の唇を上の歯につけるようにして発音される。しかし、 व が子音結合の２番目にくると、英語の water の Wのように発音されて上下の唇は丸く、舌は中間に止まる。

次の文字を声を出して読みなさい

य र ल व श ष स वि शी से यु रो शू
वे वी सौ लि सृ यो रे रि ला ले सु
शे ये यौ सू सि षो षा

आशा *āśā* 希望　　ऋषिः *ṛṣiḥ* 聖者

आयुः	*āyuḥ*	寿命	बालकः	*bālakaḥ*	少年
माला	*mālā*	花輪	बालकाः	*bālakāḥ*	少年達 (*pl.*)
सुखी	*sukhī*	幸福な	बालिका	*bālikā*	少女
एव	*eva*	ただ、だけ	बालिकाः	*bālikāḥ*	少女達 (*pl.*)
देवः	*devaḥ*	神	सः	*saḥ*	彼 (*m. sing.*)
तव	*tava*	あなたの	सा	*sā*	彼女 (*f.sing.*)
चतुर	*catura*	賢い	एषः	*eṣaḥ*	これ (*m. sing.*)
सबल	*sabala*	強い	एषा	*eṣā*	これ (*f. sing.*)
सरल	*sarala*	容易な	सदा	*sadā*	常に

एषः बालकः　この少年　　एषा बालिका　この少女

1.15 र् に母音の उ や ऊ が組み合わされる時は次のようになる。

र् + उ = रु ,　र् + ऊ = रू

तरुः　*taruḥ*　樹木　　अरूप　*arūpa*　無形の

1.16 ऋの母音記号が子音 ह と結合する時、हृ又は हृ と表記する。

हृत　*hṛta*　運び去られた　　सहृदय　*sahṛdaya*　親切な

1.17 サンスクリット単語の末尾音。 サンスクリットの文法では、名詞の変化、動詞の活用、ならびに *sandhi* （音韻結合）において、末尾音は非常に重要な役割を持っている。そこで特定の単語が如何なる音で終るのかをきちんと突き止められるようになることは大事である。これまで学んできた単語のうちで、母音記号がついているものは問題はあまりないかもしれない。しかし、 अ の音で終る単語には特別の記号が付いていないので若干混乱が生じる可能性がある。

子音に何の母音記号も付いていない場合は、अという音が付いていると考えるべきなのだということを覚えていて欲しい。

1.18 これまでに学んだことを基礎にすれば、母音もしくは母音が直ぐ続く子音で書かれた簡単なサンスクリットの単語は読めるようになったはずである。繋詞 copula（英語の am, is, are など）はしばしばサンスクリットでは省略される。そこで次に掲げる文章はサンスクリットとして極めて自然なものである。

次の文を声を出して読みなさい

मम नाम मदनः ।
mama nāma Madanaḥ

私の名前はマダンです。*

सः कः ? सः मम पिता ।
saḥ kaḥ   saḥ   mama pitā

彼は誰? 彼は私の父です。

सा का ? सा मम माता ।
sā kā   sā mama mātā

彼女は誰? 彼女は私の母です。

एषः बालकः मम सखा ।
eṣaḥ bālakaḥ   mama   sakhā

この少年は私の友達です。

सः जनः मम अतिथिः ।
saḥ   janaḥ mama atithiḥ

あの男性は私の客人です。

सः बालकः अति सबलः ।
saḥ   bālakaḥ   ati   sabalaḥ

あの少年は大変強いです。

ते बालकाः अपि सबलाः ।
te   bālakāḥ   api   sabalāḥ

あれらの少年達も強いです。

एषः बालकः अति चतुरः ।
eṣaḥ   bālakaḥ   ati   caturaḥ

この少年は大変賢いです。

注：サンスクリットでは単語末尾の母音 a は完全に発音する。そこで、मदनと言う名前は明確に三音節で – ma - da - na という具合に発音される。それにひきかえ、英語や近代インド語では、ma - dan と発音される。

एषा बालिका अपि चतुरा। *eṣā bālikā api caturā*	この少女もまた賢いです。
सः एकः दानी जनः। *saḥ ekaḥ dānī janaḥ*	彼は与える人です。
अतः सः सुखी जनः। *ataḥ saḥ sukhī janaḥ*	それ故に彼は幸福な人です。
सः जनः कृपणः। *saḥ janaḥ kṛpaṇaḥ*	あの男の人はけちな人です。
अतः सः दुःखी। *ataḥ saḥ duḥkhī*	それゆえに彼は不幸です。
दानी सदा सुखी। *dānī sadā sukhī*	与える人は常に幸福です。
कृपणः सदा दुःखी। *kṛpaṇaḥ sadā duḥkhī*	けちな人は常に不幸です。
तव मानः मम मानः। *tava mānaḥ mama mānaḥ*	あなたの名誉は私の名誉です。
तव अपमानः मम अपमानः। *tava apamānaḥ mama apamānaḥ*	あなたへの侮辱は私への侮辱です。
एषः पाठः सरलः। *eṣaḥ pāṭhaḥ saralaḥ*	この学課はやさしい。

1.19 *Devānāgarī* Alphabet　アルファベットの書き方

Vowels　母音

अ	आ	इ	ई	उ	ऊ
a	ā	i	ī	u	ū
ऋ	ए	ऐ	ओ	औ	
ṛ	e	ai	o	au	

Consonants　子音

क	ख	ग	घ	ङ
ka	kha	ga	gha	ṅa
च	छ	ज	झ	ञ
ca	cha	ja	jha	ña
ट	ठ	ड	ढ	ण
ṭa	ṭha	ḍa	ḍha	ṇa
त	थ	द	ध	न
ta	tha	da	dha	na
प	फ	ब	भ	म
pa	pha	ba	bha	ma

Semi-vowels etc.　半母音等

य	र	ल	व
ya	ra	la	va
श	ष	स	ह
śa	ṣa	sa	ha

ॐ	om	लृ	lṛ
रु	ru	रू	rū
क्र	kra	क्त	kta
क्य	kya	क्ष	kṣa
ज्ञ	jña	ट्र	ṭra
त्त	tta	त्व	tva
द्र	dra	द्व	dva
द्य	dya	द्ध	ddha
प्र	pra	र्य	rya
हृ	hṛ	ह्य	hya
ह्व	hva	श्र	śra
ष्ट	ṣṭa	ह्र	hra

第二課

子音結合(*consonant clusters*)／ハランタ記号(*halanta*)／
アヴァグラハ (*avagraha*)／デーヴァナーガリーの数詞(*numerals*)／
二つのサンディ規則／ ギーターと般若心経の読誦

2.1 第一課では子音に母音がすぐに続く場合、その母音は子音に特別の印をつけて表すことを学んだ。母音の印がない時には、その子音に母音 अ(a) があるものとして発音される。子音だけで母音が何も付け加わらない子音だけの音を示そうとする時には、子音の下に*halanta* の記号（ ् ）を付け加える。次に掲げる単語で最後の子音は母音抜きで発音される。

अहम्	*aham*	私	तत्	*tat*	あれ
किम्	*kim*	何?	एतत्	*etat*	これ
आम्	*ām*	然り	नगरम्	*nagaram*	町
रूपम्	*rūpam*	形態	हृदयम्	*hṛdayam*	心臓

　子音が他の子音に続く場合は、子音結合となる。そうした結合を表すには別の方法が用いられる。

2.2 結合の中の最初の子音の文字に垂直線があれば、その線は取り除かれて二つの子音が結合する。

$$ ज् + व = ज्व, \quad स् + त = स्त, \quad न् + य = न्य $$

ज्वाला	*jvālā*	炎	शून्यम्	*śūnyam*	空、ゼロ
त्वम्	*tvam*	あなた	स्वामी	*svāmī*	主人
बन्धुः	*bandhuḥ*	親類	पुस्तकम्	*pustakam*	本
न्यायः	*nyāyaḥ*	正義	सत्यम्	*satyam*	真理

2.3　子音 र्　(r) が別の子音に続くときは、子音 र् は記号 ʿ を子音の上につけて表される。

र् + व = र्व,　　र् + य = र्य

सर्वम्	*sarvam*	全て(*n. sg.*)	आर्यः	*āryaḥ*	貴い
चर्या	*caryā*	日常活動	धर्मः	*dharmaḥ*	義務、宗教

2.4　र्(r)が子音結合の中で別の子音の後について、その後に母音が来る場合には、前につく子音の形状に従って異なる方法で表記される。もしその前にある子音文字に垂直線があれば、र् の音はその垂直線の下方に置かれる、्र という印で表される。そこで、

ग् + र = ग्र,　　क् + र = क्र,　　प् + रा = प्रा

ग्रामः	*grāmaḥ*	村	घ्राणः	*ghrāṇaḥ*	嗅覚
क्रमः	*kramaḥ*	順番	प्राप्तिः	*prāptiḥ*	利得

2.5　この記号 ्र は द と ह の文字の下方部分にも付加されて、その子音結合に र という音があることを示す。

द्रवः	*dravaḥ*	液体	ह्रासः	*hrāsaḥ*	没落
द्रविणम्	*draviṇam*	富、金	ह्रदः	*hradaḥ*	深い湖

2.6 ट् と र の結合は ट्रのように書く。

उष्ट्रः *uṣṭraḥ* 駱駝 राष्ट्रम् *rāṣṭram* 王国､国民

2.7 श् と र の結合は श्रのように書かれる。

श्रमः *śramaḥ* 労働 श्रोत्रम् *śrotram* 聴覚､耳

2.8 文字 कの右のフックは子音結合の先に来る場合には落ちてしまう。そこで：

क् + य = क्य, क् + व = क्व

वाक्यम् *vākyam* 文章、 पक्व *pakva* 調理済み､熟した

2.9 क् と तの子音結合 (क्त) は क्त のようにも書かれる。

भक्तः *bhaktaḥ* 信者、शक्तिः *śaktiḥ* エネルギー

2.10 त् と त の結合は普通、 त्त のように書かれる。

सत्ता *sattā* 存在、महत्त्वम् *mahattvam* 偉大性

2.11 द् と ह् のほかの子音との結合は伝統的には、二つの文字を結合させたものが用いられて来たが､現在ではद् と ह् の結合も*halanta* 記号を付けて書く傾向がみえる。

द् + व = द्‌व, द्व ह् + य = ह्‌य, ह्य

विद्या, विद्‌या	*vidyā*	知識、学問
द्वारम्, द्‌वारम्	*dvāram*	ドア、扉
बुद्धः, बुद्‌धः	*buddhaḥ,*	仏陀、覚者
बुद्धिः, बुद्‌धिः	*buddhiḥ*	知性、霊性
श्रद्धा, श्रद्‌धा	*śraddhā*	信頼、信仰
आह्वानम्, आह्‌वानम्	*āhvānam*	招待、呼び掛け
असह्य, असह्‌य	*asahya*	(*adj.*) 耐え難い

2.12 次の子音結合は特別の文字を使って書かれる。

क् + ष = क्ष (*kṣa*), त् + र = त्र (*tra*), ज् + ञ = ज्ञ (*jña*)

अत्र	*atra*	ここ	रक्षा	*rakṣā*	保護
तत्र	*tatra*	あそこ	चक्षुः	*cakṣuḥ*	目
छात्रः	*chātraḥ*	生徒	शिक्षकः	*śikṣakaḥ*	教師
चित्रम्	*citram*	絵画	प्रज्ञा	*prajñā*	知性
कक्षा	*kakṣā*	学級、軌道	ज्ञानम्	*jñānam*	知識
विज्ञानम्	*vijñānam*	専門知識、学問			

注： क्ष, त्र, ज्ञ これらの文字はデーヴァナーガリー音表の末尾に独立文字として書かれることがある。

2.13 第一課で、閉鎖子音にはそれぞれ鼻音があることが分かった。同じ単語の中の非鼻音前の鼻音を示すために、非鼻音と同じ行の鼻音が表記される。

अङ्कः	*aṅkaḥ*	印、膝	चञ्चल	*cañcala*	不安定な
गङ्गा	*gaṅgā*	ガンジス河	आनन्दः	*ānandaḥ*	至福
अन्तः	*antaḥ*	終り	कण्ठः	*kaṇṭhaḥ*	喉
कम्पः	*kampaḥ*	動揺、揺れ	आरम्भः	*ārambhaḥ*	始まり

2.14 半母音（य, र, ल, व）と歯擦音（श, ष, स）ならびに有気（ह）の前の鼻音はあまり明確ではない性質を持っている。それら鼻音は先行文字の上にドットを付して表される。

संयमः	*saṃyamaḥ*	統制	संशयः	*saṃśayaḥ*	疑問
अंशः	*aṃśaḥ*	部分	संसारः	*saṃsāraḥ*	世界
संवादः	*saṃvādaḥ*	対話	संहारः	*saṃhāraḥ*	破壊

注：上記とは別の***anunāsika*** と呼ばれる鼻音記号 ँ もあるが、滅多に使用されない。

2.15　印刷上の都合から、単語中の鼻音はドットで表記される傾向にある。そこで **2.13** 節に記した単語は次のようにも表記される。

अंकः, गंगा, अंतः, कंपः,चंचल, आनंदः, कंठः, आरंभः

注：潔癖主義者は鼻音は本来の形で表記されなければならないと主張しているが、ドットをつけて鼻音を表す傾向は増大しつつあり、決して誤りではない。鼻音の性格は後続の子音に支配されるが、ドットで一律に様々な鼻音を表示しても発音に絶対的な影響が出るわけではない。事実、インド政府は、鼻音を伴なうサンスクリット語がヒンディー語で使用される場合には、必ずドットで表記する政策を取っている。この講座では、鼻音の表記に両方式が使われている。

2.16　昔は一つの子音結合における二つの子音はしばしば重ねて表記された。現在でも時折そうして印刷されているものも見受けられるが、現在では *halanta* の記号を使ったり上述した方法などによって、より単純な結合形で示す場合が圧倒的に多くなって来ている。子音が縦に重ねて表記されるときには、上に置かれる子音が先に発音される。

अंगः, अङ्‌गः *aṅgaḥ* 手足、 पट्टः, पट्‌टः *paṭṭaḥ* 平板

2.17 母音記号 ि の置き方は、一つの子音結合が一つの文字として見なされ、母音 इ は子音結合が発音された後に発音されるにもかかわらず、その前に置かれる。

शान्तिः *śāntiḥ* 平和 मुक्तिः *muktiḥ* 自由

注：ただ、子音結合が*haranta*記号によって作られている時には、母音 इ (ि)は二番目の結合文字の前に置かれる。

例： बुद्धिः *buddhiḥ* 英知、 पट्टिका *paṭṭikā* 板

2.18 記号 ॅ は子音とそれに伴う母音の前に発音されるが、水平線上に母音記号の後に書かれる。

सर्वे (स्+अ+र्+व्+ए) *sarve* 全て、ऊर्मिः (ऊ+र्+म्+इः) *ūrmiḥ* 波

2.19 記号 ऽ は、アヴァグラハ *avagrahaḥ* と呼ばれ、二つの単語が *sandhi* (音韻融合)で結合して母音 अ が省略されたことを示す。

ते + अपि = तेऽपि 彼らもまた

2.20 聖なる記号 ओम् はしばしば、ॐ として書かれる。

2.21 文章の終わりを示す記号として、垂直線 (।) が使われる。サンスクリットにおける伝統的な句読点はこれだけである。しかし、疑問符とか引用符とかハイフン等の国際的記号もサンスクリットで一般的に使われるようになってきている。

2.22 デーヴァナーガリーの数詞の書き方は次のとおりである。

アラビヤ数字	**1**	**2**	**3**	**4**	**5**	**6**	**7**	**8**	**9**	**0**
デーヴァナーガリー	१	२	३	४	५	६	७	८	९	०

2.23 これまで学んだ単語を使ってサンスクリットの文章をつくることは易しい。次頁に掲げたそのような文章を読んでみよう。第一課に出て来たように繋がりを示す動詞 (*copula,* 英語なら *is, am, are* 等の *be*動詞)はサンスクリットではしばしば省かれる。

第二課

तव नाम किम् ?
tava nāma kim?
あなたの名前は何か。

मम नाम गोपालः ।
mama nāma gopālaḥ.
私の名前はゴーパールです。

तत् किम् ?
tat kim?
あれは何ですか。

तत् मम चित्रम् ।
tat mama citram.
あれは私の絵です。

एषः कः ? एषः मदनः ।
eṣaḥ kaḥ? eṣaḥ madanaḥ
この人は誰ですか。
この人はマダンです。

सः कः ? सः मम सखा सुरेशः ।
saḥ kaḥ? saḥ mama sakhā sureśaḥ.
あの人は誰ですか。彼は私の友スレーシャです。

एषः रमेशः ।
eṣaḥ rameśaḥ.
この人はラメーシャです。

सः अपि मम सखा ।
saḥ api mama sakhā.
彼も私の友人です。

सः मम पिता । एषा मम माता ।
saḥ mama pitā. eṣā mama mātā.
彼は私の父、彼女は私の母です。

एतत् किम् ?
etat kim?
これは何ですか。

एतत् तव पुस्तकम् ।
etat tava pustakam.
これはあなたの本です。

अहं छात्रः, त्वम् अपि छात्रः ।
ahaṃ chātraḥ, tvam api chātraḥ.
私は生徒、あなたも生徒です。

अत्र मम कक्षा।
atra mama kakṣā.

ここに私のクラスがあります。

तत्र तव कक्षा।
tatra tava kakṣā.

あそこにあなたの学級がある。

सः कः ? सः मम शिक्षकः।
saḥ kaḥ saḥ mama śikṣakaḥ

彼は誰ですか。彼は私の先生です。

सः तव अपि शिक्षकः।
saḥ tava api śikśakaḥ

彼はあなたの先生でもあります。

विद्या एव चक्षुः।
vidyā eva cakṣuḥ.

(学問的)知識だけが(人間の)目です。

ज्ञानम् एव शक्तिः।
jñānam eva śaktiḥ.

知性だけが力です。

एतत् सर्वं सत्यम्।
etat sarvam satyam.

これは全て本当です。

अत्र न संशयः।
atra na saṃśayaḥ.

これには疑いありません。

एतत् दुःखम् असह्यम्।
etat duḥkham asahyam.

この苦しみは耐え難い。

ईश्वरः एव मम बन्धुः।
īśvaraḥ eva mama bandhuḥ.

神だけが私の親戚です。

अत्र विज्ञानम्, तत्र ज्ञानम्।
atra vijñānam, tatra jñānam.

これは科学、あれは知識です。

मम सर्वं द्रविणं तव।
mama sarvam draviṇam tava.

私の富は全部あなたのものです。

मम हृदयम् अपि तव।
mama hṛdayam api tava.

私の心もあなたのものです。

ॐ शान्तिः शान्तिः शान्तिः।
oṃ śāntiḥ śāntiḥ śāntiḥ.

＜平和の祈り＞

2.24 これから最もよく知られているサンスクリットによる祈りの詩句を学ぶことにする。この詩句は、数百万人のインド人によって、毎日唱和されている普遍的な性格のものであるが、別に歌うのに難しいところはない。その理解に新しい単語を学ぶ必要もない。ただし、サンスクリットの音韻変化(*sandhi*)の二つの規則を学ばなければならない。

① まず最初の規則は、母音のないम्が単語の最後に来て、その後に母音で始まる単語がくると母音のないम्は後に続く単語の最初の母音と結び付く。

त्वम् + अपि = त्वमपि (*tvamapi*) あなたも又
हृदयम् + अपि = हृदयमपि (*hṛdayamapi*) 心臓も又
त्वम् + एव = त्वमेव (*tvameva*) あなただけが

② ヴィサルガ *visarga* (:)で終わる単語の後に च 又は छ の子音で始まる別の単語が来ると、*visarga* は श्に変化する。

बन्धुः + च = बन्धुश्च (*bandhuśca*)

2.25 祈りの言葉は次の通りである。

त्वमेव माता च पिता त्वमेव
　　त्वमेव बन्धुश्च सखा त्वमेव।
त्वमेव विद्या द्रविणं त्वमेव
　　त्वमेव सर्वं मम देव देव।।

tvameva mātā ca pitā tvameva
tvameva bandhuśca sakhā tvameva
tvameva vidyā draviṇaṃ tvameva
tvameva sarvaṃ mama deva deva

おお神よ、あなただけが私の母、あなただけが私の父
あなただけが私の親族、あなただけが私の友人、
あなただけが私の知識、あなただけが私の宝、
あなただけが、私のすべて、おお、私の神よ、神よ。

2.26 次にギータの詩句を読んで見よう

単語の意味は知らなくてもかまわない。

नैनं छिन्दन्ति शस्त्राणि नैनं दहति पावकः ।
न चैनं क्लेदयन्त्यापो न शोषयति मारुतः ।।

nainaṃ chindanti śastrāṇi nainaṃ dahati pāvakaḥ
na cainaṃ kledayantyāpo na śoṣayati mārutaḥ

魂は武器では切れないし、火で焼いたり、水に濡したり、風で乾かしたりはできない。

देहिनोऽस्मिन् यथा देहे कौमारं यौवनं जरा।
तथा देहान्तर - प्राप्तिः धीरस्तत्र न मुह्यति।।

dehino' smin yathā dehe kaumāraṃ yauvanaṃ jarā
tathā dehāntara-prāptiḥ dhīrastatra na muhyati

この世で、魂は子供、大人さらに老人の肉体を次々に体験してゆく。同じように、この世を去ると、魂はまた新しい肉体に住処を移す。賢者はそうしたことに心を乱されることはない。

न जायते म्रियते वा कदाचिन्
नायं भूत्वा भविता वा न भूयः।
अजो नित्यः शाश्वतोऽयं पुराणो
न हन्यते हन्यमाने शरीरे।।

na jāyate mriyate vā kadācin-
nāyaṃ bhūtvā bhavitā vā na bhūyaḥ
ajo nityaḥ śāśvato 'yaṃ purāṇo
na hanyate hanyamāne śarīre

魂に誕生も死滅もない。この世に一度出現し、それから消滅するのは魂ではない。魂は不生、永遠、不滅であって、最初からここにある。肉体が壊れても、魂は死滅しない。

वासांसि जीर्णानि यथा विहाय
नवानि गृह्णाति नरोऽपराणि ।
तथा शरीराणि विहाय जीर्णा-
न्यन्यानि संयाति नवानि देही।।

vasāṃsi jīrṇāni yathā vihāya
navāni gṛhṇāti naro 'parāṇi
tathā śarīrāṇi vihāya jīrṇa-
nyanyāni saṃyāti navāni dehī

人が古い衣を捨て、替わりに新しい衣を身に着けるように、魂は古い肉体から抜け出て、新しい肉体をまとう。

2.27 次に般若心経を音読してみることにしよう

サンスクリット原典の読誦練習のために、次頁に

prajñā pāramitā hṛdaya sūtram を掲げてある。

注：本書の般若心経のサンスクリットテキストは次の版による。
The source of our text of *Prajñāpāramitā-hṛdaya-sūtram* :
the *Mahāyāna-Sūtra-Saṅgrahaḥ*, edited by Dr. P. L. Vaidya and published by The Mithila Institute, Darbhanga, India, 1961.

अथ प्रज्ञा-पारमिता-हृदय-सूत्रम्

atha prajñā pāramitā hṛdaya sūtram

ओम् नमः सर्वज्ञाय।

om namaḥ sarvajñāya.

आर्यावलोकितेश्वर-बोधिसत्त्वो गम्भीरायां प्रज्ञा-

āryāvalokiteśvara-bodhisattvo gambhīrāyāṃ prajñā-

पारमितायां चर्यां चरमाणो व्यवलोकयति स्म - पञ्च स्कन्धाः।

pāramitāyāṃ caryāṃ caramāṇo vyavalokayati sma- pañca skandhāḥ.

तांश्च स्वभाव-शून्यान् पश्यति स्म।

tāṃśca svabhāva-śūnyān paśyati sma.

इह शारिपुत्र, रूपं शून्यता, शून्यतैव रूपम्।

iha śāriputra, rūpaṃ śūnyatā, śūnyataiva rūpam.

रूपान् न पृथक् शून्यता, शून्यताया न पृथग् रूपम्।

rūpān na pṛthak śūnyatā, śūnyatāyā na pṛthag rūpam.

यद् रूपं सा शून्यता, या शून्यता तद् रूपम्। एवम् एव

yad rūpaṃ sā sūnyatā, yā śūnyatā tad rūpam. evam eva

वेदना- संज्ञा- संस्कार- विज्ञानानि।

vedanā- sañjñā- saṃskāra- vijñānāni.

इह शारिपुत्र, सर्वधर्माः शून्यता-लक्षणाः, अनुत्पन्ना,

iha śāriputra, sarvadharmāḥ śūnyatā- lakṣaṇāḥ, anutpannā,

अनिरुद्धा, अमला न विमला, नोना न परिपूर्णाः।

aniruddhā , amalā na vimalā, nonā na paripūrṇāḥ.

तस्मात् शारिपुत्र, शून्यतायां न रूपं, न वेदना, न संज्ञा

tasmāt śāriputra, śūnyatāyāṃ na rūpaṃ, na vedanā, na sañjñā

न संस्कारा, न विज्ञानम्। न चक्षुः- श्रोत्र- घ्राण- जिह्वा-

na saṃskārā, na vijñānam. na cakṣuḥ- śrotra- ghrāṇa- jihvā-

काय-मनांसि। न रूप- शब्द- गन्ध- रस- स्प्रष्टव्य- धर्माः।

kāya- manāṃsi. na rūpa- śabda- gandha- rasa- spraṣṭavya- dharmāḥ.

न चक्षुर्धातुः यावन् न मनो-धातुः।

na caksurdhātuḥ yāvan na mano dhātuḥ.

न विद्या,नाविद्या, न विद्या-क्षयो नाविद्या-क्षयो,यावन् न

na vidyā, nāvidyā, na vidyā-kṣayo nāvidyā-kṣayo, yāvan na

जरा- मरणं, न जरा-मरण-क्षयो, न दुःख- समुदय- निरोध-

jarā- maraṇaṃ, na jarā- maraṇa-kṣayo, na duḥkha- samudaya- nirodha

मार्गा, न ज्ञानं, न प्राप्तित्वम्।

mārgā, na jñānaṃ na prāptitvam.

बोधिसत्त्वस्य प्रज्ञा-पारमिताम् आशृत्य विहरति अचित्ता-

bodhisattvasya prajñā-pāramitām āśṛtya viharati acittā-

वरणः। चित्तावरण-नास्तित्वाद्, अत्रस्तो, विपर्यासातिक्रान्तो

varaṇaḥ cittāvaraṇa- nāstitvād, atrasto, viparyāsātikrānto

निष्ठ-निर्वाणः।

niṣṭha- nirvāṇaḥ.

त्र्यध्व- व्यवस्थिताः सर्व- बुद्धाः, प्रज्ञा- पारमिताम्

tryadhva- vyavasthitāḥ sarva- buddhāḥ, prajñā- pāramitām

आशृत्य अनुत्तरां सम्यक् संबोधिम् अभिसंबुद्धाः।

āśṛtya anuttarāṃ samyak saṃbodhim abhisaṃbuddhāḥ.

तस्मात् ज्ञातव्यः प्रज्ञा-पारमिता- महामन्त्रः, महाविद्या-

tasmāt jñātavyaḥ prajñā-pāramitā- mahāmantraḥ, mahāvidyā-

मन्त्रः, अनुत्तर- मन्त्रः, असम- सम- मन्त्रः, सर्वदुःख- प्रशमनः,

mantraḥ , anuttara-mantraḥ, asama- sama- mantraḥ, sarvaduḥkha-praśamanaḥ

सत्यम् अमिथ्यात्वात्, प्रज्ञापारमितायाम् उक्तो मन्त्रः। तद् यथा-

satyam amithyātvāt, prajñāpāramitāyām ukto mantraḥ. tad yathā

गते गते पारगते पारसङ्गते बोधिः स्वाहा।

gate gate pāragate pārasaṅgate bodhiḥ svāhā.

इति प्रज्ञा-पारमिता-हृदय-सूत्रं समाप्तम्।

iti prajñā-pāramitā-hṛdaya- sūtraṃ samāptam.

第三課

-अで終る男性名詞／中性名詞と-आで終る女性名詞ならびに代名詞／अस्मद्, युष्मद्, तद् と एतद्の主格と属格における変化

注：この課から、サンスクリットの発音表示にローマ字は使用しない。デーヴァナーガリー書体でサンスクリット語を読むことにかなり慣れて来たことと思う。サンスクリットをデーヴァナーガリーで流暢に読めるようになるために、最初の二課は繰返し読んでいただきたい。

この課を含め、これからは各節の主題を示すのに、次のような記号を使う。節番号に続く**<N>**という表示は、サンスクリットの名詞を取り扱うことを示している。同じく、**<P>**と**<A>**と**<V>** はそれぞれ代名詞、形容詞(数詞を含む)、動詞を扱うことを示す。**<S>**はサンスクリットにおけるサンディ(*sandhi*)(音韻結合：連声)という重要な領域を含む音韻変化を示している。**<M>** は、その節がその他の項目、副詞、接頭辞、接尾辞、合成語等を扱うことを示す。**<R>**は読み方演習の節を示す。最後に**<E>**がついている節は文法練習を表している。

3.1 <N> サンスクリットの名詞、代名詞、形容詞は格や数に従って語尾変化をするが、その基になる基本形を原形、サンスクリットでプラーティパディカ(*prātipadika*) と呼ぶ。この基幹部分は語尾変化の過程で若干変容することもある。サンスクリットの名詞には男性、女性、中性という三つの性と単数、両数（二つの人や物を示す）、複数という数と八つの格がある。名詞の語尾変化は主として性と末尾の発音に従って起こる。そこで अ という音で終わる全ての男性名詞とआ で終わる女性名詞はすべて同じように変化する。बालक 少年という名詞はअで終わる男性名詞である。 बालिका 少女はआ

で終わる女性名詞であり、**वन** 森という語は **अ**で終わる中性名詞である。これらの三つの名詞は主格において次のように変化する。

	単数	**両数**	**複数**
男性.	बालकः	बालकौ	बालकाः
女性	बालिका	बालिके	बालिकाः
中性	वनम्	वने	वनानि

3.2 <N> 主格は主として能動態における主語を示すのに使われる。上と同じパターンで変化する三つの性の名詞を主格単数形で次に掲げる。その両数、複数の形を作る練習をしてみよう。

（通常我々は名詞の場合、主格単数形を示す。するとその格の終わり方から、その性が簡単に判別できることが分かる。ただ、変化しない語幹は主格単数形とは別であることはよく頭に入れておくこと。）

男性		女性		中性	
पाठः	学課	कक्षा	学級	पुस्तकम्	本
विद्यालयः	学校	वाटिका	庭	पत्रम्	葉、手紙
शिक्षकः	先生	लता	つる植物	गृहम्	家
छात्रः	生徒	चटका	すずめ	फलम्	果物
ईश्वरः	神	नौका	船	चित्रम्	絵画
वृक्षः	樹木	माला	花輪	सूत्रम्	経典、糸

3.3<S> 後で詳しく学ぶことにするが、音韻変化の規則に従って、**ऋ, ॠ, र, ष** の後から来る न् は ण् と変化する。この規則に従って、上に掲げた中性名詞の複数形はそれぞれ次のようになる。

पुस्तकानि, पत्राणि, गृहाणि, फलानि, चित्राणि, सूत्राणि .

3.4 <N> 属格（所有格）(Genitive case). 　　属格は二つの名詞もしくは代名詞の間の関係を示すために使われる。上に述べた三つの名詞の属格は次のように変化する。

	単数	両数	複数
男性	बालकस्य	बालकयोः	बालकानाम्
女性	बालिकायाः	बालिकयोः	बालिकानाम्
中性	वनस्य	वनयोः	वनानाम्

3.5 <E>　　次の文章を読み、日本語に訳しなさい

（練習問題の答えは各課の最後に掲載されている）

१. बालकस्य पुस्तकम्। २. बालिकायाः माला। ३. विद्यालयस्य छात्राः। ४. वनस्य वृक्षाः। ५. पुस्तकस्य चित्राणि। ६. पुस्तकानां पाठाः। ७. विद्यालयस्य शिक्षकाः। ८. बालकयोः पुस्तकानि। ९. ग्रामस्य१ बालिकाः। १०. वृक्षस्य पत्राणि। ११. लतानां पुष्पाणि। १२. वृक्षाणां फलानि। १३. मालायाः सूत्रम्। १४. चटकायाः चित्रम्। १५. ईश्वरस्य भक्तः२। १६. बालिकयोः गृहम्। १७. गृहस्य द्वारम्३। १८. बालिकानां मालाः।

注：1.村の、2.信奉者、3.ドア、扉

3.6 <P> 人称代名詞 (Personal pronouns)　　人称代名詞のなかで、第一人称と第二人称の代名詞には性による変化はない。しかし、第三人称では男性、女性、中性ではそれぞれ形が異なる。

注：サンスクリットの人称命名法は英語と異なる。しかし、初心者の混乱を避けるため、第一人称、第二人称、第三人称という人称の使い方をここでは英文法と同じにしてある。しかし、**4.1 <V>** で示すように英語の第三人称がサンスクリットでは第一番目に来て、他の二つの人称も別の意味を持つことに注意されたい。

第一人称代名詞に対する一般的名称を अस्मद् と言う。その主格と属格は次の通りである。

	単数	両数	複数
主格	अहम्	आवाम्	वयम्
属格	मम (मे)	आवयोः (नौ)	अस्माकम् (नः)

注：カッコ中に示されている別の形は頻繁には出てこない属格である。

3.7 <S> 単語の最後に来る म् という音は、子音で始まる単語が後に来ると少し性質が変わる。これはアヌスワーラ *anusvāra* というが、その直前の文字の上にドットをつける。しかし、続く後の単語が母音で始まっている場合には म् は変化しない。そこで次のようになる。

अस्माकं विद्यालयः, अहं शिक्षकः 母音が来ると अस्माकम् ईश्वरः.

3.8 <E> 次の文章を声を出して読み、日本語に訳しなさい

१. अहं छात्रः। २. सः मम शिक्षकः। ३. तत्र अस्माकं विद्यालयः। ४. अहं बालिका। ५. एतत् मम पुस्तकम्। ६. वयं बालकाः। ७. एतत् अस्माकं गृहम्। ८. एतत् गृहस्य द्वारम्। ९. एषा अस्माकं वाटिका। १०. तत् अस्माकं मन्दिरम्[१]। ११. वयम् ईश्वरस्य भक्ताः। १२. आवां बालिके। १३. एषा आवयोः माता। १४. सः आवयोः पिता।

注：१. 寺

3.9 <P> 第二人称の一般的な名称は युष्मद् である。

第二人称の人称代名詞も性による変化はない。主格、属格におけるその形は次のとおりである。

	単数	両数	複数
N. 主格	त्वम्	युवाम्	यूयम्
G. 属格	तव (ते)	युवयोः (वाम्)	युष्माकम् (वः)

注：अस्मद् と同じように、युष्मद् の場合もカッコの中に示したように別の形がある。しかし、それらも又あまり使われない。

3.10 <E> 次の文章を声を出して読み、日本語に訳しなさい

१. त्वं छात्रः। २. सः तव शिक्षकः। ३. अत्र तव पुस्तकानि। ४. यूयम् अपि छात्राः। ५. तत्र युष्माकं विद्यालयः। ६. त्वं बालिका। ७. एतत् तव पुस्तकम्। ८. यूयं बालकाः। ९. एषा युष्माकं वाटिका। १०. तत्र युष्माकं गृहम्। ११. युवां बालिके। १२. सा युवयोः माता। १३. सः युवयोः पिता। १४. सा तव माला १५. एषा माला मम।

3.11 <P> 第一、第二人称以外の代名詞、即ち第三人称の代名詞、疑問代名詞、関係代名詞には男性、女性、中性による形の変化がある。

また遠くの物を示す第三人称の一般的名称は **तद्** である。この代名詞 **तद्** の三つの性における主格と属格は次の通りである。

	男性			女性			中性		
N.	सः	तौ	ते	सा	ते	ताः	तत्	ते	तानि
G.	तस्य	तयोः	तेषाम्	तस्याः	तयोः	तासाम्	तस्य	तयोः	तेषाम्

3.12 <P> 近くの物や人を示す第三人称代名詞の一般的名称は **एतद्** である。これは男性と女性の主格単数で、それぞれ **एषः** と **एषा** になる以外は、全て **तद्** の形に **ए** を付加するような形で変化する。

एतद् の主格、属格は次の通りである。

	男性			女性			中性		
N.	एषः	एतौ	एते	एषा	एते	एताः	एतत्	एते	एतानि
G.	एतस्य	एतयोः	एतेषाम्	एतस्याः	एतयोः	एतासाम्	एतस्य	एतयोः	एतेषाम्

3.13 <E>　次に掲げる名詞の主格にはNを、属格にはGを書きなさい

बालकः, बालकस्य, बालिकाः, बालिकयोः, पत्रम्, पुस्तकानि, वनानाम्, वनयोः, वने, लतायाः, बालकौ, विद्यालयाः, मालानाम्, बालिके, पाठयोः

3.14 <E>　次に掲げる代名詞のうち主格にはNを、属格には Gを書きなさい

सः, तस्य, ते, तेषाम्, अहम्, अस्माकम्, आवयोः, मम, त्वम्, यूयम्, एषः, एतत्, एतस्याः, एताः, वयम्, सर्वेषाम्, आवाम्, तव, तौ, एते, तयोः

注：第三人称代名詞は指示形容詞として機能することがある。すなわち、人間や場所、物体をはっきり明示するために名詞の前に使われる。

सः जनः मम शिक्षकः — あの男の人は私の先生です。

3.15 <E>　次の文章を声を出して読み、日本語に訳しなさい

१. तत् तव पुस्तकम् । २. एतत् पुस्तकं मम । ३. तानि चित्राणिय तव । ४. एतानि चित्राणि मम । ५. सा तव वाटिका । ६. एषा मम वाटिका । ७. ते तव वाटिकायाः वृक्षाः । ८. एते मम वाटिकायाः वृक्षाः । ९. तानि युष्माकं पुस्तकानि । १०. एतानि अस्माकं पुस्तकानि । ११. एतानि अस्माकं पुस्तकानां चित्राणि । १२. ताः अस्माकं ग्रामस्य बालिकाः । १३. एतानि तासां चित्राणि । १४. एताः तासां मालाः । १५. ते बालकाः युष्माकं विद्यालयस्य छात्राः । १६. एषः जनः तेषां शिक्षकः । १७. एतत् तस्याः बालिकायाः गृहम् । १८. एते अस्माकं ग्रामस्य बालकाः । १९. एतानि मम पत्राणि । २०. तानि पत्राणि तव ।

3.16 <E>   右の欄から適当な語を選んで、次ぎの文章の空欄を埋めなさい

१. ····· बालिका मम भगिनी१।   त्वम्, एते, एषा, यूयम्
२. ····· अस्माकं शिक्षकाः।   ते, तौ, सः, तस्य
३. एतानि तेषां ·········।   चित्रम्, चित्रे, चित्राणि
४. ····· ईश्वरस्य भक्ताः।   अहम्, वयम्, त्वम्, एषा
५. ····· तेषां गृहम्।   आवयोः, मम, तव, तत्
६. तानि मम ·········।   पुस्तकम्, पुस्तकानि, पुस्तके
७. ते ·········· वृक्षाः।   वनम्, वाटिका, वनस्य
८. सा ········· माला।   ताः, एताः, तस्याः, तौ
९. तव पिता ····· शिक्षकः।   त्वम्, युवाम्, मम, वयम्
१०. एतत् ·········· पुस्तकम्।   अस्माकम्, तानि, यूयम्

注： 1． 姉(妹)

<<練習問題解答>>

3.5   1.少年の本、 2.少女の花輪、3.学校の生徒達、4.森の木々、5.本の幾つかの絵、6.幾つかの本の幾つかの学課、7.学校の先生達、8.二人の少年の幾つかの本、9.村の少女達、10.樹木の幾つかの葉、11.幾つかの蔓の幾つかの花、12．木々の幾つかの果実、13．花輪の糸、14．すずめの絵、15．神の信者、16．二人の少女の家、17．家の扉、18．少女達の幾つかの花輪。

3.8   1.私は生徒です。2.彼は私の先生です。3.我々の学校はあそこにあります。4.私は少女です。5.これは私の本です。6.我々は少年です。7.これは私達の家です。8.これは家の扉です。9.これは私達の庭です。10.あれは私達の寺です。11.私達は神の信者です。12.私達二人は少女です。13.この人は私達二人の母です。14.彼は私達二人の父です。

3.10 1.あなたは生徒です。2.彼はあなたの先生です。3.あなたの幾つかの本がここにあります。4.あなた方も生徒です。5.あなた方の学校はあそこにあります。6.あなたは少女です。7.これはあなたの本です。8.あなた方は少年です。9.これはあなた方の庭です。10.あそこにあなた方の家があります。11.あなた方二人は少女です。12.彼女はあなた方二人の母です。13.彼はあなた方二人の父です。14.それはあなたの花輪です。15.この花輪は私のです。

3.13 主格 Nom. बालकाः, बालिकाः, पत्रम्, पुस्तकानि, वने, बालकौ, विद्यालयाः, बालिके 属格Gen. बालकस्य, बालिकयोः, वनानाम्, वनयोः, लतायाः, मालानाम्, पाठयोः

3.14 主格 Nom. सः, ते, अहम्, त्वम्, यूयम्, एषः, एतत्, एताः, वयम्, आवाम्, तौ, एते 属格 Gen. तस्य, तेषाम्, अस्माकम्, आवयोः, मम, एतस्याः, सर्वेषाम्, तव, तयोः

3.15 1. あれはあなたの本です。2. この本は私のものです。3. あれらの絵はあなたのです。4. これらの絵は私のです。5. あれはあなたの庭です。6. これは私の庭です。7. あれらはあなたの庭の樹木です。8. これらは私の庭の樹木です。9. あれらはあなた方の本です。10. これらは私達の本です。11. これらは私達の本の絵です。12. 彼女らは私達の村の少女達たちです。13. これらは彼女らの絵です。14. これらは彼女らの花輪です。15. あれらの少年はあなた方の学校の生徒達です。16. この人は彼らの先生です。17. これはあの少女の家です。18. これらは私達の村の少年です。19. これらは私の手紙です。20. あれらの手紙はあなたのです。

3.16 १. एषा, २. ते, ३. चित्राणि, ४. वयम्, ५. तत्, ६. पुस्तकानि, ७. वनस्य, ८. तस्याः, ९. मम, १०. अस्माकम्

第四課

動詞 अस् の現在時制／サンスクリットの形容詞／ はい、いいえで答える疑問文／分詞 च ／不変化詞 (अव्यय)／サンスクリットの詩句

4.1<V> サンスクリットの動詞の本格的研究は次の課から始まる。ここでは、動詞語根 अस् （ある）の現在時制を学ぶことにしよう。

		単数		両数		複数
3rd P.	(सः)	अस्ति	(तौ)	स्तः	(ते)	सन्ति
2nd P.	(त्वम)	असि	(युवाम्)	स्थः	(यूयम्)	स्थ
1st P.	(अहम्)	अस्मि	(आवाम्)	स्वः	(वयम्)	स्मः

注: 1. ここでの人称の順序はサンスクリット文法の通常の順序にしてある。話者の立場にある人称が最後にくる。英語の第三人称にあたるものが最初にきて、聞き手になるものがその間にくる。

2. サンスクリットの動詞は能動態では主語の人称と数によって、受動態では 目的語の人称と数に従って形が変化する。しかし、主語や目的語の性によっては変わらない。つまり、主語もしくは目的語が男性、女性、中性であろうと動詞の形は同じである。そこで次のようになる。

बालकः अस्ति, बालिका अस्ति, वनम् अस्ति.

後の課で学ぶことであるが、分詞を動詞として使う場合には、動詞は主語若しくは目的語の性によっても変化する。

既に述べたごとく、動詞 अस्ति などはしばしば文中にはっきり表現されないことがある。

4.2< N> 身体各部の名称。よく使われる身体各部のサンスクリットの名称を次に掲げる。

第四課

शरीरम्	身体	नेत्रम्	目	करः	手
देहः	肉体	नासिका	鼻	हस्तः	手
शिरः	頭	मुखम्	口、顔	अंगुलिः	指
केशः	毛髪	दन्तः	歯	पृष्ठम्	背中
श्रोत्रम्	耳	जिह्वा	舌	उदरम्	胃、腹
कर्णः	耳	बाहुः	腕	पादः	足

注：1. サンスクリットには同義語が多い。一つのものを記述するのに単語が幾つもある。
　2. 名詞 शिरः は名詞 बालकः と同じように見える。しかし、これは中性名詞である。この語幹 *prātipadika* は स् で終り、अ ではない。従って、これは बालक の変化とは異なる。

4.3 <E>　次の文章を声を出して読み、日本語に訳しなさい

क. १. अहं बालकः अस्मि। २. त्वं बालिका असि। ३. मम नाम रमेशः अस्ति। ४. अत्र मम परिवारः१। ५. एषः मम पिता। ६. एषा मम माता। ७. सः युवकः२ मम भ्राता३ अस्ति। ८. तस्य नाम विजयः। ९. एतत् चित्रं विजयस्य अस्ति। १०. सा बालिका मम भगिनी४। ११. तस्याः नाम कमला। १२. एतत् कमलायाः चित्रम् अस्ति।

ख. १. एषः मम देहः अस्ति। २. एतौ मम हस्तौ स्तः। ३. एतौ मम पादौ स्तः। ४. एषा मम नासिका अस्ति। ५. एतौ मम कर्णौ स्तः। ६. एते मम नेत्रे स्तः। ७. एते मम केशाः सन्ति। ८. मम देहः सबलः५ अस्ति।

注：1. 家族, 2. 若者, 3. 兄弟, 4. 姉妹, 5. 強い

4.4 <A>　形容詞 (Adjectives)　サンスクリットの形容詞は名詞と同じように変化するが、その場合、修飾している名詞の性、格、数に一致する。そこで、男性単数主格の名詞を修飾する形容詞には男性単数主格の形容詞が使われ、また女性複数の属格の名詞は女性複数属格の形容詞が使われることになる。

次に、अ で終わる形容詞を掲げる。それを女性、主格単数にするには अ を आ にする、つまり **बालिका** のように変化する。中性にするには अ を अम् に変える、つまり、**वनम्** のように変化する。

सरल	易しい	चञ्चल	落着かない	मनोहर	美しい
कठिन	難しい	प्रसन्न	幸福な	शान्त	平和な
शीतल	冷たい	अमर	不死の	कोमल	温和な
उष्ण	熱い	चतुर	賢い	विशाल	大きな
मधुर	甘い	सबल	強い	परिचित	親しい

4.5 <E>　次の文章の空所に形容詞を適当な形に変化させて埋めなさい

最初の欄には形容詞が置かれている。
　　　（最初の文章には既に答が与えられている。）

१． चतुर　　ते बालकाः चतुराः सन्ति।
२． कोमल　　वृक्षाणां पत्राणि ……………… सन्ति।
३． विशाल　　एते ……………… वाटिकायाः वृक्षाः।
४． चंचल　　तत् तस्य ……………… बालकस्य पुस्तकम्।
५． मनोहर　　एते पुष्पे ……………… स्तः।
६． प्रसन्न　　सा अति ……………… अस्ति।
७． शान्त　　एषा तस्याः ……………… बालिकायाः माला।
८． सरल　　अस्य पुस्तकस्य पाठाः ……………… सन्ति।
९． परिचित　　ताः बालिकाः मम ……………… सन्ति।
१०． शीतल　　तस्य घटस्य जलं ……………… अस्ति।

4.6 <M>　はい、いいえで答える疑問文。単語 **अपि** はイエス、ノーで答える疑問文を作るために使われる。疑問代名詞 **किम्** も同じ目的で使われる。肯定文の末尾を尻上がりに発音しても疑問文にな

る。単語 आम् は肯定的な答えを示すのに使われる。否定的な答えをする場合、 न が文頭と文中に使われる。 अपि तत् तव गृहम् ? あれは貴方の家ですか。 आम्, तत् मम गृहम् – はい、あれは私の家です。 न, तत् गृहं मम न अस्ति – いいえ、あの家は私のものではありません。

4.7 <M>　分詞 च (そして) は結び付ける各項目の後に繰返し置いてもよいし、最後の項目の後に一回だけ置いてもよい。

पुष्पं च पत्रं च। अहं च त्वं च। पुस्तकं, माला, पत्रं, फलं च।

4.8 <E>　次の文章を声を出して読み、日本語に訳しなさい

१. एषः पाठः सरलः अस्ति। २. तत् वनं शान्तम् अस्ति। ३. सः वृक्षः विशालः अस्ति। ४. ते बालकाः अति चपलाः¹ सन्ति। ५. अहं प्रसन्नः अस्मि। ६. अपि यूयम् प्रसन्नाः स्थ ? ७. आम्, वयं प्रसन्नाः स्मः। ८. अपि एतानि फलानि मधुराणि सन्ति ? ९. आम्, एतानि फलानि मधुराणि सन्ति। १०. रमेशः च तस्य भ्राता च भगिनी च अत्र सन्ति। ११. तस्य पिता अपि अत्र अस्ति ? १२. न, सः अत्र न स्ति ? १३. ते बालिके मम परिचिते स्तः। १४. तानि चित्राणि अति मनोहराणि सन्ति। १५. तस्याः नेत्रे विशाले।

注：1. 落着きのない

4.9 <M>　サンスクリットにおける不変化詞 **(अव्यय)**　名詞、代名詞、形容詞、動詞は文中の部分として使われる場合には全て変化する。しかし、常に同じ形を維持する単語もある。形を変化させないので、それらは不変化詞と呼ばれる。サンスクリットではそれらを **अव्यय** と呼ぶ。不変化詞はたいてい副詞としての機能を果たしている。つまり、それらはある動作の時間、場所、方法、条件などを示している。

次頁に場所を示す不変化詞を掲げる。

अत्र	ここ	यत्र	ところの（関係代名詞）
तत्र	あそこ	यत्र-तत्र	あっちこっち
कुत्र	何処に	निकटे	近くに
सर्वत्र	どこでも	दूरे	遠くに
अधः	下に	उपरि	上に

4.10 <E> 次の文章を読み、日本語に訳しなさい

क. १. अपि त्वं छात्रः असि ? २. आम्, अहं छात्रः अस्मि। ३. एते बालकाः अपि छात्राः सन्ति। ४. अत्र किम् अस्ति ? ५. अत्र मम पुस्तकम् अस्ति। ६. पुस्तकस्य उपरि किम् अस्ति ? ७. पुस्तकस्य उपरि चित्राणि सन्ति। ८. पुस्तकस्य अधः किम् अस्ति ? ९. पुस्तकस्य अधः किमपि न अस्ति। १०. तव गृहं कुत्र अस्ति ? ११. मम गृहं दूरे न अस्ति, निकटे अस्ति। १२. मम पिता च माता च तत्र स्तः। १३. अपि एतानि चित्राणि तयोः सन्ति ? १४. आम्, एतानि चित्राणि तयोः सन्ति। १५. तव चित्रं कुत्र अस्ति ? १६. मम चित्रम् अत्र अस्ति।

ख. १. अपि यूयं छात्राः स्थ ? २. आम् वयं छात्राः स्मः। ३. युष्माकं विद्यालयः कुत्र अस्ति ६ ४. अस्माकं विद्यालयः वाटिकायाः निकटे अस्ति। ५. तत्र विशालाः वृक्षाः सन्ति। ६. तत्र चटकाः अपि सन्ति। ७. सः अस्माकं शिक्षकः। ८. यत्र विद्यालयाः तत्र शिक्षकाः। ९. यत्र छात्राः तत्र पुस्तकानि। १०. किं यूयम् ईश्वरस्य भक्ताः स्थ ? ११. आम्, वयम् ईश्वरस्य भक्ताः स्मः। १२. ईश्वरः कुत्र अस्ति ? १३. ईश्वरः सर्वत्र अस्ति। १४. सः एव सर्वत्र अस्ति।

4.11 <E> 次の各語の中から適当な動詞を選び、下に掲げる文章を完成させなさい

अस्ति, स्तः, सन्ति, असि, स्थः, स्थ, अस्मि, स्वः, स्मः

१. सः अस्माकं विद्यालयस्य छात्रः ………… ।
२. ते अस्माकं विद्यालयस्य शिक्षकाः ………… ।
३. वयं बालकाः ………… ।
४. यूयं बालिकाः ………… ।
५. अहम् अत्र शिक्षकः ………… ।
६. अस्माकं माता तत्र ………… ।
७. त्वं मम भ्राता ………… ।
८. एते मम पुस्तके ………… ।

4.12 <E> 左の欄に空所のある文章がある。右の欄にある代名詞のどれか一つだけが空所を満たす代名詞である。

正しい代名詞を選んで文章を完成させなさい

१. ………… मम पुस्तकम् अस्ति।	सः, ते, तत्, तानि
२. ………… नाम रमेशः अस्ति।	तौ, एताः, तस्य, तानि
३. ………… चित्राणि मम सन्ति।	ते, एतत्, एतानि, तौ
४ ………… छात्राः स्थ।	युवाम्, यूयम्, त्वम्, ते
५. सा ………… माता अस्ति।	आवाम्, आवयोः, यूयम्
६. ………… अस्माकं शिक्षकाः सन्ति।	तौ, तानि, युवाम्, ते
७. ………… बालिकाः स्मः।	आवाम्, वयम्, यूयम्, ताः
८. एषा ………… वाटिका अस्ति ।	अस्माकम्, तानि, तौ, सा
९. ………… चित्राणि मम सन्ति।	ते, एते, एतत्, तानि

4.13 <R> **移ろいやすい人間の心を歌った次の詩を読んでみよう**

यूयं वयं, वयं यूयम्, इति[१] आसीत्[२] मतिः[३] आवयोः।
किं जातम्[४] अधुना[५] येन[६] यूयं यूयं, वयं वयम्।।

注： 1. というのが、2. あった（ अस्तिの過去）、 3. 理解、4. 起こった（過去分詞）、5. 今、6. そのことの故に

4.14 <E> **次の文章をサンスクリットに訳しなさい**

1. 私の家はここです。2. 彼は私の父です。3. 彼女は私の母です。4. 私は学生です。5. 私の 学校はあそこです。6. あの男の人は私の先生です。7. あれは私の本です。8. あなたの本はどこにありますか。9. 私の本はここにあります。10. あなたの幾通かの手紙があそこにあります。

<<練習問題解答>>

4.3 क. 1. 私は少年です。 2.あなたは少女です。 3. 私の名前はラメーシャです。 4. ここに私の家族がいます。 5. これは私の父です。 6. これは私の母です。 7. あの若者は私の兄（弟）です。 8. 彼の名前はヴィジャイです。9. これはヴィジャイの絵です。 10. あの少女は私の妹(姉)です。11. 彼女の名前はカマラーです。12.これはカマラーの絵です。

ख. 1. これは私の身体です。2. これらは私の両手です。 3. これらが私の両足です。4. これが私の鼻です。 5. これらが私の二つの耳です。 6. これらが私の二つの目です。 7. これらは私の髪の毛です。 8. 私の身体は強健です。

4.5 २. कोमलानि, ३ विशालायाः, ४. चंचलस्य, ५. मनोहरे, ६. प्रसन्ना, ७. शान्तायाः, ८. सरलाः, ९ परिचिताः, १० शीतलम्

4.8 1. この課は易しいです。2. あの森は静かです。3. あの木は大きいです。4. あれらの少年は大変落着きが無いです。 5. 私は幸福です。 6. あなた方も幸福ですか。 7. はい、私達は幸福です。 8. これらの果物は甘いですか。9. はい、これらの果物は甘。 10. ラメーシャと彼の弟と彼の妹はここにいます。11.彼の父もまたここにいますか。 12.いいえ、彼はここにはいません。 13.あの二人の少女は私の知り合いです。 14. あれらの絵は大変美しいです。 15. 彼女は大きな目をしています。

第四課

4.10 क. 1. あなたは生徒ですか。 2. はい、私は生徒です。 3. これらの少年も生徒です。 4. ここに何がありますか。 5. ここに私の本があります。 6. 本の上に何がありますか。7. 本の上には絵があります。8. 本の下には何がありますか。9. 本の下には何もありません。10. あなたの家は何処ですか。11.私の家は遠くではなくて、近くにあります。12. 私の父と母はあそこに住んでいます。13. これらは彼等二人の絵ですか。14. はい、これらは彼等二人の絵です。15. あなたの絵は何処にありますか。16. 私の絵はここにあります。

ख. 1. あなた方は生徒ですか。 2. はい、私達は生徒です。 3. あなた方の学校は何処にありますか。 4. 我々の学校は公園の近くにあります。 5. あそこには大きな木が幾つもあります。 6. あそこにはすずめもいます。 7. 彼は 私達の先生です。 8. 学校があるところに、先生達がいます。 9. 生徒達のいるところに、本が沢山あります。 10. あなた方は神の信者ですか。 11. はい、私達は神の信者です。 12. 神は何処にいますか。 13. 神はいたるところにいます。 14. 彼だけがいたるところにいるのです。

4.11 १. अस्ति, २ सन्ति, ३. स्मः, ४. स्थ, ५. अस्मि, ६. अस्ति, ७. असि, ८. स्तः

4.12 १. तत् २. तस्य, ३. एतानि, ४. यूयम्, ५. आवयोः, ६. ते, ७. वयम् ८. अस्माकम् ९. तानि ।

4.13 「あなたは私、私はあなた」というのが私達二人の了解でした。それが今、「あなたはあなた、私は私」になってしまっているのは、一体、何が起きたのでしょう。

注：一人称、二人称の代名詞がここでは複数形ながら意味は単数である。

4.14 १. मम गृहम् अत्र अस्ति । २. सः मम पिता अस्ति । ३. सा मम माता अस्ति । ४. अहं छात्रः अस्मि । ५. मम विद्यालयः तत्र अस्ति । ६. सः जनः मम शिक्षकः अस्ति । ७. तत् मम पुस्तकम् । ८. तव (युष्माकं) पुस्तकं कुत्र अस्ति ? ९. मम पुस्तकम् अत्र अस्ति । १०. युष्माकं (तव) पत्राणि तत्र सन्ति ।

第五課

第１類動詞 (भू.गण) の現在時制 (लट्)／-अ で終る男性と中性の名詞／आ で終る女性名詞／一般代名詞の対格／敬語代名詞 भवत्／サンスクリットの会話

5.1< V> サンスクリットの第１類動詞 (भू.गण) 。この課から、いよいよ我々はサンスクリットの動詞を正規に学ぶことにする。活用の仕方からサンスクリットの動詞は十の種類に分けられる。各類にはその類に属する特定の動詞に因んだ名称が付けられる。まず第１類 (भू.गण) 動詞の現在時制、能動態における活用を見てみよう。動詞語根 (धातु) とは動詞活用の基になる形を指す。次に、第一類動詞に属する動詞の語根を幾つか掲げる。

पठ्	読む	क्रीड्	遊ぶ
वस्	生きる	रुह्	生育する
खाद्	食べる	नी	導く、取る
पत्	落ちる	स्मृ	記憶する
निन्द्	非難する	भू	ある、成る

注：サンスクリットの動詞は３つの法（直説法・命令法・条件法）と６つの時制と３つの態（能動態・受動態・非人称受動態）で活用する。これらの時制と態は英語の文法とは全く異なっている。例えば、サンスクリットには過去を表すのに３つの時制があるが、現在を示す時制は一つである。そこで英文法の用語を使うことは混乱を助長しかねない。サンスクリットの偉大な文法学者パーニニ は時制と態に抽象的な術語システムを考案した。まず、各時制と態に文字さらに、それぞれの時制と態に目印となる母音や子音を付け足して特別の名称を与えている。現在時制は लट् と呼ばれている。各時制には英文法に準じた名前を付けているが、パーニニの名称も本書では採用することにした。その方が記憶にも便利なうえ、文法の論議には好都合であるからである。

5.2 <V> 現在時制 (लट्)の動詞語幹と活用語尾。動詞の実際の形はこれらの語根に活用語尾をつけて作られる。 現在時制、能動態の活用語尾は次の通りである。

	単数	両数	複数
3rd P.	-ति	-तः	-(अ)न्ति
2nd P.	-सि	-थः	-थ
1st P.	-मि	-वः	-मः

動詞活用形は語根と活用語尾を結び付けて作られる。しかし、二つを結び付ける過程において、動詞所属の種類により、語根は若干修正される。活用語尾付加のため修正された語根を動詞語幹(अङ्ग)という。

第１類の動詞の場合、語根に अ が付与される。そこで पठ् は पठ に、वस् は वस になる。第１類動詞の大部分について、これだけで語幹が作れる。現在時制の活用形を作るには、この語幹に上記の活用語尾を付加すればよい。さらに、二つほど、別の小さな規則にも触れておく。

第１類動詞の場合、第三人称複数形を作るのに、-अन्ति ではなくて、-न्ति が加えられる。第一人称の活用語尾 (मि, वः 並びにमः) の前に加えられるअ は आ に変わる。動詞 पठ् の現在時制における活用は次のようである。

	単数		両数		複数	
3rd P.	(सः)	पठति	(तौ)	पठतः	(ते)	पठन्ति
2nd P.	(त्वं)	पठसि	(युवां)	पठथः	(यूयं)	पठथ
1st P.	(अहं)	पठामि	(आवां)	पठावः	(वयं)	पठामः

この形によく慣れるように何回も声を出して繰り返し読みなさい。

注: サンスクリットでは現在形は一つだけである。習慣的な活動も進行中の活動もこの形が用いられる。そこで文章 सः पठति は、「彼は読書する」という習慣的意味にも、「彼は今読書している」との進行中の意味にもなる。

5.3 <N>　対格 (The accusative case)　これまでに学習した三つの型の名詞: -अ で終わる男性名詞、中性名詞、-आ で終わる女性名詞は、対格 (accusative case) において次のように変化する。

	単数	両数	複数
男性 Masc.	बालकम्	बालकौ	बालकान्
女性 Fem.	बालिकाम्	बालिके	बालिकाः
中性 Neuter	वनम्	वने	वनानि

注: 中性名詞は全て主格と対格は同じ形をしている。

5.4 <N>　対格は主として、(1) 動詞の直接目的、(2)運動を示す動詞の到達点、(3)前置詞の前、例えば、**विना** (〜なしで)、**परितः, अभितः** (周りで)、**सर्वतः**(全方角に)、**उभयतः**(両側で)、**प्रति** (〜に向かって)など。

5.5 <E>　次の文章を読み日本語に訳しなさい

१. सः पुस्तकं पठति।　२. ते पुस्तकानि पठन्ति।　३. अहमपि मम पुस्तकं पठामि।　४. किं त्वमपि अधुना पुस्तकं पठसि ?　५. न, अहं पुस्तकं न पठामि, पत्रं पठामि।　६. अपि यूयं प्रातः मंत्रान् पठथ ?　७. आम्, वयं प्रातः मन्त्रान् पठामः।　८. युवां किं पठथः ?　९. आवां पुस्तकानि पठावः।　१०. तौ किं पठतः ?　११. तौ अपि पुस्तकानि पठतः।　१२. वयं पुस्तकं विना न पठामः।　१३. अस्माकं ग्रामं परितः वनम् अस्ति।　१४. विद्यालयम् उभयतः विशाला वाटिका अस्ति।

5.6 <V>　動詞 **वस्** (住む), **खाद्** (食べる), **पत्** (落ちる), **निन्द्** (非難する) 並びに **क्रीड्** (遊ぶ) は、**पठ्** と同じように容易に活用できる。それらの活用形を次に掲げる。

第五課

सः	तौ	ते	त्वम्	युवाम्	यूयम्	अहम्	आवाम्	वयम्
वसति	वसतः	वसन्ति	वससि	वसथः	वसथ	वसामि	वसावः	वसामः
खादति	खादतः	खादन्ति	खादसि	खादथः	खादथ	खादामि	खादावः	खादामः
पतति	पततः	पतन्ति	पतसि	पतथः	पतथ	पतामि	पतावः	पतामः
निन्दति	निन्दतः	निन्दन्ति	निन्दसि	निन्दथः	निन्दथ	निन्दामि	निन्दावः	निन्दामः
क्रीडति	क्रीडतः	क्रीडन्ति	क्रीडसि	क्रीडथः	क्रीडथ	क्रीडामि	क्रीडावः	क्रीडामः

上の表で、各列の終わり方が皆同じであることに注意すること。

では、次の例にならい、代名詞を主語にして各動詞を活用しなさい。
　　सः वसति, तौ वसतः, ते वसन्ति, त्वं वससि, युवां वसथः, यूयं वसथ, अहं वसामि, आवां वसावः, वयं वसामः

注：これらの形態を一生懸命に記憶しようとしてはならない。何度もそれらを繰り返して、さまざまな形態の間の関係を理解すること。大事なことは、動詞の形だけで練習しないで、常に、代名詞の主語をつけて動詞の活用を繰り返すことである。このようにすれば、あなたは単なる文法の形ではなく自然にサンスクリットの文章を学んで行くことになる。

5.7 <V> पठ्と同じように子音で終る第一類の動詞の大部分は、同じような活用の仕方をする。しかし、母音で終る動詞や中間短母音（二つの子音の間に来る母音）が इ, उ, ऋ である場合には、動詞語幹にある種の変化（**गुण** 化）が起る。そこで次のようになる。

रुह्	生育する	→	रोह
नी	導く	→	नय
स्मृ	記憶する	→	स्मर
भू	ある	→	भव

これらの動詞の現在形は以下の通りである。

47

रोहति रोहतः रोहन्ति	रोहसि रोहथः रोहथ	रोहामि रोहावः रोहामः
नयति नयतः नयन्ति	नयसि नयथः नयथ	नयामि नयावः नयामः
स्मरति स्मरतः स्मरन्ति	स्मरसि स्मरथः स्मरथ	स्मरामि स्मरावः स्मरामः
भवति भवतः भवन्ति	भवसि भवथः भवथ	भवामि भवावः भवामः

これらもまた、代名詞を主語にして次のように、練習するとよい。
सः रोहति, तौ रोहतः, ते रोहन्ति etc..

5.8 <E> **カッコの中の動詞語根を主語に合わせて適当な形の動詞にしなさい**

सः (वस्), अहम् (खाद्), ते (क्रीड्), आवाम् (स्मृ), त्वम् (निन्द्), तौ (नी), यूयम् (पठ्), अहम् (क्रीड्), ते (पत्), वयम् (नी), युवाम् (वस्)।

5.9 <V> 動詞語根 **पा** (飲む), **गम्** (行く), **दा** (与える), **दृश्** (見る)並びに**स्था** (滞まる、立つ)は動詞語幹を作るにあたり大きな変化をする数少ない語根の種類に属している。この場合、これらの語根は、動詞語幹を作るために、**पिब्, गच्छ्, यच्छ्** 並びに **पश्य्, तिष्ठ्**とそれぞれ変わる。これらの**लट्**（現在形）における活用形は次の通りである。

पिबति	पिबतः	पिबन्ति	पिबसि	पिबथः	पिबथ	पिबामि	पिबावः	पिबामः
गच्छति	गच्छतः	गच्छन्ति	गच्छसि	गच्छथः	गच्छथ	गच्छामि	गच्छावः	गच्छामः
यच्छति	यच्छतः	यच्छन्ति	यच्छसि	यच्छथः	यच्छथ	यच्छामि	यच्छावः	यच्छामः
पश्यति	पश्यतः	पश्यन्ति	पश्यसि	पश्यथः	पश्यथ	पश्यामि	पश्यावः	पश्यामः
तिष्ठति	तिष्ठतः	तिष्ठन्ति	तिष्ठसि	तिष्ठथः	तिष्ठथ	तिष्ठामि	तिष्ठावः	तिष्ठामः

5.10 <E> **次の文章を日本語に訳しなさい**

१. तत् तेषां गृहम्। २. ते तत्र वसन्ति। ३. रमेशः कमलां

निन्दति। ४. कमला रमेशं न निन्दति। ५. वयम् ईश्वरं¹ स्मरामः। ६. आवां शीतलं जलं² पिबावः। ७. ते अधुना विद्यालयं गच्छन्ति। ८. ताः बालिकाः पाठं स्मरन्ति। ९. सा पुस्तकस्य चित्राणि पश्यति। १०. बालकाः चपलाः³ भवन्ति। ११. तत् विशालं⁴ वनम्। १२. तत्र वृक्षाः⁵ रोहन्ति। १३. ते बालकाः मधुराणि फलानि खादन्ति। १४. वयम् अत्र क्रीडामः। १५. अपि⁶ त्वं बालकं गृहं नयसि ? १६. सः पुस्तकानि यच्छति। १७. अहं मम चित्रं यच्छामि। १८. युवां कुत्र गच्छथः ? १९. आवाम् अधुना नगरं गच्छावः। २०. ते अत्र एव तिष्ठन्ति।

注: 1. 神, 2. 水, 3. 落着きのない, 4. 大きな, 5. 樹木, 6. 疑問文を作る分詞

5.11 **\<P\>**　二人称の代名詞 **युष्मद्** は話し手の前にいる誰かに話しかけるのに使われる。この代名詞の単数形 (**त्वम्** etc.)は話し手と極めて近しい人と話す場合に使われる。そこで **त्वम्** は子供の間、友人同士、夫婦の間などで互いに呼び合うのに使われる。神もまた **त्वम्** として呼びかけられる。(参考 : त्वमेव माता च पिता त्वमेव)。**त्वम्** は又話し手が話しかける相手に軽蔑を示したい時にも使われる。しかし、サンスクリットを学習する状況の中では **त्वम्** を使う場合はあまりない。自分と同等もしくは目上の人や敬語を使わなくてはならない人に対して話しかけるときには、**त्वम्** の代わりに代名詞 **भवत्** を用いる。そうした状況において男性に対しては、**भवान्** (男性単数)、女性に対しては **भवती** (女性単数) という語を用いる。意味の上では **भवत्** は二人称代名詞である。しかし、この代名詞は常に三人称の動詞を取る。日本語でも側にはいない第三者について話すように、話しかけている当の人の名前を使う場合があるのと似ている。この代名詞は子音で終わるために、この代名詞の通常の変化はもっと後の課で学習することになる。ここでは自然なサンスクリットの会話を練習するために、この代名詞の主格と属格だけを学ぶことにしよう。

भवत् (Masculine 男性)

	Sing. 単数	Dual 両数	Pl. 複数
N. 主格	भवान्	भवन्तौ	भवन्तः
G. 属格	भवतः	भवतोः	भवताम्

भवत् (Feminine 女性)

	Sing. 単数	Dual 両数	Pl. 複数
N. 主格	भवती	भवत्यौ	भवत्यः
G. 属格	भवत्याः	भवत्योः	भवतीनाम्

5.12 \<R\>　भवत् を使って会話を練習してみよう

१. मोहनः नमस्ते।
२. कमला नमस्ते।
३. मोहनः भवत्याः नाम किम् अस्ति ?
४. कमला मम नाम कमला अस्ति। भवतः नाम किम् अस्ति ?
५. मोहनः मम नाम मोहनः अस्ति। अपि एषा बालिका भवत्याः भगिनी अस्ति ?
६. कमला आम्, एषा मम भगिनी। आवां संस्कृतस्य पाठं पठावः। किं भवान् अपि संस्कृतं पठति ?
७. मोहनः आम्, अहमपि संस्कृतं पठामि।
८. कमला अहम् अधुना संस्कृतस्य प्रज्ञा-पारमिता-हृदय-सूत्रं पठामि। भवान् अधुना कुत्र गच्छति ?
९. मोहनः अहम् अधुना गृहं गच्छामि। भवत्यौ कुत्र गच्छतः ?
१०. कमला आवाम् अधुना विद्यालयं गच्छावः। नमस्ते।
११. मोहनः नमस्ते।

注：インドでは、挨拶の言葉が時間によって変わることはない。ただ、西洋の習慣の影響もあって、新しい表現が時折使われる。最もよく挨拶の際使われるのが **नमस्ते** で、出会う時も、別れの時も使われる。

第五課

<<練習問題解答>>

5.5 1. 彼は一冊の本を読んでいます。 2. 彼らは(沢山の)本を読んでいます。3. 私も自分の本を読んでいます。4. あなたも今本を読んでいるのですか。 5. いいえ、私は本を読んではおりません、手紙を読んでいるのです。 6. あなた方は朝マントラを唱えますか。 7. はい、私達は朝マントラを唱えます。8. あなた方二人は何を読んでいるのですか。9. 私たち二人は本を読んでいます。10.彼ら二人は何を読んでいますか。11.彼ら二人も本を読んでいます。12.私達は本なくしては勉強できません。13. 私達の村の周りには森があります。14.学校の両側には大きな庭園があります。

5.8 सः वसति, अहं खादामि, ते क्रीडन्ति, आवां स्मरावः, त्वं निन्दसि, तौ नयतः, यूयं पठथ, युवां वसथः, अहं क्रीडामि, ते पतन्ति, वयं नयामः।

5.10 1. あれは彼らの家です。 2. 彼らはあそこに住んでいます。3. ラメーシャはカマラーを非難しています。 4. カマラーはラメーシャを非難しません。 5. 我々は神を覚えています。 6. 私達二人は冷たい水を飲んでいます。 7. 彼らは今学校へ行くところです。 8. あれらの少女たちは学課を覚えています。 9. 彼女はその本の沢山の絵を見ています。 10. 少年たちは落ち着きがありません。 11. あれは大きな森です。 12. あそこで木々が生育します。 13. あの少年達は甘い果物（複数）を食べています。 14. 我々はここであそんでいます。 15. あなたは少年を家に連れて行きますか。16. 彼は沢山の本を与えています。17. 私は私の絵をあげます。 18. あなた方二人はどこへ行くのですか。19. 私達二人は町へ行くところです。20. 彼らはここに留まっています。

5.12 会話．1. おはよう。 2. おはよう。 3. 貴方の名前は何ですか。 4. 私の名はカマラーです。貴方の名前は何ですか。5.私の名前はモーハンです。この少女は貴方の妹ですか。 6. はい、彼女は私の妹です。私達二人はサンスクリットの学課を学んでいます。貴方もサンスクリットを学んでいますか。7.はい、私もサンスクリットを学んでいます。 8. 私は今サンスクリットの般若心経を読んでいます。貴方は今どこへ行くのですか。9. 私は今家に帰るところです。貴女はどこへ行くのですか。10.私達二人は学校へ行くところです。さようなら。 11. さようなら。

第六課

> अस्मद् と युष्मद् の対格／サンスクリットにおける語順／तद्, एतद्, किम्, यद् ならびに सर्व の対格／第1類 (भू)のその他の動詞／時間の不変化詞／ यद् と तद् の相関的関係

6.1<P> 一人称代名詞 अस्मद् と二人称代名詞 युष्मद् の対格は次の通りである。

	Singular 単数	Dual 両数	Plural 複数
1st P. 一人称	माम् (मा)	आवाम् (नौ)	अस्मान् (नः)
2nd P. 二人称	त्वाम् (त्वा)	युवाम् (वाम्)	युष्मान् (वः)

注：カッコ内の別の形はまれにしか使われない。

6.2 <E> 次の文章を日本語に訳しなさい

१. सः मां तत्र नयति । २. अस्माकं माता अस्मान् स्मरति । ३. वयं युष्मान् पश्यामः । ४. यूयम् अस्मान् पश्यथ । ५. तव भ्राता त्वां कुत्र नयति ६. सः मां वाटिकां नयति । ७. अहम् अधुना वाटिकां गच्छामि । ८. ते युवां निन्दन्ति । ९. आवां युवां न निन्दावः । १०. तौ तत्र क्रीडतः ।

6.3 <M> サンスクリットの文章における語順。サンスクリットの文章における自然な語順は、主語ー目的語ー動詞である。बालकः पुस्तकं पठति । अहं फलं खादामि । しかし、全ての名詞、代名詞には格に応じた明確な語尾があるので、語順が変わっても、意味が変わることはない。目的語の格を対格という。
पुस्तकं पठति बालकः । पठति बालकः पुस्तकम् । あるいは पठति पुस्तकं बालकः । は全て बालकः पुस्तकं पठति । と同じ意味を持つ。しかし、語順によって、重点の置き場所が変わる可能性はある。

第六課

दुग्धं पिबति सः – 彼はミルクを飲んでいる（他のものではない）。

6.4 <P>　第三人称の代名詞 **तद्** (あれ) と **एतद्** (これ) の対格を次に掲げる。代名詞 **एतद्** は **तद्** の変化形の前に **ए** を加えるだけである。

男性 Masculine			女性 Feminine			中性 Neuter		
単数	両数	複数	単数	両数	複数	単数	両数	複数
तम्	तौ	तान्	ताम्	ते	ताः	तत्	ते	तानि
एतम्	एतौ	एतान्	एताम्	एते	एताः	एतत्	एते	एतानि

注：**एतम्** には **एनम्** という別の形もある。

6.5 <E>　次の文章を日本語に訳しなさい

१. शिक्षकः तान् बालकान् विद्यालयं नयति। २. अहं तं पश्यामि। ३. सः मां पश्यति। ४. सः तां स्मरति। ५. सा तं स्मरति। ६. अहम् एतत् पुस्तकं पठामि। ७. ते तानि पुस्तकानि पठन्ति। ८. यूयं ताः स्मरथ। ९. वयम् एनं पाठं पठामः। १०. आवां तत् नगरं गच्छावः।

6.6 <P>　代名詞 **सर्व** 全て、**किम्** 何?（疑問代名詞）また **यद्** 〜ところの（関係代名詞）は **तद्** の **त** のところを、**सर्व, क** とか **य** にそれぞれ置き換えたような変化をする。とはいえ、中性の主格と対格単数だけは例外である。各々の代名詞を対比させて次に掲げる。

主格 Nominative

男性 Masculine			女性 Feminine			中性 Neuter		
सः	तौ	ते	सा	ते	ताः	तत्	ते	तानि
सर्वः	सर्वौ	सर्वे	सर्वा	सर्वे	सर्वाः	सर्वम्	सर्वे	सर्वाणि
कः	कौ	के	का	के	काः	किम्	के	कानि
यः	यौ	ये	या	ये	याः	यत्	ये	यानि

対格 Accusative

男性 Masculine			女性 Feminine			中性 Neuter		
तम्	तौ	तान्	ताम्	ते	ताः	तत्	ते	तानि
सर्वम्	सर्वौ	सर्वान्	सर्वाम्	सर्वे	सर्वाः	सर्वम्	सर्वे	सर्वाणि
कम्	कौ	कान्	काम्	के	काः	किम्	के	कानि
यम्	यौ	यान्	याम्	ये	याः	यत्	ये	यानि

属格 Genitive

男性 Masculine			女性 Feminine			中性 Neuter		
तस्य	तयोः	तेषाम्	तस्याः	तयोः	तासाम्	तस्य	तयोः	तेषाम्
सर्वस्य	सर्वयोः	सर्वेषाम्	सर्वस्याः	सर्वयोः	सर्वासाम्	सर्वस्य	सर्वयोः	सर्वेषाम्
कस्य	कयोः	केषाम्	कस्याः	कयोः	कासाम्	कस्य	कयोः	केषाम्
यस्य	ययोः	येषाम्	यस्याः	ययोः	यासाम्	यस्य	ययोः	येषाम्

注：これらの全ての形を覚えるには及ばない、ただそれらが認知できるように繰り返すこと。これらの形の間の類似性と相違点をのみこんで何度も繰り返すがよい。

6.7 <E>　次の文章を声を出して読み、日本語に訳しなさい

१. त्वं कः असि ? २. अहं छात्रः अस्मि । ३. ते के सन्ति ? ४. ते मम शिक्षकाः सन्ति । ५. ये बालकाः तत्र सन्ति ते सर्वे अस्माकं विद्यालयस्य छात्राः सन्ति । ६. अत्र के वसन्ति ? ७. अत्र अस्माकं शिक्षकाः वसन्ति । ८. ये फलानि खादन्ति दुग्धं च पिबन्ति ते सबलाः भवन्ति । ९. ये सर्वान् निन्दन्ति ते दुर्जनाः१ सन्ति । १०. एतानि सर्वाणि पुस्तकानि के पठन्ति ? ११. एतानि सर्वाणि पुस्तकानि अस्माकं विद्यालयस्य छात्राः पठन्ति । १२. कस्याः नाम कमला अस्ति ? १३. मम नाम कमला अस्ति । १४. एतस्याः नाम रमा अस्ति ।

注：1. 悪人

6.8 <V>　第１類の動詞の幾つかを動詞語幹と現在時制 लट् の第三人称の活用形と共に次に掲げる。

動詞	意味	語幹	単数	両数	複数
चल्	歩く	चल	चलति	चलतः	चलन्ति
जि	征服する	जय	जयति	जयतः	जयन्ति
त्यज्	捨てる	त्यज	त्यजति	त्यजतः	त्यजन्ति
दह्	焼く	दह	दहति	दहतः	दहन्ति
पच्	調理する	पच	पचति	पचतः	पचन्ति
रक्ष्	保護する	रक्ष	रक्षति	रक्षतः	रक्षन्ति
वद्	語る	वद	वदति	वदतः	वदन्ति
हस्	笑う	हस	हसति	हसतः	हसन्ति

6.9 <E>　次の文章を日本語に訳しなさい

१. तत् अस्माकं गृहम् । २. वयं तत्र वसामः । ३. अस्माकं पिता च माता च अपि तत्र वसतः । ४. सः बालकः मधुरं दुग्धं पिबति । ५. वयम् अपि मधुरं दुग्धं पिबामः, मधुराणि फलानि च खादामः । ६. धनं[१] सदा न तिष्ठति । ७. धनं मनुष्यं त्यजति । ८. विद्या तं न त्यजति । ९. एते जनाः देशं रक्षन्ति[२] । १०. तस्याः हृदयं[३] कोमलम्[४] । ११. तस्य स्वभावः[५] मधुरः । १२. अस्माकं विद्यालयस्य सर्वाः बालिकाः मधुरं वदन्ति । १३. माता पुत्रस्य मुखं[६] पश्यति । १४. यत्र आशा[७] अस्ति तत्र बलम्[८] अस्ति । १५. ज्ञानं विना मनुष्याः सबलाः न भवन्ति । १६. अग्निः[९] काष्ठं[१०] दहति । १७. मम माता भोजनं पचति । १८. अहम् अपि भोजनं पचामि । १९. यूयं सर्वे हसथ । २०. वयम् अत्र न हसामः । २१. सः सदा सत्यं वदति । २२. वयमपि सदा सत्यं वदामः । २३. ते सदा जयन्ति ।२४. त्वं वेगेन[११] चलसि ।२५. वयम् अद्य अत्र तिष्ठामः ।

注：1. 富、 2. 護る、 3. 心臓、 4. 親切な、 5. 人の本性、 6. 顔、口、 7. 希望、8. 力、 9. 火、 10. 木、 11. 早い、スピードのある

6.10 <E>　A 欄の文章の空白個所を B 欄から選んだ適当な主語で埋めなさい

	A	B
१.	.... दुग्धं पिबन्ति।	त्वं
२.	.... चित्राणि पश्यामः।	तौ
३.	.... पुस्तकं पठथ।	ताः बालिकाः
४.	.... गृहं त्यजतः।	यूयं
५.	.... भोजनं पचसि।	युवां
६.	.... अद्य अत्र तिष्ठामि।	सः बालकः
7.	.... हसथः।	वयं
8.	.... अत्र क्रीडावः।	अहम्
९.	.... युष्मान् निन्दति।	आवाम्

6.11 <M>　代名詞 **यद्** と **तद्** 並びにその変化形は二つの物や事柄、二者の間の関係を示すために対で使われる。**यद्** と **तद्** の形が必ずしも同じ格である必要はない。

यः बालकः तत्र क्रीडति सः मम भ्राता– あそこで遊んでいる少年は私の弟です。

यत् त्वं वदसि तत् सत्यं न अस्ति–貴方が言うことは本当ではない。

यस्य तत् पुस्तकं तस्य एव एतानि चित्राणि– これらの絵はあの本の持ち主のものです。

या बालिका तत्र क्रीडति एषा माला तस्याः अस्ति– この花輪はあそこで遊んでいる少女のものです。

यत्र とか**यदा** それにその他後に学ぶ幾つかの不変化詞などの単語は **यद्**に関連している。同じように、**तत्र, तदा** とかその他の不変化詞も **तद्**に関連している。それらも上の例のように対で使われる。

यदा सः पठति तदा अहम् अपि पठामि– 彼が学ぶ時私も学ぶ。

यत्र तस्याः भ्राता गच्छति सा तत्रैव गच्छति– 彼女は彼女の兄が行くところへ行く。 (तत्रैव = तत्र + एव)

6.12 <M> 前の課で我々は場所を示す不変化詞 (**अव्यय**) を幾つか学んだ。ここで時間を示す不変化詞を幾つか学ぶことにしよう。

अधुना	今	**कदापि न**	決して～しない
तदा	その時	**सदा**	常に
इदानीम्	今	**सर्वदा**	いつも
कदा	いつ（疑問詞）	**अद्य**	今日
यदा	～する時（関係詞）	**प्रातः**	朝
यदा-कदा	時々	**सायम्**	夕方

6.13 <E> 次の文章を声を出して読み、日本語に訳しなさい

१. अहम् अधुना भोजनं पचामि। २. यूयं मन्दिरं कदा गच्छथ? ३. वयं प्रातः मन्दिरं गच्छामः। ४. तत्र सदा शान्तिः भवति। ५. अस्माकं विद्यालयस्य बालकाः सायं क्रीडन्ति। ६.अहं कदापि मदिरां[1] न पिबामि। 7. तस्य भ्राता यदा-कदा मदिरां पिबति। ८. अद्य सः अत्र एव तिष्ठति। ९. सा इदानीं हसति। १०. यां सः स्मरति ताम् एव अहम् अपि स्मरामि। ११. यत्र भवान् वसति तत्र एव सः अपि वसति। १२. यत् पुस्तकं त्वं पठसि सा अपि तत् पुस्तकं पठति। १३. त्वं पाठं कदा पठसि? १४. यदा शिक्षकः आगच्छति तदा अहं पाठं पठामि। १५. वयं सर्वदा ईश्वरं स्मरामः।

注：1. 酒、ワイン

6.14 <E> 次の文章をサンスクリットに訳しなさい

1. 私はここで本を読んでいます。 2. 私の学校はあそこにあります。 3. これらの絵は貴方のです。 4. あなた達は (भवन्तः) は何を与えるのですか。 5. 私達はこれらの花輪を与えるのです。 6. 彼らは皆我々の学校の生徒達です。 7. あの少女の名前はヴィマラーVimalāです。 8. 家の周りには森があります。 9. 我々は皆甘い果物を食べています。 10. 彼らは本なしでは学校へは行きません。

<<練習問題解答>>

6.2 1. 彼は私をそこへ連れて行きます。 2. 私達の母は私達を覚えている。 3. 私達はあなた達を見ています。 4. あなた達は私達を見ています。 5. あなたの兄はあなたをどこへ連れて行くのですか。 6. 彼は私を庭へ連れて行きます。 7. 私は今庭へ行くところです。 8. 彼らはあなた達二人を非難しています。 9. 私達二人はあなた達二人を非難しません。 10. あの二人はあそこで遊んでいる。

6.5 1. 先生はあの少年達を学校へ連れて行く。 2. 私は彼を見ている。 3. 彼は私を見ている。 4. 彼は彼女を覚えている。 5. 彼女は彼を覚えている。 6. 私はこの本を読んでいる。 7. 彼らはあれらの本を読んでいる。 8. あなた方は彼女たちを覚えている。 9. 私達はこの課を学んでいる。 10. 私達二人はあの町へ行くところです。

6.7 1. あなたは何ですか。 2. 私は生徒です。 3. 彼らは何ですか。 4. 彼らは私の先生達です。 5. あそこにいる少年達は皆私達の学校の生徒達です。 6. ここには誰達が住んでいるのですか。 7. 私達の先生達がここに住んでいます。 8. 果物を食べ、ミルクを飲む人達は強くなります。 9. 全ての人々を非難する人は悪い人達です。 10. これらの本を皆読む人は誰ですか。 11. これらの全ての本は私達の学校の生徒達が読みます。 12. 誰の名前がカマラーなのですか。 13. 私の名前がカマラーです。 14. この女性の名前がラマーです。

6.9 1. あれが私達の家です。 2. 我々はあそこに住んでいます。 3. 私達の父母もあそこに住んでいます。 4. あの少年は甘いミルクを飲んでいます。 5. 我々も甘いミルクを飲み、甘い果物を食べています。 6. 財

第六課

産は常にあるものではない。 7. 財産は人間から離れていきます。 8. 知識は人から離れません。 9. これらの人達が国を護っているのです。 10. あの女性の心根は優しい。 11. 彼の本性は温和です。 12. 私達の学校の全ての少女達は優しく話をします。 13. 母は息子の顔を見ています。 14. 希望のあるところに、力がある。 15. 知識なしでは人間は強くなれません。 16. 火は木を焼く。 17. 私の母は食事を調理しています。 18. 私も食事を調理しています。 19. あなた方は皆笑っている。 20. 我々はここでは笑わない。 21. 彼は常に真理を語る。 22. 我々も常に真理を語る。 23. 彼らは常に勝つ。 24. あなたは速く歩く。 25. 我々は今日ここに留まります。

6.10 १. ताः बालिकाः, २. वयं, ३. यूयं, ४. तौ, ५. त्वं, ६. अहम्, ७. युवां, ८. आवाम्, ९. सः बालकः

6.13 1. 私は今食事を調理しています。 2. あなた方は寺に何時行くのですか。 3. 我々は朝寺へ行きます。 4. そこには常に平和があります。 5. 私達の学校の少年達は夕方遊びます。 6. 私は決してアルコールを飲みません。 7. 彼の兄は時々アルコールを飲みます。 8. 今日彼はここに滞在します。 9. 彼女は今笑っています。 10. 彼が覚えている女の人を私も覚えています。 11. あなたが住んでいるところに彼も住んでいます。 12. あなたが読んでいるその本を彼女もまた読んでいます。 13. あなたは何時学課を読むのですか。 14. 先生がくる時、その時に私は学課を読みます。 15. 我々は常に神を覚えています。

6.14 १. अहम् अत्र पुस्तकं पठामि । २. मम विद्यालयः तत्र अस्ति । ३. एतानि चित्राणि युष्माकं (तव) सन्ति । ४. भवन्तः किं यच्छन्ति ? ५. वयम् एताः मालाः यच्छामः । ६. ते सर्वे अस्माकं विद्यालयस्य छात्राःसन्ति । ७. तस्याः बालिकायाः नाम विमला अस्ति । ८. गृहं परितः वनम् अस्ति । ९. वयं सर्वे मधुराणि फलानि खादामः । १०. ते पुस्तकानि विना विद्यालयं न गच्छन्ति ।

第七課

> 名詞、代名詞の具格 (Instrumental case) ／与格(Dative case)／
> 奪格 　(Ablative case) ／ サンスクリットの会話

7.1<N>　　-अで終わる男性名詞と中性名詞の具格 (the Instrumental case)、与格 (the Dative case)、奪格 (the Ablative case)は次の通りである。

	単数	両数	複数
具格 Instr.	बालकेन	बालकाभ्याम्	बालकैः
与格 Dat.	बालकाय	बालकाभ्याम्	बालकेभ्यः
奪格 Abl.	बालकात्	बालकाभ्याम्	बालकेभ्यः

　-अ で終わる中性名詞は、主格と目的格の場合を除き、これら三つの格については、同類の男性名詞と全く同じように変化する。そこで、これら三つの格について、名詞 वन はवनेन, वनाभ्याम्, वनैः 等々という具合に変化する。

　-आで終わる女性名詞の具格、与格、従格は次のように変化する。

	単数	両数	複数
具格 Instr.	बालिकया	बालिकाभ्याम्	बालिकाभिः
与格 Dat.	बालिकायै	बालिकाभ्याम्	बालिकाभ्यः
奪格 Abl.	बालिकायाः	बालिकाभ्याम्	बालिकाभ्यः

　両数における具格、与格、奪格の形は同じであり、複数では与格、奪格の形が同じであることに注意されたい。このことは名詞の性や最終語尾に関係なく全ての名詞について当てはまる。

第七課

7.2 \<N\> 具格は主として次のような場合に使われる。

 1. ある活動を行う手段を示すために使われる。
 वयं नेत्राभ्यां पश्यामः– 我々は目で見る。
 2. सह (一緒に)、विना (なしで)という前置詞と共に使われる。
 पिता पुत्रेण सह गच्छति– 父は息子と一緒に行く。
 पुस्तकेन विना न पठामः– 我々は本なしでは勉強できない。
後者の場合、目的格を使うこともできる。
 पुस्तकं विना न पठामः।
 3. 生まれつき、名義上、といった観念を表すために使われる。
 स्वभावेन सरलः– 生まれつき純真である。
 4. अलम् (もう十分) を伴う慣用句等の中で使われる。
 अलं शोकेन– 悲しみはもう沢山。

7.3 \<N\> 与格は主として次のような場合に使われる。

 1. 与える、送る、約束する、を意味する動詞の間接目的語を示す。
 सः बालिकाभ्यः फलानि यच्छति– 彼は少女たちに果物を与える。
 2. 活動の目的を表す。
 सः ज्ञानाय पुस्तकानि पठति– 彼は知識を得るために本を読む。
 3. नमः (敬礼、挨拶)やस्वस्ति (歓迎、かくあれかし) 等の語の後。
 ईश्वराय नमः– 我々は神に礼拝する。
 स्वस्ति सर्वेभ्यः जनेभ्यः– 全ての人々によくあれかし。
 4. 好む、欲求する、に怒るという動詞の目的語。
 मह्यं दुग्धं रोचते - ミルクは私を喜ばせる。(私はミルクを好む。)
 सः बालकेभ्यः कुप्यति– 彼は少年達に怒っている。

7.4 <N> 奪格は主として次のような場合に使われる。

1. 運動が開始される場所を示す。

छात्रः विद्यालयात् आगच्छति- 生徒が学校から出てくる。

2. 保護する、断念する、恐れる等の動詞と共に使われる。

ईश्वरः मनुष्यान् दुःखेभ्यः रक्षति- 神は人間を悲惨から守る。

अत्र चौरेभ्यः भयं नास्ति- ここには盗賊からの脅威はない。

3. 原因あるいは動機を示す。

सः क्रोधात् गृहं त्यजति- 彼は怒りのあまり家を出る。

4. 前置詞 पूर्वम् (の前)、प्राक् (の前、の東へ)、अनन्तरम् (の後)、बहिः (の外に)、ऋते (除いて) 等と共に。

सः भोजनात् पूर्वं मन्त्रं पठति-彼は食事の前に真言を読誦する。

ग्रामात् बहिः वाटिका अस्ति- 村の外側に公園がある。

7.5 <M> サンスクリットの接頭辞 (Sanskrit prefixes) サンスクリットの接頭辞には動詞に付加されると、意味を大きく変えるものがある。「行く」を意味する語根 गम् に接頭辞の आ が付け加わると आगम् となり「来る」を意味するようになる。

सः गृहं गच्छति–彼は家に行く。 सः गृहाद् आगच्छति– 彼は家から来る。

語根 नी (もって行く、運ぶ) に、 आ という接頭辞が付くと、「もって来る」の意味になる。

सः बालकान् नगरं नयति–彼は少年たちを町まで連れて行く。

सः बालिकाभ्यः पुष्पाणि आनयति– 彼は少女たちに花をもって来る。

動詞 भू (ある、なる) に接頭辞 अनु が付くと「感じる」という意味になる。

अहं शीतम् अनुभवामि–私は寒さを感じる。

動詞 भू に接頭辞 सम् が付くと「可能である」という意味になる。

सर्वं संभवति– 全ては可能である。

第七課

7.6 <E>　　　　次の文章を声を出して読み、日本語に訳しなさい

१. पिता परिवाराय धनम् आनयति१ । २. छात्राः विद्यालयात् बहिः आगच्छन्ति । ३. ईश्वराय नमः । ४. वृक्षेभ्यः पत्राणि पतन्ति । ५. माता पुत्राय भोजनं पचति२ । ६. वयं भोजनात् अनन्तरं गृहात् बहिः गच्छामः । ७. जनाः३ अत्र दुःखम् अनुभवन्ति४ । ८. ते सुखम् अपि अनुभवन्ति । ९. सुखेन सह दुःखम् आगच्छति । १०. दुःखेन सह सुखम् अपि आगच्छति । ११. सा स्वभावेन शान्ता५ । १२. अहं धनेन जीवामि६ किन्तु धनाय न जीवामि । १३. अद्य अहं किमपि न७ खादामि । १४. अहम् एतानि पुस्तकानि ताभ्यः बालिकाभ्यः यच्छामि । १५. सः एताभ्यः बालिकाभ्यः पुष्पाणि यच्छति । १६. पिता पुत्राय कुप्यति८ । १७. उद्यमेन९ सर्वाणि कार्याणि१० संभवन्ति ।

注: 1. 持ってくる、2. 調理する、3. 人々、人間、4. 感じる、経験する、5. 静かな、落ち着いた、6. 生活する、生きている、7. किमपि न— 何も 〜しない、8. 怒る、9. 努力して、10. कार्यम्-仕事、行為、行動

7.7 <P>　　अस्मद् と युष्मद् の具格、与格、奪格は次のようになる。

		単数	両数	複数
अस्मद्	具格 Instr.	मया	आवाभ्याम्	अस्माभिः
	与格 Dat.	मह्यम् (मे)	आवाभ्याम् (नौ)	अस्मभ्यम् (नः)
	奪格 Abl.,	मत्	आवाभ्याम्	अस्मत्
युष्मद्	具格 Instr.	त्वया	युवाभ्याम्	युष्माभिः
	与格 Dat.	तुभ्यम् (ते)	युवाभ्याम् (वाम्)	युष्मभ्यम् (वः)
	奪格 Abl.	त्वत्	युवाभ्याम्	युष्मत्

注: 対格と属格におけるが如く、 अस्मद् と युष्मद् の与格にも別の形があるが滅多に使われない。

तद् の具格、与格、奪格は次のようになる。

तद्	男性と中性			女性		
	単数	両数	複数	単数	両数	複数
具格	तेन	ताभ्याम्	तैः	तया	ताभ्याम्	ताभिः
与格	तस्मै	ताभ्याम्	तेभ्यः	तस्यै	ताभ्याम्	ताभ्यः
奪格	तस्मात्	ताभ्याम्	तेभ्यः	तस्याः	ताभ्याम्	ताभ्यः

तद् の変化を基にすれば、सर्व, यद्, किम् などの代名詞も変化させることができる。तद् の त の代わりに、सर्व, य, क を変化する部分に置き換えればよい。क の場合には次のようになる。

केन, काभ्याम्, कैः य कस्मै, काभ्याम्, केभ्यः etc. (सर्व の具格単数は सर्वेण).

7.8 \<E\> 次の文章を声を出して読み、それを日本語に訳せ

१. तानि पुष्पाणि ताभ्यः बालिकाभ्यः सन्ति। २. सः मह्यं मधुराणि फलानि यच्छति। ३. अहमद्य तैः बालकैः सह नगरं गच्छामि। ४. किम् यूयमपि अस्माभिः सह नगरम् आगच्छथ? ५. न, अद्य वयं नगरं न गच्छामः, ग्रामं गच्छामः। ६. वयम् अत्र सुखम् अनुभवामः, किमपि कष्टं¹ न अनुभवामः। ७. अहं तस्मात् बालकात् तुभ्यं पुष्पाणि आनयामि। ८. तत् पत्रम् अपि तुभ्यम् अस्ति, मह्यं न अस्ति। ९. अस्मभ्यम् अत्र किम् अस्ति? १०. तानि चित्राणि युष्मभ्यं सन्ति। ११. अहं त्वया सह क्रीडामि किन्तु तेन बालकेन सह न क्रीडामि। १२. एतानि फलानि कस्यै सन्ति? १३. एतानि फलानि तस्यै बालिकायै सन्ति। १४. वयम् ईश्वरं स्मरामः, तस्मै नमामः² च। १५. ॐ नमः शिवाय।

注: 1. 困難、試練、2. नम्-敬礼する

第七課

7.9 <E> 左の欄にある語句や文章を、右の欄の同じ意味の日本語に結び付なさい

१.	तस्यै बालिकायै	A.	あれら二人の少年の
२.	तेषां बालकानाम्	B.	あの少女の
३.	तयोः बालकयोः	C.	あの少女のために
४.	ताभ्यां बालिकाभ्याम्	D.	あれらの少年達の
५.	मधुरे फले	E.	あの二人の少女から/に
६.	मधुराणि फलानि	F.	二個の甘い果物
७.	विशालाय वनाय	G.	大きな森から
८.	विशालस्य वनस्य	H.	大きな森へ向かって
९.	विशालात् वनात्	I.	大きな森の
१०.	ते बालिके पश्यतः।	J.	彼ら（男性）が見てる。
११.	तस्याः बालिकायाः	K.	沢山の甘い果物
१२.	ते पश्यन्ति।	L.	あの二人の少女が見ている。

7.10 <R> 次の会話の練習をしてみなさい

१.	शेखरः	कुत्र गच्छति भवती?
२.	मालिनी	अहं वाटिकां गच्छामि।
३.	शेखरः	तत्र भवती किं करोति?
४.	मालिनी	अहं तत्र क्रीडामि।
५.	शेखरः	भवती केन सह क्रीडति?
६.	मालिनी	अहं ताभिः बालिकाभिः सह क्रीडामि। ताः बालिकाः मया सह क्रीडन्ति। भवान् कुत्र गच्छति?
७.	शेखरः	अहम् अधुना गृहात् आगच्छामि, विद्यालयं गच्छामि।

८.	मालिनी	भवान् तत्र किं करोति?
९.	शेखरः	अहं तत्र पठामि। मया सह ते बालकाः अपि पठन्ति।
१०.	मालिनी	इदं पुस्तकं कस्मै अस्ति?
११.	शेखरः	इदं पुस्तकं मम मित्राय अस्ति। इदं संस्कृतस्य पुस्तकम्। अति रोचकम्¹ अस्ति। (注：1. 面白い)
१२.	मालिनी	अपि इदं पुस्तकं सरलम् अस्ति?
१३.	शेखरः	अति सरलम् अस्ति। संस्कृतभाषा कठिना न अस्ति। सरला अस्ति।
१४.	मालिनी	सः जनः कः अस्ति?
१५.	शेखरः	सः जनः अस्माकं शिक्षकः अस्ति। निकटे एव वसति। अधुना अहं विद्यालयं गच्छामि। नमस्ते।
१६.	मालिनी	अहं वाटिकां गच्छामि। नमस्ते।

7.11<E> 　次の文章をサンスクリットに訳しなさい

　1. 教師はあの少年達と共に町へ行くところです。　2. 私はこれらの本を全てあなた達 (युष्मद्, *pl.*)にあげます。　3. あなたは(भवान्) あの村から来るのですか。　4. いいえ、私は町から来るのです。　5. 私達の村の周りは森です。6. 彼は決して私を見捨てません。7. 彼の母は朝彼に熱いミルクを与えます。　8. 少年達は少女達と一緒に公園で(वाटिकायां) 遊んでいます。9. 彼は家から外に出ます。10. 私はあなたと一緒でなければ学校へ行きません。

<<練習問題解答>>

7.6　1. 父親は家族にお金をもって来ます。　2. 生徒達が学校から出て来ます。　3. （私達は）神に敬礼します。　4. 葉が木々から落ちて来ます。　5. 母は息子のために食物を調理します。6. 食事の後で私達は家から出ます。7. 人々はここでは不幸を感じています。　8. 彼らは幸福も感じています。　9. 不幸は幸福と共にやって来ます。10. 幸福もまた不幸と一緒に訪れます。11. 彼

第七課

女は生まれつき静かです。 12. 私はお金で生活しているが、お金のために生活してはいない。 13. 私は今日何も食べていない。 14. 私はこれらの本をあの少女達にあげます。 15. 彼はこの少女達に花をあげます。 16. 父親は息子に怒っています。 17. 全ての仕事は努力によって可能になります。

7.8 1. あれらの花はあの少女達のためのものです。 2. 彼は私に甘い果物をくれます。3. 私は今日あの少年達と町へ行きます。 4. あなた方もまた私達と一緒に町にやって来ますか。 5. いいえ、私達は今日町へ行きません。私達は村へ行くのです。 6. 私達はここで楽しくしていて、何の困難も感じません。 7. 私はあなたのためにあの少年から花をもって来ます。8. あの手紙もあなた宛で、私宛ではありません。9. 私達のためにここに何があるのですか。10. あれらの絵はあなた方のためのものです。 11. 私はあなたとは遊ぶが、あの少年とは遊ばない。12. これらの果物は誰のためにありますか。 13. これらの果物はあの少女のためにあります。14. 私達は神を覚えていて神を敬礼します。15. シヴァ神に帰依します。（ नम: 不変化詞で与格を取る）

7.9　1–C, 2–D, 3–A, 4–E, 5–F, 6–K, 7–H, 8–I, 9–G, 10–L, 11–B, 12–J.

7.10 会話 1. あなたは何処へ行くのですか。2. 私は公園へ行くところです。 3. そこであなたは何をするのですか。 4. 私はそこで遊びます。5. あなたは誰と一緒に遊ぶのですか。6. 私はあの少女達と遊びます。あの少女達は私と一緒に遊びます。あなたは何処へ行くのですか。 7. 私は今家からきて、学校へ行くところです。 8. あなたはそこで何をしますか。 9. 私はそこで勉強します。私と一緒にあの少年達も勉強しています。10. この本は誰のためにあるのですか。11. この本は私の友人のためにあります。これはサンスクリットの本です。それは大変面白いものです。 12. この本はやさしいですか。13. 大変やさしいです。サンスクリット語は難しくありません。やさしいです。 14. あの男性は誰ですか。 15. あの男性は私達の先生です。彼は近くに住んでいます。今私は 学校へ行きます。さようなら。16. 私は公園に行きます。さようなら。

7.11　१. शिक्षकः तैः बालकैः सह नगरं गच्छति। २. अहम् एतानि सर्वाणि पुस्तकानि युष्मभ्यं यच्छामि। ३. किम् (अपि) भवान् तस्मात् ग्रामात् आगच्छति? ४. न, अहं नगरात् आगच्छामि। ५. अस्माकं ग्रामं परितः वनम् अस्ति। ६. सः मां कदापि न त्यजति। ७. तस्य माता प्रातः तस्मै उष्णं दुग्धं यच्छति। ८. बालकाः बालिकाभिः सह वाटिकायां क्रीडन्ति। ९. सः गृहात् बहिः गच्छति। १०. अहं त्वया विना विद्यालयं न गच्छामि।

第八課

第 4 類動詞 (दिव्.गण) ならびに動詞 कृ (する) の現在時制(लट्)／幾つかのサンディ規則(rules of *sandhi*)／手紙と詩句

8.1<V>　第 4 類動詞 (दिव्.गण).　पुष् (養う) は第 4 類動詞の一つである。この種類の動詞の動詞語幹を作るためには、語根に य が付加される。そこで पुष् は पुष्यになる。活用語尾と適用される規則は第 1 類動詞と同じである。(第 5.2 節参照)

लट् (現在時制)において पुष् は次のように活用する。

	単数	両数	複数
3rd P.	(सः) पुष्यति	(तौ) पुष्यतः	(ते) पुष्यन्ति
2nd P.	(त्वं) पुष्यसि	(युवां) पुष्यथः	(यूयं) पुष्यथ
1st P.	(अहं) पुष्यामि	(आवां) पुष्यावः	(वयं) पुष्यामः

第 4 類動詞の幾つかを次に記す。不規則動詞は星印で示す。(*)

नृत् (नृत्यति)	踊る	तृप् (तृप्यति)	満足する
नश् (नश्यति)	消滅する	पुष् (पुष्यति)	養育する
मुह् (मुह्यति)	感覚をなくす	स्निह् (स्निह्यति)	愛する
सिध् (सिध्यति)	成就する	तुष् (तुष्यति)	喜ぶ
लुभ् (लुभ्यति)	欲求する	*शम् (शाम्यति)	静まる
कुप् (कुप्यति)	怒る	*श्रम् (श्राम्यति)	疲れる

上記の動詞を代名詞を主語にして活用させてみなさい。

　　　例：　　सः नृत्यति, तौ नृत्यतः, ते नृत्यन्ति etc.

8.2 <E> 次の文章を読んで、訳しなさい

१. दुग्धेन अस्माकं शरीराणि पुष्यन्ति। २. फलैः अपि अस्माकं शरीराणि पुष्यन्ति। ३. अस्माकं माता अस्मभ्यं दुग्धं यच्छति। ४. सा कदापि अस्मभ्यं न कुप्यति। ५. प्रसन्नाः बालिकाः वाटिकायां नृत्यन्ति। ६. क्रोधः[१] क्रोधेन न शाम्यति। ७. अक्रोधेन एव क्रोधः शाम्यति। ८. एतत् बुद्धस्य वचनम्[२]। ९. उद्यमेन कार्यं सिध्यति। १०. ते बालकाः अतीव क्रीडन्ति, अतः ते श्राम्यन्ति। ११. श्वः[३] उत्सवः[४] अस्ति। १२. जनाः मन्दिरं[५] गच्छन्ति। १३. पापेन[६] मनुष्यः नश्यति। १४. पुण्यं[७] मनुष्यं रक्षति। १५. पापं दुःखाय भवति। १६. पुण्यं सुखाय भवति। १७. मनुष्यः धनेन कदापि न[८] तृप्यति। १८. छात्राणाम् उद्यमेन अध्यापकाः[९] तुष्यन्ति।

注：1. 怒り、2. 格言、3. 明日、4. 祭り、5. 寺へ、6. 罪によって、7. 美徳、 8. **कदापि न** 決して～しない、9. 教師

8.3 <V> 動詞語根 **कृ** (する)は第８類動詞に属している。しかし、極めてよく使われる動詞なので、その現在形(**लट्**) をここで学んで置こう。

	単数	両数	複数
3rd P.	कराात	कुरुतः	कुर्वन्ति
2nd P.	करोषि	कुरुथः	कुरुथ
1st P.	करोमि	कुर्वः	कुर्मः

8.4 <E> 次の文章を日本語に訳しなさい

१. अहम् अधुना भोजनं करोमि। २. त्वमद्य किं करोषि? ३. अहम् अद्य तैः बालकैः सह क्रीडामि। ४. सः स्वभावेन[१] शान्तः। ५. सः क्रोधं न करोति। ६. तस्य भ्राता सदा[२] क्रोधं करोति। ७. सा अधुना किं

करोति? ८. सा भोजनं पचति। ९. यूयम् अद्य किं कुरुथ? १०. वयम् अद्य ताभिः बालिकाभिः सह मन्दिरं गच्छामः। ११. वयं यदा पापं कुर्मः तदा दुःखम् अनुभवामः[3]। १२. मनुष्याः यदा पुण्यं कुर्वन्ति तदा सुखम् अनुभवन्ति। १३. अहमपि यदा पुण्यं करोमि तदा सुखम् अनुभवामि। १४. यदा पापं करोमि तदा दुःखम् अनुभवामि। १५. युवाम् अधुना किं कुरुथः ? १६. आवाम् अधुना पाठं पठावः।

注: 1. 生来、本性的に、 2. 常に、 3. 感じる

8.5 <S> サンディの三つの型。サンスクリットには耳に心地よく響くように工夫された特別のシステムがある。それは一つの文章の中で単語と単語が連結する場合に働くこともあるし、語根から動詞を作ったり、名詞の基本形から名詞の変化形を作る場合にも現れる。これらの規則をサンディ規則 (*sandhi* rules)という。(*sandhi* とは一緒に結び付つくという意味である)すでに、我々はそうした規則を **2.20** ならびに **3.7** の各節で若干学んだ。結合する二つの音が母音である時、それを母音サンディという。結合する音が二つ以上の子音である場合、子音サンディという。耳に快いように音韻が結合する時に、ヴィサルガが含まれているものを、ヴィサルガ・サンディという。まず、母音サンディと二つのヴィサルガ・サンディに共通の規則を見て行こう。

a. 母音サンディ *vowel sandhi.*

ए, ऐ, ओ, औ を除き、長短を問わず如何なる母音も、同じ母音がその後に続くと、二つの母音は結び付き長母音となる。

न	+	अस्ति	=	नास्ति	(अ+अ= आ)
कुत्र	+	अपि	=	कुत्रापि	(अ+अ= आ)
मम	+	आत्मा	=	ममात्मा	(अ+आ= आ)
अस्ति	+	ईश्वरः	=	अस्तीश्वरः	(इ+ई = ई)
कदा	+	अपि	=	कदापि	(आ+अ= आ)

第八課

b. ヴィサルガ サンディ *visarga sandhi*.
① ヴィサルガ(ः)の前に अ があって、その後に軟子音が来ると、ヴィサルガ(ः)は ओ になる。

बालकः + गच्छति = बालको गच्छति
प्रसन्नः + भवति = प्रसन्नो भवति

注：軟子音とは、有声子音(ग, घ, ङ, ज, झ, ञ, ड, ढ, ण, द, ध, न, ब, भ, म)と半母音(य, र, ल, व) と ह のこと。 他は硬子音である。

② अ にヴィサルガ(ः) が付き、それに अ が続くと、अः は ओ に変わり、後の अ は発音せずにアバグラハ(記号 ऽ) に置き換る。

कः + अत्र = कोऽत्र
मनुष्यः + अस्ति = मनुष्योऽस्ति

③ सः と एषः の場合。これら二つの代名詞は子音と अ を除く母音が後に来ると、ヴィサルガが脱落する。

सः + शिक्षकः = स शिक्षकः
एषः + मनुष्यः = एष मनुष्यः   ただし次ぎは
सः + अत्र = सोऽत्र   となる。

8.6 <E> **次の組になった語句を *sandhi* で結合させなさい**

१. कदा + अपि   ६. बालकः + गच्छति
२. प्रसन्नः + अस्मि   ७. कस्य + अयम्
३. किम् + अपि   ८. तव + अपमानः
४. मम + अपि   ९. छात्रः + अस्ति
५. न + अस्ति   १०. परिचितः + देशः

注：サンディ規則の適用は合成語や前置詞と動詞の組み合せの場合には必須である。しかし、その他の場合は随意である。ただ、大部分のサンスクリット文献は大概の場合 *sandhi* 規則に従っており、そのことが初学者にある困難を作り出している。この講座では学習者がこの規則をよく理解できるようにするために、*sandhi* 規則は適宜適用している。特に、初期の段階で、サンスクリットの文章を書く場合、異なる単語の間では *sandhi* を使わなくても一向に差し支えない。

8.7 <R> 次のサンスクリットの詩句をよむことにしよう

क　उद्यमेन[१] हि सिध्यन्ति[२] कार्याणि न मनोरथैः[३] ।
न हि सुप्तस्य[४] सिंहस्य[५] प्रविशन्ति[६] मुखे मृगाः[७] ।।

ख　विद्या विवादाय[८] धनं मदाय[९] शक्तिः परेषां[१०] परिपीडनाय[११] ।
खलस्य[१२] साधोः[१३] विपरीतमेतत्[१४] ज्ञानाय दानाय[१५] च रक्षणाय ।।

ग　अधमाः[१७] धनमिच्छन्ति[१८], धनं मानं च मध्यमाः[१९] ।
उत्तमाः[२०] मानमिच्छन्ति, मानो हि[२१] महतां[२२] धनम् ।।

注：1. 懸命の努力によって、2. 達成される、 3. 望むことによって、 4. सुप्त- 寝ている、 5. सिंहः-ライオン、 6. प्र+विश् 入る、7. 鹿、 8. विवादः-議論、9. मदः- 高慢、10. 他者の、11. परिपीडनम्- 苦しめる、 12. खलः- 悪人、 13. साधुः-賢者、知者、 14. विपरीतम्–反対、 15. दानम्-慈善、寄付、 16. रक्षणम्-保護する、17. *adj.* 最も低い（人間）、18. धनम् इच्छन्ति– 富を希求する、19. *adj.* 中流階級の(人間)、 20. *adj.* 最良の、最も高貴な (人間)、 21. *ind.*「確かに」を意味する分詞、 22. (大きな) महत्の(6-3)–, 偉大な人の

第八課

8.8 <R>   **मित्राय पत्रम्**   友への手紙

प्रियमित्र,

नमस्ते। अहम् एतत् पत्रं स्वग्रामात्1 लिखामि2। पत्रेण सह मम ग्रामस्य चित्रम् अस्ति। अहम् अत्र वसामि। मम परिवारः अपि अत्र अस्ति।

मम पिता कृषकः3 अस्ति। तस्य क्षेत्रम्4 अति विशालं न अस्ति। सः प्रातः क्षेत्रं गच्छति। सायं गृहम् आगच्छति। मम पिता अति उद्यमं5 करोति। तस्य द्वौ6 वृषभौ7 स्तः। तौ क्षेत्रं कृषतः8। अस्माकम् एका गौः9 अपि अस्ति। सा अस्मभ्यं दुग्धं यच्छति। वयं सर्वे तस्याः दुग्धं पिबामः।

मम माता गृहाद् बहिः10 कार्यं न करोति। सा गृहे तिष्ठति। सा अस्मभ्यं सर्वेभ्यः भोजनं पचति।

ग्रामं परितः11 विशालाः वृक्षाः सन्ति। अत्र विद्यालयः अपि अस्ति। अहं प्रातः विद्यालयं गच्छामि। तत्र अहं पठामि, मित्रैः च सह क्रीडामि। मम भगिनी अपि मया सह विद्यालयं गच्छति। मम भ्राता नगरस्य महाविद्यालये12 पठति।

अस्माकं ग्रामः नगरात् दूरे अस्ति। मम भ्राता बसयानेन13 महाविद्यालयं गच्छति। वयमपि यदा-कदा14 बसयानेन नगरं गच्छामः।

कृषकस्य जीवनं कठिनम्15 अस्ति। किन्तु वयं प्रसन्नाः स्मः।
अधुना पत्रं समाप्तं16 करोमि।

तव मित्रम्
रमेशः

注： 1. **स्वग्रामात्** -自分の村から、2. **लिख्**-書く、3. 百姓、4. 畑、農場、5. 労働、6. 二頭の、7. 雄牛、8. **कृष्-कृषति**, 耕す、9. 雌牛、10. 外に、11. 周りに、 12. 大学、13. バスで、 **यानम्-** 車、14. 時々、15. 難しい、困難な、16. 終わり

8.9 <E>　　　　　次の文章をサンスクリットに訳しなさい

1. 私達の先生は本を学校に持って行きます。 2. 私は庭からやってきます。 3. これらの絵はあなたのためにあります。 4. 私はこれらの花をあの少女達に与えるところです。 5. 彼は誰と一緒に町へ行くのですか。 6. 彼は私達と一緒にそこまで行きます。 7. 私達の先生は私達を決して怒りません。8. あなた達は今何をしているのですか。9. 私達はあの人達(*m.*)と一緒に寺に行くところです。 10.人間は怒りにより破滅していきます。

<<練習問題解答>>

8.2　1. ミルクによって我々の肉体は成長します。 2. 果物によっても私達の肉体は成長します。 3. 私達の母は私達にミルクを与えます。 4. 彼女は私達に対して決して怒りません。 5. 嬉しそうな少女達が庭でダンスをしています。 6. 怒りは怒りによっては鎮められません。 7. 怒らないことによってのみ怒りは鎮められます。 8. これは仏陀がおっしゃったことです。 9. 懸命な働きによって、仕事は成就します。 10. あの少年達はあまり遊びすぎたので、彼らは疲れています。 11. 明日、お祭りがあります。 12. 人々は寺へ行きます。 13. 人間は罪によって滅びます。 14. 美徳は人間を護ります。15. 罪は悲しみ(の原因)になります。16. 美徳は幸福(の原因)になります。 17. 人間はお金では決して満足しません。 18. 先生達は生徒達の懸命な努力を喜んでいます。

8.4　1. 私は今食事をしているところです。 2.あなたは今日何をするの。 3. 今日私はあの少年達と遊びます。 4. 彼は生まれつき温和です。 5. 彼は怒りません。 6. 彼の兄は常に怒ります。 7. 彼女は今何をしているのですか。8. 彼女は食事を調理しています。 9. あなた達は今日何をするのですか。 10. 私達は今日、あの少女達と一緒に寺に行きます。11. 私達は罪を犯す時に、悲しみを感じます。 12. 人間は美徳の行いをする時に、幸福を感じます。 13. 私もまた自分が美徳の行いをすると、幸福を感じます。 14. 私は罪を犯した時、不幸を感じます。15. あなた達二人は今何をしているのですか。 16. 私達二人は今学課を読んでいます。

8.6 १. कदापि, २. प्रसन्नोऽस्मि, ३. किमपि, ४. ममापि, ५. नास्ति, ६. बालको गच्छति, ७. कस्यायम्, ८. तवापमानः, ९. छात्रोऽस्ति, १०. परिचितो देशः

8.7 क. 全ての物事は望むだけではなく、懸命の努力によって達成される。鹿が眠っているライオンの口に飛び込んで来ることはない。

ख. 悪しき人にとって、学問は議論にふけるためにあり、富は自慢するためにあり、権力は人を苦しめるためにある。賢者にあっては、それは正反対である。（彼にとって、）学問は他者に知識を与えるためであり、富は慈善のためにあり、権力は他者を護るためにある。

ग. 低級な人々は富を欲し、中級の人は富と名誉を欲し、上級の人は名誉だけを欲する、名誉は偉大な人々の富である。

8.8 親愛なる友よ、

こんにちは。私はこの手紙を村から書いています。手紙と一緒に私の村の絵も入れておきます。私はここに住んでいるのです。私の家族もここにいます。私の父は農夫です。彼の畑はそんなに大きくありません。彼は朝畑に行きます。夕方彼は家に戻ってきます。私の父は大変な労働をしています。彼には２頭の雄牛がいます。それらが畑を耕します。私たちには一頭の雌牛もいます。彼女は私達にミルクを出してくれます。私達は皆そのミルクを飲みます。私の母は家の外では仕事をしません。彼女は家にいます。彼女は私達皆のために食事を調理してくれます。

村の周りに大きな木が沢山あります。ここに学校もあります。私は朝学校へ行きます。私はそこで学び、友達と一緒に遊びます。私の妹も私と一緒に学校へ行きます。私の兄は町の大学で勉強しています。私達の村は町から遠く離れています。私の兄はバスで大学に行きます。私達も時折バスで町へ行きます。農民の生活は大変です。しかし、私達は幸福です。

これで、手紙を終わりにします。

あなたの友、ラメーシャ

8.9 १. अस्माकं शिक्षकः विद्यालयाय पुस्तकानि आनयति। २. अहं वाटिकायाः आगच्छामि। ३. एतानि चित्राणि तुभ्यं सन्ति। ४. अहम् एतानि पुष्पाणि ताभ्यः बालिकाभ्यः यच्छामि। ५. सः केन सह नगरं गच्छति? ६. सः तत्र अस्माभिः सह गच्छति। ७. अस्माकं शिक्षकः कदापि अस्मभ्यं न कुप्यति। ८. यूयम् अधुना किं कुरुथ? ९. वयं तैः सह मन्दिरं गच्छामः । १०. क्रोधेन मनुष्यः नश्यति।

第九課

所格 (Locative case) と呼格 (Vocative case) ／
-अ と-आ で終わる名詞並びに代名詞の全変化形

9.1 <N> 所格 **(The Locative case)** 我々がこれまで見てきた３つのタイプの名詞の所格は次の通りである。

	単数	両数	複数
男性	बालके	बालकयोः	बालकेषु
女性	बालिकायाम्	बालिकयोः	बालिकासु
中性	वने	वनयोः	वनेषु

所格は主として次の場合に使われる。

(1) ある物の場所、或いはある動作の場所又は時点を示す場合。

वयं वाटिकायां क्रीडामः– 私達は庭で遊ぶ。

ते ग्रीष्मे स्वग्रामं गच्छन्ति– 彼らは夏に自分の村へ行く。

(2) 愛情を表現する対象を示す場合。

सः कमलायां स्निह्यति- 彼はカマラーを愛している。

9.2 <S> बालकेषु とबालिकासु の語尾が異なっているのは次の規則による。語尾がअ 又は आ を除く他の母音の後に続き、さらに同じ語尾の中で母音が後に来る時には、स् は ष् に変わる。

9.3 <E> **次の文章を日本語に訳しなさい**

१. पुस्तके चित्राणि सन्ति। २. विद्यालये छात्राः पठन्ति। ३. घटे शीतलं जलम् अस्ति। ४. वाटिकायां बालकाः क्रीडन्ति। ५. नगरेषु ग्रामेषु च जनाः वसन्ति। ६. वने वृक्षाः रोहन्ति। ७. लतासु पुष्पाणि विकसन्ति[१]। ८. तेषां शरीरेषु बलम् अस्ति। ९. तस्य स्वभावे साहसम्[२] अस्ति। १०. शरीरे आत्मा[३] अस्ति। ११. ईश्वरे मम विश्वासः[४] अस्ति।

注: 1. 咲く、2. 勇敢さ、3. 魂、4. 信仰、信頼

9.4 <N>　これで -अで終わる男性名詞と中性名詞並びに -आで終る女性名詞の７つの格と３つの数における変化が出そろったことになる。その全変化を次に見ることにしよう。

बालक

	単数	両数	複数
主格 Nom.	बालकः	बालकौ	बालकाः
対格 Acc.	बालकम्	बालकौ	बालकान्
具格 Instr.	बालकेन	बालकाभ्याम्	बालकैः
与格 Dat.	बालकाय	बालकाभ्याम्	बालकेभ्यः
奪格 Abl.	बालकात्	बालकाभ्याम्	बालकेभ्यः
属格 Gen.	बालकस्य	बालकयोः	बालकानाम्
所格 Loc.	बालके	बालकयोः	बालकेषु

बालिका

主格 Nom.	बालिका	बालिके	बालिकाः
対格 Acc.	बालिकाम्	बालिके	बालिकाः
具格 Instr.	बालिकया	बालिकाभ्याम्	बालिकाभिः
与格 Dat.	बालिकायै	बालिकाभ्याम्	बालिकाभ्यः
奪格 Abl.	बालिकायाः	बालिकाभ्याम्	बालिकाभ्यः
属格 Gen.	बालिकायाः	बालिकयोः	बालिकानाम्
所格 Loc.	बालिकायाम्	बालिकयोः	बालिकासु

वन

主格 Nom.	वनम्	वने	वनानि
対格 Acc.	वनम्	वने	वनानि

注：-अで終わる中性名詞は、その他の格では -अで終わる男性名詞と同じように変化する。

注： 格変化について特に注意すべき点を次に特記しておく。

1. 幾つかの異なる格と数の形の間に類似性と同一性があることが見て取れるであろう。上に掲げた変化表でいえば、両数の主格と対格は常に同一である、また両数の具格、与格、奪格並びに属格、所格も同一である。同じように両数と複数では３つの性について、与格と奪格が同じである。女性において、単数の奪格と属格が同じ、また複数の具格は全く同じ形の与格及び奪格との間には類似性がある。そのような同一性と類似性に注目することにより、諸君はこれらの変化をただ機械的に記憶するよりも、遥かに容易に理解することが出来るであろう。

特別の形がどの格、数に属しているのかが直ぐに見分けられるようになるまで、これらの変化表を幾度も見直してもらいたい。そうすると、例えば、बालकम्という単語に出会うと、この名詞は対格、単数で、ある動詞の目的になっているということが直ぐに分かるようになる。同じように गृहेषु という形に出会えば、この名詞は所格複数で、ある物か行動の場所を指示しているということが分かるようになる。

2. 表全体を機械的に記憶しようとして、いたずらに時間を費やしてはならない。勉強を続けてさえ行けば、これらの変化は自然と頭の中に入ってくるであろう。一般的な言い方をすれば、変化表や活用表を別個に記憶するよりは、実際のサンスクリットの文章になるべく注意を向けていただきたい。これらの表は名詞や代名詞あるいは動詞の特定の形の何たるかを知るための簡便な参照表として提示されているだけである。

9.5 <N> 呼格 (The Vocative case). これまで学んできた７つの格の他にサンスクリットの名詞には、人や物に呼びかけをする時に使われる呼格がある。この格はあまり頻繁には使われない。両数と複数においては主格と同じであるが、単数形では形は大きく異なる。**बालक, बालिका** 並びに **वन** の呼格は次の通りである。

第九課

	単数	両数	複数
	बालक	बालकौ	बालकाः
	बालिके	बालिके	बालिकाः
	वन	वने	वनानि

呼格の名詞の前には हे, अयि 或いは भोः といった間投詞がよく使われる。 हे ईश्वर <おお、神よ>、भोः बालकाः <おお、少年よ>。

注：名詞の格と数を示す組数字。 前の 1 から 8 までの数字を使って「格」を表わし、後の1から3までの数字を使って「数」を表わすことによって、名詞や代名詞の格と数を指示することが出来る。

そこで बालकेषु は बालकの7-3 (依格、複数)、बालिकाभ्यःは बालिकाの 4-3 或いは 5-3 (与格若しくは奪格で複数)となる。

9.6 <E> 上の方法を使って、次の名詞形の格と数を言いなさい

मनुष्यान्, फलानाम्, छात्रस्य, विद्यालयेषु, भोः बालक, ग्रामात्, मालायाम्, आनन्देन, पुत्रेभ्यः, हस्ताभ्याम्, पत्राणि, बालिकयोः

9.7 <P> 第一人称の代名詞 अस्मद् と第二人称の代名詞 युष्मद् は、所格では、次のような変化形になる。

	単数	両数	複数
अस्मद्	मयि	आवयोः	अस्मासु
युष्मद्	त्वयि	युवयोः	युष्मासु

第三人称の代名詞 **तद्**の男性と女性における所格は次のようになる。（中性の変化は男性と同じである）

	単数	両数	複数
男性と中性	तस्मिन्	तयोः	तेषु
女性	तस्याम्	तयोः	तासु

代名詞 **एतद्, सर्व, किम्** ならびに **यत्** の所格は**तद्** のパターンに従って次のように変化する。

男性 Masculine			女性 Feminine		
एतस्मिन	एतयोः	एतेष	एतस्याम	एतयोः	एतास
सर्वस्मिन	सर्वयोः	सर्वेष	सर्वस्याम	सर्वयोः	सर्वास
कस्मिन	कयोः	केष	कस्याम	कयोः	कास
यस्मिन	ययोः	येष	यस्याम	ययोः	यास

9.8 <E> 次の文章を声を出して読み日本語に訳しなさい

१. मम मित्रं तस्मिन् गृहे वसति। २. तेषु सर्वेषु पुस्तकेषु संस्कृतस्य रम्याः[१] कथाः[२] सन्ति। ३. तस्यां कक्षायां ते बालकाः गणितं[३] पठन्ति। ४. यस्मिन् बुद्धिः अस्ति तस्मिन् बलमस्ति। ५. मयि कोऽपि न स्निह्यति। ६. त्वयि मम प्रीतिः[४]। ७. वसन्ते[५] सर्वासु लतासु[६] पुष्पाणि विकसन्ति। ८. एते छात्राः कस्मिन् विद्यालये पठन्ति? ९. एते छात्राः तस्मिन् विद्यालये पठन्ति। १०. सर्वेषु छात्रेषु सः प्रथमः[७] अस्ति।

注: 1. 美しい、 2. 物語、3.数学、 4. 愛、愛情、 5. **वसन्तः**- 春、 6. 蔓植物、 7.一番

9.9 <P> 代名詞 **अस्मद्, युष्मद्** と **तद्** の全格変化形は次の通りである。

अस्मद्

	単数	両数	複数
主格 Nom.	अहम्	आवाम्	वयम्
対格 Acc.	माम्, मा	आवाम्, नौ	अस्मान्, नः
具格 Inst.	मया	आवाभ्याम्	अस्माभिः
与格 Dat.	मह्यम्, मे	आवाभ्याम्, नौ	अस्मभ्यम्, नः
奪格 Abl.	मत्	आवाभ्याम्	अस्मत्
属格 Gen.	मम, मे	आवयोः, नौ	अस्माकम्, नः
所格 Loc.	मयि	आवयोः	अस्मासु

युष्मद्

主格 Nom.	त्वम्	युवाम्	यूयम्
対格 Acc.	त्वाम्, त्वा	युवाम्, वाम्	युष्मान्, वः
具格 Inst.	त्वया	युवाभ्याम्	युष्माभिः
与格 Dat.	तुभ्यम्, ते	युवाभ्याम्, वाम्	युष्मभ्यम्, वः
奪格 Abl.	त्वत्	युवाभ्याम्	युष्मत्
属格 Gen.	तव, ते	युवयोः, वाम्	युष्माकम्, वः
所格 Loc.	त्वयि	युवयोः	युष्मासु

तद् (男性 Masculine)

主格 Nom.	सः	तौ	ते
対格 Acc.	तम्	तौ	तान्
具格 Inst.	तेन	ताभ्याम्	तैः
与格 Dat.	तस्मै	ताभ्याम्	तेभ्यः
奪格 Abl.	तस्मात्	ताभ्याम्	तेभ्यः
属格 Gen.	तस्य	तयोः	तेषाम्
所格 Loc.	तस्मिन्	तयोः	तेषु

तद् (女性 Feminine)

主格 Nom.	सा	ते	ताः
対格 Acc.	ताम्	ते	ताः
具格 Inst.	तया	ताभ्याम्	ताभिः
与格 Dat.	तस्यै	ताभ्याम्	ताभ्यः
奪格 Abl.	तस्याः	ताभ्याम्	ताभ्यः
属格 Gen.	तस्याः	तयोः	तासाम्
所格 Loc.	तस्याम्	तयोः	तासु

तद् (中性 Neuter)

主格 Nom.	तत्	ते	तानि
対格 Acc.	तत्	ते	तानि

中性のその他の格は男性と同様の変化をする。

9.10 <P> 既に学んだように、代名詞 एतद् (これ)は代名詞 तद् にए を付け加えた形で変化する。しかし、男性の主格と女性の主格はそれぞれ एषः と एषा である。また、男性の対格と具格では、それぞれ एनम् と एनेन という別の形もある。

9.11<E> 次の文章を声を出して読み、日本語に訳しなさい

१. वयं सर्वे संस्कृतभाषायाः छात्राः स्मः। २. संस्कृतम् अति मधुरा भाषा¹ अस्ति। ३. सा अति प्राचीना² भाषा। ४. तस्याः साहित्यम्³ अति समृद्धम्⁴। ५. वयं प्रतिदिनं संस्कृतस्य पाठान् पठामः। ६. अस्माकं पुस्तके संस्कृतस्य श्लोकाः अपि सन्ति। ७. कक्षायाम् अस्माकम् अध्यापकः प्रथमं तान् श्लोकान् गायति। ८. पश्चात् वयं छात्राः तेन सह तान् श्लोकान् गायामः। ९. वयं तान् श्लोकान् स्मरामः। १०. संस्कृतस्य श्लोकानां गानम्⁵ अतीव⁶ मधुरम्। ११. तेषाम् अर्थोऽपि⁷ अति प्रेरकः⁸।

注: 1. 言語、 2. 古代の、 3.文学、 4. 豊富な、 5. 詠唱、6.大変に、 7.अर्थः—意味、8. 心を打つものがある

第九課

<<練習問題解答>>

9.3 1. 本の中には幾つかの絵があります。2. 学校で生徒達は勉強します。3. 水瓶の中には冷たい水があります。4. 少年達は庭で遊んでいます。5. 町や村には人々が住んでいます。6. 森には木々が生育しています。7. 蔓植物に花(*pl.*)が咲いています。8. 彼らの肉体には力があります。9. 彼の性質には勇敢なところがあります。10. 肉体の中に魂があります。11. 私は神を信頼しています。

9.6 मनुष्यान् (2-3), फलानाम् (6-3), छात्रस्य (6-1), विद्यालयेषु (7-3), भोः बालक (8-1), ग्रामात् (5-1), मालायाम् (7-1), आनन्देन (3-1), पुत्रेभ्यः (4-3, 5-3), हस्ताभ्याम् (3-2, 4-2, 5-2), पत्राणि (1-3, 2-3), बालिकयोः (6-2, 7-2)

9.8 1. 私の友はあの家に住んでいます。2. あれらの全ての書物の中には、サンスクリットの美しい物語があります。3. あの学級であれらの少年達は数学を学んでいます。4. 知性のある人には力があります。5. 私を愛している人は誰もいません。6. 私はあなたを愛しています。7. 春には全ての蔓草に花(*pl.*)が咲きます。8. これらの生徒達はどの学校で学んでいるのですか。9. これらの生徒達はあの学校で学んでいます。10. 全ての生徒達の間で彼は一番です。

9.11 1. 私達は皆サンスクリット語の生徒です。2. サンスクリットは大変優美な言語です。3. それは大変古い言語です。4. その文学は大変豊かです。5. 私達は毎日サンスクリットの学課を学習しています。6. 私達の本にはサンスクリットの詩句もあるのです。7. 学級で私達の先生は先ずそれらの詩句を詠唱します。8. その後で私達生徒もそれらの詩句を先生と共に歌います。9. 私達はそれらの詩句を覚えます。10. サンスクリットの詩句の詠唱は大変楽しいです。11. それらの意味も大変心を揺さぶるものがあります。

第十課

> 第6類動詞 (तुद्.गण) と第10類動詞(चुर्.गण) ／
> 幾つかの母音サンディ sandhi 規則／ サンスクリットの会話と詩句

10.1 <V> 第6類動詞 (तुद्.गण) は現在時制 (लट्) においては第1類動詞と同じように活用する、しかし、動詞語幹(अङ्ग)の形成に際し第1類動詞に見られるような母音変化は起こらない。

注：この二種類の動詞の相違点はこれだけである。

動詞 लिख् (書く)は第6類動詞である。現在時制 (लट्) では次のように活用する。

	単数	両数	複数
3rd P.	लिखति	लिखतः	लिखन्ति
2nd P.	लिखसि	लिखथः	लिखथ
1st P.	लिखामि	लिखावः	लिखामः

次に第6類動詞を幾つか示す。星印を付したのは不規則動詞。

मिल्	(मिलति)	会う	¹प्रच्छ् पृच्छति	尋ねる
विश्	(विशति)	入る	*इष् इच्छति	欲する
स्पृश्	(स्पृशति)	触る	*कृत् कृन्तति	切る
सृज्	(सृजति)	作り出す	*मुच् मुञ्चति	解き放つ
क्षिप्	(क्षिपति)	投げる	*सिच् सिञ्चति	水をやる

注：動詞 विश् は「入る」という意味では前置詞 प्र と共に使われる。前置詞 उप と共に使われると「座る」という意味になる。

सः वाटिकां प्रविशति– 彼は庭に入る。

ते तत्र उपविशन्ति– 彼らはあそこに座っている。

10.2 <E> 次を声を出して読み、日本語に訳しなさい

१. सः बालकः हस्तेन कन्दुकं[१] क्षिपति। २. ताः बालिकाः पादपान्[२] जलेन सिञ्चन्ति। ३. कक्षायां छात्राः प्रश्नान्[३] पृच्छन्ति। ४. वयमद्य तेभ्यः पत्राणि लिखामः। ५. किं यूयमपि पत्राणि लिखथ? ६. न, वयं पत्राणि न लिखामः, पुस्तकं पठामः। ७. त्वं किम् इच्छसि? ८. अहं सुखम् इच्छामि, दुःखं न इच्छामि। ९. संसारस्य[४] जनाः सुखमेव इच्छन्ति, दुःखं न इच्छन्ति। १०. ईश्वरः एनं संसारं सृजति।

注: 1. कन्दुकः-ボール、2. पादपः-植物、3. प्रश्नः-質問、4. संसारः世の中

10.3 <V> 第 10 類動詞(चुर्.गण) は語根に अय を加えて動詞語幹(अङ्ग)を作る。そこで動詞 कथ् (言う)の動詞語幹は कथय となり、動詞 गण् (数える、考える)は गणयとなる。また動詞によっては母音変化が起こる。 चुर् (盗む)は第 10 類動詞である。この動詞の現在時制 (लट्) における活用は次の通りである。

	単数	両数	複数
3rd P.	चोरयति	चोरयतः	चोरयन्ति
2nd P.	चोरयसि	चोरयथः	चोरयथ
1st P.	चोरयामि	चोरयावः	चोरयामः

次に、第10類動詞を幾つか掲げる。

कथ्	(कथयति)	告げる、言う	पूज्	(पूजयति)	礼拝する
चिन्त्	(चिन्तयति)	考える	भक्ष्	(भक्षयतिद्ध	食べる
चुर्	(चोरयति)	盗む	भूष्	(भूषयति)	飾る
दण्ड्	(दण्डयति)	罰する	मंत्र्	(मंत्रयति)	相談する
गण्	(गणयति)	数える	रच्	(रचयति)	作る
पाल्	(पालयति)	育てる､保護する	क्षल्	(क्षालयति)	洗う

10.4 <E> 次の文章を読み、日本語に訳しなさい

१- जनाः मन्दिरे पुष्पैः देवान्[१] पूजयन्ति। २. छात्राः अध्यापकस्य आज्ञां[२] पालयन्ति। ३. वयं मधुराणि फलानि भक्षयामः। ४. सा मलिनानि[३] वस्त्राणि[४] क्षालयति। ५. चौराः[५] आभूषणानि[६] चोरयन्ति। ६. शासकाः[७] तान् सर्वान् दण्डयन्ति। ७. त्वं किं चिन्तयसि ? ८. अहं देशस्य दशां[८] चिन्तयामि। ९. ते नगरस्य जनान् गणयन्ति। १०. पण्डितः रामायणस्य मनोहरां[९] कथां कथयति। ११. बालिकाः पुष्पैः स्वकेशान्[१०] भूषयन्ति। १२. ताः एतैः पुष्पैः मालां रचयन्ति।

注: 1. 神、2. 命令、3. 汚い、4. 衣服、5. 泥棒達、6.飾り、7. 支配者、8. 状態、9. 美しい、興味深い、10.自分の髪

10.5. <V> अ-類の動詞 (第**1, 4, 6, 10**類). 第1、第4、第6、第10類の動詞にはある共通性がある。まずそれらを活用形にするために動詞語根から動詞語幹が形成される。その動詞語幹は全て अ (पठ, पुष्य, लिख, कथय etc.)で終わる。このためにこれら4種類の動詞をअ-類の動詞という事が出来よう。この種類に所属しない動詞はnon अ-類の動詞という。動詞語幹が整えば、अ-類の動詞は全て現在時制では同じように活用する。

注：その他の時制や法においても同様である事は後に示す

ただし､動詞語幹を作るために語根の母音に起こる変化には、後で学ぶように幾つかの法則が存在する。

10.6 <S> 母音サンディ (Vowel *sandhi*) 母音サンディについての二つの規則を学ぶ事にしよう。ここにはサンスクリット文法の二つの術語が出てくるので、先ずこれに慣れて頂きたい。サンディで母音の変化が起こる場合、二つの型がある。その一つがगुण (*guṇa*)グナ型であり、今一つがवृद्धि (*vṛddhi*)ヴリッディ型である。異なる母音について、それぞれの型を次に掲げる。

第十課

基礎母音	*Guṇa* 型	*Vṛddhi* 型
अ, आ	अ, आ	आ
इ, ई	ए	ऐ
उ, ऊ	ओ	औ
ऋ, ॠ	अर्	आर्
ऌ	अल्	आल्

　諸君としては गुण とか वृद्धि とかいわれた場合に、直ぐ理解できるように、また必要に応じてこれらの母音変化の規則が適用できるようにするために、これらの母音変化を記憶しておくとよい。例えば、ある条件の下で母音の इ と ई とがその गुण 型を取るというのであれば、二つの母音は ए に変わる。また母音の उ と ऊ とが वृद्धि 型で変わるというのであれば、二つの母音は औ に変化する。そこで母音サンディの二つの規則は次のようになる。

① अ または आ の後に इ, ई, उ, ऊ 或いは ऋ が来ると、二つの母音は結合して、後者の母音の गुण 型を取る。 गुण 型の幾つかの例を次に掲げる。

नर	+	ईशः	=	नरेशः	王様 (人間の主)
सूर्य	+	उदयः	=	सूर्योदयः	日の出
न	+	इच्छन्ति	=	नेच्छन्ति	(彼らは) 欲しない
महा	+	ऋषिः	=	महर्षिः	偉大な聖者

② अ または आ の後に ए, ऐ, ओ 或いは औ が来ると、二つの母音は結合して、後者の母音の वृद्धि 型となる。即ち、ए, ऐ なら ऐ となり、ओ, औ なら औ となる。このサンディの例を次頁に掲げる。

सदा	+ एव	=	सदैव	常に
तस्य	+ एतत्	=	तस्यैतत् (चित्रम्)	彼のこの (絵)
महा	+ ओषधिः	=	महौषधिः	偉大な薬

10.7 \<E\> 次の二対の単語をサンディ *sandhi* で結合させよ

बालिका	+ इयम्	=	この少女
न	+ इच्छामि	=	(私) は欲しない
सा	+ उपविशति	=	彼女は座る
सदा	+ एव	=	常に (強調)
तस्य	+ उदरम्	=	彼の腹
न	+ एनम्	=	これの否定 (2-1)
सर्व	+ ईश्वरः	=	全ての主
तस्य	+ उपरि	=	彼の上に
महा	+ ईश्वरः	=	偉大な神 (Shiva)
तस्य	+ एतानि	=	彼のこれらのもの

10.8 \<R\> サンスクリットの会話をしてみよう

१. रमेशः   अपि एतत् भवत्याः गृहम्?
२. सरला   आम्, एतत् मम गृहम्।
३. रमेशः   भवत्याः गृहे के के सन्ति?
४. सरला   मम गृहे अधुना मम माता च भ्राता च स्तः।
५. रमेशः   भवत्याः भ्राता किं करोति?
६. सरला   सः महाविद्यालये पठति।
७. रमेशः   तस्य महाविद्यालयः कुत्र अस्ति?
८. सरला   तस्य महाविद्यालयः नगरे अस्ति।
९. रमेशः   सः तत्र किं पठति?

१०. सरला स: तत्र इतिहासम् आंग्लभाषां च पठति।

११. रमेश: भवत्या: माता गृहे किं करोति?

१२. सरला सा अस्मभ्यं सर्वेभ्य: भोजनं पचति।

१३. रमेश: किं भवती अपि भोजनं पचति?

१४. सरला आम्, अवकाशस्य[१] दिने अहमपि भोजनं पच. ामि। विद्यालयस्य दिनेषु एतत् न संभवति।

१५. रमेश: भवत्या: पिता अधुना कुत्र अस्ति?

१६. सरला स: अधुना जापानदेशे अस्ति।

१७. रमेश: अपि स: भवतीं पत्राणि लिखति?

१८. सरला स: सप्ताहे एकवारम्[२] अवश्यं[३] पत्रं लिखति। मम पिता मयि अति स्निह्यति। अहमपि तं पत्राणि लिखामि। भवत: पिता किं करोति?

१९. रमेश: मम पिता सर्वकारस्य कार्यालये अधिकारी[४] अस्ति। स: अधुना कार्यालयात् आगच्छति। अहं तं गृहे मिलामि। नमस्ते।

२०. सरला नमस्ते।

注：1.休みの、2.週一回、3.必ず、4.公務員

10.9 <E> **サンスクリットの三つの詩句を読んでみよう**

क. पुण्यस्य फलमिच्छन्ति पुण्यं नेच्छन्ति मानवा:[१]।
फलं पापस्य नेच्छन्ति पापं कुर्वन्ति सर्वदा[२]।।

注: 1. 人間、 2. 常に

ख. नमन्ति[१] फलिनो[२] वृक्षा: नमन्ति गुणिनो[३] जना:।
शुष्कवृक्षाश्च[४] **मूर्खाश्च**[५] न नमन्ति कदाचन[६]।।

注：1. **नम्**-身を屈める、2. **फलिन्**-1-3 果実を実らせる、3. **गुणिन्** -1-3よき資質を持つ、4. **शुष्क**-干からびた、5. **मूर्ख** -馬鹿者、6. **न कदाचन** いつも～しない

次に掲げるのは सूक्ति (警句)である。

ग. मनस्वी[१] कार्यार्थी[२] न गणयति दुःखं न च सुखम्।

注: 1. 知性ある人、 2. 自分の使命を達成しようと決意している人

10.10 <E> **次の文章をサンスクリットに訳しなさい**

1. あなたのお父さんはこのことについて[1]何といっていますか?

2. おお、少女達よ、あなた達は今何をしているのですか。? **3.** 私達は皆ギーターの詩句を暗唱しているのです。**4.** 私達は毎日神[2]を礼拝しています。 **5.** 彼らは庭の木を全て数えています。 **6.** 私は今日全ての汚い衣服を洗濯しているところです。

注: 1. अस्मिन् विषये, 2. देवम्(*m*), देवीम् (*f*)

＜＜練習問題解答＞＞

10.2 **1.** あの少年は手でボールを投げる。 **2.** あの少女達は植物に水をやっています。 **3.** 学級で生徒達は質問をします。 **4.** 私達は今日彼らに宛てて幾通りかの手紙を書きます。 **5.** あなた達もまた手紙を書くのですか。 **6.** いいえ、私達は手紙を書くのではなく、一冊の本を読みます。 **7.** あなたは何を望んでいるのですか。 **8.** 私は幸福を欲し、不幸を欲しません。 **9.** 世の中の人々は幸福だけを欲し、不幸を欲しません。 **10.** 神はこの世界を創り出します。

10.4 **1.** 人々は寺で花でもって神々を礼拝します。 **2.** 生徒達は先生の命令に従います。 **3.** 私達は甘い果物を食べています。 **4.** 彼女は汚い衣服を洗濯しています。 **5.** 泥棒達は装飾品を盗んでいます。 **6.** 支配者達は彼らを全て罰します。 **7.** あなたは何を考えているのですか。 **8.** 私は国家の状態を考えています。 **9.** 彼らは町の人々を数えています。 **10.** パンディット(学者)はラーマーヤナの興味深い物語を語っています。 **11.** 少女達は自分達の髪を花で飾っています。 **12.** 彼女らはこれらの花で花輪を作っています。

第十課

10.7 बालिकेयम्, नेच्छामि, सोपविशति, सदैव, तस्योदरम्, नैनम्, सर्वेश्वरः, तस्योपरि, महेश्वरः, तस्यैतानि

10.8 会話.1. これはあなたの家ですか。 2. はい、これは私の家です。 3. あなたの家には誰と誰が住んでいますか。 4. 私の家には現在私の母と兄が住んでいます。 5. あなたのお兄さんは何をしているのですか。 6. 彼は大学で勉強しています。 7. 彼の大学は何処にありますか。 8. 彼の大学は町にあります。 9. 彼はそこで何を学んでいるのですか。 10. 彼は歴史と英語とを学んでいます。 11. あなたの母上は何をしていますか。 12. 彼女は私達皆に食事を調理しています。 13. あなたも食事を調理しますか。 14. はい、休みの日には私も食事を調理します。学校のある日にはこれは出来ません。 15. あなたの父上は現在何処にいますか。 16. 彼は現在、日本の国にいます。 17. 彼はあなたに手紙を書きますか。 18. 彼は一週間に一回必ず手紙を書いてくれます。私の父は私を大変愛してくれています。私もまた彼に手紙を書きます。あなたの父は何をしているのですか。 19. 私の父は政府の役所で役人をしています。彼は今役所から帰るところです。私は家で彼に会います。さようなら。 20. さようなら。

10.9 **क**. 人間は美徳の果実を願いつつ、美徳を果たすことはない。悪徳の果報を望まぬままに、常にきまって罪科を犯す。

ख. 果実実る樹木はたわむ、よき心根の人々も頭をさげる。ただ、実らぬ樹木と愚者達は決して身を屈めることはない。

ग. 使命の達成を目指す賢き人は苦楽の数を考慮せず。

10.10 १. तव पिता अस्मिन् विषये किं कथयति? २. भोः बालिकाः, यूयमधुना किं कुरुथ? ३. वयं सर्वाः गीतायाः श्लोकान् स्मरामः। ४. वयं प्रतिदिनं देवं पूजयामः। ५. ते वाटिकायाः सर्वान् वृक्षान् गणयन्ति। ६. अहम् अद्य सर्वाणि मलिनानि वस्त्राणि क्षालयामि।

第十一課

-इ と-उ で終わる男性名詞の変化形／
代名詞 इदम् と स्व の変化形／過去時制(लङ्)

11.1<N> 名詞 मुनि（聖者）は इ で終わる男性名詞である。名詞 गुरु（師匠）は उ で終わる男性名詞である。二つの名詞の格変化は次のようである。

	मुनि			गुरु		
	単数	両数	複数	単数	両数	複数
主格 Nom.	मुनिः	मुनी	मुनयः	गुरुः	गुरू	गुरवः
対格 Acc.	मुनिम्	मुनी	मुनीन्	गुरुम्	गुरू	गुरून्
具格 Inst.	मुनिना	मुनिभ्याम्	मुनिभिः	गुरुणा	गुरुभ्याम्	गुरुभिः
与格 Dat.	मुनये	मुनिभ्याम्	मुनिभ्यः	गुरवे	गुरुभ्याम्	गुरुभ्यः
奪格 Abl.	मुनेः	मुनिभ्याम्	मुनिभ्यः	गुरोः	गुरुभ्याम्	गुरुभ्यः
属格 Gen.	मुनेः	मुन्योः	मुनीनाम्	गुरोः	गुर्वोः	गुरूणाम्
所格 Loc.	मुनौ	मुन्योः	मुनिषु	गुरौ	गुर्वोः	गुरुषु

注： गुरुणा (3-1)と गुरूणाम् (6-3)において न् が ण् に変化することについては節 3.3<S>を参照のこと。この二つの名詞の呼格はそれぞれ मुने と गुरो である。呼格の両数と複数は主格と同じである。

11.2< S> サンスクリットでは इ-ई, ए-ऐ と य~ という音（全て口蓋音）、ならびに उ-ऊ, ओ-औ とव~ という音（全て唇音）との間に密接な関係がある。そこで मुनि と गुरु, の格変化を克明に調べると、二つの名詞の格変化が全く平行していることが分かる。मुनि でइ が ई, ए, ऐ, य् とか अय् に変わっている。ところで、गुरु では उ が ऊ, ओ, औ, व्とか अव् に、対応する形で変わっている。そうした類似性に着目すると名詞の格変化もより良く理解できるようになる。

11.3 <N> इ と उ で終わるいくつかの男性名詞を主格単数で次に掲げる。これらを実際に格変化させてみなさい。

कपिः	猿	तरुः	樹木
गिरिः	山	शत्रुः	敵
अग्निः	火	पशुः	動物、家畜
कविः	詩人	ऋतुः	季節
आदिः	始まり	मृत्युः	死
ऋषिः	聖者	बन्धुः	友人

11.4 <A> 前に述べたように形容詞は名詞と同じように変化する。修飾している名詞と性も格も数も一致している。形容詞 बहु (多い) は उ で終わっていて、男性については उで終わる男性名詞と同じように変化する。 इ で終わる単語 आदि (始まり) は、等を示す複合形容詞として使われることが多いが、その場合、修飾する名詞の性に従って変化する。例えば、 सिंहादयः पशवः (ライオン等の動物)

11.5 <R> 次の文章を音読し、日本語に訳しなさい

क. १. तस्मिन् गिरौ सघनं[१] वनम् अस्ति। २. तत्र बहवः पशवः वसन्ति। ३. तेषु सिंहाः[२], व्याघ्राः[३], गजाः[४], भल्लूकाः[५], मृगाः[६], कपयः च सन्ति। ४. वने बहवः तरवः अपि रोहन्ति। ५. तरुषु कपयः कूर्दन्ति[७]। ६. तरूणां छाया[८] अति शीतला। ७. छायायां पशवः विश्रामं[९] कुर्वन्ति। ८. मृगाणां भोजनं घासः[१०] अस्ति। ९. गजाः तरूणां पत्राणि कोमलाः शाखाः[११] च खादन्ति। १०. सिंहादयः पशवः अन्यान्[१२] पशून् भक्षयन्ति। ११. तस्मिन् वने एकः तडागः[१३] अपि अस्ति। १२. ग्रीष्मे[१४] ऋतौ[१५] पशवः तडागस्य समीपे[१६] एव वसन्ति। १३. रात्रौ[१७] जलं पातुम्[१८] ते तडागम् आगच्छन्ति।

注：1. 濃密な, 2. ライオン, 3. 虎, 4. 象, 5. 熊, 6. 鹿, 7. कूर्द्- 跳ぶ、はねる, 8. 陰, 9. विश्रामः-休息, 10. 草, 11. 枝, 12. その他, 13. 池, 14. ग्रीष्मः 夏, 15. ऋतुः 季節, 16. 近くに, 17.夜、18. पातुम् 飲むために

ख. १ वने एकः आश्रमः[१] अपि अस्ति। २. तत्र बहवः मुनयः वसन्ति। ३. मुनयः नगरेभ्यः दूरे वसन्ति। ४. ते शास्त्राणि[२] पठन्ति ध्यानं[३] च कुर्वन्ति। ५. तत्र तेषां गुरुकुलम्[४] अपि अस्ति। ६. मुनीनां शिष्याः[५] अपि मुनिभिः सह तत्र वसन्ति। ७. गुरोः कुलं[६] गुरुकुलं भवति। ८. कुलस्य अर्थः[७] परिवारः। ९. गुरुकुलं गुरोः परिवारः अस्ति। १०. शिष्याः तत्र गुरुभिः सह वसन्ति। ११. ते तत्र एव पठन्ति। १२. गुरूणां शिक्षा[८], आदर्शः[९] उपदेशः[१०] च शिष्याणां हिताय[११] भवन्ति।

注：1. アーシュラム, 隠棲所, 2. शास्त्रं-知識の本、経典, 3. ध्यानं 瞑想, 4. グルクラ、師匠宅に寄宿して学習する学校, 5. 弟子、生徒, 6. 家族, 7. 意味, 8. 教育、授業, 9. 理想, 10. 説教、教訓, 11. हितम् 利益

ग. १. अभिमानः[१], आलस्यं[२], क्रोधः[३] च मनुष्यस्य शत्रवः सन्ति। २. नम्रता[४], उद्योगः[५], शान्तिः च तस्य बन्धवः। ३. साधवः[६] सदा सत्यं वदन्ति[७]। ४. जनानां हृदये[८] मृत्योः भयं[९] सदा एव भवति। ५. कवयः काव्यं[१०] रचयन्ति[११]। ६. वयं तेषां रम्यं[१२] काव्यं पठामः। ७. अग्निः काष्ठं[१३] शुष्काणि[१४] पत्राणि च दहति। ८. ज्ञानाग्निः[१५] मनुष्यस्य अज्ञानं[१६] दहति। ९. पशुषु मनुष्येषु च ज्ञानस्य एव भेदः[१७] अस्ति। १०. ज्ञानम् एव मनुष्याणां परमः[१८] निधिः[१९]। ११. वसन्तः सर्वेषु ऋतुषु श्रेष्ठः[२०] अस्ति। १२. बालकः कपिं दृष्ट्वा[२१] प्रसन्नो भवति। १३. अग्नौ तापः[२२] भवति। १४. सः बन्धूनां मध्ये[२३] स्नेहेन[२४] वसति।

注： 1. 高慢, 2. 怠惰, 3. 怒り, 4. 謙遜, 5. 勤勉、努力, 6.賢者、善人, 7. वद् 話す, 8. हृदयं 心臓、心, 9. 恐怖, 10. 詩、詩集, 11. रच् 創造する, 12. 美しい, 13. काष्ठं 木材, 14. 乾いた, 15. 知識の火(ज्ञान + अग्निः), 16. 無知, 17. 相違, 18. 至高の, 19. 宝物, 20.最善の, 21. 見た後で, 22. 熱, 23. の中に, 24. स्नेहः 愛情, 愛情を持って

11.6 <P> 前にも述べたとおり、代名詞 एतद् (एषः *m.*, एषा *f.*, एतद् *n.*) は近くの人や物を示すのに使われる。それと同じ目的で使われる別の代名詞が इदम् である。この代名詞の三つの性における格変化を次に示す。

इदम्

	男性 Masculine			女性 Feminine		
	単数	両数	複数	単数	両数	複数
主格 Nom.	अयम्	इमौ	इमे	इयम्	इमे	इमाः
対格 Acc.	इमम्	,,	इमान्	इमाम्	,,	इमाः
具格 Inst.	अनेन	आभ्याम्	एभिः	अनया	आभ्याम्	आभिः
与格 Dat.	अस्मै	आभ्याम्	एभ्यः	अस्यै	आभ्याम्	आभ्यः
奪格 Abl.	अस्मात्	,,	,,	अस्याः	,,	,,
属格 Gen.	अस्य	अनयोः	एषाम्	अस्याः	अनयोः	आसाम्
所格 Loc.	अस्मिन्	,,	एषु	अस्याम्	,,	आसु

中性では主格と対格で、それぞれ **इदम्, इमे, इमानि** となる。その他の格では形が男性と同じである。

11.7 <V>　サンスクリットの過去時制(लङ्).　サンスクリットには直接法過去 (Imperfect) 、完了過去 (Perfect) 、アオリスト (Aorist) という３つの過去時制がある。元来これらの時制は現在からの時間的距離に関連して特定の活動の枠を示すために用いられた。しかし、時代が下がって来るとサンスクリットではこの区別は払拭されてしまい、しばしば取り混ぜて使われるようになってきた。

直接法過去(लङ्)は、動詞語幹(अङ्ग)を作る過程が अ-類の動詞の現在時制(लट्) について節 **5.2 <V>**で見たのと同じである。しかし、語根にअという接頭辞が次の条件で付け加えられる。

1. अ は語根の直前に付け加わる。そこで語根 पठ् の語幹 अङ्ग は अ-पठ् となる。 खाद् の語幹はअ-खाद となる、等々
2. 動詞に既に前置詞が付加されている場合は、前置詞と語根の間にअ が付け加えられる。(प्र- विश→ प्र- अ - विश → प्राविश)
   प्राविश्の*sandhi* については、節 **8.5 <S>** 参照のこと。

3. もし語根が母音で始まっている場合には、接頭辞अ はその母音と結合し、両者が一つになって、その母音の वृद्धि の形を取る。(अ + इच्छ = ऐच्छ)

過去時制の活用語尾は次のようである。

	単数	両数	複数
3rd P.	-त्	-ताम्	-अन्
2nd P.	-स्(:)	-तम्	-त
1st P.	-अम्	-व	-म

第二人称単数स् の活用語尾は *visarga* となる。次に動詞 गम् (गच्छ्)行く の過去時制 लङ् における活用を次に示す。

	単数	両数	複数
3rd P.	अगच्छत्	अगच्छताम्	अगच्छन्
2nd P.	अगच्छः	अगच्छतम्	अगच्छत
1st P.	अगच्छम्	अगच्छाव	अगच्छाम

次に動詞पुष्育つ の過去時制 लङ् での活用を提示しておく。

	単数	両数	複数
3rd P.	अपुष्यत्	अपुष्यताम्	अपुष्यन्
2nd P.	अपुष्यः	अपुष्यतम्	अपुष्यत
1st P.	अपुष्यम्	अपुष्याव	अपुष्याम

動詞 भू (भव्)在る, कुप्怒る, प्रच्छ् (पृच्छ्)問う ならびに कथ्語る の過去時制は次の通りである。（便宜的に、ローマ数字で人称と数を示すことにする。例えば、 ii-iii = 2人称、複数）

	iii-i	iii-ii	iii-iii	ii-i	ii-ii	ii-iii	i-i	i-ii	i-iii
भू	अभवत्	-ताम्	अभवन्	अभवः	-तम्	अभवत	अभवम्	अभवाव	अभवाम
कुप्	अकुप्यत्	-ताम्	अकुप्यन्	अकुप्यः	-तम	अकुप्यत	अकुप्यम्	अकुप्याव	अकुप्याम
प्रच्छ्	अपृच्छत्	-ताम्	अपृच्छन्	अपृच्छः	-तम	अपृच्छत	अपृच्छम्	अपृच्छाव	अपृच्छाम
कथ्	अकथयत्	.ताम्	अकथयन्	अकथयः	.तम	अकथयत	अकथयम्	अकथयाव	अकथयाम

11.8 <V> 動詞अस्（在る）と कृ（為す）の लङ्（過去時制）は次の通りである。

अस्

	単数	両数	複数
3rd P.	आसीत्	आस्ताम्	आसन्
2nd P.	आसीः	आस्तम्	आस्त
1st P.	आसम्	आस्व	आस्म

कृ

	単数	両数	複数
3rd P.	अकरोत्	अकुरुताम्	अकुर्वन्
2nd P.	अकरोः	अकुरुतम्	अकुरुत
1st P.	अकरवम्	अकुर्व	अकुर्म

11.9 <P>再帰代名詞 स्व は"自分自身の"を意味し、全ての人称について用いられる。代名詞सर्व-と同様に3つの性に従い格変化する。

m. स्वः, स्वौ, स्वे *f.* स्वा, स्व, स्वाः *n.* स्वं, स्वे स्वानि, etc.

सा दर्पणे स्वां पश्यति- 彼女は鏡の中に自分自身を見ている。

सः सर्वदा स्वं वचनं पालयति-彼は常に自分の言葉を守る。

しかし、 स्व は大概、合成語冒頭の語として使われる。この語は他の人間又は物との所有あるいは関係性を示す。

ते स्वनगरं गच्छन्ति-彼らは自分達の町へ行くところです。

स्वभाषणं तस्मै बहु रोचते -彼は自分の話を大変好んでいる。

ताः बालिकाः स्वगृहं भूषयन्ति- それらの少女達は自分の家を飾っている。

माता स्वपुत्रे स्निह्यति- 母は自分の息子を愛している。

11.10 <E> 次の文章を読んで、日本語に訳しなさい

१. अहं ह्यः[१] प्रातःकाले भ्रमणाय[२] अगच्छम्। २. किं यूयमपि भ्रमणाय अगच्छत ? ३. न, वयं भ्रमणाय न अगच्छाम। ४. ते बालकाः इमं पाठम् अपठन्। ५. अपि भवान् अपि इमान् पाठान् अपठत् ? ६. आम्, अहम्

इमान् पाठान् अपठम्। ७. ते बालकाः ह्यः किम् अकुर्वन् ? ८. ते वाटिकायाम् अक्रीडन्। ९. ताः बालिकाः ह्यः किम् अकुर्वन् ? १०. ताः पुष्पैः मालाः अरचयन्[३]। ११. सः चौरः किम् अचोरयत् ? १२. सः तस्मात् गृहात् आभूषणानि[४] अचोरयत्। १३. भवतः पिता च माता च ह्यः कुत्र आस्ताम् ? १४. मम पिता च माता च ह्यः स्वगृहे एव आस्ताम्। १५. अपि युवाम् इमानि चित्राणि अपश्यतम् ? १६. आम्, आवाम् इमानि चित्राणि अपश्याव। १७. भवान् ह्यः किम् अकरोत् ? १८. अहं ह्यः किमपि न अकरवम्।

注：1. ह्यः- 昨日, 2. भ्रमणम् 散歩、放浪, 3. रच्-作る、創造する, 4. 飾り

11.11 <E> **次の文章の空白を右欄の動詞の過去形 लङ्を使って埋めなさい**

१. सः अस्मिन् नगरे ....। (वस्)
२. शिक्षकः एभ्यः छात्रेभ्यः ....। (कुप्)
३. इमाः बालिकाः वाटिकायाम् ....। (नृत्)
४. अपि यूयं इमान् जनान् ....? (निद)
५. ह्यः अहं स्वमित्रम् एकं पत्रम् ....। (लिख)
६. एभ्यः वृक्षेभ्यः पत्राणि ....। (पत्)
७. अस्माकं माता अस्मभ्यं भोजनम् ....। (पच)
८. वयं कक्षायां बहून् प्रश्नान् ....। (प्रच्छ्)
९. अहं सदा शिक्षकस्य आज्ञाम् ....। (पाल्)
१०. त्वं ह्यः किम् ....? (कृ)

<<練習問題解答>>

11.5 क. 1.あの山には密生した森があります。2.あそこに沢山の動物たちが住んでいます。3.その中に、ライオン、虎、象、熊、鹿、猿たちがいます。4.森には沢山の樹木も生えています。5.木々の中を猿が跳びはねています。6.木陰は涼しいです。7.動物たちは木陰で休息します。8.鹿の食料は草です。9.象は木々の葉や柔らかい枝を食べます。10.ライオンなどの動物は他の動物を餌食にします。11.あの森には池もあります。12.夏には動物は池

のごく近くに留まっています。13.夜になると彼らは水を飲みに池までやって来ます。

ख. 1. 森には一つのアーシュラムもあります。2.そこには多くの聖者が住んでいます。3.聖者は町から遠く離れたところに住んでいます。4.彼らは経典を読み、瞑想しています。5.彼らのグルクラ gurukula もそこにあります。6.聖者の弟子もそこで彼らと一緒に住んでいます。7.グルの家族がグルクラなのです。8.クラという意味は家族ということです。9.グルクラとはグルの家族ということになります。10.生徒達はそこでグルと一緒に住むのです。11.彼らもそこで勉強します。12.グルたちの講義、理想、説教は生徒たちの利益になります。

ग. 1.高慢、怠慢、怒りは人間の敵です。2.謙譲、勤勉、平静は人間の友です。3.よい人は常に真理を語ります。4.人々の心中には常に死の恐怖があります。5.詩人たちは詩を作ります。6.私たちは彼らの美しい詩を読みます。7.火は木材と乾いた葉を燃やします。8.知識の火は人間の無知を焼き尽くします。9.動物と人間の違いは知識の違いだけです。10.知識だけが人間の最高の宝物です。11.春はすべての季節の中で一番よいものです。12.少年は猿を見ていて嬉しくなります。13.火には熱があります。14.彼は親類の間で愛をもって育まれて生きています。

11.10 1. 私は昨日の朝散歩に出かけました。 2. あなたは散歩に行きましたか。 3. いいえ、私たちは散歩には行きませんでした。4. それらの少年達はこの課を読みました。 5. あなたもそれらの課を読みましたか。6. はい、私はこれらの課を読みました。 7. それらの少年達は昨日何をしましたか。8. 彼らは庭で遊びました。 9. それらの少女達は昨日何をしましたか。10. 彼女らは花で花輪を作りました。 11. あの泥棒は何を盗んだのですか。12. 彼はあの家から装飾品を盗みました。 13. あなたのお父さんとお母さんは昨日どこにいましたか。 14. 私の父母は昨日家にいました。15. あなたたち二人はこれらの絵を見ましたか。16. はい、私たち二人はこれらの絵を見ました。 17. あなたは昨日何をしましたか。18. 私は昨日何もしませんでした。

11.11 १. अवसत्, २. अकुप्यत्, ३. अनृत्यन्, ४. अनिन्दत, ५. अलिखम्, ६. अपतन्, ७. अपचत्, ८. अपृच्छाम, ९. अपालयम्, १०. अकरोः

第十二課

不変化詞 चित् とस्म／『獅子と兎の物語』 सिंह.शशकयोः कथा／
会話と二つの詩句

12.1 <M> 不変化詞चित् が代名詞 किम् ならびにその派生語と共に使われると不定の意味が付加される。

कः	誰が?	कश्चित्	ある人
कस्य	誰の?	कस्यचित्	ある人の
किम्	何が?	किंचित्	若干
केन	誰によって?	केनचित्	とある人によって
कानि	何が、どれが?	कानिचित् (फलानि)	幾つかの(果物)
कस्मिन्	ある中に	कस्मिंश्चित् (देशे)	とある(国)に

12.2 <S> *sandhi*では न् の後に च् 又は छ् が続くと、これら二つの子音の間に श् が付加される。न् の後に त् 又は थ्が続くと、二つの子音の間に स् が付加される。そしてこの場合 न् は *anusvāra* に代る。

कान् + चिद् = कांश्चिद्, कस्मिन् + चिद् = कस्मिंश्चिद्,
शोकान् + तरति = शोकांस्तरति (悲しみを克服する)

anusvāra の代わりに記号 *anunasika* ँ が使われることもある。

12.3 <E> 次の文章を日本語に訳しなさい

१. कश्चिद् जनः ह्यः प्रातःकाले अत्र आगच्छत्। २. एतत् पुस्तकं कस्यचित् छात्रस्य वर्तते[१]। ३. कस्मिंश्चित् वने एकः आश्रमः आसीत्। ४. घटे किञ्चित् अपि जलं न वर्तते। ५. सा बालिका केनचित् बालकेन सह क्रीडति। ६. सभायां[२] केचित् जनाः अतीव कोलाहलम्[३] अकुर्वन्। ७. सः कानिचित् मधुराणि फलानि मह्यम् अयच्छत्। ८. अस्मिन् नगरे अपि तस्य कानिचित् मित्राणि वर्तन्ते[१]।

注： 1. वर्तते-ある, वर्तन्ते-である 2. सभा- 会合, 3. कोलाहलः -लं 騒音

12.4 <V> 前の課で、我々は लङ् (過去時制)が過去の動作を示すことを学んだ。過去の動作、特に習慣的若しくは継続的な動作は、現在時制の動詞の後に不変化詞 स्म を付加して示される。

गच्छति स्म–よく行ったものだった。

पश्यन्ति स्म–よく見たものだった。

वसति स्म–住んでいた。

12.5 <R> 次の物語を読んで日本語に訳しなさい

सिंहशशकयोः कथा

१. कस्मिंश्चिद्[१] वने एकः सिंहः वसति स्म। तस्य नाम दुर्दान्तः आसीत्। सः अतीव[२] क्रूरः[३] आसीत्। सः कारणं[४] विना एव पशूनां वधम्[५] अकरोत्। वनस्य पशवः अति चिन्तिताः[६] अभवन्। ते सर्वे एकदा[७] दुर्दान्तस्य समीपम् अगच्छन् अवदन् च-

२. भोः वनराज[८], त्वं किमर्थं[९] प्रतिदिनम्[१०] अस्य वनस्य पशूनां वधं करोषि ? तव भोजनाय तु[११] एकः पशुः एव पर्याप्तः[१२] अस्ति। वयं तव भोजनाय प्रतिदिनम् एकं पशुं प्रेषयामः[१३]। दुर्दान्तः अवदत्- साधु[१४], अनेन प्रस्तावेन[१५] मम सहमतिः[१६]।

注：1.とある(森)に、2. अति+इव大変、3.残虐な、4. कारणं 理由、原因、कारणं विना–理由なく、5. वधः–殺害、6.心配する、7.ある時、8.森の王様、9.何故、何のために、10.毎日、11. 強調分詞、12.十分な、13. प्रेष्–送る、14.よろしい、OK、15. प्रस्तावः–申し出、16.同意

३. तदनन्तरं[१] वनस्य पशूनां मध्यात्[२] प्रतिदिनम् एकः पशुः दुर्दान्तस्य भोजनाय तस्य समीपं गच्छति स्म। एकदा एकस्य शशकस्य[३] वारः[४] आगच्छत्। सः अचिन्तयत्- मम मरणं[५] तु निश्चितम्[६] एव, किन्तु अहम् अस्य क्रूरस्य सिंहस्य मृत्योः उपायम्[७] अपि करोमि।

४. शशकः अति विलम्बेन[८] दुर्दान्तस्य समीपम् अगच्छत्। दुर्दान्तः तदा क्षुधया[९] अति पीडितः[१०] आसीत्। सः शशकं दृष्ट्वा[११] अतीव अकुप्यत्। दुर्दान्तः शशकम् अवदत्- प्रथमं[१२] तु त्वम् अतीव क्षुद्रः[१३], पुनः[१४] विलम्बेन कुतः[१५] आगच्छः? तव अपराधस्य[१६] कारणात् अद्य अहम् अस्य वनस्य सर्वेषां पशूनां वधं करोमि।

注：1.その後(तत् + अनंतरं)、2.その中から、3. शशकः野兎、4.番、5.死ぬこと、死、6.定まった、7. उपाय –方法、手段、8.遅れて、9. क्षुधा–飢え、10.苦しんでいる、11.見たあとで、12.まず第一に、13.小さな、 14.再び、次に、15. कुतः –何故、16. अपराधः–罪科

५. शशकः अवदत्- हे वनराज, न मम दोषः[१] । अहं तु प्रातःकाले एव तव समीपम् आगमनाय[२] अचलम् । किन्तु मार्गे[३] एकः अन्यः[४] सिंहः आसीत् । सः माम् अवदत्- अहम् अस्य वनस्य राजा । त्वम् अद्य मम भोजनम् । अहम् अधुना त्वां भक्षयामि ।

६. अहं तम् अकथयम्- अस्य वनस्य राजा तु अन्यः सिंहः अस्ति । तस्य नाम दुर्दान्तः । अस्य वनस्य पशूनाम् उपरि[५] तस्य एव अधिकारः[६] । प्रथमम् अहं तस्य समीपं गच्छामि । पश्चात्[७] तव समीपम् आगच्छामि ।

注：1.過ち、2. आगमनम्– 来ること、3. मार्गः–道、मार्गे–途中で4.別の、5.上に、6.権威、7.後で

७. शशकस्य कथनं श्रुत्वा[१] दुर्दान्तः अतीव क्रुद्धः[२] अभवत् । सः शशकम् अवदत्- कुत्र सः अन्यः सिंहः? अहं प्रथमं[३] तस्य एव वधं करोमि । शशकः दुर्दान्तम् एकस्य गभीरस्य[४] कूपस्य[५] समीपम् अनयत् अवदत् च- सः अन्यः सिंहः अस्मिन् कूपे एव प्रच्छन्नः तिष्ठति[६] ।

८. दुर्दान्तः कूपस्य जले स्वप्रतिबिम्बम्[७] अपश्यत् । सः क्रोधेन[८] अपृच्छत्- त्वं कः असि ? कूपस्य मध्यात् प्रतिध्वनिः[९] आगच्छत्- त्वं कः असि ? अधिकेन[१०] क्रोधेन दुर्दान्तः अवदत्- अहम् अस्य वनस्य राजा । पुनः अपि कूपस्य मध्यात् प्रतिध्वनिः आगच्छत्- अहम् अस्य वनस्य राजा ।

९. दुर्दान्तः क्रोधेन उन्मत्तः[११] अभवत् । सः प्रतिबिम्बस्य सिंहस्य वधाय स्वं कूपस्य मध्ये अक्षिपत्[१२] मृत्युं च अगच्छत् ।

注：1. कथनं श्रुत्वा 話を聞いて、2.怒って、3.先ず第一に、4.深い、5. कूपः–井戸、6.隠れている、 तिष्ठति > स्था いる、 7. प्रतिबिम्बः–反映、8. क्रोधः怒り、9.エコー、こだま、10.ますます多く、11.気が狂った、12.投げた क्षिप् の 過去लङ् iii-i

12.6 <E> 上の物語から、次の動詞の過去形（ लङ्）を選び出しなさい

अस्, कथ्, कुप्, कृ, क्षिप्, गम्, चल्, चिन्त्, दृश्, नी, प्रच्छ्, भू, वद्.

第十二課

12.7 <E>　　　次の話をサンスクリットに訳しなさい

年老いて、兎は次の話を孫達に語って聞かせました。
1. 私の若い頃（यौवन）、私は森に住んでいました。
2. 私たちの森の王様はライオンでした。彼の名はドゥルダーンタといいました。彼は非常に残酷でした。
3. 私達は彼のところへ毎日一匹の動物を送っていました。
4. ある時、私の番が廻ってきました。
5. 私はドゥルダンタのところに大変遅れて行きました。
6. 彼は私に、お前は何故大変遅れて来たのかと言い大変怒りました。
7. 私は言いました。「途中に、別のライオンがいたのです。彼は私に『私がこの森の王様だ』と言ったのです」
8. ドゥルダーンタは私に言いました。「私をそのライオンのもとに連れて行け（नय）」
9. 私は彼を深い井戸に連れて行きました。そこに彼は自分が映った姿を見ました。怒って彼は「お前は誰か」と問いただしました。
10. 井戸からこだまが返ってきました。「お前は誰か」
11. ドゥルダーンタは怒りで気が狂ってしまいました。彼は自分を井戸に投じました。そこで彼は死んだのです。

12.8 <M>　　　接尾辞तस्（तः）は一定の代名詞と共に、奪格の意味の不変化詞を作るために使われる。

अतः	ここから、それ故	कुतः	どこから、何故
ततः	そこから、それで	यतः	そこから (関係詞)
सर्वतः	あらゆる方面から	मत्तः	私から

भवान् कुतः आगच्छति?——あなたは何処から来るのですか。

यतः सः आगच्छति ततः अहम् आगच्छामि——私は彼が来るところからやってきます。不変化詞 यतः と अतः は原因－結果の関係を示すためにも使われる。

यतः सः सदा क्रोधं करोति (अतः) जनाः तस्मिन् न स्निह्यन्ति － 彼がいつも怒るので、人々は彼を好きになれません。

12.9 <R> **会話の練習をしましょう**

१. सुभाषः नमस्ते।
२. प्रकाशः नमस्ते। अपि भवतां सर्वं कुशलम्[१] ?
३. सुभाषः आम् कुशलम्। अहं गतमासे[२] स्वमित्रैः सह ऋषिकेशम् अगच्छम्।
४. प्रकाशः भवन्तः तत्र कथम्[३] अगच्छन् ?
५. सुभाषः वयं दिल्लीनगरात् हरिद्वारं यावत्[४] रेलयानेन[५], ततः च बसयानेन अगच्छाम।
६. प्रकाशः भवन्तः तत्र कुत्र न्यवसन् (नि+अवसन्)?
७. सुभाषः वयम् ऋषिकेशस्य एकस्मिन् आश्रमे न्यवसाम। आश्रमः गंगायाः तटे[६] अस्ति।
८. प्रकाशः तत्र भवन्तः किम् अकुर्वन् ?
९. सुभाषः आश्रमे प्रातःकाले सायंकाले च मुनीनां प्रवचनानि[७] अभवन्। वयं योगासनानि अपि अकुर्म।
१०. प्रकाशः किं भवन्तः ऋषिकेशात् उपरि अपि अगच्छन् ?
११. सुभाषः आम्, ऋषिकेशात् उपरि अपि वयम् अगच्छाम।
१२. प्रकाशः तत्र भवन्तः किम् अपश्यन् ?
१३. सुभाषः वयं हिमालयपर्वतस्य अति मनोहराणि दृश्यानि[८] अपश्याम। सर्वत्र शान्तिः आसीत्। मार्गे बहूनि मंदिराणि आसन्। बहवः भक्ताः तेषु पूजां कुर्वन्ति स्म। वयं गोमुखं यावत् अगच्छाम।
१४. प्रकाशः गोमुखं किम् अस्ति ?
१५. सुभाषः गोमुखात् गंगा नदी उद्गच्छति[९]।
१६. प्रकाशः अपि गंगायाः जलं तत्र अति शीतलम् ?
१७. सुभाषः अतीव शीतलमस्ति तत्र गंगायाः जलम्। किन्तु[१०] वयं गंगायाः शीतलेन जलेन स्नानम्[११] अकुर्म। अहम् अद्य अपि तं स्नानं स्मरामि।

注: 1. 良好な、幸福な, 2. 先月, 3. 如何にして、どんな方法で, 4. 至るまで, 5. 鉄道で, यानम् - 車, 6. तटम् - 岸、海岸, 7. 講話, 8. 光景, 9. (उद्+गम्) 発する、から出る, 10. しかし, 11. 沐浴、シャワー

12.10 <M> स्वयम् はあらゆる人称の名詞、代名詞と共に再帰的に使われる不変化詞 である。彼自身によって、彼ら自身、私自身、我々自身等々。

अहं तत्र स्वयं गमिष्यामि- 私は自分でそこに行きます。

सः स्वयमेव एतत् सर्वं धनम् आर्जत्- 彼は自分で全部この金を稼ぎました。

ते स्वयमेव स्वभोजनम् अपचन्-彼らは自分達で自分達の食事を調理しました。

वयं सर्वे स्वयं भवतः समीपम् आगच्छामः- 我々は自分達であなたのところに来ます。

12.11 <R> 次の詩を読んでみましょう

क. उद्यमः साहसं धैर्यं[१] बुद्धिः शक्तिः पराक्रमः[२] ।
षट्[३] एते यत्र वर्तन्ते तत्र देवः सहायकः[४] ।।

ख. यस्य नास्ति स्वयं प्रज्ञा[५] शास्त्रं[६] तस्य करोति किम् ।
लोचनाभ्यां[७] विहीनस्य[८] दर्पणः[९] किं करिष्यति ।।

注: 1. 忍耐, 2. 剛毅, 3. 6つ, 4. 役にたつ, 5. 知性, 6. 経典, 7. लोचनम्目の 3-2， 8. のない, 9. 鏡

<<練習問題解答>>

12.3 1. 昨日の朝、誰かがここにやって来ました。2. この本はある生徒のものです。 3. ある森に、一つのアーシュラム(隠棲所)がありました。 4. 壷の中には少しの水もありません。 5. その少女はある少年と遊んでいます。 6.ある人々が会合で大騒ぎをしていました。 7. 彼は幾つかの甘い果物を私にくれました。 8. 彼はこの町でも幾人かの友人を持っています。

12.5 獅子と兎の物語 1. ある森に一匹のライオンが住んでいました。彼の名前はドゥルダーンタでした。彼は大変残酷でした。彼は動物を理由なく殺害していました。森の動物達は大変心配しました。ある時彼らはこぞってドゥルダーンタのところに来て言いました。

2. 「おお、森の王様よ、あなたは何故毎日森の動物を殺すのですか。あなたの食事のためには一匹の動物で十分です。私たちはあなたの食事として毎日一匹の動物を送ります。」ドゥルダーンタは言いました。「よろしい、この提案に私は同意しよう。」

3. その後、森の動物の中から毎日一匹の動物が彼の食べ物として彼のところへ行くことになりました。ある時、兎の番が来ました。彼は考えました。「私の死は定まった。しかし、私もこの残忍なライオン殺す方法を企むことにしよう。」

4. 兎はひどく遅れてドゥルダーンタのもとに行きました。その時、ドゥルダーンタは大変空腹に苦しんでいました。彼は兎を見て大変怒りました。彼は兎に言いました。「先ず最初に、お前は大変小さい。それにお前は何故遅れてやって来たのだ。お前の罪科により、今日私はこの森の動物を全部殺してやる。」

5. 兎は言いました。「おお森の王様よ、それは私の過ちではありません。私はあなたのところに来るために朝出発したのです。しかし、途中に別のライオンがいたのです。彼は私に言いました。「私はこの森の王様だ。お前は今日私の食べ物である。これから私はお前を食うぞ。」

6. 私は彼に言いました。「この森の王様は別のライオンです。彼の名はドゥルダーンタといいます。彼だけがこの森の動物すべてに対する権利を有しているのです。先ず、私は彼のところに行き、それから私はあなたのところに来ます。」

7. ドゥルダーンタは兎の話を聞いて非常に怒りました。彼は兎に言いました。「その別のライオンは何処にいる。先ず、私は彼を殺す。」兎はドゥルダーンタを深い井戸の近くに連れていって言いました。
「その別のライオンはこの井戸に隠れているのです。」

8. ドゥルダーンタは井戸の水に映った自分自身の姿を見ました。彼は怒って尋ねました。「お前は誰だ。」 井戸からはこだまが帰ってきました。「お前は誰だ。」 ますます怒って彼は言いました。「私はこの森の王様だ。」再びこだまが返ってきました。「私はこの森の王様だ。」

9. ドゥルダーンタは怒りのあまり気が狂ってしまいました。彼は水に映ったライオンを殺そうと、自分自身を井戸に投げて死んでしまいました。

12.6 अस् - आसीत्, कथ् - अकथयम्, कुप् - अकुप्यत्, कृ - अकरोत्, क्षिप् - अक्षिपत्, गम् - अगच्छन्, आगच्छः, अगच्छत्, चल् - अचलम्, चिन्त् - अचिन्तयत्, दृश् - अपश्यत्, नी - अनयत्, पृच्छ् -अपृच्छत्, भू - अभवन्, अभवत्, वद् - अवदन्, अवदत्।

12.7 १. यौवने अहम् एकस्मिन् वने अवसम्। २. अस्माकं वनस्य राजा एकः सिंहः आसीत्। तस्य नाम दुर्दान्तः आसीत्। सः अतीव क्रूरः आसीत्। ३. वयं तस्य समीपे एकं पशुं प्रतिदिनं प्रैषयाम। ४. एकदा मम वारः आगच्छत्। ५. अहं दुर्दान्तस्य समीपम् अति

विलम्बेन अगच्छम्। ६. सः मह्यम् अतीव अक्रुध्यत्। स माम् अपृच्छत् -त्वं किमर्थं अतिविलम्बेन आगच्छः? ७. अहम् अकथयम्- मार्गे एकः अन्यः सिंहः आसीत्। सः माम् अकथयत्- अहम् अस्य वनस्य राजा अस्मि। ८. दुर्दान्तः माम् अकथयत्- मां तस्य सिंहस्य समीपं नय। ९. अहं तम् एकस्य गभीरस्य कूपस्य समीपम् अनयम्। तस्मिन् सः स्वप्रतिबिम्बम् अपश्यत्। सः क्रोधेन अपृच्छत्- त्वं कः असि?१०. कूपात् प्रतिध्वनिः आगच्छत्- त्वं कः असि? ११. दुर्दान्तः क्रोधेन उन्मत्तः अभवत्। सः स्वं कूपे अक्षिपत्। तत्र सः मृत्युम् अगच्छत्।

12.9 会話 1. 今日は (おはようございます)。 2. 今日は(おはようございます)。ご機嫌いかがですか (あなたにとって全てうまくいっていますか)。 3. はい、私は順調です。私は先月私の友人達と一緒にリシケーシュに行きました。 4. そこまでどうやっていったのですか。 5. 私たちはデリーからハリドワールまで鉄道で行き、そこからバスで行きました。 6. あなた達はそこでどこに泊まったのですか。 7. 私たちはアーシュラムに滞在しました。アーシュラムはガンジス河の岸辺にあります。 8. あなた達はそこで何をしましたか。 9.そこでは 朝と夕方に聖者達の講話がありました。私たちはヨーガのアーサナもしました。 10.あなた達はリシケーシュから更に上流の方まで行きましたか。11.はい、私たちはリシケーシュの先まで行きました。12. あなた達はそこで何を見ましたか。 13. 私達は大変美しいヒマーラヤ山脈の光景を見ました。 静寂がどこにもありました。途中には多くの寺院がありました。沢山の信者達がそこでプージャー(礼拝供養)をしていました。私達はゴームカまで登りました。 14. ゴームクとは何ですか。15. ガンジス河はゴームクから発しています。 16. ガンジスの水はそのあたりでは大変冷たいですか。 17. ガンジスの水はそのあたりではとても冷たいです。しかし、私達はガンジスの水で沐浴しました。今でも私はその沐浴のことは覚えています。

12.11 क. 努力、勇気、忍耐、智恵、気力、剛毅、これら六つのものが備わっているところに、神は救いを差し伸べる。

ख. 自分自身の英知のない人にとって経典は何の役に立つのでしょうか。両眼のない人にとって鏡は何の役に立つのでしょうか。

第十三課

> ई と ऊ 並びに इ と उ で終わる女性名詞／
> *ātmanepada* の現在時制（लट्）と過去時制（लङ्）

13.1 <N> 名詞 नदी (川) は ई で終わる女性名詞である。名詞 वधू (花嫁) は ऊ で終わる女性名詞である。二つの名詞は次のように変化する。

	नदी			वधू		
	単数	両数	複数	単数	両数	複数
主格 Nom.	नदी	नद्यौ	नद्यः	वधूः	वध्वौ	वध्वः
対格 Acc.	नदीम्	″	नदीः	वधूम्	″	वधूः
具格 Instr.	नद्या	नदीभ्याम्	नदीभिः	वध्वा	वधूभ्याम्	वधूभिः
与格 Dat.	नद्यै	″	नदीभ्यः	वध्वै	″	वधूभ्यः
奪格 Abl.	नद्याः	″	″	वध्वाः	″	″
属格 Gen.	″	नद्योः	नदीनाम्	″	वध्वोः	वधूनाम्
所格 Loc.	नद्याम्	″	नदीषु	वध्वाम्	″	वधूषु

これら二つの名詞の呼格単数はそれぞれ नदि と वधु である。वधूः のように ऊ で終わる女性名詞の主格単数は、末尾にヴィサルガ(*visarga*)があることに注意すること。

これら二つの名詞の格変化では、名詞 नदी では ई が य् に変化し、名詞 वधू では ऊ が व् に変化している。

上の二つの名詞と同じ変化をする女性名詞を次に掲げる。

格変化を練習してみよ。

भगिनी (姉(妹))，नारी (女性)，युवती (若い女性)，चमू (軍隊).

13.2<N> इ と उ で終わる女性名詞はそれと同じ形の男性名詞(例、मुनि と गुरु)と同じように格変化する。しかし、対格複数と具格単数

は男性名詞とは異なる。 ई と ऊ で終わる女性名詞についても同じことが言える。また、それらの与格、奪格、属格、所格には二通りの形がある。一つは男性の同じ形の名詞と同形、今一つは नदी と वधू といった名詞と同じである。名詞 मति(知能、思考)は इ で終る女性名詞である。名詞 धेनु (雌牛) は उ で終わる女性名詞である。これら二つの名詞の変化を次に掲げる。

	मति			धेनु		
	単数	両数	複数	単数	両数	複数
主格 Nom.	मतिः	मती	मतयः	धेनुः	धेनू	धेनवः
対格 Acc.	मतिम्	”	मतीः	धेनुम्	”	धेनूः
具格 Inst.	मत्या	मतिभ्याम्	मतिभिः	धेन्वा	धेनुभ्याम्	धेनुभिः
与格 Dat.	मत्यै, मतये	”	मतिभ्यः	धेन्वै, धेनवे	”	धेनुभ्यः
奪格 Abl.	मत्याः, मतेः	”	”	धेन्वाः, धेनोः	”	”
属格 Gen.	” ”	मत्योः	मतीनाम्	” ”	धेन्वोः	धेनूनाम्
所格 Loc.	मत्याम्, मतौ	”	मतिषु	धेन्वाम्, धेनौ	”	धेनुषु

これら二つの名詞の呼格単数はそれぞれ मते と धेनो である。

この二つの名詞の変化で、名詞 मति では इ が य् に変化しており、名詞 धेनु では उ が व् に変化しているのが分かる。これは इ と उ で終わるすべての名詞について当てはまることである。

次に इ と उ で終わる女性名詞を幾つか次に挙げる。それらを変化させてみよ。

बुद्धि (英知), छवि (輝き), अंगुलि (指), चञ्चु (くちばし), रज्जु (縄).

13.3 <E> 次の空所を埋めなさい

	単数	両数	複数
主格 Nom.	....	....	भगिन्यः
具格 Inst.	नार्या	....	....

属格 Gen.	....	....	युवतीनाम्
主格 Nom.	अंगुलिः	....	....
具格 Inst.	....	....	रज्जुभिः
与格 Dat.	छव्यै, छवये	....	....
主格 Nom.	....	....	चञ्चवः
属格 Gen.	....	....	चमूनाम्

13.4 <V> パラスマイパダとアートマネーパダ परस्मैपद, आत्मनेपद.

古いサンスクリットでは、ある行為の結果が他の人に係わるのか、あるいは行為者自身に係わるのかで動詞の活用形が異なっていた。この二つの活用形はそれぞれパラスマイパダ（परस्मैपद）並びにアートマネパダ（आत्मनेपद）と呼ばれる。時代が下がるとこの意味上の区別は保たれなくなったが、活用形の違いは残ることになった。

我々がこれまで学習して来た4種類の अ-群動詞の活用形は全て能動態でパラスマイパダ活用に属している。それら4種類の動詞でもアートマネパダ活用に従うものがある。英語では、この活用は、パラスマイパダ能動態活用と共通の活用語尾を持つ受動態などから区別するため、中間態 (Middle Voice) と呼ばれている。動詞によりパラスマイパダだけで活用するもの、アートマネパダだけで活用するもの、パラスマイパダとアートマネパダの両方で活用するものがある。अ-群動詞の語幹の作り方は、アートマネパダ (中間態) についても、大体同じである。活用語尾だけが異なってくる。現在時制 लट् におけるアートマネパダ (中間態) の活用は次の通りである。

	単数	両数	複数
3rd P.	-ते	-ईते	-अन्ते
2nd P.	-से	-ईथे	-ध्वे
1st P.	-ए	-वहे	-महे

動詞語幹末尾の अ は व् 又は म्で始まる活用語尾の前では आ

に変わる。この末尾のअ は अ 又は एで始まる活用語尾の前では(下に掲げる) लभन्ते と लभे のように脱落する。動詞 लभ् (得る、獲得する)はアートマネパダで活用する。その現在時制の活用は次の通りである。

	単数	両数	複数
3rd P.	लभते	लभेते	लभन्ते
2nd P.	लभसे	लभेथे	लभध्वे
1st P.	लभे	लभावहे	लभामहे

ここで注意しておくべきことは、第二人称、第三人称の両数において動詞語幹と活用語尾が、節**10.6**で説明した*guṇa sandhi* の規則に従って結合していることである。(लभ + ईते = लभेते etc.)

次にアートマネパダで活用する動詞を幾つか掲げておく。

मुद्	(मोदते)	喜ぶ	रुच्	(रोचते)	好む、に訴える
मन्त्र्	(मन्त्रयते)	相談する	मन्	(मन्यते)	考える、信じる
याच्	(याचते)	乞う	चेष्ट्	(चेष्टते)	試みる、企てる
वृध्	(वर्धते)	成長する	कम्प्	(कम्पते)	ゆする、震える
जन्	(जायत)	生まれる	वृत्	(वर्तते)	ある
सेव्	(सेवते)	世話する	शिक्ष्	(शिक्षते)	学ぶ

注 :1. 動詞 जन् の活用は不規則である。

2. 動詞 रुच् の場合、何かを好む人は与格 *dative*になり、好む対象が主格 *nominative*になる。

तस्मै बालकाय दुग्धं रोचते- その少年はミルクを好む。

मह्यं फलानि रोचन्ते - 私は果物が好きだ。

次の動詞の現在時制での活用を練習してみよ。

याच, कम्प्, वृध्, मन्त्र्.

13.5 <E> **次の文章を読んで日本語に訳しなさい**

१. वयमत्र संस्कृतं शिक्षामहे। २. अत्र छात्राः विद्यां लभन्ते। ३. ये जनाः योगस्य आसनानि[१] कुर्वन्ति तेषाम् आयुः[२] वर्धते। ४. आवां परिश्रमेण[३] धनं लभावहे। ५. अयि बालिके, त्वं कथं कम्पसे ? ६. अहं शीतेन[४] कम्पे। ७. वयं दुर्जनानां[५] वचनं न मन्यामहे। ८. तौ सदा देशस्य हिताय[६] चेष्टेते। ९. यूयमत्र विद्यां लभध्वे। १०. शिष्याणां सफलतया[७] गुरवः मोदन्ते। ११. मह्यं मिष्टान्नं[८] रोचते। १२. वायुना वृक्षाः कम्पन्ते। १३. भिक्षुकाः[९] धनं याचन्ते। १४. वयं मित्रैः सह मन्त्रयामहे। १५. क्रोधेन मनुष्यस्य हानिः[१०] जायते। १६. विद्या[११] विनयेन[१२] शोभते[१३]।

注:1. ヨーガ体位, 2. 寿命, 3. **परिश्रमः-** 重労働, 4. **शीतं-** 寒さ, 5. 悪人達の, 6. **हितम्-** 利益、善, **7. सफलता-** 成功, 8. (**मिष्ट+अन्नं**– 甘い食べ物、お菓子), 9. 乞食達, 10. 損失、損害, 11. 学問、知識, 12. **विनयः-** 謙譲、丁寧な態度, 13. 品位が与えられる

13.6 <V> アートマネパダの **लङ्** (過去時制) の活用語尾は次のようである。

	単数	両数	複数
3rd P.	-त	-ईताम्	-अन्त
2nd P.	-थाः	-ईथाम्	-ध्वम्
1st P.	-ए	-वहि	-महि

動詞 **लभ्** は過去時制で次のように活用する。

	単数	両数	複数
3rd P.	अलभत	अलभेताम्	अलभन्त
2nd P.	अलभथाः	अलभेथाम्	अलभध्वम्
1st P.	अलभे	अलभावहि	अलभामहि

アートマネパダの現在時制について述べた *sandhi* 規則は過去時制についても適用される。(अलभ + ईताम् = अलभेताम्, etc.)

13.7 <E> **次の文章を声を出して読み、日本語に訳しなさい**

१. अहं जापानदेशे सर्वेषां जनानां स्नेहम् अलभे। २. वृद्धावस्थायां[१] तस्य पुत्रौ तम् असेवेताम्। ३. उत्सवस्य दिने बालिकाः पुष्पैः स्वगृहम् अभूषयन्त[२]। ४. अस्माकं देशे बहवः उद्योगाः[३] अवर्धन्त। ५. अहम् अस्मिन् रविवारे[४] मित्रैः सह बहु अमोदे। ६. राजा मन्त्रिभिः सह अमन्त्रयत। ७. भिक्षुकः जनेभ्यः भोजनम् अयाचत। ८. यूयं सर्वे तस्मिन् विश्वविद्यालये[५] किम् अशिक्षध्वम् ? ९. वयं तत्र इतिहासं[६] दर्शनं[७] च अशिक्षामहि। १०. 'अस्माकं राजा अति दयालुः[८]', इति सर्वे अमन्यन्त। ११. शैशवे[९] मह्यं दुग्धं न अरोचत। १२. तस्य द्वयोः पुत्रयोः पश्चात् एका पुत्री अजायत। १३. ह्यः प्रभंजनस्य[१०] कारणात् वनस्य वृक्षाः अतीव अकम्पन्त।

注：1. वृद्ध+अवस्थाया老年期に, 2. 動詞 भूष्(飾る)はパラスマイパダでもアートマネーパダでも活用する, 3. 産業, 4. रविवारः–日曜日, 5. 大学で, 6. इतिहासः–歴史, 7. दर्शनं–哲学, 8. 親切な, 9. शैशवम्–幼年期に, 10. प्रभंजनः– ハリケーン

13.8 <E> 次の文章の空白個所を下に掲げる動詞で埋めなさい

मन्यते, अजायत, मन्त्रये, लभे, शिक्षामहे, अलभामहि, शिक्षयति(教える) अलभध्वम्, शिक्षन्ते, चेष्टन्ते

१. सर्वे जनाः सुखाय .... ।
२. तस्मिन् देशे यूयं किम् .... ?
३. वयं तस्मिन् देशे बहु धनम् .... ।
४. अस्मिन् विषये भवान् किं .... ?
५. तस्मिन् आश्रमे बहवः जनाः योगं .... ।
६. वयमपि अत्र योगं .... ।
७. तस्य पुत्रः कदा .... ?
८. ध्यानेन अहं शान्तिं .... ।
९. अहं सदा तेन सह .... ।
१०. गुरुः छात्रान् .... ।

13.9 <E> 次の文章の空白個所を下に掲げる単語で埋めなさい

बहून्, धेन्वाः, नद्याः, स्व- , मतयः, विशालायां, एतेषां, मत्या, भगिन्यै, इमानि, मंत्रयते,

१. तस्याः .... जलम् अति शीतलम् अस्ति।
२. इयं माला मम .... अस्ति।
३. सः सर्वाणि कार्याणि स्वया .... एव करोति।
४. सः कदापि कम् अपि न .... ।
५. .... दुग्धं मह्यम् अति रोचते।
६. अहं वने .... सिंहान् अपश्यम्।
७. .... वाटिकायां बहवः बालकाः क्रीडन्ति।
८. सर्वेषां जनानां .... भिन्नाः (異なる) भवन्ति।
९. .... पुस्तकानि .... बालकानां सन्ति।
१०. अहमिदं पुस्तकं .... मित्रात् अलभे।

<<練習問題解答>>

13.3

	単数	両数	複数
主格 Nom.	भगिनी	भगिन्यौ	भगिन्यः
具格 Inst.	नार्या	नारीभ्यां	नारीभिः
属格 Gen.	युवत्याः	युवत्योः	युवतीनाम्
主格 Nom.	अंगुलिः	अंगुली	अंगुलयः
具格 Inst.	रज्ज्वा	रज्जुभ्यां	रज्जुभिः
与格 Dat.	छव्यै, छवये	छविभ्यां	छविभ्यः
主格 Nom.	चञ्चुः	चञ्चू	चञ्चवः
属格 Gen.	चम्वाः	चम्वोः	चमूनाम्

第十三課

13.5　1. 私達はここでサンスクリットを学習しています。2. 生徒達はここで知識を得ています。　3. ヨーガのアーサナを実践している人々の寿命は増進します。　4. 私達二人は重労働によってお金を稼いでいます。　5. おお、少女よ、お前は何故震えているのですか。　6. 私は寒さのために震えているのです。　7. 私達は悪い人々の言葉には敬意を払いません。　8. 彼ら二人は常に国家の利益のために努力しています。　9. あなた達はここで知識を得ているのです。　10. 先生達は学生達の成功に喜んでいます。　11. 私は甘いものが好きです。　12. 木々は風で揺れています。　13. 乞食達はお金をねだっています。　14 私達は友人達に相談しています。　15. 怒りは人間に損失をもたらします。　16. 知識は謙譲さによって一層ひきたちます。

13.7　1. 私は日本で全ての人々から愛情を受けました。　2. 老年になってから彼の二人の息子が彼の面倒を見ました。　3. 祭りの日に、少女達は花で自分達の家を飾りました。　4. 多くの産業が我国で発達しました。　5. 私はこの日曜日、私の友人達と一緒に大いに楽しみました。　6. 王様は大臣達と一緒に相談しました。7. 乞食は人々に食べ物をねだりました。8. あなた達は皆あの大学で何を勉強したのですか。？9. 私達は、あそこで歴史と哲学を勉強しました。　10. 全ての人々は「私達の王様は大変親切だ。」と考えていました。11.私は子供の頃、ミルクが好きではありませんでした。　12. 二人の息子が生れた後で、一人の娘が生れました。　13. 昨日、強風のために森の木々は大変揺れていました。

13.8　१. चेष्टन्ते, २. अलभध्वम्, ३. अलभामहि, ४. मन्यते, ५. शिक्षन्ते, ६. शिक्षामहे, ७. अजायत, ८. लभे, ९. मन्त्रये, १०. शिक्षयति．

13.9　१. नद्याः, २. भगिन्यै, ३. मत्या, ४. मंत्रयते, ५. धेन्वाः, ६. बहून्, ७. विशालायां, ८. मतयः, ९. इमानि, एतेषां, १०. स्व．

第十四課

> -इ と -उ で終わる中性名詞と形容詞／1から10までの基数とその格変化／母音 sandhi (इ, ई が य् に、उ と ऊ が व् に変化する)／会話と二つの詩句

14.1< N > 名詞 वारि (水)と वस्तु (物)は中性名詞で、それぞれ इ と उ で終わる。これら二つの名詞の格変化は次の通りである。

	वारि			वस्तु		
	単数	両数	複数	単数	両数	複数
主 Nom.	वारि	वारिणी	वारीणि	वस्तु	वस्तुनी	वस्तूनि
対 Acc.	〃	〃	〃	〃	〃	〃
具 Instr.	वारिणा	वारिभ्याम्	वारिभिः	वस्तुना	वस्तुभ्याम्	वस्तुभिः
与 Dat.	वारिणे	〃	वारिभ्यः	वस्तुने	〃	वस्तुभ्यः
奪 Abl.	वारिणः	〃	〃	वस्तुनः	〃	〃
属 Gen.	〃	वारिणोः	वारीणाम्	〃	वस्तुनोः	वस्तूनाम्
所 Loc.	वारिणि	〃	वारिषु	वस्तुनि	〃	वस्तुषु

वारि と वस्तु の呼格単数はそれぞれ वारे と वस्तो である。これら二つの名詞においても母音 इ と उ の変容の類似性が見て取れるであろう。名詞 वारि において、इ は ई に変化している(1-3, 2-3, 6-3において)、名詞 वस्तु において、उ は ऊ に変化している。

14.2 <A> इ と उ で終わる形容詞. इ と उ で終わる形容詞はそれに相応する性の名詞と同じように格変化する。ただ、これに関連して次の点に留意しておくことが必要である。

　① 中性では、この形容詞は、主格、対格、呼格を除いて、男性名詞と同じように変化することがある。

स्वादुनः फलस्य, स्वादोः फलस्य (美味しい果物の)

शुचिनि स्थाने, शुचौ स्थाने (清浄な場所で)

② उ-で終わる形容詞、例えば बहु(多くの)、स्वादु (美味な)、लघु (小さな、軽い)、गुरु(大きな、重い、偉大な)は ई で終わる別の女性形(बह्वी, स्वाद्वी, लघ्वी, गुर्वी etc.)があり、これは ई-で終わる名詞のように格変化する。　बह्व्यः बालिकाः तत्र क्रीडन्ति- 沢山の少女達があそこで遊んでいる。

14.3 <A> サンスクリットの1から10までの基数を、次に基本形 (*prātipadika*) で掲げる。

एक	1	षष्	6
द्वि	2	सप्तन्	7
त्रि	3	अष्टन्	8
चतुर्	4	नवन्	9
पञ्चन्	5	दशन्	10

これらのうち、एक, द्वि, त्रि と चतुर् だけが３つの性で変化する、それらは修飾する名詞の性と格に一致する。数詞 एक と द्वि は当然、それぞれ単数、両数においてのみ変化する。

これら एक, द्वि, त्रि と चतुर् の格変化を次に掲げる。

	एक			द्वि		
	男 Masc.	女 Fem.	中 Neut.	男 Masc.	女 Fem.	中 Neut.
主格 Nom.	एकः	एका	एकम्	द्वौ	द्वे	द्वे
対格 Acc.	एकम्	एकाम्	एकम्	”	”	”
具格 Ins.	एकेन	एकया	その他	द्वाभ्याम्	द्वाभ्याम्	その他
与格 Dat.	एकस्मै	एकस्यै	は Masc.	”	”	は Masc.
奪格 Abl.	एकस्मात्	एकस्याः	と同じ	”	”	と同じ
属格 Gen.	एकस्य	”		द्वयोः	द्वयोः	
所格 Loc.	एकस्मिन्	एकस्याम्		”	”	

	त्रि			चतुर्		
	男 Masc.	女 Fem.	中 Neut.	男 Masc.	女 Fem.	中 Neut.
主格 Nom.	त्रयः	तिस्रः	त्रीणि	चत्वारः	चतस्रः	चत्वारि
対格 Acc.	त्रीन्	’’	’’	चतुरः	’’	’’
具格 Ins.	त्रिभिः	तिसृभिः	その他	चतुर्भिः	चतसृभिः	その他
与格 Dat.	त्रिभ्यः	तिसृभ्यः	は Masc.	चतुर्भ्यः	चतसृभ्यः	は Masc.
奪格 Abl.	’’	’’	と同じ	’’	’’	と同じ
属格 Gen.	त्रयाणाम्	तिसृणाम्		चतुर्णाम्	चतसृणाम्	
所格 Loc.	त्रिषु	तिसृषु		चतुर्षु	चतसृषु	

14.4 <A> 基数詞 **पञ्चन्, षष्** と **अष्टन्** の格変化を次に掲げる。数詞 **सप्तन्, नवन्** と **दशन्** は **पञ्चन्** と同じように格変化する。

	पञ्चन्	षष्	अष्टन्
主格 Nom.	पञ्च	षट्	अष्ट / अष्टौ
対格 Acc.	’’	’’	’’ / ’’
具格 Ins.	पञ्चभिः	षड्भिः	अष्टभिः / अष्टाभिः
与格 Dat.	पञ्चभ्यः	षड्भ्यः	अष्टभ्यः / अष्टाभ्यः
奪格 Abl.	’’	’’	’’ / ’’
属格 Gen.	पञ्चानाम्	षण्णाम्	अष्टानाम्
所格 Loc.	पञ्चसु	षट्सु	अष्टसु / अष्टासु

注： अष्टन् は属格 Gen.を除き２つの形を持っている。

14.5 <E> **次の文章を声を出して読み、日本語に訳しなさい**

क. १. महादेवः एकः कृषकः[१] अस्ति। २. रामदेवः ब्रह्मदेवः च तस्य द्वौ भ्रातरौ[२] स्तः। ३. एते त्रयः ग्रामस्य एकस्मिन् एव गृहे वसन्ति। ४. रामदेवस्य द्वे कन्ये[३], एकः पुत्रः च सन्ति। ५. ते सर्वे मिलित्वा[४] पञ्च जनाः भवन्ति। ६. ब्रह्मदेवस्य परिवारे तस्य पत्नी च द्वौ पुत्रौ च तिस्रः कन्याः च सन्ति। ७. सर्वे मिलित्वा सप्त जनाः तत्र वसन्ति। ८. महादेवस्य गृहे तस्य जाया[५] एकश्च पुत्रः स्तः। ९. ते त्रयः जनाः सन्ति। १०. महादेवस्य चतस्रः धेनवः सन्ति। ११. सः चतस्रः अपि धेनूः स्नेहेन पालयति[६]।

注: 1. 百姓, 2. 二人の兄弟, भ्रातृの 1-2] 3. कन्या- 娘、少女, 4.全部合わせると >मिल्-合う, 5. 妻, 6. पाल्-保つ、保護する、育てる

ख. १. अहं द्वाभ्यां बालिकाभ्यां चतुर्भिः बालकैश्च सह नगरमगच्छम्। २. एतानि नव पुस्तकानि तेभ्यः पंचभ्यः छात्रेभ्यः सन्ति। ३. तासां तिसृणां बालिकानां नृत्यम्[१] अति मनोहरम्[२] आसीत्। ४.अपि त्वं तानि त्रीणि चलचित्राणि[३] अपश्यः? ५.न, अहं केवलं द्वे चलचित्रे एव अपश्यम्। ६. सर्वेषां मनुष्याणां पंच ज्ञानेन्द्रियाणि[४] पंच कर्मेन्द्रियाणि[५] च सन्ति। ७. मनः[६] एकादशन्[७] इन्द्रियम् अस्ति। ८. एकस्मिन् सप्ताहे सप्त दिनानि भवन्ति।

注: 1. ダンス, 2. 美しい, 3. 映画, 4. **इन्द्रियम्**–感覚器官, **ज्ञानेन्द्रियाणि** (**ज्ञान + इन्द्रियाणि**)– 知覚器官、五感(視覚、聴覚、嗅覚、味覚、触覚)の働く器官, 5. **कर्म**–行動、**कर्मेन्द्रियाणि**–行動器官 (両手、両足、舌、生殖器官、排泄器官), 6. **मनस्**–心, 7. １１番目

14.6 <E> **括弧の中の数詞を適当な形にして次の文章の空所を埋めなさい**

१. तस्यां वाटिकायां …… बालिकाः नृत्यन्ति। (चतुर्)

२. एतेषु पुस्तकेषु …… चित्राणि सन्ति। (त्रि)

३. तौ …… बालकौ विद्यालयं गच्छतः। (द्वि)

४. अहं …… बालकैः सह अत्र क्रीडामि। (दशन्)

५. तयोः …… घटयोः शीतलं जलमस्ति। (द्वि)

६. …… मुनिना सह …… शिष्याः निवसन्ति स्म। (एक), (दशन्)

७. इमानि …… पुस्तकानि …… बालिकानां सन्ति। (चतुर्) (चतुर्)

14.7 <S> **इ** 又は **ई** の後に別の母音がくると、それは **य्**に変わる。同じように、 **उ** 又は **ऊ** の後に別の母音が来ると、それは **व्** に変わる。この サンディ*sandhi* の例をいくつかあげておく。

अति + अधिकम्	=	अत्यधिकम्	あまりにも沢山の
दहति + अग्निः	=	दहत्यग्निः	火は燃える。
अनु + अभवत्	=	अन्वभवत्	経験した、感じた。
अनु + अगच्छत्	=	अन्वगच्छत्	真似た、従った
सु + आगतम्	=	स्वागतम्	歓迎 (良き到来)

14.8\<R\> 　　　　　　　　**会話の練習をしましょう**

१.	महेशः	कुतः आगच्छति भवती ?
२.	विमला	अहं पुस्तकालयात्₁ आगच्छामि।
३.	महेशः	अधुना भवती कस्य विषयस्य₂ अध्ययनं₃ करोति ?
४.	विमला	अहं गणितं₄ विज्ञानं₅ च पठामि। मह्यं विज्ञानम् अतीव रोचते। विज्ञानस्य अध्ययनाय गणितस्य ज्ञानम् आवश्यकम्₆। गणितं विना विज्ञानस्य अध्ययनम् असंभवम्₇।
५.	महेशः	मह्यमपि विज्ञानं रोचते। विज्ञानेन वयं बहूनां वस्तूनां विषये ज्ञानं लभामहे।
६.	विमला	अहं दर्शनमपि₈ पठामि। दर्शनेन मनुष्यः स्वस्य विषये ज्ञानं लभते।
७.	महेशः	दर्शनं मह्यमपि रोचते। अहमधुना पतंजलिमुनेः योगसूत्रं पठामि। योगासनानि अपि करोमि। योगेन मनुष्यस्य ज्ञानं च आयुः₉ च वर्धेते।
८.	विमला	भवान् योगं कुत्र शिक्षते ?
९.	महेशः	अस्माकं नगरे एव एकं योगकेन्द्रं₁₀ वर्तते। अहं तत्र योगं शिक्षे। एकः विद्वान् गुरुः अस्मान् योगं शिक्षयति।
१०.	विमला	अपि सः गुरुः संस्कृतमपि शिक्षयति ?
११.	महेशः	आम्, अस्माकं गुरुः तस्मिन् केन्द्रे संस्कृतमपि शिक्षयति। योगस्य अध्ययनाय संस्कृतस्य ज्ञानम् आवश्यकम् इति अस्माकं गुरुः मन्यते। अहमपि एवं मन्ये।
१२.	विमला	संस्कृतस्य कक्षायां कति₁₁ छात्राः सन्ति ?
१३.	महेशः	संस्कृतस्य कक्षायां दश छात्राः वर्तन्ते। षट् युवकाः चतस्रः च युवत्यः वर्तन्ते। वयं सर्वे संस्कृतस्य कक्षायाम् अतीव मोदामहे।
१४.	विमला	अहमपि योगं शिक्षितुम् इच्छामि। अहं योगस्य विषये त्रीणि पुस्तकानि अपठम्। किन्तु मम ज्ञानं पुस्तकस्य ज्ञानमेव वर्तते।
१५.	महेशः	तत् योगकेन्द्रं सर्वेभ्यः जनेभ्यः अस्ति। भवत्याः तत्र स्वागतम्₁₂।

注: 1. पुस्तकालयः–図書館, 2.主題、科目, 3. 勉強 4. 数学、5. 科学, 6. 不可欠な, 7. 不可能な, 8.दर्शनम्–哲学, 9.寿命, 10.केन्द्रम्–センター, 11.(*prn. adj.*) どれだけ多くの, 12. 歓迎

14.9<R> ***Hitopadeśa* の詩句を読んでみよう**

क. अयं निजः[१] परो वेति[२] गणना[३] लघुचेतसाम्[४] ।

उदारंचरितानां[५] तु वसुधैव[६] कुटुम्बकम्[७] ।।

注：1. 自分自身の, 2. (परोवेति = परः + वा + इति) वा-又は, परः-別の人間 इति-その様である, 3. 考慮, 4. 狭い心の人間達, चेतस्–心, 5. उदारं-चरितानां-広い心の人達の, चरित–行動 6. वसुधैव = वसुधा एव, 全地球、全世界, 7. 家族

悪人の友情と善人の友情について

ख. आरम्भगुर्वी[१] क्षयिणी[२] क्रमेण[३] लघ्वी[४] पुरा[५] वृद्धिमती[६] च पश्चात् ।

दिनस्य पूर्वार्ध-परार्धभिन्ना[७] छायेव मैत्री[८] खल-सज्जनानाम्[९] ।।

注：1. आरम्भः-始り, गुर्वी-*f.* गुरुの女性形,大きな; 2. 減る、衰える, क्षयः–衰える, 3. 次第に、だんだんと, 4. लघ्वी-*f.* लघु 小さなの女性形, 5. 始めは, 6. 増大する, 7. पूर्वार्धः- 最初の半分, परार्धः- 次の半分, भिन्ना-別の、区分された, 8. 友情; 9. खलः-悪人, सज्जनः- 善人

14.10 <E> **次の文章をサンスクリットに訳しなさい**

1. 多くの人々は懸命な仕事を通じてお金を稼いでいます。**2.** 私達は美しい (सुन्दर)絵が好きです。**3.** 私は成功に向かって努力します。**4.** あの二人の弟子は彼らの師匠を世話していました。**5.** 我々は常に彼に相談しました。**6.** 我々のクラスには８人の少女がいます。 **7.** あの二人の少年は私の友達(मित्र)でした。**8.** 我々は皆ここで楽しんでいます。**9.** あなた達はここで何を学んでいるのですか。？ **10.** 私達はここでサンスクリットを学んでいます。

<<練習問題解答>>

14.5 **क.** 1. マハーデーヴァは百姓です。2. ラーマデーヴァとブラフマデーヴァは彼の二人の兄弟です。3. これら三人は村の中の同じ家に住んでいます。4. ラーマデーヴァには二人の娘と一人の息子がいます。5. 全部で彼らは五人になります。6. ブラフマデーヴァの家族には、彼の妻と二人の息子と三人の娘がいます。7. そこには全部で七人います。8. マハーデーヴァの家には彼の妻と一人の息子がいます。9. かれらは三人います。10. マハーデーヴァは四頭の牛を持っています。11. 彼は四頭もの牛をとても愛情をもって飼っています。

ख. 1. 私は二人の少女と四人の男子と一緒に町へ行きました。2. これらの九冊の本はそれら五人の生徒のためのものです。3. それら三人の少女のダンスは美しかった。4. あなたはそれら三つの映画を見ましたか。5. いいえ、二つの映画だけ見ました。6. 全ての人間には五つの知覚器官と五つの行動回路があります。7. 心は十一番目の器官です。8. 一週間には七日あります。

14.6 १. चतस्रः, २. त्रीणि, ३. द्वौ, ४. दशभिः, ५. द्वयोः, ६. एकेन, दश, ७. चत्वारि, चतसृणाम्.

14.8 会話: 1. あなたはどこから来たのですか。 2. 私は図書館から来ました。 3. あなたは現在何の主題を研究していますか。 4. 私は数学と科学を研究しています。私は科学が大変好きです。数学の知識は科学の研究に必要です。数学なしで科学の研究は不可能です。5. 私も科学が好きです。科学を通じて私達は多くの事物についての知識を得ています。 6. 私は哲学も研究しています。哲学によって人間は自分自身についての知識を得ます。 7. 私も哲学が好きです。私は今賢者パタンジャリのヨーガ・スートラを読んでいます。私はヨーガ・アーサナもやっています。人間の知識と寿命はヨーガによって増大します。8. あなたは何処でヨーガを学んでいるのですか。 9. 私達の町にヨーガ・センターがあります。私はそこでヨーガを学んでいるのです。学識のあるグルが私達にヨーガを教えてくれます。 10.

そのグルはサンスクリットも教えてくれますか。11. はい、私達のグルはそのセンターでサンスクリットも教えています。私達のグルはヨーガの研究にサンスクリットの知識が必要であると考えています。私もそう考えています。　12. サンスクリットのクラスには何人の生徒がいますか。13. サンスクリットのクラスには十人の生徒がいます。その中で、男性は六人、女性は四人です。私達は皆サンスクリットのクラスを楽しんでいます。14. 私もヨーガを習いたいと思っています。私はヨーガの本を三冊読みました。しかし、私の知識は書物の知識でしかありません。15. そのヨーガ・センターは全ての人のためにあります。あなたはそこで歓迎されるでしょう。

14.9　**क.** これは私のもの、あるいは誰か他の人のもの、などという考え方は、ちっぽけな狭い心の持ち主のものです。というのは、広い心の持ち主にとって、全世界が一つの小さな家族なのです。

ख. 悪人の友情と善人の友情には、昼間の前半の日陰と後半の日陰のような違いがあります。（昼間前半の日陰に似て、）悪人の友情は、最初は大変大きいのですが、次第に縮小して行きます。一方、善人の友情は、（昼間後半の日陰のように、）最初は小さいのですが、次第に大きくなります。

14.10　१. बहवः जनाः परिश्रमेण धनं लभन्ते। २. अस्मभ्यं सुन्दराणि चित्राणि रोचन्ते। ३. अहं सफलतायै चेष्टे। ४. तौ द्वौ शिष्यौ स्वगुरुम् असेवेताम्। ५. वयं सदा तम् अमन्त्रयामहि। ६. अस्माकं कक्षायाम् अष्टौ बालिकाः सन्ति। ७. तौ द्वौ बालकौ मम मित्रे आस्ताम्। ८. वयं सर्वे अत्र मोदामहे। ९. यूयम् अत्र किं शिक्षध्वे？ १०. वयमत्र संस्कृतं शिक्षामहे।

第十五課

> 命令法 (लोट्) と願望法 (विधिलिङ्) ／
> 物語『貪欲の果実』लोभस्य फलम्／二つの祈願の詩句

15.1 <V> 命令法 (लोट्) は主として次の場合に用いられる。

1. 命令もしくは助言を表す。
2. 願望もしくは祈願を表す。

सर्वे छात्राः अत्र आगच्छन्तु- 全ての生徒はここに来るべきです。
सर्वे भवन्तु सुखिनः- 全ての人々が幸福でありますように。

命令法における、अ-群動詞の語根から動詞語幹(अङ्ग) の作り方は、前と同じ規則に従う。パラスマイパダの命令法の活用語尾は次の通りである。

	単数	両数	複数
3人称	-तु	-ताम्	-(अ)न्तु
2人称	-nil	-तम्	-त
1人称	-आनि	-आव	-आम

動詞 भू (ある、なる) の命令法活用は次の通りである。

	単数	両数	複数
3人称	भवतु	भवताम्	भवन्तु
2人称	भव	भवतम्	भवत
1人称	भवानि	भवाव	भवाम

注:1. 第二人称単数では活用語尾がないので、動詞語幹自体が動詞として機能する。
　2. 現在時制と異なり、第一人称両数と複数の末尾にはヴィサルガ *visarga* がない。
　3. 命令法には、第三人称と第二人称の単数において、動詞語幹に तात् を付加して作る別の形もある。(भवतात्, पठतात् etc.) しかし、これは祝福又は祈願に関連して

極まれに使われるだけである。
4. 不変化詞मा (～なかれ) は否定的指示を与えるために命令法の動詞と共に使われる。 अत्र मा लिख- (ここで書いてはならない)
5. 命令法の二人称では、主語がしばしば省かれる。

15.2 <V> アートマネーパダの命令法活用語尾は次の通りである。

	単数	両数	複数
3 人称	-ताम्	-ईताम्	-अन्ताम्
2 人称.	-स्व	-ईथाम्	-ध्वम्
1.人称	-ऐ	-आवहै	-आमहै

動詞लभ् は命令法で次のように活用する。

	単数	両数	複数
3人称	लभताम्	लभेताम्	लभन्ताम्
2人称	लभस्व	लभेथाम्	लभध्वम्
1.人称	लभै	लभावहै	लभामहै

動詞語幹と活用語尾は लभेताम् と लभेथाम् においてグナ・サンディ गुण *sandhi* で結合しており(लभ + ईताम् = लभेताम्)、 लभै ではヴリッディ・サンディ वृद्धि *sandhi* (लभ + ए = लभै) で結合しているのが分るであろう。

15.3 <V> 動詞 कृ (する)は、パラスマイパダの命令法では次のように活用する。

	単数	両数	複数
3 人称	करोतु	कुरुताम्	कुर्वन्तु
2 人称	कुरु	कुरुतम्	कुरुत
1 人称	करवाणि	करवाव	करवाम

अस् (ある)の命令法の活用は次のようである。

	単数	両数	複数
3 人称	अस्तु	स्ताम्	सन्तु
2 人称	एधि	स्तम्	स्त
1 人所.	असानि	असाव	असाम

これらのうちで、第三人称の単数と複数だけが次のように普通よく使われる。

तथास्तु- (तथा अस्तु) それがそうありますように、アーメン。

सर्वे सुखिनः सन्तु- 全ての人が幸福でありますように。

15.4 <E> 次の文章を読み、日本語に訳しなさい

क. १. अस्माकं देशस्य[१] सैनिकाः[२] युद्धे[३] जयन्तु। २. मोहन, अत्र आगच्छ, उपविश[४], दुग्धं च पिब। ३. तूष्णीं[५] भव, कोलाहलं मा कुरु। ४. यूयं ज्ञानाय प्रश्नान् पृच्छत। ५. ये मार्गं जानन्ति[६] ते एव अस्मान् अस्मिन् वने नयन्तु। ६. ईश्वरः अस्माकम् उपरि दयां[७] करोतु। ७. सर्वेषां मङ्गलं[८] भवतु। ८. नगरे अतीव प्रदूषणम्[९] अस्ति, अतः अहं स्वग्रामे निवसानि। ९. तौ स्वपुस्तके पठताम्। १०. सः मार्गं[१०] जानाति, अतः वयं तम् एव अनुसराम[११] ११. सा स्वपुत्रेण सह नगरं गच्छतु। १२. सर्वे बालकाः वृक्षस्य छायायां तिष्ठन्तु[१२]।

注: 1. देशः-国, 2. सैनिकः- 兵士, 3. युद्धम्- 戦争、戦闘, 4. 座る > उप + विश्, 5. *ind.* 静かに, 6. 知る, 7. 慈悲, 8. 幸運, 9. 汚染, 10. मार्गः–道, 11. 従う, > अनु + सृ (動く、行く), 12. स्था लोट् iii-iii 座る

ख. १. व्यापारे[१] परिश्रमं कुरु, धनं च लभस्व। २. समस्या[२] जटिला[३] अस्ति, यूयं परस्परं[४] मन्त्रयध्वम्[५]। ३. वयमत्र सर्वेषां हिताय चेष्टामहै। ४. अस्माकं राष्ट्रे मनुष्याः सुशीलाः[६] भवेयुः। ५. अहं स्वगुरून् सेवै। ६. युष्माकं सर्वेषाम् आयुः[७] वर्धताम्। ७. सर्वे जनाः स्वजीवने मोदन्ताम्। ८. संगच्छध्वं[८] संवदध्वम्[९]। ९. त्वम् अल्पम् अपि स्वधनं बहु मन्यस्व। १०. संस्कृतं सर्वेभ्यः रोचताम्।

注: 1. व्यापार:-職業、商売, 2. 問題, 3. 難しい、複雑な, 4. *ind.* お互いに, 5. 相談する, 6. よい性格の, 7. आयुस्-寿命, 8. 一緒に歩む, 9. 一緒に話す(相互に議論する

15.5 <V> 願望法 (विधिलिङ्) は主として次のように使われる。

1. 願望、依頼、助言、祈願などを表す。
2. 疑惑、可能性を表す。
3. 蓋然性を表す。
4. 条件節で用いられる。

注: 命令法(लोट्)と願望法 (विधिलिङ्)の使い方には重複するところがある。両者とも願望、助言、祈願を表す点では共通している、ただ、指示を与える際には命令法の方がよく使われるし、願望や祝福を与える場合には願望法がよく使われる。

願望法विधिलिङ् の活用で、動詞語幹は第１類、第４類、第６類、第10類の動詞 (अ-群の動詞)については前述した規則に従って語根から作られる。パラスマイパダの願望法の活用語尾は次の通りである。

	単数人称	両数	複数
3人称	-ईत्	-ईताम्	-ईयु:
2人称	-ई:	-ईतम्	-ईत
1人称	-ईयम्	-ईव	-ईम

願望法の活用語尾は全て ई で始まる。 अ-群動詞の動詞語幹は अ で終わるので、この अ はグナ・サンディगुण *sandhi* で ई と結合し、両母音は ए となる。

動詞 पठ् の願望法での活用は次の通りである。

	単数	両数	複数
3人称	पठेत्	पठेताम्	पठेयु:
2人称	पठे:	पठेतम्	पठेत
1人称	पठेयम्	पठेव	पठेम

15.6 <V>　アートマネーパダの願望法の活用語尾は次の通りである。

	単数	両数	複数
3 人称	-ईत	-ईयाताम्	-ईरन्
2 人称	-ईथाः	-ईयाथाम्	-ईध्वम्
1 人称	-ईय	-ईवहि	-ईमहि

パラスマイパダ の場合と同様、アートマネーパダの願望法の活用語尾も全て **ई** で始まる。動詞語幹末尾の **अ** は、この **ई** と **गुण** *sandhi* で結合して、両者とも **ए** になる。

動詞 **लभ्** の願望法での活用は次の通りである。

	単数	両数	複数
3 人称	लभेत	लभेयाताम्	लभेरन्
2 人称	लभेथाः	लभेयाथाम्	लभेध्वम्
1 人称	लभेय	लभेवहि	लभेमहि

15.7 <E>　**次の文章を読み、日本語に訳しなさい**

१. ईश्वरः युष्मान् सर्वान् रक्षेत्। २. सः सर्वदा शान्तिं लभेत। ३. ते जीवने[१] मोदेरन्। ४. सैनिकाः देशं रक्षेयुः। ५. त्वमधुना स्वगृहं गच्छेः। ६. हे विमले, त्वं स्वपाठं पठेः। ७. युवां चित्राणि पश्येतम्। ८. यूयं गुरोः आज्ञां पालयेत[२]। ९. अहं विद्यां च धनं च अर्जेयम्[३]। १०. आवां पितरौ नमेव। ११. वयं देशभक्ताः[४] भवेम। १२. किं वयम् अत्रैव तिष्ठेम ? १३. न, यूयं कार्यालयं[५] गच्छेत। १४. अद्य प्रेक्षागृहे[६] कालिदासस्य[७] नाटकस्य[८] अभिनयः[९] अस्ति। १५ आवां तद् द्रष्टुं[१०] गच्छावः। १६. किं वयमपि आगच्छेम ? १७. आम्, अवश्यम्[११] आगच्छत। १८. कालिदासस्य एतत् नाटकम् अतीव मनोहरम्। १९. सर्वाणि मित्राणि सहैव[१२] गच्छेयुः।

注: 1. **जीवनम्**-人生, 2. **पाल्**-命令に服従する、守る, 3. **अर्ज्**- 稼ぐ、得る, 4. 愛国者, 5. 事務所, 6. **प्रेक्षागृहम्**- 劇場, 7.サンスクリットの最も有名な詩人で劇作家, 8. **नाटकम्**- 劇, 9. 上演, 10. 見ること, **दृश् + तुम्** 11.もちろん, 12. **सह+एव**- 一緒に

第十五課

15.8 <R>　　　次の物語を読み、日本語に訳しなさい

लोभस्य फलम्

१. एकस्मिन् वने एको वृद्धः१ व्याघ्रः वसति स्म। तस्मिन् वने एकः तडागः२ आसीत्। तडागस्य निकटे एव एकः मार्गः आसीत्। एकदा सः वृद्धः व्याघ्रः स्नानं३ कृत्वा४ तडागस्य तीरे अतिष्ठत्५। मार्गे बहवः पथिकाः६ गच्छन्ति स्म। व्याघ्रः तान् पथिकान् अवदत्- भोः पथिकाः, मम समीपम् आगच्छत। अहं हिंसको७ व्याघ्रः नास्मि। न अत्र भयस्य किमपि कारणम्। मम हस्ते एकं सुवर्ण-कङ्कणं८ दानाय९ अस्ति। अस्य ग्रहणं१० कुरुत। व्याघ्रस्य वचनैः लुब्धः११ एकः पथिकः अचिन्तयत्- भाग्येन१२ एव एतत् संभवति। तथापि१३ सः व्याघ्रात् भीतः१४ आसीत्। सः व्याघ्रम् अवदत्- त्वं तु स्वभावेन क्रूरः पशुः। त्वयि विश्वासः१५ कथं संभवति ?

注: 1.年老いた, 2.池, 3. स्नानं—沐浴, 4. した後で, 5. 座る, 6. 通行人, 旅人, 7. 獰猛な, 8. 金の腕輪, 9.贈与のために, 10. 受け取ること, 11.誘惑された, 12. 幸運によって, भाग्यं— 幸運, 13.しかし, 14. 恐れる, 15.信頼、信じきること

२. व्याघ्रः अकथयत्- इदं सत्यं यत्१ व्याघ्राः स्वभावेन क्रूराः भवन्ति। यौवने२ अहमपि अति क्रूरः आसम्। अहं कारणं विना एव बहूनां पशूनां हिंसाम्३ अकरवम्। तदा एको धार्मिको४ जनः माम् उपदेशम् अकरोत्- हिंसा पापाय भवति। दया पुण्याय भवति। त्वम् इदानीं वृद्धः। अस्याम् अवस्थायां५ पुण्यस्य अर्जनम्६ आवश्यकम् इति। तस्य धार्मिकजनस्य उपदेशात् अहं प्रतिदिनम् एकस्य सुवर्ण-कङ्कणस्य दानं करोमि। अद्य भवान् अस्य कङ्कणस्य ग्रहणं करोतु। किन्तु ग्रहणात् पूर्वं स्नानम् आवश्यकम्। अतः भवान् अस्मिन् तडागे स्नानाय प्रविशतु। अत्यधिको७ लोभी८ सः पथिकः स्नानाय तडागे प्राविशत्। किन्तु सः तडागस्य पङ्के९ निमग्नः१० अभवत्। तदा व्याघ्रः तम् अभक्षयत्।

注: 1. ということ (関係接続詞), 2. यौवनं— 若い時, 3. 殺害, 4. 宗教的な, 5. この年で、この状態で, 6. 得ること、もたらすこと, 7. अति+अधिकम्—ますます、大いに, 8. 貪欲な, 9. पंकः, -कं—泥, 10. 溺れた

15.9 <R> **命令法と願望法を使い、普遍的な平安と幸福を祈願する次の詩句を読んでみよう**

क. सर्वे भवन्तु सुखिनः१ सर्वे सन्तु निरामयाः२
सर्वे भद्राणि३ पश्यन्तु मा कश्चिद् दुःखभाग्४ भवेत् ।।

ख. सर्वः तरतु५ दुर्गाणि६ सर्वो भद्राणि पश्यतु ।
सर्वः कामान्७ अवाप्नोतु८ सर्वः९ सर्वत्र नन्दतु१० ।।

注: 1. 幸福な, **सुखिन्**の1-3 , 2. 病気に罹らない、健康な, 3.安泰, 4. 苦悩者, 5. >**तॄ**– 渡る、泳ぐ, 6. 困難, **7.** 欲望、願望, 8. 獲得しますように, 9. **सर्वः** (*sing.*) は、**सर्वे** (*pl.*)の意味で、ここでは使われている。10. >**नन्द्**–幸福である、喜ぶ

<<練習問題解答>>

15.4 क. 1. 我国の兵士達が戦場で勝ちますように。 2. モーハンよ、ここに来て、座って、ミルクを飲みなさい。 3. 静かにしてください、騒いではなりません。 4. 知識を得るために質問をしなさい。 5. 道を知っている人だけが、この森では私達を導くべきです。 6. 神が私達に祝福を与えてくれますように。 7. 全ての人が幸運に恵まれますように。 8. 町中にはひどい汚染があります、だから私は自分の村に住みたいです。 9. 彼ら二人は自分の本を読むべきです。10. 彼は道を知っています、ですから私達は彼に従うべきなのです。 11. 彼女は自分の息子と一緒に町へ行くべきです。 12. 全ての少年達は木陰に留まっているべきです。

ख. 1. ビジネスでは懸命に働いて、お金を稼ぎなさい。 2. 問題は難しいので、お互いに相談しあってください。 3. ここでは私達は全ての人の利益のために努力すべきです。 4. 我国の人々がよい性格の持ち主になりますように。5. 私が自分の先生方にお仕え出来ますように。 6. あなたがた全てが長生きできますように（あなたの寿命が増大しますように）。 7. 全ての人々が人生で幸福でありますように。8. あなた達皆が一緒に歩み、一緒に語りあえますように。9. あなたは自分の僅かな富といえども大きなものと見なすべきなのです。10. 全ての人々がサンスクリットを好きになれますように。

15.7 1. 神があなたがた全てを守ってくださいますように。 2. 彼が常に平和を得られますように。 3. 彼らが人生で幸福でありますように。 4. 兵士達が国を守ってくれますように。 5. あなたはもう自分の家に行ってもよい。 6.おお、ヴィマラーよ、あなたは自分の学課を勉強しなさい。7. あなた達二人は絵を見てもよい。8. あなた達は先生の命令に従うべきである。 9.知識も富も

私は手に入れたいものだ。10. 私達二人は両親に従わなければならない。11. 私達が愛国者になれますように。12. 私達はここにいるべきなのでしょうか。13. いや、あなた方は事務所へ行くべきです。14. 今日、劇場ではカーリダーサの劇の上演があります。15. 私達二人はそれを見に行くことにしています。16. 私達も行ってよいですか。17. はい、もちろん来てください。18. カーリダーサの劇は大変面白いです。 19. 全ての友人達も一緒に行くべきです。

15.8 貪欲の果実

1. ある森に一頭の年老いた虎がいました。その森には一つの池がありました。その池にそって一本の道がありました。ある時、その虎は水浴びをしてから、その池の岸辺に伏せていました。その道には多くの旅人が通り過ぎていました。その虎はその旅人たちに言いました。「おお、旅のお人達よ、私の近くにやって来なさい。私は獰猛な虎ではありません。ここには恐がる理由はありません。私の手にただで差し上げようと思っている金の腕輪があります。それを受け取って下さい。」 虎のその言葉に誘われて、一人の旅人は考えました。「全くの僥倖によってのみ初めてこれは可能になる。」しかし、彼は虎を恐れていました。彼は虎に言いました。「お前は生まれつき残忍な動物だ。そのお前を信じることなどどうして出来ようか。」

2. 虎は言いました。「虎たちが生まれつき残忍だというのは本当です。若い時には私も残忍でした。特に理由もなく私は沢山の動物を殺してきました。その時一人の宗教家が私に教えを説いてくれたのです。「殺しは罪作りだし、慈悲は徳積みだ。お前はすでに年老いている。その年になったら、徳積みが必要だ。」その宗教家の説教のお陰で、私は毎日一個の金の腕輪を施しています。今日はあなたにこの腕輪を受け取ってもらいたい。しかし、それを受け取るには、沐浴が必要です。そこであなたにまずこの池に入って沐浴してもらいたい。」

大変貪欲だったその旅人は、沐浴のために、池に入りました。しかし、彼は池の泥沼に足をとられて溺れてしまいました。そこでその虎は彼を食べてしまいました。

15.9 क. 全て(の人々)が幸福でありますように、全てが病気に罹りませんように、全てが幸運に恵まれ、悲哀にあうことがありませんように。

ख. 全て(の人々)が自分の困難を乗越えられますように、全てが幸運に恵まれますように、全てが自分の願望を成就しますように、全てがどこでも幸福でいられますように。

第十六課

単純未来時制 (लृट्) ／ इ-グループ動詞と non-इ-グループ動詞／
絶対分詞 (त्वा と य) ／ 物語『賢い猿』चतुरः वानरः

16.1 <V> 単純未来時制 (The Simple Future Tense) これまで我々は四種類 (*gaṇas*)の動詞の活用、即ち、現在時制(लट्)と過去時制(लङ्)と命令法 (लोट्)と願望法(विधिलिङ्)を学んで来た。次に単純未来時制(लृट्)において動詞を活用させてみよう。サンスクリットには二つの未来時制がある。一つは複合未来 *periphrastic future* と呼ばれ、遠い未来の行動を示すのに使われる。今一つが未来の出来事を示すのに使われる単純未来である。しかし、この区別は厳密には守られては来なかった。

注: パラスマイパダとアートマネーパダの両者におけるサンスクリットの動詞の10分類法は、現在時制 लट्、命令法 लोट्、過去時制 लङ् 並びに願望法 विधिलिङ् についてのみあてはまる。これら4つを総称して、特別な時制と態(*conjugational tenses and moods*)という。単純未来を含め他の一般的な時制と態(*non-conjugational tenses and moods*)では、サンスクリットの全ての動詞は同じように扱われる。

16.2 <V> इ-グループと non-इ-グループ. この課で問題にするサンスクリットの動詞語根には重要な区別がある。特別な時制と法を作るのに用いられる活用語尾とは別に、語尾を付加する前に語根に इ を付加するかしないかによって、全動詞は二つのカテゴリーに区分される。まず語根末尾に इ を加える動詞がある。その他の動詞には何も加えられない。接尾辞が動詞の語根に直接付加される。最初のカテゴリーを इ-グループ、いま一方を non-इ-グループと呼ぶことにしよう。両グループに属する動詞もある、つまり इ を加えるか加えないかが随意な動詞もある。

16.3 <V> パラスマイパダとアートマネーパダの単純未来時制の活用語尾は次の通りである。

注：現在時制の活用語尾との相違点は स्य を加えることだけである。

	パラスマイパダ			アートマネーパダ		
	単数	**両数**	**複数**	**単数**	**両数**	**複数**
3人称	-स्यति	-स्यतः	-स्यन्ति	-स्यते	-स्येते	-स्यन्ते
2人称	-स्यसि	-स्यथः	-स्यथ	-स्यसे	-स्येथे	-स्यध्वे
1人称	-स्यामि	-स्यावः	-स्यामः	-स्ये	-स्यावहे	-स्यामहे

16.4 <V>　単純未来時制を作る際には、次の規則が適用される。

1. 9.2節で触れたように、もし活用語尾の前の母音が、 अ 又は आ 以外のものである場合、 स् は ष् に変化する。

2. 未来時制の活用語尾の前にある､最終母音と中間短母音(二つの子音の間に来る母音) は गुण 型を取る、例えば、 जि は जे に、 लिख् は लेख्になる。

3. 第10類の語根をもつ動詞語幹は変化しない、ただし、動詞語幹の最後の अ はなくなる。(चुर्→ चोरय्, कथ्-कथय् etc.)

4. इ-グループの場合、語根に इ が付加される。第10類の語根は全て इ-グループに属している。そこで、それらの語幹 अङ्ग の最後の अ は इ に変わる。

動詞 लिख् の単純未来時制の活用を次に掲げる。

	単数	**両数**	**複数**
3人称	लेखिष्यति	लेखिष्यतः	लेखिष्यन्ति
2人称	लेखिष्यसि	लेखिष्यथः	लेखिष्यथ
1人称	लेखिष्यामि	लेखिष्यावः	लेखिष्यामः

語根 पा は non-इ グループに属している。従って活用語尾は語根に直接付加される。

	単数	**両数**	**複数**
3人称	पास्यति	पास्यतः	पास्यन्ति
2人称	पास्यसि	पास्यथः	पास्यथ
1人称	पास्यामि	पास्यावः	पास्यामः

16.5 <V>　既に学んだ幾つかの動詞の単純未来形を第三人称単数で見てみよう。

1. 活用語尾が付け加わる前に、 **इ** を取る動詞語根には、次のようなものがある。

कथ् (कथय्)	–	कथयिष्यति	पत्	–	पतिष्यति
कृ (कर्)	–	करिष्यति	भू (भव्)	–	भविष्यति
क्रीड्	–	क्रीडिष्यति	मन्त्र् (मन्त्रय्)	–	मन्त्रयिष्यते
खाद्	–	खादिष्यति	मुद्	–	मोदिष्यते
गम्	–	गमिष्यति	रुच्	–	रोचिष्यते
चल्	–	चलिष्यति	लिख्	–	लेखिष्यति
चुर् (चोरय्)	–	चोरयिष्यति	वृध्	–	वर्धिष्यते
पठ्	–	पठिष्यति	स्मृ (स्मर्)	–	स्मरिष्यति

2. 活用語尾が付け加わる前に、 **इ** を取らない動詞語根には次のようなものがある。

गै	–	गास्यति	पा	–	पास्यति
जि	–	जेष्यति	प्रच्छ्	–	प्रक्ष्यति
दा	–	दास्यति	मन्	–	मंस्यते
दृश्	–	द्रक्ष्यति	लभ्	–	लप्स्यते
नी	–	नेष्यति	सृज्	–	स्रक्ष्यति
पच्	–	पक्ष्यति	स्था	–	स्थास्यति

16.6 <E>　**次の文章を読み、日本語に訳しなさい**

१. ते अद्य सायम्[१] अस्माकं गृहम् आगमिष्यन्ति। २. वयं तैः सह श्वः[२] नगरस्य दर्शनीयानि[३] स्थानानि[४] द्रक्ष्यामः। ३. त्वं श्वः किं करिष्यसि ? ४. अहं श्वः स्वकक्षायाः अन्यैः बालकैः सह क्रीडिष्यामि। ५. यूयम्

अमेरिकादेशात् तस्यै किम् आनेष्यथ ? ६. वयं तस्यै बहूनि वस्तूनि आनेष्यामः। ७. तासां बालिकानां पिता ताः रविवारे५ कुत्र नेष्यति ? ८. सः ताः रविवारे जन्तुशालां६ नेष्यति। ९. यूयमद्य किं खादिष्यथ ? १०. वयमद्य केवलं दुग्धं पास्यामः। ११. वयं सर्वे अद्य संस्कृतस्य नवीनं७ पाठं पठिष्यामः। १२. त्रयाणां मासानां८ पश्चात्९ वृक्षेभ्यः पत्राणि पतिष्यन्ति। १३. रात्रिः गमिष्यति भविष्यति सुप्रभातम्१०। १४. शास्त्राणां११ पठनेन अस्माकं ज्ञानं वर्धिष्यते। १५. वयं परिश्रमेण१२ धनं लप्स्यामहे।

注: 1. *ind.* 夕方, 2. *ind.* 明日, 3. 見る価値のある, 4. 場所, 5. 日曜日, 6. 動物園へ, 7. 新しい, 8. **मासः-** 一月, 9. *ind.* 後, 10. 素晴らしい朝、時には朝の挨拶としても使われる, 11. **शास्त्रम्** － 知識の書物、聖典, 12. **परिश्रमः** － 懸命な働きによって

16.7 <V>　　絶対分詞 (**त्वा**). 動詞語根の明白な使い方は、異なる人称と数における様々な時制や法や態での活用形を作ることである。その他の重要なサンスクリット動詞語根の使い方としては、様々な種類の分詞や不定詞を作ることである。

　同じ活動主体が定動詞 *finite verbs* によって表される活動以前に一つ又はそれ以上の活動を行う場合、それ以前に為される活動は絶対分詞（ジェランド *gerund* 又は不変化分詞 *indeclinable participle* ともいう）で表現される。絶対分詞を作る際、語根に接尾辞 **त्वा** が付加される。**इ**-グループの語根には **त्वा** の前に **इ** が付加される。

　सः भोजनं कृत्वा भ्रमणाय अगच्छत्-彼は食事の後、散歩に行った。
　सा प्रश्नान् पठित्वा तेषाम् उत्तराणि च लिखित्वा अध्यापकस्य समीपम् अगच्छत्-問題を読んで答を書くと、彼女は先生のところに行った。
　चौरः बहूनि वस्तूनि चोरयित्वा गृहात् बहिः अगच्छत्-多くの物を盗むと、盗賊は家の外に出ていった。

　次に、**त्वा** の使い方の例をいくつか示す。

　　कथ् ＋ त्वा　＝ कथयित्वा　（語ると／語った後）
　　क्रीड् ＋ त्वा　＝ क्रीडित्वा　（遊ぶと／遊んだ後）
　　गण् ＋ त्वा　＝ गणयित्वा　（数えると／数えた後）

गम् + त्वा = गत्वा (行くと/行った後)
पठ् + त्वा = पठित्वा (勉強すると/勉強した後)
*श्रु + त्वा = श्रुत्वा (聞くと/聞いた後)
स्मृ + त्वा = स्मृत्वा (覚えると/覚えた後)

注: *動詞 श्रु のことは後で学ぶ。

16.8 <V> त्वा の代わりに यを使う方法。 語根の前に前置詞が来ると、त्वा は य に置き換えられる。短母音で終わる語根の場合には य の前に त् を加える。

आ	+	दा	+	य	=	आदाय	(取ると)
अनु	+	भू	+	य	=	अनुभूय	(経験すると)
आ	+	रुह्	+	य	=	आरुह्य	(乗ると,登ると)
वि	+	जि	+	य	=	विजित्य	(征服すると)
तिरस्	+	कृ	+	य	=	तिरस्कृत्य	(侮辱すると)

注: न् 又は म् で終わる動詞の場合、これらの子音は脱落させてもよい。例えば、

आ + गम् = आगम्य, आगत्य (やって来ると)

प्र + नम् = प्रणम्य, प्रणत्य (お辞儀すると)

16.9 <E> 次の文章を読み、日本語に訳しなさい

१. सः पूजां कृत्वा भोजनं करोति। २. अहं किञ्चित् कालं भ्रमित्वा गृहम् आगमिष्यामि। ३. सैनिकाः अश्वान्[१] आरुह्य युद्धं कुर्वन्ति। ४. मित्रैः सह क्रीडित्वा मोहनः अमोदत। ५. सः अत्र आगत्य माम् अमिलत्। ६. सैनिकाः शत्रून् विजित्य स्वदेशमागच्छन्। ७. तस्य कथनं[२] श्रुत्वा सर्वे अहसन्[३]।

注: 1. अश्वः-馬, 2. 話、言葉, 3. हस्-笑う

16.10 <R> 次の物語を読み、日本語に訳しなさい

चतुरः वानरः

१. एकस्याः नद्याः तटे एकः विशालः जम्बुवृक्षः[१] आसीत्। तस्मिन् वृक्षे बहवः वानराः वसन्ति स्म। वृक्षस्य फलानि अति मधुराणि आसन्। वानराः तानि फलानि प्रतिदिनम् अखादन्। नद्याम् एकः मकरः[२] स्वजायया[३] सह

第十六課

अवसत्। सः मकरः प्रतिदिनं नद्याः तटे जम्बुवृक्षस्य अधः४ आगच्छत्। तत्र एकः वानरः तस्य मित्रम् अभवत्। सः वानरः मकराय बहूनि जम्बुफलानि अयच्छत्। मकरः कानिचित् फलानि स्वयम् अखादत् कानिचित् च स्वजायायै अनयत्५। तानि मधुराणि फलानि तस्य जायायै अतीव अरोचन्त।

एकदा६ मकरस्य जाया तम् अकथयत्- तव मित्रं वानरः तु प्रतिदिनं७ बहूनि जम्बुफलानि खादति। अतः तव मित्रस्य हृदयम् अति मधुरं भवेत्। अहं तव मित्रस्य हृदयं खादितुम्८ इच्छामि। यदि९ त्वं तस्य हृदयं मह्यं न आनेष्यसि, तर्हि१० अहं न जीविष्यामि।

注： 1. ジャンブの木, 2. 鰐, 3. जाया-妻, 4. *ind.* 下に, 5. 取った, 6. ある時, 7. 毎日, 8. 食べる, खादितुम् इच्छामि- 私は食べたい。 9. もし, 10. その時

२. स्वजायायाः सम्मुखे१ मकरः विवशः२ अभवत्। सः नदीतीरं३ गत्वा स्वमित्रं वानरम् अवदत्- भोः४ मित्र, मम जाया त्वयि अतीव स्निह्यति। सा त्वाम् आवयोः गृहे भोजनाय आमंत्रयते५। त्वमद्य मया सह अवश्यम् आवयोः गृहं चल।

वानरः अकथयत्- युवयोः गृहं तु नद्याः मध्ये६ अस्ति। अहं तत्र कथं गमिष्यामि? मकरः अवदत्- अस्य उपायः७ सरलोऽस्ति। त्वं मम पृष्ठे८ उपविश। अहं त्वां स्वगृहं नेष्यामि।

注： 1. 前では, 2. 自分では何も出来ない, 3. तीरम्-岸辺, 4. おい, 5. 招く, 6. मध्यं- 中ほど, 7. 方法、道、手段, 8. पृष्ठम्-背中

३. वानरः मकरस्य विश्वासम् अकरोत्। सः मकरस्य पृष्ठे उपाविशत्१। मकरश्च नद्याः मध्यभागं२ प्राचलत्३। मार्गे सः वानरम् अवदत्-भोः मित्र, अहमद्य अतीव दुःखितः४ अस्मि, यतः५ अहं त्वां सत्यं न अवदम्। तव हृदयम् अति मधुरम् अस्ति इति मम जाया चिन्तयति। सा तव हृदयं खादितुम् इच्छति। अहं स्वजायायाः सम्मुखे विवशः अस्मि। अतः त्वां स्वगृहं नयामि।

注： 1. 座った＞उप + आ + विश् , 2. भागः-部分, 3. 進み出た＞प्र + अ + चल्, 4. 悲しい, 5. 何故なら

४. वानरः सहसा१ अवदत्-यदि एषः तव विचारः२ आसीत्, तर्हि त्वं कथं३ पूर्वम्४ एव मां न अकथयः? अहं तु स्वहृदयं सदा वृक्षस्य कोटरे५ एव धरामि६। त्वं मां शीघ्रं तत्रैव नय। अहं स्वहृदयम् आदाय७ पुनः

त्वया सह तव जायायाः भोजनाय आगमिष्यामि।

मूर्खो मकरः वानरं पुनः जम्बुवृक्षस्य अधः आनयत्। वानरः शीघ्रमेव मकरस्य पृष्ठात् वृक्षस्य शाखायाम् अकूर्दत्[8]। सः मकरमवदत्-त्वं शठः[9] असि किन्तु मूर्खोऽपि[10] असि। किं कस्यापि हृदयं तस्य शरीरात् पृथक्[11] भवति? गच्छ स्वगृहम्। भविष्ये[12] अत्र कदापि न आगच्छ।

注: 1. *ind.* 突然, 2. 考え, 3. 何故 ?, どうして? 4. 前に, 5. कोटरः 木の窪みに, 6. धृ (धर्)-保つ、置いておく, 7.取ってから, 8. कूर्द्-ジャンプする, 9. 邪悪な、悪漢, 10. मूर्ख- 愚か、馬鹿な, 11. 別にして, 12. भविष्यं- 将来

<<練習問題解答>>

16.6 1. 今日の夕方彼らは私達の家に来るでしょう。 2. 明日私達は彼らと一緒に町の見るに値する場所を見ることにしています。 3. あなたは明日何をするのですか。 4. 明日は、私はクラスの他の少年達と一緒に遊びます。5. あなた達は彼女のためにアメリカから何を持ってくるのですか。6. 私達は彼女のために沢山のものを持ってきます。 7. その少女達の父親は日曜日に彼女らを何処に連れて行くのでしょう。 8. 彼は彼女らを日曜日には動物園に連れて行きます。9. あなた方は今日何を食べますか。 10. 私達は今日ミルクを飲むだけです。 11. 私達は皆で今日サンスクリットの新しい課を読むでしょう。12. 3ヶ月の後、葉は木々から落ちるでしょう。 13. 夜が過ぎて、素晴らしい朝になるでしょう。14. 私達の知識は聖典を読むことによって、増えるでしょう。15. 私達は一生懸命働くことでお金を得るでしょう。

16. 9 1. 彼は礼拝行をした後で食事をします。 2. 私は少しの時間散歩をしてから戻ります。3. 兵士達は馬に乗って戦います。4. モーハンは友達と遊んだので喜んでいました。 5. 彼はここに来てから私に会いました。 6. 兵士達は敵を討ち果たしてから、自分の国に戻りました。 7. 彼の話を聞いて皆は笑いました。

16. 10　　物語『賢い猿』

1. ある川の岸辺に一本の大きなジャンブの木（ローズ・アップルの木）がありました。沢山の猿たちがその木には住んでいました。木の果実は大変甘かったのです。猿たちはそれらの果実を毎日食べていました。川には

第十六課

　一匹の鰐がその妻とともに住んでいました。その鰐は毎日川岸のジャンブの木の下にやって来ました。そこで一匹の猿がその友人になりました。その猿は沢山のジャンブの果実を鰐にあげました。その鰐は幾つかの果実を自分で食べて、幾つかを自分の妻に持って行きました。彼の妻はそれらの甘い果実を大変好みました。

　ある時、鰐の妻が彼に言いました。「あなたの友達の猿は毎日、沢山のジャンブの果実を食べている。だからあなたの友達の心臓は大変甘いに違いない。私はお前の友達の心臓を食べたい。もしあなたが彼の心臓を私に持ってこなければ、私はもう生きて行かない」

　2. 鰐は妻の前に出るとどうすることもできなかったのです。川岸に行って、彼は友人の猿に言いました。「おお、友よ、私の妻はあなたを大変気に入っているのです。彼女はあなたを私達二人の家での食事に招待しています。どうか私と一緒に今日、私達の家まで来てください。」

　猿は言いました。「お前達二人の家は川の中にある。どうして私がそこに行けるというのか」　鰐は言いました。「それにはたやすい方法があります。あなたは私の背に腰掛けて下さい。私はあなたを私の家までお連れします」

　3. 猿は鰐を信頼していました。彼は鰐の背に座りました。鰐は川の中ほどまで進みました。途中で彼は猿に言いました。「おお、友よ、私は今日大変悲しい。というのは私はあなたに本当のことを言っていなかった。私の妻はあなたの心臓が大変甘いと思っています。彼女はあなたの心臓を食べたいと思っているのです。私は妻の前ではどうすることもできないのです。そこで、私はあなたを私の家に連れて行こうとしているのです」

　4. 猿は突然言いました。「もしそれがお前の考えなら、なぜもっと前に、そのように私に言ってくれなかったのか？私はいつも自分の心臓を木の窪みに置いているのだ。直ぐに私をあそこまで連れて行ってくれ。自分の心臓を取って来たら、再びお前と一緒にお前の妻の食事に行くとしよう」

　愚かな鰐は猿をまた再びジャンブの木の下まで連れて行きました。猿はすばやく鰐の背から木の枝に飛び移りました。彼は鰐に言いました。「お前は悪いやつだが愚か者だ。一体誰の心臓がその肉体から離れて存在するものか。自分の家に行ってしまえ、未来永劫ここには絶対来るな」

第十七課

不定詞(तुम्)／受動態／時間や季節を表す言葉／基本方位／序数／
物語 『十番目はお前だ』दशमः त्वमसि.

17.1 不定詞 (तुम्). ある行動の目的を示すために、語根に接尾辞 तुम् が付け加えられる。

सः धनम् अर्जितुं तत्र अगच्छत्-彼は金を稼ぐためにそこへ行った。

語根に तुम् を付加する際、次の規則があてはまる。

1. 語根の最終母音と中間短母音は गुण 型を取る。

2. 第10類の語根の場合、語幹から अ をマイナスする。

3. इ-グループの語根には तुम् の前に इ を付加する。

次に不定詞の例を幾つかあげる。

कृ	+	तुम्	=	कर्तुम्	すること/するために
गम्	+	तुम्	=	गन्तुम्	行くこと/行くために
चुर्	+	तुम्	=	चोरयितुम्	盗むこと/ 盗むために
जि	+	तुम्	=	जेतुम्	勝つこと/ 勝つために
दृश्	+	तुम्	=	द्रष्टुम्	見ること/見るために
पठ्	+	तुम्	=	पठितुम्	読むこと/ 読むために
पा	+	तुम्	=	पातुम्	飲むこと/ 飲むために

17.2 <E> 次の文章を読み、日本語に訳しなさい

१. अहमिदं पुस्तकं पठितुम् इच्छामि। २. ते बालकाः अधुना क्रीडितुं गमिष्यन्ति। ३. वयमधुना किमपि कर्तुं नेच्छामः ४. वयं तरितुं[१] नदीं गच्छामः। ५. ते विद्याम् अर्जितुं विदेशमगच्छन्। ६. सर्वे जनाः जीवितुम्[२] इच्छन्ति। ७. यूयं श्वः इमं पाठं पठितुं स्वपुस्तकानि आनयत। ८. राजानं[३] सेवितुं बहवः दासाः[४] बह्व्यः दास्यश्च[५] आसन्। ९. किं त्वमपि जलं पातुम् इच्छसि ? १०. आम्, अहं शीतलं जलं पातुमिच्छामि।

注: 1. 泳ぐために >तॄ-泳ぐ, 2. जीव्-生きる, 3. 王様(2-1), 4. 男性の召使い, 5. दासी- 女性の召使い

17.3 <V> 受動態:英語の場合と同じように、サンスリットの他動詞も受動態で使われる。能動態を受動態に変換するための規則は次の通りである。

1. 能動態の主語は、受動態では具格(*instrumental*)になる。

2. 能動態の目的語は主格になり、動詞は新主語に一致する。

3. 受動態は動詞語根 (*verbal root*)から作られるのであって、動詞語幹 (*verbal base*) अङ्ग からではない。動詞の10の部類への区分は受動態ではあてはまらない。しかし、10の部類の動詞における गुण 又は वृद्धि への変化は存続する。そこで動詞 पा と दृश् の受動態は पा とदृश्から作られるのであって、पिब् と पश्य्からではない。しかし、語根 चुर्は受動態を作るため गुण 変化の形(चोर्)を留めている。

4. 受動態を作るために、語根にアートマネーパダ(middle voice)の活用語尾が使用される。

5. 語根に य が付加される。この य は म् と व्で始まる活用語尾の前では या となる。母音で始まる活用語尾の前では、 य のなかの अ は脱落する。

6. दा, गै, पा, स्था etc.のような動詞語根では、それらの母音は ई に変わる。そこでदा-दीयते, गै-गीयते, पा-पीयते, स्था-स्थीयते etc. となる。

7. 単独子音の後の最終母音 ऋ は रि に変わる。

कृ-क्रियते, हृ -ह्रियते, मृ- म्रियते, भृ-भ्रियते.

17.4 <V> 幾つかの動詞の受動態を三人称単数現在で次に掲げる。

कथ्	-	कथ्यते	दण्ड्	-	दण्ड्यते	पठ्	-	पठ्यते
कृ	-	क्रियते	दा	-	दीयते	पा	-	पीयते
गम्	-	गम्यते	दृश्	-	दृश्यते	पूज्	-	पूज्यते
गै	-	गीयते	धृ	-	धार्यते	प्रच्छ्	-	पृच्छ्यते
चुर्	-	चोर्यते	नी	-	नीयते	लभ्	-	लभ्यते
त्यज्	-	त्यज्यते	पच्	-	पच्यते	लिख्	-	लिख्यते

現在時制のそれ以外の形はアートマネーパダの動詞の場合と同

様で、次のように導き出すことが出来よう。 पठ्यते, पठ्येते, पठ्यन्ते, पठ्यसे, पठ्येथे, पठ्यध्वे, पठ्ये, पठ्यावहे, पठ्यामहे, etc.

注：受動態は大概第三人称で使われる。そこで受動態の練習を第三人称に限ってもかまわない。その他の時制や法の場合の形はアートマネーパダの活用語尾を使って導き出すことが出来る。受動態・命令法は丁寧表現。

अपच्यत	料理された	अलिख्यन्त	書かれた
अपठ्यत	読まれた	अपठ्यन्त	読まれた
क्रियताम्	動かれたい	अखाद्यन्त	食べられた
दृश्यताम्	ご覧頂きたい	अदण्ड्यन्त	罰せられた

17.5 <E> 次の文章を日本語に訳しなさい

१. वसन्ते ऋतौ[१] सर्वत्र वाटिकासु मनोहराणि पुष्पाणि दृश्यन्ते। २. इमानि पत्राणि केन अलिख्यन्त? ३. अद्य मम भगिन्या भोजनम् अपच्यत। ४. चौरैः गृहात् आभूषणानि अचोर्यन्त। ५. ते चौराः शासकैः अदण्ड्यन्त। ६. एते श्लोकाः भक्तैः प्रातः गीयन्ते। ७. छात्रैः कक्षायां प्रश्नाः पृच्छ्यन्ते। ८. शिक्षकैः तेषाम् उत्तराणि[२] दीयन्ते। ९. उद्यमेन विना किमपि न लभ्यते। १०. तेन मह्यं बहूनि पुस्तकानि आनीयन्त। ११. स्वदेशे[३] पूज्यते राजा, विद्वान्[४] सर्वत्र पूज्यते।

注：1. 春には, ऋतुः– *m.*季節, 2. 質問, 3. 自分の国では, 4. 学者

17.6 <N> サンスクリットの曜日は次の通りである。

रविवारः	日曜日,	बुधवारः	水曜日,	शनिवारः	土曜日,
सोमवारः	月曜日,	गुरुवारः (बृहस्पतिवारः)	木曜日,	सप्ताहः	一週間,
मंगलवारः	火曜日,	शुक्रवारः	金曜日.		

17.7 <M> 時間に関係したその他の役に立つ単語を次に掲げる。

कालः, समयः	時間,	वादनकाले	(何)時に,
सायंकालः	夕方,	मासः	月,
प्रातःकालः	朝,	पक्षः	2 週間,
होरा (*f.*)	1 時間,	वर्षः, वर्षम्	年,
ह्यः	昨日,	रात्रिः (*f.*)	夜,
श्वः	明日,	वर्षाकालः	雨季,
परश्वः	明後日,	ग्रीष्मः	夏,

मध्याह्नः	昼,	वसन्तः	春,
अपराह्णः	午後,	हेमन्तः, शिशिरः	冬,
मध्यरात्रिः	深夜,	शरद् (*f.*)	秋.

17.8 <E> 次の文章を日本語に訳しなさい

क. १. एकस्मिन् सप्ताहे सप्त दिनानि भवन्ति। २. ह्यः रविवारः आसीत्। ३. अद्य सोमवारः अस्ति। ४. श्वः मङ्गलवारः भविष्यति। ५. परश्वः बुधवारः भविष्यति। ६. रविवारे विद्यालयेषु कार्यालयेषु च अवकाशः[१] भवति। ७. जनाः रविवारे मनोरंजनाय[२] गृहाद् बहिः गच्छन्ति। ८. ते विपणिं[३] गत्वा विविधानि वस्तूनि अपि क्रीणन्ति[४]। ९. बालकाः बालिकाश्च वाटिकासु क्रीडन्ति। १०. बहवः जनाः स्वानि पूजास्थलानि[५] गच्छन्ति।

注: 1. 休日, 2. मनोरंजनं　娯楽, 3. 市場まで, 4. 買う> क्री ,この点はあとの課で扱われる, 5. 礼拝場所に

ख. १. अद्य रात्रौ अस्माकं मित्रं राकेशः इटलीदेशात् भारतं प्रत्यागमिष्यति। २. तस्य पत्नी[१] अपि तेन सह आगमिष्यति। ३. राकेशः इटलीदेशे खनिजतैलस्य[२] उद्योगगृहे[३] अभियन्ता[४] अस्ति। ४. तस्य पत्नी तत्र एकस्मिन् विद्यालये हिन्दीभाषायाः[५] अध्यापिका[६] अस्ति। ५. तयोः स्वागतं[७] कर्तुं वयं नववादनकाले विमानपत्तनं[८] गमिष्यामः। ६. अस्माकं गृहात् विमानपत्तनं दूरे अस्ति। ७. कारवाहनेन[९] एका होरा गमिष्यति। ८. राकेशस्य एयर-इण्डियाविमानं दशवादनकाले आगमिष्यति। ९. राकेशः तस्य पत्नी च अस्माभिः सह दिनद्वयं[१०] स्थास्यतः[११]। १०. गुरुवारे सायं सप्तवादनकाले तौ रेलयानेन[१२] चिन्नइनगरं गमिष्यतः। ११. राकेशस्य पितरौ तत्र निवसतः। १२. तस्य पिता विश्वविद्यालये आंग्लभाषायाः[१३] प्राध्यापकः[१४] आसीत्। १३. सः अधुना सेवानिवृत्तः[१५] अस्ति। १४. स शेक्सपियरस्य साहित्यस्य[१६] विद्वान् अस्ति। १५. स शेक्सपियरस्य नाटकानां[१७] विषये[१८] भाषणं[१९] दातुम् आंग्लदेशम्[२०] अपि अगच्छत्।

注: 1. 妻, जाया, 2.石油, 3.工業所で, 4.技師, 5. ヒンディー語の, भाषा-言語, 6.女性教師 *f.* >अध्यापक, 7. 歓迎, 8.空港, विमानम्–飛行機, 9. वाहनम् 車, 10. (期間) 二日, 11. 滞在するであろう, 12. 列車で, 13. 英語の, 14. 教授, 15. 引退した, 16. साहित्यं–文学, 17. नाटकं–ドラマ, 18.主題について, 19. 講演, 20. イギリスまで

17.9 <P> これまでにअस्मद्, युष्मद्, तद्, एतद्, इदम्, सर्व, किम्, यद् 等の主要な代名詞の変化を学んできた。次に代名詞と同じような形で変化する方向を指示する形容詞を次に掲げる。

पूर्व	東	अवर	こちらへ
उत्तर	北	अधर	下方へ
दक्षिण	南	अपर	その他の
पर	その他の	अन्य	その他の

पूर्वस्यां दिशायाम् (東に), उत्तरस्यां दिशायाम् (北に)
注： पश्चिमा　(西) は名詞のように変化する。

17.10 <E>　　　次の文章を読んで日本語に訳しなさい

१. भारतस्य उत्तरस्यां दिशायां¹ नेपालः अस्ति। २. दक्षिणस्यां दिशायां श्रीलङ्का वर्तते। ३. पूर्वस्यां दिशायां बाङ्ग्लादेशः पश्चिमायां² दिशायां च पाकिस्तानः, एतौ द्वौ देशौ स्तः। ४. भारतस्य उत्तरे हिमालयः शोभते³। ५. हिमस्य⁴ आलयः⁵ हिमालयः। ६. तस्मिन् पर्वते⁶ सदैव हिमं भवति, अतः सः जनैः हिमालयः कथ्यते। ७. वर्षाकाले भारते वृष्टिः⁷ भवति। ८. तदा हिमालये हिमं पतति। ९. हिमपातस्य⁸ दृश्यम्⁹ अतीव रम्यं भवति। १०. तद् द्रष्टुं बहवः जनाः तत्र गच्छन्ति।

注： 1. दिशा–方向, 2. 西の, 3. 輝く, 4. हिमं–雪, 5. 家、在処, 6. पर्वतः–山, 7. 雨, 8. हिमपातः–降雪, 9. 光景

17.11 <A>　　　第十四課で、1から10までのサンスクリットの基数詞を学んだ。その序数詞は次の通りである。

एक	— प्रथम	पञ्चन्	— पञ्चम	नवन्	— नवम
द्वि	— द्वितीय	षष्	— षष्ठ	दशन्	— दशम
त्रि	— तृतीय	सप्तन्	— सप्तम		
चतुर्	— चतुर्थ	अष्टन्	— अष्टम		

17.12 <R> 次に物語を読むことにしよう

दशमः त्वमसि

१. एकदा एकस्य ग्रामस्य दश मित्राणि तीर्थयात्रायै[१] अगच्छन्। मार्गे एका नदी आसीत्। ते नदीं तरितुं[२] जले प्राविशन्। पारं[३] गत्वा तेषां नेता तान् गणयितुम् आरभत[४]- एकः, द्वौ, त्रयः, चत्वारः, पञ्च, षट्, सप्त, अष्ट, नव इति। सः तेषु स्वं न अगणयत्। "अत्र तु अस्माकं नव एव जनाः सन्ति। अवश्यम्[५] अस्माकम् एको जनः नद्यां निमग्नः[६]"- इति सः तान् अकथयत्।

तदा तेषां कश्चिद् अन्यः गणयितुम् आरभत- त्वं प्रथमः, सः द्वितीयः, सः तृतीयः, चतुर्थः, पञ्चमः, षष्ठः, सप्तमः, अष्टमः, नवमः इति। सोऽपि तेषु स्वं नागणयत्। अस्मासु एको जनः मृतः[७], इति चिन्तयित्वा ते सर्वे रोदितुम्[८] आरभन्त।

注: 1. 巡礼のために, तीर्थम्- 巡礼地, यात्रा 旅, 2. तरितुं 越えるために, 3.彼岸, 向こう側, 4. आरभ्- 始める、第一人称, *ātmanepada*, 5.確かに, 6. 溺れた, 7. 死んだ, 8. 泣く

२. तदा एव कोऽपि पथिकः तेन मार्गेण गच्छति स्म। तान् शोकग्रस्तान्[१] दृष्ट्वा सः तेषां शोकस्य कारणमपृच्छत्। तेषां नेता अवदत्- वयं स्वग्रामात् दश मित्राणि तीर्थयात्रायै आगच्छाम। मार्गे इमां नदीम् उदतराम[२]। किन्तु अधुना वयं नव एव स्मः। अस्मासु एकः नद्यां निमग्नः। एतदस्माकं शोकस्य कारणम्।

नेतुः कथनं श्रुत्वा सः पथिकः तान् जनान् गणयितुम् आरभत- एकः, द्वौ, त्रयः, चत्वारः, पञ्च, षट्, सप्त, अष्टौ, नव, इति। ततः सः नेतारम् अकथयत्- न कोऽपि जनो युष्मासु न्यूनः[३]। दशमः त्वमसि।

注: 1. 悲しみに打ちひしがれる, शोकः-悲しみ, 2. 渡る,＞उत् ＋ तॄ- 泳ぐ, उत्+अतराम　3.欠けている

17.13 <E> 次の文章をサンスクリットに訳しなさい

1. 私はあの指導者の集まりには行かなかった。2. この絵は私の母のではなく彼女の妹のものです。3.これらの本は全てあなたによってあなたの家から運ばれるのです。(受動態で) 4. あなた方の友達はここでは見かけません。

(受動態で) 5. 私達は午後あなた方の事務所に来ます。6. 私は冬が好きです(रुच्)。7. 私の家の北側に大きな庭園があります。8. 無知が苦しみの主たる原因です。

＜＜練習問題解答＞＞

17.2 1.私はこの本が読みたい。2. あの少年達は今遊びに行くところです。3.今私達は何もしたくありません。4. 私達は川へ泳ぎに行くところです。5. 彼らは知識を得るために外国に行っていました。6. 全ての人々は生きることを望んでいます。7. 明日、あなた達は皆この課を読むためにあなたの本を持ってくるべきです。8. 王様に仕えるために沢山の男性の召使いと女性の召使いがいました。9. あなたも水を飲みたいですか。10. はい、私は冷たい水が飲みたいです。

17.5 1.春には庭の至るところで美しい花が見られます。2. これらの手紙は誰によって書かれたのですか。3. 今日、食べ物は私の妹によって調理されました。4. 盗賊達によって装飾品は盗まれました。5. それらの盗賊達は為政者に罰せられました。6. これらの詩句は信者達によって朝、歌われています。7. クラスでは生徒達によって質問が為されます。8.先生方によりそれらの解答は与えられます。9. 努力なしでは何物も得られません。10. 彼によって私のために沢山の本がもたらされました。11. 王様は自分の国で尊敬されますが、学者は何処でも尊敬されます。

17.8 क. 1. 一週間は7日あります。2. 昨日は日曜日でした。3. 今日は月曜日です。4. 明日は火曜日です。5. 明後日は水曜日です。6. 日曜日には学校と事務所が休みです。7. 日曜日に人々は娯楽のために家から出かけます。8. 彼らは市場に行き、様々なものを買うこともします。9. 少年達と少女達は公園で遊びます。10.多くの人々はそれぞれの礼拝場所に行きます。

ख. 1. 今日の夜、我々の友人のラーケーシャがイタリヤからインドに戻ってきます。2. 彼の妻も彼と一緒にやってきます。3. ラーケーシャはイタリヤでは石油工業所で技師をしています。4. 彼の妻はそこのある学校で、ヒンディー語の教師をしています。5. 私達は二人を迎えに九時に空港へ行きます。6. 空港は私達の家から遠いです。7. 常用車で一時間かかるでしょう。8. ラーケーシャのエア・インディア機は10時に到着します。9. ラーケーシャとその妻は私達と一緒に二日間います。10. 木曜日夕方7時に、二人は列車でマドラスへ行きます。11. ラーケーシャの両親がそこに住んでいます。12. 彼の父は大学の英語の教授でした。13. 今では彼は仕事から引退しています。14. 彼はシェークスピア文学の学者です。15.彼もシェークスピアの戯曲についての講演のためにイギリ

スへ行きました。

17.10 1. インドの北方にネパールがあります。 2. 南方にはスリランカがあります。 3. 東方にはバングラデッシュそして西にはパキスタンという二つの国があります。 4. インドの北にヒマラヤは輝いています。 5. 雪(**हिम**)の在処(**आलय**)がヒマーラヤです。 6. その山には、常に雪があります、ですからヒマーラヤと呼ばれているのです。 7. 雨季にはインドでは雨があります。 8. その時、ヒマーラヤでは雪が降ります。 9. 降雪の光景は大変きれいです。 10. それを見るため沢山の人々がそこを訪れます。

17.12 物語 十番目はお前だ。

1. ある時ある村の十人の友達が巡礼に出かけました。途中に川がありました。彼らは川を渡るために水に入りました。対岸に着いてから、彼らの引率者が彼らを数え始めました。「一、二、三、四、五、六、七、八、九、以上」彼はその中に自分を入れませんでした。「ここには、我々九人しかいない。きっと我々のうちの一人が川で溺れてしまったに違いない」と彼は皆に言いました。
そこで彼らの中の別の者が数え始めました。あんたが一番、彼が二番、次三番、四番、五番、六番、七番、八番、九番。彼も自分自身を数えませんでした。「我々の中の誰かが死んでしまったのだ」と考えて彼らは皆で泣き始めました。

2. その時、ある旅人がその道を通りかかりました。そうして悲しんでいる彼らを見て、彼は彼らの悲しんでいる原因を尋ねました。その引率者は言いました。「私達は自分達の村から友達十人で巡礼にやってきたのです。途中でこの川を渡ったのです。しかし、今私達は九人しかいません。我々の中の一人が川で溺れたのです。これが私達の悲しんでいる理由です。」
引率者の言葉を聞いて、その旅人は彼らを数え始めました。「一、二、三、四、五、六、七、八、九」それから彼は引率者に向かって言いました。「あなた達の誰も行方不明にはなってはいない。あんたが十番目だ」

17.13 १. अहं तस्य नेतुः सभां नागच्छम्। २. इदं चित्रं मम मातुः नास्ति, किन्तु तस्याः स्वसुः अस्ति। ३. त्वया (युष्माभिः) एतानि सर्वाणि पुस्तकानि स्वगृहात् आनीयन्ते। ४. युष्माकं मित्राणि अत्र न दृश्यन्ते। ५. वयं युष्माकं कार्यालयम् अपराह्णे आगमिष्यामः। ६. मह्यं हेमन्तः रोचते। ७. मम गृहस्य उत्तरस्यां दिशायां विशाला वाटिका वर्तते (अस्ति)। ८. अज्ञानं दुःखस्य प्रमुखं कारणम्।

第十八課

-ऋ で終わる名詞の変化／非人称受動態 (the Impersonal Passive)／
未来受動分詞 (the Potential Passive Participles) (तव्य, अनीय, य)／
会話 ／ 物語 『バルトリハリの遁世』 भर्तृहरेः वैराग्यम्-

18.1 <N> ऋ で終わる名詞．母音で終わる名詞の最後の主要な部類は ऋ で終わるものである。そのような名詞には二つのタイプがある。一つは पितृ（父）、भ्रातृ（兄弟）のように親族関係を示すもので、いま一つは नेतृ（指導者）のように行為者を示すものである。पितृ と नेतृ の格変化は次の通りである。

		पितृ			नेतृ		
		単数	両数	複数	単数	両数	複数
主格	Nom.	पिता	पितरौ	पितरः	नेता	नेतारौ	नेतारः
対格	Acc.	पितरम्	पितरौ	पितॄन्	नेतारम्	नेतारौ	नेतॄन्
具格	Instr.	पित्रा	पितृभ्याम्	पितृभिः	नेत्रा	नेतृभ्याम्	नेतृभिः
与格	Dat.	पित्रे	,,	पितृभ्यः	नेत्रे	,,	नेतृभ्यः
奪格	Abl.	पितुः	,,	,,	नेतुः	,,	,,
属格	Gen.	,,	पित्रोः	पितॄणाम्	,,	नेत्रोः	नेतॄणाम्
所格	Loc.	पितरि	,,	पितृषु	नेतरि	,,	नेतृषु

これらの名詞の呼格単数はそれぞれ पितः と नेतः である。

-ऋ で終わるこれら二つのタイプの格変化の相違点は主格の両数と複数並びに目的格単数と両数（太字で表示）である。

भर्तृ（夫、主人）は親族関係を示す名詞ではあるが、नेतृ と同じような変化をする。

ऋ で終わる女性名詞の大部分は親族関係の名詞である。それら

は ॠः で終わる対格複数の場合以外は पितृ と同じように変化する。しかし、स्वसृ(姉妹) は対格複数以外はनेतृと同じように変化する。

主格と目的格におけるमातृと स्वसृの変化は次の通りである。

	मातृ			स्वसृ		
	単数	両数	複数	単数	両数	複数
主格 Nom.	माता	मातरौ	मातरः	स्वसा	स्वसारौ	स्वसारः
対格 Acc.	मातरम्	’’	मातॄः	स्वसारम्	’’	स्वसॄः

注：通例、母音で終わる女性名詞は最後の母音が長母音でないかぎり、それを長母音にして、ヴィサルガ*visarga* を付加し、対格複数を作る。

नदीः, मतीः, धेनूः, वधूः मातॄः etc.

18.2 <N> 行為者を示す-ऋで終わる名詞は形容詞としても使われる。するとそれらは三つの性で変化する。その女性形はतृ をत्री に変えて作られる。これはनदीと同じように変化する。中性の場合、主格と対格は**कर्तृ, कर्तृणी, कर्तॄणि**となり、その他は男性と同じである。しかし、中性では 3-1で(**कर्तृणा**)、5-1と6-1で(**कर्तृणः**)、6-2と7-2で(**कर्तृणोः**)という別の形もある。

परमात्मा अस्य जगतः कर्ता अस्ति – 神はこの世界の創造者である。
शक्तिः अस्य जगतः कर्त्री – シャクティはこの世界の創造者である。
शून्यम् अस्य जगतः कर्तृ – 空はこの世界の創造者である。

18.3 <E> 次の文章を読み、日本語に訳しなさい

क. १. अद्य मम पिता मम मात्रा सह ग्रामात् नगरम् अगच्छत्। २. पितुः कार्यालयः[१] नगरे अस्ति। ३. सः कार्यालये स्वकार्यम् अकरोत्। ४. मम मातुः बहूनि मित्राणि नगरे वसन्ति। ५. माता स्वमित्राणां गृहाणि गत्वा तान् अमिलत्। ६. सायं मम पितरौ[२] गृहं प्रत्यागच्छताम्[३]। ७. तौ मह्यं त्रीणि पुस्तकानि मम स्वस्रे च तिस्रः मालाः आनयताम्। ८. स्वसुः मालाः रक्ताः[४] आसन्। ९. सा मालाः गृहीत्वा[५] अति प्रसन्ना अभवत्।

ख. १. ते अस्माकं देशस्य नेतारः सन्ति। २. देशस्य भविष्यं नेतृणां हस्ते

भवति। ३. यदि नेतारः योग्याः, सत्याः, साधवः च भवेयुः तर्हि देशः उन्नतिं[६] लभते। ४. यदि नेतारः शठाः[७] स्युः तर्हि देशः अवनतिं[८] गच्छति। ५. ह्यः अहमेतेषां नेतृणां सभाम् अगच्छम्। ६. बहवः नेतारः तत्र भाषणम् अकुर्वन्। ७. सभायां श्रोतारः[९] तु बहवः न आसन् किन्तु नेतृणाम् उत्साहः[१०] अत्यधिकः[११] आसीत्। ८. "अस्माकं दलं[१२] निर्वाचने[१३] जेष्यति" इति सर्वे वक्तारः[१४] अकथयन्। ९. श्रोतृणां मतं[१५] वक्तृणां मताद् भिन्नम्[१६] आसीत्।

注: 1. 事務所, 2. 両親※, 3. 戻ってきた, 4. 赤い, 5. 受取って, 6. 発展, 7. 悪漢、詐欺師, 8. 没落, 9. श्रोतृ– 聴衆, 10. 熱意, 11. 多大な(अति+अधिकः) 12. 党、グループ, 13. निर्वाचन– 選挙, 14. वक्तृ–演説者, 15. 意見, 16. 異なる
※両数の名詞 पितरौ は両親の意味に使われる。

18.4 <V> 非人称受動態 (The Impersonal Passive). 前の課で我々は他動詞を如何にして受動態で使うかを学んだ。サンスクリットでは自動詞にも非人称受動態 *impersonal passive* という受動態に似た構成がある。その作り方は受動態を作る時の規則に従う。そこで、形態から見ると、他動詞と自動詞の間に違いはない。しかし、非人称受動態 *impersonal passive* では常に第三人称単数だけが使われる。他動詞の受動態と同じく、能動態の主語は具格になる。生きる**जीव्** は自動詞である。従って、受動態にはならない筈である。しかし、サンスクリットでは、次のように言うことが出来る。

अस्मिन् संसारे धनं विना न जीव्यते- (この世では金なしで生きられない)
次にこの形態を使った例を幾つかあげる。

बुधैः अत्र न हस्यते।	ここでは笑わないのが、賢者である。
इत्थं जनैः चिन्त्यते।	この様に考えるのが人々である。
मूर्खैः कुत्रापि न नम्यते।	愚者はどこでも頭を下げない。
त्वया किमर्थं कुप्यते?	何故あなたは怒っているのか。
अस्माभिः अधिकं न चल्यते।	我々はこれ以上歩けません。

18.5 <V> 未来受動分詞 (The Potential Passive Participles). ある行動が望ましいとか、強制であることを示すために（英語の *must, ought to* 等）、語根と共に接尾辞 तव्य, अनीय とか यが使われる。行動が期待され

ている人は具格で置かれる。तव्य の前に、इ-グループの語根には इ が付け加えられる。तव्य と अनीय の前では、語根の最終母音又は中間短母音が गुणをとる。(जि-जेतव्य, भू-भवितव्य, कृ-करणीय, कर्तव्य)

अनीय の न् は ऋ, र् とかष्の後に来る場合は、節 3.3 <S>で言及したようにण् に変わる。(कृ - करणीय)

यの前に来る最後の इ とई はगुणを取る。一方 उ, ऊ と ऋ, ॠ はवृद्धिを取る。(जि -जेय, नी -नेय ; भू -भाव्य, कृ -कार्य)

中間の इとउ は通常 गुण を取る。(भिद् -भेद्य, युज् - योज्य, 但し、दृश् は दृश्य)

他動詞から作られる未来受動分詞は形容詞のように格変化して、主格で置かれている動詞の目的語の性と数に一致する。

त्वया इदं पुस्तकं पठनीयम्/पठितव्यम्-お前によりこの本は読まれるべきだ。

तेन फलानि खादितव्यानि-彼は果物を食べるべきだ。

त्वया अत्र कोलाहलः न कर्तव्यः- お前はここで騒いではいけない。

動詞が自動詞の場合は、分詞は常に主格単数中性で用いられる。

अस्माभिः परस्परं मंत्रयितव्यम्-我々は相互に相談すべきだ。

次にさらに例をいくつかあげる。

त्वया इदं मंदिरं द्रष्टव्यम्।	お前はこの寺を見るべきだ。
इमे पाठाः पठितव्याः ।	これらの課は読まれるべきだ。
तेन मम पत्राणि न पठितव्यानि।	彼は私の手紙を読むべきではない。
इदं पुस्तकं तस्मै देयम्।	この本を彼にやることにしよう。
अस्माभिः तत्र न गन्तव्यम्।	我々はあそこに行くべきではない。
जलमिदं न पातव्यं/पानीयम्।	この水は飲んではならない。
इदं युद्धम् अवश्यं जेतव्यम्।	この戦いには勝たねばならぬ。
अत्र न स्वप्तव्यम्।	ここで寝てはならない。
गुरवः आदरणीयाः।	先生達は尊敬されるべきだ。

これらの分詞は形容詞としても使われる。

दर्शनीयं स्थानम्– 見物すべき場所, कर्तव्यं कर्म- 為されるべき行為。

18.6 <E> **次の会話を読み、日本語に訳しなさい**

रामः- अद्य सः अतीव प्रसन्नः दृश्यते। अवश्यमेव केनापि कारणेन भवितव्यम्।

श्यामः- तस्य प्रसन्नतायाः कारणं मया सम्यक्[१] ज्ञायते[२]। सः विश्व-विद्यालयस्य परीक्षायां प्रथमे स्थाने आगच्छत्।

रामः- तर्हि आवाभ्यां सः अभिनन्दनीयः[३]। आगम्यताम्, तस्य सकाशं[४] गच्छावः।

श्यामः- किन्तु अहं गन्तुं नेच्छामि।

रामः- नैतत् उचितम्[५]। स्वमित्रस्य सफलतया[६] त्वया प्रसन्नेन भवितव्यम्।

श्यामः- सः मम मित्रमस्ति, किन्तु न तस्य सफलता मम प्रसन्नतायाः कारणम्।

रामः- कथं त्वं प्रसन्नो नासि स्वमित्रस्य सफलतया ?

श्यामः- अहं स्वयं[७] तस्यां परीक्षायां प्रथमं स्थानं प्राप्तुम् ऐच्छम्[८]। तस्य सफलता मम असफलतायाः कारणम्। अतोऽहं भृशं[९] दुःखितोऽस्मि।

रामः- नैतद् उचितम्। अन्येषां सफलतायां स्वकीया एव सफलता मन्तव्या। विशेषेण[१०] तु मित्रस्य सफलतायां सदैव प्रसन्नता अनुभवनीया। अन्यथा[११], मित्रे च शत्रौ च को भेदो[१२] भवेत्?

注: 1. よく, 2. 知られている, 3. 祝わわれるべきです, 4. 近くに, 5. 正当な, 6. 成功により(**सफलता** の具格), 7. 私自身, 8. 欲していた、望んでいた(**इच्छामि** の過去時制) , 9. 大変, 10.特に, 11. さもなければ, 12. **भेदः**–相違

18.7 <R> **次の興味深い物語を読みましょう**

भर्तृहरेः वैराग्यम्

१. भारते भर्तृहरिः नाम[१] एकः अति प्रसिद्धः[२] राजा अभवत्। सः राजकार्ये[३] अति कुशलः[४], दयालुः[५] परोपकारी[६] चासीत्। सः अति विद्वान् तथा च[७] कुशलः कविः आसीत्। सः बहून् श्लोकान् अलिखत्। ते श्लोकाः लोके अति प्रसिद्धाः सन्ति। चतुर्थे पाठे "यूयं वयं वयं यूयम् . . ." इति श्लोकं यूयम् अपठत। सः श्लोकोऽपि भर्तृहरेः एव अस्ति। भर्तृहरेः विषये एका कथा जनैः कथ्यते।

注: 1. という名の, 2. 有名な, 3. 王国の仕事に、政治手腕に, 4, 熟達していた, 5. 親切な, 6. 温情ある, 7. **तथा च**— そして又

२. एकदा एको मुनिः भर्तृहरये एकम् अमृतफलम्[१] अयच्छत्। ''यः कोऽपि एतत् अमृतफलं भक्षयेत् सः अति दीर्घजीवी[२] भविष्यति'' इति मुनिः भर्तृहरिम् अकथयत्। राजा भर्तृहरिः स्वस्यां जायायाम् अतीव अस्निह्यत्। तस्याः जीवनं दीर्घं भवेत् इति चिन्तयित्वा सः तत् फलं तस्यै अयच्छत्। किन्तु तस्य पत्नी नगरस्य एकस्मिन् राजपुरुषे[३] स्निह्यति स्म। सा तत् फलं तस्मै राजपुरुषाय अयच्छत्। तस्य राजपुरुषस्य अपि प्रीतिः अन्यस्यां कस्यांचित् स्त्रियाम्[४] आसीत्। सः तत् फलं स्वप्रियायै[५] अयच्छत्। तस्याः प्रियायाः प्रीतिः भर्तृहरौ आसीत्। सा तत् अमृतफलं पुनः भर्तृहरेः सकाशम् आनयत् अवदत् च- यदि भवान् इदं फलं खादेत् तर्हि दीर्घजीवी भवेत्। अहं भवतः दीर्घजीवनम् इच्छामि। कृपया फलमिदं भवान् खादतु, इति।

注: 1. फलं-果実, अमृत-露,不死を授ける果実, 2. 長寿, दीर्घ-長い, 3. 王室の執事, *lit.* 王様の人間, 4. स्त्री- 女性(7-1), 5. प्रिया-愛人

३. स्वजायायै स्नेहेन उपहृतं[१] तत् फलं स्वस्मै अन्यया स्त्रिया आनीतं[२] दृष्ट्वा[३] राजा भर्तृहरिः उच्चैः[४] अहसत्, इमं श्लोकं च अपठत्-

> यां चिन्तयामि सतत मयि सा विरक्ता[६]।
> साप्यन्यमिच्छति[७] जनं स जनोऽन्यसक्तः[८]।।
> अस्मत्कृते[९] च परितुष्यति[१०] काचिदन्या[११]।
> धिक्[१२] तां च तं च, मदनं[१३] च, इमां च मां च।।

भर्तृहरेः हृदये महत्[१४] वैराग्यम्[१५] अजायत। सः राज्यं त्यक्त्वा वनम् अगच्छत्। तदनन्तरं च तत्रैव अवसत्। सः वैराग्यविषये शतं[१६] श्लोकान् अरचयत्[१७]। तेषां सङ्ग्रहः[१८] ''वैराग्यशतकम्'' इति काव्ये वर्तते।

注: 1. 献上された(उप+हृ+त), 2. もたらされた(आ+नी+त), 3. 見て(दृश्+त्वा), 4. *ind.* 大声で, 5. ind. 絶え間なく, 6. 無関心の, 7. सा अपि अन्यम् इच्छति जनम्- 彼女もまた別の男性を思い焦がれる, 8. सः जनः अन्य-सक्तः-その男性も別の人に愛着している, सक्त-愛着した, 9. 私達のために(私のために), कृते 「ために」を意味する合成語で使われる, त्वत्कृते, युष्मत्कृते- あなたのために, 10. 喜んでいる, 11. काचित् अन्या- 他の誰か, 12. えい!、恥を知れ!, 13. मदनः– 愛の神キューピッド, 14. 偉大な(n.), 15. 放棄の気持ち, 16. 百, शतंは常に単数扱い, 17. रच्-創造する、制作する, 18. 収集、選集

18.8<E> 次の文章を未来受動分詞を使ってサンスクリットに訳しなさい

1.今日私達はあの公園を見なくてはなりません。2.あなたはこれらの本を全て読むべきです。3. 彼は朝ミルクを飲むべきです。 4. 私はこの少年と一緒に町へ行かなくてはなりません。 5. 彼はあの絵を彼の友に授与すべきです。6. あなたは会合で眠ってはいけません。 7. 私達は今、アーサナをすべきです。8. 生徒達は学級で騒ぐべきではありません。

<<練習問題解答>>

18.3 **क.** 1. 今日私の父は母と一緒に村から町に行きました。 2. 父の事務所は町にあります。 3. 彼は事務所で自分の仕事をしました。 4. 私の母の多くの友人が町に住んでいます。 5. 母は彼女の友達の家に行き、彼らに会いました。 6. 夕方私の両親は家に戻って来ました。 7. 二人は私には3冊の本、私の妹には3つの首飾りをもって来てくれました。 8.妹の首飾りは赤でした。9. 彼女は首飾りを得て大変喜びました。

ख. 1. 彼らは我が国の指導者達です。 2. 国の将来は指導者の手中にあります。 3. もし指導者が有能で、正直で、廉直であれば、国は発展します。 4.もし指導者が無頼漢だったら、国は没落します。5. 昨日私はこれら指導者の集会に行きました。6. 多くの指導者がそこで演説をしていました。 7.集会に聴衆は沢山はいませんでした、しかし、指導者の熱意たるや大変なものでした。8.我が党は、選挙で勝つ、と全ての演説者は語っていました。 9. 聴衆の意見と演説者の意見は食い違っていました。

18.6 会話.
Ram– 彼は今日大変嬉しそうにみえる。きっと何か理由があるに違いない。
Shyam– 彼が嬉しがる理由は私にはよく分る。彼は大学の試験で首席になったのだ。
Ram– それなら我々二人で彼を祝福しなければならない。さあ、彼のもとに行きましょう。
Shyam– だが、私は行きたくない。
Ram– それはよくない。君は自分の友人の成功に喜ばねばならない 。
Shyam– 彼は私の友人だ。しかし、彼の成功は私が喜ぶ理由にはならない。
Ram– 君は自分の友人の成功にどうして喜べないのか。
Shyam– それは私自身もその試験で首席を得たかったからだ。彼の成功が私の不成功の原因なのだ。それで私はとても悲しいのだ。
Ram– それはよくない。他人の成功は自分自身の成功と見なすべきだ、特に、友の成功には常に幸福を感じなくてはいけない。さもなくば、友と敵との間に如何なる相違があるというのか。

18.7 バルトリハリの遁世

1. インドにバルトリハリという名の大変有名な一人の王様がいました。彼は王国を治める仕事において大変有能で、大変親切で情け深かったので

す。彼は大変学識があり、また優れた詩人でもありました。彼は沢山の詩句を書きました。それらの詩は人々の間で大変よく知られています。第四課で、"यूयं वयं वयं यूयम्"という詩句をあなた方は読みました。その詩句もまたバルトリハリのものです。バルトリハリについて人々によってある物語が語られています。

2. ある時、一人の聖者がバルトリハリに「不死の果物」を与えました。『この果物を食べたものは、誰でも大変長生きになります』と聖者はバルトリハリに言いました。王様であるバルトリハリは自分の妻を大変愛していました。彼女の寿命を長くしたいと考えて、彼はその果物を彼女に与えました。しかし、彼の妻は町にいる王の執事を愛していました。彼女はその果物をその執事に与えました。その執事の愛情も別の女性にありました。彼はその果物を自分の愛人に与えました。その愛人の愛情はバルトリハリにありました。彼女はその不死の果物を再びバルトリハリのもとに持ってきて、言いました。『あなたがこの果物を食べれば、あなたは長生きします。私はあなたの長寿を望みます。どうかこの果物を食べて下さい』

3. 彼は自分の妻に愛情から授けたその果物が、別の女性によって自分のところに持ってこられたのを見て、王様のバルトリハリは大声で笑い、次の詩句を詠みました。

　私が常に思いをかけてるその人(私の妻)は、私に全く無関心。彼女の望みは他の男。その彼が好きなのはまた別の女。その別の女は私を慕い胸はずませる。

　ああ、無情、あの女とあの男、愛の女神と、この女、この私。

大きな遁世の気持ちがバルトリハリの胸に生れました。彼は王国を捨て、森へ行きました。そこでその後ずっと暮らしました。彼は遁世の気持を主題にして百の詩を書いています。それを集めた選集が"*Vairāgya-śatakam.*"という詩集です。

18.8　१. अद्य अस्माभिः सा वाटिका द्रष्टव्या। २. त्वया (युष्माभिः) एतानि सर्वाणि पुस्तकानि पठितव्यानि। ३. तेन प्रातः दुग्धं पातव्यम्। ४. मया अनेन बालकेन सह नगरं गन्तव्यम्। ५. तेन तत् चित्रं स्वमित्राय दातव्यम्। ६. त्वया सभायां न स्वप्तव्यम्। ७. अस्माभिः अधुना आसनानि कर्तव्यानि। ८. छात्रैः कक्षायां कोलाहलः न कर्तव्यः।

第十九課

子音で終わる男性名詞と女性名詞ならびに形容詞／
『アショカ大王の物語』／ギーターから選んだ四つの詩句

19.1 <N>　子音で終わる男性名詞と女性名詞. 我々はこれまで、母音で終わる主要な名詞の格変化を学習してきた。例外的な特殊なケースについては、後で扱うことにする。ここで子音で終わる主たる名詞、形容詞の格変化を見ていくことにする。これらの名詞、形容詞は、母音で終わるものとは若干異なる格変化をする。

次に男性名詞 राजन्(王様)と विद्वस्(学者)の格変化を掲げる。

	राजन्			विद्वस्		
	単数	両数	複数	単数	両数	複数
主格	राजा	राजानौ	राजानः	विद्वान्	विद्वांसौ	विद्वांसः
対格	राजानम्	राजानौ	राज्ञः	विद्वांसम्	विद्वांसौ	विदुषः
具格	राज्ञा	राजभ्याम्	राजभिः	विदुषा	विद्वद्भ्याम्	विद्वद्भिः
与格	राज्ञे	राजभ्याम्	राजभ्यः	विदुषे	विद्वद्भ्याम्	विद्वद्भ्यः
奪格	राज्ञः	राजभ्याम्	राजभ्यः	विदुषः	विद्वद्भ्याम्	विद्वद्भ्यः
属格	राज्ञः	राज्ञोः	राज्ञाम्	विदुषः	विदुषोः	विदुषाम्
所格	राज्ञि	राज्ञोः	राजसु	विदुषि	विदुषोः	विद्वत्सु

これらの名詞の呼格単数はそれぞれराजन् とविद्वन् である。名詞 राजन् は所格(7-1)で राजनि という別の形もある。

19.2 <N>　これらの格変化の全てを機械的に暗記する必要はない。その間の特に目立った類似性に着目すれば、それらに習熟することは難しくはない。先ず、名詞 राजन् を見てみよう。透明な枠で囲った最初の五つの形は共通の語幹 राजा があるのが分るであろう。

(भ्で始まる語尾の六つの形と所格複数における)陰影を付けた枠で囲った七つの語形には共通語幹 राज がある。 その他の残り九つの形では राज्ञ्という共通語幹がある。そうした類似性に着目すれば、次に挙げる五つの形が分るだけで、七つの格での格変化の形が導き出せる。それを詳しく見ることにしよう。

① 最初二つの形が(राजा, राजानौ) 分れば、राजानौ の末尾नौ の औ を अः(1-3)とअम् (2-1)に変化させて最初の五つの形を知ることが出来る。 両数の主格、対格は常に同形である。そこで राजा, राजानौ, राजानः, राजानम्, राजानौとなるのが分る。

② 対格複数 राज्ञः (2-3)が分ると、共通語幹 राज्ञ् のある九つの形が導き出せる。राज्ञःの末尾ज्ञः の末尾母音 अः をそれぞれ आ, ए, अः, अः, ओः, आम्, इ, ओः にそれぞれ変化させればよい。これは三グループにして学ぶとよい。最初の三つの形でそれぞれ(राज्ञा, राज्ञे, राज्ञः)具格(3-1)、与格(4-1)、奪格(5-1)が分る。次の三つの形で属格(राज्ञः, राज्ञोः, राज्ञाम्)が分る。最後の二つで単数と両数の所格 (राज्ञि, राज्ञोः) が分る。末尾の母音とヴィサルガだけが変化し、語幹राज्ञ् は変化していないことに注意されたい。

③ 最後に、具格両数राजभ्याम्(3-2)が分ると、語幹 राजを持つ残りの七つの形が導き出せる。 राजभ्याम् 末尾の भ्याम् を भिः に換えて具格複数(3-3)、भ्यः に換えて複数の与格(4-3)と従格(5-3)、 भ्याम् を सु に換えて依格複数(7-3)が出来る。

注：両数の具格 (3-2)、与格 (4-2)、奪格(5-2)は常に同形である。

この簡単な手順によって、子音で終わる男性名詞、女性名詞と形容詞を変化させるには四つの形(1-1, 1-2, 2-3, 3-2) だけ覚えればよいことが分る。しかし、名詞によっては、所格複数 (7-3)を作るには、まだ習っていないサンディ規則の知識が必要である。そこでこれらに加えて、所格複数を知るべき第五の形としておこう。これら五つの形を変化表の中で太字であげておく。

子音で終わる男性名詞或いは女性名詞のこれら五つの形が分れば、七つの格と三つの数においてその名詞を変化させられる。

子音で終わる中性名詞については次の課で扱うことにする。

これら各段階を注意深く観察されたい。先ず自ら表中の太字で記された形を基にして名詞 विद्वस् を変化させてみよ。

(विद्वस् は名詞の基本形(prātipadika)であって、विद्वान् はその主格単数であることに注意すること)

注：子音で終わる名詞では、複数の対格(2-3)は常に単数の奪格(5-1)と属格(6-1)と同じ形をしている。また、前に見たように、両数の主格(1-2)と対格(2-2)は同じ形であるし、両数の属格(6-2)と所格(7-2)も同じ形をしている。影を付けた枠内の形は全ての名詞について明らかに類似性がある。

19.3 <E> 次の表では、男性名詞 आत्मन् (魂)と形容詞 महत् (大きい)が男性形で掲げられている。（注：आत्मन् の呼格単数はआत्मन्）

次の表の空欄を埋め、その結果を課末の答と対比せよ

	आत्मन्			महत्		
	単数	両数	複数	単数	両数	複数
主格	आत्मा	आत्मानौ	····	महान्	महान्तौ	····
対格	····	····	आत्मनः	····	····	महतः
具格	····	आत्मभ्याम्	····	····	महद्भ्याम्	····
与格	····	····	····	····	····	····
奪格	····	····	····	····	····	····
属格	····	····	····	····	····	····
所格	····	····	आत्मसु	····	····	महत्सु

19.4 <E> 次頁の表では女性名詞の वाच् (言語)と दिश् (方位)が掲げられている。

次の表の空欄を埋め、その結果を課末の答と対比せよ

	वाक्			दिश्		
	単数	両数	複数	単数	両数	複数
主格	वाक्	वाचौ	....	दिक्	दिशौ	....
対格	....	.....	वाचः	....	....	दिशः
具格	....	वाग्भ्याम्	....	....	दिग्भ्याम्	....
与格	....	....	....	....	....	....
奪格	.....	....	....	....	....	....
属格	....	....	....	....	....	....
所格	....	....	वाक्षु	....	....	दिक्षु

19.5 <N> 上で示した形容詞 **महत्** は男性形での変化である。子音で終わる、例えば、 **धीमत्** (賢い) とか **सुखिन्** (幸福な)というその他の男性形容詞の格変化もこれと同じパターンである。形容詞**महत्, धीमत्, सुखिन्** の女性形はそれぞれ**महती, धीमती, सुखिनी** となり、それらは名詞 **नदी** と同じような変化をする。

注：中性の変化形は次の課で扱う。

次に、子音で終わる名詞と形容詞を上述した五つの形で掲げる。各単語を完全な形で格変化させて見よ。

名詞と形容詞		**1-1**	**1-2**	**2-3**	**3-2**	**7-3**
धीमत्	(賢い)	धीमान्	धीमन्तौ	धीमतः	धीमद्भ्याम्	धीमत्सु
बलवत्	(強い)	बलवान्	बलवन्तौ	बलवतः	बलवद्भ्याम्	बलवत्सु
सुखिन्	(幸福な)	सुखी	सुखिनौ	सुखिनः	सुखिभ्याम्	सुखिषु
भवत्	(ご貴殿)	भवान्	भवन्तौ	भवतः	भवद्भ्याम्	भवत्सु
सम्राज्	(皇帝)	सम्राट्	सम्राजौ	सम्राजः	सम्राड्भ्याम्	सम्राट्सु
भगवत्	(神、主人)	भगवान्	भगवन्तौ	भगवतः	भगवद्भ्याम्	भगवत्सु

धनिन्	(金持ち)	धनी	धनिनौ	धनिनः	धनिभ्याम्	धनिषु
स्वामिन्	(主人)	स्वामी	स्वामिनौ	स्वामिनः	स्वामिभ्याम्	स्वामिषु
हस्तिन्	(象)	हस्ती	हस्तिनौ	हस्तिनः	हस्तिभ्याम्	हस्तिषु
पथिन्	*m.* (道)	पन्थाः	पन्थानौ	पथः	पथिभ्याम्	पथिषु
चन्द्रमस्	*m.* (月)	चन्द्रमाः	चन्द्रमसौ	चन्द्रमसः	चन्द्रमोभ्याम्	चन्द्रमस्सु
श्वन्	(犬)	श्वा	श्वानौ	शुनः	श्वभ्याम्	श्वसु
सरित्	*f.* (川)	सरित्	सरितौ	सरितः	सरिद्भ्याम्	सरित्सु
विपद्	*f.* (災害)	विपत्	विपदौ	विपदः	विपद्भ्याम्	विपत्सु

19. 6 <E> 次の文章を読み、日本語に訳しなさい

क. १. प्राचीनकाले[१] सर्वेषु देशेषु राजानः एव शासनम्[२] अकुर्वन्। २. अधुना राज्ञां संख्या[३] अतीव अल्पा[४]। ३. प्राचीनेषु राजसु बहवः राजानः क्रूराः, स्वार्थपराः[५], दुष्टाः[६] च आसन्। ४. परं[७] तेषु एव केचिद् अपरे[८] दयालवः[९] आसन्, जनानां च हितम् अकुर्वन्। ५. भारतस्य इतिहासे अशोकः एकः महान् सम्राट् अभवत्। ६. सोऽपि पूर्वम्[१०] अति क्रूरः आसीत्। ७. एकस्मिन् महति युद्धे[११] असंख्यान्[१२] जनान् मृतान्[१३] दृष्ट्वा तस्य मनसि परिवर्तनम्[१४] अभवत्। ८. सः युद्धं क्रूरतां[१५] च सर्वथा अत्यजत्। ९. अशोकः बौद्धधर्मस्य अनुयायी[१६] अभवत्।

注: 1.古代には, 2.行政、統治, 3.数, 4. 小さい、少し, 5. 利己的, स्वार्थः-利己主義, 6. 邪悪な, 7. しかし, 8. केचिद् अपरे 他の幾人か, (अपर は代名詞のような変化をする), 9. दयालु-親切な, 10. かつて, 11 युद्धम्-戦争、戦闘, 12. 無数の、数知れない、計測し得ない, 13. 死んだ, 14. 変化, 15. 残虐性, 16, अनुयायिन्-信奉者、1-1, अनुयायी

ख. १. सम्राट् अशोकः महात्मनः[१] बुद्धस्य शिक्षायाः प्रचारं[२] चतसृषु दिक्षु अकरोत्। २. सम्राजः सभायां[३] बहवः विद्वांसः आसन्। ३. सः तैः विद्वद्भिः सह धर्मस्य शासनस्य च विषये सदा अमंत्रयत। ४. जनानां हिताय सः धर्मस्य

शासनस्य च सिद्धान्तान्[४] शिलासु[५] लेखितुम् आदिशत्[६]। ५. तस्य बहवः शिलालेखाः[७] अधुनापि यत्र तत्र विद्यन्ते[८]। ६. सः स्वपुत्रं महेन्द्रं स्वपुत्रीं संघमित्रां च बौद्धधर्मस्य प्रचाराय श्रीलङ्कां प्रैषयत्[९]। ७. सम्राजः अशोकस्य राज्ये[१०] सर्वे जनाः सुखिनः आसन्। ८. अद्यापि भारतीयाः[११] तं सम्राजं सादरं[१२] स्मरन्ति।

注: 1. **महात्मन्**-偉大な魂を持つ人, 2. **प्रचारः**-広くいきわたること、普及, 3. **सभा**- 会合、集会, 4. **सिद्धान्तः**-原理, 5.> **शिला**-岩 , 6. **आ + दिश् (आदिशति)**- 命令する, 7. 岩に書かれた布告文, 8. ある、見られる, 9. 送った, **प्रेषयति-(प्र+इष्)**– 送る, 10. **राज्यम्**-王国, 11. インド人, 12. 敬意をもって, **आदरः**- 尊敬

19. 7 <E> ここでギーターの詩句を幾つか読んでみよう

क. नैनं[१] छिन्दन्ति[२] शस्त्राणि[३] नैनं दहति[४] पावकः[५]।
न चैनं क्लेदयन्त्यापो[६] न शोषयति[७] मारुतः[८]।। गीता २-१३

ख. देहिनो[९]ऽस्मिन् यथा[१०] देहे[११] कौमारं[१२] यौवनं जरा[१३]।
तथा देहान्तरप्राप्तिः[१४] धीरः[१५] तत्र न मुह्यति[१६]।। गीता २-३

注: 1. **न+एनं(एतद्**の2-1)–これはない, 2. 切る, 3. 武器, 4. **दह्**-焼く, 5. 火, 6. **आपः** –水(*pl.*), **क्लेदयन्ति**-濡らす, 7. 乾かす, 8. 空気, 9. 肉体の中に住まう魂の(**देहिन्**の6-1), 10. **यथा-तथा** のように、そのように, 11. **देहः** 肉体, 12.子供時代, 13. 老年, 14.**देह-अन्तर-प्राप्ति** 死後別の肉体を得て, 15. **धीरः**- 賢者, 16. 惑わされない

ग. सर्वधर्मान्[१] परित्यज्य[२] मामेकं[३] शरणं व्रज[४]।
अहं त्वा सर्वपापेभ्यः मोक्षयिष्यामि[५] मा शुचः[६]।। गीता 18-66

घ. सुखदुःखे समे कृत्वा[७] लाभालाभौ[८] जयाजयौ[९]
ततो युद्धाय युज्यस्व[१०] नैवं[११] पापमवाप्स्यसि[१२]।। गीता २-३८

注: 1. 一切の宗教的信条, 2. 放棄して, 3. 唯私に、即ち、内なる神, 4. 避難する **शरणं**-隠れ家, **व्रज्**-行く、 5. 解放する, **मोक्ष्**- 解き放つ、自由にする, 6. 嘆く, 7. **समे कृत्वा**-等しくする, 8. **लाभः**- 利得, **अलाभः** 損害, (利害得失), 9. **जयः**-勝利, **अजयः**– 敗北, (勝敗), 10. **युज्**- 用意する, (**युज**-には '結び付ける' の意味もある、そこから **योगः**という言葉も由来する), 11. **न एवं**-そうすれば〜しない, 12. **पापम् अवाप्स्यसि**- 罪を作る

19.8 <E> 次の文章をサンスクリットに訳しなさい。受動態の文は受動態で

1. 私達は私達の学級でこの本を読むでしょう。 2. 彼らは今何を書こうとしているのですか。 3. 私達の母は私達のために食事を調理するでしょう。 4. 彼らによって何が食べられているのですか。 5. あなたによって今何がなされているのですか。 6. これらの絵が私によって見られています。 7. 私達は家に行きたいのです。 8. どうか (कृपया) この仕事を終えてから、あなた達は家に行ってください。 9. 私は将来先生になりたいのです。 10. ここに来てから、彼は自分の話をすることでしょう。

<<練習問題解答>>

19.3 格変化で記されている数は、普通の順序での格を表している。8は呼格を示す。

आत्मन्-१. आत्मा, आत्मानौ, आत्मानः, २. आत्मानम्, आत्मानौ, आत्मनः, ३. आत्मना, आत्मभ्याम्, आत्मभिः, ४. आत्मने, आत्मभ्याम्, आत्मभ्यः, ५. आत्मनः, आत्मभ्याम्, आत्मभ्यः, ६. आत्मनः, आत्मनोः, आत्मनाम्, ७. आत्मनि, आत्मनोः, आत्मसु, ८. हे आत्मन्, आत्मानौ, आत्मानः ।

महत्-१. महान्, महान्तौ, महान्तः, २. महान्तम्, महान्तौ, महतः, ३. महता, महद्भ्याम्, महद्भिः, ४. महते, महद्भ्याम्, महद्भ्यः, ५. महतः, महद्भ्याम्, महद्भ्यः, ६. महतः, महतोः, महताम्, ७. महति, महतोः, महत्सु ।

19.4 वाक्-१. वाक्, वाचौ, वाचः, २. वाचम्, वाचौ, वाचः, ३. वाचा, वाग्भ्याम्, वाग्भिः, ४. वाचे, वाग्भ्याम्, वाग्भ्यः, ५. वाचः, वाग्भ्याम्, वाग्भ्यः, ६. वाचः, वाचोः, वाचाम्, ७. वाचि, वाचोः, वाक्षु, ८. हे वाक्, वाचौ, वाचः ।

दिश्-१. दिक्, दिशौ, दिशः, २. दिशम्, दिशौ, दिशः, ३. दिशा, दिग्भ्याम्, दिग्भिः, ४. दिशे, दिग्भ्याम्, दिग्भ्यः, ५. दिशः, दिग्भ्याम्, दिग्भ्यः, ६. दिशः, दिशोः, दिशाम्, ७. दिशि, दिशोः, दिक्षु, ८. हे दिक्, दिशौ, दिशः

19.6 **क.** 1. 古代、全ての国で王様だけが統治していた。 2. 今では王様の数は大変少ない。 3. 古代の王様の中で、多くの王様は残酷で利己的で邪悪であった。 4. しかし、中には幾人かは親切な人もいて、臣民に善をおこなった。 5. アショーカはインドの歴史の中で偉大な帝王である。 6. かつては彼も大変残酷であった。 7.ある大戦争の後、無数の人々が死ぬのを見て、彼の心に変化が起きた。 8. 彼は戦争と残虐行為を完全に捨て去った。 9. アショーカは仏教の信奉者になった。

ख. 1. アショーカ大王は偉大な仏陀の教えを四方に伝えました。 2. 大王の諮問会議には多くの学者がいました。3. 彼は、宗教や統治のことについていつもその学者達と相談しました。 4. 民衆のために彼は宗教と統治の原則を岩に書き記すように命令しました。 5. 今でも彼の岩に刻まれた文章が様々な場所にあります。6. 彼は自分の息子マヘンドラと自分の娘のサンガミトラを仏教流布のためにスリランカに派遣しました。7. アショーカ大王の国では全ての民衆が幸福でした。8.今でもインド人はこの大王を尊敬の念をもって記憶しています。

19.7 **क.** 魂は武器では切れないし、火でも焼けない、水がそれを濡したり、風がそれを乾かすこともできない。

ख. この肉体において、魂は幼年、青年、老年を次々に過ごしていく。同じように、死後、魂は新しい肉体に住処を移す。賢者はこうしたことに惑わされることはない。

ग.一切の宗教的信条を捨て、私だけに避難せよ。私がお前をあらゆる罪から解放してあげよう。悲しむことがないように。

ध. 快楽も苦痛も、利益も損失も、勝利も敗北も、同じ態度で対処せよ。その上で、戦闘に備えるがよい。さすれば汝、罪科犯すことなし。

19.8 १. वयम् इदं पुस्तकं स्वकक्षायां पठिष्यामः। २. अधुना ते ;ताःद्ध किं लेखिष्यन्ति ? ३. अस्माकं माता अस्मभ्यं भोजनं पक्ष्यति। ४. तैः ;ताभिःद्ध किं खाद्यते ? ५. अधुना त्वया किं क्रियते ? ६. मया इमानि चित्राणि दृश्यन्ते। ७. वयं गृहं गन्तुम् इच्छामः। ८. कृपया इदं कार्यं कृत्वा एव गृहं गच्छत। ९. अहं भविष्ये शिक्षको भवितुम् इच्छामि। १०. सः अत्र आगत्य स्वकथां कथयिष्यति।

第二十課

子音で終わる中性の名詞と形容詞／過去受動分詞 त ／
過去能動分詞 तवत्／サンスクリットの手紙

20.1 <N>　子音で終わる中性の名詞と形容詞。前課で、子音で終わる男性名詞、女性名詞を七つの格、三つの数で変化させるには、五つの形を知っておけばよいということを学んだ。子音で終わる中性名詞の場合は、これとは少し異なる。中性では目的格の形は全て主格と同じである。それで、目的格複数から他の格の形が類推できない。そこで我々はその目的のために、具格単数を覚えることにする。すると、覚えるべきものは六つの形となる。

即ち、1-1, 1-2, 1-3, 3-1, 3-2, 7-3である。 この 3-1の形から 前章で2-3の形から他の形を導き出したように、同様の操作が出来る。

名詞 कर्मन् (行動)と मनस् (心)は中性名詞である。その格変化は次の通りである。

	कर्मन् (行為、仕事)			मनस् (心)		
	単数	両数	複数	単数	両数	複数
主格	कर्म	कर्मणी	कर्माणि	मनः	मनसी	मनांसि
対格	"	"	"	"	"	"
具格	कर्मणा	कर्मभ्याम्	कर्मभिः	मनसा	मनोभ्याम्	मनोभिः
与格	कर्मणे	कर्मभ्याम्	कर्मभ्यः	मनसे	मनोभ्याम्	मनोभ्यः
奪格	कर्मणः	कर्मभ्याम्	कर्मभ्यः	मनसः	मनोभ्याम्	मनोभ्यः
属格	कर्मणः	कर्मणोः	कर्मणाम्	मनसः	मनसोः	मनसाम्
所格	कर्मणि	कर्मणोः	कर्मसु	मनसि	मनसोः	मनःसु

二つの形 मनोभ्याम् (3-2) と मनःसु (7-3) は実際関連しあっている。मनस् の末尾の स् は、先ず *visarga* に変わり、その *visarga* が भ् と

いう有声子音の前に来るのでओ に変わる (8.5節参照) 。 मनःसु の場合も、 मनस् の末尾の स् が *visarga* に変わる。しかし、後に有声子音が来ていないので ओ には変化しない。そこで मनस्の所格複数は मनःसु になる。

この規則は स् で終わる中性名詞全てにあてはまる。二つの名詞 कर्मन् とमनस्について、五つの形（三つの主格と二つの具格）を学習したところなので、男性名詞と女性名詞のところでやったように、3-1 (कर्मणा, मनसा)と 3-2 (कर्मभ्याम्, मनोभ्याम्)から他の格の形を導き出すことが出来る。しかし、サンディ規則のことはまだ十分学んでいないので、それらに加えて所格複数7-3の形も分かったことにしておいてもよかろう。

20.2< N> 子音で終わる中性の形容詞は、大体、変化のパターンは中性名詞と同じである。次に、上述した五つの形で、中性の名詞と形容詞の変化形を掲げておく。

名詞と形容詞	1-1	1-2	1-3	3-1	3-2
जगत् （世界）	जगत्	जगती	जगन्ति	जगता	जगद्भ्याम्
महत् （偉大な）	महत्	महती	महान्ति	महता	महद्भ्याम्
धनवत् （金持ちの）	धनवत्	धनवती	धनवन्ति	धनवता	धनवद्भ्याम्
चर्मन् （皮膚、皮）	चर्म	चर्मणी	चर्माणि	चर्मणा	चर्मभ्याम्
ब्रह्मन् （ブラフマン）	ब्रह्म	ब्रह्मणी	ब्रह्माणि	ब्रह्मणा	ब्रह्मभ्याम्
नामन् （名前）	नाम	नामनी	नामानि	नाम्ना	नामभ्याम्
शिरस् （首長、頭）	शिरः	शिरसी	शिरांसि	शिरसा	शिरोभ्याम्
वचस् （話、演説）	वचः	वचसी	वचांसि	वचसा	वचोभ्याम्
सरस् （池、水溜まり）	सरः	सरसी	सरांसि	सरसा	सरोभ्याम्
यशस् （名声）	यशः	यशसी	यशांसि	यशसा	यशोभ्याम्
तपस् （禁欲）	तपः	तपसी	तपांसि	तपसा	तपोभ्याम्
अहन् （一日）	अहः	अहनी	अहानि	अह्ना	अहोभ्याम्
बलिन् （強い） *n.*	बलि	बलिनी	बलीनि	बलिना	बलिभ्याम्

注: 1-2, 2-2, 7-1において名詞 नामन्にはनाम्नीए नाम्नीए नामनि,という別の形がある。また अहन् にもそれぞれअह्नी, अह्नी とअह्नि という別の形がある。不規則な形の महान्ति (1-3)にも注意しておくこと。上述したように、名詞 शिरस्, वचस्, सरस्, यशस् と तपस् の依格複数はそれぞれ शिरःसु, वचःसु, सरःसु, यशःसु と तपःसु である。

20.3 <E> **次の文章を声を出して読み、日本語に訳しなさい**

१. सः मनसा[१] वाचा कर्मणा पवित्रः[२] विद्यते। २. तस्य मनसि वाचि कर्मणि च एकरूपता[३] वर्तते। ३. अस्माभिः अस्मिन् जगति तदेव कर्म कर्तव्यं येन सर्वेषां हितं भवेत्। ४. अस्य जगतः सर्वे धनिनो जनाः अपि सुखिनः न भवन्ति।५. तेऽपि बहुधा[४] दुःखमनुभवन्ति। ६. न वित्तेन[५] तर्पणीयो[६] मनुष्यः, एतद् उपनिषदो वचः[७]। ७. महतां यशः[८] सर्वासु दिक्षु प्रसरति[९]। ८. मनुष्यः सत्कर्मभिः[१०] यशो लभते। ९. मनसाऽपि हिंसा न कर्तव्या। १०. सर्वं खलु[११] इदं ब्रह्म[१२], इति वेदान्तस्य सूत्रम्। ११. अस्मिन् जगति यत् किंचिदपि दृश्यते तत् सर्वं ब्रह्म एव, इति अस्य सूत्रस्य अर्थः। १२. अयमात्मा ब्रह्म, इति अपि वेदान्तस्य सूत्रम्। १३. मनुष्यस्य अंतरे[१३] स्थितः आत्मा ब्रह्मणः एव अंशः। १४. अयं वेदान्तस्य सिद्धान्तः[१४]।

注: 1. 心の中で, 2. 純粋な、神聖な, 3. 一貫性, 4. 多くの点で、しばしば, 5. वित्त–お金,富, 6. 満足する, 7. 格言, 8. 名声, 9. 広がる(प्र+सृ), 10. 善行により, 11. 確かに, 12. 宇宙意識, 13. 心の中では, 14. 原理、理論、教義.

20.4 <V> 過去受動分詞 त (Passive Past Participles) 第十六課と第十七課で、動詞語根が不定詞やある種の分詞を作るのに使われるのを見てきた。絶対分詞 त्वा、未来受動分詞Passive Potential Participles तव्य,अनीय と य、ならびに不定詞 तुम् についても学んできた。ここでは、それ以外の二つの重要な分詞について学ぶことにする。

過去受動分詞は形容詞としても準動詞としても機能するため、サンスクリットの文法構造のなかでも大変重要である。これは語根に त を付加して作られる。場合により त は ध 又は न に変わる。 इ-グループの語根には त の前に इ が加わる。第十類の動詞語根の母音は गुण 又は वृद्धि 型の変化をする。この分詞の形は絶対分詞の त्वा を त に置き換えて作る。

次に過去受動分詞の例を幾つか掲げる。星印は不規則形。

कथ्-कथित	दह्-*दग्ध	भू-भूत
कृ-कृत	दा-*दत्त	मन्-*मत
चिन्त्-चिन्तित	दृश्-दृष्ट	मुच्-मुक्त
चुर्-चोरित	नी-नीत	लभ्-*लब्ध
छिद्-*छिन्न	पठ्-पठित	लिख्-लिखित
जन्-*जात	पत्-पतित	वच्-*उक्त
त्यज्-त्यक्त	पा-*पीत	श्रु-श्रुत
दण्ड्-दण्डित	भक्ष्-भक्षित	सृज्-*सृष्ट

過去受動分詞は -अで終わ男性並びに中性の名詞と同じように変化する。女性形には आ がる付加され、-आで終わる女性名詞のように変化する。主な使い方は次の通りである。

1. 形容詞として、過去受動分詞はそれが修飾する名詞に一致する。
पठितं पुस्तकं रम्यम् आसीत्-(私により)読まれた本は面白かった。
दण्डिताः चौराः कारागारे सन्ति-罰せられた盗賊達は牢獄にいる。

2. 他動詞から作られたこの分詞は、受動態の準動詞として機能し、主格で置かれている目的語と一致する。能動態の主語は具格になる。
मया दुग्धं पीतम्-私によりミルクは飲まれた。
बालिकाभिः गृहाणि भूषितानि-少女達により家々は飾られた。
अद्य अस्माभिः तत् चलचित्रं दृष्टम्-今日この映画は私達により見られた。
तेन मार्गे एकः सर्पः दृष्टः-途中彼により一匹の蛇が見られた。

3. 運動を表す自動詞から作られた過去受動分詞は、能動態の準動詞として機能し、主語に一致する。
सः अद्य स्वग्रामं गतः-彼は今日自分の村へ行った。
ते नगरात् आगताः-彼らは町からやって来た。
वृक्षेभ्यः सर्वाणि पत्राणि पतितानि-全ての葉が木から落ちた。
अस्माकं देशे बहवः महान्तः राजानः जाताः-我が国に多くの偉大な王が生れた。

4. 中性単数で使われると過去受動分詞は非人称受動態の意味合いを持つようになり、主語は具格に変わる。

तेन/तया हसितम्- 彼／彼女は笑った。

शिशुना/शिशुभिः रुदितम्- 子供／子供達が泣いた。

5. 中性単数で使われるとこの過去受動分詞 त は動詞の動きそのものを意味するようになる。

तस्य कथितं विश्वसनीयम्— 彼の言うことは信用すべきである。

तस्याः हसितं रम्यम्— 彼女の笑いは美しい。

20.5 <V> 過去能動分詞 तवत् (Active Past Participles) この分詞もまた形容詞と準動詞の機能を持っている。この分詞を作るには、過去受動分詞の त を तवत् に置き換えればよい。(गत-गतवत्, पठित-पठितवत् 等)

これは分詞の中性形である。男性形と女性形を作るには、 वत् を वान् と वती にそれぞれ換えればよい。(例 गतवत्-गतवान्, गतवती)

その変化の仕方はそれぞれの形の名詞、形容詞と同じである。

即ち、 भगवान् (*m.*), धनवत् (*n.*), नदी (*f.*) .

1. 形容詞として、तवत् 分詞はそれが修飾する名詞に一致する。

अहम् आगतवन्तम् अतिथिम् अपश्यम्— 私はやって来た客を見た。

गतवती बालिका पुनः आगच्छत्— 行っていた少女が又戻ってきた。

2. 準動詞として、他動詞、自動詞とも能動態でのみ使われ、語尾変化は主語に一致する。

सः बालकः हसितवान — その少年は笑った。

सा बालिका हसितवती — その少女は笑った。

ते बालकाः हसितवन्तः— それらの少年は笑った。

ताः बालिकाः हसितवत्यः— それらの少女は笑った。

注:サンスクリット文学は後期において、過去時制の活用形より過去分詞を準動詞として使うことが多くなった。諸君もこうした分詞の使い方に頻繁にぶつかることになろう。諸君も動詞の活用形を使う代わりに、これら分詞を使って、作文する文章を過去形にしてもよい。それでこれらの分詞には特別に配慮すべきである。

20.6 <E> 次の文章を読み、日本語に訳しなさい

१. मया तानि सर्वाणि पुस्तकानि पठितानि। २. अपि त्वया तस्याः पत्रस्य उत्तरं लिखितम् ? ३. न, अहम् इदानीं यावत्[१] न लिखितवान्, किन्तु अधुना लेखिष्यामि। ४. अद्य अस्माकं कक्षायां बहवः छात्राः बहून् प्रश्नान् पृष्टवन्तः। ५. अस्माकं शिक्षिका तेषां सर्वेषाम् उत्तराणि दत्तवती। ६. अपि युष्माकम् अतिथयः आगताः? ७. आम्, ते अद्य प्रातः आगतवन्तः। ८. तेनात्र सर्वाणि कार्याणि सम्यक्[२] कृतानि। ९. सः स्वजीवने स्वपत्नीं कदापि न निन्दितवान्। १०. सा अपि स्वपतिं कदापि न निन्दितवती। ११. अस्मिन् विषये भवद्भिः किं मंत्रितम् ? १२. वयमस्मिन् विषये किमपि न मंत्रितवन्तः। १३. बालकैः क्षिप्तः[३] कन्दुकः[४] तेषां गृहे पतितः। १४. बालकाः तेषां गृहं गत्वा क्षमां[५] याचितवन्तः कन्दुकं च पुनः आनीतवन्तः। १५. अपि कक्षायां पठिताः पंचदश श्लोकाः युष्माभिः स्मृताः? १६. वयं दश श्लोकान् स्मृतवन्तः, अधुना पंच एव स्मर्तव्याः। १७. अस्माभिः खादितानि सर्वाणि फलानि मधुराणि आसन्। १८. सा मह्यं बहूनि पुस्तकानि प्रेषितवती। १९. वयं सर्वाः ह्यः सायंकाले तस्याः नृत्यं दृष्टवत्यः। २०. अद्य सभायां सर्वैः वक्तृभिः तस्य प्रशंसा[६] कृता।

注: 1. इदानीं यावत्– 現在まで, 2. 十分に, 3. 投げ出られた> क्षिप्-投げる、投ずる, 4. ボール, 5. 許し, 6. 賞賛

20.7 <R> サンスクリットの手紙の書き方

मित्राय पत्रम्

प्रिय मित्र आकिको,

इदानीं वसन्ते ऋतौ सर्वत्र साकुरापुष्पाणि विकसितानि[१]। ऋतुः अयं तव हृदये अपि प्रसन्नतां जनयेत्[२] इति प्रार्थनां[३] करोमि। अद्य अहम् अति प्रसन्ना अस्मि। मम प्रसन्नतायाः कारणम् अपि अति विशेषः[४] वर्तते। अद्य मया संस्कृतस्य विंशतितमः[५] पाठः पठितः। एषः अवसरः[६] मह्यं महान् आनन्ददायकः[७]। पूर्वम् अहं संस्कृतभाषा कठिना अस्ति, इति चिन्तितवती। परं शनैः.शनैः मया ज्ञातं यत् संस्कृतभाषा अति रुचिरा[८] अस्ति। अधुना मह्यं संस्कृतं बहु रोचते।

अस्माभिः संस्कृतस्य अध्ययनं एकवर्षपूर्वम् एव प्रारब्धम्[९]। सर्वप्रथमं

वयa संस्कृतस्य अध्ययनाय देवनागरी लिपिं शिक्षितवत्यः। तदा क्रमशः[१०] संस्कृतस्य शब्दाः[११] वाक्यानि[१२] च अस्माभिः शिक्षितानि। इदानीं यावत् अस्माभिः संस्कृते पंच रम्याः कथाः पठिताः, तथा च बहवः श्लोकाः अपि अस्माभिः पठिताः। संस्कृतस्य श्लोकाः मह्यं भृशं रोचन्ते। संस्कृतस्य कक्षायां वयं सर्वे अति आनन्दम् अनुभवामः।

भविष्ये अहं संस्कृते भगवद्गीतां, योगसूत्रं, महायानबौद्धधर्मस्य च सूत्राणि पठितुम् इच्छामि। अधुना अहं प्रज्ञापारमिता-हृदयसूत्रं संस्कृते पठित्वा तस्य सत्यम् अर्थं किंचिद् ज्ञातुं समर्था[१३] अस्मि।

इदानीम् अहं संस्कृते सरलानि वाक्यानि लेखितुम् अपि समर्था। अतः इदं पत्रं संस्कृते लिखामि। भवती अपि संस्कृतभाषायां स्वम् उत्तरं प्रेषयतु। भवत्याः पत्रं संस्कृते प्राप्य अति प्रसन्ना भविष्यामि।

सस्नेहा भवदीया
तोको

注: 1. विकस् 開く、咲く, 2.जनयेत् *caus.opt.*生み出すように、参照**31.3**, 3.祈り、請願, 4. 特別な, 5.20番目の, 6.折、機会, 7. 喜びの授与者, 8. 面白い, 9. 始められた, (प्र ＋ आ ＋ रभ― 始める), 10. 次第に, 11.単語、12. 文章, 13. 可能である

＜＜練習問題解答＞＞

20.3 1. 彼は心でも言葉でも行いでも純粋である。 2．彼は心と言葉と行動において一貫性がある。 3. この世では、全ての幸福につながるような行為だけが我々によって為されるべきである 4. この世の金持ち達といえども全てが幸福というわけではない。 5. しばしば、彼らも不幸を感じている。 6. “人間は富だけでは満足しない”これはウパニッシャドの格言である。 **7.** 偉人の名声は四方に広がっていく。8. 人間は善行により名声を得る。 9. 人間はたとえ心の中でも悪意を持つべきではない。10.「この世はまさしくブラフマンなり」これはヴェーダンタの聖句である。11.「この世で見えるもの全てはブラフマンである。」というのがこの聖句の意味である。12.「この魂はブラフマンである。」これもヴェーダンタの聖句である。 13. 人間の内部に宿る魂はブラフマンの一部である。 14. これがヴェーダンタの教義である。

20. 6 1. これらの本は全部私によって読まれました。 **2.** 彼女の手紙に返事を書きましたか。3. いいえ、私は今まで書いていません。しかし、今すぐ書きましょう。4. 今日私達のクラスで大勢の生徒が沢山の質問をしました。5. 私達の女性教師がその全てに解答を与えました。 6. あなたの客人はもう来ましたか。

7. はい、彼らは今朝やって来ました。 8. 彼はここで全ての仕事をうまくやり遂げました。 9. 彼は自分の妻を生涯非難しませんでした。 10. 彼女もまた彼女の夫を決して非難しませんでした。 11. この事柄についてあなた達はどんなことを議論しましたか。 12. この事柄について、私達は何も議論しませんでした。 13. 少年達によって投げられたボールが彼らの家に落ちました。 14. 少年達は彼らの家に行き、許しを乞い、再びボールを取返しました。 15. あなた達はクラスで習った１５の詩句を覚えましたか。 16. 私達は 10 の詩句を覚えましたが、5 つの詩句はこれから覚えなくてはなりません。 17. 私達よって食べられた果物は全部甘かったです。 18. 彼女は私に沢山の本を送ってくれました。 19. 昨晩、私達は皆(f.)で彼女の踊りを見ました。 20. 今日会合で全ての発言者によって彼は賞賛されました。

20.7　友への手紙

親愛なる友　亜紀子へ、

　今春なので、至るところで桜の花が咲いています。私はこの季節があなたの心に幸福をもたらすことを祈っています。私は今日とても幸福です。私の幸福である理由には特別のものがあるのです。今日、私はサンスクリットの第二十課を読みました。このことが私に大きな幸福感を与えているのです。以前私はサンスクリット語は大変難しいと思っていました。しかし、サンスクリット語がとても面白いことが次第に分かってきました。今では私はサンスクリットが大変好きです。

　私達は一年前にサンスクリットの勉強を始めました。先ず最初に、私達はサンスクリットを学ぶためにデーヴァナーガリーの書き方を習いました。それから、私達は少しづつサンスクリットの単語や文章を学びました。これまでに、サンスクリットで五つの美しい物語を読みました。私達は沢山の詩句も読みました。私はサンスクリットの詩句がとても好きです。私達は皆サンスクリットのクラスで大きな喜びを感じています。

　将来私は、バガヴァッドギーターやヨーガスートラ、大乗経典などをサンスクリットで読みたいと思っています。今では般若心経をサンスクリットで読んで、その本当の意味も少しは分かります。

　私は今ではサンスクリットでやさしい文章を書くことも出来ます。それで、私はこの手紙をサンスクリットで書いているのです。どうかあなたもサンスクリット語で返事を下さい。あなたのサンスクリットの手紙が受取れれば、私はとても嬉しいでしょう。

愛を込めて

　　　　　　　　　　　　　　　　　　　　　　　　　　　　敬具
　　　　　　　　　　　　　　　　　　　　　　　　　　　　塔子より

第二十一課

現在能動分詞 अत् と मान ／現在受動分詞 मान／名詞 पर, अपर 等／
代名形容詞 मदीय, मादृश 等／物語『騙し屋には騙しで立向かうべし』
शठे शाठ्यं समाचरेत्

21.1 <V>　現在能動分詞(Present Active Participle) अत् と मान

現在能動分詞は遂行されつつある行動の主体を叙述するために使われる。

वदन् बालकः - 話しをしている少年。 मोदमानैः जनैः - 喜んでいる人々によって。 ज्वलतः गृहात् - 燃えている家から。

パラスマイパダ動詞の場合、語根に अत् を付加して現在能動分詞を作る。 現在能動分詞を作る簡単な方法は、能動態現在の三人称複数活用語尾の अन्ति を अत् に置き換えればよい。 つまり पठन्ति-पठत्, कुर्वन्ति-कुर्वत्, कथयन्ति-कथयत् 等のようになる。 男性形と中性形での अत् で終わる現在能動分詞は、基本的には前述した महत् と同様に変化する、ただ次の２つの点が異なる。

i. अत् の अ は如何なる形でも長音化することはない。

ii. 中性の主格、目的格と呼格においては、分詞の त् の前に न् が付加される。 （第６類の動詞語根についてはこの規則の適用は任意である） 女性形は अत् を अन्ती に換えて作る。

例：हसन् बालकः (笑う少年)　हसन्ती बालिका (笑う少女)。

第６類の動詞の場合、अन्ती の न् が脱落することがある。 この分詞の女性形は名詞 नदी と同じように変化する。 現在分詞 पठत् の３つの性における変化は次の通りである。

पठत् の変化

	男性			女性		
	単数	両数	複数	単数	両数	複数
主格	पठन्	पठन्तौ	पठन्तः	पठन्ती	पठन्त्यौ	पठन्त्यः
対格	पठन्तम्	पठन्तौ	पठतः	पठन्तीम्	पठन्त्यौ	पठन्तीः
具格	पठता	पठद्भ्याम्	पठद्भिः	पठन्त्या	पठन्तीभ्याम्	पठन्तीभिः
与格	पठते	पठद्भ्याम्	पठद्भ्यः	पठन्त्यै	पठन्तीभ्याम्	पठन्तीभ्यः
奪格	पठतः	पठद्भ्याम्	पठद्भ्यः	पठन्त्याः	पठन्तीभ्याम्	पठन्तीभ्यः
属格	पठतः	पठतोः	पठताम्	पठन्त्याः	पठन्त्योः	पठन्तीम्
所格	पठति	पठतोः	पठत्सु	पठन्त्याम्	पठन्त्योः	पठन्तीषु

	中性		
主格	पठत्	पठती	पठन्ति
対格	पठत्	पठती	पठन्ति
具格	पठता	पठद्भ्याम्	पठद्भिः

中性は、具格以下その他の格では、男性の場合と同じである。

第６類動詞 लिख् から作られる女性形は लिखन्ती で、別形は लिखती である。

注：全ての能動分詞は修飾する名詞の性、数、格に一致する。

次に掲げるのは、 अत् で作られる現在能動分詞の使い方の例である。

परिश्रमं कुर्वन् नरः धनं च विद्यां च लभते-
一生懸命に働く人はお金と知識を得る。
अहं क्रीडन्तीं बालिकाम् अपश्यम्- 私は遊ぶ少女を見た。
तीर्थयात्रायै गच्छद्भिः जनैः मन्दिरे पूजा कृता-
巡礼に行く人達は寺で礼拝を行った。

21.2 <V> アートマネーパダ動詞の現在能動分詞の **मान**

アートマネーパダ動詞の場合はअत् の代わりに मान を付加して、現在能動分詞を作る。この分詞の作り方は三人称単数現在の活用語尾 ते を मान に置き換えればよい。例示すると次のようになる。

लभते-लभमान, वर्धते-वर्धमान, जायते-जायमान 等。

女性形は मान に आ を付加すればよい。そこで、

लभमाना, वर्धमाना, जायमाना 等になる。中性形は मान を मानम्に換えればよい。そこで、लभमानम्, वर्धमानम्, जायमानम् 等となる。

この分詞は形容詞として機能する。この分詞の例を次に掲げる。

अहं युष्माकं व्यापारं **वर्धमानं** द्रष्टुमिच्छामि-

私は貴方達の事業が成長するのを見たい。

संसारे **वर्तमानैः** सर्वैः जनैः सुखं दुःखं च अनुभूयते-

幸福と不幸は現世に生きる一切の人々により体験される。

याचमानानां जनानाम् आदरो न भवति-

物乞いをする人々は尊敬されない。

21.3 <V> 現在受動分詞(The Present Passive Participle) मान。

全ての現在受動分詞は मान で終わる。これは現在受動態の第３人称現在の活用語尾の ते を मान に置き換えて作られる。

पठ्यते-पठ्यमान 読まれる　　क्रियते-क्रियमाण 為される

दीयते-दीयमान 付与される　　लभ्यते- लभ्यमान 獲得される

अस्माभिः अत्र **लभ्यमाना** शिक्षा अतीव उपयोगिनी- 私達によって、ここで受けられている教育は大変有益である。

कक्षायां **पठ्यमानं** पुस्तकं रोचकम् अस्ति-クラスの中で読まれている本は面白い。

भवता **क्रियमाणं** कार्यं सरलम् अस्ति कठिनं वा?-貴方によって為されている仕事は易しいですか難しいですか。

21.4 <E> **次の文章を日本語に訳しなさい**

१. तत्र कन्दुकेन क्रीडन् बालकः मम भ्रातृजः[१] अस्ति। २. अद्य कार्यालयं गच्छन् अहमेकां रुदतीं बालिकाम् अपश्यम्। ३. किं चिन्तयन् तिष्ठति भवान्? ४. मया चिन्त्यमाना समस्या अति जटिला[२] अस्ति। ५. सः पश्यन्नपि न पश्यति। ६. पादपान्[३] सिंचन्त्यः[४] बालिकाः गीतं गायन्ति। ७. इतस्ततः[५] भ्राम्यन्[६] युवकः पुनः गृहं प्रत्यागच्छत्[७]। ८. सः सर्वदा तां स्मरन्

कालं नयति[८]। ९. सा अपि सर्वदा तं स्मरन्ती एव जीवति। १०. सततम्[९] उद्योगं कुर्वन्तो जनाः सफलतां लभन्ते। ११. त्वया कथ्यमानः वृत्तान्तः[१०] सर्वथा अविश्वसनीयः[११]। १२. अपि ताभिः बालिकाभिः गीयमानं गीतं भवता लिखितम् ? १३. दृश्यमानम्[१२] इदं जगत् अदृश्यमानस्य परमात्मनः एव सृष्टिः[१३]। १४. नश्यति[१४] अस्मिन् संसारे जीवन्तः सर्वे जनाः अमरत्वम्[१५] इच्छन्ति, इति विचित्रम्[१६]।

注: 1. 甥, 2. 複雑な、難しい, 3. पादपः- 植物, 4. 水を撒く, 5. あちこち, 6. さ迷う、散策する, 7. 戻った, 8. कालं नयति- 時間を過ごす, 9. 継続的に, 10. 話、物語, 11. 信じ難い, 12. 見える, 13. 創造物, 14. 滅び行く, 15. 不死, 16. 奇妙な

21.5 <P> 1. 次の形容詞と数詞 एक は代名詞のように変化する。

पर (離れた、別の), अपर (別の), विश्व (全ての), स्व (自分自身の)

परेषां धनम्- 別の人々の富、अपरस्मिन् दिवसे-別の日に、

एकस्मिन् दिवसे-ある日。

2. ईय でおわる所有形容詞は幾つかの代名詞から作られる。

मदीय　私の、私のもの、अस्मदीय　我々の、我々のもの

त्वदीय 貴方の、貴方のもの、युष्मदीय　貴方達の、貴方達のもの

तदीय　彼の、彼女の、　भवदीय　貴方の、貴方のもの

3. 「貴方のような」、「私のような」と言う意味を持つ形容詞は幾つかの代名詞から作られる。

मादृश	私のような	अस्मादृश	私達のような
त्वादृश	貴方のような	कीदृश	何のような?
तादृश	彼、彼女のような	ईदृश	このような
भवादृश	貴方のような	यादृश	ところのような (関係詞)

注：これらの形容詞の女性形は तादृशी, मादृशीなど ई でおわる。この形容詞の別の形としては श्でおわるものがあり、3つの性で次のように変化する。

男性	तादृक्	तादृशौ	तादृशः
女性	तादृशी	तादृश्यौ	तादृश्यः
中性	तादृक्	तादृशी	तादृंशि

21.6 <E> 次の文章を読んで日本語に訳しなさい

१. त्वं कीदृशः जनः भवितुम् इच्छसि ? २. मदीया अभिलाषा भवादृशः शिक्षकः भवितुमस्ति। ३. अस्मिन् जगति एतादृशाः जना अपि सन्ति, ये कदापि विद्यालयं न गतवन्तः। ४. तस्य पत्न्याः दशा अधुना कीदृशी वर्तते? ५. सा अधुना पूर्णरूपेण स्वस्था। ६. ह्यः मया भवदीयं पत्रं प्राप्तम्। ७. मदीयम् उत्तरं भवान् शीघ्रमेव प्राप्स्यति। ८. अस्य बालकस्य रुचिः धनोपार्जने[१] नास्ति। ९. अस्मदीये समाजे जना ईदृशान् बालकान् मूर्खान् मन्यन्ते। १०. यादृशी भावना[२] यस्य सिद्धिर्भवति[३] तादृशी।

注： 1. 金を稼ぐ, 2. 信念、思い, 3. सिद्धिः- 成功

21.7 <R> 次の物語を読み、日本語に訳しなさい

शठे शाठ्यं[१] समाचरेत्[२]

एकदा[३] कोऽपि व्याघ्रः[४] व्याधस्य[५] पञ्जरे[६] अपतत्। तस्मात् पञ्जरात् बहिः[७] आगमनाय सः प्रयत्नम्[८] अकरोत् किन्तु सफलतां न अलभत।

व्याघ्रः- (*चिन्तयति*) कथम् अस्मात् पञ्जरात् बहिः निर्गच्छेयम्[९]? अहो भाग्यात्[१०] अत्र एकः ब्राह्मणः आगच्छति। तम् एव प्रार्थयामि। (*ब्राह्मणं कथयति*) भोः ब्राह्मण, भवान् मयि दयां करोतु। अहम् अस्मिन् पञ्जरे अपतम्। अस्मात् पञ्जरात् भवान् मां मोचयतु[११]। भवान् अति दयालुः। जीवेषु[१२] दया एव ब्राह्मणानां धर्मः।

ब्राह्मणः- व्याघ्रः तु स्वभावेन एव हिंसकः भवति। यदि अहं त्वां मोचयामि तर्हि पश्चात् त्वं मामेव खादिष्यसि।

व्याघ्रः- अयि दयालो, एतत् सत्यम् एव यद् अहं प्राणिनां हिंसाम् अकरवम्। किन्तु अधुना मम मनसि परिवर्तनं जातम्। अहम् अधुना अहिंसायाः मार्गम् अनुसरामि[१३]। पञ्जरात् बहिः आगत्य अहं भवतः शिष्यः भविष्यामि, शास्त्राणि पठिष्यामि, पुण्यस्य लाभं च करिष्ये। (*ब्राह्मणः व्याघ्रस्य विश्वासं करोति, पञ्जरस्य द्वारं च उद्घाटयति*[१४]) ।

注：1. 邪悪, 欺瞞, 2. 為すべきである, 3. かつて, 4.虎, 5. **व्याधः**-猟師, 6. **पंजरः**-鳥かご, 7. 外に, 8. 努力, 9. **निर्+गम्** 外に出るべき, 10. 幸運にも, (**भाग्यम्**- 幸運) 11. (私を)自由にする, 12. **जीवः**- 生物, 13. 従う, 14. 開ける

व्याघ्रः- (*पञ्जरात् बहिः आगत्य*)- अहं क्षुधया अतीव पीडितः अस्मि। अत्र

कोऽपि पशुः न दृश्यते यो मम भोजनं भवेत्। अधुना त्वमेव मम भोजनं भविष्यसि।

ब्राह्मणः- अरे शठ, इदं किं कथ्यते त्वया ? त्वं पापी असि। त्वं सर्वथा शाठ्यं करोषि। अहं त्वां पञ्जरात् अमोचयम्। यदि त्वं मां भक्षयिष्यसि तर्हि नरके[१] पतिष्यसि। तवैषः व्यवहारः अधर्मः।

व्याघ्रः- क्षुधापीडितानां[२] कोऽपि धर्मः न भवति। उदरपालनम्[३] एव सर्वेषां जीवानां प्रथमं कर्तव्यम्।

ब्राह्मणः- क्षणं विरम[४]। कः धर्मः कः अधर्मः इति ज्ञानाय आवाम् अन्यस्य कस्यचित् समीपं गच्छावः। तस्य कथनं च पालयिष्यावः।

तस्मिन्नेव काले तत्र एकः शृगालः[५] आगच्छत्। ब्राह्मणः तम् अकथयत्- भोः शृगालबन्धो, भवान् आवयोः न्यायं करोतु। अयं व्याघ्रः पञ्जरे आसीत्। अहम् एनं पञ्जरात् अमोचयम्। अधुना अयं कृतघ्नः[६] मामेव खादितुम् इच्छति। व्याघ्रोऽयं पापी अस्ति न वा, इति कथयतु।

शृगालः- (*किमपि चिन्तयति, तत्पश्चात् प्रकटं कथयति*)- अहं मन्दबुद्धिः[७] अस्मि। युवयोः कथां सम्यक् न बोधामि। वयं त्रयः तत् एव स्थानं गच्छामः यत्र सः पञ्जरः अस्ति। प्रथमं पञ्जरं पश्यामि ततः युवयोः न्यायं करोमि।

注：1. **नरकं**- 地獄, 2. 空腹で悩んでいる, 3. **उदरं**- 腹,自分の飢えを心配する, 4. やめろ, 5. ジャッカル, 6. 忘恩の, 7. 愚鈍な

(*ते सर्वे पञ्जरस्य समीपं गच्छन्ति*)

ब्राह्मणः- अत्रास्ति सः पञ्जरः। अस्मिन्नेव पञ्जरे एषः व्याघ्र आसीत्। अहम् एनम् अस्मात् पञ्जरात् अमोचयम्।

शृगालः- अधुना ज्ञातम्[१]। ब्राह्मणः अस्मिन् पञ्जरे आसीत्। व्याघ्रः ब्राह्मणं पञ्जरात् अमोचयत्।

व्याघ्रः- (*क्रोधात्*) अरे मूर्ख, अहम् अस्मिन् पञ्जरे आसम्, न तु ब्राह्मणः।

शृगालः- कथम् एतत् सम्भवति[२]? त्वं तु विशालकायः[३]। पञ्जरस्तु लघुः[४] एव। युवाम् असत्यं वदथः। अहं युवयोः विश्वासं न करोमि। विशालः व्याघ्रः लघौ पञ्जरे कथम् आसीत् ?

व्याघ्रः- (*पञ्जरं प्रविशति, वदति च*)- पश्य मूर्ख, एवम् अहं पञ्जरे आसम्।

शृगालः- (*झटिति[५] पञ्जरस्य द्वारं रुद्धं करोति[६] कथयति च*)- एषोऽस्ति युवयोः न्यायः। रे शठ व्याघ्र! त्वं सर्वथा[७] पापी असि। अयं ब्राह्मणः त्वयि

दयामकरोत्। त्वमस्य उपकारं न मन्यसे। सर्वथा कृतघ्नः असि। एनमेव खादितुमिच्छसि। अधुना त्वम् अत्रैव स्वमृत्युं प्रतीक्षस्व[८]।

注： 1.分かった, 2. 可能である, 3. 大きなサイズの, कायः- 肉体, 4. 小さな, 5. 直ちに, 6 करोति- 閉じる, 7. 如何なる点からも, 8. 待つがよい

＜＜練習問題解答＞＞

21.4 E. 1. あそこでボール遊びをしている少年は私の甥です。 2. 今日私は事務所へ行く時に泣いている少女を見ました。3.貴方は何を考えているのですか。4. 私が考えている問題は大変難しいものです。5. 彼は眺めてはいても、見ていない。6. 植物に水をやっている少女達は歌を歌っている。7.あちこちとうろつきまわった少年が再び家に戻ってきた。8. 彼は常に彼女の事を思い出しながら時を過ごしている。9. 彼女もまたいつも彼の事だけを思いながら生活している。10. 絶えず努力している人々は成功する。11. 貴方によって語られた話しは到底信じがたい。12. あの少女達によって歌われている歌は貴方が書いたのですか。13. この見える世界は見えざる神の創造物である。14. いつかは消滅するこの世界に住む全ての人々が不死を願うとは、奇妙なことである。

21.6 E. 1. 貴方はどんな種類の人間になりたいですか。2. 私の願いは貴方のような先生になることです。3. この世界には、学校に全く行ったことのないこのような人達もいるのです。4. 今、彼の奥さんの状態は如何がですか。5. 彼女は現在、全く健康です。6. 昨日、貴方の手紙は私により受信されました。7. 貴方は間もなく私の返事を受け取るでしょう。8. この少年の興味は、金を稼ぐことにありません。9. 我々の社会では、人々はこのような少年達を愚か者と考えています。10. その信念に従って、それに応じた結果が出てくる。

21.7 R. 物語『騙し屋には騙しで立向かうべし』

ある時一匹の虎が猟師の仕掛けた檻（罠）にはまってしまいました。彼はそこから逃れようと試みましたが、うまく行きませんでした。

虎：（は考えます）どうしたらこの檻からでられるだろうか。おお、運が良いことに、一人の修行僧がこちらにやってくる。彼に頼み込んでみよう。（彼は修行僧にいう。）おお、お坊さん、私を憐れんで下さい。私はこの檻に落ちてしまいました。どうかこの檻から私を解き放って下さい。貴方は親切なお人です。生きものに憐れみをかけるのは坊さんの務めでしょう。

修行僧：虎は生来残忍だ。もし私がお前を放してやれば、お前は私を食べてしまうだろう。

虎：おお、親切なお方よ、私が生き物を殺してきたと言うことは本当です。

しかし、今では私の心に変化が起きたのです。私は今では非殺生の道に従っております。この檻の外に出ましたら、私は貴方様の弟子になり、経典を読み、徳を積むことにします。（修行僧は虎を信頼して檻の扉を開ける。）

虎：(檻の外に出てきてから)俺は空腹で大変苦しんでいる。ここには、俺の食べ物になるような動物は一匹も見当たらない。今現在、お前様だけが俺の食べ物だ。

修行僧：おい悪い奴め、お前は何と言うことを言うのだ。お前は罪深い奴だ。お前は完全に騙そうとしている。私がお前をこの檻から解放してやったのだ。もしお前が私を食べたら、お前は地獄へ落ちてしまうぞ。お前のこの行いは非道なことだ。

虎：腹を空かして苦しんでいるものに、法などはない。腹支度こそは全ての生きものにとってまずしなければならぬことだ。

修行僧：ちょっと待て。何が正法で、何が非道かこれを知るために、我ら二人して誰か別の人のもとに行こうではないか。彼の言うところに従おうではないか。その時そこに一匹のジャッカルがやってきた。修行僧は彼に向かって言った。「おお、同志ジャッカルよ、貴方に私達二人の裁きをしてもらいたい。この虎は檻の中にいたのです。私は此奴を檻から放してやったのです。ところが今この恩知らずの奴は私を食べたいというのです。この虎の奴は罪人かそうでないか、言っておくれ。」

ジャッカル：（少し考えてから、その後で、はっきりと言う。）私は頭が鈍いのだ。お前達二人の話は全くわからない。三人でその檻のあったその場所へ行こうではないか。先ず、その檻を見てから、あなた方の裁きをしよう。（彼らは皆で檻のところまで行く。）

修行僧：ここにその檻がある。この檻にこの虎がいたのだ。私は此奴をこの檻から放してやったのだ。

ジャッカル：今分かった。修行僧がこの檻にいたのだ。虎は修行僧を檻から放してやったのだ。

虎：（怒って）なんて馬鹿な奴だ、私がこの檻にいたのだ、修行僧ではないわ。

ジャッカル：どうしてそんなことが出来るのか。お前は大きな身体をしている。檻は小さい。お前達二人は嘘を言っている。私はお前達二人を信用できない。でかい虎がちっぽけな檻にどうしておれたのだ。

虎：（檻に入り、言う）おい馬鹿め、見てみろ。このように私は檻にいたのだ。

ジャッカル：（すぐさま檻の扉を閉じて言う。）これがお前達二人の裁きだ。おい、騙し屋の虎よ。お前は全く悪い奴だ。この修行僧はお前に情けをかけたのだ。お前はその恩義を知らない。お前は全くの恩知らずだ。彼を食べたいだって。これから、お前はここで自分の死を待つがよかろう。

第二十二課

母音で終わる不規則な名詞／子音やヴィサルガを含むサンディ *sandhi* 規則／11 から 18 までの基数詞・序数詞／『愚かな学者達の物語』 मूर्खपंडितानां कथा ／幾つかの詩句

22.1 <N> 母音で終わる名詞のうちで、不規則に変化するものがある。

a. ई と ऊ で終わる単音節の名詞、例えば、धी (知性)とか भू (大地)の中に नदी や वधू とは少し異なる格変化をする名詞が幾つかある。 नदी や वधू で य् や व्になるところが、धी や भू の場合、इय् と उव् になるのである。又、その主格単数は *visarga* で終わる。その変化を次に掲げる。

	धी			भू		
	単数	両数	複数	単数	両数	複数
主格	धीः	धियौ	धियः	भूः	भुवौ	भुवः
対格	धियम्	"	"	भुवम्	"	"
具格.	धिया	धीभ्याम्	धीभिः	भुवा	भूभ्याम्	भूभिः
与格	धिये	"	धीभ्यः	भुवे	"	भूभ्यः
奪格	धियः	"	"	भुवः	"	"
属格	धियः	धियोः	धियाम्	भुवः	भुवोः	भुवाम्
所格	धियि	"	धीषु	भुवि	"	भूषु

धी と भू には 4-1 で धियै, भुवै 、5-1 と 6-1 で धियाः, भुवाः 、6-3 でधीनाम्, भूनाम् 、7-1 で धियाम्, भुवाम् という別の形もある。धी と भू の呼格単数はそれぞれ धीः と भूःである。

b. 名詞 श्री (*f.* 富)はधी と同じように変化する。名詞 स्त्री (*f.* 女性)も धी と同じように変化するが、ただし、次の形は例外である。

1-1	2-1	2-3	6-3	7-1	8-1
स्त्री	स्त्रियम्, स्त्रीम्	स्त्रियः, स्त्रीः	स्त्रीणाम्	स्त्रियाम्	स्त्रि

c. 女性名詞 लक्ष्मी (富の女神)は नदी と大体同じように変化する。異なる点は主格単数で末尾に *visarga* があること लक्ष्मीः と呼格単数 **8-1** の形が लक्ष्मि であることである。

d. 名詞 पति (*m.* 夫、主人) は単数の具格から所格までを除き、मुनि と同じ変化をする。その格変化は次の通りである。

1-1	1-2	1-3	2-1	2-3	3-1	3-2	4-1
पतिः	पती	पतयः	पतिम्	पतीन्	पत्या	पतिभ्याम्	पत्ये
5-1	**6-1**	**6-2**	**6-3**	**7-1**	**7-3**	**8-1**	
पत्युः	पत्युः	पत्योः	पतीनाम्	पत्यौ	पतिषु	पते	

注：名詞 पति が合成語の末尾に来ると、 मुनि と同じように規則的に変化する。そこで名詞 भूपति (王)の変化は मुनि と同じである、即ち、भूपतिना, भूपतये, भूपतेः, भूपतौ 等と変化する。

e. 名詞 सखि (*m.* 友人)は、最初の 5 つの形 (3 つの主格と目的格の単数と両数)以外は पति と同じように変化する。

1-1	1-2	1-3	2-1	2-3	3-1	4-1	5-1, 6-1	7-1
सखा	सखायौ	सखायः	सखायम्	सखीन्	सख्या	सख्ये	सख्युः	सख्यौ

f. 名詞 गो (*f.* 雌牛、去勢牛)の変化は多くの格において不規則である。その変化を次に掲げる。

1-1	1-2	1-3	2-1	2-3	3-1	3-2	4-1
गौः	गावौ	गावः	गाम्	गाः	गवा	गोभ्याम्	गवे
5-1	**6-1**	**6-2**	**6-3**	**7-1**	**7-3**	**8-1**	
गोः	गोः	गवोः	गवाम्	गवि	गोषु	गौः	

22.2 <S> その他のサンディ規則。これまで、幾つかタイプ別にサンディ規則（連声法）を学んで来た。これまでにサンディ規則を扱ってきた節は次の通りである。 **2.19, 8.5, 8.6, 10.6, 10.7, 11.2, 14.7**

これまで学んで来た規則を確認するため、今一度これらの節を復習するのもよかろう。ここではさらに幾つかの規則を学ぶことにしよう。

① त グループの子音の後に च グループの子音が来ると、前者はそれに応じた च グループの子音に変化する。

तत् + चित्रम् = तच्चित्रम् ,　　अपिबत् + जलम् = अपिबज्जलम्

② 語末の硬子音は母音や軟子音の前では軟子音に変る。

गृहात् + आगच्छति = गृहादागच्छति　　तत् + वनम् = तद्वनम्

ग्रामात् + गच्छति = ग्रामाद् गच्छति　　षट् + भागाः = षड्भागाः

③ 語末の न् の前に短母音が来て、その後に母音が来ると、न् は繰り返される。

तस्मिन् + एव = तस्मिन्नेव　　पश्यन् + अपि = पश्यन्नपि

22.3 <S> 次はヴィサルガ *visarga* に関する サンディ規則である。

① 母音の後のヴィサルガは、その後に च् とか छ् が来る場合、श् に変る。 後に来る子音が त् か थ् の場合には、ヴィサルガは स् に変る。 ट् と ठ्の場合は、ष् に変る。

बालकः + चलति = बालकश्चलति　　बन्धुः + च = बन्धुश्च

बालिकाः + तरन्ति = बालिकास्तरन्ति　　धनुः + टंकारः = धनुष्टंकारः

② अ とか आ 以外の母音に続くヴィサルガで、その後に母音又は軟子音が来ると、そのヴィサルガは र् に変わる。

बुद्धिः + एव = बुद्धिरेव　　त्रिभिः + गुणैः = त्रिभिर्गुणैः

कविः + वदति = कविर्वदति　　गुरुः + यच्छति = गुरुर्यच्छति

③ आ の後に来るヴィサルガで、その後に母音または軟子音が来ると、そのヴィサルガは脱落する。

बालकाः + गच्छन्ति = बालका गच्छन्ति

बालिकाः + मोदन्ते = बालिका मोदन्ते

जनाः + आगच्छन्ति = जना आगच्छन्ति

注：これまで本講座では、殆どサンディを使わずにサンスクリット文章を示して来た。しかし、以上で主要なサンディ規則について明確な概念が得られたので、これからはサンディで書かれたサンスクリットに慣れるため、次第にサンディを使うことにしよう。そうするとサンディが出てくるサンスクリット原典に取り組む用意が出来るであろう。見慣れないサンスクリ

ットの文字結合に出会ったなら、既知のサンスクリット語に分解できないかどうか確かめるがよい。文章 पशवश्चरन्त्यत्र にぶつかると、最初は当惑するかもしれない。しかし、サンディを分解してみると、पशवः चरन्ति अत्र (家畜がここで草を食んでいる。)という３つの単純な単語に変換できる。サンディ規則はサンスクリットの読解力を向上させるうえに非常に役立つ。従って、それらによく慣れることが大切である。

22.4 <A> 11 から 18 までの基数詞・序数詞。我々はこれまでに第 14 課で 1 から 10 までの基数と序数を学んでいる。11 から 18 までの基数は、5 から 10 までの基数と同様に複数形で変化する。その格については、それが修飾している名詞に一致している。又、それらは男性、女性、中性とも同形である。それらの数詞を次に掲げる。

	基数 Cardinal	序数 Ordinal		基数 Cardinal	序数 Ordinal
11	एकादशन्	एकादश	15	पञ्चदशन्	पञ्चदश
12	द्वादशन्	द्वादश	16	षोडशन्	षोडश
13	त्रयोदशन्	त्रयोदश	17	सप्तदशन्	सप्तदश
14	चतुर्दशन्	चतुर्दश	18	अष्टादशन्	अष्टादश

序数の女性形は चतुर्थी, पञ्चमी, षष्ठी 等のように अ を ई に換えて作る。ただし、प्रथम, द्वितीय,と तृतीयについては、末尾を आ に換えて女性形を作る。例： प्रथमः बालकः, प्रथमा बालिका, द्वितीयः वृक्षः, द्वितीया कक्षा, तृतीयः छात्रः, तृतीया छात्रा.

22.5 <E> 次の文章を読み、日本語に訳しなさい

१. अस्माकं कक्षायां षोडश बालकाः चतुर्दश बालिकाश्च सन्ति। २. तेषु मम स्थानम् अष्टादशं, मम मित्रस्य च स्थानं द्वादशं वर्तते। ३. अष्ट च नव च सप्तदश भवन्ति। ४. इदं भोजनं केवलं दशभ्यः जनेभ्यः पर्याप्तं[1] भविष्यति, इति असौ[2] कथयति। ५. इदं पञ्चदशभिः अपि जनैः खादितुं न शक्यते। ६. अहं षोडशे वर्षे अमेरिकादेशमगच्छम्। ७. क्रिकेटक्रीडायां प्रत्येकस्मिन्[3] पक्षे एकादश क्रीडकाः क्रीडन्ति। ८. कति[4] अतिथयः अधुना यावत् आगतवन्तः ? ९. सप्तदश अतिथयः आगताः। १०. त्रयोदशानां प्रतीक्षा अस्ति।

注：1.十分な、2. अदस् の主格単数、3.各々、4.どれだけの

22.6 <R> 次の物語を読み、日本語に訳しなさい

मूर्खपण्डितानां कथा

कस्मिंश्चिद् अधिष्ठाने[१] चत्वारो ब्राह्मणपुत्राः निवसन्ति स्म। तेषां त्रयः शास्त्रज्ञाः[२], परन्तु मूर्खाः आसन्। एकस्तु बुद्धिमान् आसीत् परन्तु न शास्त्रज्ञः। एकदा तैः मंत्रितम्- को लाभो विद्यायाः यदि देशान्तरं[३] गत्वा राज्ञः परितोष्य[४] धनोपार्जनं[५] न कुर्मः। एतद् विचार्य ते चत्वारोऽपि पूर्वदेशं चलिताः।

मार्गे तेषां ज्येष्ठः[६] अवदत्- अस्माकं कनिष्ठो[७] बुद्धिमान् अस्ति परन्तु शास्त्राणि न जानाति। राज्ञां सन्तोषस्तु विद्यया एव क्रियते न तु बुद्ध्या। वयं स्वोपार्जितं[८] धनं तस्मै न दास्यामः। स गृहं प्रतिगच्छतु।

द्वितीयेनापि कथितम्- भोः भ्रातः, त्वं बुद्धिमानसि किन्तु त्वया शास्त्राणि नैव पठितानि। शास्त्राणां ज्ञानं विना राज्ञः सन्तोषो न लभ्यते। त्वं व्यर्थमेव[९] अस्माभिः सह चलसि। तव गृहं प्रति गमनम् एव साधु[१०]।

द्वयोः भ्रात्रोः वचनानि श्रुत्वा तृतीयो भ्राता मनसि किंचिद् अचिन्तयत् अवदच्च- नैतदुचितम्। अस्माभिः कनिष्ठः भ्राता मार्गे न त्यक्तव्यः। आगच्छतु एषोऽपि। वयं चत्वारः सहैव चलेम।

注:1. ある場所で、 2. 聖典に精通した、3. 別の国、 4. 満足させて、 5. धनोपार्जनं = धन उपार्जनं 金稼ぎ、6.最年長の、7. 最年少の、 8.自ら稼いだ、 9. 空しく、目的なく、10. よい

अग्रे गच्छद्भिः तैः मार्गे कानिचिद् अस्थीनि[१] दृष्टानि। तेषां ज्येष्ठः अवदत्- अद्य अस्माकं विद्यायाः परीक्षा भविष्यति। अमूनि अस्थीनि कस्यचित् मृतस्य पशोः वर्तन्ते। अहं स्वशास्त्रविद्यया[२] अमीभिः अस्थिभिः पुनः मृतस्य पशोः पञ्जरं[३] निर्मातुं शक्नोमि[४]। तेन तैः अस्थिभिः एकं पञ्जरं रचितम्।

तदा तेषां द्वितीयोऽवदत्- अहं मम शास्त्रस्य ज्ञानेन अस्मिन् पञ्जरे चर्म[५] च रुधिरं[६] च मांसं[७] च योक्तुं[८] शक्नोमि। तेन तस्मिन् पञ्जरे चर्म च रुधिरं च मांसं च संयोजितम्। तृतीयः अवदत्- अधुना मम विद्याकौशलं[९] दृश्यताम्- अहं स्वविद्याप्रभावेण एनं मृतं शरीरं पुनः जीवितं करिष्यामि।

एतत् श्रुत्वा कनिष्ठो भ्राता अवदत्- भोः तिष्ठत[१०], तिष्ठत। यः पशुः युष्माभिः जीवितः क्रियते सः सिंहोऽस्ति। एष जीवितो भूत्वा अस्मान् सर्वान् हनिष्यति[११]।

注：1. 骨(अस्थि *n.*の 1-3)、 2.経典に関する私の知識をもって、3. 骨格、4. निर्मातुं शक्नोमि - 私は組立てられる、5. 皮膚(चर्मन् *n.*の 2-1)、6. 血液、7.肉、8. 一緒にまとめる(युज् + तुम्)、9. 学びとった技能、10. 待て >स्था 、11. 殺すであろう

त्रयोऽपि भ्रातरोऽवदन्- अयि मूर्ख, वयं यस्मै जीवनं दास्यामः सः अस्माकं प्रति कृतज्ञः[१] एव भविष्यति। वयं तस्य स्वामिनः[२] भविष्यामः, सोऽस्माकं दासो[३] भविष्यति। नात्र भयस्य किमपि कारणम्।

कनिष्ठो भ्राता अवदत्- यदि यूयम् एनं मृतं सिंहं पुनः जीवितं कर्तुम् उद्यताः[४] एव, तर्हि क्षणमेकं विरमत[५]। अहं वृक्षम् आरुह्य[६] भवतां कौशलं द्रष्टुमिच्छामि।

इति कथयित्वा तेषां कनिष्ठः एकस्य वृक्षस्य उपरि आरोहत्। तदा त्रयः एव भ्रातरः स्वविद्याबलेन तं मृतं सिंहं पुनः जीवितमकुर्वन्। जीवितो भूत्वा सः सिंहः त्रीनपि भ्रातॄन् अखादत्।

(एषा प्राचीना कथा पञ्चतंत्रे नाम पुस्तके वर्तते। कथामेनां पठित्वा किं भवतां मनसि एष विचारः आयाति- आधुनिके काले[७] विज्ञानस्य प्रविधेः[८] च प्रयोगेण[९] मनुष्येण विविधानि नवीनानि वस्तूनि निर्मीयन्ते[१०]। अपि तानि सर्वाणि एव मनुष्याय लाभकराणि[११] सन्ति ? अथवा तेषां कानिचित् भविष्ये स्वनिर्मातारं[१२] मनुष्यमेव हनिष्यन्ति?)

注：1. 有り難く思う、2. 主人達(स्वामिन्の 1-3)、3. 奴隷、 4. 用意がある、に専心する、5. 止まれ、待て、6.登った後で、 7.現代において、 8. प्रविधिः *m.* 技術の、9. 応用によって、10. 作られている>निर्मा 作る、11.役に立つ、12. それ自身の作り手

22.7 <E> それではサンスクリットの詩句を読むことにしよう

क. परोपकाराय[१] फलन्ति वृक्षाः, परोपकाराय वहन्ति[२] नद्यः।
परोपकाराय दुहन्ति[३] गावः, परोपकारार्थमिदं शरीरम्।।

ख. श्रूयतां धर्मसर्वस्वं[४] श्रुत्वा चैवावधार्यताम्[५]।
आत्मनः प्रतिकूलानि[६] परेषां न समाचरेत्।।

ग. अष्टादशपुराणेषु व्यासस्य वचनद्वयम्।
परोपकारः पुण्याय, पापाय परपीडनम्[७]।।

注 : 1. 他者に良いことをするために、 2. 流れる、3. ミルクを出す、 4. सर्वस्वं-真髄そのもの, 5. (अव+धृ)– 良く理解する、 6. 反対に、不適切な、 7. 他者を傷つけること

＜＜練習問題解答＞＞

22.5 1. 私達のクラスには 16 人の少年と 14 人の少女がいる。2. それらの中で私の席次は 18 番目で、私の友人の席次は１２番目である。3. ８と９をたすと 17 になる。4. この食料は１０人だけなら十分であろう、とあの人は言っています。5. これは１５人でも食べきれない。 6. 私は１６才の時にアメリカへ行きました。 7. クリケットの試合では、双方１１人づつで競技します。 8. これまでに何人のお客様がやってきましたか。 9. 17 人のお客様が到着しています。 10. 13 人の人を待っています。

22.6 愚かな学者達の物語

あるところに僧侶の息子が 4 人住んでいました。その内 3 人は学問に精通していましたが愚か者でした。一人だけは聡明でしたが、学問には通じていませんでした。ある時、彼らの間で議論が為されました。外国へ行き、王様を満足させて、金稼ぎしなくては、知識は何の役に立つのか。このように考えて、彼ら 4 人は東方に向かって出発しました。

途中で彼らのうちの年長者が発言しました。「我々の最年少者は賢いが学問を知らない。王様達の満足は学識によってのみ得られ、英知によるわけではない。我々が自ら稼いだ金を彼にはやるまい。彼は家に戻るべきだ」

2 番目も語りました。「おお、弟よ、お前は賢いが、聖典を学んだことがない。学問の知識なしでは王様達の満足は得られない。お前は我々と一緒に来ても何もならない。お前は家に戻る方がよいぞ」

二人の兄弟の話を聞いてから、3 番目の兄弟は心の中で少し考えて発言しました。「それはよくない。我々は最年少の兄弟を途中で見捨てるべきではない。彼もまた来たらよい。我々は 4 人で行くことにしよう」

歩いていた彼らは道すがら幾つかの骨を発見しました。彼らの最年長者が発言しました。「今日我々の知識を試すことにしょう。あれらの骨はある死んだ動物のものである。私は自らの学問の知識によって、これらの骨で再び死んだ動物の骨格を作り上げることが出来る。」彼によってこれらの骨から一つの骨格が作られました。

その時、彼らの 2 番目が発言しました。「私は自分の学問の知識によっ

て、この骨格に皮膚と血液と肉を付加することが出来る。」彼の手でこの骨格に皮膚と血液と肉が付加されました。3番目が発言しました。「今度は私の知識の技を見て下さい。私は自分の知識の力によって、死んだ肉体を再び生き返らすことにします」

これを聞いて最年少の兄弟が発言しました。「ちょっと、待って。あなた達が生き返らせようとしている動物はライオンです。この動物は生き返ると、私達すべてを食い殺すでしょう」

3人の兄弟達は言いました。「なんて馬鹿な奴、私達が命を与えようとしているものは私達に対して感謝するであろう。私達は彼の主人になり、彼は私達の僕になるのだ。どこに恐れる理由などあるものか」

最年少の弟は発言しました。「もしあなた方がこのライオンを再び生き返らせようとするなら、ちょっと待って下さい。私は木に登ってあなた方の腕前を拝見することにします」

この様に言うと、彼らの最年少者は一本の木の上に登りました。そこで3人の兄弟達は自分の学識の力によってその死んだライオンを再び生きかえらしました。生き返るとそのライオンは3人の兄弟達を食べてしまいました。

　　　（これはパンチャタンタントラという名前の本にある昔の物語です。この物語を読んで、皆さんの心の中に一つの考えが浮かんだのではないでしょうか。現代において、科学技術の応用により様々な新しいものが作られているが、果たしてそれら全てが人間にとって役立つものなのか。あるいはそれらの中の幾つかは将来、その作り手である人間を殺すようになるのではないか。）

22.7 क. 他者に善をもたらすため、木々は果実をつける。他者に善をもたらすために、川は流れる。他者に善をもたらすために、雌牛はミルクを出す。この肉体もまた他者に善をもたらすためにある。

ख. 美徳の真髄に耳を傾けよ。耳を傾けてから、それをしっかり理解せよ。自分にとって不愉快なことは、決して他者に対して為すべきではない。

ग. 18のプラーナで（その著者）ヴィヤーサは2つのことを述べているだけである：他者に善を為すことは美徳であり、他者を傷つけることは罪である。

第二十三課

अ 群と non-अ 群の動詞／第 5 類(सु.गण)の動詞／
『シュリー・ラーマクリシュナの 物語』

23.1 <V>　　動詞の種類。サンスクリットで実際、使われる動詞は約千ほどある。その中で、よく使われるのは約二百である。これら二百の動詞をさまざまな変化形で知っていれば、サンスクリット文献の大概のものは読めるようになるし、またサンスクリットで自分を上手に表現することが可能になる。この講座では、これらの最も頻繁に使われる動詞を熟知することに力点を置いている。これまで出会わなかった馴染みのない動詞の形が出て来た場合には、その都度、それを説明することにする。

諸君はこれまでに頻繁に使われる動詞の約半分位にはすでに出会っている。そこで、諸君はサンスクリットの動詞の働きについては、かなり知っていることになる。しかし、諸君がまだ習っていない二つの重要事項がある。

　1. 我々がこれまで学んで来た動詞は、第1類、第4類、第6類、第10類という4種類の動詞である。これからはそれ以外の動詞の時制と法における活用を学んで行かなくてはならない。

　2. それに加えて、これまで学んで来た（現在、過去、未来などの時制と命令法、願望法）以外の時制と法における動詞の活用全てを学んでゆかなくてはならない。

これまでにも見て来たように、動詞の10種類への区分は全ての時制と法に関連しているわけではない。これはパラスマイパダとアートマネーパダ両者の現在、過去、命令法、願望法の能動態についてのみ関ることである。受動態やその他の時制や法では、動詞が所属する動詞種別の違いはなく、全てが同じ様に扱われる。このことは第十六課と第十七課で単純未来時制と受動態における動詞の活用を学習した時に見たとおりである。現在時制、過去時制と命令法、願望法とをまとめて、「活用的時制と法又は特別時制と法」

(*conjugational tenses and moods*又は *special tenses and moods*)と呼ばれている。単純未来時制は、この特別時制には含まれない。しかし、頻繁に使われるので、それをそこで学んで来たわけである。

23.2 <V> अ 群と non-अ 群の動詞. 我々がこれまで学んで来た時制と法におけるその他の種類の動詞の活用を見て行くことにしよう。

第 1 類、第 4 類、第 6 類、第 10 類の動詞に共通した一つの特徴は、動詞語幹(अङ्ग)が **पठ, क्रीड, रोह, जय, पुष्य, लिख, कथय, चोरय** 等のように、全て अ で終っている。動詞語幹ができれば、全ての動詞を同じ様に活用させることが出来る。語尾変化はしても、動詞語幹は変わらない。そこで、それらの活用の習得は若干容易になる。幸いにもサンスクリットの動詞の約３分の２はこれら４種類の動詞に属している。それ以外の動詞も難しいというわけではない。まずこれら４種類の動詞を अ 群の動詞と呼ぶことにしよう。するとその他の６種類の動詞は non-अ 群の動詞ということになる。

non-अ 群の動詞は、第２類、第３類、第５類、第７類、第８類、第９類という６つの種類に分けられる。これらの動詞の共通点は、いずれも弱い語幹と強い語幹という２つの語幹を持つことである。活用に当たっては弱い語幹が最も広く使われる。強い語幹は、弱い語幹の一般的使用からの逸脱として現れる。例えば、 करोति, कुरुतः, कुर्वन्ति では、語根の कृ は、कुरु-という形で弱い語幹があり、करो-という形で強い語幹がある。強い語幹は、現在と過去の時制、命令法の次に掲げる 13 の場所で使われる。

1. （８形態ある）パラスマイパダの命令法の第２人称単数を除くすべての単数形で使われる。

2. （５つの追加形態のある）パラスマイパダとアートマネーパダの命令法第１人称のあらゆる形において使われる。

これらが強い語幹が使われる１３の場所である。1 行置きに弱い語幹が使われている。また願望法では強い語幹は使われない。

23.3<V> 活用語尾。6 つの non-अ 群の動詞における活用語尾は、हि で終る命令法の第二人称と願望法の場合を除き अ 群の動詞と同じである。さて、パラスマイパダの現在、過去、並びに命令法では

次のようになる。しかし、アートマネーパダでは現在、過去と命令法において次のような違いがある。即ち、

1. 第３人称複数では न् が脱落する。そこで अन्ते, अन्त, अन्ताम् という形ではなく、活用語尾は अते, अत , अताम्という形になる。

2. 第二人称、第三人称の両数では、活用語尾の最初の ई が आ に置き変る。そこで、 ईते, ईताम्, ईथे, ईथाम् 等となる代わりに、それぞれ आते आताम् आथे, आथाम्という形になる。

non-अ 群の動詞の４つの時制と法における活用語尾は次の表に掲げる通りである。（強い形は太文字で示してある）

パラスマイパダ

	Present 現在	Imperfect 過去	Imperative 命令法	Potential 願望法
3	-ति -तः -अन्ति	-त् -ताम् -अन्	-तु -ताम् -अन्तु	-यात् -याताम् -युः
2	-सि -थः -थ	-स् -तम् -त	-हि -तम् -त	-याः -यातम् -यात
1	-मि -वः -मः	-अम् -व -म	-आनि -आव -आम	-याम् -याव -याम

アートマネーパダ

	Present 現在	Imperfect 過去	Imperative 命令法	Potential 願望法
3	-ते -आते -अते	-त -आताम् -अत	-ताम् -आताम्-अताम्	-ईत -ईयाताम् -ईरन्
2	-से -आथे -ध्वे	-थाः -आथाम् -ध्वम्	-स्व -आथाम् -ध्वम्	-ईथाः -ईयाथाम् -ईध्वम्
1	-ए -वहे -महे	-इ -वहि -महि	-ऐ -आवहै -आमहै	-ईय- ईवहि -ईमहि

強い語幹が使われている 13 の箇所に注意されたい。

23.4 <V> 第５類の動詞 (सु.गण)

この種類の動詞活用においては、次の特徴がある。

1. 語根に नु を付け加えることによって語幹が作られる。この नु は強い形では नो となる。(शक् 出来るは शक्नु-, शक्नो-に変わる)

2. 動詞語根が母音で終っている場合には、次のようになる。

a. नुの उ という音 は母音で始まる弱い活用語尾の前では व्に変る。即ち、(चि ＋ नु ＋ अन्ति ⇒ चिन्वन्ति)

b. नु の उ は व्と म् の前では落ちてもかまわない。 即ち、(चि ＋ नु ＋ वः ⇒ चिनुवः, चिन्वः)

c. パラスマイパダの命令法第二人称単数の हि は母音で終わる動詞では脱落する。(कृ-कुरु, चि-चिनु, ただし、शक्-शक्नुहि)

3. 動詞語幹が子音で終っている場合には、नु の उ という音は、母音で始まる弱い活用語尾の前では उव् に変る。即ち、

(शक् + नु + ईय = शक्नुवीय).

शक् (to be able to, 出来る、パラスマイパダ) と अश् (to attain, 得る、達成する、アートマネーパダ) とは第５類の動詞である。これらの弱い語幹と強い語幹はそれぞれशक्नु-とशक्नो-, अश्नु-と अश्नो-である。この二つの動詞の現在、過去、命令法、願望法における活用の仕方を次に掲げる。弱い語幹と強い語幹（太い字で表示）の活用の中での使われ方に注意されたい。

	शक् パラスマイパダ			अश् アートマネーパダ		
	単数 Sg.	両数 Du.	複数 Pl.	単数 Sg.	両数 Du.	複数 Pl.
	現在 PRESENT					
3	**शक्नोति**	शक्नुतः	शक्नुवन्ति	अश्नुते	अश्नुवाते	अश्नुवते
2	**शक्नोषि**	शक्नुथः	शक्नुथ	अश्नुषे	अश्नुवाथे	अश्नुध्वे
1	**शक्नोमि**	शक्नुवः	शक्नुमः	अश्नुवे	अश्नुवहे	अश्नुमहे
	過去 IMPERFECT					
3	**अशक्नोत्**	अशक्नुताम्	अशक्नुवन्	आश्नुत	आश्नुवाताम्	आश्नुवत
2	**अशक्नोः**	अशक्नुतम्	अशक्नुत	आश्नुथाः	आश्नुवाथाम्	आश्नुध्वम्
1	**अशक्नवम्**	अशक्नुव	अशक्नुम	आश्नुवि	आश्नुवहि	आश्नुमहि
	命令法 IMPERATIVE					
3	**शक्नोतु**	शक्नुताम्	शक्नुवन्तु	अश्नुताम्	अश्नुवाताम्	अश्नुवताम्
2	शक्नुहि	शक्नुतम्	शक्नुत	अश्नुष्व	अश्नुवाथाम्	अश्नुध्वम्
1	**शक्नवानि**	**शक्नवाव**	**शक्नवाम**	**अश्नवै**	**अश्नवावहै**	**अश्नवामहै**
	願望法 POTENTIAL					
3	शक्नुयात्	शक्नुयाताम्	शक्नुयुः	अश्नुवीत	अश्नुवीयाताम्	अश्नुवीरन्
2	शक्नुयाः	शक्नुयातम्	शक्नुयात	अश्नुवीथाः	अश्नुवीयाथाम्	अश्नुवीध्वम्
1	शक्नुयाम्	शक्नुयाव	शक्नुयाम	अश्नुवीय	अश्नुवीवहि	अश्नुवीमहि

注：शक्नवानि, अश्नवै 等では強い語幹形式であるशक्नो-と अश्नो-を見つけることが出来る筈である。第十課の 10.6 で出て来たサンディ規則を想起されたい。

23.5 **<S>** ए, ऐ, ओ, औ の後に母音が出て来たら、それぞれ अय्, आय्, अव्, आव् と変る。 तौ + अत्र = तावत्र、गो + आदयः = गवादयः (पशवः).

そこで前節の活用で、शक्नो + आनि = शक्नवानि 、 अश्नो + ऐ = अश्नवै となる。このサンディ *sandhi* を अयादि (*ayādi*) *sandhi* という。

ただ、こうした活用表を見て意気阻喪したりしないように再び申し上げておく。それを覚える必要はない。それを数回繰り返し読んでから、今後参照の為に使えばよいのである。全ての動詞のあらゆる形が必ずしも実際に使われるわけでもないことが分かって来るであろう。サンスクリットの学習が進むにつれて、最も頻繁に使われる形が自動的に識別できるようになる。

第５類に属するその他の重要な動詞を、強い語幹と弱い語幹と並びに現在時制第３人称の形で次に示す。

Root	Meaning		Str / W. forms	III-i	III-ii	III-iii
語根	意味		強・弱の語幹	単数	両数	複数
आप्	得る		आप्नो-,आप्नु-	आप्नोति	आप्नुतः	आप्नुवन्ति
श्रु	聞く		शृणो-,शृणु-	शृणोति	शृणुतः	शृण्वन्ति
चि	収集する		चिनो-,चिनु-	चिनोति	चिनुतः	चिन्वन्ति
वृ	選ぶ	P.	वृणो-,वृणु-	वृणोति	वृणुतः	वृण्वन्ति
		A.	वृणो-,वृणु-	वृणुते	वृण्वाते	वृण्वते

注：動詞 श्रु は नु と नो に変る前、शृ に変化するので不規則である。

23.6 <E> 次の文章を日本語に訳しなさい

१. अहमधुना संस्कृतस्य कांश्चित् श्लोकान् पठितुं गातुं च शक्नोमि१। २. उद्यमेन सर्वे जनाः धनमर्जितुं शक्नुवन्ति। ३. परं सत्कर्मभिः२ एव जनाः यशः३ आप्नुवन्ति४। ४. न कोऽपि दुष्कर्मणा५ यशः आप्नोति। ५. वयं प्रतिदिनं रेडियोयंत्रेण विदेशानां वार्ताः६ शृणुमः। ६. सर्वे छात्राः अध्यापकस्य कथनं ध्यानेन शृण्वन्तु। ७. खगाः७ महता प्रयत्नेन स्वनीडानि८ चिन्वन्ति९। ८. उपनिषदः१० एकस्यां कथायां नचिकेताः नाम बालकः यमात्११ त्रीन् वरान्१२ वृणुते१३। ९. एतां रुचिरां१४ कथां वयं भविष्ये पठिष्यामः। १०. विद्यया अमृतम्१५ अश्नुते१६, इदम् उपनिषदः वचनम्।

注：1.出来ます、2. 善行をもって、3. (*n.*) 名声、4. 得る、5. 悪行いをもって、6. ニュース、7. 小鳥、8. 鳥の巣、9.こしらえる、10. ウパニシャッドの、11. 死神から、12. 贈物、13. वृ-選択する、この動詞は P,A 両様に活用、वृणुत は 5A、14.美しい、15.不死、16.得る

23.7 <R> 次のシュリー・ラーマクリシュナの物語を日本語に訳しなさい

गतशताब्दे[१] भारतस्य बङ्गप्रान्ते[२] रामकृष्णनामा एकोऽद्भुतो[३] महापुरुषोऽभवत्। स सर्वथा अशिक्षितः आसीत्। निरक्षरः स कमपि ग्रन्थं पठितुं नाशक्नोत्। किन्तु स महान् तत्त्वज्ञः[४] आसीत्। बहवः विद्वांसः आत्मनः परमात्मनश्च विषये स्वशङ्काः[५] निवारयितुं[६] तस्य समीपम् आगच्छन्। कालिकातानगरस्य[७] विश्वविद्यालयस्य[८] छात्रेषु नरेन्द्रनामा एकः अतिमेधावी[९] युवकः आसीत्। तस्य मनसि परमात्मनः विषये बहवः प्रश्ना आसन्। सोऽपि रामकृष्णस्य समीपं स्वप्रश्नानाम् उत्तराणि प्राप्तुमगच्छत्। रामकृष्णस्य कृषकसदृशाम्[१०] आकृतिं[११] दृष्ट्वा तस्य मनसि काचिदपि श्रद्धा[१२] न उत्पन्ना[१३]। एकदा स रामकृष्णं पृष्टवान्- अपि भवान् परमात्मानं साक्षात् द्रष्टुं शक्नोति? रामकृष्णः अवदत्- अहं परमात्मानम् एवमेव स्पष्टं[१४] पश्यामि यथा[१५] अहं त्वां प्रत्यक्षं[१६] पश्यामि। एतादृशं विश्वासपूर्णम्[१७] उत्तरं श्रुत्वा नरेन्द्रः रामकृष्णस्य शिष्योऽभवत्। रामकृष्णस्य मृत्योः पश्चात्[१८] नरेन्द्रः विवेकानन्द इति नाम धृत्वा[१९] संन्यासी[२०] अभवत्। सः देशे विदेशेषु च रामकृष्णस्य शिक्षायाः प्रचारम् अकरोत्। रामकृष्णः अतिसरलानां कथानां माध्यमेन[२१] उपदिशति स्म। तेन कथिताम् एकां कथां वयम् आगामिनि पाठे पठिष्यामः।

注：1. 前世紀に、2. ベンガル州に、3. ユニークな、比類のない、4. 究極の真理の知者、5. 疑惑、6. 除去する、7. カルカッタ市の、8. 大学(の)、9. 極めて知的な、10. 百姓に似ている、11. 外見、形、12. 真心、信頼、13. 生まれなかった、産出されていない、14. 明らかに、15. のような、似て、16. 目前に、明白に、17. 自信満々、18. 死後、19. 取ってから、20. サンニヤーシ、出家者、21. を介して

23.8 <E> 次の文章をサンスクリットに訳しなさい

1. 彼はグルの言葉を大変注意深く拝聴しています。2. 貴方はこの課を読めますか? 3. はい、いま私はそれを読めます。4. 昨日、私はそれが読めませんでした。5. 多くの人々が外国でお金を得ています。6. 我が党は選挙で彼らの党に勝つことが出来る。7. 私達のクラスには２０人の生徒がいます。 8. 多くの男女が彼の演説を聞きました。

23.9 <R> さらに幾つかの詩を読むことにしよう

काव्यशास्त्रविनोदेन[१] कालो गच्छति धीमताम्[२] ।
व्यसनेन[३] तु मूर्खाणां निद्रया[४] कलहेन[५] वा[६] ।।१ ।।
आहार-निद्रा-भय-मैथुनं[७] च सामान्यमेतत्[८] पशुभिर्नराणाम् ।
धर्मो[९] हि तेषामधिको[१०] विशेषो[११], धर्मेण हीनाः[१२] पशुभिः समानाः ।।२ ।।
सुखार्थी[१३] वा त्यजेद् विद्यां, विद्यार्थी[१४] वा त्यजेत् सुखम् ।
सुखार्थिनः कुतो[१५] विद्या, विद्यार्थिनः कुतः सुखम् ।।३ ।।

注： 1. 詩集の喜び、 विनोदः-楽しみ、気晴らし、2. 賢者達（の）、3. 悪癖、悪徳によって、4. .眠りによって、 5. 喧嘩によって、 6. あれか、これか、7. आहारः–食べ物、食事、भयम्– 恐れ、मैथुनम्–性行為、8. सामान्यम् 共通である、9. 正義、善と悪の区別、10. 更に加わるもの、更に、11. 特別の資質、 12. の欠けた、13. (सुख ＋ अर्थिन् 1-1)安楽を望むもの、14. विद्या ＋ अर्थिन् 知識を望むもの、学生、15. 何処から

＜＜練習問題解答＞＞

23.6 1.私は今では幾つかのサンスクリットの詩句を読んだり歌ったり出来ます。2. 勤勉によって全ての人は金を稼ぐ。3. しかし、善い行いによってのみ名声を得る。4. 誰も悪い行いによって、名声を得ることは出来ません。5. 私達は毎日ラジオで外国のニュースを聞きます。6. 全ての生徒は先生が言っていることを注意深く聞くべきです。7. 小鳥達は大変な努力をもって自分達の巣を作り上げる。8. ウパニッシャドのある物語でナチケータという少年は死神から３つ贈物を選択した。9. 私達はこの美しい物語を今後読むでしょう。10. （人間は）知識によって不死を得る、これはウパニシャッドのことばです。

第二十三課

23.7 前世紀にインドのベンガル州にラーマクリシュナという名の比類なき聖者がおりました。彼は学校教育を受けませんでした。彼は文盲で全く一冊の書物も読めませんでした。しかし、彼は究極的真理を悟った偉大なる知者でした。多くの学者が魂や神についての疑念を晴らすために彼のもとにやってきました。カルカッタ大学の学生の中にナレンドラという名の非常に知的に優れた若者がいました。彼の心の中には神について多くの疑問がありました。彼もまた自分の疑問に対する答を得るためにラーマクリシュナのもとに行きました。ラーマクリシュナの百姓然とした外見を見て、彼は全く感銘を受けませんでした。ある時彼はラーマクリシュナに尋ねました。「貴方は神をはっきり見ることが出来るのですか。」ラーマクリシュナは言いました。「私がお前をはっきり見ているのと同じように、はっきりと神を見ることができる。」この様な自信に溢れた答を聞いて、ナレンドラは彼の弟子になりました。ラーマクリシュナの死後、ナレンドラはヴィヴェーカナンダと言う名のサニヤーシン（出家僧）になりました。彼は国内並びに外国においてラーマクリシュナの教えを広めました。ラーマクリシュナはとても単純な物語を使ってお説教をするのが常でした。次の課では、彼によって語られた物語を学ぶことにします。

23.8 १. सः स्वगुरूणां वचनानि महता ध्यानेन शृणोति। २. अपि त्वमिमं पाठं पठितुं शक्नोषि? ३. आम्, अधुना अहमिमं (पाठं) पठितुं शक्नोमि। ४. ह्यः अहमिमं (पाठं) पठितुं नाशक्नवम्। ५. बहवः जनाः विदेशेषु धनमाप्नुवन्ति। ६. अस्माकं दलं निर्वाचने तेषां दलं जेतुं शक्नोति। ७. अस्माकं कक्षायां विंशति छात्राः सन्ति। ८. बहवः पुरुषाः बह्व्यः स्त्रियश्च तस्य भाषणम् अशृण्वन्।

23.9 **1.** 知的な人達の時間は詩の作品を楽しむことによって過ぎて行く。愚かな人々の時間は悪癖と睡眠或は喧嘩によって過ぎて行く。

2. 食事と睡眠と恐怖と性行為、これらのことは人間と動物に共通している。美徳だけが人間の中でそれ以外に付加された資質である。美徳の欠けた人は動物みたいなものである。

3. もし人間が安楽を望むなら、知識を（獲得する希望を）諦めるべきである。もし知識を望むなら、安楽（にたいする望み）を諦めるべきである。安楽を欲する人にとっての知識は果たして何処にあるのか、知識を求める人にとっての安楽は果たして何処にあるのか。

第二十四課

第 8 類動詞(तन्.गण)／サンスクリットの接頭辞と आविस्, तिरस्, अलम्／接頭辞による態の変化／19 から 100 までの基数詞・序数詞／代名詞 अदस् ／物語『聖典についてのうぬ惚れ』शास्त्रदर्पः

24.1 <V>　第 8 類動詞 (तन् .गण). 活用の仕方。

① 語根(तन् 広げる)に उ を付加して、弱い語幹(तनु)が作られる。このउ は強い語幹の形では、 ओ に変化する。तनोति (広げる)

② 動詞語幹の उ は、व् と म् の前では脱落してもかまわない。
तन्+ उ+वः=तनुवः, तन्वः; तन् + उ+ मः = तनुमः, तन्मः

③ 語幹の उ は母音で始まる弱い活用語尾の前では व に変る。
तन्+ उ+ ईय =तन्वीय.

④ パラスマイパダの命令法(लोट्) 第２人称単数の हि は脱落する。

第８類には２つの重要な動詞、कृ (行う) と तन् (広げる)があるだけである。動詞 मन् (考える) は通常第４類の動詞(मन्यते)である。しかし、時には第８類の動詞(मनुते)としても使われる。既に我々は、パラスマイパダにおける動詞 कृ の活用を見て来た。この動詞は頻度は低いがアートマネーパダでも使われる。次にパラスマイパダとアートマネーパダにおけるこの動詞の活用を掲げる。

注：動詞 कृ の活用には一種の不規則性がある。弱い語幹 (कुरु)の末尾にある उ が व्, म्, य्の前では常に脱落する。

कृ (行う)

	パラスマイパダ			アートマネーパダ		
	単数	両数	複数	単数	両数	複数
			現在 PRESENT			
3	करोति	कुरुतः	कुर्वन्ति	कुरुते	कुर्वाते	कुर्वते
2	करोषि	कुरुथः	कुरुथ	कुरुषे	कुर्वाथे	कुरुध्वे
1	करोमि	कुर्वः	कुर्मः	कुर्वे	कुर्वहे	कुर्महे
			過去 IMPERFECT			
3	अकरोत्	अकुरुताम्	अकुर्वन्	अकुरुत	अकुर्वाताम्	अकुर्वत
2	अकरोः	अकुरुतम्	अकुरुत	अकुरुथाः	अकुर्वाथाम्	अकुरुध्वम्
1	अकरवम्	अकुर्व	अकुर्म	अकुर्वि	अकुर्वहि	अकुर्महि
			命令法 IMPERATIVE			
3	करोतु	कुरुताम्	कुर्वन्तु	कुरुताम्	कुर्वाताम्	कुर्वताम्
2	कुरु	कुरुतम्	कुरुत	कुरुष्व	कुर्वाथाम्	कुरुध्वम्
1	करवाणि	करवाव	करवाम	करवै	करवावहै	करवामहै
			願望法 OPTATIVE			
3	कुर्यात्	कुर्याताम्	कुर्युः	कुर्वीत	कुर्वीयाताम्	कुर्वीरन्
2	कुर्याः	कुर्यातम्	कुर्यात	कुर्वीथाः	कुर्वीयाथाम्	कुर्वीध्वम्
1	कुर्याम्	कुर्याव	कुर्याम	कुर्वीय	कुर्वीवहि	कुर्वीमहि

注: 第８類の他の動詞、例えば तन् は、व् と म्の前では語幹の उ を脱落させても、させなくてもよい、しかし、य्の前では決して उ を脱落させてはならない。そこで動詞 तन् は तनुयात्, तनुयाताम्, तनुयुःというような規則的な形を願望法ではしている。　またパラスマイパダで第１人称の現在(लट्)と過去(लोट्)における二者択一の形は次のようになる。

तनुवः, तन्वः　　तनुमः, तन्मः　　अतनुव, अतन्व　　अतनुम, अतन्म.

アートマネーパダでは、　तनुवहे, तन्वहे　　तनुमहे, तन्महे

अतनुवहि, अतन्वहि　　अतनुमहि, अतन्महि という形になる。

24.2<M>　サンスクリットの接頭辞 Prefixes.

動詞語根に अतन्वः अतनुम (ある)は 接頭辞 अनु や सम्を付け加えると意味が変化するのを見て来た。例えば、अनुभव्—経験する、संभव्—可能になる。

サンスクリットにはそのように動詞と共に使われたり、動詞の語根から派生した語に付け加わって、意味を変化させる接頭辞が20ほどある。次にそのうちの幾つかの接頭辞を意味と例文を付して次に掲げる。

अनु (後ろに、真似て) सः स्व पितरम् अनुकरोति—彼は彼の父の後を追っている又は真似ている。 सीता वने रामम् अन्वगच्छत्—シータは森の中でラーマに従った。

अप (外に、離れて、悪く) अपकारः 害を為す。चौराः तस्य धनम् अपाहरन् (अप + अहरन्) 泥棒達は彼の金を持ち去った。

आ (まで、向かって) आगच्छति—来る、 आनयति—もたらす、 आजीवनं–生涯を通じて

उप (近くに、与える) उपहारः—贈り物。 स तस्यै चित्रम् उपहरति—彼は彼女に絵を与えます。उपकारः—善行 सा सर्वदा सर्वेषाम् उपकरोति—彼女は常にあらゆる人に善い行いをします。 अत्र उपविश—どうぞここに座って下さい。

दुर्, दुस् (悪い、困難な) दुर्गमो मार्गः—難しい道、 दुर्व्यवहारः—悪い行為、虐待、 दुष्करं कार्यम्—困難な仕事

निर्, निस् (外に、なしで) सः ग्रामाद् बहिः निर्गतः—彼は村の外へ行った。सः मह्यं निष्कारणं कुप्यति—彼は何の理由もなく私に怒っている。

परा (反対側の) राज्ञा सर्वे शत्रवः पराजिताः—王様によって全ての敵は敗走させられた。

प्र (前へ、大変) सैनिकाः युद्धे शत्रून् प्रहरन्ति—兵士達は戦闘で敵を攻撃している。

प्रति (反対側へ、向かって) वयं स्वम् अपमानं प्रतिकरिष्यामः—我々は我々への侮辱にたいし仕返しをする。 स स्वगृहं प्रतिगच्छति—彼は自分の家へ向かって行くところです。

वि (別個に、なしで) स्वपत्न्या वियोगः तस्मै असह्यः—自分の妻からの別離は彼にとって耐えがたいことである。सः पापात् विरमति—彼は罪悪を犯すことから身を引いている。

सम् (一緒に、よく、周り一面) संगतिः 仲間、संवादः 対話、談笑すること。

第二十四課

注.: 1. 時には、一つ以上の接頭辞が語根の前に使われることがある。
दुर् + आ + चर् = दुराचर्(悪く振る舞う。)—彼は誰にたいしても悪い振る舞いをする。
2. 時には、一つの接頭辞が動詞の意味を変えるのではなく強調するためにのみ使われることがある。そこで वसति, निवसति, प्रतिवसति は実際的には同じ意味を持っている。

24.3 <M> आविस्, तिरस्, अलम् 等. 上述したような通常の接頭辞とは別に、大概は कृ や भू などの動詞と共に使われる आविस्, तिरस्, अलम् 等のような接頭辞もある。幾つかの例を次に掲げる。
मधुरा वाणी मुखम् अलंकरोति—甘美な声は口元を美しくする。
सः सर्वदा मां तिरस्करोति—彼は常に私を侮辱する。
अदृश्यात् ब्रह्मणः एतद् दृश्यं जगत् आविर्भवति—目には見えないブラフマンから、この目に見える世界は顕現する。

24.4 <V> 接頭辞による態の変化。ある接頭辞は、それが使われると動詞の態を変換させる。例えば、動詞 जि はそれ自体ではパラスマイパダで使われるが、この जि に वि とか परा という接頭辞が付くとアートマネーパダでのみ使われるようになる。
सः शत्रून् पराजयते—彼は彼の敵を負かす。
अस्माकं दलं निर्वाचने विजयेत—選挙で我が党が勝ちますように。
接頭辞 सम् と一緒だと動詞 गम् はアートマネーパダで使われる。
संगच्छध्वं संवदध्वम्(同志として) 共に歩み、共に語りなさい。

24.5 <E> 次の文章を読み、日本語に訳しなさい

१. सा गृहे स्वमातरम् अनुकरोति¹। २. मननात्² एव मनुष्यः मनुष्यः भवति। ३. स्वयम् उपार्जितेन³ धनेनैव सन्तोषं कुरुष्व। ४. सर्वे जनाः स्वकर्तव्यं कुर्वीरन्। ५. महाभारतस्य युद्धे पाण्डवैः कौरवाः पराभूताः⁴। ६. दुर्व्यवहारः सद्व्यवहारेण एव प्रतिकर्तव्यः⁵। ७. तस्य सर्वा सम्पत्तिः मित्रैः अपहृता⁶। ८. अस्माकं विद्यालयः क्रीडा-प्रतियोगितायां सदैव विजयते। ९. सदा सज्जनानाम् एव सङ्गतिः कर्तव्या। १०. परोपकाराय सतां⁷ विभूतयः⁸।

注:1. 真似る、見習う、2. 思考によって、3. 稼いだ、4. 敗北する、5. 報われるべきである、6. 持ち去られる、7. よき人々の(सत्の 6-3)、 8. 富、能力

24.6 <A> 19 から 100 までの基数詞。19 から 99 までの基数は 10 を掛け合わすことによって、次のように作られる。

1. एक から नवन् までの数が 10 の倍数として先頭に付く。

2. 10 の倍数は次の通りである。

10–दशन्, 20–विंशति, 30–त्रिंशत्, 40–चत्वारिंशत्, 50–पञ्चाशत्, 60–षष्टि, 70–सप्तति, 80–अशीति, 90– नवति, 100–शतम्.

3. द्वि, त्रि, अष्टन् は常に 20 と 30 の前では द्वा, त्रय, अष्टा に変る。また 40, 50, 60, 70, 90 の前では、そのように変化しても、しなくてもよい。ただ、80 の前では決して変わらない。

4. 上記の倍数に 9 をつける仕方に二通りある。

a. 10 の倍数に नवन् を付け加える、即ち、

नवदशन्–19, नवचत्वारिंशत्–49, नवाशीति–89 etc.

b. 次の 10 の倍数から 1 を差し引いて表す。 ऊन 又は एकोन (1 少ない)が次の倍数と共に使われる。そこで、19, 49, 89 はそれぞれ ऊनविंशति 又は एकोनविंशति, ऊनपञ्चाशत् 又は एकोनपञ्चाशत् そして ऊननवति 又は एकोननवति と表される。

24.7 <A> ऊनविंशति (19)から नवनवति (99)までの基数は女性名詞で、常に単数として扱われる。その中の इ で終る数は名詞 मति のように変化する。一方、त्で終るものは女性名詞 सरित् のように格変化する。(第 **19.5** 節を見よ) 数詞に続く名詞は同じ格か若しくは属格になる。

विंशतिः जना अत्रागच्छन्—20 人がここにやって来た。

एकोनत्रिंशता जनैः एतत् कार्यं कृतम्—29 人がこの仕事をした。

बालिकानाम् अशीतिः अत्र विद्यालये पठन्ति—80 人の少女が学校のここで学習している。

24.8 <A> 100 と 1000 に対応するサンスクリットの単語はそれぞれ शतम् と सहस्रम् である。この二つは常に中性単数扱いである。

शते ग्रामेषु चिकित्सकः न विद्यते—百の部落には医師がいない。

त्रिशतेन बालकैः संस्कृतं शिक्षितम्—３百人の少年がサンスクリットを学んだ。
द्विसहस्रं जनाः अस्मिन् ग्रामे निवसन्ति—この村には２千人が住んでいる。

24.9 <P>　代名詞अदस् は遠くにある人や物を示すために、 तद्よりは頻度は少ないが、ほぼ同じ意味で使われる。諸君らはこれをことさら使う必要はないが、サンスクリットの古典にはよく出てくる。そこでこれにも慣れることにしよう。

	男性अदस्			女性अदस्		
	単数	両数	複数	単数	両数	複数
主格	असौ	अमू	अमी	असौ	अमू	अमूः
対格	अमुम्	〃	अमून्	अमुम्	〃	〃
具格	अमुना	अमूभ्याम्	अमीभिः	अमुया	अमूभ्याम्	अमूभिः
与格	अमुष्मै	〃	अमीभ्यः	अमुष्यै	〃	अमूभ्यः
奪格	अमुष्मात्	〃	〃	अमुष्याः	〃	〃
属格	अमुष्य	अमुयोः	अमीषाम्	अमुष्याः	अमुयोः	अमूषाम्
所格	अमुष्मिन्	〃	अमीषु	अमुष्याम्	〃	अमूषु

中性の主格、目的格はअदः, अमू, अमूनि である。その他の格では男性形と同じである。

24.10 <R>　シュリー・ラーマクリシュナが語る次の物語を読んでみよう

शास्त्रदर्पः

एकदा स्वशास्त्रज्ञानेन दर्पिताः[१] त्रयः पण्डिताः एकस्याः विशालायाः नद्याः पारं गन्तुं नौकाम्[२] आरूढाः[३]। नाविकः[४] निरक्षरः सरलो जनः आसीत्। तम् उपहसितुम्[५] एकेन पण्डितेन कथितम्- अपि त्वया वेदाः अधीताः[६] ? न भगवन्, अहं तु निरक्षरोऽस्मि। वेदान् पठितुं कथं शक्नोमि ? इति स प्रत्यवदत्। तर्हि तव जीवनस्य चतुर्थांशः[७] नष्टः, इति प्रथमः पण्डितः तमकथयत्। ततः द्वितीयः पण्डितः नाविकं पृष्टवान्- अपि त्वया दर्शनानि[८] अधीतानि ? न, मया दर्शनानि नैव अधीतानि, इति नाविकः उदतरत्[९]। तदा तु तव जीवनस्य अर्धं नष्टम्, इति स पण्डितः तमकथयत्। स्वज्ञानस्य गर्वेण[१०] पूर्णः[११] तृतीयः पण्डितः तदा नाविकमुक्तवान्[१२]—अपि त्वया धर्मशास्त्राणि[१३] पठितानि ? निरक्षरोऽहं धर्मशास्त्राणि पठितुं न शक्नोमि, इति वराको[१४] नाविकः पुनः सविनयम्[१५] अकथयत्। तदा तव

त्रिपादं[१६] जीवनस्य नष्टम्, इति तृतीयः पण्डितः उपहसन् नाविकं कथितवान्।

注: 1. 誇りに満ちて、2. नौका 船、3. 乗船して、4. 船頭、5. あざ笑う、6. 学習した、7. पादः- 4 分の 1 の部分、 8. いくつかの哲学、9. 答えた、(उत् + अ + तॄ =過去時制) 10. 誇りをもって、11. 満ちた、12. 言った (वच् + तवत्)、13. 宗教的聖典、14. 無力な、15. へり下って、16. 4 分の 3 の部分

अत्रान्तरे[१] एव महान् झंझावातः[२] समुद्भूतः[३]। तद्वशात् तेषां नौका नद्याः जले मज्जितुम्[४] आरब्धवती[५]। एतद् दृष्ट्वा स नाविकः त्रीन् पण्डितान् यात्रिकान्[६] अवदत्- अपि भवन्तः तरितुं शक्नुवन्ति ? भयग्रस्ताः[७] त्रय एव पण्डिताः अकथयन्- नास्माकं कोऽपि तरितुं शक्नोति। कृपया भवान् अस्मान् रक्षतु। किंचिद् विहस्य नाविकोऽवदत् यदि भवन्तः तरणं[८] न जानन्ति तर्हि भवतां सम्पूर्णमेव[९] जीवनं नष्टम् इति।

एतां कथां श्रावयित्वा[१०] रामकृष्णः स्वशिष्यान् कथयति स्म- इदं जगत् सागरवत्[११] वर्तते। महान्तः झंझावाताः अस्मिन् भवसागरे[१२] आयान्ति। बहूनां शास्त्राणां पठनेन न किमपि प्रयोजनं[१३] सिध्यति [१४]। केवलं शास्त्राणि जानन्तः पण्डिताः अस्मिन् भवसागरे प्रायः[१५] निमज्जन्ति[१६]। अपरे सरलहृदयाः[१७] सत्यप्रेमिणः[१८] जनाः जीवनस्य महतः झंझावातान् सहमानाः[१९] अनायासं[२०] भवसागरस्य पारं गन्तुं शक्नुवन्ति इति।

注 : 1. その内に、2. 嵐、3. やって来た(सम्+उद्+भू) 、4. 沈む、5. 始まった、6. 旅行者達に、7. 恐怖に苛まれた、8. 水泳、9. 全体、 10.告げてから、 श्रु - 聞くの使役形、11. 大海原のような、12. 世俗の大海に、भवः 存在、 भू に由来、13. 目的、14. 達成される、15.しばしば、 16. 溺れた、溺れる、17.単純素朴な心の、 18.真理を愛する人 1-3 > सत्यप्रेमिन् 、 19. सहमानाः > सह् 耐える、我慢強い、20.苦労せずに

＜＜練習問題解答＞＞

24.5 1. 彼女は家で彼女の母を見習っています。2. 思考によってのみ人間は人間になる。3. 自分が自分で稼いだ金で満足しなさい。 4. 全ての人は自分の義務を為すべきである。5. マハーバラタの戦争では、パーンダヴァ族によってカウラヴァ族は敗北した。6. 悪い行為は善い行為によってのみ報われるべきである。7. 彼の財産は全て彼の友人によって持っていかれた。8.私達の学校はスポーツ競技では常に優勝する。9. 私達は常に善い人達と

交際すべきである。10.善い人達の才能（富）は他者への善のためにある。

24.10　聖典についてのうぬ惚れ

ある時、聖典への造詣の深さを誇りに思っていた 3 人の学者が大きな川を渡るために一艘の船に乗り込みました。船頭は無学で単純な人でした。そこで彼をあざ笑うように、学者の一人が彼にいいました。「お前はヴェーダを勉強したことがあるかい。」「いいえ、だんな様、私は文字が読めません。どうしてヴェーダを読むことが出来るでしょうか。」と船頭は答えました。「するとだな、お前の人生の 4 分の 1 は無駄になったことになる。」と最初の学者が彼に言いました。それから、二番目の学者が船頭に尋ねました。「お前は哲学を勉強したことがあるかい。」「いや、私は哲学なんて勉強したことがありません。」と船頭は答えました。「すると、お前の人生の半分は無駄であったことになる。」とその学者は彼に言いました。その時、自分の学識に自信満々の三番目の学者が言いました。「お前は宗教的聖典を読んだことがあるのかな。」「いいえ、私は文盲ですから宗教的聖典など読めません。」とあわれな船頭は再び謙虚に答えました。「そうするとお前の人生の 4 分の 3 は無駄になったことになるな」と三番目の学者が船頭を嘲笑しながら言いました。

その内に、強い嵐がやってきました。そのために、彼らの船は川の水の中に沈み始めました。それを見て、船頭は乗船している 3 人の学者に聞きました。「あなた方は泳げるのですか。」恐怖に苛まれて、3 人の学者は言いました。「我々の誰も泳げません。どうか我々を救って下さい。」少し笑いながら船頭は言いました。「もしあなた方が泳ぎを知らなければ、あなた方の人生の全てが失われてしまうのです。」

この物語をした後で、ラーマクリシュナは弟子達に言いました。「この世は大海原のようなものです。この世俗の大海には大きな嵐もやってきます。沢山の聖典を読んでも何の役にも立ちません。聖典を知っているだけの学者達はこの世俗の大海でしばしば溺れてしまいます。それとは別の、純粋な心根を持ち、真理を愛する人達は、人生の大きな嵐を耐えしのぎ、この世の大海を苦労せずに渡っていけるのです。」

第二十五課

第 3 類 (हु.गण)／第 9 類 (क्री.गण) 動詞／絶対所格／
物語『誰が神で、誰が悪魔か』कः देवः कः असुरः ?

25.1<V> 第 3 類 (हु.गण) 動詞. この小さな部類に属する動詞は 14 個ほどある。この部類の動詞の特徴は、語幹を作る際に、語根の最初の子音が繰り返されることである。

第３類動詞に関する繰り返しの規則。

1. 動詞語根の最初の母音までの部分が繰り返される。
2. 最初の有気音は同類の無気音に変る。 भी-बिभेति
3. 最初の ह् は繰り返される時に、ज् に変る。 हा-जहाति.
4. 長母音は繰り返しの時に短母音に変る。धा-दधाति, भी-बिभेति.
5. ऋ と ॠ は、繰り返しの時に इ となる。 भृ-बिभर्ति, पॄ-पिपर्ति

繰り返しに加えて、活用語尾 अन्ति （現在、第３人称複数）とパラスマイパダにおける अन्तु （命令法第３人称）の न् が落ちて अति と अतु になる。パラスマイパダでもアートマネーパダでも使われる動詞 दा で第３類動詞の活用の仕方を見ることにしよう。実際、「与える」という意味で語根 दा のある動詞は二つある。一つは我々が既に学んだ第１類動詞で特別の時制と法では語根が必ずयच्छ् に変る。今一つの दा が第３類に属しているもので、これは यच्छ् に変化しない。この दा は、弱い語幹で दद्となり、強い語幹では ददा となる。この活用の仕方を次頁で見てみよう。

दा (to give) 与える

	パラスマイパダ			アートマネーパダ		
			現在 लट् (Present)			
	単数	両数	複数	単数	両数	複数
3	ददाति	दत्तः	ददति	दत्ते	ददाते	ददते
2	ददासि	दत्थः	दत्थ	दत्से	ददाथे	दद्ध्वे
1	ददामि	दद्वः	दद्मः	ददे	दद्वहे	दद्महे
			過去 लङ् (Imperfect)			
3	अददात्	अदत्ताम्	अददुः	अदत्त	अददाताम्	अददत
2	अददाः	अदत्तम्	अदत्त	अदत्थाः	अददाथाम्	अदद्ध्वम्
1	अददाम्	अदद्व	अदद्म	अददि	अदद्वहि	अदद्महि
			命令法 लोट् (Imperative)			
3	ददातु	दत्ताम्	ददतु	दत्ताम्	ददाताम्	ददताम्
2	देहि	दत्तम्	दत्त	दत्स्व	ददाथाम्	दद्ध्वम्
1	ददानि	ददाव	ददाम	ददै	ददावहै	ददामहै
			願望法 विधिलिङ् (Potential)			
3	दद्यात्	दद्याताम्	छदयुः	ददीत	ददीयाताम्	ददीरन्
2	दद्याः	दद्यातम्	दद्यात	ददीथाः	ददीयाथाम्	ददीध्वम्
1	दद्याम्	दद्याव	दद्याम	ददीय	ददीवहि	ददीमहि

注： *parasmaipada* の命令法２人称単数 लोट् ii-i で、この動詞の形は देहि である。

25.2 <V> 次に、第３類に属するその他の重要な動詞を幾つか、強弱二つの語幹と第３人称現在の形を示して掲げる。

語根	意味	強語幹	弱語幹	iii-i	iii-ii	iii-iii
भी	恐れる	बिभे-	बिभी-	बिभेति	बिभीतः	बिभ्यति
भृ	保持する	बिभर्-	बिभृ-	बिभर्ति	बिभृतः	बिभ्रति
धा	置く	दधा-	दध्-	दधाति	धत्तः	दधति
हा	去る	जहा-	जही-,जह्-	जहाति	जहीतः	जहति
हु	捧げる	जुहो-	जुहु -	जुहोति	जुहुतः	जुह्वति

注：1. 動詞 हा には जही, जह्という二つの弱い語幹がある。語幹 जही は子音で始まる活用語尾の前で使われる。 जह् は母音で始まる活用語尾の前で使われる。(また जही には जही, जहीतः, जहितःと言う別の形もある)

2. 語根 धा の活用の仕方は不規則である。弱い語幹の दध् が त्, ध्, स्で始まる活用語尾の前では धत्に変る。また दध् は ध で始まる活用語尾の前では धद्になる。

3. 語根 धा の लोट् ii-i パラスマイパダでの形は दा の देहि と同じ धेहि である。

धा の現在時制での活用

	パラスマイパダ			アートマネーパダ		
	単数	両数	複数	単数	両数	複数
3	दधाति	धत्तः	दधति	धत्ते	दधाते	दधते
2	दधासि	धत्थः	धत्थ	धत्से	दधाथे	धद्ध्वे
1	दधामि	दध्वः	दध्मः	दधे	दध्वहे	दध्महे

25.3 <E> 次の文章を日本語に訳しなさい

१. शिशुभिः[१] गवां दुग्धम् अवश्यं पातव्यम्। २. वयं बाल्यकालात् सखायः स्मः। ३. अस्मिन् जगति त्वं कस्मात् बिभेषि[२]? ४. अहं केवलम् अपयशसः[३] बिभेमि। ५. सर्वे जनाः मृत्योः[४] बिभ्यति। ६. विद्या विनयं[५] ददाति। ७. सरस्वती विद्यायाः देवी[६] अस्ति, लक्ष्मीः धनस्य देवी वर्तते। ८. लक्ष्मीं पूजयन्तः जनाः बहवः विद्यन्ते। ९. सरस्वतीं पूजयतां जनानां संख्या अत्यल्पा[७]। १०. लक्ष्मीः च सरस्वती च एकस्मिन्नेव स्थाने[८] न निवसतः इति जनैः मन्यते। ११. लक्ष्मीः स्वस्वामिनं जहाति। १२. सरस्वती मनुष्यं कदापि न जहाति। १३. महात्मा गान्धी भारतस्य सेवायां स्वप्राणानपि[९] अजुहोत्[१०]। १४. केवलं भोजनमेव मनुष्याणां जीवनं न बिभर्ति[११], तस्य मनसः आत्मनश्च आवश्यकताः[१२] अपि पूरणीयाः[१३]।

注：1. 子供達によって、2. を恐れる、3. 不名誉（の）(अप ＋ यशस् 5-1)、 4. 死の、 5. 謙譲さ、 6. 女神、 7. 大変少ない、8. 同じ場所に、 9.自分の生命 *pranas* さえも、10. अजुहोत् 犠牲として差出した >हु、11. 支える、12.必要物、欲求、13. 充足されるべき

25.4 <V> 第 9 類(क्री.गण)の動詞。この部類の動詞の特徴は次の通りである。

1. 語根に नी を付け加えて弱い語幹を作る。

2. 母音で始まる活用語尾の前では नी は न् に変る。
(क्री +नी ＋अन्ति＝क्रीणन्ति)

3. 強い語幹は नी を ना に変えて作られる。
4. 語根末尾から2番目の न् は नी と ना の前で脱落する。
   मन्थ्-मथ्नाति, मथ्नीतः.
5. 語根が子音で終わる第9類のパラスマイパダの動詞は、 命令法の第2人称単数の活用語尾が हि の代わりに आन になる。
   ग्रह्-गृहाण, बन्ध्-बधान. ただ、母音で終わる क्री は क्रीणीहि.

次に動詞 ज्ञा (知る) について第9類の動詞の活用の仕方を見ることにしよう。この動詞は ज्ञा を जा に代えることによって語幹を作る点で若干不規則である。
(強い語幹は जाना-で、弱い語幹は जानी-と जान्-である。)

ज्ञा (to know) 知る

	パラスマイパダ			アートマネーパダ		
	現在 लट् (Present)					
	単数	両数	複数	単数	両数.	複数
3	जानाति	जानीतः	जानन्ति	जानीते	जानाते	जानते
2	जानासि	जानीथः	जानीथ	जानीषे	जानाथे	जानीध्वे
1	जानामि	जानीवः	जानीमः	जाने	जानीवहे	जानीमहे
	過去 लङ् (Imperfect)					
3	अजानात्	अजानीताम्	अजानन्	अजानीत	अजानाताम्	अजानत
2	अजानाः	अजानीतम्	अजानीत	अजानीथाः	अजानाथाम्	अजानीध्वम्
1	अजानाम्	अजानीव	अजानीम	अजानि	अजानीवहि	अजानीमहि
	命令法 लोट् (Imperetive)					
3	जानातु	जानीताम्	जानन्तु	जानीताम्	जानाताम्	जानताम्
2	जानीहि	जानीतम्	जानीत	जानीष्व	जानीथाम्	जानीध्वम्
1	जानानि	जानाव	जानाम	जानै	जानावहै	जानामहै
	願望法 विधिलिङ् (Optative)					
3	जानीयात्	जानीयाताम्	जानीयुः	जानीत	जानीयाताम्	जानीरन्
2	जानीयाः	जानीयातम्	जानीयात	जानीथाः	जानीयाथाम्	जानीध्वम्
1	जानीयाम्	जानीयाव	जानीयाम	जानीय	जानीवहि	जानीमहि

25.5 <V> 第9類のその他の重要な動詞の強い語幹と弱い語幹並びにパラスマイパダにおける第3人称の形を次に掲げる。

語根	意味	強語幹	弱語幹	iii-i	iii-ii	iii-iii
क्री	買う	क्रीणा-	क्रीणी-, क्रीण्-	क्रीणाति	क्रीणीतः	क्रीणन्ति
ग्रह्	掴む	गृह्णा-	गृह्णी-, गृह्ण्-	गृह्णाति	गृह्णीतः	गृह्णन्ति
पू	浄化する	पुना-	पुनी-, पुन्-	पुनाति	पुनीतः	पुनन्ति
प्री	喜ばす	प्रीणा-	प्रीणी-, प्रीण्-	प्रीणाति	प्रीणीतः	प्रीणन्ति
बन्ध्	縛る	बध्ना-	बध्नी-, बध्न्-	बध्नाति	बध्नीतः	बध्नन्ति
मन्थ्	掻き回す	मथ्ना-	मथ्नी-, मथ्न्-	मथ्नाति	मथ्नीतः	मथ्नन्ति

25.6 <E> 次の文章を日本語に訳しなさい

१. चतस्रः स्त्रियः स्वपुत्रीभिः सह विपणौ फलानि क्रीणन्ति स्म। २. सः स्वधनं कुत्र दधाति[१] इति कोऽपि न जानाति। ३. अन्येषां केवलं सद्गुणान्[२] एव गृह्णीत, न दुर्गुणान्[३]। ४. सत्यं वाचं[४] च मनश्च पुनाति। ५. चिन्ता[५] मनुष्याणां मनांसि मथ्नाति[६]। ६. पिता पुत्राय क्रीडनकं[७] क्रीणाति। ७. ते तस्य मनुष्यस्य नाम अपि न अजानन्। ८. प्रातःकाले सः स्वाः गाः रज्जुना[८] बध्नाति। ९. शिष्याः स्वाध्यायेन गुरून् प्रीणन्ति[९]। १०. शास्त्राणाम्[१०] अध्ययनेन वयं स्वमनांसि पुनीमः।

注： 1. 保つ、 2. 良い性質、 3. 悪い性質、 4. 演説、 5. 心配、 6. かき乱す、 7. 玩具、8. 綱によって、 9. 喜ばす、10. 聖典の

25.7 <V> 絶対所格 (The locative absolute). 二つの節なり文があって、そのうち先に出て来る方が、次に出て来る方の状況なり原因を示すような形で関連しあっている時、最初の文の定動詞は、しばしば、現在分詞若しくは過去分詞の形をとる。動詞の主語も分詞も所格の形になる。次にその例を掲げる。

सः यदा अगमिष्यति, तदा अहम् आगमिष्यामि-
तस्मिन् आगते अहम् आगमिष्यामि। (彼が来れば、私も来る。)
त्वं जीवसि अहं जीवामि ।
त्वयि जीवति अहं जीवामि। (あなたが生きていれば、私も生きる。)
बालकाः अखेलन् अन्धकारः अभवत ।
बालकेषु खेलत्सु अन्धकारः अभवत्। (少年達が遊んでいるうちに、暗くなった。)
प्राप्ते तु षोडशे वर्षे पुत्रं मित्रवदाचरेत्। (息子が十六歳に達したら、息子を友人のように扱うべきである。आ + चर् = 扱う、振る舞う).
छिन्ने मूले नैव पत्रं न पुष्पम् । (根が切られてしまったら、葉も花もない。)

注：これらの構文では、動詞 अस् の現在分詞 सन् の所格 सति, सतोः, सत्सु が、そこにあるものとして想定されている。

संतोषे सति सुखम्- （満足は幸福をもたらす。）

मनुष्ये नामरूपजगतः पारगते (सति) बोधिः संजायते- (人間が名前や形のある世界を超越した時に、彼の英知は目覚める。＝ 般若心経)

25.8 <R> 次の物語を日本語に訳しなさい

कः देवः कः असुरः ?

एषा अति प्राचीना कथा। एकदा कोऽपि मनुष्यः देवेषु असुरेषु[१] च को भेदः[२] इति ज्ञातुमैच्छत्। सः विष्णोः[३] समीपं गत्वा स्वं प्रश्नं तस्मै कथितवान्[४]। त्वं श्वः अत्रागत्य स्वयमेव एतत् ज्ञातुं शक्ष्यसि-इति विष्णुः तं कथितवान्।

विष्णुना सर्वे देवाः असुराश्च स्वगृहे भोजनाय आमंत्रिताः। तेषां भोजनाय अति स्वादु[५] पायसं[६] निर्मितम्[७] आसीत्। प्रथमम् असुराः भोजनं करिष्यन्ति इति घोषणा विष्णुना कृता। प्रसन्नमनसः सर्वे असुराः परस्परं सम्मुखाः[८] द्वयोः पङ्क्त्योः[९] उपविष्टाः[१०]। सर्वेषां सम्मुखे[११] पायसेन पूर्णं पात्रमेकम्[१२] आनीतम्। प्रत्येकं पात्रे पायसस्य भक्षणाय एकः चमसः[१३] अपि आसीत्। भोजनात् पूर्वं विष्णुना ते असुराः एवं संबोधिताः[१४]-भवतां सर्वेषां मम गृहे आगमनेन अहं भृशं[१५] प्रसन्नोऽस्मि। भवन्तः यथेष्टं[१६] पायसं भुञ्जन्तु। किन्तु मदीया एका प्रार्थना अस्ति। चमसेन पायसं भक्षयन् भवतां कोऽपि स्वबाहुं[१७] वक्रं[१८] न कुर्यात्। अवक्रैः[१९] एव बाहुभिः पायसमेतद् भक्षणीयम्।

विष्णोः आशयम्[२०] अजानन्तः दैत्याः[२१] सत्वरं[२२] पायसं खादितुम् आरभन्त। परम् अवक्रेण बाहुना मुखं प्रति नीयमानं पायसं चमसाद् मुखं न गत्वा तेषां शरीरेष्वेव अपतत्। बहुकालं यावत्[२३] प्रयतमानेषु[२४] अपि तेषु कोऽपि किंचिदपि पायसं भक्षयितुं नाशक्नोत्। सर्वे असुराः विष्णुम् आक्रोशन्तः[२५] बुभुक्षिताः[२६] एव स्वस्थानेभ्यः उदतिष्ठन्[२७]।

注： 1.悪魔の間で、2. 相違、3. विष्णुः三神の内の維持神、(その他ブラフマーが創造神、シヴァが破壊神）、 4. 述べる、5. 美味しい、6.米とミルクで作るプディング、 7. 作った、8. 互いに向き合って、9. पंक्तिः (*f.*) 列、10.座る(उप ＋ विश्)、11. の前に、12. 器、ボール、13.大きなスプーン、14. 話し掛けられた、15.大変、16.望むがままに、 心ゆくまで、17. बाहुः (*m.*)腕、18.曲げられた、 19.まっすぐの、20.意図、目的、21. 悪魔、22. 素早く、23. बहुकालं यावत्-長い間、24. 試みながら、प्रयतमान प्र ＋ यत् 、25. ののしりながら、26. 空腹の、27.立ち上がった。

तदनन्तरं[१] विष्णुः देवान् भोजनाय आमन्त्रयामास। तेऽपि द्वयोः पंक्त्योः परस्परं सम्मुखाः उपविष्टाः[२]। तेभ्योऽपि विष्णुः तामेव प्रार्थनामकरोत्-

भवन्तः यथेष्टं पायसं भुञ्जन्तु, किन्तु पायसं भक्षयद्भिः भवद्भिः स्वबाहवः वक्राः न कर्तव्याः। अवक्रैरेव बाहुभिः पायसमेतद् भक्षणीयम्।

विष्णोः कथनेन देवेभ्यः न कापि समस्या[३] जाता। ते द्वयोः पंक्त्योः परस्परं सम्मुखाः उपविष्टाः आसन्। तेषां एकैकः चमसे पायसं गृहीत्वा स्वसम्मुखे उपविष्टस्य देवस्य मुखे न्यक्षिपत्[४]। एवं ते सर्वेऽपि परस्परं[५] भोजयन्तः[६] यथेष्टं पायसम् अभक्षयन्।

विष्णुस्तदा तं मनुष्यम् अवदत्- अपि त्वया अधुना ज्ञातं देवेषु च दैत्येषु च को भेदोऽस्ति ? यः केवलं[७] स्वस्य एव चिन्तां करोति सः दैत्यः। यः परेषाम् उपकुर्वन्[८] स्वहितं[९] साधयति[१०] सः देवः। मनुष्याणां समाजे[११] अपि केचिद् जनाः देवतुल्याः[१२] वर्तन्ते केचिद् अपरे च दैत्यतुल्याः इति।

注：1. その後で、2. 座った、 उप+विश्=座る、3. 問題、4. 置いた、投げた(नि + क्षिप्)、5.互いに、6. 食べさせながら भुज्— 食べるの使役 、 7. だけ、8. 他者に善を行う、9. 自分自身の利益、善、10.達成する、11. 社会では、12.神に似た

＜＜練習問題解答＞＞

25.3　1. 小さな子供達は必ず牛乳を飲むべきです。2. 私達は子供時代からの友達です。3. この世であなたは何を恐れますか。 4. 私は不名誉だけを恐れています。5. 全ての人々は死を恐れています。6. 知識は謙虚さを与えます。 7. サラスワティは学問の女神でラクシュミは富の女神です。8. ラクシュミを崇拝する人々は沢山います。 9. サラスワティを崇拝する人は大変少ないです。10. ラクシュミとサラスワティは同じ所には住んでいないと、人々は思っています。11. ラクシュミはその持ち主を見捨てます。12. サラスワティは人間を見捨てません。13. マハートマーガーンディは自分の命(プラーナ)さえもインドへの奉仕のために犠牲にしました。14. 食べ物だけが人間を支えているわけではありません、心と魂の必要も満たされなくてはならないのです。

25.6　1.娘達を伴った 4 人の女性は市場で果物を買っていました。2.彼が自分の金をどこに保持していたかは誰も知らない。 3. あなたは他人の良い資質だけを身につけるべきで、悪い資質を身につけてはなりません。 4.真理は言葉と心を清めます。5.心配事は人間の心をかき乱します。6.父親は息子に玩具を買っています。7. 彼らはその男の名前さえも知りませんでした。8.朝、彼は自分の乳牛を縄でつなぎます。 9. 弟子達は師匠達を勉強で喜ばせます。10. 我々は聖典を学ぶことによって自分の心を浄化します。

25.8 誰が神で、誰が悪魔か

これは大変古い話です。ある時ある男が神々と悪魔達との相違を知りたいと思いました。彼はヴィシュヌのところに行き、自分の質問をぶつけてみました。「もしお前が明日ここに来れば。お前は自分でそれが分かるようになるはずだ」とヴィシュヌは告げました。

ヴィシュヌは全ての神々と悪魔達を自分の家の食事に招待しました。彼らの食事のために、美味しいライスプディングが用意されました。「先ず、悪魔達が食事をすることにしよう」とヴィシュヌは伝達しました。喜び勇んで悪魔達は二列に向い合って座りました。ライスプディングで一杯になったお椀がそれぞれの悪魔の前に運ばれました。それぞれのお椀にはライスプディングを食べるためのスプーンもありました。食事をする前にヴィシュヌは悪魔達に次のように話し掛けました。「皆さんが私のところにお出で下さって大変嬉しく存じます。ライスプディングを心ゆくまで召しあがって下さい。しかし、一つお願いがあります。スプーンでライスプディングを食べる時、皆さん腕は曲げないで下さい。腕を曲げずにライスプディングを食べなければなりません。ヴィシュヌの意図も知らずに、悪魔達は直ちにライスプディングを食べ始めました。腕を伸ばしたままライスプデイングを口に運ぶものですから、それは口に入る代わりに身体の方にこぼれてしまいました。長い間格闘してみたものの、ライスプディングを誰も少しも食べられませんでした。悪魔達は皆ヴィシュヌをののしり、お腹をすかしたまま、席を立ってしまいました。

その後、ヴィシュヌは神々を食事に招待しました。神々も二列に向い合って座りました。ヴィシュヌは又同じ要請をしました。「好きなだけライスプディングを召し上がって下さい。しかし、ライスプディングを食べる間、腕は曲げてはならないのです。腕を曲げないでライスプディングを食べなければならないのです。」

このヴィシュヌの言葉は神達には何の問題も起こしませんでした。彼らは二列に向い合って座りました。それぞれの神はスプーンでライスプディングを取り、それを自分の前に座っている神の口に流し込みました。この様にお互いに食べさせあい、心ゆくまでライスプディングを食べました。

そこでヴィシュヌはその男に向かって言いました。「今神々と悪魔との違いが分かりましたか。自分のことだけしか気にかけないのが悪魔です。他者に善を施しながら自分の利益を計る人が神なのです。人間の社会にも神のような人もいれば、悪魔のような人もいます。」

第二十六課

第7類(रुध् .गण)の動詞、サンスクリットの複合語／
タットプルシャとバフブリーヒ、*tatpuruṣa* and *bahubrīhi* ／
『ガンガダッタとプリヤダルシャナの物語』गङ्गदत्त-प्रियदर्शनयोः कथा

26.1<V> 第7類(रुध् .गण)の動詞. 第7類の動詞は non-अ 群の動詞に属している。このグループの動詞の活用には内部サンディが全面的に適用され、多くの不規則な形を含む。このグループには重要な動詞も含まれているが、その形が全て使われる訳ではない。この種類の動詞は全て子音で終わる。活用は次の通りである。

① 強い形では、語根の母音と末尾子音との間に न が挿入される。そこで、छिद्(切る)は、छिनद् となり、रुध्(妨げる)は रुणध् となる。(न が ण に変わるのは内部 *sandhi* のため。3.3 参照)

② 弱い形では न とか ण は न् とか ण्に変化する。छिद्は छिन्द्、रुध् は रुन्ध् になる。(भञ्ज् と हिंस् のような語根はすでに中に、鼻音を含んでいるので、弱い形でも変化しない。)

次に छिद्の特別時制と法における動詞の活用を次に掲げる。

छिद् (to cut) 切る

	単数	両数	複数	単数	両数	複数
	現在 लट् (Present)			過去 लङ् (Imperfect)		
3	छिनत्ति	छिन्तः	छिन्दन्ति	अच्छिनत्	अच्छिन्ताम्	अच्छिन्दन्
2	छिनत्सि	छिन्थः	छिन्थ	अच्छिनः	अच्छिन्तम्	अच्छिन्त
1	छिनद्मि	छिन्द्वः	छिन्द्मः	अच्छिनदम्	अच्छिन्द्व	अच्छिन्द्म
	命令法 लोट् (Imperetive)			願望法 विधिलिङ् (Potential)		
3	छिनत्तु	छिन्ताम्	छिन्दन्तु	छिन्द्यात्	छिन्द्याताम्	छिन्द्युः
2	छिन्द्धि	छिन्तम्	छिन्त	छिन्द्याः	छिन्द्यातम्	छिन्द्यात
1	छिनदानि	छिनदाव	छिनदाम	छिन्द्याम्	छिन्द्याव	छिन्द्याम

26.2 <S>　もし同一の語彙（単一語でも複合語でも）の中に छ という文字があり、その前に短母音が来ると、母音と छ の間に च् が付加される。例：तरु + छाया = तरुच्छाया（木陰）。そこで、動詞 छिद् の過去時制は अच्छिनत्, अच्छिन्ताम् 等という形を持つことになる。

26.3 <V>　第 7 類の動詞の中で重要なものを、弱い語幹と強い語幹、第三人称現在形で次に掲げておこう。

語根	意味	強語幹	弱語幹		III-i	III-ii	III-iii
भिद्	壊す	भिनद्	भिन्द्		भिनत्ति	भिन्तः	भिन्दन्ति
रुध्	妨げる	रुणध्	रुन्ध्		रुणद्धि	रुन्द्धः	रुन्धन्ति
हिंस्	傷つける	हिनस्	हिंस्		हिनस्ति	हिंस्तः	हिंसन्ति
भञ्ज्	壊す	भनज्	भञ्ज्		भनक्ति	भङ्क्तः	भञ्जन्ति
भुज्	食べる	भुञ्ज्	भुनज्,	P.	भुनक्ति	भुङ्क्तः	भुञ्जन्ति
	楽しむ			A.	भुङ्क्ते	भुञ्जाते	भुञ्जते
युज्	結合する	युनज्	युञ्ज्,	P.	युनक्ति	युङ्क्तः	युञ्जन्ति
				A.	युङ्क्ते	युञ्जाते	युञ्जते

注：第 7 類動詞の語根に鼻音がある場合、その鼻音は語幹を作る時に脱落する。動詞 भञ्ज् と हिंस् の語幹は भज と हिस になる。

26.4 <E>　**次の文章を日本語に訳しなさい**

१. ये वृक्षान् छिन्दन्ति तान् जनाः अधुना निन्दन्ति। २. यः निर्दोषान्[१] जीवान् हिनस्ति सः पापी भवति। ३. वानरः गृहं प्रविश्य दर्पणम्[२] अभनत्। ४. योगिनः आत्मानं परमात्मनि युञ्जन्ति। ५. त्वं किमर्थं[३] मम मार्गं रुणत्सि ? ६. दुर्जनाः सदैव स्ववाचा कर्मणा च अन्यान् जनान् हिंसन्ति। ७. सर्वे मनुष्याः अस्मिन् जगति सुखानि च दुःखानि च भुंजते। ८. त्वम् इमं काष्ठं[४] कथम् अच्छिनः? ९. अहं परशुना[५] इदं काष्ठम् अच्छिनम्। १०. नद्याः जलस्य प्रवाहः[६] नदीतटं[७] भिनत्ति।

注：1.清浄な（निर् + दोष)、2.鏡(*n.*)、3.何故に(किम् + अर्थम्)、4. काष्ठ-木材(*n.*)、5. परशुः-斧、6.流れ、7.土手

26.5 <M>　サンスクリットの複合語。　英語で、*housewife* 主婦, *schoolmaster* 教師, *lighthouse* 灯台 等の言葉は複合語である。我々は二つの別個の語が一つの観念を表現するために結合しているとは普通考えない。サンスクリットでは、複合語が幅広く、そして英語など

では滅多に使われないような場合にも使われている。したがって、複合語は極めて重要な役割を果たしていることになる。そこでここでは複合語の作り方と使われ方を研究してみることにしよう。

① タットプルシャ複合語 *Tatpuruṣa* (तस्य पुरुषः→तत्पुरुषःから)
これは最も普通な複合語で、さまざまな複合語がこの部類に入る。これにはさまざまな関係の仕方を持つ二つの名詞が結び付いており、二つの語のうち、後の名詞の方がより重要で、最初の語はしばしば属格になる。この複合語の幾つかを次に例示する。

हिमस्य आलयः = हिमालयः-雪の住処
गंगायाः जलम् = गंगाजलम्-ガンジスの水
मातुः भाषा = मातृभाषा-母国語
पितुः गृहम् = पितृगृहम्-父の家
गुरोः कुलम् = गुरुकुलम्-グルの家族
राज्ञः पुरुषः = राजपुरुषः-王様の人間、役人

最初の語が属格以外の格の場合もある、次はその例。

対格 Acc.: गृहं गतः = गृहगतः, 自分の家に行った
具格 Instr.: विद्यया विहीनः = विद्याविहीनः 知識の欠如。
与格 Dat.: दानाय धनम् = दानधनम्, 慈善金。
奪格 Abl: चौराद् भयम् = चौरभयम्, 盗賊からの恐怖
所格 Loc.: जले क्रीडा = जलक्रीडा, 水上スポーツ。

② バフブリーヒ複合語 *bahubrīhi* 。この複合語により結び付けられる語は、形容詞として機能する。場合によっては修飾されている名詞がそこにあるのと想定し、複合語が名詞化することもある。バフブリヒ複合語の幾つかを次に掲げる。

प्रसन्नमुखो बालकः — 嬉しそうな顔した少年。
दयालुहृदयो राजा — 親切な心の王様。
कृतप्रतिज्ञो जनः — お辞儀をした人。
दशमुखः — 十の頭を持ったもの。(*Ravana*).

注: バフブリヒ複合語では、形容詞 महत् は महा に変る。同じような変化は、他の名詞についても起こる。名詞 धर्म はバフブリヒ複合語の中で二次的要素もなっている場合には、धर्मन् となる。
महाबलः पुरुषः— 大きな力を持った人間、महात्मा— 偉大な魂を持った人間、सत्यधर्माणो ऋषयः— 真理に献身した聖者達

26.6 <R> 次にパンチャタントラからの物語を読むことにしよう

गङ्गदत्त-प्रियदर्शनयोः कथा

क. कस्मिंश्चित्कूपे गङ्गदत्तो नाम मण्डूकराजः[1] प्रतिवसति स्म। स स्वसंबन्धिनां[2] कटुव्यवहारेण[3] अतीव दुःखितः आसीत्। स एकदा अरघट्टघटीमार्गेण[4] कूपात् बहिरागच्छत्। अथ तेन चिन्तितं- कथमेतेषां संबन्धिनां प्रत्यपकारः[5] कर्तव्यः। एवं चिन्तयन् स बिलं[6] प्रविशन्तं प्रियदर्शननामानं[7] कृष्णसर्पम्[8] अपश्यत्। तं दृष्ट्वा सोऽचिन्तयत्- एनं सर्पं कूपं नीत्वा मम अहितकारिणां संबन्धिनामुच्छेदं[9] करोमि। एवं चिन्तयित्वा स बिलद्वारं गत्वा सर्पम् आहूतवान्[10]- ' एहि[11], प्रियदर्शन, एहि '।

अरघट्टः

सपोऽवदत्-भोः, को भवान् ? अह तु भवन्त न जानामि। गङ्गदत्त आह- अहं गङ्गदत्तो नाम मण्डूकराजः त्वत्समीपं[12] मित्रतायाः अर्थेन[13] आगतः। तत् श्रुत्वा प्रियदर्शनोऽवदत्-मण्डूकसर्पयोस्तु स्वाभाविकं[14] वैरं[15]। आवयोः मित्रता कथं संभवति ?

注: 1. 蛙の王様, 2. 彼の親類(の) , 3. 苦い、不愉快な(行動), कटु- 苦い, 4. अरघट्टः-井戸から水を汲むために幾つかのバケツが輪のようになって取り付けられた車, घटी- それに使われるバケツ, मार्गः-道, 5. 復讐, 6. 穴の中で, 7. プリヤダルシャナと名付けられた, 8. कृष्णसर्पः-黒蛇, 9. उच्छेदः-除去、破壊 10. と呼ばれている(आ+हू+तवत्), 11. 来る, 12. 貴方の近くに, 13. の目的で, 14. 本来の、次の語から स्वभावः-本性、15. 敵意

ख. गङ्गदत्तः अवदत्- सत्यमेतत् यत् सर्पाश्च मण्डूकाश्च कदापि मित्राणि न भवन्ति। किंतु[१] अद्याहम् अतिविशेषेण[२] प्रयोजनेन[३] भवतः समीपमागतः। अहं स्वसंबन्धिनां कटुव्यवहारेण अति दुःखितोऽस्मि। तेषां विनाशाय[४] अहं भवतः साहाय्यं[५] प्रार्थये[६]। अहं भवन्तं स्वकूपं नेष्यामि यत्र मम संबन्धिनः निवसन्ति। तत्र स्थित्वा भवान् यथेष्टं[७] मण्डूकान् खादतु।

प्रियदर्शनोऽचिन्तयत्-अहमधुना वृद्धः संजातः[८]। अति कष्टेन कदाचित्[९] मूषकान् प्राप्नोमि। मण्डूकोऽयं स्वयम् ईश्वरेण[१०] मम सहायतार्थं प्रेषितः। अतः अनेन सह गच्छामि।

注： 1. しかし, 2. 大変特別に, 3. 目的(で), 4. विनाशः-破壊、破滅, 5.助け、6. 願い、要請, 7. यथा+इष्टम् (*avyayibhava* 複合語), 望んだ如く、心行くまで, 8. なった(過去受動分詞), 9. 時々、滅多に, 10. 神御自ら

ग. गङ्गदत्तमनुसरन्[१] प्रियदर्शनः तत्कूपम् आगच्छत्, अरघट्टघटीमार्गेण च कूपं प्राविशत्। तत्र उपजलम्[२] एकं कोटरं[३] दर्शयित्वा गङ्गदत्त उवाच- भवानत्र सुखेन निवसतु। भवता मम परिजनाः[४] च हितैषिणः[५] च रक्षणीयाः[६]। केवलं यानहं दर्शयामि ते एव भवता भक्षणीयाः इति। प्रियदर्शनः आह- अधुना त्वं मम मित्रां संजातः। अतो न भेतव्यम्[७]। अहं यथाशक्ति[८] तव वैरिणां विनाशं करिष्यामि।

तदा तत्र कोटरे निवसन् प्रियदर्शनः गङ्गदत्तेन दर्शितान् मण्डूकान् भक्षयितुम् आरभत। शनैः शनैः गङ्गदत्तस्य सर्वे वैरिणः[९] तेन समाप्ताः[१०]। गङ्गदत्तस्तदा तमकथयत्- अहमतीव अनुगृहीतो[११]ऽस्मि। भवता सत्यमेव मित्रोचितं[१२] कार्यं कृतम्। अहमधुना भवन्तमस्मात् कूपात् बहिर्गमनस्य[१३] मार्गं दर्शयामि[१४]।

注：1. 従って、 2. 水の近くに、 3. 窪みに、 4. 親族、 5. 好意を寄せるもの達 हितैषिन्の 1-3 、6.保護されるべきである、7.不安に思うべき、8.でき得るかぎり、9. 敵の वैरिन्の 6-1、10.終了した、11. かたじけない、有り難い, 12.友人としてふさわしい義務、仕事, 13.外へ出る, 14. 見せる

घ. प्रियदर्शनः आह[१]-भोः गङ्गदत्त तवैतत्कथनं नैवोचितम्[२]। अधुना कथमहं बहिर्गन्तुं शक्नोमि ? मदीयं बिलं तु अधुना अन्येन केनचिद् सर्पेण रुद्धो[३] भवेत्। एतत्कूपमेव अधुना मम गृहम्। कथय, अधुनाहं कं भक्षयामि।

तत् श्रुत्वा गङ्गदत्तोऽचिन्तयत्- अहो[४] किमेतत् मया कृतम्। यदि अहमेनं निषेधामि[५] तर्हि अयं मामेव भक्षयिष्यति। अतः प्रयच्छामि अस्मै प्रतिदिनम् एकैकं सुहृदम्[६]। उक्तं हि विद्वद्भिः-

सर्वनाशे समुत्पन्ने अर्धं[८] त्यजति पण्डितः।
अर्धेन कुरुते कार्यं सर्वनाशो[९] हि दुस्सहः[१०]।।

注： 1. 話した、2. उचित 適正な、正しい、 3. 閉じた、閉鎖した、ふさいだ、4.驚きや遺憾の意を表す分詞、おお、ああ、とうとう、 5. 禁止する、妨げる、6. 友人、愛すべき人(सुहृद्の 2-1）、 7. 起った場合、生じた場合(絶対依格 locative absolute)、 8.半分、 9. 全くの損失、10. 我慢しがたい

ङ. एवं निश्चित्य[१] गङ्गदत्तः प्रतिदिनम् एकैकं मित्रं सर्पस्य भोजनाय दर्शयति। सर्पोऽपि प्रथमं गङ्गदत्तस्य मित्राणि भक्षयित्वा पश्चात् तस्य पत्नीं पुत्रांश्चापि[२] खादितवान्। यदा न कोऽपि मण्डूको भक्षणाय अवशिष्टः[३] तदा प्रियदर्शनः गङ्गदत्तमुवाच[४]- अधुनाहं क्षुधायाः शान्तये[५] किं करोमि ? दीयतां[६] मे किञ्चिद् भोजनं यतोऽहं त्वया अत्रानीतः[७]।

भीतमनाः[८] गङ्गदत्तः आह- यदि तवानुमतिः[९] भवेत् तर्हि अहं बहिर्गत्वा अन्यान् मण्डूकान् तव भोजनाय आनयामि। सर्पोऽवदत्- एवं कुरु। त्वं मह्यम् अभक्ष्यः[१०] यतः त्वं मम मित्रमसि। त्वया कूपाद् बहिर्गत्वा शीघ्रमेव अन्ये मण्डूका अत्रानेतव्याः।

注： 1. 決めたので、2. पुत्रान्+च+अपि, 息子もまた、3. 残った、4. 話した、言った、 5. 落ち着かせる(ために)、 शान्तिः-平安、 6. くれてやれ、 7. ここに運ばれて来た、 8. 恐れて、 9. 同意する、 10. 食べられない

च. गङ्गदत्तः अरघट्टघटीमार्गेण कूपाद् बहिर्निर्गतः। प्रियदर्शनः कूपे तं प्रतीक्षमाणः[१] अतिष्ठत्[२]। यदा गङ्गदत्तो बहुकालं[३] यावत् न प्रत्यागच्छत् तदा प्रियदर्शनः कूपे एव निवसन्तीं गोधिकामेकाम्[४] अवदत्- भद्रे! मम मित्रं गङ्गदत्तः बहुकालपूर्वं[५] कूपाद् बहिर्गतः। तस्य किमपि अनिष्टं[६] न स्याद् इति मम चिन्ता। अहं तेन विना नात्र वस्तुं[७] शक्नोमि। तर्हि भवती तमन्विष्य[८] तस्मै निवेदयतु[९] यत् तन्मित्रं प्रियदर्शनस्तत्कारणात् अतीव चिन्ताकुलो[१०]ऽस्ति। अतः स शीघ्रमेव अत्रागत्य मां समाश्वासयतु[११]।

गोधिका कूपाद् बहिर्गत्वा प्रियदर्शनस्य संदेशं गङ्गदत्ताय निवेदितवती। प्रियदर्शनस्य संदेशं श्रुत्वा गङ्गदत्तः इमं श्लोकमपठत्-

बुभुक्षितः[१२] किं न करोति पापं, क्षीणा[१३] जना निष्करुणा[१४] भवन्ति।
आख्याहि[१५] भद्रे[१६]! प्रियदर्शनस्य[१७], न गङ्गदत्तः पुनरेति[१८] कूपम्।।

एवमुक्त्वा स्वकृत्ये पश्चात्तापं[१९] कुर्वन् गङ्दत्तः अन्यत्र तडागे निवासमारभत।

注： 1. 待っている、 2. 留まった、 3. 長い間, 4. गोधिका- トカゲ科の動物、 5. 遥か昔、 6. よくないこと(अन् + इष्टं)、7. 生きる、8. 探した後で、9.述べる、意見を言う、10. 心配した、11. 安心させる、 12. 空腹の、 13. 弱い、14.無慈悲な、残虐な、 15. 告げる、 16.女性にたいする敬意を込めた呼び掛け、17. ここでは属格が目的格として使われている、18. पुनः + एति,再びやって来る、戻る、19.悔恨

＜＜練習問題解答＞＞

26.4　1. 今や人々は木々を切った人を非難しています。 2.罪のない生物を殺す人は罪人です。3.その猿は家に入り込み、鏡を壊しました。 4. ヨーガ行者は魂を神に融合させます。5. あなたは私の道を何故妨害するのですか。6. 悪人は常に言葉と行いで他者を傷つけます。7.この世の全ての人は幸福と苦悩を経験します。8. お前はこの木をどのように切ったのですか。9. 私は斧で切りました。10. 川の水の流れが土手を壊しています。

26.6　**क. ガンガダッタとプリヤダルシャナの物語** ある井戸にガンガダッタと言う名の蛙の王様が住んでいました。彼は身内のひどい所業に大変悩んでいました。ある時水汲み車を伝わって井戸の外に出ました。その時彼は、「自分の身内にどうしたら仕返しが出来るだろうか」と考えました。その様に考えている時に、彼は穴に入り込もうとしていたプリヤダルシャナと言う名の黒蛇を見つけました。それを見て、彼は考えました。「この蛇を井戸に連れて行き、私につらくあたった身内達を殺させよう。」その様に考えてから、彼は蛇穴の戸口に行き、蛇を呼びました。「おい、プリヤダルシャナよ、おい。」

蛇は言いました。「お前さんは誰だい。私はお前さんを知らないよ。」ガンガダッタは言いました。「私はガンガダッタという名の蛙の王で、友好の目的であなた様のところに来ました。」それを聞いて、プリヤダルシャナは言いました。「蛙と蛇との間には本来的な敵意が存在する。両者の間に友好などどうしてあり得ようか。」

ख. ガンガダッタは言いました。「蛇と蛙は決して友達になりえないということは確かです。しかし、今日は特別の目的を持ってあなた様のところに参ったのです。私は自分の身内のひどい仕打ちにとても苦しんでいます。彼らを殺すためにあなた様の助力をお願いに参りました。私の身内の住んでいる井戸まであなた様をお連れします。そこにいる間、あなた様は心行くまで沢山の蛙を食べて下さい。」

プリヤダルシャナは考えました。「私は年を取った。時々鼠を捕らえるのさえやっとだ。いま、神御自ら私を助けるためにこの蛙を遣わされた。それなら、彼と一緒に私は行くことにしよう。」

ग. そこでガンガダッタに従って、プリヤダルシャナはその井戸のところにやってきて、それから水汲み車を伝わり井戸に入りました。水の近くにある窪みを指してガンガダッタは言いました。「どうぞここで安楽に暮らして下さい。私に好意を寄せる身内は守って下さい。私が指し示す身内だけを食べて下さい。」プリヤダルシャナは言いました。「お前は私の友人になったのだから、私を恐れる必要はない。全力を尽くしお前の敵を殺すことにしよう。」

その後、その窪みに住み、プリヤダルシャナはガンガダッタが指し示す蛙を食べ始めました。次第にガンガダッタの敵方は彼により全部平らげられてしまいました。そこでガンガダッタは彼に言いました。「私はあなた

第二十六課

に大変感謝している。あなた様は友人としてふさわしい行為をしてくれました。それではこの井戸から出る道をお教えしましょう。」

घ. プリヤダルシャナは言いました。「おお、ガンガダッタよ。お前さんが今言ったことは不当なことだ。どうして私が出て行けると言うのだ。もう別の蛇によって私の穴は占拠されているのだ。今やこの井戸だけが私の住処なのだ。次は誰を食べたらよいのか教えておくれ。」

それを聞いてガンガダッタは考えました。「おお、私は何ということをしてしまったのだろう。もし私が彼を拒めば、彼は私さえも食べかねない。そこで毎日私の友人を一匹づつ彼にくれてやることにしよう。」

賢者曰く、「全てを失う可能性がある時、賢者は半分を諦めて、残り半分で仕事を続行する。全面的損失は耐え難いので。」

ङ. そう決心すると、ガンガダッタは毎日1匹づつ友人を蛇の食べ物のために、指し示し始めました。蛇はまず彼の友人を平らげた後、彼の妻も息子も食べてしまいました。食べ物になる蛙が全くいなくなると、プリヤダルシャナはガンガダッタに言いました。「私の空腹を鎮めるために何をしたらよいだろうか。私をここに連れてきたのはお前なんだから、私に何か食べ物をくれ。」恐れおののいて、ガンガダッタは言いました。「もしあなたの許しがあれば、私は井戸の外に行き、あなたの食べ物になる他の蛙をつれてきましょう。」蛇は言いました。「では、そうしてくれ。私はお前を食べる訳には行かない、お前は私の友人なのだから。それなら、井戸の外へ行き、直ぐに他の蛙を連れてきておくれ。」

च. ガンガダッタは水汲み車を伝わって、井戸の外に出ました。プリヤダルシャナは井戸の中で彼を待ち続けました。ガンガダッタが長い間帰ってこないので、プリヤダルシャナは井戸に住んでいるトカゲに言いました。「さて、私の友人のガンガダッタはかなり前に井戸から出て行った。何か悪いことでも起ったのではないかと心配だ。彼がいなければ私はここでは生きられない。そこでどうか彼を探し、彼の友人のプリヤダルシャナが彼のことを大変心配していると伝えておくれ。彼は直ぐにも戻ってきて私を安心させて欲しい。」

トカゲは井戸の外へ出て、プリヤダルシャナの伝言をガンガダッタに伝えました。プリヤダルシャナの伝言を聞いて、ガンガダッタは次の一節を述べました。

「飢えたものは何という罪を犯すものであろうか。弱いものは残酷だ。

お願いですから、プリヤダルシャナに伝えてもらいたい。ガンガダッタはもう井戸には戻らないと。」

こう言うと、自分のしたことを悔やみながら、ガンガダッタは他の池で暮らすことにしました。

第二十七課

第２類動詞 (अद्.गण)　／動詞 अस्　／アヴヤイーバーヴァ、*avyayībhāva compound*　／　抽象名詞、女性名詞の作り方／形容詞の作り方

27.1 <V>　　第２類動詞 (**अद्.गण**). 第２類の動詞は語幹を作るために何かを付け加えることはしない。活用語尾が語根に直接付加される。ただ、実際的には第２類の主要な動詞の活用には不規則なところがある。第２類の動詞の活用の仕方を**या**（行く）について見てゆくことにしよう。動詞 **या** の弱い語幹、強い語幹は共に **या** である。活用語尾がどのようにして語根に付いているのかをよく注意しておくこと。

या 行く (to go)

	現在 लट्(Present)			過去 लङ् (Imperfect)		
	単数	両数	複数	単数	両数	複数
3	याति	यातः	यान्ति	अयात्	अयाताम्	अयुः
2	यासि	याथः	याथ	अयाः	अयातम्	अयात
1	यामि	यावः	यामः	अयाम्	अयाव	अयाम

	命令法 लोट् (Imperative)			願望法 विधिलिङ् (Potential)		
3	यातु	याताम्	यान्तु	यायात्	यायाताम्	यायुः
2	याहि	यातम्	यात	यायाः	यायातम्	यायात
1	यानि	याव	याम	यायाम्	यायाव	यायाम

27.2<V>　　第２類のその他の主要な動詞を、弱い語幹、強い語幹と第三人称現在の形 **लट्**で表示して次に掲げる。

語根	意味	強・弱語幹	iii-i	iii-ii	iii-iii
अद्	食べる	अद्,　अद्	अत्ति	अत्तः	अदन्ति

आस्	座る	आस्, आस्		आस्ते	आसाते	आसते
इ	行く	ए, इ		एति	इतः	यन्ति
अधि+इ	学ぶ	इ, इ		अधीते	अधीयाते	अधीयते
जागृ	目覚める	जागर्, जागृ		जागर्ति	जागृतः	जाग्रति
दुह्	搾乳する	दोह्, दुह्		दोग्धि	दुग्धः	दुहन्ति
पा	保護する	पा, पा		पाति	पातः	पान्ति
ब्रू	話す	ब्रवी, ब्रू	P.	ब्रवीति	ब्रूतः	ब्रुवन्ति
		ब्रू, ब्रुव्	A.	ब्रूते	ब्रुवाते	ब्रुवते
रुद्	泣く	रोद्, रुद्		रोदिति	रुदितः	रुदन्ति
विद्	知る	वेद्, विद्		वेत्ति	वित्तः	विदन्ति
शी	横たわる	शे, शे		शेते	शयाते	शेरते
श्वस्	息をする	श्वसि, श्वस्		श्वसिति	श्वसितः	श्वसन्ति
स्तु	褒める	स्तौ, स्तु		स्तौति	स्तुतः	स्तुवन्ति
स्ना	入浴する	स्ना, स्ना		स्नाति	स्नातः	स्नान्ति
स्वप्	眠る	स्वपि, स्वप्		स्वपिति	स्वपितः	स्वपन्ति
हन्	殺す	हन्, ह / घ्न		हन्ति	हतः	घ्नन्ति

注：1. आ で終る第２類動詞、例えば पा, या, स्ना 等は、どのような格や数でも末尾に आ を留めている。

2. अधि+इ（学習する）の場合、動詞 इ を先ず(*ātmanepada* で)活用して、それに接頭辞 अधि が付け加わる。まず इते, इयाते, ईयते etc.と活用し、それに अधि が加わって、अधीते, अधीयाते, अधीयतs etc.となる。

अधि ＋ इ の लोट्(命令法)の強い語幹第一人称は अध्ययै, अध्ययावहै, अध्ययामहै である。

3. 動詞 जागृ （目覚める）は第三人称複数の現在時制、命令法、過去時制の活用語尾が अति, अतु, उस् となる。そこで जाग्रति, जाग्रतु, अजागरुः という形になる。

4. 動詞 ब्रू (話す）は強い語幹で、子音で始まる活用語尾の前に ई が入っ

て来る。そこで ब्रवीति, ब्रवीषि, ब्रवीमि, अब्रवीत्, अब्रवीः, अब्रवम्, ब्रवाणि, ब्रवाव, ब्रवाम, ब्रवै, ब्रवावहै, ब्रवामहै となる。ब्रू は特別時制と法以外の全ての形は वच् から作られる。

5. 動詞 शी （横たわる）は、常に शे という語幹がある。その第三人称複数の現在形、過去形、命令法では、間に र् が挿入され、शेरते, अशेरत, शेरताम् となる。

6. 動詞 श्वस् （呼吸する）、स्वप् （眠る）等の動詞は、子音で始まる活用語尾の前に इ を挿入し、श्वसिति, श्वसितः, स्वपिति, स्वपितः etc. となる。

7. 動詞 दुह्（乳を搾る）は内部 *sandhi* のために過去時制では大変不規則に見える。単数・過去時制での第三人称、第二人称、第一人称は、それぞれ अधोक्, अधोक्, अदोहम्となる。

27. 3 <V>　　重要な動詞 अस् （ある）もまた第２類動詞に属する。すでに我々は特別時制と法におけるさまざまな形を見て来ている。強い語幹は अस्で、弱い語幹は स् である。過去時制・単数では第三人称 त्と第二人称 स् の前に、ई が入る。命令法の第二人称単数はएधि となる。その特別時制と法における活用を次に記す。

अस् ある (to be)

	現在 Present			過去 Imperfect		
	単数	両数	複数	単数	両数	複数
3	अस्ति	स्तः	सन्ति	आसीत्	आस्ताम्	आसन्
2	असि	स्थः	स्थ	आसीः	आस्तम्	आस्त
1	अस्मि	स्वः	स्मः	आसम्	आस्व	आस्म

	命令法 Imperative			願望法 Potential		
3	अस्तु	स्ताम्	सन्तु	स्यात्	स्याताम्	स्युः
2	एधि	स्तम्	स्त	स्याः	स्यातम्	स्यात
1	असानि	असाव	असाम	स्याम्	स्याव	स्याम

27.4 <E> **次の文章を日本語に訳しなさい**

१. ये शास्त्राणि अधीयते ते सर्वेऽपि विद्वांसः न सन्ति। २. तेषु केचित् मूर्खाः एव भवन्ति। ३. पश्य, सोऽश्वः कियता[१] वेगेन[२] याति। ४. एहि, वयं सर्वे तस्य विदुषः भाषणं श्रोतुं यामः। ५. सः कृषकः चतस्रः गाः पालयति। ६. सः प्रतिदिनं प्रातः सायं च ताः दोग्धि। ७. स गवां दुग्धं विपणौ[३] विक्रीणाति। ८. सः किमर्थम् इत्थं[४] रोदिति ? ९. तस्य सर्वं धनं द्यूते[५] नष्टम्, अतः सः रोदिति। १०. अहं तव वाचं न विश्वसिमि। ११. सः रात्रौ षड् होरामात्रम्[६] एव शेते। १२. ईश्वरस्य भक्ताः तं विविधैः प्रकारैः उपासते[७]। १३. सा कदापि असत्यं न ब्रवीति। १४. परीक्षायै अध्ययनं कुर्वन्तो बहवः छात्राः रात्रौ जाग्रति। १५. भारते धार्मिकेषु उत्सवेषु बहवः जनाः नदीषु स्नान्ति।

注：1. どれだけ、कियान्の 3-1、2. वेगः-速度、3. विपणिः 店、市場、4.そこで、こうして、
5. द्यूतं-賭博、6. मात्र-だけ、7. 崇拝する＞ उप +आस्

27.5 <M> アヴヤイーバーヴァ複合語 The *avyayībhāva* compound:

我々はすでに、**26.5** 節で２種類の複合語を学んだ。その他に अव्ययीभाव アヴヤイーバーヴァと言われるサンスクリットの複合語があり、これは文書中で副詞のように機能する、即ち動作の場所、方向、仕方、時間等を示すものがある。アヴヤイーバーヴァ複合名詞は不変化詞(*avyaya*) が名詞と結び付いて作られる。複合語を作る際、名詞が変化することもある。

次に *avyayībhāva* 複合語の例を幾つか挙げる。

1. अनु- これは適合性或は近接性の意味を持つ。
अनुवचनम्-指示されたように、 अनुरूपम्-ふさわしいやり方で、
अनुनदम्, अनुनदि-川のほとりで。

2. अभि これは方向を意味する。
अभिगृहम्-家に向かって、 अभिवनम् 森へ向かって。

3. आ- これは広がりの意味がある。
आजीवनम्-生涯の終わりまで、 आसमुद्रम्-海まで。

4. उप- これは近接性を示す。
उपनगरम्-町の近くで、 उपजलम्- 水のそばで。

5. परि と बहिः- は、周りで、外側で、の意味を持つ。
   परिनगरम्-町の周りで、 बहिर्ग्रामम्-村の外で。
6. प्रति-これは頻度を示す。
   प्रतिदिनम्-毎日、 प्रतिमासम्-毎月。
7. यथा- これは、に従って、言われた仕方で、を表す。
   यथाशक्ति-能力に応じて、 यथाकालम्-時代に応じて、
   यथानिर्देशम्-方向に従って、又は、指示されたように。

27. 6 <N> 抽象名詞の作り方。抽象名詞は、他の名詞、形容詞、動詞の語根に、接尾辞を付加して作られる。その過程で、名詞、形容詞、動詞語根に変形が加えられることがある。

① 形容詞とか名詞から抽象名詞を作るには、それに接尾辞-ताを付け加える。このような名詞は全て女性である。

वीर	—	वीरता	(勇敢さ)	पशु	—	पशुता	(残虐性)
चंचल	—	चंचलता	(気まぐれ)	महत्	—	महत्ता	(重要性)
लघु	—	लघुता	(矮小性)	विद्वस्	—	विद्वत्ता	(学問)
चपल	—	चपलता	(不安定性)	मनुष्य	—	मनुष्यता	(人間性)

② 接尾辞 -त्व も抽象名詞を作るために使われるが、これを使った名詞は全て中性である。

वीर	—	वीरत्वम्	(勇敢さ)	क्रूर	—	क्रूरत्वम्	(残虐性)
चंचल	—	चंचलत्वम्	(気まぐれ)	महत्	—	महत्त्वम्	(重要性)
लघु	—	लघुत्वम्	(矮小性)	विद्वस्	—	विद्वत्त्वम्	(学問)
नृप	—	नृपत्वम्	(王権)	अस्ति	—	अस्तित्वम्	(存在)

③ 接尾辞 -य をもって作られる抽象名詞もある。最初の母音は वृद्धि の形を取る。これらの名詞は全て中性である。

शूर	—	शौर्यम्	(勇気)	शीत	—	शैत्यम्	(冷淡さ)
धीर	—	धैर्यम्	(忍耐)	दीन	—	दैन्यम्	(貧困)
चतुर	—	चातुर्यम्	(賢明さ)	कवि	—	काव्यम्	(詩歌)
समीप	—	सामीप्यम्	(近接性)	सुन्दर	—	सौन्दर्यम्	(美しさ)

④ 接尾辞-अ で作られる抽象名詞もある。名詞からこれを作ると、その抽象名詞は中性で、動詞の語根からこれを作ると男性名詞になる。

मुनि	– मौनम्	(沈黙、機敏さ)	शुचि	– शौचम्	(清潔さ)
हस्	– हासः	(笑い)	भू	– भावः	(存在)
लभ्	– लाभः	(利得)	त्यज्	– त्यागः	(放棄)
पठ्	– पाठः	(学課)	दह्	– दाहः	(燃焼)

⑤ 接尾辞 -अन で作られる抽象名詞もある。この種の名詞は、全て中性である。

गम्	– गमनम्	(行くこと)	चिन्त्	– चिन्तनम्	(思考)
पठ्	– पठनम्	(読書)	अर्ज्	– अर्जनम्	(稼ぐこと)
गै	– गानम्	(詠唱)	जीव्	– जीवनम्	(生命、生活)
पा	– पानम्	(飲むこと)	स्मृ	– स्मरणम्	(記憶)

⑥ 動詞原形に接尾辞 -ति を付加して作られる抽象名詞もある。その様な名詞は全て女性である。

गम्	– गतिः	(動き)	भी	– भीतिः	(恐怖)
शक्	– शक्तिः	(力)	कृ	– कृतिः	(創造)
शम्	– शान्तिः	(平和)	स्था	– स्थितिः	(位置)
स्मृ	– स्मृतिः	(記憶力)	प्र + आप्	– प्राप्तिः	(獲得)

27.7 <N> 女性名詞の作り方。 男性名詞を女性名詞に変化させることの出来る接尾辞がある。

① 男性形に-आ を付けると女性形になる名詞、形容詞がある。
-अक で終る名詞、形容詞は -इका で終るように変る。

अश्वः-अश्वा, गतः-गता,
लभमानः-लभमाना, बालकः-बालिका,
शिक्षकः-शिक्षिका, गायकः-गायिका

② -ई を加えることで女性形になる名詞、形容詞もある。

किशोरः–किशोरी (思春期の少年、少女)
तरुणः–तरुणी (若者、若い女性)
महत्–महती, (偉大な) भवत्–भवती (あなた、貴女)

③ **वत्, मत्** で終わる形容詞と **तवत्**で終る能動完了分詞も **-ई** を付けると女性名詞になる。

धनवत् – धनवती, (裕福な)　　धीमत् – धीमती, (知的な)

गतवत् – गतवती,(行った)　　कृतवत् – कृतवती, (為し遂げた)

④ **इन्** で終る形容詞を女性形にするには**-ई** を加えればよい。

धनिन्--धनिनी,(裕福な)　　बलिन्--बलिनी,(強い)

27.8<R>　**次に５つの詩句を読んでみよう**

二つはギータから三つは *subhāṣitas*（警句）である。

क　न जायते म्रियते[१] वा कदाचिन्[२]
　　नायं भूत्वा[३] भविता[४] वा न भूयः[५]
　अजो नित्यः शाश्वतोऽयं पुराणो[६]
　　न हन्यते हन्यमाने[७] शरीरे।।　Gita 2-20

注：1.म्रियते–死ぬ、 2. न कदाचित् 決して〜しない、 3. भूत्वा –かつて存在する、 4. न भविता–これからは現れない、5. वा भूयः–或いは再び、 6. अजः, नित्यः, शाश्वतः, पुराणः– 不生で、永遠で、永続する、太古からの、7. हन्यमाने (सति)–殺されても（受動態の絶対所格）

ख. वासांसि[१] जीर्णानि[२] यथा विहाय[३]
　　नवानि गृह्णाति नरोऽपराणि[४]
　तथा शरीराणि विहाय जीर्णा-
　　न्यन्यानि[५] संयाति[६] नवानि देही।।　(Gita 2-22)

注：1. वासांसि–衣服、वासस् の 2-3、2. जीर्ण –古い、3. विहाय – 捨て去る、वि + हा + य、4. अपर–別の、5. जीर्णानि + अन्यानि (*sandhi*)–他の古い、6. संयाति (सम् + याति)–行って、獲得する。

ग. पुस्तकस्था[१] तु[२] या विद्या, 　परहस्तगतं[३] धनम्।
　कार्यकाले[४] समुत्पन्ने[५]　न सा विद्या न तद् धनम्।।

घ. न कश्चिदपि जानाति, 　किं कस्य श्वो भविष्यति।
　अतः श्वः करणीयानि[६] कुर्यादद्यैव बुद्धिमान्[७]।।

ङ प्रत्यहं[८] प्रत्यवेक्षेत[९]　नरः चरितमात्मनः[१०]।
　किं मे पशुभिः तुल्यं　किं वा सत्पुरुषैरिति[११]।।

注：1.書物にある、（-स्थ ＞ स्था に存在する）、2. तु 強調分詞、特別の意味はない、

3. 他人の手に落ちた、पर- 別の(अपर) 、4. 行動する時に（必要が起きた時に）、5. 生まれた時に、उत्पन्न –生まれたの絶対依格、6. 為す価値のある (कृ + अनीय)、7. 賢人、 8.毎日 (प्रति + अहन्), *avyayībhāva* 複合語、9. よく調べる (प्रति + अव + ईक्ष्, विधिलिङ् iii-i)、10. 自分自身の行為 (आत्मनः + चरितम्~)、11. (सत् + पुरुषैः + इति)

<<練習問題解答>>

27.4 1.聖典を勉強する者全てが必ずしも学者ではない。2.その中のあるものは全く愚か者である。3.ご覧なさい、あの馬は何と速く走ることでしょう。4.さあ、皆であの学者の話を聞きに行きましょう。5.あの百姓は４頭の雌牛を飼っています。6.彼は毎日、朝と晩、牛のミルクを搾ります。7.彼は市場で牛乳を売ります。8.彼は何故このように泣いているのですか。9.彼のお金が全部賭けでなくなりました、それで彼は泣いているのです。10.私は貴方の言葉（話）を信じません。11.彼は夜６時間しか眠りません。12.神の信奉者は様々な仕方で神を礼拝します。13. 彼女は決して嘘をつきません。14. 試験のための勉強をしている多くの学生は夜起きています。15. インドでは宗教的な祝祭には多くの人々が川で沐浴します。

27.8 क. 魂は決して生まれもしないし死にもしない。この世に一度出現し、再び消滅するのは魂ではない。魂は不生、永遠、不滅であって、始めからここにある。肉体が壊れても、魂は死滅しない。

ख. 人が古い衣を捨てて、かわりに新しい衣を身に着けるように、魂は古い肉体を捨て、新しい肉体をまとう。

ग. 書物の中の知識と他人の手中にある金は（役に立たない）。必要が起きた時、その知識もその金もそこにないないのだから。

घ. 明日何が起るかを知る者は誰もいない。それ故、明日為されるべきことは今日にも行うほうがよい。

ङ. 人は自分の行為を毎日、自分のどこが動物のようか、またどこがよき人たるところかと、しっかり調べるべきである。

第二十八課

完了時制 The Perfect Tense लिट् ／ 複合完了形 Periphrastic form of Perfect ／ 複合未来形 Periphrastic Future लुट् ／会話 a dialogue

28.1 <V>　完了時制(The Perfect Tense) लिट्. 遥か昔に起った活動を示すために、完了時制が使われる。通常、この時制は歴史的物語の中にのみ出て来るので、大抵、動詞は第三人称だけしか使われない。実際、この時制で使われる動詞は極めて少ない。

完了時制を作るには、語根の最初の音節が重複する。第三類動詞の活用に適用される重複規則（**25.1** 節）は、ここでも有効である。そこで、再びその規則によく慣れるようにしておくのがよかろう。重複についてここで適用されるその他の規則は次の通りである。

1.　最初の喉子音はそれに応じた口蓋子音に変わる。例えば、क् は च् に、ग् は ज्に変わる。すなわち、 कम्-चकाम, गम्-जगाम のようである。

2.　語根が子音結合で始まっている場合には、最初の子音だけが重複する。すなわち、 प्रच्छ्–पप्रच्छ, स्मृ–संस्मार のようである。

3. しかし、語根の子音結合が、歯擦音で始まっていて、後に硬子音が続く場合、後者の子音が重複にあたり繰り返される、但し、この子音が有気音の時は無気音になる。そこで स्था–तस्थौ となる。

28.2 <V>　完了時制の活用語尾は以下の通りである。

	パラスマイパダ			アートマネーパダ		
	単数	両数	複数	単数	両数	複数
3	-अ	-अतुः	-उः	-ए	-आते	-इरे
2	-थ	-अथुः	-अ	-से	-आथे	-ध्वे
1	-अ	-व	-म	-ए	-वहे	-महे

動詞 कृ には完了時制 लिट् において、次のようにパラスマイパダ

とアートマネーパダの二つの活用形がある。

パラスマイパダ कृ

	単数	両数	複数
3	चकार	चक्रतुः	चक्रुः
2	चकर्थ	चक्रथुः	चक्र
1	चकार	चकृव	चकृम

アートマネーパダ कृ

	単数	両数	複数
3	चक्रे	चक्राते	चक्रिरे
2	चकृषे	चक्राथे	चकृढ्वे
1	चक्रे	चकृवहे	चकृमहे

注：अ, आ,と इ 以外の母音が前に来ると、ध्वे は ढ्वे に変わる。

動詞 गम् と भू の完了時制における活用は次のようになる。

गम्

	単数	両数	複数
3	जगाम	जग्मतु	जग्मुः
2	जगमिथ	जग्मथुः	जग्म
1	जगाम	जग्मिव	जग्मिम

भू

	単数	両数	複数
3	बभूव	बभूवतुः	बभूवुः
2	बभूविथ	बभूवथुः	बभूव
1	बभूव	बभूविव	बभूविम

28.3 <V> 上に述べたように完了時制は、実際では極く僅かな動詞について、大体第三人称で用いられてきた。理論的には、全ての動詞を完了時制の９つの形で活用させることができるが、サンスクリットの古典文献を読む際に殆ど出会うことのない形を習って、記憶力に余計な負担をかけても意味がない。前にも助言したように、何度も活用表や格変化表に目を通し、時に声を出して読むことを勧める。しかし、最初から最後までそれを記憶しようとしてはならない。重要な動詞の有用な形は自然に頭に残るであろう。

次頁に、サンスクリット文献を読む際に出会うかもしれない、幾つかの動詞を第三人称の完了形 लिट् で掲げておく。

			iii-i	iii-ii	iii-iii
कृ	行う	P.	चकार	चक्रतुः	चक्रुः
		A.	चक्रे	चक्राते	चक्रिरे
कृष्	引き付ける		चकर्ष	चकृषतुः	चकृषुः
गम्	行く		जगाम	जग्मतुः	जग्मुः
ग्रह्	捕獲する	P.	जग्राह	जगृहतुः	जगृहुः
		A.	जगृहे	जगृहाते	जगृहिरे
दा	与える		ददौ	ददतुः	ददुः
दृश्	見る		ददर्श	ददृशतुः	ददृशुः
धा	置く		दधौ	दधतुः	दधुः
नद्	音を出す		ननाद	ननदतुः	ननदुः
नन्द्	喜ぶ		ननन्द	ननन्दतुः	ननन्दुः
पत्	落ちる		पपात	पेततुः	पेतुः
पुष्	養う		पुपोष	पुपुषतुः	पुपुषुः
प्रच्छ्	尋ねる		पप्रच्छ	पप्रच्छतुः	पप्रच्छुः
भू	在る		बभूव	बभूवतुः	बभूवुः
या	行く		ययौ	ययतुः	ययुः
याच्	頼む	P.	ययाच	ययाचतुः	ययाचुः
		A.	ययाचे	ययाचाते	ययाचिरे
लभ्	獲得する		लेभे	लेभाते	लेभिरे
वच्	話す		उवाच	ऊचतुः	ऊचुः
वस्	住む		उवास	ऊषतुः	ऊषुः
श्रु	聞く		शुश्राव	शुश्रुवतुः	शुश्रुवुः
स्था	立つ		तस्थौ	तस्थतुः	तस्थुः
हन्	殺す		जघान	जघ्नतुः	जघ्नुः
हृ	運ぶ		जहार	जह्रतुः	जह्रुः

第二十八課

28.4 <V> 複合完了形 The Periphrastic form of Perfect.　第10類の動詞の全部と動詞の使役形について用いられる別の完了形がある。この場合、先ず आम् で終わる擬似名詞（それだけで独立して用いられることのない名詞）が動詞語幹から作られる。(कथ्-कथयाम्, रच्-रचयाम्)．この擬似名詞に अस्, कृ や भू といった動詞の完了形が付け加わる。ただ、動詞 अस् (在る) には正規の完了形での独立した活用はない。この動詞は भू に変わり、भू と同じ完了形をもつ。(बभूव, बभूवतुः, बभूवुः etc.) आस は、複合完了形を作る際に使われる。(कथयाम् + आस = कथयामास)

次に、幾つかの動詞の複合完了形を第三人称で掲げる。

		iii-i	iii-ii	iii-iii
ईक्ष्	見る	ईक्षाञ्चक्रे	ईक्षाञ्चक्राते	ईक्षाञ्चक्रिरे
एध्	成長する	एधाञ्चक्रे	एधाञ्चक्राते	एधाञ्चक्रिरे
कथ्	語る	कथयामास	कथयामासतुः	कथयामासुः
रच्	用意する	रचयामास	रचयामासतुः	रचयामासुः
भक्ष्	食べる	भक्षयामास	भक्षयामासतुः	भक्षयामासुः
गण्	数える	गणयाम्बभूव	गणयाम्बभूवतुः	गणयाम्बभूवुः

28. 5 <V>　複合未来 The Periphrastic Future लुट्．　16.1 節でサンスクリットには単純未来と複合未来という二つの未来形があることを学んだ。単純未来時制は近未来或いは遠未来の活動を示している。複合未来は遠未来だけを示すのに使われる。

複合未来を作るには、先ず語根に接尾辞 तृ を付け加えて動名詞（行為者名詞）を作る。この名詞が動詞の働きをする。動名詞を作るにあたって、最終母音と中間短母音は गुण 型をとる。

इ-群の動詞の場合、接尾辞の前に इ が加わる。第10類の動詞の場合、動詞語幹の形を保持している。そこで、動詞語根 पठ्, भू, जि, गम्, क्री, चुर् からそれぞれ पठितृ, भवितृ, जेतृ, गन्तृ, क्रेतृ, चोरयितृ という動名詞が出来ることになる。これらの名詞は、それぞれ、読む人、～となる人、勝つ人、行く人、買う人、盗む人などを意味する。

さてこの動名詞を使って、複合未来を作ってみることにしよう。第

三人称での動詞の形はऋ-で終わる男性名詞と同じように主格を三つの数で変化させればよい (पठिता, पठितारौ, पठितारः etc.)。第一人称、第二人称は男性単数(例えばपठिता)の形に、動詞 अस् の相応した形を末尾に付加したものである。(即ち、पठिता + अस्मि ＝पठितास्मि-私は読もうとしている。पठिता + स्मः ＝पठितास्मः-我々は読もうとしている)

次に、動詞 भू と गम् の複合未来 लुट्における活用を掲げる。

	भू			गम्		
	単数	両数	複数	単数	両数	複数
3	भविता	भवितारौ	भवितारः	गन्ता	गन्तारौ	गन्तारः
2	भवितासि	भवितास्थः	भवितास्थ	गन्तासि	गन्तास्थः	गन्तास्थ
1	भवितास्मि	भवितास्वः	भवितास्मः	गन्तास्मि	गन्तास्वः	गन्तास्मः

28. 6 <E> **次の文章を日本語に訳しなさい**

१. सः शिक्षां समाप्य[१] चिकित्सको[२] भविता। २. अहं तु शिक्षको भवितास्मि[३]। ३. अस्माकं समाजः भविष्ये कुत्र गन्ता[४], इति बहवः बुद्धिमन्तो जनाः चिन्तयन्ति। ४. त्वम् अवश्यमेतद् दुःखस्य पारं गन्तासि। ५. वयं उद्यमेन जीवनस्य सङ्ग्रामे अवश्यं जेतास्मः। ६. मद्यपानस्य[५] परिणामः कदापि शुभो न भविता। ७. त्वं मद्यपानेन स्वजीवनं विनाशं नेतासि[६]। ८. स वार्धक्ये[७] स्वदेशम् एव आगन्ता। ९. ते सर्वेऽपि अत्रैव आगन्तारः। १०. ईश्वरः एव अस्माकं सर्वेषां रक्षिता।

注：1. 終えた後で、2. 医者、3. なるであろう、4. （どこへ）それは行くのか、5. 飲むことの、6. に至るであろう、7. 老年において

28.7 <R> **次の会話を声を出して読み、日本語に訳しなさい**

तानाका- भवती अपि मया सह संस्कृतस्य अध्ययनम् द्विवर्षपूर्वम् आरब्धवती। भवत्या अधुना संस्कृत-शिक्षणस्य को लाभः अनुभूयते ?

इतो- मया अनयोः द्वयोः वर्षयोः संस्कृतेन बहवः लाभाः प्राप्ताः। सर्वप्रथमम् अधुना अहं संसारस्य एकां प्राचीनतमां जीवन्तीं भाषां जानामि, इदमेव मह्यं महतः सन्तोषस्य कारणम्। परं प्राचीनायाः भाषायाः ज्ञानमेव मम

सन्तोषस्य एकमात्रं कारणं नास्ति।

तानाका- अन्यानि कानि सन्ति भवत्याः सन्तोषकारणानि?

इतो- अहं महायान-बौद्धधर्मम् अनुसरामि। मम धर्मस्य ग्रन्थाः संस्कृतभाषायां विद्यन्ते। इदानीं यावत् अहं स्वधर्मग्रन्थान् पठित्वापि तेषाम् अर्थं ज्ञातुं न अशक्नवम्। अधुना तान् ग्रन्थान् पठन्ती अहं शब्दकोशस्य प्रयोगेन तेषामर्थं प्रायेण[१] ज्ञातुं शक्नोमि।

तानाका- ममापि एष अनुभवः। धर्मे मदीया रुचिः अपि अति गभीरा अस्ति। बाल्याद् एव अहं प्रतिदिनं प्रज्ञापारमिताहृदयसूत्रस्य पाठम् अकरोम्। सूत्रमिदम् अस्माकं देशे अतिप्रसिद्धम् अस्ति। जापानदेशीयानां जनानाम् अधिकतराः इदं सूत्रं जानन्ति पठन्ति च। परं ते प्रज्ञापारमितासूत्रं चीनीभाषया 'हान्याहारामिता' इति रूपेण पठन्ति। चीनीभाषायाम् अस्य सूत्रस्य उच्चारणेन अस्य अर्थस्य ज्ञानम् असम्भवम् एव।

इतो- अहमपि एतद् अनुभवामि। अहमधुना प्रज्ञापारमितासूत्रं संस्कृतभाषायाम् अर्थबोधेन सह पठामि।

तानाका- अपि भवत्या अन्येऽपि ग्रन्थाः संस्कृतभाषायां पठिताः?

इतो- आम्। अहमधुना गीतामपि संस्कृतभाषायां पठामि। पतंजलिमुनेः योगसूत्राणि अपि संस्कृते पठामि। वेदानां केचित् मंत्राः अपि मया पठिताः। अधुना अहं बौद्धधर्मस्य ग्रन्थान् मूलसंस्कृते[२] पठितुमिच्छामि।

तानाका- जापानदेशे बहुसहस्रं जनाः योगं शिक्षन्ते। योगशिक्षकानां संख्या अपि बहुशतम्। परं तेषां रुचिः प्रायः योगस्य शारीरिके पक्षे[३] एव सीमिता भवति। पतंजलेः योगसूत्राणि पठित्वा अहं प्रथमवारं योगस्य सत्यम् अर्थम् अजानाम्।

इतो- इदं सर्वथा सत्यम्। संस्कृतभाषायां प्राचीनभारतस्य आध्यात्मिक-चिन्तनस्य महान् निधिः[४] विद्यते। अनुवादेन तस्य ज्ञानम् अपर्याप्तमेव भवति। संस्कृतं ज्ञात्वा वयं गीताम्, उपनिषदः, योगसूत्राणि, बौद्धग्रन्थान् च पठित्वा आत्मनः

	परमात्मनश्च रहस्यं ज्ञातुं शक्नुमः ।
तानाका-	एतत् ज्ञानम् अन्यत्र कस्यचिदपि देशस्य कस्यामपि भाषायां न विद्यते । अतः संसारस्य अधिकाधिकाः जनाः संस्कृतं पठेयुः इति मदीया हार्दिकी⁵ अभिलाषा ।
इतो-	मदीयापि एषा अभिलाषा च आशा च । संस्कृतम् अति कठिना भाषा अस्ति इति पूर्वम् अहम् अमन्ये । परम् अधुना अस्मादृशाः साधारणाः जनाः अपि स्वगृहे अध्ययनं कुर्वन्तः स्वाध्यायेन⁶ एव संस्कृतं शिक्षितुं शक्नुवन्ति । महद् एतत् सौभाग्यम्⁷ ।

注：1. しばしば、 2. मूलं-根元、起源、 3. पक्षः-側面、側、 4. 財宝、 5.心からの、 6. स्वाध्यायः-自己学習、7. 幸運。

＜＜練習問題解答＞＞

28.6

1. （自分の）教育を終えた後、彼は医者になるでしょう。2. しかし、私は教師になるでしょう。 3. 我々の社会は将来どこへ向かって行くのか、多くの賢者達はこの事を考えている。 4. あなたはきっとこの悲しみを克服するでしょう。5. 私達は懸命な仕事によって生存競争にきっと勝つでしょう。6. 飲酒の結果は決して良くありません。 7. あなたは飲酒によって自分の命を終わらせるでしょう。 8. 彼は年をとれば自分の国に戻ってくるでしょう。9. 彼らの全てもここに来るでしょう。10. ただ神だけが我々全てのものの保護者です。

28.7

田中：あなたも、2年前から私と一緒にサンスクリットの学習を始めたのでしたね。サンスクリットを学ぶことについてどのような利点が感じられましたか。

伊藤：私はこの2年間のサンスクリットによって沢山得たものがあります。第一に、私は今でも実際に使われている最も古い言語を知ったということです。このこと自体大いに満足している理由です。しかし、古代言語を知っただけが私の満足している理由ではありません。

田中：あなたが満足しているその他の理由は何ですか。

伊藤：私は大乗仏教の信徒です。私の宗教の書物はサンスクリットで書かれています。これまで、私は宗教の書物を読んでも、その意味が解りませんでした。し

第二十八課

かし、今ではそれらの書物を読んでも辞書の助けを借りれば理解できます。

田中：それは私の経験でもあります。私も宗教には深い関心を持っています。子供時代から私は毎日、般若心経を読んできました。この経典は我国では大変よく知られています。日本人の多数がこの経典を知っていて、読誦しています。しかし、人々は *Prajñā Pāramitā* を般若波羅密多と漢文で読んでいます。この経典を漢文で読んでもその意味は解りません。

伊藤：私も同じように感じます。今では私は心経をサンスクリットで意味を理解しながら読んでいす。

田中：他の経典もサンスクリットでお読みになりましたか。

伊藤：はい、私は今、ギーターもサンスクリットで読んでいます。また私はパタンジャリのヨーガ・スートラも勉強しています。ヴェーダのマントラも幾つか学びました。今、私は仏典を原語のサンスクリットで読みたいと思っています。

田中：日本では数千人の人々がヨーガを学んでいます。ヨーガの教師の数も数百人に上るでしょう。しかし、彼らの関心は大体、ヨーガの肉体的側面に限定されています。パタンジャリのヨーガ・スートラを読んで、私はヨーガの本当の意味が初めて解りました。

伊藤：それは全く本当です。サンスクリットには、古代インドの精神的思想の偉大な宝物が存在します。翻訳では、私達はそれについて不完全な知識が得られるだけです。サンスクリットを知って、ギータやウパニシャッドやヨーガ・スートラ、仏典を読むと、私達は魂と神についての神秘を知りうるのです。

田中：この知識は他の国の如何なる言語においても得られません。そこで、世界中のもっともっと多くの人々がサンスクリットを学べばよいのに、というのが、私の心からの願いです。

伊藤：これは私の欲する所、願う所でもあります。以前、私はサンスクリットは難しい言語と思っていました。しかし、今では私のような普通の人間でも自宅学習でサンスクリットを自分で勉強できるのです。これは大変な幸運です。

第二十九課

『ラーマーヤナの物語』The story of *Rāmāyaṇa*／
形容詞の比較級、最上級 Adjectives of Comparison

29.1<R> **有名なラーマーヤナの物語を読むことにしよう**

रामायणकथा-१

१. पुरा[१] भारते दशरथो नाम राजा बभूव। तस्य तिस्रः पत्न्यः आसन्। तासां ज्येष्ठा[२] कौशल्या आसीत्। तस्याः पुत्रः रामः आसीत्। मध्यमायाः[३] पत्न्याः नाम सुमित्रा आसीत्। तस्याः द्वौ पुत्रौ लक्ष्मणशत्रुघ्ननामानौ बभूवतुः। कनिष्ठा[४] पत्नी कैकेयीनाम्नी आसीत्। तस्या एकः पुत्रः भरतनामा बभूव।

२. चत्वारोऽपि भ्रातरः बाल्यकाले विद्याग्रहणाय महर्षेः वसिष्ठस्य गुरुकुलं जग्मुः। ते तत्र अनेकवर्षपर्यन्तं[५] तस्थुः[६]। महर्षिः तेभ्यः शस्त्राणां[७] च शास्त्राणां[८] च सर्वाः विद्याः ददौ। चत्वारोऽपि भ्रातरः योग्याः शिष्याः आसन्। महर्षिः वसिष्ठः तेषां परिश्रमेण अति परितोषं[९] लेभे। शिक्षां समाप्य चत्वारो भ्रातरः स्वगृहं प्रत्याजग्मुः[१०]। तेषां पिता दशरथोऽपि स्वपुत्रान् शिक्षितान्[११] युवकान् दृष्ट्वा अति ननन्द।

注： 1. पुरा–昔々, 2. ज्येष्ठा 最年長の, 3. मध्यमा– 真ん中の人, 4. कनिष्ठा– 最年少の, 5. पर्यन्तं– まで、最後まで, 6. तस्थुः– 滞在した, लिट्, iii-iii of स्था, 7. शस्त्र– 武器, 8. शास्त्र–ある分野の知識、学問の書, 9. परितोषः–満足, 10. प्रत्याजग्मुः– 戻ってきた, प्रति + आ + गम्, लिट्, iii-iii, 11. शिक्षित–教育を受けた

३. एकदा ऋषिः विश्वामित्रः दशरथस्य सभाम्[१] आगत्य[२] अवदत्- बहवः राक्षसाः[३] मम यज्ञे[४] विघ्नम्[५] उत्पादयन्ति[६]। तेभ्यः त्राणाय[७] रामलक्ष्मणौ मया सह प्रेषयतु भवान्। पितुः आज्ञया रामलक्ष्मणौ विश्वामित्रेण सह तस्याश्रमं जग्मतुः, तत्र च तौ विघ्नकारिणः[८] राक्षसान् हतवन्तौ। तदा एव मिथिलायाः राजा जनकः स्वपुत्र्याः सीतायाः विवाहाय स्वयंवरं[९] रचयामास। बहवः राजानः दशरथपुत्रौ रामलक्ष्मणौ च तस्मिन् स्वयंवरे ययुः[१०]। लङ्कायाः राजा रावणोऽपि तत्र जगाम।

४. राजा जनकः तत्र आगतान् राज्ञः अन्यान् च युवकान् उवाच- इदं भवत्पुरतः[११] शिवधनुः[१२] विद्यते। यः कोऽपि एतद् धनुः उत्थाप्य[१३] भङ्क्तुं शक्ष्यति तमेव मम दुहिता[१४] पतिरूपेण वरिष्यति।तेषां राज्ञां न कोऽपि तद् धनुः भङ्क्तुम् अशक्नोत्। रामोऽपि तद् धनुः ददर्श। गुरुः विश्वामित्रः रामं तद् धनुः भङ्क्तुम् आदिशत्[१५]। सः

अनायासेन[१६] एव तद् धनुः अभनत्[१७]। सीता रामचन्द्रं पतिरूपेण अवृणोत[१८]। सीतया सह उभौ भ्रातरौ अयोध्यां प्रत्यागच्छताम्।

注：1. सभा 集り、会議, 2. आगत्य–やって来て आ + गम् + य, 3. राक्षसः-悪魔 (दैत्यः) 4. यज्ञः-儀礼, 5. विघ्नः- 妨害, 6. 作る、製造する, 7. त्राणं 保護, 8. विघ्नकारिणः> विघ्नकारिन्–(2-3)妨害を行う者, 9. स्वयंवरः 花嫁になる女性が夫を自由に選ぶ儀式, 10. ययुः– 行った, लिट् या の iii-iii, 11. भवत्पुरतः–あなたの目の前に, 12. शिवधनुः– シヴァの弓(n. धनुः, धनुषी, धनूंषि), 13. उत्थाप्य–持ち上げて, उत् + स्था + य (使役), 14. दुहिता–娘, 15. आदिशत्– 指示した, 16. अनायासेन-やすやすと, आयासः-努力, 17. अभनत्–壊す, भञ्ज् の iii-i लङ्, 18. अवृणोत्–選んだ, लङ् व`の iii-i -

29.2<A> 比較の形容詞 Adjectives of comparison. 形容詞の比較級、最上級は、通常、以下に示すように接尾詞 तर と तम を加えて作られる。

形容詞		比較級	最上級
सरल	やさしい	सरलतर	सरलतम
कठिन	難しい	कठिनतर	कठिनतम
विशाल	大きい	विशालतर	विशालतम
महत्	偉大な	महत्तर	महत्तम
धीमत्	知性的な	धीमत्तर	धीमत्तम

前に見たように、अ-で終わる形容詞はそれに相応する名詞と同じように変化する。(सरलतरः पाठः-より易しい学課; विशालतमं वनम्-最も大きな森)。 語尾に आ を付け加えれば女性形ができる。(धीमत्तमा स्त्री-最も知性的な女性、 विशालतमा वाटिका- 最も大きな庭園)

29.3<A> 形容詞によっては接尾詞 ईयस् で比較級を作り、इष्ठ で最上級を作るものがある。そうした形容詞の場合、語幹が修正されたり変化することがある。そのような形容詞の中で、よく使われるものとしては次のようなものがある。

形容詞 比較級 最上級

लघु	小さな	लघीयस्	लघिष्ठ
गुरु	重い、大きい	गरीयस्	गरिष्ठ
प्रिय	大事な	प्रेयस्	प्रेष्ठ
अल्प	小さな	कनीयस्	कनिष्ठ
वृद्ध	年老いた	ज्यायस्	ज्येष्ठ
बलवत्	強い	बलीयस्	बलिष्ठ
उरु	広い、大きな	वरीयस्	वरिष्ठ
प्रशस्य	良い	श्रेयस्	श्रेष्ठ

注：上述の लघुतर, गुरुतर, प्रियतर といった形容詞の簡単な形も使われる。

ईयस् で終わる形容詞の比較級は次のように変化する。

1. 男性形容詞におけるその五つの基本形を例示する。
   लघीयान् (1-1), लघीयांसौ (1-2), लघीयसः (2-3), लघीयोभ्याम् (3-2), लघीयस्सु (7-1). これだけわかると全ての格と数におけるこの形容詞の変化形もわかるはずである。必要なら **19.1** 節を参照されたい。
   (कनीयान् बालकः-より年少の少年、लघीयांसो वृक्षाः-より小さな樹木。
   प्रेयान् मार्गः-心地よい道、श्रेयान् मार्गः-美徳に役に立つ道)

2. 中性形容詞の場合、その主格、目的格は次のようになる。
   लघीयः, लघीयसी, लघीयांसि.
   (लघीयः वनम्-より小さな森、लघीयांसि पुस्तकानि-より小さな本)

3. これらの形容詞の女性形を作るには末尾に ई を加えればよい。
   (लघीयसी माला-より小さな花輪、मतिरेव बलाद् गरीयसी-知性は物理的な力よりもより強力である)

   कनिष्ठ や बलिष्ठ のような形容詞の最上級に特別の扱いをする必要はない。それらは अ で終わる形容詞のように変化する。
   (कनिष्ठा बालिका—最年少の少女、बलिष्ठो सैनिकः—最強の兵士)

注：比較をする場合、比較されるものは従格になる。
   例、हस्ती सिंहात् विशालतरः भवति— 象はライオンよりも大きい。

29.4 <R>　　　　さらにラーマーヤナの物語の勉強を続けよう

रामायणकथा-२

१. एकदा राजा दशरथः चिन्तयामास-अहं वृद्धः संजातः। मया राज्यकार्यं ज्येष्ठपुत्राय रामाय समर्पयितव्यम्[१]। रामो भविष्ये राजा भविष्यति इति स घोषयामास[२]। दशरथस्य कनिष्ठा पत्नी कैकेयी इमां घोषणां[३] श्रुत्वा अतीव चुक्रोध[४]। सा स्वपुत्रं भरतं राजानं द्रष्टुम् ऐच्छत्।

२. सा राज्ञः समीपं गतवती उक्तवती च- अनेकवर्षपूर्वम् अहं युद्धक्षेत्रे भवतः प्राणान् रक्षितवती। तदा भवान् मह्यं द्वौ वरौ[५] दास्यति इति प्रतिज्ञातवान्[६]। अधुना अहं तौ वरौ वृणोमि। मम प्रथमः वरः- मम पुत्रो भरतः अयोध्यायाः राजा भवेत्। मम द्वितीयो वरः-रामः चतुर्दशवर्षपर्यन्तं वने निवसेत्।

注：1. 譲らなければならない、2. 宣言する、लिट्~ घुष्の iii-i、 3. 宣言、発表、4. 怒った、 5. वरः-賜物、 6. 約束した、 प्रति + ज्ञा + तवत्

३. कैकेय्याः वचनानि श्रुत्वा राजा दशरथः अतीव दुःखितोऽभवत्। परं सः स्वप्रतिज्ञया[१] बद्धः[२] आसीत्। एतां वार्तां[३] श्रुत्वा रामो न किमपि दुःखम् अन्वभवत्। सः सहर्षं वनं गन्तुम् उद्यतो[४]ऽभवत्। रामस्य पत्नी सीता, भ्राता लक्ष्मणश्चापि तेन सह वनमगच्छताम्।

४. भरतः अयोध्यायाः राजा भवितुं न स्वीचकार[५]। सः निकटस्य एकस्मिन् ग्रामे रामस्य पादुके[६] प्रतीकरुपेण[७] स्थापयित्व[८] राज्यस्य शासनम् अकरोत्। रामस्य वियोगम्[९] असहमानो[१०] राजा दशरथः प्राणान् अत्यजत्।

注：प्रतिज्ञा-約束、誓約、2. 縛られていた、बन्ध् + त, 3. 話、ニュース、4. 用意できている、5, 受け容れる、स्वी +कृ, लिट् iii-i, 8. पादुका-木のサンダル、7. प्रतीकं-象徴、 8. 置いて、स्था *caus.* + त्व 9. 別離、 10. 耐えられずに、अ + सह् + मान

५. रामः लक्ष्मणः सीता च वनेषु भ्रमन्तः बहूनां मुनीनां सकाशं गतवन्तः तेषामाश्रमेषु च न्यवसन्। रामलक्ष्मणौ दुष्टेभ्यः[१] राक्षसेभ्यः मुनीनामाश्रमाणां यज्ञानां च रक्षामकुरुताम्। एकदा लङ्कायाः राजा रावणः सीतां छलेन[२] अपाहरत्[३]। भृशं दुःखितो रामः लक्ष्मणेन सह सीताम् अन्वेषयन्[४] इतस्ततः[५] अभ्रमत्।

६. तत्र एकस्मिन् वने सुग्रीवो नाम वानराणां[६] राजा न्यवसत्। रावणेन बलात् नीयमाना[७] सीता तेन दृष्टा आसीत्। सुग्रीवस्य सेवकेषु एकः महाबली वानरः आसीत्। तस्य नाम हनुमान् आसीत्। सः सुग्रीवस्य सन्देशं[८] गृहीत्वा रामलक्ष्मणयोः समीपं गतवान्। रामः सुग्रीवश्च मित्रे अभवताम्।

注：1. 邪悪な、2. 騙して、3. 誘拐する、अप + हृ ,लङ् iii-i, 4. 探して、5. あちこちと、 6. वानरः-猿、कपिः, 7. 連れ去られる、नी の現在受動分詞、8. सन्देशः-伝言、メッセージ.

29.5<E> 次の文の空欄に、その横の語の中から適当な語を選んで埋めなさい

१.	मम गृहं तस्य गृहात् .... ।	लघीयः , लघीयान्
२.	एषु पुष्पेषु कतमं .... ?	सुन्दरतरम् सुन्दरतमम्
३.	सा सर्वासु भगिनीषु .... ।	ज्यायसी , ज्येष्ठा
४.	एतयोः बालकयोः कतरः .... ?	कुशलतरः , कुशलः
५.	वने ...... रामलक्ष्मणौ सुग्रीवं मिलितवन्तौ।	भ्रमन्तः , भ्रमन् , भ्रमन्तौ
६.	सीता रामेण सह वनं .... ।	जगाम, जग्मुः, जग्मतुः
७.	रामः बहून् राक्षसान् .... ।	हतवन्तौ, हतः, हतवान्
८.	राजानः धनुः भंक्तुं न .... ।	अशक्नोत्, अशक्नुवन्
९.	रामः सर्वेषु जनेषु .... आसीत्।	बलीयान् , बलिष्ठः , बली
१०.	तौ भ्रातरौ अयोध्यानगरम् .... ।	अत्यजन् , अत्यजताम्

29. 6 <R> ラーマーヤナの物語の最後の部分を読むことにしよう

रामायणकथा-३

१. सीता लङ्कायां रावणस्य बंदिनी[१] वर्तते इति रामेण ज्ञातम्। सः हनुमन्तं[२] स्वदूतं[३] कृत्वा रावणस्य सकाशं प्रेषितवान्। किन्तु मदान्धो[४] रावणः सीतां रामाय प्रत्यर्पयितुं[५] सहमतो न बभूव। सः सीतां स्वपत्नीं कर्तुमैच्छत्। परं पतिभक्ता सीता तस्य वचनमपि न शुश्राव।

२. ततः रामः वानराणां साहाय्येन युद्धाय लङ्कामगच्छत्। रामरावणयोः मध्ये भीषणं युद्धम् अभवत्। असंख्यैः सैनिकैः संबन्धिभिश्च[६] सह रावणः हतः। विजितायाः लङ्कायाः राज्यं रामः स्वयं न अगृह्णात्। सः रावणस्य कनिष्ठं भ्रातरं विभीषणं लङ्कायाः राजानम् अकरोत्।

注 : 1. 囚人、2. हनुमन्तं は हनुमत् の目的格 2-1(हनुमत्は *prātipadika*) 、3. दूतः-使者、4. 欲に目が眩んで、大変高慢な、5. 戻す、返す、6. संबन्धिन्-親族.

३. अस्मिन् अन्तरे[१] चतुर्दशवर्षाणि व्यतीतानि[२] आसन्। सीतया, लक्ष्मणेन हनुमता च सह रामः अयोध्यां प्रत्यागच्छत्। भरतः राज्यं रामाय समर्पयत्।

४. रामस्य रावणोपरि विजयं स्मर्तुं भारतीयाः प्रतिवर्षं विजयादशमीनाम्नः पर्वणः[३] सोत्साहम्[४] अनुष्ठानं[५] कुर्वन्ति। एतत् पर्व दुश्चरितस्य[६] उपरि सुचरितस्य विजयो भवति इति सन्देशं ददाति।

५. विजयी रामः यदा अयोध्यां प्रत्यागच्छत् तदा अयोध्यावासिनः स्वगृहाणि दीपकैः भूषितवन्तः। अद्यापि प्रत्येकं शरदि अमावस्यायां भारतीयाः दीपकैः गृहाणि भूषयन्ति। दीपावली नाम एतत् पर्व अन्धकारस्य उपरि प्रकाशस्य, निराशायाः[७] उपरि आशायाः विजयो भवति इति सन्देशं प्रयच्छति।

注 : 1. अंतरं-間隔、そのうち、 2. 過ぎた、 3. पर्वन् *n.* 祝祭 (पर्व पर्वणी पर्वाणि) 6-1 、4. 熱狂をもって、5. 儀礼、6. दुस् + चरित -悪行、7.絶望.

६. रामः स्वप्रजायाः हिताय न्यायेन राज्यकार्यमकरोत्। रामः ईश्वरस्य अवतारः आसीत् इति बहवः भारतीयाः मन्यन्ते। तस्य पितृभक्तिः, त्यागः[१], कर्तव्य-परायणता[२] च मनुष्येभ्यः आदर्शाः वर्तन्ते।

७. महर्षिः वाल्मीकिः रामस्य चरितं स्वकीये[३] अमरकाव्ये[४] रामायणे लिखितवान्। एषा कथा भारतीयानां गृहेषु अद्यापि सादरं पठ्यते। भारताद् बहिः एशियायाः बहुषु देशेष्वपि रामकथायाः प्रचारो विद्यते।

注 : 1. 放棄、2. 義務への献身、3. 彼の、彼自身の、4. 不滅の詩.

＜＜練習問題解答＞＞

29.1 1.昔々、インドにダシャラタという王様がいました。彼には三人の妃がいました。その最年長者がカウシャルヤでした。彼女の息子がラーマでした。真ん中の妃の名がスミトラでした。彼女にラクシュマナとシャトルグナという二人の息子がいました。最年少の妃の名がカイケーイで、彼女にはバラタと呼ぶ一人息子がいました。

2. 四人の兄弟は皆、子供時代、教育を受けるため、偉大な聖者ヴァシシュタの学舎グルクラへ行きました。彼らはそこに何年も在住していました。偉大な聖者は彼らに兵器と経典についての完全な知識を与えました。四人の兄弟たちは皆優秀な生徒でした。偉大な聖者ヴァシシュタは彼らの熱心な勉強ぶりに大いに満足していました。(彼らの) 教育が終わった後、四人の兄弟は皆彼らの故郷に帰りました。彼らの父ダシャラタも若者になった自分の息子たちを見て大変喜びました。

3. ある時ヴィシュヴァミトラがダシャラタの集会にやってきて、「沢山の悪魔が私の祈祷の妨げをしている。彼らから身を護るために、私と一緒にラーマとラクシュマ

ナの両人はヴィシュヴァミトラの隠れ家へ行き、祈祷を妨げていた悪魔たちを殺しました。ところで、ミチラの王様ジャナカが自分の娘シータの結婚のためにスヴァヤンヴァラを準備しました。(スヴァヤンヴァラとは多くの求婚者の中から花嫁が自分の夫を選べるようになっている結婚のあり方でした。)沢山の王様たちとダシャラタの息子のラーマーとラクシュマナもそのスヴァヤンヴァラに出かけました。ランカの王様ラーヴァナもそこへ赴きました。

4. 王様ジャナカはそこに集まっていた王様達やその他の若者達に向かって言いました。「あなたがたの前にあるのはシヴァの弓です。誰でもこの弓を持ち上げて壊すことが出来る者 、その者を、我が娘は夫に選ぶであろう。」そこにいた王様達の中でその弓を壊せるものは誰もいませんでした。ラーマもその弓を見ていました。そこで師匠ヴィシュヴァミトラはラーマにその弓を壊すよう命じました。彼がその弓を何の苦もなく壊したので、シーターはラーマを夫として選びました。二人の兄弟はシーターを連れてアヨーディヤーに戻ってきました。

29.4 1. ある時、ダシャラタ王は考えました。「私は年老いた。この王国の仕事を最年長の息子ラーマに譲らねばならない。」彼はラーマが将来王様になると宣言しました。この宣言を聞いて、ダシャラタの最も若い妃カイケーイは非常に怒りました。彼女は自分の息子のバラタが王になるのを見たいと思っていたのです。

2. 彼女は王様のところへ行き、次のように言いました。「数年前、私はあなたの命を戦場で救いました。その時あなたは私に二つの願いを叶えて下さると、約束してくれました。私は今その二つの願い事を選びます。第一の願い事は、私の息子バラタがアヨーディヤーの王になること。第二の願い事は、ラーマが 14 年間森の中に暮らすことです。

3. カイケーイの言葉を聞いて、王様は非常に悲しくなりました。しかし、彼は約束に縛られていました。このニュースを聞いても、ラーマは如何なる悲しみも感じませんでした。彼は喜んで森に行く準備をしました。ラーマの妃シーターと弟のラクシャマナもまた彼と一緒に森へ行きました。

4. バラタはアヨーディヤーの王になることを承諾しませんでした。彼は近くの村にラーマの木のサンダルを彼の象徴として置き、王国を統治しました。ラーマとの別離に耐えられなくなって、王様ダシャラタは死んでしまいました。

5. 森の中を放浪しながら、ラーマとラクシャマナとシーターは多くの聖者のもとに行って、そのアーシュラムで暮らしました。ラーマとラクシャマナは聖者達のアーシュラムとヤジャー（祭式）を邪悪な悪魔から護りました。ある時、ランカの王ラーヴァナがシーターを騙して誘拐してしまいました。大変悲しんだラーマはラクシュマナと一緒にシーターを探してあちこち放浪しました。

6. ある森にスグリーヴァと言う名の猿の王様が住んでいました。彼はラーヴァナにより強引に連れ去られるシーターを見ていました。スグリーヴァ

の家来の中に大変強い猿がいました。彼の名はハヌマーンでした。彼はスグリーヴァからのメッセージを携え、ラーマとラクシュマナのもとに行きました。ラーマとスグリーヴァは友人になりました。

29.5　१. लघीयः, २. सुन्दरतमं, ३. ज्येष्ठा, ४. कुशलतरः, ५. भ्रमन्तौ, ६. जगाम, ७. हतवान्, ८. अशक्नुवन्, ९. बलिष्ठः, १०. अत्यजताम्.

29.6　1. ラーマは、シーターがランカの国でラーヴァナの囚われ人になっていることを知りました。彼はハヌマーンを自分の使者にしたて、ラーヴァナのもとに彼を派遣しました。しかし、うぬ惚れていたラーヴァナはシーターをラーマに返すことに同意しませんでした。彼はシーターを自分の妃にしようと欲していたのです。しかし、自分の夫に献身していたシーターは彼の言葉を聞こうとはしませんでした。

2. そこでラーマは猿達の助けを借りて戦うためにランカの国へ向かいました。ラーマとラーヴァナとの間で熾烈な戦闘が行われました。ラーヴァナはおびただしい数の兵士、親族と共に殺されました。ラーマは撃破したランカの王国を自分のものにはしませんでした。彼はラーヴァナの一番下の弟のヴィビーシャナをランカの王にしました。

3. そのうち14年が経過しました。ラーマはシーター、ラクシュマナ、ハヌマーンをつれてアヨーディヤーに戻ってきました。バラタは王国をラーマに譲りました。

4. ラーマのラーヴァナに対する勝利を記念して、毎年インド人はヴィジャヤーダシャミーという祭りを熱狂的に祝います。この祭りは善良な性格の持ち主は邪悪な性格の人に勝つというメッセージをもたらしています。

5. 勝利したラーマがアヨーディヤーに帰還した時、アヨーディヤーの住人達は自分達の家を灯明で飾りました。今日でもインド人達は毎年秋の新月の夜には自分の家々を灯明で飾ります。ディーパヴァリーと呼ばれるこのお祭りは、光明が暗闇に勝る、また希望は絶望に勝るというメッセージを伝えています。

6. ラーマは人々の幸せのために、自分の王国の仕事を正義に基づき遂行しました。多くのインド人達はラーマを神の化身 *avatara* と信じています。彼の自分の父に対する献身、放棄、義務への献身は人類の理想です。

7. 偉大な聖者ヴァールミーキはラーマの生涯についての不滅の叙事詩ラーマーヤナの中で描きました。この物語はインドの家庭では今でも尊敬の念をもって読まれています。インドを越えてアジアの多くの国々にもラーマの物語は広まっています。

第三十課

アオリスト時制 लुङ् (Aorist) ／『マハーバーラタの物語』The *Mahābhārata*

30.1 <V> アオリスト時制 लुङ् The aorist tense. 我々はこれまで過去時制と完了時制という二つの過去形を学んだ。第三の過去形としてアオリストがある。これは古い時代のサンスクリットでは頻繁に使われていたものであるが、時代が下るにつれて使用頻度が少なくなってきた。この時制は多くの場合、歴史物語で使われている。ここではこの時制の目立つ特徴と頻繁に使われる主要な動詞の活用形に慣れておくことにしよう。

アオリストは主として二つのやり方で作られる。

② 場合により語根と活用語尾の間に स, स्, इष् 或いは सिष् が付け加えられる。

② その他の場合、活用語尾が語根に直接付加される。過去時制と同様、全てのアオリストの形には接頭母音 अ がつく。語根にいくらか修正が加えられることもある。語尾は過去形のものと同じである。三人称複数の活用語尾 अन् が उस् (उः)に変る語根もある。

動詞 भू と कृ のパラスマイパダ アオリストにおける活用は次のようである。

भू (to be ある)

	単数	両数	複数
3P.	अभूत्	अभूताम्	अभूवन्
2P.	अभूः	अभूतम्	अभूत
1P.	अभूवम्	अभूव	अभूम

कृ (To do 行う)

3P.	अकार्षीत्	अकार्ष्टाम्	अकार्षुः
2P.	अकार्षीः	अकार्ष्टम्	अकार्ष्ट
1P.	अकार्षम्	अकार्ष्व	अकार्ष्म

第三十課

30.2 <V> 幾つかの動詞のアオリスト लुङ् 活用を第三人称で次に掲げる。

कृ	to do 行う	अकार्षीत्	अकार्ष्टाम्	अकार्षुः
गम्	to go 行く	अगमत्	अगमताम्	अगमन्
ग्रह्	to seize 捕らえる	अग्रहीत्	अग्रहीष्टाम्	अग्रहीषुः
जन्	to be born 生まれる	अजनिष्ट	अजनिषाताम्	अजनिषत
जि	to win 勝つ	अजैषीत्	अजैष्टाम्	अजैषुः
त्यज्	to give up 捨てる	अत्याक्षीत्	अत्याक्ताम्	अत्याक्षुः
दा	to give 与える	अदात्	अदाताम्	अदुः
दृश्	to see 見る	अद्राक्षीत्	अद्राष्टाम्	अद्राक्षुः
नी	to lead 導く	अनैषीत्	अनैष्टाम्	अनैषुः
पठ्	to read 読む	अपाठीत्	अपाठिष्टाम्	अपाठिषुः
ब्रू	to speak 話す P.	अवोचत्	अवोचताम्	अवोचन्
	A.	अवोचत	अवोचेताम्	अवोचन्त
भू	to be ある	अभूत्	अभूताम्	अभूवन्
भ्रम्	to roam さ迷う	अभ्रमत्	अभ्रमताम्	अभ्रमन्
या	to go 行く	अयासीत्	अयासिष्टाम्	अयासिषुः
याच्	to beg 乞う	अयाचीत्	अयाचिष्टाम्	अयाचिषुः
रक्ष्	to protect 護る	अरक्षीत्	अरक्षिष्टाम्	अरक्षिषुः
लभ्	to gain 得る	अलब्ध	अलप्साताम्	अलप्सत
वद्	to speak 話す	अवादीत्	अवादिष्टाम्	अवादिषुः
विद्	to know 知る	अवेदीत्	अवेदिष्टाम्	अवेदिषुः
शक्	to be able 出来る	अशकत्	अशकताम्	अशकन्
स्था	to stand 立つ	अस्थात्	अस्थाताम्	अस्थुः
हन्	to kill 殺す	अवधीत्	अवधिष्टाम्	अवधिषुः
हृ	to take away 持去る	अहार्षीत्	अहार्ष्टाम्	अहार्षुः

30.3 <M> 禁止の意味を表わすために、命令法の場合と同様にアオリストでも分詞 मा が使われる。その場合、接頭辞 अ はしばしば脱落する。

पापं मा कार्षीः-罪を犯すな

それではマハーバーラタの物語を読むことにしよう

महाभारतकथा-१

क. प्राचीनकाले हस्तिनापुरे शान्तनुः नाम राजा अभूत्। तस्य द्वे पत्न्यौ अभूताम्। प्रथमायाः पुत्रः देवव्रतनामा अतिमेधावी[१] दृढव्रतः[२] च आसीत्। स पश्चात् भीष्म इति नाम्ना महतीं ख्यातिम्[३] अलब्ध। द्वितीयायाः पत्न्याः द्वौ पुत्रौ चित्रांगद-विचित्रवीर्यनामानौ अभूताम्।

शान्तनोः पश्चात् विचित्रवीर्यः हस्तिनापुरस्य राजा अभूत्। तस्यापि द्वे पत्न्यौ अम्बिका-अम्बालिका-नाम्न्यौ बभूवतुः। तयोः पुत्रौ क्रमशः[४] धृतराष्ट्र-पाण्डुनामानौ अभूताम्। धृतराष्ट्रः ज्यायान्[५] आसीत् किन्तु स जन्मान्धः[६] आसीत्। अतः विचित्रवीर्यस्य मृत्योः पश्चात् पाण्डुः हस्तिनापुरस्य राजा अभूत्।

注：1. 高度に知的な、 मेधा-知性、मेधाविन्-知的な、 2. 強い意志を持った、 *buhubrīhi* 複合語、3. 名声、4. 各々、5. 年長の、6. 生来盲目の

ख. धृतराष्ट्रस्य शतं पुत्राः एका च पुत्री अभूवन्। तेषां ज्येष्ठः[१] दुर्योधनः आसीत्। पाण्डोः पञ्च पुत्राः अभूवन्। तेषु ज्येष्ठः युधिष्ठिरः आसीत्, द्वितीयो भीमः, मध्यमश्च अर्जुनः आसीत्। धृतराष्ट्रस्य पुत्राः कौरवाः, पाण्डोः पुत्राश्च पाण्डवाः इति नामभ्यां प्रसिद्धाः[२] अभूवन्। पाण्डवानां शैशवे[३] एव तेषां पिता परलोकम् अगमत्[४]। तदा धृतराष्ट्रः हस्तिनापुरस्य राजा अभूत्। बाल्यकाले सर्वेऽपि भ्रातरः स्वशिक्षायै गुरोः द्रोणाचार्यस्य गुरुकुलम् अगमन्। अर्जुनः धनुर्विद्यायाम्[५] अतिकुशलः अभूत्। दुर्योधनः भीमश्च गदायुद्धे[६] प्रवीणौ[७] अभूताम्। बाल्यावस्थायामेव[८] कौरवाणां पाण्डवानां च मध्ये प्रतिस्पर्धा[९] द्वेषश्च[१०] अजनिषाताम्।

पाण्डवाः योग्याः[११] नम्राश्च[१२] आसन्। विशेषतः[१३] अर्जुनः अतीव मेधावी शिष्यः आसीत्। गुरुणा प्रदत्ताः सर्वाः विद्याः सः अतिपरिश्रमेण अशिक्षत[१४]। दुर्योधनः तस्य भ्रातरश्च पाण्डु-पुत्राणाम् उत्कर्षं[१५] सोढुं[१६] नाशकन्। द्वेषवशात्[१७] ते एकदा पाण्डुपुत्रान् हन्तुमपि प्रयत्नमकार्षुः[१८]।

注：1. ज्येष्ठः-最年長の、2. 著名な 、3. शैशवं-子供時代、शिशुः-幼児、子供、4. परलोकम् अगमत्-死んだ、別の世界へ行った、5. धनुर्विद्या-弓術、6. गदा-棍棒、7. 巧かった、8. 子供時代、बाल्य + अवस्था, 9. 競争、10. द्वेषः-敵意、11. 出来る、12. नम्र–質素な、 13. 特に、14. अति परिश्रमेण अशिक्षत–多大な労力をかけて学んだ、15. उत्कर्षः-台頭、16. सोढुं (सह् + तुम्), न + अशकन्–許す事が出来なかった。17. द्वेषवशात्-嫉妬心から、18. हन्तुमपि प्रयत्नमकार्षुः–殺害さえ企てた

30. 5 <R> **さらにマハーバーラタの物語を読んでゆこう**

महाभारतकथा-२

क. शिक्षां समाप्य सर्वे राजपुत्राः हस्तिनापुरम् आजग्मुः[१]। तदैव[२] पाञ्चालदेशस्य राजा द्रुपदः स्वपुत्र्याः द्रौपद्याः स्वयंवरं रचयामास। एकस्य उच्चस्तम्भस्य[३] उपरिभागे[४] अवस्थिते[५] चक्रे[६] एकः स्वर्णमत्स्यः[७] परिभ्रमन्[८] आसीत्। अधः[९] तैलपूर्णं[१०] पात्रमासीत्[११]। यः कोऽपि युवकः भ्रमतः मत्स्यस्य प्रतिबिम्बं[१२] तैले दृष्ट्वा तस्य अक्षिवेधनं[१३] कर्तुं शक्ष्यति तं द्रौपदी पतिरूपेण वरिष्यति- इति घोषणा राज्ञा कृता। तत्र समागतैः[१४] सर्वैः युवकैः यत्नः[१५] कृतः, परं केवलम् अर्जुन एव मत्यस्य अक्षिवेधनं कर्तुमशक्नोत्। पाण्डवानां मातुराज्ञया[१६] द्रौपदी पञ्चानामेव भ्रातृणां पत्नी अभूत्।

注：1. आजग्मुः—戻った、2. तदैव (तदा + एव)-丁度その時、3. उच्चस्तम्भः—高い柱、4. उपरिभागः—上部、5. अवस्थित—置いてある、6. चक्र—輪、7. स्वर्णमत्स्यः-金の魚、8. परिभ्रमन्—くるくる廻る、9. अधः-下に、10. तैलपूर्ण-油で満ちた、11. पात्रम्-容器、壷、12. प्रतिबिम्बः—反映、13. अक्षिवेधन—目を射抜く事、(अक्षि-眼 *n.* अक्षि, अक्षिणी, अक्षीणि), 14. समागतैः—来た、集まった、15. यत्नः-努力、16. मातुराज्ञया&母の指図で。

ख. सर्वेषु भ्रातृषु युधिष्ठिरः ज्येष्ठः आसीत्, किन्तु धृतराष्ट्रस्य पुत्रः दुर्योधनः हस्तिनापुरस्य राजा भवितुमैच्छत्[१]। सः स्वमातुलेन[२] शकुनिना सह अभिमंत्र्य[३] युधिष्ठिरं द्यूतक्रीडायाम्[४] आमंत्रयामास[५]। द्यूते यः पक्षः पराजितो[६] भवेत् सः द्वादशवर्षपर्यन्तं[७] वने निवत्स्यति[८]। तत्पश्चात्[९] एकवर्षं अज्ञातरूपेण[१०] कुत्रापि निवत्स्यति, इति निर्णीतम्[११]। युधिष्ठिराय द्यूतक्रीडा रोचते स्म, परं सः तस्यां कुशलो न आसीत्। दुर्योधनस्य प्रतिनिधिः[१२] तस्य मातुलः शकुनिः अभूत्। सः द्यूतक्रीडायाम् अतीव कुशलः आसीत्। युधिष्ठिरः शकुनिना वारंवारं[१३] पराजितः। एवं पराजिताः पाण्डवाः द्रौपद्या सह द्वादशवर्ष-पर्यन्तं वने न्यवसन्। त्रयोदशे वर्षे ते एकस्य राज्ञः प्रासादे[१४] भृत्यरूपेण[१५] अतिष्ठन्।

त्रयोदशवर्षाणां समाप्तौ[१६] पाण्डवाः हस्तिनापुरस्य राज्ये स्वकीयं भागं ग्रहीतुम्[१७] ऐच्छन्। तेषां दूतरूपेण[१८] श्रीकृष्णः दुर्योधनस्य समीपम् अगमत्। परं दुर्योधनः युद्धन विना पाण्डवेभ्यः कञ्चिदपि भूभागं[१९] दातुम् उद्यतो[२०] नाभूत्। सः स्वपितुः धृतराष्ट्रस्य स्वपितामहस्य[२१] भीष्मस्य च परामर्शमपि[२२] नामन्यत। दुर्योधनस्य हठात्[२३] युद्धम् अनिवार्यम्[२४] अभवत्।

注：1. भवितुमैच्छत्—なる事を欲した、2. मातुलः-母方の叔父、3. अभिमंय-共謀して、4. द्यूतक्रीडा—サイコロ賭博、5. आमंत्रयामास-招待した、6. पराजित-負けた、7. द्वादशवर्षपर्यन्त-12 年間、8. निवत्स्यति-生活するであろう、लृट् नि + वस्の iii-i 、9. その後、10. अज्ञातरूपेण-

ドルパダ王の王女ドラウパディのスヴァヤンヴァラで、アルジュナは油面に映る魚影を見て、上にぐるぐる回る魚の目を射抜いた。

知られない様にして、身分を隠して、 11. निणीतम्-決定された、 निर् + नी 決める、 निर्णयः-決定、12. 代表、13. 幾度も、14. प्रासादः-王宮、15. भृत्यः-召使、16. समाप्तिः-終り、17. ग्रहीतुम्-取る(ग्रह् + तुम्), 18. दूतः–使者、19. भूभागः–土地の一部、20. दातुम् उद्यतः–進んで与える、 21. पितामहः–祖父、22. परामर्शः-忠告、 23. हठः-頑迷さ、力、24. अनिवार्य-不可避的な

30. 6 <R> さらにマハーバラタの物語を読んでみよう

महाभारतकथा-३

क. उभयोः पक्षयोः[१] संबंधिनः, मित्राणि, अन्ये च बहवः राजानः कुरुक्षेत्रस्य विशालायां भूमौ[२] युद्धाय समुपस्थिताः[३]। भीष्मः पाण्डवानां पक्षः न्यायसङ्गतः[४] वर्तते इति मन्यते स्म। परं स यौवने[५] हस्तिनापुरराज्यस्य रक्षायै स्वपितरं प्रतिज्ञातवान्[६] आसीत्। द्रोणाचार्यः पाण्डवानां कौरवाणं च सर्वेषामेव गुरुरासीत्। परं सः हस्तिनापुरराज्यस्य सेवायाम्[७] आसीत्। एवं भीष्मद्रोणाचार्य.सहिताः[८] अनेके[९] गुरुजनाः, बहवो राजानश्च कौरवाणां पक्षे आसन्।

श्रीकृष्णः युद्धे अर्जुनस्य सारथिः[१०] बभूव। युद्धस्य प्रारम्भात् पूर्वं[११] अर्जुनस्य मनसि[१२] महती शङ्का[१३]उत्पन्ना ।अपि राज्यस्य लाभाय[१४] भ्रातृभिः सह युद्धं तेषां हत्या[१५] च उचिता ? सः स्वकीयां शङ्कां श्रीकृष्णस्य सम्मुखे उपस्थापितवान्[१६]। श्रीकृष्णः तं मानवजीवनस्य दर्शनम्[१७] आधृत्य[१८] गभीरमुपदेशं प्रदत्तवान्[१९]। उपदेशोऽयं भगवद्गीता इति नाम्ना प्रसिद्धः अभूत्।

तद् भीषणं[२०] युद्ध महाभारतम् इति नाम्ना ज्ञायते। अष्टादशदिवसपर्यन्तं तद् युद्धमभवत्। उभयोः पक्षयोः सर्वे प्रमुखाः सेनापतयः[२१] असंख्याः[२२] सैनिकाश्च हताः। दुर्योधनः, तस्य भ्रातरः, मित्राणि च सर्वे मृत्युमुपागताः[२३]। विजयिनः[२४] पाण्डवाः हस्तिनापुरं प्रत्यागतवन्तः। युधिष्ठिरः हस्तिनापुरस्य राजा अभवत्।

注 : 1. उभयोः पक्षयोः-双方の、2. भूमिः–土地、野原、 3. समुपस्थिताः-集結した、参集した、 4. न्यायसङ्गतः-正義にかなった、5. यौवनं–若者、6. प्रतिज्ञातवान्-約束した、प्रति + ज्ञा + तवत् , 7. सेवा–世話、従事、 8. सहित-と一緒に、 9. अनेके गुरुजनाः-多くの年長で賢明な人々が、(अनेक は代名詞、従って सर्व と同様に変化する。) 10. सारथिः-御者、11. प्रारम्भात् पूर्वं-始める前に、12. मनसि–心の中で、7-1 13. शङ्का–疑惑、 14. लाभः–獲得、15. 殺害、16. उपस्थापितवान्-置く、設置する、17. मानवजीवनस्य दर्शनम्-人生の哲学、18. आधृत्य-に基づく、19. गभीरम् उपदेशं प्रदत्तवान्–深遠な説教を行った。20. 狂暴な、恐ろしい、21. प्रमुखाः सेनापतयः–軍隊の主要な司令官達、22. असंख्य-無数の、23. मृत्युमुपागताः-死に直面する、殺害された、24. विजयिन्-勝ち誇った、>विजयः-勝利

ख. भ्रातृषु मध्ये महाभारतस्य युद्धं भारतस्य अवनतेः[1] कारणमभूत्। बहवः योग्याः पुरुषाः युद्धे हताः आसन्। तेषामभावे[2] जनाः अनुशासनहीनाः[3] अभूवन्। अस्मात् कारणात् भारतदेशः अधोगतिं[4] प्राप्तवान्।

महर्षिः व्यासः[5] महाभारतकथां काव्यरूपेण बृहद्ग्रन्थे निबद्धवान्[6]। अतीव रोचकमेतत्[7] काव्यम्। महाभारतस्य कथाऽपि रामायणकथावत्[8] लोके अति प्रचलिता[9]। महाभारते मानवजीवनस्य विविधाः पक्षाः[10] अस्माकं सम्मुखे प्रस्तुताः[11] भवन्ति। मनुष्याणां मूलस्वभावः, तेषाम् अज्ञानं, रागद्वेषौ[12], कामक्रोधलोभाश्च[13] स्थाने-स्थाने महाभारते दृश्यन्ते। तस्य कालस्य मानवीयाः समस्याः[14] अद्यापि अस्माकं सम्मुखे विद्यन्ते। श्रीकृष्णेन अर्जुनाय भगवद्गीतायां प्रदत्तः उपदेशः अद्यापि मनुष्येभ्यः प्रासङ्गिकः[15]। संसारस्य सर्वासु प्रमुखासु भाषासु गीतायाः अनुवादः[16] विद्यते। संस्कृतस्य अध्ययनस्य एको महत्तमो[17] लाभः गीतायाः मूलसंस्कृतभाषायाम् अध्ययन-सामर्थ्यं[18] विद्यते। अस्माभिः गीतायाः केचित् श्लोकाः इदानीं यावद्[19] अधीताः। गीतायाः कांश्चित् अन्यान् श्लोकान् वयम् आगामिषु पाठेषु पठिष्यामः।

注：1. अवनतिः- *f.* 没落、2. अभावः—不在、भावः- 存在、実在、3. 規律のない、4. अधोगतिं प्राप्तवान्-没落に至った、 (अधः + गतिः). 5. महर्षिः व्यासः-偉大な聖者 ヴィヤサ、6. बृहद्ग्रन्थे निबद्धवान्-大部の本にして著した、 7. रोचक—興味ある、 8. -वत्-の様な、 9. लोके अति प्रचलिता—人々の間で大変人気のある、 10. विविधाः पक्षाः-様々な側面、11. प्रस्तुत—現れた、 12. रागद्वेषौ— 愛憎、 13. कामक्रोधलोभाश्च—愛欲と忿怒と貪欲、14. मानवीयाः समस्याः-人間の問題、 15. 関連した、16. अनुवादः-翻訳、17. महत्तम—最も偉大な、 18. 学習能力、19. 今日まで

<<物語訳文>>

30.4 क. マハーバーラタの物語 1

昔々、ハスティナープル国にシャーンタヌという名の王がいました。彼には二人の妃がおりました。最初の妃の王子はデーヴァワラタといい大変知的で決断力のある人間でした。彼は後にビーシュマとして有名になりました。二番目の妃にはチトラーンガダとヴィチトラヴィールヤという二人の王子いました。

シャーンタヌの後、ヴィチトラヴィールヤがハスティナープルの王になりました。彼にもアンビカーとアンバーリカーという二人の妃がいました。二人にはそれぞれドリタラーシュトラとパーンドゥという王子が一人づついました。二人のうちでドリタラーシュトラが年長でしたが、彼は生まれつき盲目でした。そこでヴィチトラヴィールヤの死後、パーンドゥがハスティナープルの王になりました。

第三十課

ख. ドリタラーシュトラには百人の王子と一人の王女がありました。その中でドゥリヨーダナが最年長でした。パーンドゥには五人の王子がいました。ユディシュティラがその中の最年長で、二番目がビーマ、三番目がアルジュナでした。ドリタラーシュトラの王子達はカウラヴァスと呼ばれ、パーンドゥの王子達はパンダヴァスとして知られていました。パーンダヴァスがまだ若い時、その父王が亡くなりました。そこでドリタラーシュトラがハスティナープルの王様になりました。兄弟は皆、子供時代、教育を受けるために師匠ドローナーチャールヤ師のグルクラへ行きました。アルジュナは弓術が大変上手でした。ドゥリヨーダナとビーマは棍棒術が上手でした。子供時代からカウラヴァスとパーンダヴァスの間に競争心と嫉妬心が芽生えていました。

パーンダヴァスの兄弟は優秀で質素でした。特にアルジュナは大変頭の良い生徒でした。彼は師匠から教えられた全ての技を大変勤勉に学び取りました。ドゥリヨダナと彼の兄弟はパーンダヴァスの王子達の台頭を容認出来ませんでした。彼等は敵愾心から一旦はパーンダヴァスの王子達全員の殺害さえ試みたのでした。

30.5 क. マハーバーラタの物語- 2

教育が終わると、王子達は皆ハスティナープルに戻ってきました。丁度その時、パーンチャーラの王、ドルパダは自分の娘ドラウパディのスヴァヤンヴァラを準備していました。高い柱の頂上に置かれた輪の上に金の魚がぐるぐる回っていました。その下には油を満たした容器がありました。王は言明しました「若者のうちで誰でもぐるぐる回っている魚の油面における反射像を見て、その目を射抜くことが出来た者を、ドラウパディは自分の夫として選ぶであろう。」集まった若者は皆その試みを行いましたが、魚の目を射抜くことができたのはアルジュナだけでした。パーンダヴァスの母親の指示に従い、ドラウパディは五人の兄弟全員の妻になりました。

ख. ユッディシュティラが全ての兄弟の中で最年長者でしたが、ドリタラーシュトラの息子のドゥリヨーダナがハスティナープルの王になることを望みました。彼は自分の母方の叔父シャクニと共謀してユッディシュティラをサイコロ博打に招待しました。どちらの側でも負けたものは１２年間森の中で住むこと、その後、一行はどこがわからない所にさらに一年間住むことが決りました。ユッディシュティラはサイコロ博打は大好きでしたが、あまり上手ではありませんでした。ドゥルヨーダナの代理は、母方の叔父のシャクニでした。彼はサイコロ賭博がとても上手でした。ユッディシュティラはシャクニに何度も負けてしまいました。そこで負けたパンダヴァスはドラウパディと一緒に十二年間、森の中で暮らしました。十三年目に彼等は召し使いに変装してある王様の王宮で暮らしました。

十三年目の終りに、パーンダヴァスはハスティナープルの王国の権限を手中にすることを望みました。シュリ・クリシュナが彼等の使者としてドゥリヨーダナのところに赴きました。しかし、ドゥリヨーダナは戦争なしでパーンダヴァスに一片の土地も譲るこ

とには同意しませんでした。彼は父のドリタラシュトラや祖父のビシュマの忠告も聞き入れませんでした。ドゥリヨダナの頑迷さのために戦争は不可避になりました。

30.6 क. マハーバーラタの物語- 3

　両陣営の親族達、友人ならびにその他の王達が広大なクルクシェートラの平原に戦闘の為に集結しました。ビシュマはパーンダヴァスの言い分が正義にかなっていると思っていました。しかし、彼は若い時に父に自分はハスティナープルの王国を護ると約束していました。ドローナチャルヤはパンダヴァスとカウラヴァス双方全員の師匠でした。しかし、彼はハスティナープルの王国に仕えていました。そこでビシュマとドローナチャルヤを含め沢山の年長者や多くの王はカウラヴァスの陣営にいました。

　シュリー・クリシュナは戦いにおいてアルジュナの御者でしたた。戦闘開始の直前、アルジュナの心に大きな疑念が涌いてきました。王国のために兄弟達と戦って殺害するのは正当なことであろうか。彼は自分の疑念をシュリ・クリシュナに問いただしました。シュリ・クリシュナは彼に人生哲学に基づく意味深い助言をしました。この助言がバガヴァアッドギーターとして有名になりました。

　この恐ろしい戦争はマハーバーラタとして知られています。この戦争は十八日間続きました。両陣営の主要な将軍達も無数の兵士達も死亡しました。ドゥリヨダナと彼の兄弟達とその友人も全て死亡しました。勝利を収めたパーンダヴァスはハスティナプールに戻ってきました。ユディシュティラがハスティナープルの王になりました。

ख.　その兄弟達の間のマハーバーラタの戦争がインド凋落の原因になりました。戦争の中で有能な人々が全て死亡しました。その人々がいなくなり人々には規律がなくなりました。このためにインドは没落に至ったのです。

　偉大な賢者ヴィヤーサがマハーバーラタの物語を詩の形式で書き上げ大きな本に仕立てました。この詩的作品は大変興味深いものがあります。ラーマーヤナと同じように、この物語も人々の間で大変親しまれています。マハーバーラタでは人生のさまざまな局面が我々の前に展開されています。人間の基本特性である無知、愛着、憎しみ、渇望、怒り、貪欲などが沢山の場面で見られます。当時の人間の問題は今でもなお我々の前に存在しています。バガヴァッドギーターでシュリ・クリシュナがアルジュナに説いた説教は今なお人類にとって意義があります。ギーターの翻訳は世界の主要言語で手に入ります。サンスクリットを学ぶ最大の利点の一つは、ギーターを原語のサンスクリットで学ぶ能力の獲得にあります。これまでギータの幾つかの*詩句*は読んできました。この後の課でもさらにいくつか学ぶことにします。

第三十一課

条件法 लृङ् (Conditional Mood) ／祈願法 आशीर्लिङ् (Benedictive Mood)／動詞使役活用(the causative forms of verbs)／ヴァルミキの叙事詩『ラーマヤナ』

31.1 <V> 条件法 लृङ् (Conditional Mood). 条件法は、過去において起こる可能性がありながら、ある条件が満たされなかったために結局は起こらなかった行動を示すために使われる。語根には接頭語 अ が付加えられる。条件法の活用語尾は次の通りである。

	パラスマイパダ			アートマネーパダ		
	単数	両数	複数	単数	両数	複数
3P.	-स्यत्	-स्यताम्	-स्यन्	-स्यत	-स्येताम्	-स्यन्त
2P.	-स्यः	-स्यतम्	-स्यत	-स्यथाः	-स्येथाम्	-स्यध्वम्
1P.	-स्यम्	-स्याव	-स्याम	-स्ये	-स्यावहि	-स्यामहि

母音 इ の挿入などその他の点で、条件法は単純未来の形式を踏襲する。動詞 कृ の条件時制のもとでの活用をパラスマイパダと アートマネーパダで次に示しておく。

कृ
パラスマイパダ

	単数	両数	複数
3P.	अकरिष्यत्	अकरिष्यताम्	अकरिष्यन्
2P.	अकरिष्यः	अकरिष्यतम्	अकरिष्यत
1P.	अकरिष्यम्	अकरिष्याव	अकरिष्याम

アートマネーパダ

	単数	両数	複数
3P.	अकरिष्यत	अकरिष्येताम्	अकरिष्यन्त
2P.	अकरिष्यथाः	अकरिष्येथाम्	अकरिष्यध्वम्
1P.	अकरिष्ये	अकरिष्यावहि	अकरिष्यामहि

条件法を使った文章を次に幾つか示しておこう。

यदि स परिश्रमम् अकरिष्यत् परीक्षायाम् उत्तीर्णोऽभविष्यत्-
彼が懸命に勉強していたら、彼は試験に合格していただろう。

यदि अहं व्यापारे अगमिष्यम् इदानीं प्रभूतं धनम् आर्जिष्यम्-
もし私が実業界に入っていたら、私は今頃沢山金を稼いでいたであろう。

यदि त्वं मम कथनम् अपालयिष्यः तर्हि एतावत् दुःखं नाद्रक्ष्यः-
もし貴方が私の忠告に従っていれば、貴方はこうした苦難に会わずにいたであろう。

31.2 <V>　　　祈願法 (आशीर्लिङ्) Benedictive mood.　　祈願法は話し手の願望、祝福等を表現する。条件法と同じく、これはあまり頻繁には使われない法である。この活用を次に示す。

① パラスマイパダでは、受動態の動詞語幹が次のような活用語尾と共に使われる。

	単数	両数	複数
3P.	-यात्	-यास्ताम्	-यासुः
2P.	-याः	-यास्तम्	-यास्त
1P.	-यासम्	-यास्व	-यास्म

② アートマネパダでは、इ 群の動詞は活用語尾の前に इ を挿入する。またその他の変更もある。アートマネパダの活用語尾は次の通り。

	単数	両数	複数
3P.	-सीष्ट	-सीयास्ताम्	-सीरन्
2P.	-सीष्ठाः	-सीयास्थाम्	-सीध्वम्
1P.	-सीय	-सीवहि	-सीमहि

祈願法 लृङ् (benedictive mood)における、動詞 भू のパラスマイパダでの活用と動詞 लभ् のアートマネパダでの活用は次の通りである。

第三十一課

	भू			लभ्		
	単数	両数	複数	単数	両数	複数
3	भूयात्	भूयास्ताम्	भूयासुः	लप्सीष्ट	लप्सीयास्ताम्	लप्सीरन्
2	भूयाः	भूयास्तम्	भूयास्त	लप्सीष्ठाः	लप्सीयाष्ठाम्	लप्सीध्वम्
1	भूयासम्	भूयास्व	भूयास्म	लप्सीय	लप्सीवहि	लप्सीमहि

次に祈願法の文章の例を幾つか掲げる。

शुभं भूयात्-全てにとって良いことがありますように。

सर्वे विद्यां लप्सीरन्-全ての人が知識を得られますように。

न कोऽपि कमपि द्रुह्यात्-誰にも敵意を抱きませんように。

31.3 <V> 動詞の使役活用 (The causative forms of verbs). 動詞の使役活用はその動詞の主語が別の何者かにある行動を行わせようとしていることを示す。使役形は第十類の動詞の形に似通っている。中間短母音は普通 **गुण** 型をとり、最終母音は **वृद्धि** 型をとる。語根には **अय्** が付加される。そこで語根 **श्रु** (聞く)は **श्रावय्** (聞かせる、物語る)となる。そして **पत्** (落ちる、倒れる) は **पातय्** (落とす、倒す)となる。場合によって、その他の変容も起こる。

次に幾つかの動詞の使役活用を第三人称単数現在時制で掲げる。動詞により、使役活用になると、意味が若干変化するのが見て取れるであろう。即ち、**अधीते** (勉強する) が **अध्यापयति** (教える) に、**पश्यति** (見る) が **दर्शयति**(見せる)などに。

語根	動詞	意味	使役形	意味
अधि+इ	अधीते	読む、勉強する	अध्यापयति	教えてもらう
कम्प्	कम्पते	震える	कम्पयति	震えさす
कृ	करोति	行う	कारयति	行わせる
कुप्	कुप्यति	怒る	कोपयति	怒らせる
खाद्	खादति	食べる	खादयति	食べさせる
गम्	गच्छति	行く	गमयति	行かせる
ज्ञा	जानाति	知る	ज्ञापयति	知らしめる
जन्	जायते	生れる	जनयति	産み出させる
दृश्	पश्यति	見る	दर्शयति	見せる
नम्	नमति	曲る	नमयति	曲げさせられる

पत्	पतति	落ちる	पातयति	落とさせる
पठ्	पठति	読む	पाठयति	教えてもらう
बुध्	बोधति	理解する	बोधयति	説明してもらう
युज्	युज्यते	なつく	योजयति	なつかせる
रुह्	रोहति	生育する	रोहयति	育ててもらう
वृध्	वर्धते	生育する	वर्धयति	育ててもらう
शम्	शाम्यति	静かになる	शामयति	静める
शिक्ष्	शिक्षते	学ぶ	शिक्षयति	教える
श्रु	शृणोति	聞く	श्रावयति	物語る
स्था	तिष्ठति	立つ、滞在する	स्थापयति	創立する
हन्	हन्ति	殺す	घातयति	殺させる
हृष्	हृष्यति	嬉しくなる	हर्षयति	嬉しがらせる

31.4 <E> 次の文章を日本語に訳しなさい

१. अस्माकमध्यापकः प्रतिदिनमस्मान् गीतां पाठयति। २. लोभः मनुष्यैः बहून् पापान् कारयति। ३. महान्ति कष्टान्यपि[१] तं नमयितुं नाशक्नुवन्। ४. माता शिशून् भोजनं खादयति। ५. शान्तिः सुखं जनयति। ६. उद्योगः तस्य धनम् अवर्धयत्। ७. पण्डितः रामायणकथां जनान् श्रावयति। ८. मां वृथा[२] न कोपय। ९. मंत्री राजानं राज्यस्य दशायाः[३] विषये अज्ञापयत्। १०. ते फलानां वृक्षान् रोहयन्ति। ११. पुत्राणां सत्कार्याणि[४] पितरौ[५] हर्षयन्ति। १२. साधवः स्वमनांसि परमेश्वरे योजयन्ति।

注: 1. कष्टं-苦しみ、苦痛、2. 理由なく、無駄に、3. दशा-状況、4. 善行、5. 両親、पितरौ は、父母を共に意味する

31.5 <R> ヴァルミキの叙事詩ラーマヤナを読んでみよう

第29課で我々はラーマの物語を読んだ。聖者ヴァルミキも有名な叙事詩ラーマヤナで、ラーマの物語を語っている。これから、ヴァルミキのラーマヤナから幾つかの詩句を読むことにしよう。ラーマがアヨードヤの王として王冠を授けられることになったその日に、彼は14年間、森に隠棲するように求められる。ラーマは森へ行く準備をしていると、彼の妻シータが自分も彼と共にそこへついていくといってきかない。ラーマ

は彼女の説得を試みる。シータは彼と共に行くことを許してくれる様に彼と言いあっている。ラーマは遂に折れる。

注：詩句では、言葉が普通の語順では並んでいない。そこで詩句の言葉を、通常の文章のように散文体に組み替えると解りやすくなる。これをサンスクリットで अन्वय と呼んでいる。अन्वय では sandhi も通常分解されている。

१. भक्तां पतिव्रतां दीनां मां समां सुखदुःखयोः।
नेतुमर्हसि काकुत्स्थ समानसुखदुःखिनीम्।।
अन्वयः-काकुत्स्थ, (त्वम्) भक्तां, पतिव्रतां, दीनां, सुखदुःखयोः समां, समानसुख-दुःखिनीं मां नेतुम् अर्हसि।

注：पतिव्रता-夫に献身している、दीन-哀れな、よるべない、समानसुखदुःखिनीम्-苦楽を共にする(f.目的格)、काकुत्स्थ-太陽王朝の王達への呼掛け、अर्ह्-に相応しい、することの出来る、नेतुम् अर्हसि&(貴方は)私を連れて行くべきです。

ラーマよ、貴方は私を（一緒に）連れて行くべきです、貴方の崇拝者で、夫たる貴方に献身的に仕えてきた、この哀れな私を、苦楽を共にしてきたではありませんか。（貴方と）同じ苦楽を持つべきです。

२. यदि मां दुःखितामेवं वनं नेतुं न चेच्छसि।
विषमग्निं जलं वाहम् आस्थास्ये मृत्युकारणात्।।
अन्वयः-यदि च एवं दुःखितां मां वनं नेतुं न इच्छसि, (तर्हि) अहम् मृत्युकारणात् विषम्, अग्निं, जलं वा आस्थास्ये।

注：वाहम् (वा+अहम्) आस्थास्ये-私は訴えるであろう、आ+स्था, लृट् i-i,.

そして若し貴方が悲しみでいっぱいの私を森へ連れて行こうとされないなら、私は死ぬために毒か火か水に訴えます。

३. तपो यदि वाऽरण्यं स्वर्गो वा स्यात् त्वया सह।
न च मे भविता तत्र कश्चिदपि पथि श्रमः।।

注：तपः-苦行、अरण्यं-森、स्वर्गः-天国、पथि-7-1> पथिन् 道、特殊格変化。

苦行だろうと森林であろうと天国であろうと、貴方と一緒なら、途中には私に何の苦労もあり (भविता) ません。

४. पत्रं मूलं फलं यत् त्वम् अल्पं वा यदि वा बहु।
दास्यसि स्वयमाहृत्य तन्मेऽमृतरसोपमम्।।

अन्वयः-त्वं स्वयम् आहृत्य अल्पं यदि वा बहु यत् पत्रं,मूलं, फलं (मह्यं) दास्यसि, तत् मे अमृतरस+उपमम् (भविष्यति)।

注： आहृत्य >आ+हृ+य,持って来てくれる、अमृतरस-甘露のジュース、 उपमा-類似物

貴方自身で持ってきてくれるなら、（私に）持って来るものが少なくても多くても、葉っぱであろうと、根っこであろうと、果実であろうと、それは私にとり甘露のジュースみたいなものなのです。

५. न मातुर्न पितुस्तत्र स्मरिष्यामि न वेश्मनः।
आर्तवान्युपभुंजाना पुष्पाणि च फलानि च।।

अन्वयः-आर्तवानि पुष्पाणि च फलानि च उपभुंजाना (अहम्) न मातुः, न पितुः, न वेश्मनः स्मरिष्यामि।

注：वेश्मन्- *n.* 家、住家、 वेश्म-वेश्मनी-वेश्मानि; 動詞 स्मृ (記憶する)はその対象物を目的格ではなく属格を取る、आर्तव-*adj.*>ऋतु,季節の、語頭のऋが वृद्धि形で आर् となる、भुंजाना >भुंज् 食べる、楽しむ、消費する現在分詞 *f.*

季節の花や果実を楽しみながら、私は決して私の父母や家を思い起こすまい。

६. न च तत्र गतः किंचिद् द्रष्टुमर्हसि विप्रियम्।
मत्कृते न च ते शोको, न भविष्यामि दुर्भरा।।

अन्वयः-न च तत्र गतः (त्वम्) किंचिद् विप्रियं द्रष्टुम् अर्हसि। न च मत्कृते ते शोकः। (अहं तुभ्यं) दुर्भरा न भविष्यामि।

注： विप्रिय-不愉快な、मत्कृते-私の為に、शोकः-悲しみ、दुर्भरा-耐え難い。

そこに行っても、貴方は不愉快なめには会わないでしょう。貴方は私が原因で苦しまないでしょう。私は貴方にとって耐え難いものにはならないでしょう。

७. यस्त्वया सह स स्वर्गो, निरयो यस्त्वया विना।
इति जानन् परां प्रीतिं गच्छ राम मया सह।।

注：निरयः-地獄、परा-至高の、 (परा विद्या-超越的知識).

（私には）貴方と一緒にいる事が天国です。貴方なしでは地獄です。そこで私の（貴方への）至高の愛情を知って、おおラーマよ、私と一緒に行っておくれ。

८. पश्चादपि हि दुःखेन मम नैवास्ति जीवितम्।
उज्झितायास्त्वया नाथ तदैव मरणं वरम्।।

अन्वयः-नाथ, त्वया उज्झितायाः मम दुःखेन पश्चाद् अपि जीवितम् न एव अस्ति। तदा मरणम् एव वरम्।

注：उज्झिता-捨てられた > उज्झ्-捨てる、नाथः-主人、वर-*adj.* よい。

貴方に捨てられたら、それ以後悲しみのために私にはもう命がありません。そうなれば、死だけが私にとって良いことになるでしょう。

रामः उवाच

९. न देवि तव दुःखेन स्वर्गमप्यभिरोचये।
न हि मेऽस्ति भयं किंचित् स्वयंभोरिव सर्वतः।।

अन्वयः-देवि, तव दुःखेन (अहं) स्वर्गम् अपि न अभिरोचये। स्वयंभोः इव, मे सर्वतः किंचिद् भयं न हि अस्ति।

注：स्वर्गम् अपि न अभिरोचये-古い文法構文。後期のサンスクリットでは次のようになる、(मह्यं स्वर्गः अपि न अभिरोचते)、स्वयंभूः-ブラフマー、三大神の内の創造神 (他の二神はヴィシュヌ・維持神、シバ・破壊神)、देवि-8-1 > देवी, 身分の高い女性、女神への呼掛けの言葉。

おお、シータよ、貴方を不幸にしては、たとえ天国とて（私に）好ましいものではない。ブラフマーと同じく、私は如何なる所でも恐怖を抱かない。（ただ私は貴方のあそこでの安全を気遣うだけ、どうか森について来ないように私が貴方に頼んでいるなどと考えないでおくれ）

१०. तव सर्वम् अभिप्रायम् अविज्ञाय शुभानने।
वासं न रोचयेऽरण्ये, शक्तिमानपि रक्षणे।।

注： अभिप्रायः-意図、目的、अविज्ञाय-知らないで、अ+वि+ज्ञा+य, त्वा の代わりに यが使われている、何故なら接頭辞 वि があるから、शुभ-奇麗な、आननं-顔、शुभानना-*f.* 美しく気高い顔の人よ、*bahu.* शक्तिमान् रक्षणे– 護る能力のある

おお、美しいシータよ、貴方の意図 を十分知らないで 、森の中での貴方の滞在は私の好むところではないと（私は言ってきた）。私は貴方を護ることができる（けれども）。

११. सर्वथा सदृशं सीते मम स्वस्य कुलस्य च।
व्यवसायमतिक्रान्ता सीते त्वमति शोभनम्॥

अन्वयः-सीते, त्वं मम स्वस्य च कुलस्य सर्वथा सदृशम् अति शोभनं व्यवसायम् अतिक्रान्ता।

注：सदृश-その様な、妥当な、व्यवसायः-行為、努力、अतिक्रान्त (अति+क्रम्+त) & 為した、企てた

おお、シータよ、貴方は、私の家族と貴方の家族にとり、最も価値あるこうした最良の立場に立ってくれた。

१२. आरभस्व गुरुश्रोणि वनवासक्षमाः क्रियाः।
नेदानीं त्वदृते सीते स्वर्गोऽपि मम रोचते॥

अन्वयः-गुरुश्रोणि, वनवासक्षमाः क्रियाः आरभस्व। सीते, त्वद् ऋते इदानीं मम स्वर्गः अपि न रोचते।

注：गुरुश्रोणि-豊満な腰を持った人、均整の取れた体型のシータへの言及、 गुरु-重い、श्रोणिः,-णी-*f.* 腰、ヒップ、क्षम-*adj.* 出来る、適合した、 वनवासक्षम-森での生活に必要な、त्वद् ऋते-貴方なしで、मम はここでは मह्यम्~としての意

おお、美しいシータよ、森で住むのに必要な準備を始めよう。私は貴方なしでは天国でさえも好きにはなれない。

<<練習問題解答>>

31.4 1.私達の先生は私達にギーターを毎日教えてくれる。2.貪欲は人間共に多くの罪を犯させる。3. 大きな困難といえども彼を屈服させられない。4.その母はその子供達を養っている。5.平和は幸福をもたらす。6.勤勉は彼の富を増やした。7.パンディットは人々にラーマヤナの物語を語っている。8.私を不必要に怒らせないでくれ。9.大臣は王様に王国の状況を報告した。10.彼等は果樹を育てている。11.両親はその息子達の善行に喜んでいる。12. 聖者達は自分達の心を神に捧げている。

第三十二課

その他の複合語：ドワンドワ *dvandva* ／ドヴィグ *dvigu*／
カルマダーラヤ *karmadhāraya* ／ナン नञ् 複合語／
यद् と तद् の相関／その他の付随的接尾辞／動詞の意欲形

32.1 <M>　その他の複合語 (Some additional compounds).

サンスクリットでは複合語の使用が極めて普通に行われている。そのことが言語に簡潔さと明確さを与えている。第 **26.5** 節で、我々はタットプルシャ *tatpuruṣa* 並びにバフヴリーヒ *bahuvrīhi* について、第 **27.5** 節ではアヴィヤイーバーヴァ *avyayībhāva* を扱ってきた。簡単に言うと、サンスクリットの複合語は 3 つの文法的機能を果たしている。

① タットプルシャ *tatpuruṣa* は、名詞として機能し、主語、目的語として、あるいは前置詞などと共に使用される。

सा पितृगृहं गता-彼女は彼女の父親の家に行った。

मण्डूकराजः सर्पं मिलितवान्-蛙の王様は蛇に会った。

② バフブリーヒ *bahuvrīhi* は形容詞として機能する。幾つかの例を挙げてみよう。

विशालहृदय-大きな心の、 कमललोचना-蓮華の目をした女性。

महात्मा गान्धी विशालहृदयः जनः आसीत्-マハトマ・ガンディーは大きな心の人であった。

③ アヴィヤイーバーヴァ *avyayībhāva* は副詞としても機能する、即ち、文章中で、動詞の場所、時、仕方などを示す。次に副詞として機能している例を挙げる。

प्रतिदिनं- 毎日、यथोचितं-適したやり方で。

अस्माभिः सर्वैः सह यथोचितं व्यवहारः कर्तव्यः-我々は適切な仕方で全ての人を扱うべきである。

さらに他の複合語も詳しく見ていくことにしよう。

32.2 <M>　ドワンドワ *dvandva*：　この複合語は通常、分詞 च によって結合している。この複合語のなかで各語は同じ重要度を持つ。ドワンドワ *dvandva* 複合語には二つの種類がある。先ず、第一に、

結合している要素語の数は、複合語が実際に使われる時の数に反映されている。つまり、二つの名詞が結びつくと、複合語は両数扱いとなり、二つ以上の名詞が結びつくと、複合語は複数扱いとなる。

सुखं च दुःखं च = सुखदुःखे-幸福と悲哀。

विद्या च बुद्धिः च बलं च = विद्याबुद्धिबलानि-知識、知性、力。

ドワンドワ複合語の第二の形は、幾つかの単語が結合して、一つにまとまったある観念を表す場合である。そのようなドワンドワ複合語は中性、単数扱いとなる。

आहारः च निद्रा च भयं च-आहारनिद्राभयम्-食物、睡眠、恐怖。

32. 3 <M> タットプルシャ、バフブリーヒ、アヴィヤイーバーヴァ、ドワンドワ (*tatpuruṣa, bahubrīhi, avyayībhāva* and *dvandva*) はサンスクリットの４大複合語である。この中でタットプルシャとドワンドワは名詞として機能し、一方バフブリーヒとアヴィヤイーバーヴァとは形容詞並びに副詞としてそれぞれ機能する。

タットプルシャ複合語には次に示す如く、さらに幾つかの副次的複合語がある。

① カルマダーラヤ複合語 The *karmadhāraya* compound. カルマダーラヤ複合語はタットプルシャ複合語の変種で単語の一つが形容詞もしくは形容詞として機能する名詞からなっている。幾つか例を挙げてみよう。

कृष्णसर्पः- (黒蛇) 、 मुखकमलम्-蓮華のような (美しい) 顔、

पुरुषसिंहः-ライオンのような (勇敢な)人間、

अस्यां लतायां बहूनि श्वेतपुष्पाणि विकसितानि-その蔓には沢山の白い花が咲いていた。

② ドヴィグ複合語 The *dvigu* compound. ドヴィグ複合語もタットプルシャ複合語の一種で、最初の語が常に数詞である。これは同種のものの集合体を、通常意味している。次にその例を挙げる。

दशदिनम्-１０日間

त्रिकालम्-三世 (過去、現在、未来を集合的に捉える)

पञ्चनदम्-５つの河の流域

परमात्मा एव त्रिकालस्य ज्ञाता-神のみ三世について知り給う。

③ ナン複合語 The नञ् compound. ナン複合語もタットプルシャの一種であるが、語の頭に接頭辞 न がついている、この न は अ 又は अन् (母音の前)の形を取る。次のその例を掲げる。

न + भावः ＝ अभावः-非存在、
न + आश्रितः ＝ अनाश्रितः-非依存者、
न + आस्तिकः ＝ नास्तिकः-無信心者、無神論者。

सः स्वजीवने सर्वथा अन्येषु अनाश्रितः आसीत्- 彼は生涯、全く他者に依存しなかった。

32.4 <M> यद् と तद् の相関的用法。यद् と तद् の派生語はしばしば対で使用される。最初の節では यद् の派生語が、その後の節では तद् の派生語が使われる。यद् と तद् の派生語の格は必ずしも同じでなくてもよい。次に幾つか例を挙げる。

यः परिश्रमं करोति स एव विद्यां धनं च लभते।
一生懸命に働くものだけが知識と富を得る。

येन स्वमनो जितं स सर्वां पृथ्वीं जेतुं शक्नोति।
自らの心を征服したものが全世界を征服することができる。

विद्या यत्र बलं तत्र। 知識のあるところに、力がある。
यत्र यत्र धूमः तत्र तत्र वह्निः। 煙のある所に火がある。。

対をなす相関詞、यथा-तथा (のように、そのように、as~so) यावद्-तावद् (~する限り、そのように)、यादृश-तादृश (~のように、そのように) etc. なども同じような仕方で使われる。

मनुष्यो यथा कर्म कुरुते तथैव फलं लभते।
人間はその行うところと同じような結果を得る。

यथा राजा तथा प्रजा। 王様がそうなら、家来もそうだ。
यावद् अहम् अस्वस्थः अस्मि तावत् कार्यालयं गन्तुं न शक्नोमि।
私が病気である限り、私は事務所へは行けない。

यादृशो वृक्षस्तादृशं फलम्। 木がそのようなら、果実もそうなるだろう。

32.5 <E> 次の文章を声を出して読み、日本語に訳しなさい

१. तस्याः पतिः यथा कथयति सा सदा तथैव करोति। २. यावत् स अत्र अस्ति तावत् न कोऽपि इदं स्थानं त्यक्तुं शक्नोति। ३. यः अन्यान्

पीडयति सः स्वयमपि अवश्यं दुःखमाप्नोति। ४. इमानि वस्तूनि येभ्यः सन्ति तेभ्य एव दातव्यानि। ५. यत्र मूर्खा वदन्ति तत्र विद्वद्भिः मौनं स्थातव्यम्। ६. यां चिन्तयामि सततं मयि सा विरक्ता। ७. येन संस्कृतमधीतं स प्राचीनभारतस्य विचारान् सम्यक् बोद्धुं शक्नोति। ८. यस्मिन् युवके कमला स्निह्यति तस्मिन्नेव विमला अपि स्निह्यति। ९. यः जायते स म्रियते। १०. यस्माद् देशाद् भवान् आगतः अहमपि तस्मादेव देशादागतोऽस्मि। ११. यदा आकाशे मेघाः आगच्छन्ति तदा मयूराः नृत्यन्ति। १२. यादृशं सुखं जनाः यौवने अनुभवन्ति तादृशं सुखं तैः वृद्धावस्थायां नानुभूयते।

32.6 <M> 幾つかの副次的接尾辞 (Some More Secondary Suffixes).

全ての動詞の活用形の他に、おびただしい数のサンスクリットの名詞、形容詞、副詞は極めて限られた数の動詞の原形に由来している。新しい語彙の形成に役立つ接尾辞に二つの型がある。先ず第一は、語根に直接付加される第一次的接尾辞がある。動詞の様々な時制、法、態などの活用形はこの方法で作られている。それに、全ての分詞、絶対分詞、不定詞なども第一次的接尾辞の使用によって作られる。そこで例えば、動詞語根 **कृ** という形から、その活用形 **करोति, अकरोत्, करोतु, क्रियते** etc.などが導き出されるばかりでなく、様々な分詞 **कृत, कृतवत्, कुर्वन्, क्रियमाण, कुर्वाण, करणीय, कर्तव्य, कार्य** のほかに、不定詞 **कर्तुम्**、絶対分詞 **कृत्वा** さらに名詞 **कर्ता, करणम्** 等が語根に接尾辞が付加される形で作られる。この様に語彙を作る為に語根に直接付加される接尾辞を第一次的接尾辞という。さらに第二次的接尾辞ともいうべき別種の接尾辞がある。これは既存の名詞や形容詞に付加されるものである。第 **27.6** 節、第 **27.7** 節で見たように、**वीरता, वीरत्वम्, शूरता, शौर्यम्, मौनम्,** といった抽象名詞、さらに **शिक्षिका** etc.の如く女性名詞を作るを作る第二次的接尾辞がある。重要な第二次的接尾辞を挙げれば次の通りである。

① 接尾辞 **अ.** この接尾辞は、～に由来する、～に属する、～の息子、等の意味で使用される。この接尾辞は抽象名詞を作る為にも使用される。最初の母音は **वृद्धि** を取る。

शिव	शैव	シヴァの信奉者
विष्णु	वैष्णव	ヴィシュヌの信奉者
भृगु	भार्गव	聖者ブリグの子孫
शिशु	शैशव(म)	幼年期、子供時代

② 接尾辞 इक. この接尾辞も、～に属する、～に由来する、～に適した等の意味で使用される。最初の母音は वृद्धि を取る。

समाज	सामाजिक	社会に適合した人
नगर	नागरिक	市民、都会の人
वेद	वैदिक	ヴェーダの
व्यवहार	व्यावहारिक	日常の、実践的な

③ 接尾辞 मत्. この接尾辞は何かを所有していること、何かの資質のあることを示す。मत् は場合によりवत् に変わることもある。

धन	धनवत्	裕福な
बल	बलवत्	強い
श्री	श्रीमत्	恩寵もしくは富をもつ

女性形は末尾に ई を付加して作られる。-मत्で終る形容詞、名詞の格変化については第 **20.1** 節を参照されたい。

32.7 <V> 動詞の意欲形 (Desiderative forms of Verbs)。何かをする意欲があることは、動詞 इष् (欲する)に、欲する目的を示す動詞の तुम् の形を使って伝えることが出来る。

सः गन्तुम् इच्छति- 彼は行くことを欲する。

अहं जलं पातुम् इच्छामि-私は水を飲むことを欲する。

しかし、サンスクリットでは最初の動詞を意欲形に変換することにより、二つの動詞によって伝えられる意味を結合して伝えることが可能である。この仕方で実際使われる動詞はあまり多くはないが、上述した仕方で何かをする意欲があることを表現出来るにしても、意欲形の作り方も知っておいた方がよかろう。

意欲形を作るには：

① 動詞語根の最初の子音が重複する。

② 語根と活用語尾の間に स् が付加される。

その他、इ-グループの動詞ではइを付加することとか、最終母音並びに中間短母音をगुण型に変えるなどの若干の変化はある。次に頻繁に使用される動詞を意欲形で幾つか掲げておく。

語根	普通形	意欲形	意味
कृ	करोति	चिकीर्षति	することを欲する
गम्	गच्छति	जिगमिषति	行くことを欲する
जि	जयति	जिगीषति	征服することを欲する
ज्ञा	जानाति	जिज्ञासते	知ることを欲する
दृश्	पश्यति	दिदृक्षते	見ることを欲する
पठ्	पठति	पिपठिषति	読むことを欲する
पा	पिबति	पिपासति	飲むことを欲する
भुज्	भुङ्क्ते	बुभुक्षते	食べることを欲する
मुच्	मुञ्चति	मुमुक्षति	自由になることを欲する
मृ	म्रियते	मुमूर्षति	死ぬことを欲する

32.8 \<N\> 意欲動詞の語幹からはआで終わる名詞やउで終わる形容詞なども作られる。その中で主要なものを次に掲げる。

語根	名詞	形容詞	形容詞の意味
जि	जिगीषा	जिगीषु	征服を欲する
ज्ञा	जिज्ञासा	जिज्ञासु	知識を欲する
पा	पिपासा	पिपासु	渇いた
भुज्	बुभुक्षा	बुभुक्षु	飢えた
मुच्	मुमुक्षा	मुमुक्षु	自由を望む
लभ्	लिप्सा	लिप्सु	獲得を望む

मुमुक्षुः एव वेदान्तं सम्यग् जानाति-自由を望む人間のみがヴェーダンタをよく理解することが出来る。

अधुना बुभुक्षा नास्ति- 私は今お腹がすいていない。

32.9 \<M\> 副詞の作り方。 サンスクリットの副詞の主要な型を挙げれば次の通りである。

第三十二課

① 本来的な副詞： これらは動詞の時、場所、理由、仕方等を示す単語で変化しない。次にその幾つかを掲げる。

時の副詞:अद्य, प्रातः, सायम्, श्वः, ह्यः, पूर्वम्, पश्चात्, कदा, यदा, तदा etc.

場所の副詞:अत्र, तत्र, कुत्र, यत्र, ततः, दूरे, दूरम्, निकटे, समीपम्, बहिः etc.

仕方の副詞:शीघ्रम्, मन्दम्, उच्चैः, शनैः etc.

② 名詞から作られる副詞：名詞のある形が副詞として定着したもの：

हठः-力、 हठेन, हठात्-力ずくで

③ 多くの形容詞の主格 単数形は仕方を示す副詞として機能する：

सा मधुरं वदति- 彼女は優しい声で話す。 सः सदा सत्यं व्यवहरति-彼は常に誠実な仕方で行動する。

④ 前述した、アヴヤイーバーヴァ複合語は副詞として機能する：

सः यथाशक्ति परेषां साहाय्यं करोति-彼は出来る限り他者を助ける。

वयं यथादेशं (यथा + आदेश) कार्यं कुर्मः-我々は指示されたように仕事をしている。

32.10 <E> 次の文章の中の空欄を適当な語で埋めなさい

१. ……… परिश्रमं करोति सः जीवने सफलः भवति।

२. यदा अहं तं मिलामि ……… सः सर्वदा मह्यं कुप्यति।

३. ……… एतत् पत्रमस्ति अहं तस्यै एव दास्यामि।

४. ……… नेता कथयति तथा तस्य अनुयायिनः कुर्वन्ति।

५. येन एतत् पत्रं लिखितं ……… स्वयम् अत्र आगतः।

६. येषां मनसि शान्तिः नास्ति ……… सुखम् अनुभवितुं न शक्नुवन्ति।

7. या मधुरं वदति ……… सर्वे स्निह्यन्ति।

८. यस्य एतत् विशालं गृहमस्ति ……… अवश्यमेव धनिना भवितव्यम्।

९. यादृशौ पितरौ भवतः ……… तयोः पुत्राः भवन्ति।

१०. ये तं निन्दन्ति स ……… अपि कदापि न निन्दति।

32.11<R> さらに幾つかの詩句を読むことにしよう

क. मनस्यन्यद्[१] वचस्यन्यद्[२] कर्मण्यन्यद्[३] दुरात्मनाम्[४]
मनस्येकं[५] वचस्येकं[६] कर्मण्येकं[७] महात्मनाम्[८] ।।

अन्वयः-दुरात्मनां मनसि अन्यत्, वचसि अन्यत्, कर्मणि अन्यत्। महात्मनां मनसि एकं, वचसि एकं, कर्मणि एकम्।

ख. सत्यं ब्रूयात्[९], प्रियं ब्रूयात्, न ब्रूयात् सत्यमप्रियम्[१०]।

प्रियं च नानृतं[११] ब्रूयात्, एष धर्मः सनातनः[१२]॥

अन्वयः-सत्यं ब्रूयात्, प्रियं सत्यं ब्रूयात्, अप्रियं सत्यं न ब्रूयात्, प्रियम् अनृतं च न ब्रूयात्, एष सनातनः धर्मः।

注： 1. 心の中では別のこと(अन्यत्-異なる), 2. 言葉の上で別のこと(वचः-言葉、発言, वचः-वचसि-वचांसि), 3. 行いの上では別のこと, 4. 悪しき人々のもの(दुर् + आत्मन्), 5. 心の中でも一つのこと、 6. 言葉の上でも一つのこと、7. 行いの上でも一つのこと、8. 偉大な人々のもの、 (偉大な魂を持った人) 9. 話すべきである(ब्रू 話す, विधिलिङ् iii-i) 10. 不愉快な、不快な、11. ऋतं-真実、 अनृतम्-偽り、 12.永遠の。

＜＜練習問題解答＞＞

32.5 1. 彼女は常に彼女の夫が言ったことをしている。 2. 彼がここにいる限り、誰もこの場所から離れられない。 3. 他者を傷つける人は自分自身をも苦しめている。 4. これらの品物はそれが意図されている人に対してのみ与えられるべきである。 5. 愚人が語る時、知者は沈黙を守るべきである。 6. 私が常に思いをかけるその人は私に対して無関心。7. サンスクリットを学ぶ人は古代インド思想を良く理解できる。8.カマラが愛している同じ若者をヴィマラも愛している。 9. 生まれたものは又死ぬ。10. 貴方がやって来た同じ国から私もやって来ました。 11. 空に雲がかかると、孔雀が踊る。 12. 人は老年になると若い時に感じるような幸福を味わうことがない。

32.10 १.यः, २.तदा, ३. यस्यै, ४. यथा, ५. सः, ६. ते, ७. तस्यां, ८. तेन, ९.तादृशाः,१०.तान्

32.11 क. 邪悪な人達は心に抱くことと、言葉に出すことは別、行いは更に別です。偉大な魂の人達は心で思うことも、言葉も行いも同じです。

ख. 人は真実で、しかも心地よいことを話すべきで、不快な真実は口にだしてはなりません。心地よいことでも、真実ではないことは話すべきではありません。これは永遠の法です。

第三十三課

『仏陀の伝記』बुद्धचरितम्

बुद्धचरितम्-१

33.1<R> 仏陀の生涯にまつわる物語を読むことにしよう

क. द्विसहस्रपञ्चशतवर्षपूर्वं[१] कपिलवस्तौ शुद्धोदनो नाम राजा राज्यं करोति स्म। तस्य भार्या[२] महादेवी आसीत्। तयोः एकः पुत्रोऽजायत यस्य सिद्धार्थ इति नाम अक्रियत[३]। बाल्यादेव सिद्धार्थः अति मेधावी गम्भीरस्वभावः[४] च आसीत्।

एकदा बालकः सिद्धार्थः राजप्रासादस्य[५] उद्याने[६] भ्रमति स्म। सहसा[७] शरेण[८] विद्धः[९] एको हंसः[१०] तस्य समीपे अपतत्। करुणापूरितहृदयः[११] सिद्धार्थस्तम् उत्थाप्य जलेन तस्य व्रणं[१२] प्राक्षालयत्[१३]। तस्मिन्नेव काले सिद्धार्थस्य पितृव्यपुत्रः[१४] देवदत्तः तत्रागच्छत्।

"एष हंसो मम। अहमेनं शरेण विद्धवान्" इति देवदत्तोऽवदत्। सिद्धार्थः प्रत्यवदत्- "हंसोऽयं मम। शरेण विद्धमेनम् अहं रक्षितवान्" इति। विवदन्तौ[१५] तौ उभौ[१६] अपि राज्यस्य प्रधानमंत्रिणः सम्मुखं जग्मतुः। प्रधानमंत्री अवदत्-"यो जीवनं हरति तस्य तुलनया[१७] जीवनदातुः[१८] अधिकारः[१९] अधिको भवति। एष हंस सिद्धार्थस्यैव वर्तते"।

注： 1. 2,500年前、 2. 妻、類語 पत्नी, जाया, 3. 為された, pass. लट् iii-i, 4. 真面目な性格の、*bahubrīhi*, 5. प्रासादः-宮殿、 राजप्रासादः-王宮、*tatpuruṣa*, 6. उद्यानं-庭、7. 突然、 8. शरः-矢、9.刺さった、(विध्+त) 10. 白鳥、11. 心からの同情心をもって、करुणा-親切、同情、पूरित-一杯の(पूर्+त), *bahubrīhi*, 12. 傷、13. 洗った、प्र + क्षल्, लङ् iii-i, 14. पितृव्यः-叔父、15. 議論して、(वि+वद्+अत्, 1-2), 16. 両者、17. と比較して、तुलना-比較、18.生命の授与者の6-1 > दातृ-授与者、19. 権利。

ख. राजा शुद्धोदनः स्वपुत्रस्य जीवनं सर्वदैव सुखेन पूर्णं द्रष्टुमैच्छत्। सिद्धार्थः जगति किमपि दुःखं न जानीयात्[१] इत्यर्थं[२] सः सदैव प्रयतितवान्[३]। एकदा रथारूढो[४] सिद्धार्थः राजपथे[५] गच्छति स्म। मार्गे स एकं क्षीणशरीरं[६] वृद्धमपश्यत्। नतपृष्ठः[७] स वृद्धः लकुटिसाहाय्येन[८] येन केन प्रकारेण[९] पथि[१०] गच्छति स्म।

तं दृष्ट्वा सिद्धार्थः सारथिमपृच्छत्-"कोऽयम्? न मया एतादृशो मनुष्यः पूर्वं दृष्टः।" सारथिरवदत्-"अयमेको वृद्धो मनुष्यः अस्ति। सर्वे मनुष्या उत्तरे वयसि[११] ईदृशीं दशां[१२] प्राप्नुवन्ति।" "किं ममापि एषा दशा भविष्यति ?" इति सिद्धार्थेन पृष्टः सारथिरवदत्-"सर्वेषामेव मनुष्याणामेषा नियतिः[१३]। त्वमपि वृद्धावस्थायाम् ईदृशीं दशां प्राप्स्यसि।" खिन्नमनाः[१४] राजपुत्रः सारथिं रथं राजप्रासादं प्रत्यावर्तयितुम्[१५] आदिशत्[१६]।

注：1. जानीयात्–知る様に、ज्ञा, विधिलिङ् iii-i, 2. इति + अर्थं–この目的の為に、3.試みた、(प्र+यत्+तवत्),4. रथारूढो–馬車に乗りながら、(रथ+आ+रुह्+त), 5. राजपथे–王宮の道の上に、6. क्षीणशरीरं– 弱まった肉体で、क्षीण-弱い、*Bahubrīhi*, 7. नतपृष्ठः–背の曲った、同じ複合語、8. लकुटिसाहाय्येन–杖の助けを借りて、9. येन केन प्रकारेण–どうにかこうにか、 प्रकारः-仕方、方法、 10. 途中、7-1 > पथिन्, (पथिन्- पंथा-पंथानौ-पंथानः 並びに पथ-पथः-पथौ-पथाः,同じ意味を持つ、両者とも男性)、11. उत्तरे वयसि–後年、老年において、12. ईदृशी दशा–このような状態で、13. नियतिः–運命、14. खिन्नमनाः– 落胆して、(खिन्न +मनस्), 15. प्रत्यावर्तयितुम् आदिशत्– 戻るよう命令した、 (प्रति+आ+वृत्, *caus.*), 16. 指示した、आ+दिश्, (आदेशः-指示、命令).

ग. अन्यस्मिन् एकस्मिन् दिने सिद्धार्थः पुनः रथेन राजमार्गे गच्छति स्म। मार्गे तदा तेन केचित् रुदन्तः जनाः दृष्टाः। ते स्वस्कन्धेषु[१] शवमेकं[२] हरन्ति स्म। "किमिदम्? न मया एतद् दृश्यं[३] पूर्वं कदापि दृष्टम्" इति सिद्धार्थः सारथिं पृष्टवान्। सारथिरवदत्-"एषा मनुष्याणामन्तिमा गतिः[४]। यः कोऽपि अस्मिन् जगति जायते सोऽवश्यमेव म्रियते। मृतस्य मनुष्यस्य शरीरमग्नौ दह्यते। एते जनाः मृतस्य सम्बन्धिनः सन्तिः। ते तस्य शरीरं दाहार्थं[५] श्मशानं[६] नयन्ति" इति। सिद्धार्थः सारथिमपृच्छत्-"किं ममापि मृत्युः अवश्यंभावी[७]?" सारथिः प्रत्यवोचत्[८]-"नास्ति कोऽप्युपायः मृत्योः परिवर्जनस्य[९]।"

पुनरेकदा[९] भ्रमणाय गच्छन् सिद्धार्थः शान्तवदनम्[१०] एकं पुरुषमपश्यत्। सः सारथिमपृच्छत्- "कथम्[११] एषः मनुष्यः सर्वथा शान्तः चिन्तारहितः प्रसन्नश्च दृश्यते"? सारथिरवदत्- "एष जनः संन्यासी वर्तते। नगराद् बहिः आश्रमे निवसन् अयं जीवनस्य सत्यम् अन्विष्यति[१२] परेषां चोपकारं करोति।" तं संन्यासिनं दृष्ट्वा सिद्धार्थस्य मनस्यपि वैराग्यम्[१३] अजायत। सोऽपि जगतः सत्यं मनसः शान्तेः उपायं च ज्ञातुम् उत्सुकोऽभवत्[१४]।

注：1. स्कन्धः-肩、2. शवः-死体、3. 光景、4. अन्तिमा गतिः–最後の状態、5. दाहः-焼却、6. श्मशानं– 火葬場、7. 逃れられない、8. 答えた、प्रति+अवोचत्, वच्/ब्रू, लुङ् iii-i, परिवर्जनं-避けること、9. पुनरेकदा (पुनः एकदा)–再びある時、

10. शान्तवदनः–平静な顔つきで、*Bahu.*, 11. कथम्–如何に、何故、12. 探究する、अनु+इष् (第4類) लट् iii-i., 13. वैराग्यं–放棄への願望、無執着、14. उत्सुक–知りたがる、欲しがる.

33. 2<R> बुद्धचरितम्-२

क. स्वपुत्रस्य एतादृशीं दशां दृष्ट्वा चिन्तितः शुद्धोदनः सिद्धार्थस्य विवाहमरचयत्। तस्य पत्नी यशोधरा अतीव रूपवती[१] गुणसम्पन्ना[२] चासीत्। तयोरेकः पुत्रोऽपि अजायत, यस्य राहुल इति नाम कृतम्। किन्तु पत्न्याः प्रीतिः पुत्रे च स्नेहोऽपि सिद्धार्थाय शान्तिं प्रदातुं नाशक्नुताम्। एकदा रात्रौ सिद्धार्थः पुत्रेण सह स्वपन्तीं[३] स्वपत्नीं परित्यज्य निःशब्दं[४] राजाप्रासादात् निर्गतः।

जगतः सत्यं मनसः शान्तेरुपायं च ज्ञातुमिच्छन् सिद्धार्थः बहूनां पण्डितानां साधूनां च सकाशं गतवान्। ते सर्वे स्वस्वशास्त्राणामुपदेशं तस्मै ददुः[५]। शास्त्राणि अनुसृत्य[६] यज्ञं कुर्वन् मनुष्यः स्वर्गं लभते इति सर्वे पण्डिताः कथयन्ति स्म। योगमार्गेण शरीरं प्राणांश्च[७] नियम्य[८] मनुष्यः अद्भुतां[९] शक्तिम् अधिगन्तुं[१०] शक्नोति इति साधवः तस्मै उपदिष्टवन्तः[११]।

注：1. 美しい、*f.* > रूपवान्, 2. *f*良い資質が沢山ある、3.寝ている、स्वप्+अत्, 2-1 *f.* 、 4.音を立てずに、静かに。5. ददुः–与えた、दा, लिट् iii-iii, 6. अनुसृत्य – 従って、अनु+सृ+य, 7. そして*prāṇas*, प्राणान्+च, 第節を見よ。8. नियम्य–統御して、9. अद्भुता शक्तिः–比類のない能力、10. अधिगन्तुं–得る為に、अधि+गम्+तुम्. 11. 説いた、 उप+दिश्+तवत्, 1-3 > उपदिष्टवान्.

ख. किन्तु मनुष्यः अस्मिन्नेव जन्मनि[१] कथं शान्तिं च प्रकाशं[२] च प्राप्तुं शक्नोति इत्यस्य प्रश्नस्य उत्तरं दातुं न कोऽपि समर्थः आसीत्। इत्थं[३] बहुकालं यापयन्[४] सिद्धार्थः अचिन्तयत्, "एतेषु पण्डितेषु साधुषु च न कोऽपि सत्यं जानाति। ते सर्वे शब्दज्ञाः[५] एव सन्ति न तु तत्त्वज्ञाः[६]। न च तेषु केनापि स्वजीवने शान्तिरधिगता[७]। मया स्वयमेव स्वकल्याणस्य[८] मार्गः अन्वेष्टव्यः"[९] इति सो विनिश्चितवान्[१०]।

स एकस्मिन् वृक्षस्य अधः शान्तभावेन[११] स्वात्मनि[१२] एव मनः नियोजयन्[१३] ध्याने अतिष्ठत्। दीर्घकालम् एवं ध्यानं कुर्वतः तस्य मनसः अशान्तिर्विलुप्ता[१४]। तदा एकदा तस्य हृदये सहसा प्रकाशस्य शान्तेश्च आविर्भावः[१५] अभूत्। "मया अद्य सत्यस्य बोधः प्राप्तः" इति तेन विनिश्चितम्। पश्चात् तत्स्थानं बोधगया इतिनाम्ना तीर्थरूपेण[१६] प्रसिद्धंऽभवत्।

注：1. अस्मिन्नेव जन्मनि–この人生において、7-1 > जन्मन्, 2. प्रकाशः–光、3. かくして、4.費やして、*caus.* >या+अत् (कालं यापयति-時を過ごす), 5. शब्दज्ञः-言葉の知者、6. तत्त्वज्ञः–究極的真理の知者、**7.** अधिगता–到達した、

अधि+गम्+त *f.,* 8. कल्याणं–幸福、精神的財宝、9. अन्वेष्टव्यः– 探求されるべきである、अनु+इष् +तव्य, 10.決定した、वि+निस्+चि+तवत् 、11. शान्तभावेन–平静な気持ちで、(भावः–内的状態、स्वभावः–人の内的性質), 12. स्वात्मनि–自分自身の中で、7-1> आत्मन्, 13. नियोजयन्– 利用して、結び付けて、नि+युज् *caus.*+अत्, 14. विलुप्ता–隠れた、見えなくなった、वि+लुप्+त, *f.* 15. आविर्भावः–目覚め、出現、16. तीर्थरूपेण–巡礼の地。

ग. जनाः सिद्धार्थः बुद्धः अभवत् इति अकथयन्। बुद्‌धः इति शब्दस्य अर्थः बोधं[१] प्राप्तः मनुष्यः वर्तते। स्वयं प्राप्तस्य ज्ञानस्य लाभं अन्येभ्यः प्रदातुमिच्छन् महात्मा बुद्धः ग्रामाद् ग्रामं नगराद् नगरं चाभ्रमत्। तस्मिन् समये पण्डितानां भाषा संस्कृतम् आसीत्। संस्कृतम् अजानन्तः[२] जनाः पण्डितानां वशे[३] आसन्। बुद्धः सदा लोकप्रचलितायां[४] पालिभाषायाम् एव स्वप्रवचनमकरोत्[५]। साररूपेण[६] तस्य उपदेशः इत्थं वर्तते-

मनुष्यस्य दुःखस्य मूलकारणं तस्य मनसि स्थिता तृष्णा[७] वर्तते। तृष्णां विहाय[८] मनुष्यः शान्तिं निर्वाणं च प्राप्तुं शक्नोति। ईश्वरस्य स्वर्गस्य वा चर्चां[९] विहाय मनुष्येण स्वमनसि स्थितः अन्धकारः नाशयितव्यः[१०]। स्वकीयं मनो जित्वा मनुष्यः सर्वं जेतुं शक्नोति। एतदर्थं मनुष्येण स्वयमेव प्रयत्नः कार्यः। न कोऽपि अन्यो जनः अन्यं जनम् उद्धर्तुं[११] शक्नोति। "आत्मदीपो[१२] भव" इति बुद्धः स्वशिष्यान् उपदिशति स्म।

注；1. बोधः–知識、理解、覚醒、2. अजानन्तः–知らないで、अ+ ज्ञा + अत् 1-3, 3. वशः–支配、言いなりになる、補助、4. लोकप्रचलिता– 人々の間に広まった、5. प्रवचनम्–説教、講話、6. सारः–真髄、**7.** तृष्णा–欲求、渇き、8. विहाय-捨て去って、諦めて、वि+हा+य, (विजहाति-放棄する、去る), 9. चर्चा– 議論、話、10. नाशयितव्यः –消滅されるべきである、नश् *caus.*+तव्य, 11. उद्धर्तुं-向上させる、救済を与える、 (उद् +हृ +तुम्), 12. "आत्मदीपो भव"–自分自身に対する光明たれ、दीपः–燈明、*bahu.*

33. 3 <R> बुद्धचरितम्-३

क. महात्मनः बुद्धस्य जीवनकाले बहवः जनाः तस्य शिष्या अभवन्। पश्चात्[१] ते तस्य शिक्षाणां प्रचारम् स्थाने स्थाने अकुर्वन्। बुद्धस्य शिष्याणां सङ्घोऽपि[२] एको निर्मितः[३]।

वेदेषु आधृतः[४] प्राचीनः धर्मः तत्कालस्य ब्राह्मणैः सर्वथा विकृतः[५] आसीत्। बुद्धस्य शिक्षासु मनुष्याः स्वकल्याणस्य मार्गमपश्यन्। बुद्धेन प्रतिपादितः[६] धर्मः बौद्धधर्मः इति नाम्ना प्रसिद्धः। बहवः जनाः बौद्धधर्मस्य अनुयायिनः अभवन्। अस्मिन् नवीने धर्मे प्रवेशकाले[७] ते उच्चरन्ति स्म[८]-बुद्धं शरणं[९] गच्छामि। धम्मं शरणं गच्छामि। संघं शरणं गच्छामि इति।

भारतस्य बहुभिः राजभिरपि बौद्धधर्मः अङ्गीकृतः[१०]। सम्राट् अशोकः एतेषु अतिप्रसिद्धः। स न केवलं भारते बुद्धस्य शिक्षाः प्रचारितवान् अपितु तासां प्रचारार्थं स्वपुत्रं महेन्द्रं पुत्रीं संघमित्रां च श्रीलङ्काम् अपि प्रेषितवान्।

注：1. पश्चात्–後になって、2. सङ्घः–組織、3. निर्मितः–作られた、 निर्+मा+त. 4. वेदेषु आधृतः–ヴェーダに基づく、आ+धृ+त, 5.　विकृतः–歪曲された、वि+कृ+त, (विकारः–歪曲、逸脱、変更), 6. प्रतिपादितः–提案した、**7.** प्रवेशकाले–入門する時に、8. उच्चरन्ति स्म–表明するのが常であった(उत्+चर्), (उच्चारणं-表明), 9. शरणं–隠れ家、身を守る所、10. अङ्गीकृतः-採用された。

ख. बौद्धधर्मस्य प्रभावात्[१] भारते धर्मस्य दर्शनस्य[२] च क्षेत्रे[३] बहवः विद्वांसः महत् ज्ञानं प्राप्तवन्तः बहून् ग्रन्थान् च लिखितवन्तः। तेषां केचित् तिब्बत, चीन, जापानदेशेष्वपि गतवन्तः। तेषां कार्यस्य प्रभावाद् एव बौद्धधर्मः अधुना विश्वस्य[४] एकः प्रमुखो[५] धर्मो विद्यते।

महात्मनो बुद्धस्य काले यादृशी विकृतिः[६] वैदिकधर्मे[७] दृश्यते स्म तादृशी एव विकृतिः अधुना बौद्धधर्मेऽपि दृश्यते। बौद्धमन्दिराणां बहवः आचार्याः[८] अपि महात्मनो बुद्धस्य मूलशिक्षाः न तु जानन्ति नैव परिपालयन्ति[९]।　बौद्धधर्मोऽपि अधुना अधिकतरं कर्मकाण्डस्य[१०] एव धर्मः सञ्जातः[११]। महात्मनः बुद्धस्य मूलसन्देशं पुनः एकदा बोद्धुं[१२] महती आवश्यकता वर्तते

注：1. प्रभावः– 影響、効果、2. दर्शनं– 哲学、3.　क्षेत्रं– 分野、4. विश्वं–世界、全ての、*adj.* 5. प्रमुख– 重要な、6. विकृतिः–歪曲、विकारः, **7.** वैदिकधर्मः–ヴェーダに基づく宗教、インドの古代宗教、8. आचार्यः–教師、学者、説教者、9. परिपालयन्ति– 遵守する、従う、 10. कर्मकाण्डः–儀式、儀礼、11. なった、 12. बोद्धुं– 知るために、बुध् + तुम्.

＜＜物語 ブッダの生涯 －１ 訳＞＞

33.1 क.　二千五百年も昔のこと、カピラヴァストゥを治めていたシュッドーダナという王様がいました。その妻がマハデーヴィでした。二人にはシッダールタと名付けられた息子がいました。子供の時からシッダールタは大変知的で真面目な性格でした。

或る時シッダールタは王宮の庭を散策していました。突然、矢が突き刺さった白鳥が彼の近くに落ちてきました。同情心をもってシッダールタはそれを取り上げ、水でその傷を洗ってやりました。その時にシッダールタの従兄弟のデーヴァダッタがそこへやってきました。

「この白鳥は私のものです。私が矢で打ち落としたのです。」とデーヴァダッタが言いました。シッダールタは答えました。「これは私のものです。それが矢で射

抜かれた時に私がそれを助けたのです。」こうして喧嘩になったので二人は王国の総理大臣のところに行きました。総理大臣は言いました、「命を取ったものの権利よりも、命を与えたものの権利の方が大きい。この白鳥はシッダールタのものです。」

ख. 王様のシュッドーダナは彼の息子の生活が常に幸福で満ち溢れているのを見ることを望んでいました。彼はシッダールタが人生における苦悩を決して見ることがないように常に気を配っていました。ある時、シッダールタは馬車に乗って王宮の小道に行きました。途中で痩せて弱々しい身体の老人を見ました。背中の曲ったその老人は杖の助けを借りて、どうにかこうにか道を歩いていました。

彼を見て、シッダールタは彼の御者に尋ねました。「彼は誰なのか。私はあのような男をまだ見たことがない。」御者は答えました、「彼は老人です。晩年になれば全ての人間がこのような状態になります。」「私も同じような状態になるのだろうか。」とシダールタに尋ねられた御者は、「これは全ての人間の運命です。貴方様も老年には、このような状態になるのです。」と答えた。悲しい心持ちになりシッダールタは御者に馬車を王宮へ戻すように命じました。

ग. 別の日にシッダールタはまた馬車で王宮の小道に行ってみました。その途中彼は幾人かの泣いている人達を見ました。彼等は死体を肩に担いで運んでいました。シッダールタは御者に尋ねました。「これは何だ。私はまだ一度もこの様な光景を見たことがない。」

御者は言いました、「これは人間の最後の定められた状態です。この世に生れた人は誰でも必ず死にます。死んだ人間の肉体は火で焼かれるのです。これらの人達は死んだ人間の親族です。彼等はその肉体を焼くために火葬場に運んでいるところです。」シッダールタは御者に尋ねました、「私の死も避けられないことなのか。」御者は答えました、「死を逃れる道はありません。」

又再び散歩している時に、シッダールタは平和に満ち溢れた顔をした男に会いました。彼は御者に尋ねました、「この男はどうして完全に落ち着いて、心配事がなく、全く幸福そうにしているのか。」御者が答えました、「この男はサンニヤーシ（僧侶）です。町の外のアーシュラマに住んでいるこの男は人生の真理を探求し、他の人達に善を行っています。」このサンニヤーシを見て、シッダールタの心にも隠棲する気持ちが高まってきました。彼もまたこの世の真理と心の平安を与えるための道を知ることを切望しました。

＜＜物語　仏陀の生涯 － 2 訳＞＞

第三十三課

33.2 **क.** 自分の息子のその様な状態を見て、心配したシュッドーダナはシッダールタの結婚を取り決めました。彼の妻ヤショダラは大変美しく多くの資質に恵まれていました。二人の間に息子が生れ、ラーフラと名付けられました。しかし、妻の愛情も息子への愛着もシッダールタの心に平和を与えることは出来ませんでした。或る晩シッダールタは息子と一緒に寝ている妻をおいて、静かに王宮を後にしました。

シッダールタはこの世の真理と心の平和を見出す方法を知りたいと願って多くの知者(パンディット)や行者(サードゥ)のもとに赴きました。彼らは皆それぞれの経典に基づく説教を彼に聞かせました。すべての知者は、経典にのっとり神を敬愛することによって、人は天国を手にすると、このように語りました。行者達は、ヨーガを通じて肉体と生命エネルギーを統御することにより、人間は比類のない能力を獲得することが出来ると説きました。

ख. しかし、「人間は如何にすれば今生において平和と光明とを得られるのか。」という問いに答えられるものは誰もいなかったのです。このようにして多くの時間が過ぎ去り、シッダールタは、「これらの知者や行者の中には、真理を知っているものは一人もいない。彼等は言葉を知っているだけで真理を知っているものは一人もいない。そして自分の人生に平和を見出しているものもいない。私は自分で自分の幸福への道を探究しなければならない。」と決断を下しました。

彼は一本の樹下に静かに座り、心を内に向け瞑想をしました。彼が長い間このように瞑想していると、彼の心の苛立ちは消えました。そして、ある時、突然、平和と光明が彼の内に現われました。彼は「今日、自分は真理の知識を得た。」と思った。その後、その場所は、ブッダガヤと言う名の巡礼地として知られるようになりました。

ग. 人々はシッダールタを仏陀と呼ぶようになりました。仏陀と言う言葉の意味は「目覚めた人」ということです。自分自身で到達した知識の恩恵を他の人にも与えたいと思い、偉大な魂の仏陀は村から村へ町から町へと歩きました。その頃サンスクリットは知者達の言語でした。サンスクリットを知らない人々は、知者の支配下にありました。仏陀は常に人々の間で一般的に使われていたパーリ語で講話をしました。彼の教えの精髄は次のようなものでした。

人間の苦悩の根本原因は心に潜んでいる欲望である。人間は欲望を捨てることによって平和と涅槃(ニルヴァーナ)の境地に到達出来る。神とか天国とかについて考えることは止めて、人間はまず自分の心の闇を取り除くべきである。自分の心に打ち勝つことにより、人間は全てのものに打ち勝つことが出来るようにな

る。そのために全ての人は自分自身で努力すべきある。誰も他の人間を救うことは出来ない。仏陀は弟子達に、「自分自身にとっての光明たれ。」と教えました。

<<物語 ブッダの生涯 - 3 訳>>

33.3 क.生涯を通して、多くの人々が賢者仏陀の弟子になりました。その後彼等はさまざまな場所で仏陀の教えを広めました。仏陀の弟子達の僧団も創設されました。

その当時のブラフマナ、即ち聖職者達は、ヴェーダに基づく古代の宗教を全く歪曲していました。人々は仏陀の教えに自分の救いを見出しました。仏陀によって説かれた宗教が仏教として知られるようになりました。沢山の人々が仏教の信奉者になりました。新しい宗教に入信すると、彼等は次のように表明するのが常でした。「私は仏陀に帰依します。私は法に帰依します。私は僧団(僧伽)に帰依します。」

インドの多くの王達もまた仏教を受け入れました。中でもアショーカ王は大変有名です。彼は仏陀の教えをインドの中だけで広めるのではなく、それを広く流布させるため、スリランカへ息子のマヘンドラと娘のサンガミトラを派遣しました。

ख. 仏教の影響の下にインドでは、宗教や哲学の分野において、多くの学者が偉大な知識を獲得し、沢山の書物を著しました。その中の幾人かが、チベット、中国、日本へも赴きました。彼等の働きの影響で、今日、仏教は世界の主要な宗教の一つになっています。

現在、仏陀の時代にヴェーダの宗教で見られたのと同じような歪曲が仏教においても見受けられます。仏教寺院の僧侶や学者の多くは仏陀の元々の教えを理解してもいないし、それに従がうこともありません。今や仏教もまた主として儀礼宗教に成り果ててしまいました。仏陀の根本的教えを今一度理解し直す大きな必要性があります。

第三十四課

『法句経』の詩句 *Dhammapada*

『ダンマパダ』は上座部仏教のなかでも、極めて特異な地位を占めている。そこに含まれているメッセージの普遍性の故に、この経典は仏教徒のみならずその他の宗教の信奉者の間でも広く尊敬されている。仏陀がこの世を去ってから約百年程経ってから、仏弟子達がより集い、仏陀の教説を編集することになった。『ダンマパダ』には仏陀が実際に語った言葉が盛り込められている可能性が非常に高いのである。

仏陀の時代に学者が使っていた言語はサンスクリットであるが、仏陀は行動地域の中で一般に使用されていたパーリ語を使って説教するのが常であった。しかし、パーリ語はサンスクリットに極めて近い言語である。実際、『ダンマパダ』の詩句を読んでみれば、パーリ語とサンスクリットとの類似性にすぐに気がつくであろうし、また偉大な仏陀の教えの単純明快さと直裁性に強い印象を持つことであろう。この課では先ず、パーリ語原典を掲げ、それにサンスクリット訳の詩句を併記することにした。我々の学習の為には、このサンスクリット版を使うことにする。括弧内の数字は『ダンマパダ』の詩句番号である。

また諸君は『ダンマパダ』と『ギーター』との類似性にも気づかれるであろう。二つの文典の倫理的教説は同質のものである。しかし、『ギーター』には哲学的観点からの教説が目立っている。一方、仏陀は形而上学的思弁にあまり興味を示すことはなかった。仏陀は何よりも先ず、一般人に向かって救いの道を示すことを望み、苦しみを除く為の生活の仕方を直接的に教えようとされたのである。

注：出典　धम्मपदं (Dhammapadaṃ) rendered into Sanskrit by राहुल सांकृत्यायन (Rāhul Sānkṛtyāyana), published by बुद्धविहार, Lucknow,orig.1957, 2nd ed.1965

१.　मनोपुब्बङ्गमा धम्मा मनोसेट्ठा मनोमया।
मनसा चे पदुट्ठेन भासति वा करोति वा।
ततो नं दुक्खमन्वेति चक्कं व वहतो पदं। (१)

मनःपूर्वङ्गमा धर्मा मनःश्रेष्ठा मनोमयाः।
मनसा चेत् प्रदुष्टेन भाषते वा करोति वा।
तत एनं दुःखमन्वेति चक्रमिव वहतः पदम्।।

注：पूर्वङ्गम-前に行く、先行する、श्रेष्ठ-最上の、मनोमय-心からなる、प्रदुष्ट-堕落した、अन्वेति=अनु+एति-従う、चक्रं-車、वहतः-(牛に)引かれる、वहन्の 6-1 (वह्+अत्) 運ぶ、引く

心は全てに先立ち、（心は）最上位にある。全ての事柄は心がつくる。もし、人が汚れた心で語り行えば、牛がひく荷車の車輪のように、苦しみが彼に伴う。

२.　मनोपुब्बङ्गमा धम्मा मनोसेट्ठा मनोमया।
मनसा चे पसन्नेन भासति वा करोति वा।
ततो नं सुखमन्वेति छाया व अनपायिनी। (२)

मनःपूर्वङ्गमा धर्मा मनःश्रेष्ठा मनोमयाः।
मनसा चेत् प्रसन्नेन भाषते वा करोति वा।
तत एनं सुखमन्वेति छायेवानपायिनी।।

注：छाया-影、अनपायिनी-決して去ることがない、>अन्+अप+अय् 行く、अप-外側へ、**24.2**節参照

心は全てに先立ち、（心は）最上位にある。全ての事柄は心がつくる。もし、人が清い心で語り行えば、人影がその人から離れないように、幸せは彼から離れない。

३.　अक्कोच्छि मं अवधि मं अजिनि मं अहासि मे।
ये तं उपन,हन्ति वेरं तेसं न सम्मति। (३)

अक्रोशीत् माम्, अवधीत् माम्, अजैषीत् माम् अहार्षीत् मे।
ये तत् उपनह्यन्ति वैरं तेषां न शाम्यति।।

注：अक्रोशीत्-非難した、क्रुश्, लुङ् iii-i, अवधीत्-打った、वध्, लुङ् iii-i, अजैषीत्-勝った、負かした、जि, लुङ् iii-i, अहार्षीत्-奪った、हृ, लुङ् iii-i, उपनह्यन्ति-束縛する、束縛し続ける उप+नह्-束縛する

「彼が私を非難し、打ち据え、挫折させ、私からものを奪う。」このような思いを隠し持ち続ける人の憎しみは、絶えることがない。

४. अक्कोच्छि मं अवधि मं अजिनि मं अहासि मे।
ये तं न उपन,हन्ति वेरं तेसूपसम्मति। (४)

अक्रोशीत् माम्, अवधीत् माम्, अजैषीत् माम्, अहार्षीत् मे।
ये तत् नोपनह्यन्ति वैरं तेषूपशाम्यति।।

「彼が私を非難し、打ち据え、挫折させ、私からものを奪う。」このような思いを抱かない人の憎しみはひとりでに鎮まる。

५. न हि वेरेन वेरानि सम्मन्तीध कुदाचनं।
अवेरेन च सम्मन्ति एस धम्मो सनन्तनो। (५)

न हि वैरेण वैराणि शाम्यन्तीह कदाचन।
अवैरेण च शाम्यन्ति, एष धर्मः सनातनः।।

注：हि-確かに、वैरं-敵意、इह-ここに、この世で、सनातन-永遠の

この世では、憎しみは憎しみによって鎮まることはない。憎しみの感情がなくなれば、憎しみは鎮まる。これは永遠の法則である。

६. बहुंपि चे सहितं भासमानो, न तक्करो होति नरो पमत्तो।
गोपो व गावो गणयं परेसं, न भागवा सामञ्ञस्स होति। (१९)

बह्वीमपि संहितां भाषमाणो न तत्करो भवति नरः प्रमत्तः
गोप इव गाः गणयन् परेषां, न भाग्यवान् श्रामण्यस्य भवति।।

注：बह्वी-*f.* > बहु 沢山の、संहिता-経典の全集、तत्कर-それを行った、それに献身した、प्रमत्त-怠惰な、放逸な、गोपः-牛飼い、 भाग्यवान्-幸運な、～に値する、श्रामण्यं-僧侶としての資質、行い、 श्रमण仏教僧侶又は信奉者

例え多くの経典を読誦しても、怠惰で、それにふさわしい行いがなければ、他人の牛の数を数える牛飼いのように、彼に宗教者の資格はない。

७. अप्पम्पि चे सहितं भासमानो, धम्मस्स होति अनुधम्मचारी।
रागञ्च दोसञ्च पहाय मोहं, सम्मप्पजानो सुविमुत्तचित्तो।
अनुपादियानो इध वा हुरं वा, स भागवा सामञ्ञस्स होति।। (२०)

अल्पामपि संहितां भाषमाणो, धर्मस्य भवत्यनुधर्मचारी।
रागं च द्वेषं च प्रहाय मोहं सम्यक् प्रजानन् सुविमुक्त-चित्तः
अनुपादान इह वाऽमुत्र वा, स भाग्यवान् श्रामण्यस्य भवति।।

注：अनुधर्मचारी-法に従って、विमुक्त-自由な、解放された、 अनुपादान-所有せずに、अन्+उप+आ+दा+आन, अमुत्र-あそこで、他の世で、वा-又は

読誦する経典がごくわずかでも、法にかなった行いが正しく、情欲と憎しみと妄想を捨て、正しい知識、自由な心があって、現世と来世に所有欲のない人は、宗教者たる祝福を得られる。

८. अप्पमादो अमत-पदं पमादो मच्चुनो पदं।
अप्पमत्ता न मीयन्ति ये पमत्ता यथा मता।।१।। (२१)

अप्रमादोऽमृतपदं प्रमादो मृत्योः पदम्।
अप्रमत्ता न म्रियन्ते ये प्रमत्ता यथा मृताः।।

注 : अप्रमादः-注意怠りないこと、अमृतपदं-不死の場所。

気づきは、永遠の住まい（状態）であり、気づきのなさは、死の館（状態）である。気づきのある人に死はないが、気づきのない人は死者のようなものである。

९. पमादं अप्पमादेन यदा नुदति पण्डितो।
पञ्ञापासादमारु,ह असोको सोकिनिं पजं।
पब्बतट्ठो व भूम्मट्ठे धीरो बाले अवेक्खति।।८।। (२८)

प्रमादम् अप्रमादेन यदा नुदति पण्डितः।
प्रज्ञा-प्रासादमारुह्य अशोकः शोकिनीं प्रजाम्।
पर्वतस्थ इव भूमिस्थान् धीरो बालान् अवेक्षते।।

注 : नुदति-追放する、प्रज्ञाप्रासादः-英知の宮、अशोकः-悲哀なく、शोकिनी-苦しんでいる、शोकिन् *f.* > शोकः-悲哀、प्रजा-民衆、भूमिस्थ-地面に立って、अवेक्षते-眺める、अव+ईक्ष्, लट् iii-i、बालः-精神的に子供同然の無知な大人

気づきによって怠惰を追放した賢者は、英知の高殿に登り、悲しみを追い出して、山頂に立つ人が地上にいる人々を眺めるように、悲嘆する無知な者を眼下に見ている。

१०. दूरङ्गमं एकचरं असरीरं गुहासयं।
ये चित्तं सञ्ञमेस्सन्ति मोक्खन्ति मारबन्धना।। (३७)

दूरङ्गमम् एकचरम् अशरीरं गुहाशयम्।
ये चित्तं संयस्यन्ति मुच्यन्ते मारबन्धनात्।।

注 : दूरंगम-遠くにさ迷う、एकचर-一人で動く、गुहाशय-洞窟に住まう(心臓の)、संयस्यन्ति-統御する、सं+यम्, लृट् iii-iii.

心は遠くの方まで行き、一人さ迷い、捉えどころのなく、内なる洞に隠れ住む。その心の鎮まった人は、死のくび木から放たれる。

११. न परेसं विलोमानि न परेसं कताकतं।
अत्तनो व अवेक्खेय्य कतानि अकतानि च।। (५०)

न परेषां विलोमानि न परेषां कृताकृतम्।
आत्मन एव अवेक्षेत कृतानि अकृतानि च।।

注：विलोमं-悪行、कृताकृतं-作為と不作為、कृत+अकृत *dvandva*, अवेक्षेत-見るべきである、 अव+ईक्ष्, विधिलिङ् iii-i.

人は、他人の悪行や彼らがやったこと、やらなかったことを見るべきではない。ただ、自らがやったこと、やらなかったことのみを、常に見るべきである。

१२. चरञ्चे नाधिगच्छेय्य सेय्यं सदिसमत्तनो।
एकचरियं दळ्हं कयिरा नत्थि बाले सहायता।। (६१)

चरन् चेत् नाधिगच्छेत् श्रेयांसं सदृशमात्मनः।
एकचर्यां दृढं कुर्यात् नास्ति बाले सहायता।।

注：न अधिगच्छेत्-獲得しない、 श्रेयांसं-2-1＞श्रेयान्-より良い、 सदृश-似た、同等の、एकचर्या-一人行く、चर्या-行くこと、日常茶飯事

旅に出て、自分より優れた者、自分と同じレベルの者を友に得られなければ、一人行くべきである。無知なる者との同伴には、何の益もない。

१३. पुत्ता मत्थि धनम्मत्थि इति बालो विहञ्ञति।
अत्ता हि अत्तनो नत्थि कुतो पुत्तो कुतो ऽ धनं।। (६२)

पुत्रा मे सन्ति धनं मेऽस्ति इति बालो विहन्यते।
आत्मा हि आत्मनो नास्ति कुतः पुत्रः कुतो धनम्।।

無知なる者は「息子は自分のもの、富も自分のもの」と思い悩む。しかし、私自身が、すでに自分のものではないのに、息子や富が、どうして私のものであろうか。

१४. को नु हा किमानन्दो निच्चं पज्जलिते सति।
अन्धकारेन ओनद्धसोा पदीपं न गवेस्सथ।। (१४६)

को नु हासः क आनन्दो नित्यं प्रज्वलिते सति।
अन्धकारेणाऽवनद्धाः प्रदीपं न गवेषयथ।।

注：नु-*ind.* 疑惑、疑問を表す不変化詞、हासः-笑い、प्रज्वलिते सति-燃えている時、絶対依格、सति使用は頻繁に省略される場合あり、अवनद्ध-結びつけられる、अव+नह्+त, प्रदीपः-ランプ、 गवेषयथ-追求する、गवेष्, लोट् ii-iii.

世の中が常に燃えさかる中、これは何の笑いか、何の喜びか。闇に囲まれているのに、お前は、どうして、灯りを求めないのか。

१५. अत्ता हि अत्तनो नाथो को हि नाथो परो सिया।
अत्तना व सुदन्तेन नाथं लभति दुल्लभं।। (१६०)

आत्मा हि आत्मनो नाथः को हि नाथः परः स्यात्।
आत्मनैव सुदान्तेन नाथं लभते दुर्लभम्।।

注：नाथः-主人、सुदान्त-よく統御された、सु+दम्+त.

己（おのれ）こそ、まさに主(あるじ)である。己の他に誰が主なのか。心の鎮まりと共に、人は真の自己により、まことに得難き統御者を得る。

१६. सुकरानि असाधूनि अत्तनो अहितानि च।
यं वे हितञ्च साधुञ्च तं वे परमदुक्करं।। (१६३)

सुकराणि असाधूनि आत्मनः अहितानि च।
यद् वै हितं च साधु च तद् वै परमदुष्करम्।।

注：सुकर-為すに容易な、असाधु-善くない、邪悪な、अहित-不利益な、有害な、परम-最高の、दुष्कर-為すに難しい。

善からぬことや自分を害うことをするのは皆、非常にやさしい。己にとって為になることや善きことをするのは、実に難しい。

१७. न कहापणवस्सेन तित्ति कामेसु विज्जति।
अप्पस्सादा दुखा कामा इति विञ्ञाय पण्डितो।। (१८६)

१८. अपि दिब्बेसु कामेसु रतिं सो नाधिगच्छति।
तण्हक्खयरतो होति सम्मासम्बुद्धसावको।। (१८७)

न कार्षापणवर्षेण तृप्तिः कामेषु विद्यते।
अल्पास्वादा दुःखाः कामा इति विज्ञाय पण्डितः।।
अपि दिव्येषु कामेषु रतिं स नाधिगच्छति।
तृष्णाक्षयरतो भवति सम्यक्संबुद्धश्रावकः।।

注：कार्षापणं-貨幣、お金、वर्षः = वर्षा-雨、तृप्तिः-満足、अल्पास्वाद-短期間味わう(快楽を与える)、दुःखः-*adj. m.* 苦痛の与え手、(दुःखं-*n.* 苦悩) दिव्य-天上界の、रतिः-快楽、तृष्णाक्षयरत-欲望の破壊のために捧げられた、सम्यक्संबुद्धश्रावकः-真に目覚めた弟子

たとえ金貨の雨が降っても、人の欲には限りがない。欲望が満たされても快楽はごく僅かで、苦痛が出るのは決まりきっている。このこと知るのが賢者である。

天上界の快楽も彼ならば貪らない。真に、完全に、目覚めた人の弟子ならば、貪りを壊滅しようと努める。

१९. बहुं वे सरणं यन्ति पब्बतानि बनानि च।
आरामरुक्खचेत्यानि मनुस्सा भयतज्जिता।। (१८८)

बहु वै शरणं यान्ति पर्वतान् वनानि च।
आराम-वृक्ष-चैत्यानि मनुष्या भयतर्जिताः।।

注 : बहु-多く、しばしば、वै- *ind.* 実に、सरणं 救いを求めて、 यन्ति-行く、इ 行く、लट् पपप-iii ,आरामः-庭、又快楽、चैत्यं-宗教的礼拝場所、तर्जित-おびやかされる, तर्ज्+त

恐怖に駆られ、数多の人は、救いを求めて、山とか森とか、樹木の陰とか、聖地にゆく。

२०. नेतं खो सरणं खेमं नेतं सरणमुत्तमं।
नेतं सरणमागम्म सब्बदुक्खा पमुच्चति।। (१८९)

नैतत् खलु शरणं क्षेमं, नैतत् शरणमुत्तमम्।
नैतत् शरणमागम्य सर्वदुःखात्प्रमुच्यते।।

注 : खलु-確かに、क्षेम-安全な、उत्तम-最良の。

これらの場所とて安全ではないし、最良の場所でもない。ここへ避難場所を求めても、全ての苦悩から解放されるわけではない。

२१. यो च बुद्धञ्च धम्मञ्च स³घञ्च सरणं गतो।
चत्तारि अरियसच्चानि सम्मप्पञ्'ाय पस्सति।। (१९०)

यश्च बुद्धं च धर्मं च संघं च शरणं गतः।
चत्त्वारि आर्यसत्यानि सम्यक् प्रज्ञया पश्यति।।

しかし、覚者（ブッダ）と法（ダルマ）と和合の集（サンガ）を、もしも、人が救いとするならば、英知によって四つの尊い真理（四聖諦）を知る。

२२. दुक्खं दुक्खसमुप्पादं दुक्खस्स च अतिक्कमं।
अरियञ्चट्ठङ्गिकं मग्गं दुक्खूपसमगामिनं।। (१९१)

दुःखं, दुःख-समुत्पादं, दुःखस्य चातिक्रमम्।
आर्याष्टांगिकं मार्गं दुःखोपशमगामिनम्।।

注：समुत्पादः-誕生、発生、अतिक्रमः-消滅、越えること、 आर्य+अष्ट+आंगिक-気高い、八つの、態度で表明された、उपशमः-消滅、停止、गामिन्-導く

苦しみと苦しみの源の克服には、気高い八通りの苦しみを消滅する方策（八正道）がそこへ導く。

२३. एतं खो सरणं खेमं एतं सरणमुत्तमं।
एतं सरणमागम्म सब्बदुक्खा पमुच्चति।। (१९२)

एतत् खलु शरणं क्षेमं एतत् शरणमुत्तमम्।
एतत् शरणमागम्य सर्वदुःखात् प्रमुच्यते।।

注：क्षेमं 安らかな、शरणमुत्तमम 最良の場所 प्रमुच्यते 解放される

これこそ安らかな寄る辺であり、最良の場所である。その場所を得た人は、あらゆる苦悩から解放される。

२४. अरोग्यपरमा लाभा सन्तुट्ठी परमं धनं।
विस्सासपरमा ञाती निब्बाणं परमं सुखं।। (२०४)

आरोग्यं परमो लाभः, सन्तुष्टिः परमं धनम्।
विश्वासः परमा ज्ञातिः, निर्वाणं परमं सुखम्।।

注：आरोग्यं 健康 सन्तुष्टिः 知足 विश्वासः 信頼 ज्ञातिः 親友

健康こそは最上の恵み、足るを知る（知足）は無上の宝、信頼こそは最善の友、涅槃（ニルヴァーナ）は最高の幸福である。

२५. तण्हाय जायते सोको तण्हाय जायते भयं।
तण्हाय विप्पमुत्तस्स नत्थि सोको कुतो भयं।। (२१६)

तृष्णाया जायते शोकः तृष्णाया जायते भयम्।
तृष्णाया विप्रमुक्तस्य नास्ति शोकः, कुतो भयम्।।

注：तृष्णाया 貪欲により शोकः 苦悩 विप्रमुक्तस्य 厭離した者に कुतो いわんや भयम् 恐怖

貪りから苦しみが生じ、貪りから怖れが生れる。貪りを離れた人には悲しみはない。もはや、どうして、彼に怖れがあろうか。

第三十五課

| 『ギーター』の詩句　*Bhagavadgītā* |

35. 1　この課は『バガヴァッドギーター』、略して『ギーター』の重要な詩句の抜粋である。『ギーター』はインドの聖典の中でも最も有名であり最も尊敬されている。この文献はインド思想全般の優れた手引書であるばかりでなく、オルダス・ハクスレイが述べているように、永遠の哲学の最も体系的な表現でもある。『ギーター』では、他者との間のみならず自分自身の内部にもある不断の軋轢という、非常に現実的な状況のもとで人生の根源的問題を扱っている。マハーバーラタの物語において、アルジュナが人生における自らの義務という極めて厄介な問題にぶつかった時に、彼がクリシュナから授けられたものが『ギーター』の教えである。クリシュナはこの世における人間の義務を説明するだけでなく、宇宙的次元の極めて広大な哲学的見解を示し、この世における人間存在の意味と人間の進化の方向をどう見るべきかを説いたのである。『ギーター』が扱っている問題は、肉体と感覚器官、心と英知や魂との関係といった重要な哲学的問題に始まり、平和と幸福の方法、人間の義務、実践と放棄の問題、ヨーガや真の知識、神や宇宙の本性等々、極めて多岐にわたっている。『ギーター』はそれ以後のインド哲学全般に深い影響を与えただけでなく、インドの最も偉大な思想家の幾人かにとって導きの星になってきた。

　『ギーター』で提示されている観念は極めて深遠であるが、言葉は非常に単純である。事実、これまでの学習を踏まえ、辞書の助けを借りれば、諸君は自分で『ギーター』を読めるはずである。おそらくこの課の詩句に接して諸君はさほど言語的な困難を感じることはあるまいと思われる。それならば、そこに表現された深遠なる思想に着目するがよい。事実、サンスクリットを学ぶ最大の利点は『ギーター』を原語のサンスクリットで読める点にあると言っても過言ではない。

　諸君はこれらの詩句の幾つか（＊を付したもの）をすでに読んでいる。それらを再び採録したのは、テキストのこの段階でより深くそれらの詩句を理解できるようにする為である。

　各詩句にふられている数字は『ギーター』の章節を示している。

१. नैनं छिन्दन्ति शस्त्राणि नैनं दहति पावकः।
न चैनं क्लेदयन्त्यापो न शोषयति मारुतः।।* (गीता २.३) 参照 : 19.7 क

२. देहिनोऽस्मिन् यथा देहे कौमारं यौवनं जरा।
तथा देहान्तरप्राप्तिः धीरस्तत्र न मुह्यति।।* (गीता २-१३) 参照 : 19.7 ख

३. न जायते म्रियते वा कदाचिन्
नायं भूत्वा भविता वा न भूयः।
अजो नित्यः शाश्वतोऽयं पुराणो
न हन्यते हन्यमाने शरीरे।।* (२-२०) 参照 : 27.8 क

४. वासांसि जीर्णानि यथा विहाय
नवानि गृह्णाति नरोऽपराणि।
तथा शरीराणि विहाय जीर्णा-
न्यन्यानि संयाति नवानि देही।।* (२-२२) 参照 : 27.8 ख

५. इन्द्रियाणि पराण्याहुः इन्द्रियेभ्यः परं मनः।
मनसस्तु² परा बुद्धिः यो बुद्धेः परतस्तु³ सः।। (३-४२)

注 : 1 पराणि (पर の 1-3) +आहुः पर-上級の、आहुः-（人々は）言明した、この動詞は現在形 लिट् の i-i と i-iii (आह と आहुः) という形しかない欠損動詞
　　2 मनसः+तु 　3 परतः+तु 　परतः-越えて
肉体の上に感覚があり、その感覚の上に心があり、心の上に英知がある。この英知をさらに越えて、存在するそれが神なのだ。

६. असंशयं महाबाहो¹ मनो दुर्निग्रहं² चलम्।
अभ्यासेन³ तु कौन्तेय⁴ वैराग्येण⁵ च गृह्यते⁶।। (६-३५)

注 : 1 महाबाहो-8-1 > महाबाहु-偉大な腕のある者、アルジュナの別称、*bahubrīhi*、
　　2 निग्रहः-統御、दुर्निग्रह-統御が難しいもの、3 अभ्यासेन (3-1) > अभ्यासः-実習、心を内部に沈潜すること 4 कौन्तेय-クンティの子、アルジュナの別称
　　5 वैराग्येण (3-1) > वैराग्य-執着から離れること 6 गृह्यते (iii-i) > ग्रह 押さえる
アルジュナよ、確かに心は静止することがない。その統御は至難の業だ。しかし、絶えず実修に励みつつ、執着から離れることにより、心は鍛練しうるのだ。

७. इन्द्रियाणां हि चरतां¹ यन्मनोऽनुविधीयते।
तदस्य हरति प्रज्ञां वायुर्नावमिवाम्भसि²।। (२-६७)

अन्वयः-यत् मनः हि चरताम् इन्द्रियाणाम् अनुविधीयते, तत् (मनः) अस्य प्रज्ञां हरति, इव ;यथाद्ध अम्भसि वायुः नावम्।

注：1 चरताम्(6-3) > चरन् (चर्+ अत्) さ迷って、2 वायुः+नावम्+इव+अम्भसि
अम्भसि(7-1)> अम्भस्- *n.*水、अम्भः-अम्भसी-अम्भांसि.

心をあちこち動く感覚(対象)の追求にかまけさせると、風が水面に漂う小舟を運ぶように、心は人の知恵を運び去ってしまう。

८. ये हि संस्पर्शजा[१] भोगा[२] दुःखयोनय[३] एव ते।
आद्यन्तवन्तः कौन्तेय न तेषु रमते बुधः।। (५-२२)

अन्वयः-हि ये भोगाः संस्पर्शजाः ते दुःखयोनयः एव। कौन्तेय, ;तेद्ध आदि-अन्तवन्तः (सन्ति)। बुधः तेषु न रमते।

注：1 संस्पर्शः-接触、संस्पर्शज-接触から生まれた、2 भोगाः-快楽、3 योनिः-原因

(感覚器官とその対象物との) 接触からいかなる快楽が得られようと、それは必ず悲しみの原因になってしまう。始まりがあれば終わりがある。アルジュナよ、賢者はそれに耽溺してしまうことはないのだ。

९. विहाय कामान्[२] यः सर्वान् पुमान्[१] श्चरति निःस्पृहः[३]।
निर्ममो[४] निरहङ्कारः[५] स शान्तिम् अधिगच्छति[६]।।* (२-७१)

अन्वयः- यः पुमान् सर्वान् कामान् विहाय, निःस्पृहः, निर्ममः, निरहंकारः ;चद्ध चरति, स शान्तिम् अधिगच्छति।

注：1 पुमान्=पुरुषः-人間 2 कामः-欲望 3 निःस्पृहः-少しの願望もなく 4 निर्मम-「私のもの」という感覚もなく 5 निरहंकार-エゴもなく 6 अधिगच्छति-達成する

一切の欲望を放棄し、あらゆる願望から自由になって、所有欲とエゴを捨てて、行動すれば、人間は平安を達成する。

१०. आपूर्यमाणम्[१] अचलप्रतिष्ठं[२]
समुद्रमापः[३] प्रविशन्ति यद्वत्[४]।
तद्वत्[४] कामा यं प्रविशन्ति सर्वे
स शान्तिमाप्नोति न कामकामी[५]।। (२-७०)

अन्वयः-यद् वत् आपूर्यमाणम् अचलप्रतिष्ठं समुद्रम् आपः प्रविशन्ति, तद् वत् यं सर्वे कामाः प्रविशन्ति स शान्तिम् आप्नोति, न ;तुद्ध कामकामी।

注：1 आपूर्यमाण-満たされる *pres. pass. part.* > आ+पूर्, 満たす
2 अचल+प्रतिष्ठं > अचल-動くことのない、प्रतिष्ठा-*f.*立場、地位、*bahubrīhi*;
3 समुद्रं + आपः > आपः-水、常に複数扱い、4 यद्वत् -तद्वत्- は～のように
5 कामकामी-欲望をひたすら追求するもの

絶えず流入する川を受け入れて平然としている海のように、欲望がやって来ても平然としている人は平安である。だが欲望の充足に汲々たる人はとても平安にはなれない。

११. त्रिविधं[१] नरकस्येदं[२] द्वारं नाशनमात्मनः[३]।
कामः क्रोधस्तथा लोभः तस्मादेतत् त्रयं त्यजेत्।। (१६-२१)

अन्वयः-आत्मनः नाशनम् इदं नरकस्य द्वारं त्रिविधम्-कामः, क्रोधः तथा लोभः। तस्माद् एतत् त्रयं त्यजेत्।

注 : 1 त्रिविधम्-三種類の>विधा-種類、 2 **नरकस्य + इदं** > नरकम्-地獄、
3 **नाशनम् + आत्मनः**>नाशनम्-破壊する

情欲、憤怒、貪欲は魂を破滅に導く三つの地獄への門である。それ故、なんとしてもこの三つのものを打ち捨てるがよい。

१२. सुखदुःखे समे कृत्वा लाभालाभौ जयाजयौ।
ततो युद्धाय युज्यस्व नैवं पापमवाप्स्यसि।।* (२-३८) 参照 : **19.7** घ

१३. न प्रहृष्येत्[१] प्रियं प्राप्य नोद्विजेत्[२] प्राप्य चाप्रियम्।
स्थिरबुद्धिः असम्मूढो[३] ब्रह्मविद्[४] ब्रह्मणि स्थितः।। (५-२०)

अन्वयः-प्रियं प्राप्य न प्रहृष्येत्, च अप्रियं प्राप्य न उद्विजेत्। स्थिरबुद्धिः असम्मूढः, ब्रह्मवित् ब्रह्मणि स्थितः (भवेत्)।

注 : 1 प्र+हृष्-楽しむ、喜ぶ、2 उद्+विज् 激する、恐れる、3 अ+सम्+मूढः幻滅しない、4 ब्रह्मवित्-ブラフマンを知っているもの、接尾辞 वित् ;विद्द्ध は、～の知者の意味、सर्ववित्-全てを知る者

自分に起こったことがうまく行ったと狂喜したり、まずいと落ち込んではならぬ。何にぶつかろうと臆せずに、英知の状態にしかと留まるがよい。そうすればブラフマンを知り、ブラフマンに安住する人になれる。

१४. न हि कश्चित् क्षणमपि जातु[१] तिष्ठत्यकर्मकृत्[२]।
कार्यते[५] ह्यवशः कर्म सर्वः[४] प्रकृतिजैर्गुणैः[३]।। (३-५)

नहि कश्चित्क्षणमपि जातु तिष्ठत्यकर्मकृत्। कार्यते ह्यवशः कर्म सर्वः॥

अन्वयः-हि, कश्चित् अपि अकर्मकृत् क्षणम् अपि जातु न तिष्ठति। हि, सर्वः अवशः प्रकृतिजैः गुणैः कर्म कार्यते।

注 : 1 जातु-全く、2 तिष्ठति + अकर्मकृत् > अकर्मकृत-如何なる行為もすることなく、कृत् は行為者を意味する (पापकृत्-罪人) > कृ *caus. pass.* 使役・受動, लट् iii-i.、3 **प्रकृतिजैः + गुणैः**>प्रकृतिजैः-プラクリティ(原初的自然)から生まれた、4

सर्वः-複数の意味で使用される単数形、全ての、5 कार्यते-行為をするように強いられる、कृ *caus. pass.* 使役･受動, लट् iii-i

人は一時たりとも行為なしではいられない。プラクリティのグナが常に人に何らかの行為をするように強いるからである。

१५. नियतं[१] कुरु कर्म[१] त्वं कर्म ज्यायो[२] ह्यकर्मणः।
शरीरयात्रापि[३] च ते न प्रसिद्ध्येदकर्मणः[४]।। (३-८)

अन्वयः- त्वं नियतं कर्म कुरु। अकर्मणः हि कर्म ज्यायः। ते शरीरयात्रा अपि च अकर्मणः न प्रसिद्ध्येत्।

注： 1 नियतं कर्म-果たすべき義務、 2 ज्यायः-より大きな、参照16.6、
3 शरीरयात्र + अपि > शरीरयात्रा-字義では、肉体の旅、人生の日常的活動、
4 प्र+सिध्-達成される、前置詞 प्र はここでは特別の意味を持たない。

行為は常に無為に勝る。それ故、汝は自分に回ってきた活動をしっかり果たして行くがよい。無為にして動かなければ、自分の肉体的生命を支えることさえも出来なくなる。

१६. कर्मण्येवाधिकारस्ते मा[१] फलेषु कदाचन[१]।
मा कर्मफलहेतुर्भूः[२] मा ते सङ्गोऽस्त्वकर्मणि।।* (२-४७)

अन्वयः- ते अधिकारः कर्मणि एव, कदाचन फलेषु मा, (त्वं) कर्मफलहेतुः मा भूः, ते संगः अकर्मणि मा अस्तु।

注： 1 कदाचन-いつでも、 मा कदाचन-決して～しない、 2 हेतुः- 原因、動機、कर्मफल हेतुः- 行為の果実を動機とする、 *bahubrīhi,* मा भूः-存在しない、भू, アオリスト लुङ् ii-i, > मा.のために अभूः の अ が脱落している。

汝が権利を主張し得るのは行為だけで、その果実ではない。行為の動機が果実であってはならず、また無為に留まってもならない。

१७. सहजं[१] कर्म कौन्तेय सदोषमपि[२] न त्यजेत्।
सर्वारम्भा[३] हि दोषेण धूमेनाग्निरिवावृताः[४]।।* (१८-४८)

अन्वयः- कौन्तेय, (मनुष्यः) सदोषम् अपि सहजं कर्म न त्यजेत्। सर्वारंभाः हि, धूमेन अग्निः इव, दोषेण आवृताः।

注： **1** सहजं-自然な、 2 सदोष-स+दोष欠陥、 3 **सर्व+आरम्भा** > आरंभः-意図があって始められた行為、4 धूमेन-煙で、आवृत-覆われた、आ+वृ+त.

自分にとって自然な仕事はたとえ難点があるにしても、決して投げ出すべきではない。煙が火炎を取り巻くように、どんな行為をしてみても、曇らす汚点はつきものだ。

१८. तस्मादसक्तः[१] सततं कार्यं[२] कर्म समाचर[३]।
असक्तो ह्याचरन् कर्म परमाप्नोति[४] पूरुषः[५]।। (३-१९)

注：1 तस्माद्+असक्तः＞असक्तः -無執着、2 कार्यम्-する価値のある、名詞として使用されると行為、3 सम्+आ+चर-遂行せよ、為せ、4 परम(परःの 2 -1)+आप्नोति ＞परः-至高者、5 पूरुषः= पुरुषः-人間

それ故に、常に執着を捨てて義務を為せ。自分の義務を、執着捨てて果たして行けば、人間は人生至高の目標を達成する。

१९. प्रजहाति यदा कामान् सर्वान् पार्थ मनोगतान्[१]।
आत्मन्येवात्मना[२] तुष्टः[३] स्थितप्रज्ञस्तदोच्यते[४]।। (२-५५)

अन्वयः-अर्जुन, यदा मनुष्यः मनोगतान् सर्वान् कामान् प्रजहाति, (यदा च) आत्मनि आत्मना एव तुष्टः (भवति) तदा स्थितप्रज्ञः उच्यते।

注：1 मनोगतः-मनसि गतः, 心の中に留まっている、2 आत्मन्येवात्मनः= आत्मनि ＋ एव ＋ आत्मनः, 3 तुष्टः-満足した、तुष्+त, 4 स्थितप्रज्ञः+ तदा + उच्यते ＞ स्थितप्रज्ञः- स्थिता प्रज्ञा यस्य, その英知が揺るがない人

アルジュナよ、心に潜む一切の欲望を放棄し、真我により真我の中にあることで満足している人こそ揺るぎなき英知の人と言われる。

२०. दुःखेष्वनुद्विग्नमनाः[१] सुखेषु विगतस्पृहः[२]।
वीतरागभयक्रोधः[३] स्थितधीर्मुनिरुच्यते।। (२-५६)

अन्वयः-;यदा मनुष्यःद्ध दुःखेषु अनुद्विग्नमनाः (भवति), सुखेषु विगतस्पृहः (भवति), वीतरागभयक्रोधः ;च भवति, तदा सःद्ध स्थितधीः मुनिः उच्यते।

注：1 दुःखेषु +अनुद्विग्न+मनाः ＞अनुद्विग्नमनाः-心が混乱しない人の、2 विगतस्पृहः-欲望から脱却した人の、 स्पृहा-欲望、願望、3 वीतरागभयक्रोधः-愛着、恐怖、鬱憤を越えた人の、

*विगतस्पृहः, वीतरागभयक्रोधः, स्थितधीः と अनुद्विग्नमनाः は *bahubrīhi* 複合語

逆境でも動揺せず、順境でも快楽から超越し、執着と恐怖と怒りから解放されている人を揺るぎなき英知を備えた賢者と呼ぶ。

२१. यो न हृष्यति[१] न द्वेष्टि न शोचति[२] न काङ्क्षति[३]।
शुभाशुभपरित्यागी[४] भक्तिमान्[५]यः स मे प्रियः।। (१२-१७)

注：1 हृष्यति-喜ぶ、2 शोचति-悲嘆に暮れる、3 काङ्क्षति-願う、
4 शुभ+अशुभ+परित्यागी-善悪を捨て去る人　5 भक्तिमात्-敬虔な人、接尾辞 मत्(女性形 मती)は～を保持しているの意味

狂喜せず、憎悪せず、悲嘆せず、願望せず、善悪の観念を捨て去って、敬虔の念の厚い人、そうした人こそが、私にめでられる。

२२. तुल्यनिन्दास्तुतिर्मौनी[१] सन्तुष्टो येन केनचित्।
अनिकेतः[२] स्थिरमतिः भक्तिमान् मे प्रियो नरः।। (१२-१९)

अन्वयः-(यः) तुल्यनिन्दास्तुतिः, मौनी(येन केनचित् सन्तुष्टः, अनिकेतः, स्थिरमतिः, भक्तिमान् (अस्ति), स मे प्रियः।

注：1 तुल्य+निन्दा+स्तुतिः मौनी　मौनी-沈黙を守る、2 अ+निकेतः-定住所のない、いかなる場所にも執着しない、निकेतः 又は निकेतनम्-住処、家

称賛にも非難にも平等に対応して、沈黙を守り、何が自分に降りかかろうと平然として、定めの住処がない人、しかも確固とした心を保つ敬虔な人こそが、私にめでられる。

२३. योगस्थः[१] कुरु कर्माणि सङ्गं त्यक्त्वा धनञ्जय[२]।
सिद्ध्यसिद्ध्योः[३] समो भूत्वा समत्वं योग उच्यते।। (२-४८)

अन्वयः- धनञ्जय, सङ्गं त्यक्त्वा, सिद्ध्यसिद्ध्योः समो भूत्वा, योगस्थः कर्माणि कुरु। समत्वं योग उच्यते।

注：1 योगस्थः-ヨーガの境地に確立した、2 धनञ्जय-富の征服者、アルジュナの別称、 3 सिद्धि+असिद्ध्योः=सिद्ध्यसिद्ध्योः, 成功と失敗、この語には*sandhi* と *dvandva* 複合語がある

アルジュナよ、自らをヨーガ境地に確立させ、執着を捨て、成功も失敗も平等に受け止めて働くがよい。平等心こそヨーガと呼ばれる。

२४. नात्यश्नतस्तु[१] योगोऽस्ति न चैकान्तमनश्नतः[२]।
न चाति स्वप्नशीलस्य[३] जाग्रतो[४] नैव चार्जुन।। (६-१६)

注：1 न+अति+अश्नतः+तु=नात्यश्नतस्तु, अश्नतः, 6-1 > अश्नन् *pres. p.*> अश्-食べる、2 च+एकान्तम्+अनश्नतः>एकान्तम्-極端に、全く一方的に、3 स्वप्नशीलः-眠りがちな、眠たがりやの、स्वप्न (*m.*) という語には夢という意味もある、शील は性質の意、शील で終わる *bahubrīhi* 複合語には、“～という性質を持つ”という意味がある、4 जाग्रतः, 6-1 > *pres. p.* of जागृ-目覚めている、覚醒する。

アルジュナよ、食べ過ぎる者、食を断つ者はヨーガの境地には到達しえない。眠り過ぎる者、眠りを押さえ過ぎる者もまた同じだ。

२५. आत्मौपम्येन[१] सर्वत्र समं पश्यति योऽर्जुन।
सुखं वा यदि वा दुःखं स योगी परमो मतः।। (६.३२)

注：1 आत्मा+औपम्येन > औपम्यम्-類似、相似、उपमा (相似、比喩)から作られた抽象名詞

一切の森羅万象に対し平等の気持ちを抱き、それらの楽しみと苦しみを自分自身のことのように見る人が完全なるヨーギーである。

२६. यथा दीपो निवातस्थो नेङ्गते[१] सोपमा[२] स्मृता[३]।
योगिनो यतचित्तस्य युञ्जतो योगमात्मनः।। (६-१९)

注：1 न+इङ्गते 動いたり揺らいだりしない、इङ्गते लट् iii-i, 2 सा+उपमा それとの類似性、3 स्मृता-と呼ばれる、言われる

無風の状態に置かれた灯明が全くゆらめくことがないように、真我との合一を成就したヨーギーの状態も全く同様と言われている。

२७. न हि ज्ञानेन सदृशं[१] पवित्रमिह[२] विद्यते।
तत्स्वयं योगसंसिद्धः[३] कालेनात्मनि विन्दति।। (४-३८)

注：1 सदृश-のような、 2 पवित्र-純粋な、聖なる、3 संसिद्ध-上首尾に達成した、कालेन-次第に、やがて

この世において知識ほど物事を清めるものはない。しかも、その知識はヨーガをしっかり修めた者なら次第に身について来るものである。

२८. या निशा[१] सर्वभूतानां[२] तस्यां जागर्ति संयमी[३]।
यस्या जाग्रति[४] भूतानि सा निशा पश्यतो[५] मुनेः।। (२-६९)

注： 1 निशा-夜、2 भुतानाम् は 6-3 > भूतम्-存在物、創造物、 भू に由来している、3 संयमी-自己を統御した人、 4 जाग्रति-目覚めている、 जागृ, लट् iii-iii, (जागर्ति-जाग्रतः-जाग्रति) 、このように動詞によっては、iii-iii लट् 三人称複数現在形にはन्がない、5 पश्यतः は 6-1 > पश्यन् *pres. p.*> दृश्.

自己を統御した人は、一切の生物にとっての夜も目覚めている。(全てが)目覚めているといっても、覚者から見ればそれは夜である。

२९. चतुर्विधा[१] भजन्ते मां जनाः सुकृतिनोऽर्जुन[२]।
आर्तो[३] जिज्ञासुरर्थार्थी[४] ज्ञानी च भरतर्षभ[५]।। (७-१६)

注：1 चतुर्विधाः-四種類の、2 सुकृतिन्-良き行い、の1-3、3 आर्तः-困窮している、悩んでいる、4 अर्थ+अर्थी=अर्थार्थी,ある目的の達成を願って、 अर्थः-富、目的、अर्थी, 願望者、(विद्यार्थी-知識を探求するもの、学生); 5 भरतर्षभ- *Bharata* 族の人々の中にあって至高なる人々、アルジュナの別称

アルジュナよ、私を礼拝する四種類の殊勝な者共がいる。即ち、苦境にある者、知識の探求者、富の追求者、知識の達成者である。

३०. उदाराः[१] सर्व एवैते ज्ञानी त्वात्मैव२ मे मतम[२]।
आस्थितः[४] स हि युक्तात्मा मामेवानुत्तमां गतिम[५]।। (७-१८)

अन्वयः-एते सर्वे उदाराः एव, ज्ञानी तु मे आत्मा एव (इति) मे मतम्। युक्तात्मा सः हि माम् एव अनुत्तमां गतिं ;ज्ञात्वाद्ध आस्थितः।

注：1 उदार-寛大な、気高い、 2 तु+आत्मा+एव=त्वात्मैव; 3 मतम्-意見、 4 आस्थितः=स्थितः(住む、住する、अनुत्तमा-(अन्+उत्तमा) 最上の、最高の、比類のない、5 गतिः-究極の目標、の2-1。

それらの者はもともと皆素晴らしい。だが､私の見るところ、知識の達成者だけが私自身になりうる。彼は私と一体になり、最高の目標にしている私と共存する。

३१. सर्वतः[१] पाणिपादं तत् सर्वतोऽक्षिशिरोमुखम्[२]।
सर्वतः श्रुतिमल्लोके[३] सर्वमावृत्य[४] तिष्ठति।। (१३-१३)

注：1 सर्वतः-どこにも、2 अक्षि と शिरस् は中性名詞である。
अक्षि-अक्षिणी-अक्षीणि, शिरः-शिरसी-शिरांसि श्रुति-聴覚、耳で聞くこと、
3 श्रुतिमत्+लोके = श्रुतिमल्लोके, त् は ल् が後に来ると ल् に変わる、
4 आवृत्य= आ+वृ+य वृ (覆う、選ぶ).

彼の手と足はどこにもある、彼の目も頭も顔もまた同じだ。彼の耳は周り一面にある。かかる神が一切を包み込んで全世界に住む。

३२. समं सर्वेषु भूतेषु तिष्ठन्तं[१] परमेश्वरम्।
विनश्यत्स[२] अविनश्यन्तं यः पश्यति सः पश्यति।। (१३-२७)

अन्वयः-सर्वेषु भूतेषु समं तिष्ठन्तं, विनश्यत्सु अविनश्यन्तं परमेश्वरं यः पश्यति सः पश्यति।

注：1 तिष्ठन्तम्-は 2-1 > तिष्ठन्, *pr. prt.*現在分詞 > स्था, 留まる、2 विनश्यत्सु は 7-3 > विनश्यत् *pr. prt.* > वि+नश् 滅する、破壊される。

至高なる神が一切万物に等しく住まい、それら万物が滅する時も、神は滅しないことを見る者は、真に見ていることになる。

३३. ईश्वरः सर्वभूतानां हृद्देशेऽर्जुन[१] तिष्ठति।
भ्रामयन्[२] सर्वभूतानि यन्त्रारूढानि[३] मायया[४]।। (१८-६१)

अन्वयः- अर्जुन, ईश्वरः सर्वभूतानां हृद्देशे तिष्ठति। (स च) मायया सर्वभूतानि यन्त्रारूढानि (इव) भ्रामयन् (वर्तते)।

注：1 हृद्देशे-心臓のあるところに､हृद्は場所によっては हृदय (心臓)の意味で使用されることもある､2 भ्रामयन्-भ्रम *caus.*+अत्, 連れ廻される、3 यन्त्रारूढानि = यन्त्र+आरूढानि, आ+रुह्+त, 乗り込んで、4 माया-神の神秘的な力、3-1

アルジュナよ、神は一切万物の懐に住む。彼は、一個の機械に乗っているが如きそれら万物をマーヤの力で全て動かしてしまう。

३४. तमेव शरणं गच्छ सर्वभावेन[१] भारत[२]।
तत्प्रसादात्[३] परां शान्तिं स्थानं प्राप्स्यसि शाश्वतम्।। (१८-६२)

注：1 भावेन-भावः-存在、実存、の भू に由来する抽象名詞、2 भारत-アルジュナの別称、3 प्रसादः-恩寵。

それ故、アルジュナよ、汝の全存在もて、神のもとに避難せよ。神の御寵により、汝は至高の平和と永遠の住処を得るであろう。

३५. उद्धरेदात्मनाऽत्मानं[१] नात्मानम् अवसादयेत्[२]।
आत्मैवह्यात्मनो बन्धुः आत्मैव रिपुरात्मनः।। (६.५)

अन्वयः-(मनुष्यः) आत्मानम् आत्मना उद्धरेत्, आत्मानं न अवसादयेत्, आत्मा एव आत्मनः बन्धुः (अस्ति), आत्मा एव आत्मनः रिपुः (अस्ति)।

注：1 उद्धरेत्+आत्मना+आत्मानम् >उद्धरेत्-向上させるべきである、उत्+हृ-持上げる、救う、(उद्धारः-向上), अवसादयेत्-意気阻喪させるべきではない、अव्+सद (沈む、意気消沈する) *caus.*, विधिलिङ्使役・願望 iii-i, रिपुः-敵 रिपुः-रिपू-रिपवः.

人間は、自分で自分を向上させるべきであり、自分自身を蔑むことがあってはならない。人間は自分自身の友でもあり、また敵でもある。

第三十六課

『般若心経』प्रज्ञापारमिता-हृदयसूत्रम्

36.1 『般若心経』は日本で最もよく読誦され尊重されている経典である。第二課で意味を解することなく音読してみた。諸君は既にサンスクリットの基本を学んでいるので『般若心経』の意味を容易に原語で理解できるはずである。単語の一つ一つの意味を点検しながらこの経典を研究してみることにしよう。その深遠な意味の把握に努めてみよう。この経典は仏陀が弟子シャーリプトラ *Śāriputra* に呼びかける形式がとられている。

क. अथ प्रज्ञापारमिता-हृदयसूत्रम् ।
ओम् नमः सर्वज्ञाय । आर्यावलोकितेश्वर-बोधिसत्त्वो गम्भीरायां प्रज्ञापारमितायां चर्यां चरमाणो व्यवलोकयति स्म- पञ्च स्कन्धाः, तांश्च स्वभावशून्यान् पश्यति स्म ।

注：अथ-経典等の開始に際し使用される言葉、प्रज्ञा-(प्र + ज्ञा)超越的英知、बुद्धि と同じ、पारमिता-超越的な(पारम्+इ 行く + त, *f*)、हृदयं-心臓、精髄、सूत्रं-一連の観念を結びつけたもの、糸、आर्य-高貴な、अवलोकितेश्वर-眺めているものの主、अवलोकित (अव +लोक्+त) 見られた、लोक्-見る、अवलोक्-上部から見ている、ईश्वरः-主（神)、बोधिसत्त्वः-覚者、その सत्त्व(存在の核心)が बोधिः(覚醒している)人、仏陀のこと；गम्भीर-深遠な；चर्याम्-行、宗教的な行、चर्(歩く、し始める)、サンスクリットで दिनचर्या 日常的な決まりきった作業、日常活動の一部になっている宗教的活動；चरमाण (चर्+मान) 行いながら、動詞 चर् は *ātmanepada* の動詞として使われている；व्यवलोकयति (वि+अव+लोक्) 動詞 लोक् (見る、観察する)は通常 भू 類(第1類)動詞として使われるが लोकते, लोकेते, लोकन्ते etc.、ここでは चुर्-類(第10類)動詞として使われている(लोकयति)；व्यवलोकयति स्म-観察していた；पञ्च स्कन्धः-五蘊、集合体、意識対象物、段階；स्वभावशून्य- 自性が空である

脚注：典拠 *Prajñāpāramitā-hṛdaya-sūtram*：the *Mahāyāna-Sūtra-Saṅgrahaḥ,* edited by Dr. P. L. Vaidya, published by The Mithila Institute, Darbhanga, India, 1961.

表題： **超越的英知の真髄という経典**

全知者に敬礼！ 見るもの全ての主たる崇高なる仏陀は、深遠な超越的英知の境地（प्रज्ञापारमिता）において、宗教的行為を為す中で、（生命には）**五つの段階があり、それらは、自性、空であることを洞察された。**

（仏陀は弟子のシャーリプトラ Śāriputra に次のように語り始められた）

ख.	इह शारिपुत्र, रूपं शून्यता, शून्यतैव रूपम्। रूपान् न पृथक् शून्यता, शून्यताया न पृथग् रूपम्। यद् रूपं सा शून्यता, या शून्यता तद् रूपम्। एवमेव वेदना-संज्ञा-संस्कार-विज्ञानानि।

注：इह-ここで、現世では；रूपं-形態；शून्यता-空、空性；पृथक्-別の、異なる；एवम् एव-全くこれと同じで、そこで； वेदना-知覚、感覚器官によって何かを看取すること；संज्ञा-事物に名を付して思考すること； संस्कारः-潜在印象、体験の印象； विज्ञानं-経験の蓄積から形成された個人意識；वेदना.संज्ञा-संस्कार-विज्ञानानि は *dvandva* 複合語である。（**32.2** 章節参照）

シャーリプトラよ、この世で、（様々なものの）形態は空である。空自体が事物の形態である。空は形態と異なっていない。形態は空と異なってはいない。およそ形態あるものは空であり、空なるもの、それが形態である。同じことは、知覚作用、名称を付して為される思考作用、内的印象、個人意識についても言える。

ग.	इह शारिपुत्र, सर्वधर्माः शून्यता-लक्षणाः, अनुत्पन्ना, अनिरुद्धा, अमला न विमला, नोना, न परिपूर्णाः।

注：धर्मः-事物の性質、ここでは複数形、（例えば、火の धर्म は燃えること）；लक्षणं-見分ける標識；शून्यतालक्षणाः-空という特性 *bahu*； उत्पन्न-生まれた、अनुत्पन्न-生まれない； निरुद्ध-抑止された नि+रुध्+त 、अनिरुद्ध-抑止されない；अमल-初めから汚れや染みがない；विमल-浄化された、不浄が除かれた； ऊन-欠けたところがある、नोन＝न+ऊन- 何ものも欠けることのない；परिपूर्ण-完全な、最初から完全な

シャーリプトラよ、この世の一切の事物には空という特性がある。それは生み出されるものでも、（生み出されることを）抑止されているものでもない、それらは本来純粋でもないし、不浄が除去されてもいない。何かに欠けるところがあるわけでもないし、それ自体完全というわけでもない。

घ.	तस्मात् शारिपुत्र, शून्यतायां न रूपं, न वेदना, न संज्ञा, न संस्कारा, न विज्ञानम्। न चक्षुः-श्रोत्र-घ्राण-जिह्वा-काय-मनांसि। न रूप-शब्द-गन्ध-रस-स्प्रष्टव्य-धर्माः। न चक्षुर्धातुः यावन्न मनोधातुः।

注：तस्मात्-そこで、चक्षुः-視覚、眼、(n. चक्षुः-चक्षुषी-चक्षूंषि), श्रोत्रं-聴覚、घ्राणं-嗅覚、鼻、जिह्वा-味覚、舌、कायः- 身体、ここでは皮膚又は触覚の意、この चक्षुःश्रोत्रघ्राणजिह्वाकायमनांसि という文字列は *dvandva* 複合語である。 रूपं-視覚対象、形、 शब्दः-聴覚対象、音、गन्धः-嗅覚対象、匂い、रसः-味覚対象、味、स्प्रष्टव्यधर्माः-接触対象、この文字列 रूपशब्दगन्धरसस्प्रष्टव्यधर्माः も *dvandva* 複合語がある： न चक्षुर्धातुः यावन् न मनोधातुः-心という知覚器官がないので、視覚もない、この個所は मनोज्ञ्िानधातुः-と表記したテキストもある、感覚器官はマナス(心)と結びついて初めて知覚できる、मनस् は ज्ञ्िानधातुः-認知要素である、मनस्+धातुः= मनोधातुः

従ってシャーリプトラよ、空には、形態もないし、知覚もないし、名前を付して為される思考作用もない、内的印象、個人意識もない。空の境地には、目も耳も鼻も舌も皮膚も心もない。また形態も音声も、匂いの対象、味の対象、触覚の対象もない。（超越的状態では）**心に動きがないので、目も機能しない。**

（本節は空の境地の懇切丁寧な解説とみることが出来る。）

ङ.	न विद्या, नाविद्या, न विद्या-क्षयो नाविद्या-क्षयो, यावन् न जरा-मरणं न जरा-मरण-क्षयो, न दुःख-समुदय-निरोध-मार्गाः, न ज्ञानं, न प्राप्तित्वम्।

注：विद्या-知識、अविद्या-無知、न+अविद्या = नाविद्या, क्षयः-喪失、破壊、जरामरणं-老年と死 *dvandva* 、दुःख.समुदय.निरोध.मार्गाः-苦集滅道の四諦の教え、प्राप्तित्वम्-獲得、利得 प्राप्ति+त्व、（最後の一句は प्राप्तित्वम्で終わるものと प्राप्तिः अप्राप्तित्वेन *praptir aprāptitvena* とするテキストもある）（本節では、否定の不変化辞 न の後に、原始仏教で強調された諸項目が列挙されおり、それらをまとめて捉えた上で、それらの教説を二義的なものと、ここでは結論づけているとも解せられる。）

明知も無明もない。明知の消滅も無明の消滅もない。老死もなく、老死の消滅もない。苦集滅道という四諦の教えもない、（何かを）**知ったり、**（何かを）**獲得することもない。**

च.	बोधिसत्त्वस्य प्रज्ञापारमिताम् आश्रित्य विहरति अचित्तावरणः। चित्तावरण-नास्तित्वाद् अत्रस्तो विपर्यासातिक्रान्तो निष्ठनिर्वाणः।

注：बोधिसत्त्वस्य 菩薩の प्रज्ञापारमिताम 超越的英知に आश्रित्य- (आ+शृ+य)自己を確立させて、安住し、विहरति-この世で生きる、अचित्तावरणः-心に何の覆いも曇りもない状態で、*bahu*, (अ+चित्त+आवरण), चित्तं-心、 आवरणं-覆い；नास्तित्वात्-存在しないが故に (न+अस्ति+त्व), अत्रस्तः-恐れのない、त्रस्त-恐れた、विपर्यासातिक्रान्तः-一切の錯誤を乗越えた、 विपर्यासः-迷妄、अतिक्रान्त (अति+क्रम्+त)- 越えて行った、渡っていった、निष्ठनिर्वाणः-涅槃に安住した、निष्ठ > नि+स्था 安住した、*bahu.*

菩薩の超越的英知に安住した人間は、心に何の曇りもなくこの世を渡って行く。心に曇りがないので恐れることなく、一切の迷妄を克服し、涅槃の境地に安住する。

छ.	त्र्यध्व-व्यवस्थिताः सर्वबुद्धाः, प्रज्ञापारमिताम् आश्रित्यानुत्तरां सम्यक् सम्बोधिम् अभिसम्बुद्धाः। तस्माद् ज्ञातव्यः प्रज्ञापारमिता-महामंत्रः, महाविद्यामंत्रः, अनुत्तरमंत्रः, असम-सममंत्रः, सर्वदुःख-प्रशमनः, सत्यम् अमिथ्यात्वात्, प्रज्ञापारमितायाम् उक्तो मंत्रः।

注：त्र्यध्वव्यवस्थिताः-三つの道において確立している(過去、現在、未来の三世), त्रि+अध्वन् (*n.*,道、अध्व अध्वनी अध्वानि) वि+अव+स्था+त, व्यवस्थित, 安住している *bahu.*、सम्यक्-正しい、सम्बोधिः-遍満する英知、悟り、 अभिसम्बुद्धाः-よく目覚めた、ज्ञातव्य- 知られるべきである、 महामंत्रः-偉大なマントラ、महाविद्यामंत्रः-偉大な知恵のマントラ、 अनुत्तरमंत्रः-最高のマントラ、 उत्तर-より高い、よりよい、 (उत्तम-最高の), अनुत्तर-より高いものがない、असम-無比の、不二の、सम-直接の、容易な、同等の、प्रशमनः-調停する、除去する、मिथ्यात्वं-虚偽、 अमिथ्यात्वात्-そこには何の虚偽もないので、उक्तः-言明された、発言された、वच्+त.

全ての仏陀は過去、現在、未来という三世の道で確立している。諸仏は超越的英知の境涯にあって、究極の悟りに目覚めておられる。そこで知るべきは、超越的英知の偉大なマントラ、偉大な知恵のマントラ、無上なるマントラ、比類なき完璧なマントラである。一切の苦を除去し、嘘偽りのない真実そのものとも言える超越的英知の境地で発せられたマントラである。

第三十六課

ज. तद् यथा
　　गते गते पारगते पारसङ्गते बोधिः स्वाहा।
　　इति प्रज्ञापारमिता हृदयसूत्रं समाप्तम्।

注：तद् यथा- **それはかくなるものである。**
　この真言の गते, गते, पारगते, पारसङ्गते という言葉は全て locative absolute 絶対依格である。各語の後に सति という語があるものと解せられる。そこで全体的には गते सति, गते सति, पारगते सति, पारसङ्गते सति と読める。しかし、第 25.7 節で見たように सति という語はしばしば省略される。）गते-(精神的探求の道に) 行った、(しかし、彼岸には到達できず、) गते-(同じ道に)再び行った、(そして幾度も同じ試みをした挙句) पारगते-(この明白な世界を越えた彼岸まで) 行き着いた、(しかし、そこに長く留まることなく、俗世に戻ったので) さらに精神的求道を続け、(そして遂に) पारसङ्गते-彼岸の超越的境地に合一し、बोधिः-悟りつまり覚醒を達成した。स्वाहा(不変化辞) これは本当に良い真実の言葉。इति-かくして、 समाप्तम्-終った、 समाप्तिः-終り、完成

　(精神的探求の道に) **赴いた。(しかし、彼岸には到達しえず) 幾度も幾度もそこへ赴こうと試みた。遂に、やっと現世を越えて彼岸まで辿り着けたと思った、(が、すぐ元のところに又舞い戻った。) そこで、更に試みを続行し、とうとう超越的境地に安住することになった。それは実に完全な悟りの境地である。これぞ、実にまことの言葉。**

　ここで *prajnāpāramita hṛdayasūtraṃ* 般若心経は終わる。

36.2　この経典により、仏陀はどのようなメッセージを伝えようとしたのかを、少し詳しく見てゆくことにしよう。

क. この法話をしていた時、仏陀は非常に深い瞑想状態のもとで日々の生活を送られていた、と思われる。これは覚者の通常の状態である。生活の中で為すことは何であれ、散歩であろうと、会話、食事、睡眠であろうと、全活動が深い瞑想状態で行われる。サンスクリットの単語 चर्या は日常の活動を指すものであるが、仏陀の場合、それが宗教的行為と変わらない。仏陀は、心が絶え間なく揺れる状態を越えたところの深い超越的英知の状態 प्रज्ञापारमिता に、常時、おられることになる。仏陀がシャーリプトラに対して発せられた言葉は、その超越的な英知

の状態に由来するものである。

仏陀は先ず五つの段階 skandhas (रूप, वेदना, संज्ञा, संस्कार, विज्ञान) があると、述べる。しかし、それらは基本的に空である。それらが一体何を意味するのか、そのことをまず理解しなければならない。

ख. रूपं. 仏陀はシャーリプトラに向い、形態なるものは空であり、空それ自体が形態になるのだと、述べている。この世で我々は無数のものに囲まれている。我々がそれらを見分けられるのは、感覚器官を通じて知覚し認知できる様々な基盤がある。もし我々の心が全く動かなければ、全世界の様々なものは、それぞれあるがままに存在し、深いレベルでの我々の意識には入ってこない。

वेदना. 我々の心は通常落着いた状態にはない。すぐ、そのものごとに反応し始めてしまう。心が様々な rūpas と関わりを持つようになったうえで、それを認知し始める状態を指して वेदना と呼ぶ。この वेदना の段階で、我々は何かを一つの物として識別するのである。しかし、この世界には無数の物が存在している。その中のどれだけを我々は本当に認知するのであろうか。

संज्ञा. 次の段階で、心は識別した物や人について考え始める。考えるために、それらに名前を与え、それぞれの間の関係付けを行う。この段階を指して संज्ञा と呼ぶ。何かを眺め、次にそれに注目した上で、それを、例えば、車と名づける。もしもっと興味がある場合には、その車は、きれいで高価であるということも考える。こうしている間でも、その車、それ自体は、名前も関連性もないままに、一つの物体として留まっている。

संस्कार:. 人生で経験を積むにつれて、我々はそれを記憶に留めてゆく。我々が行ったあらゆる行動は、我々の意識にある印象を刻印していく、それを संस्कार と呼ぶのである。我々の現在の行動は過去の記憶に影響されている。

विज्ञानं. これら全ての印象と心の現在の動きから、विज्ञान と呼ばれる我々の個人意識が構成される。我々の個人意識それ自体は特別のものではない。それは過去の経験と現在の心の作用が結合したものに過ぎない。もし我々の心が活動していなければ、रूप も वेदना も संज्ञा も संस्कार も विज्ञान も一切存在しないであろう。そこで仏陀はこれら基本的段階はそれ自体、空 शून्य である、と言ったのである。

第三十六課

ग. 我々がशून्यの境地にある時は、形態(रूप)も知覚(वेदना)もなければ、名称と思考に結びついた知的活動(संज्ञा)も、自分の行為についての印象(संस्कार)も個人意識 (विज्ञान)も存在しない。視覚、聴覚、嗅覚、味覚、触覚といった五つの感覚器官もこれら感覚器官の対象も存在しない。

仏陀がここで言おうとした重要なことは、心が機能する限りにおいてのみ、視覚が機能するということである(न चक्षुर्धातुः यावन्न मनोधातुः)。これはあらゆる感覚器官についてあてはまる。インドの伝統では、心は感覚器官の一つであり、他の感覚器官と協調して働くものとされる。他の感覚器官は心がそれと協調する場合にのみ機能する。目がものを見るのは、心の働きを介して我々が注意を払う場合のみである。

घ. 悟りの境地にあっては、心も感覚器官も完全に静まり、日常的体験の世界は静止する。すると知識も無知もなくなる。その絶対的な状態においては、生も老も死もない。苦悩がないので苦悩から逃れようとする試みもない。無知も学識もない。獲得すべき何物もない。それは全く平和な状態で、体験できるが、叙述し得ない。

ङ. その様な悟りの境地の人間は非常に純粋な心をもってこの世を歩む。一切の混沌状態から脱しているので、彼らが恐怖や苦悩を味わうこともない。彼らはニルヴァーナ（涅槃）の状態にあり続ける。

च. 超越的英知の境地に到達したのはゴータマブッダ一人ではない。そこでブッダという語はここでは複数形(सर्वबुद्धाः)で使用されている。我々もその状態に到達したいと願っている。そこで仏陀は生活の中で使えば非常に効果的なマントラを授けたのである。

छ. そのマントラは次のようなものである。

गते-求道者は精神的救済の目標を理解し、その方向へ向かって行動しようとする。これが गते (सति)によって記述されている。

गते-しかし、一度の試みでは成功しない、それでまた俗世に戻って来る。精神的求道 *sādhanā* では不断に努力を重ねなければならない。そのことが गते (सति)を繰返すことで示されている。

पारगते-求道者が幾度も幾度も目標に向かって精進し続けるならば、超越的な境地に到達する時がやってくるかもしれない。ただ、その様な状態に到達しても、普通意識の状態にすぐ舞い戻ってしまう。そのことが पारगते (सति)によって記述されている。

पारसंगते -長い間の求道 *sādhanā* の後に、その過程において多くの成功と失敗をしたあげく、超越的状態に安住し、低次元の通常意識に戻らなくなる。この段階が पारसंगते (सति)である。

それが बोधिः- (菩提) の達成、即ち悟りである。

最後に今一度、般若心経を読んでみることにしよう

अथ प्रज्ञापारमिताहृदयसूत्रम्।

ओम् नमः सर्वज्ञाय।

आर्यावलोकितेश्वरबोधिसत्वो गम्भीरायां प्रज्ञापारमितायां चर्यां चरमाणो व्यवलोकयति स्म- पञ्च स्कन्धाः, तांश्च स्वभावशून्यान् पश्यति स्म।

इह शारिपुत्र, रूपं शून्यता, शून्यतैव रूपम्। रूपान् न पृथक् शून्यता, शून्यताया न पृथग् रूपम्। यद् रूपं सा शून्यता, या शून्यता तद् रूपम्। एवमेव वेदना-संज्ञा-संस्कार-विज्ञानानि।

इह शारिपुत्र, सर्वधर्माः शून्यतालक्षणा, अनुत्पन्ना, अनिरुद्धा, अमला न विमला, नोना न परिपूर्णाः।

तस्मात् शारिपुत्र, शून्यतायां न रूपं, न वेदना, न संज्ञा, न संस्कारा, न विज्ञानम्। न चक्षुः-श्रोत्र-घ्राण-जिह्वा-काय-मनांसि। न रूप-शब्द-गन्ध-रस-स्प्रष्टव्य-धर्माः। न चक्षुर्धातुः यावन् न मनोधातुः।

न विद्या, नाविद्या, न विद्या-क्षयो नाविद्या-क्षयो, यावन् न जरा-मरणं न जरा-मरण-क्षयो, न दुःख-समुदय-निरोध-मार्गाः, न ज्ञानं, न प्राप्तित्वम्।

बोधिसत्त्वस्य प्रज्ञापारमिताम् आश्रित्य विहरति अचित्तावरणः। चित्तावरण-नास्तित्वाद अत्रस्तो विपर्यासातिक्रान्तो निष्ठनिर्वाणः।

त्र्यध्व-व्यवस्थिताः सर्वबुद्धाः, प्रज्ञापारमिताम् आश्रित्यानुत्तरां सम्यक् सम्बोधिम् अभिसम्बुद्धाः। तस्माद् ज्ञातव्यः प्रज्ञापारमिता-महामंत्रः, महाविद्यामंत्रः, अनुत्तरमंत्रः, असम सममंत्रः, सर्वदुःख प्रशमनः, सत्यम् अमिथ्यात्वात्, प्रज्ञापारमितायाम् उक्तो मंत्रः।

तद् यथा

गते गते पारगते पारसङ्गते बोधिः स्वाहा।

इति प्रज्ञापारमिता हृदयसूत्रं समाप्तम्।

第三十七課

ウパニシャッドから：『ナチケーターの物語』 नचिकेतसः कथा ／
『ヤジュャヴァルキヤとマイトレーイー の物語』 याज्ञवल्क्य-मैत्रेयी-कथा

　ヴェーダ讃歌はインド思想の礎石ではあるが、インド思想がインドの内外においてよく知られるようになったのはウパニシャッドを通してである。ヴェーダ讃歌の文体は観念を推敲する余地のない短いマントラ形式である。ウパニシャッドはヴェーダ讃歌に出てくる精神的な諸観念を詳述したものである。ウパニシャッドの多くの文献には、ヴェーダ讃歌から直接引用された沢山のマントラが含まれている。しかし、その多くのものに物語や対話が含まれているので、非常に理解しやすい文体になっている。ウパニシャッドこそ後世においてインドの精神的思想の源泉になったものである。ギーターは、ウパニシャッドの教えの要点をまとめたものとして一般に認められている。偉大なるシャンカラが、インドでヴェーダの宗教を再建しようとした際に、自分が詳述しようとしたことはウパニシャッドの教説にほかならないという点を、特に強調している。それ以降のインドの学者ならびに思想家は皆、ウパニッシャドの教説に影響され続けてきた。また西欧の学者の多くもそれに強く心を動かされてきた。偉大なドイツの哲学者ショペンハウエルは、ウパニシャッドの研究はこれまで私の人生の慰めであったが、今後は自分の死の慰めにもなるであろう、とさえ述べている。

　この課では、ウパニシャッドから二つの物語を学ぶことにしよう。最初は, 一人の若者が死神（ヤマ）と直接に対話するという、カタ・ウパニシャッドからの有名なナチケーターの物語である。この課の詩句は全てカタ・ウパニシャッドからのものであるが、説明の散文部分は若干編集されている。

　二番目の物語では、家長でもある聖者が自分の妻に、自我の根元性について話しかけているところから始まる。この物語は、冒頭の説明部分を除き、原文をそのままを収録している。ウパニシャッドは今から三千年以上も昔の文献であるが、その言語を読み取って、その深い精神的意味を捉えることが、さほど難しくないことが解るであろう。

37.1<R> नचिकेतसः[1] कथा 『ナチケータの物語』を読んでみよう

प्राचीनकाले उद्दालक नाम ऋषिः यज्ञमेकं कुर्वन् स्वकीयं सर्वं धनं दक्षिणायां[2] ददौ। तत्र काश्चिद् वृद्धाः गावः अपि दीयमाना[3] आसन्। उद्दालकस्य किशोरः[4] पुत्रः नचिकेताः ताः गाः दृष्ट्वा पितरमवोचत्-एतासां गवां दानं नोचितं यतः एताः गावः अधुना दुग्धं दातुं नैव शक्नुवन्ति।

उद्दालकः स्वपुत्रस्य वचने न किमपि ध्यानं ददौ। नचिकेताः पुनः पितरम् उवाच-दक्षिणायां तु उपयोगि[5] प्रियं च वस्तु एव दीयते। भवतां प्रियतमस्तु अहमेवास्मि। भवान् मां कस्मै दास्यति इति। यदा तस्य पिता तदापि तस्य वचनं नाशृणोत्, नचिकेताः स्वप्रश्नं पुनरपि तस्मै अकथयत्। उद्दालकः तदा क्रोधेनावोचत्-अहं त्वां मृत्यवे ददामि इति।

注：1. नचिकेतस्はこの固有名詞の *prātipadika*である。これは चन्द्रमस्と同じように格変化する。1-1 नचिकेताः, 2-1 नचिकेतसम्, 4-1 नचिकेतसे, 6-1 नचिकेतसः. 2. दक्षिणा-教科課程や宗教儀礼の後で師匠や僧侶に奉献される供物、それは別に予め定められていたりする謝礼ではない。 3. 与えられた、दा *pass.* +मान (第**21.3**節をみよ)、4.青年の、 5. 役に立つ、 उपयोगिन्の中性形の2-1、 (उपयोगि-उपयोगिनी-उपयोगीनि)

『ナチケーターの物語』 昔々、ウッダーラカという名の聖者がヤジャーの祭式の際、dakṣiṇā (僧侶への供物) として全財産を与えてしまいました。その中に幾頭かの年老いた乳牛も奉献されていました。

ウッダーラカの若い息子のナチケーターはそれらの乳牛を見て「これらの乳牛はもうミルクを出さないのだから、供物として僧侶に捧げるのは適当ではない」と自分の父親に告げました。

ウッダーラカは自分の息子の言葉に十分な配慮をしませんでした。ナチケーター再び言いました。「僧侶への供物としては、役に立つ大切なものを何か奉献しなくてはなりません。あなたにとって最愛なものとは私の筈です。あなたは誰に私を与えたいのですか。」

彼の父はそれでも未だ彼の言葉に耳を貸さなかったので、ナチケーターは再び同じ質問を繰返しました。するとウッダーラカは怒って、「私はお前を死神にやるのじゃ」と言いました。

क्रोधेनैव उक्तं पितुर्वचनं नचिकेताः गम्भीरतया अगृह्णात्[1]। सः सत्यमेव मृत्योः देवस्य यमस्य गृहं प्रस्थितवान्[2]। यमः तदा कार्यवशाद् स्वगृहाद् बहिर्गत[3] आसीत्। नचिकेताः तस्य द्वारे दिनत्रयं प्रतीक्षितवान्।

गृहं प्रत्यागतो यमः अनाहारं[४] किशोरं दृष्ट्वा भृशं दुःखितोऽभवत्। सः नचिकेतसम् अवोचत्-त्वं मम अतिथिरासीः। अतिथिः पूज्यः भवति, किन्तु मम गृहे त्वम् अनश्नन्[५] दिनत्रयं न्यवसः। तस्मात् त्वं त्रीन् वरान् वृणीष्व[६]।

注： 1. 受取った、अ+ग्रह्, लङ् iii-i, 2. 出発した、प्र+स्था+तवत्, 3. बहिः-外に、4. 食物もなく、अन्+आहारः (食物), 5. 食べないで、 अश्-食べる、 अन्+अश्+अत्, 6. 選ぶ、尋ねる、वृ, लोट्, ii-i

怒って発せられた言葉とはいえ、ナチケーターは自分の父親の言葉を忠実に受け取りました。彼は実際、死神ヤマの館へ出かけました。その時、ヤマは用事があって館の外に出かけていました。ナチケーターは館の入口のドアのところで三日間待ちました。

ヤマは家に戻って来ると若者が何も食べずに待っていたのを見て大変哀れに思いました。彼はナチケーターに向って言いました。「お前は私の客人だ、客人は貴ぶべき存在であるにもかかわらず、お前は私の家に三日間も食べ物もなく留まっていた。そこでお前は私に三つの願い事をしてもよいぞ。」

नचिकेता अवदत्-मम पिता मां क्रोधेन त्वां प्रति प्रेषितवान्। सः पुनः मयि स्निह्येत् इति मम प्रथमो वरः। यमः नचिकेतसे तं वरमददात्। द्वितीयेन वरेण नचिकेता स्वर्गप्राप्तेः उपायम् अपृच्छत्।

ナチケーターは言いました。「私の父は怒って私をここに寄越しました。私の最初の願いは、父が私を再び愛してくれることです。」ヤマは、ナチケーターの願いを叶えてくれました。第二の願いとして、ナチケーターはどうすれば天国にゆけるか、その方法を尋ねました。

यमः नचिकेतसं तस्य अग्नेः विषये उपादिशत् यमाराध्य मनुष्याः स्वर्गलोकं गच्छन्ति। तृतीयं वरं याचमानो नचिकेता अवदत्-

ヤマはナチケーターに崇めれば天国に行けることを可能にする火の理論を説きました。第三の願いをヤマにしながら、ナチケーターは言いました。

येयं प्रेते[१] विचिकित्सा[२] मनुष्ये,
अस्तीत्येके[३] नायमस्तीति चैके[४]।
एतद् विद्यामनुशिष्टः[५] त्वयाहं,
वराणामेष वरस्तृतीयः।।१।। 1-1-20

अन्वयः- प्रेते मनुष्ये या इयं विचिकित्सा-एके अस्ति इति, एके च न अयम् अस्ति इति (कथयन्ति)। त्वया अनुशिष्टः अहम् एतद् (रहस्यं) विद्याम्। एषः वराणां तृतीयः वरः।

注：1. प्रेते मनुष्ये-人が死ぬと、 (प्र+इ+त), 2. या इयं विचिकित्सा-疑問が生じる、
3. एके अस्ति इति-ある者は(言う) (死後) 彼はいると、4. एके च न अयम् अस्ति इति-そして他の者は(言う)彼はいないと、5. विद्याम्-知ることができるように、विद्, विधिलिङ् i-i, त्वया अनुशिष्टः-あなた様に教えられて

人の死について、次のような疑問があります。ある人は、彼はなおここにいると言い、またある人は、彼はいないと言います。貴方様に教えられて、私はこの秘密が知りたいのです。これが第三の願い事です。

यमः नचिकेतसम् उवाच-

शतायुषः[१] पुत्रपौत्रान्[२] वृणीष्व,
बहून् पशून् हस्तिहिरण्यमश्वान्[३] ।
भूमेर्महद् आयतनं[४] वृणीष्व,
स्वयं च जीव शरदो[५] यावदिच्छसि ।।२ ।। 1-1-23

अन्वयः-शतायुषः पुत्रपौत्रान्, बहून् पशून्, हस्तिहिरण्यम्, अश्वान् वृणीष्व। भूमेः महद् आयतनं वृणीष्व। स्वयं च यावद् इच्छसि (तावद्) शरदः जीव।

注：1. शतायुषः-百年の寿命 (आयुस्) のある शतायुस्の 2-3 *bahu.* 、2. पुत्रपौत्रान्-息子と孫、3. हस्ति-हिरण्यम्-象と金、 *dvandva*, 3. अश्वः-馬、4. भूमेः महत् आयतनम्-広大な土地、5. शरदः-年月＞ 1-3 of शरद् *f.* 年、秋

ヤマはナチケータに向って言いました。「ナチケーターよ、お前は、百歳の寿命を持つ息子や孫とか沢山の家畜や象や馬を願ってもよいのだぞ。広大な土地求め、お前自身、好きなだけ長い年月生きたらよいのだぞ。」

एतत् तुल्यं यदि मन्यसे वरं,
वृणीष्व वित्तं चिरजीविकां[१] च।
महाभूमौ नचिकेतः[२] त्वमेधि[३],
कामानां त्वां कामभाजं[४] करोमि ।।३ ।। 1-1-24

अन्वयः-यदि एतत् वरं तुल्यं मन्यसे (तर्हि) वित्तं चिरजीविकां च वृणीष्व। नचिकेतः त्वं महाभूमौ एधि। ,अहंद्ध त्वा कामानां कामभाजं करोमि।

注：1. चिरजीविकां-長寿、2. नचिकेतस् の 8-1, 3. महाभूमौ एधि-地上の広大な領地で繁栄するがよい एधि-अस् लोट् ii-i, 4. कामभाक्-あらゆる欲望が満たされた人＞ 2-1 कामभाजम्

「もしお前がこの願い事が (既にお前によって懇請されているものと) 同等であると考えるなら、財宝と長寿を求め、この広大な土地の上で栄えるがよい。私はお前を一切の欲望を満たすことの出来る人間にしてやる」

नचिकेता उवाच-

न वित्तेन तर्पणीयो[१] मनुष्यो,
लप्स्यामहे[२] वित्तमद्राक्ष्म[३] चेत्[४] त्वा।
जीविष्यामो यावदीशिष्यसि[५] त्वं
वरस्तु मे वरणीयः[६] स एव।।४।। 1-1-27

अन्वयः-मनुष्यः वित्तेन न तर्पणीयः। चेत् त्वा अद्राक्ष्म, वित्तम् (अपि) लप्स्यामहे। यावत् त्वम् ईशिष्यसि (तावत्) जीविष्यामः। मे तु स एव वरः वरणीयः।

注： 1. तर्पणीयः-満足させられる (तृप्+अनीय) 、2. लप्स्यामहे-我々は得るであろう、लभ्, लृट् i-iii, 3. त्वा अद्राक्ष्म-もし我々があなたに会えば、दृश्, लुङ् i-iii, 4. चेत्-もし、त्वा は त्वाम्の別の形、 5. 支配するであろう、 ईश्-支配する、लृट् ii-i, 6. वरणीय-選択に値する、वृ+अनीय

ナチケーターは言いました。「人間は富では満足しない。貴方に会えたのですから、我々は富を得られましょう。貴方が我々の命を支配する期間、我々は生きられます。私にはその願い事だけが懇願に値するのです」

यमः नचिकेतसम् उवाच-

अन्यत्[१] श्रेयः[२] अन्यदुतैव[३] प्रेयः[४],
ते उभे नानार्थे[५] पुरुषं सिनीतः[६]।
तयोः श्रेयः आददानस्य[७] साधु[८] भवति,
हीयतेऽर्थाद्[८] य उ[९] प्रेयो वृणीते।।५।। 1-2-1

अन्वयः-श्रेयः अन्यत्, उत प्रेयः अन्यत् एव, नानार्थे ते उभे पुरुषं सिनीतः। तयोः श्रेयः आददानस्य साधु भवति, यः उ प्रेयः वृणीते (सः) अर्थात् हीयते।

注：1. अन्यत्-異なる、2. श्रेयः-有益な、3. अन्यत्+उत+एव, उत-そして、4. प्रेयः-心地よい、प्री+य, 5. नानार्थे-異なる対象物を持っている、नाना-異なる、अर्थः-目的、*bahu.,* 6. सिनीतः-縛られている、सि, लट् iii-ii, आददान-取る、受取る、आ+दा+आन , 8. 善、利益、 (साधुः-僧侶), हीयते-奪われる、 हा *pass.*, लट् iii-i.

ヤマはナチケーターに告げました。 「一つは善の（道）、そして今一つは快適な（道）である。二つは異なる目的をもつ。 そして、 両者とも（その目的によって）人間を束縛する、その内、善を選ぶものは善を得るし、快適なるものを選ぶものは人生の目標を失う」

स त्वं प्रियान् प्रियरूपान्[१] च कामान्,
अभिध्यायन्[२] नचिकेतोऽत्यस्राक्षीः[३]।
नैतां सृङ्कां[४] वित्तमयीमवाप्तो[५],
यस्यां मज्जन्ति[६] बहवो मनुष्याः।।६।। 1-2-3

अन्वयः-स त्वं नचिकेतः, अभिध्यायन्, प्रियान् प्रियरूपान् च कामान् अत्यस्राक्षीः। ;त्वंद्ध वित्तमयीम् एतां सृङ्कां न अवाप्तः यस्यां बहवः मनुष्याः मज्जन्ति।

注：1. प्रियरूपान्-快適な外見を持つ、*bahu.*, 2.अभिध्यायन्-良く考えると、अभि+ध्यै+अत्, 3. नचिकेतः 8-1> नचिकेतस्, अत्यस्राक्षीः-捨てた、अति+सृज्, लुङ् ii-i, 4. सृङ्का-鎖、足枷、5. वित्तमयीं- 富から作られた、न अवाप्तः-受け取らなかった、अव+आप्+त, 6.मज्जन्ति-巻き込まれる、*lit.* 溺れる、मस्ज् 溺れさす、लट् iii-iii

おお、ナチケーターよ、お前はその様にして、良く考えた末、快適なもの、快適そうにみえるものを捨て去った。お前は多くの人間が誘惑されてしまう富の道を（歩むこと）には巻き込まれなかった。

अविद्यायामन्तरे[१] वर्तमानाः,
स्वयंधीराः[२] पण्डितम्मन्यमानाः[३]।
दन्द्रम्यमाणाः[४] परियन्ति[५] मूढाः[६],
अन्धेनैव[७] नीयमानाः[८] यथान्धाः॥७॥ 1-2-5

अन्वयः-अविद्यायाम् अन्तरे वर्तमानाः, स्वयं धीराः, पण्डितम्मन्यमानाः, मूढाः दन्द्रम्यमाणाः परियन्ति, यथा अन्धेन एव नीयमानाः अन्धाः।

注：1. अन्तरे-内部に、内側に、2. स्वयंधीराः-自分自身を賢いと考えている、3. पण्डितम्मन्यमानाः-自分自身を学識者(*paṇḍita*)と見なして、 4. दन्द्रम्यमाणाः-あちこち走り回っている、द्रम्-駆回る、の特殊形態、5. 歩き回る、परि+इ, लट् iii-iii, 6. 愚か者、7. अन्धः-盲人、8. नीयमानाः-導かれている、 नी *pass.* + मान

無知のままに暮らしながら、自分自身を理知的で悟れるものと見なしている、愚かな人々は、あたかも盲人が別の盲人に導かれるようにして、あちこちと歩き回っている。

अणोरणीयान्[१] महतो महीयान्[२]
आत्मास्य जन्तोः[३] निहितो[४] गुहायाम्[५]।
तमक्रतुः[५] पश्यति वीतशोको[६], धातुप्रसादान्[७]
महिमानमात्मनः[८]॥८॥ 1-2-20

अन्वयः-गुहायां निहितः अस्य जन्तोः आत्मा अणोः अणीयान्, महतः महीयान् (च) अस्ति। अक्रतुः वीतशोकः (मनुष्यः) धातुप्रसादात् आत्मनः तं महिमानं पश्यति।

注：1. अणोः अणीयान्-最小のものよりも小さい、 2. महतः महीयान्-最大のものよりも大きい、3. जन्तुः-創造物、生物(ここでは人間)、4. निहित-置かれた、位置した、नि+धा+त, 5. अक्रतुः-欲望から自由な(人)、6. वीतशोक-悲しみから自由な、悲しみを乗越えた人、(वीत), *bahu.*, 7. धातुप्रसादात्-心と感覚器官が沈静の故に、(धातुः-*m.* 生命を支える要

素、通常は心と感覚器官のこと、動詞の原形、金属), 8. महिमन्-*m.* 栄光、偉大さ、महिमा-महिमानौ-महिमानः, 2-1 महिमानम्

アートマーは最小のものよりさらに小さく、最大のものよりもさらに大きい。それは全ての生物の内奥に住む。心と感覚器官が沈静すれば、欲望から自由になり、悲しみから解き放たれて、人はアートマーの栄光を見る。

अशरीरं१ शरीरेषु२ अनवस्थेष्ववस्थितम्३,४।
महान्तं५ विभुमात्मानं६,७ मत्वा८ धीरो९ न शोचति१०॥९॥ 1-2-22

अन्वयः-शरीरेषु अशरीरम्, अनवस्थेषु अवस्थितं, महान्तं, विभुम्, आत्मानं मत्वा, धीरः न शोचति।

注：1. अशरीरम्-肉体のない、2. शरीरेषु-肉体の中に、3. अनवस्थेषु- (अन्+ अवस्था) はかないものの間に、移り行くものに、4. अवस्थित-永続的な、確立された、अव+स्था+त,5. महान्तं-偉大な、6. विभुम्-遍満する、7. आत्मानम्-人の真我、8. मत्वा-知ると、9. धीरः-賢者、10. न शोचति- 悲しみを感じない

賢者は、肉体の中にありながら、肉体的ではない、移ろいやすいものの中にありながら、永続的かつ偉大にして一切に遍満する自己の魂を知る者は、もう悲しむことはない。

उत्तिष्ठत१ जाग्रत२ प्राप्य वरान्३ निबोधत४।
क्षुरस्य५ धारा६ निशिता७ दुरत्यया८ दुर्गं९ पथस्तत् कवयो१० वदन्ति॥१०॥
1-3-14

अन्वयः-उत्तिष्ठत, जाग्रत, वरान् प्राप्य निबोधत, पथः दुर्गं, कवयः तत् वदन्ति, क्षुरस्य निशिता दुरत्यया धारा (इव)।

注：1. उत्तिष्ठत-立ち上って、उत्+स्था, लोट् ii-iii, 2. जाग्रत-目覚めて、 जागृ, लोट् ii-iii, 3. वरान् प्राप्य-賢者に近づいて、4. निबोधत-真理の知識を得た、 नि+बुध्, ii-iii, 5. पथः दुर्गं-(真我への)道は難しい、6. कवयः- 賢く知識ある人々、कवि には詩人の意味もある、7. क्षुरस्य- 剃刀の、8. निशिता-鋭くした、9. दुरत्यया-上を歩くのが難しい、10. धारा-刃先、流れ

立ち上がり、目覚め、賢者のもとに行き、真理の知識を得なさい。賢者は言う、真我への）道は剃刀の鋭い刃先を歩くようなもので、歩むのが難しい。

अशब्दमस्पर्शमरूपमव्ययं,
तथारसं नित्यमगन्धवच्च यत्।
अनाद्यनन्तं महतः परं ध्रुवं,
निचाय्य तन्मृत्युमुखात् प्रमुच्यते॥११॥ 1-3-15

अन्वयः-यत् अशब्दम्, अस्पर्शम्, अरूपम्, अव्ययं, तथा अरसं, नित्यम्, अगन्धवत् च, अनादि, अनन्तं, महतः परं, ध्रुवं, तत् निचाय्य मृत्युमुखात् प्रमुच्यते।

注：अशब्दम्-音もなく、अस्पर्शम्-接触もなく、अव्ययम्-破壊し得ない、अरसम्-味がない、नित्यम्-永遠の、अगन्धवत्-匂いのない、अनादि-始りのない、अनन्तम्-終りもない、महतः परम्-英知を越えた、ध्रुवम्-不動の、तत् निचाय्य-それを知って、नि+चाय् 観察する+य, मृत्युमुखात् प्रमुच्यते-死の淵から解放される

音もなく、感触もなく、形もなく、壊すことも出来ない、味もなく、匂いもなく、始めもなく終りもない、英知を越えて、永遠に存在するものを知って、初めて人は死から解放される。

注：1．サーンキャ哲学では、宇宙的英知は महत् と呼ばれている。神は英知を越えたものである。ギーターでは यो बुद्धेः परतस्तु सः-(英知の上にそれ（神）がいる）と述べられている。

37.2<R> ウパニシャッドから今一つ別の物語を読んでみよう

『ヤージャヴァルキャとマイトレーイーの物語』 याज्ञवल्क्य-मैत्रेयी-कथा

(聖者ヤージャヴァルキャには、マイトレーイーとカートヤーヤニーという二人の妻がいた。二人のうちで、マイトレーイーは精神的なことに関心を寄せ、カートヤーヤニーは世俗的なことに関心があった。ある日、ヤージャヴァルキャはか家長としての生活を捨てる決心をした。物語はそこから始まる）

१. मैत्रेयि इति होवाच[१] याज्ञवल्क्यः- उद्यास्यन्[२] वा अरे अहम् अस्मात् स्थानाद् अस्मि। हन्त[३] ते अनया कात्यायन्या अन्तं[४] करवाणि[५] इति। सा होवाच मैत्रेयी-यन्नु[६] मे इयं भगोः सर्वा पृथिवी वित्तेन पूर्णा स्यात् कथं तेनामृता स्याम् इति।।१।

注：1. ह-*ind.* 強調するための分詞、2. उद्यास्यन्-まさに立去ろうしながら、उत्+या+स्य+अन्, *fut. act. p.*, 3. हन्त-*ind.* 同情、驚きなどを意味する分詞、おお、4. 分割(資産の), 5. करवाणि-させてくれ、कृ लोट् i-i, 6. नु-*ind.* 疑惑、疑問を意味する分詞、भगः-財産

1．ヤージャヴァルキャは言いました、「おお、マイトレーイーよ、私は（家長たる）この立場を捨てることにする。このカートヤーヤニーとお前に対する財産分割をさせてくれ。」マイトレーイーは言いました、「もし財宝に満ちたこの全地球が私のものだとしても、それでどうして私は不死なる存在になれるでしょうか」

नेति होवाच याज्ञवल्क्यः। यथैव[१] उपकरणवतां[२] जीवितं[३] तथैव ते जीवितं स्यात्। अमृतत्वस्य तु नाशास्ति वित्तेन इति। ।२।

सा होवाच मैत्रेयी- येनाहं नामृता[४] स्यां किमहं तेन कुर्याम्? यदेव भगवान्[५] वेद[६] तदेव मे ब्रूहि[७] इति।।३।

注 : 1.यथा+एव 丁度そのように, 2. उपकरणं-手段、物質的なもの、उपकरणवतां 6-1 > उपकरणवत्, 3. जीवितम्-生命、4. नामृता=न+अमृता, 不死ではない、5. भगवान्-ご主人様、神、6. वेद-知っている、 विद्, लट् iii-i, वेत्ति の別の形、7. ब्रूहि-話すべきです、 ब्रू, लोट् ii-i.

２．ヤージャヴァルキャはと言いました、「いや、お前の人生とてこの世の物質的なものを持つ人達と同じであろう。富によって不死になる希望はないのだ」

３．するとマイトレーイーは言いました、「不死になれないものを手にして私はどうしましょうか。どうか教えて下さい、ご主人様、貴方様が知っておられることを」

स होवाच याज्ञवल्क्यः- प्रिया बतारे[१] नः सती[२] प्रियं भाषसे[३]। एहि[४], आस्व[५], व्याख्यास्यामि[६] ते।

注 : 1. अरे बत-*ind.* おお、2. नः प्रिया सती-私達にとって大切である、नः-अस्माकं の別の形、 सती- *pres. p.* सन् の現在分詞、女性形 > अस्,ある、३. प्रियं भाषसे-お前は嬉しいことを言う、4. एहि-来なさい、आ+इ, लोट् ii-i, 5. आस्व-来て(私の近くに)座れ、आस्-座る、लोट् ii-i, 6. ते व्याख्यास्यामि-私はお前に説明する、वि+आ+ख्या लृट् i-i .

ヤージャヴァルキャは言いました、「私にとってお前はとても愛しい存在だ。お前は嬉しいことを言う。来てお座り、お前にこれを説明しよう」

स होवाच-न वा अरे पत्युः कामाय[१] पतिः प्रियः[२] भवति, आत्मनस्तु कामाय[३] पतिः प्रियो भवति। न वा अरे जायायाः कामाय जाया प्रिया भवति, आत्मनस्तु कामाय जाया प्रिया भवति। न वा अरे पुत्राणां कामाय पुत्राः प्रियाः भवन्ति, आत्मनस्तु कामाय पुत्राः प्रियाः भवन्ति। न वा अरे वित्तस्य कामाय वित्तं प्रियं भवति, आत्मनस्तु कामाय वित्तं प्रियं भवति।

注 : 1.पत्युः कामाय-夫のために、2.प्रिय-大切な、3. आत्मनः तु कामाय-自分自身のために

４．彼は説明を始めました。「まさに、夫が愛しい故に夫が大切なのではない。アートマーを愛するが故に夫が大切なのだ。妻が愛しい故に妻が大切なのではない。アートマーを愛するが故に妻が大切なのだ。子供たちが愛しい故に子供たちが大切なのではない。アートマーを愛するが故に子供たちが大切なのだ。富が愛しい故に富が大切なのではない。アートマーを愛するが故に富が大切なのだ。

न वा अरे ब्रह्मणस्तु[१] कामाय ब्रह्म प्रियं भवति, आत्मनस्तु कामाय ब्रह्म प्रियं भवति। न वा अरे क्षत्रस्य कामाय क्षत्रं[२] प्रियं भवति, आत्मनस्तु कामाय क्षत्रं प्रियं भवति। न वा अरे लोकानां कामाय लोकाः प्रियाः भवन्ति, आत्मनस्तु कामाय लोकाः[३] प्रियाः भवन्ति। न वा अरे देवानां कामाय देवाः प्रियाः भवन्ति, आत्मनस्तु कामाय देवाः[४] प्रियाः भवन्ति।

注：1. ब्रह्मणस्तु कामाय- 至高なる知識（ブラーフマン）の為に、 2. क्षत्रं-権力、名声、3. लोकाः-世界、4. देवाः- 神々

5. バラモンが愛しい故にバラモンが大切なのではない。アートマーを愛するが故にバラモンが大切なのだ。クシャトリヤが愛しい故にクシャトリヤが大切なのではない。アートマーを愛するが故にクシャトリヤが大切なのだ。世界が愛しい故に世界が大切なのではない。アートマーを愛するが故に世界が大切なのだ。神々が愛しい故に神々が大切なのではない。アートマーを愛するが故に神々が大切なのだ。

न वा अरे भूतानां कामाय भूतानि[१] प्रियाणि भवन्ति, आत्मनस्तु कामाय भूतानि प्रियाणि भवन्ति। न वा अरे सर्वस्य कामाय सर्वं प्रियं भवति, आत्मनस्तु कामाय सर्वं प्रियं भवति। आत्मा वा अरे द्रष्टव्यः[२] श्रोतव्यो[३] मन्तव्यो[४] निदिध्यासितव्यो[५] मैत्रेयि। आत्मनो वा अरे दर्शनेन[६] श्रवणेन[७] मत्या[८] विज्ञानेन[९] इदं सर्वं विदितम्[१०] इति।

注： 1. भूतानि-存在、万物、2. द्रष्टव्यः-見られるべきである、दृश्+तव्य, 3. श्रोतव्य- 聞かれるべきである、श्रु+तव्य, 4. मन्तव्यः-考えられるべきである、मन्+तव्य, 5. निदिध्यासितव्य-観想されるべきである、 नि+ ध्यै 瞑想する、*desiderative* +तव्य, 6. दर्शनं-見ること、7. श्रवणं-聞くこと、8. मतिः-思考、英知、9. विज्ञानं-(ここで)完全な理解、10. विदितम्-知られた विद्+त

6. 万物が愛しい故に万物が大切なのではない。アートマーを愛するが故に万物が大切なのだ。一切のものが愛しい故に一切のものが大切なのではない。アートマーを愛するが故に一切のものが大切なのだ。アートマーこそ、おお、マイトレーイーよ、見られ、聞かれ、考えられ、瞑想されるべきものなのだ。アートマーを見て聞いて、それについて考え、瞑想することにより、アートマーを完全に理解することにより、その全て（の秘密）が分かるのだ。

注：インドの学問の伝統では、知識の習得に三つの段階がある: ① श्रवणम्-聞くこと、これには読むことも入る。次、② मननम्-考えること、口頭で受けた情報についてあらゆる質問をして、疑問をはらすこと。最後に、③ निदिध्यासनम्-こうして把握した真理について瞑想すること、これは真理が完全に咀嚼され血肉となる段階である。

第三十八課

法華経　『如来寿量品』　तथागतायुष्-प्रमाणपरिवर्तः

はじめに

　『法華経』(*Sad-Dharma-Puṇḍarīka-Sūtra*)は大乗仏教では最も重要な経典の一つである。殊に日本において、この経典は、『般若心経』と並び、厚く尊崇されてきた。日本のサンスクリット学習者からは、自らの宗教が依拠するこの経典をサンスクリットの原文で読誦したいので、サンスクリットを勉強するのだと言うことをしばしば聞かされた。この目的のために、我々は大乗仏典から二つの経文を選んだ。その一つが『法華経』如来寿量品を扱ったこの課である。今一つが『般若心経』を扱った第三十六課である。第三十四課は、別の経典ダンマパダに基づいている。これらの課を通じて、日本の学徒が仏教の経典原文を自分なりにひもといて学習する意欲と自信を持つようになることを期待している。

　この課で扱う『法華経』の章は、*Tathāgatāyuṣ-pramāṇa-parivarta*と題されているが、その意味は、**如来**Tathāgata の**寿命** āyusの**年数** pramāṇa の**章** parivartaということである。仏陀は今から2500年前にインドで生まれ、悟りを開いてから、今日仏教と言う名称で行われている宗教の教えを世に広めた歴史上の人物ということになっている。しかし、この経典は、仏陀の教えは天地の開闢と同じくらい古い、ということをはっきり指摘している。歴史上の仏陀はその精神的な教えを再確認した偉大な師匠の一人に過ぎないのであって、光明の教えは太古の昔から人類と共に存在していたというのである。

　良識ある読者は、この課の教えとヒンズー教の聖典バガヴァッド・ギーターの教えとの間に驚くほどの類似性があることに気付くであろう。ギーターの教えは、アルジュナの友人で御者でもあるシュリー・クリシュナという歴史上の人物の口から発せられたものである。しかし、シュリー・クリシュナの口を通して語られたものは、永遠の人間たるプルシャ即ち宇宙意識そのものにほか

ならいと言うことがギーターでは幾度も繰返され、極めて明瞭に表現されている。

　人間が悟りを開くと、「我」という語は人間にとって二つの意味を持つようになる。一つは時空に存在する肉体に関わるものである。覚者が使う「我」と言う言葉の別の意味は、時空を超越して、人間を通じて顕現している永遠の神的意識に関わっている。残念ながら覚者の信奉者達は、「我」という語の二つの意味を常に区別しているわけではない。宗教上の困難の多くは人間的知性のこの制約に起因している。

　どちらかといえば不幸なことであるが、仏教研究では、仏陀という歴史上の人物に重点が置かれ過ぎている、そうすることで、我々は仏陀の教えと他の宗教や哲学の教えとを殆ど同列に扱ってしまい、折角、仏陀が訴えようとしたことに制約を加えている。しかし、クリシュナムルティが現代において強調したように、教師よりは教説に注目するならば、仏陀の教えは、生と死とそれに伴う苦悩のサイクルを超越した永遠の存在から与えられたメッセージであることが分かるであろう。仏陀は新しい別の宗教を始めようと考えたわけではない。事実、彼の時代において、今日言われるような宗教は存在しなかった。古代インドにおいては宗教と哲学は渾然一体であって、ダルマ dharma とは人間に人生を理解させ、改善させるものであった。

注：周知の如く大乗仏典のサンスクリットは古典サンスクリットと若干異なる。多くの点で古典サンスクリットの文法規則が守られていない。殊に偈文では、音韻的要請から、規則を逸脱して単語が修正されている。そこでこの課では法華経寿量品の偈文には古典サンスクリット訳を併記した。また、古典サンスリットとは異なる文句が出てきた場合、括弧を付け、古典サンスクリットを注として付け加えることにした。（＊印をつけたものは古典サンスクリットに対応する単語が存在しないもの）

　サンスクリットの古い書式では相当長い散文も連続的に書かれていて、滅多にピリオドは付けられなかった。他に句読点はなかったのである。経文の理解をやさしくするために、我々は長い散文を短い節に分けて適当な句読点を付け加えることにした。また多くの個所で、サンディを分割し、ハイフンを使い合成語を分かち書きした。

脚注：出典、　荻原雲来、土田勝弥訳『改訂梵文法華経』山喜房佛書林刊、The Lotus Sutra, ed. by P.L.Vaidya, the Mithila Institute, Darbhanga, Bihar, India.

१. अथ खलु भगवान् सर्वावन्तं बोधिसत्त्वगणम् आमन्त्रयते स्म- अवकल्पयध्वं मे कुलपुत्राः, अभिश्रद्दधध्वं तथागतस्य भूतां वाचं व्याहरतः। द्वितीयकम् अपि भगवान् तान् बोधिसत्त्वान् आमन्त्रयते स्म- अवकल्पयध्वं मे कुलपुत्राः, अभिश्रद्दधध्वं तथागतस्य भूतां वाचं व्याहरतः। तृतीयकम् अपि भगवान् तान् बोधिसत्त्वान् आमन्त्रयते स्म- अवकल्पयध्वं मे कुलपुत्राः, अभिश्रद्दधध्वं तथागतस्य भूतां वाचं व्याहरतः। अथ खलु स सर्वावान् बोधिसत्त्वगणो मैत्रेयं बोधिसत्त्वं महासत्त्वम् अग्रतः स्थापयित्वा अञ्जलिं प्रगृह्य भगवन्तम् एतद् अवोचत्- भाषतु भगवान् एतम् एव अर्थम्, भाषतु सुगतः। वयं तथागतस्य भाषितम् अभिश्रद्धास्यामः। द्वितीयकम् अपि स सर्वावान् बोधिसत्त्वगणो भगवन्तम् एतद् अवोचत्- भाषतु भगवान् एतमेव अर्थम्, भाषतु सुगतः। वयं तथागतस्य भाषितम् अभिश्रद्धास्यामः। तृतीयकम् अपि स सर्वावान् बोधिसत्त्वगणो भगवन्तम् एतदवोचत्- भाषतु भगवान् एतमेवार्थम्, भाषतु सुगतः। वयं तथागतस्य भाषितम् अभिश्रद्धास्याम इति।

注：तथागतः– 如来、仏陀の名前、覚者、存在の究極の実体を悟った人(तथा– ありのままの、आगत–到来した), आयुस्–寿命、(आयुर्वेदः–全生命の知識), प्रमाणं–方法、方便、証拠、परिवर्तः–サイクル、周期 (仏陀の長い寿命の周期) अथ खलु–物語冒頭の表現、その時、昔々、भगवान्–主人、主、神、सर्वावन्तं*– 2-1> सर्वावान्*–全部、बोधिसत्त्वगणम्–菩薩集団、 आमंत्रयते स्म–呼びかけた、आ+मंत्र् लट् iii-i, अवकल्पयध्वम्–聞き分けよ、注意せよ、अव+क्लृप् लोट् ii-iii, ここでは使役法 *ātmanepada* が使われている。
कुलपुत्राः–良家の息子達、社会的地位のある人への敬意の表現、अभिश्रद्दधध्वम्–(अभिश्रद्धद्ध्वम्)– 信頼せよ、अभि+श्रद्+धा लोट् ii-iii, (श्रद्धा–信頼), भूता–真理を達成している、व्याहरन्–発音している、話している、वि+आ+हृ+अत् 6-1, द्वितीयकम्–二度目、तृतीयकम्–三度目、 मैत्रेयः–弥勒、マイトレーヤ、महासत्त्वः–偉大な精神力の、सत्त्वं–内的精神力*bahu.*, अग्रतः–先頭に、स्थापयित्वा–置いて、स्था *caus.* + त्वा, अंजलिं प्रगृह्य–両手で水をすくうように手を合わせて、 अवोचत्> वच् *aorist*, प्र+ग्रह्+य, भाषतु–どうかお話下さい、動詞 भाष्は、ここでは *parasmaipada*として使われている、अर्थः–根拠、真意、एतम् एव अर्थ–実にこの主題、सुगतः–仏陀の名、(सु+गत) 目的地に到達した人、भाषितं– 語られたこと、言葉、अभिश्रद्धास्यामः–信じるであろう、信頼するであろう、(文句を繰返すこの形式は仏典にはよく出てくる。またウパニシャッドにも見られる。繰返すことで、聞き手の緊張を解き、その次に出てくる一層深い意味を持つ事柄に対して心の準備をさせるためである)

その時、世尊は菩薩衆全体に向かい呼びかけられた。「良家の息子らよ、如来の真実の言葉を私が語る時、それを心して聞き分け、それを信じなさい。」さらに再び、世尊はそれら菩薩衆に呼びかけられた。「良家の息子らよ、如来の真実の言葉を私が語る時、それを心して聞き分け、それを信じなさい」さらに三度目、世尊はそれら菩薩衆に呼びかけられた。「良家の息子らよ、如来の真実の言葉を私が語る時、それを心して聞き分け、それを信じなさい」

そこで、菩薩衆全体はマイトレーヤ菩薩大士を先頭に据え、合掌して世尊に言いました。「どうか世尊、あなた様が述べたいと思っていることの真意をお話下さい。私達は如来が語られることを信じるでありましょう」さらに再び菩薩衆は言いました。「どうか世尊、あなた様がぜひ述べたいと思っていることの真意をお話下さい。私達は如来の語ることを信じるでありましょう」さらに三度、菩薩衆は言いました。「どうか世尊、あなた様が述べたいと思っていることの真意をお話下さい。私達は如来の語ることを信じるでありましょう」

२. अथ खलु भगवान् तेषां बोधिसत्त्वानां यावत् तृतीयकम् अपि अध्येषणां विदित्वा तान् बोधिसत्त्वान् आमन्त्रयते स्म- तेन हि कुलपुत्राः श्रृणुध्वम् इदम् एवंरूपं मम अधिष्ठान-बलाधानम्। यद् अयं कुलपुत्राः सदेव-मानुषासुरो लोकः एवं संजानीते- सांप्रतं भगवता शाक्यमुनिना तथागतेन शाक्यकुलाद् अभिनिष्क्रम्य गयाह्वये महानगरे बोधि-मण्ड-वराग्र-गतेन अनुत्तरा सम्यक्संबोधिः अभिसंबुद्धा इति।

注：यावत्—丁度～する時、अध्येषणा—懇請、विदित्वा—知って、विद्+त्वा、तेन हि—それでは、शृणुध्वम्—聞け、श्रु लोट् ii-iii, 動詞 श्रु はここでは*ātmanepada*で使われている、एवंरूपं—そのような種類の、अधिष्ठान—加持、仏の不可思議な加護、बल-आधानम्—力の行使、 सदेवमानुषासुरो लोकः—神々(देव)、人間(मानुष)、悪魔(असुर)などを含めこの世の中は、接頭辞 स は'共に''with'を意味する、(सफल—成功と共に、成功裡に、सजल—水と共に)、संजानीते ＞ सम्+ज्ञा लट् iii-i知る、理解する、सांप्रतं—今、現在、शाक्यमुनिः—仏陀の名、釈迦族の聖者、कुलं—家族、氏族、अभिनिष्क्रम्य—出家して、अभि+निस्+क्रम्+य, गयाह्वये—ガヤという場所において(現在のBodha Gaya)、आह्वयं—名前、呼び名、*bahu.* बोधिः—悟り、मण्ड—精髄、वर—極上の、अग्र—先端、बोधि-मण्ड-वराग्र-गत—英知の精髄の極致に到達して、अनुत्तरा—最高の、最善の、 सम्यक् संबोधिः—正しい悟り、अभिसंबुद्धा—覚醒した、獲得した、अभि+सम्+बुध्+त

その時、世尊は菩薩衆が三度までも繰返された懇請を了解して、菩薩衆に言われた。「それでは良家の息子らよ、よくお聞きなさい。私がもつそのような不可思議な加持の力の行使を。良家の息子らよ、神々、人間、悪魔を含め世間一般が了解するところでは、「釈迦族から出家した偉大な聖者釈迦牟尼如来は、ガヤと言う名の大きな町において、英知の精髄の極致に到達し、最高に正しい悟りを獲得された」ということになっている。

३. नैवं द्रष्टव्यम्। अपि तु खलु पुनः कुलपुत्राः, बहूनि मम कल्प-कोटी-नयुत-शतसहस्राणि अनुत्तरां सम्यक्संबोधिम् अभिसंबु)स्य। तद् यथापि नाम कुलपुत्राः पञ्चाशत्सु लोक-धातु-कोटी-नयुत-शत-सहस्रेषु ये पृथिवी-धातु-परमाणवः, अथ खलु कश्चिदेव पुरुष उत्पद्यते, स एकं परमाणुरजं गृहीत्वा पूर्वस्यां दिशि पञ्चाशत्-लोकधातु-असंख्येय-शत-सहस्राणि अतिक्रम्य तदेकं परमाणुरजः समुपनिक्षिपेत्। अनेन पर्यायेण कल्प-कोटी-नयुत-शत-सहस्राणि स पुरुषः सर्वान् तान् लोकधातून् व्यपगत-पृथिवी-धातून् कुर्यात्, सर्वाणि च तानि पृथिवी-धातु-परमाणु-रजांसि अनेन पर्यायेण अनेन च लक्षनिक्षेपेण पूर्वस्यां दिशि उपनिक्षिपेत्। तत् किं मन्यध्वे कुलपुत्राः, शक्यं ते लोकधातवः केनचित् चिन्तयितुं वा गणयितुं वा तुलयितुं वा उपलक्षयितुं वा?

注：न एवं द्रष्टव्यं–この様にみるべきではない、कोटी (又は कोटिः)– 1千万、नयुत–千億、कल्पः–数10億年を単位とする法外な期間、 तद् यथापि–例えば、नाम–実は、पंचाशत्सु (पंचाशते)–50のなかで、लोकधातुः–世界の構成要素、परमाणुः–原子、उत्पद्यते–生まれる、अतिक्रम्य-越え行くと、परमाणुरजं (रजः) *n. lit.* 原子の塵、原子の微粒子、असंख्येय–数えられない、*bahu.*,(संख्या–数), समुपनिक्षिपेत्–投げ捨てるとする、सम्+उप+नि+क्षिप् विधिलिङ् iii-i, पर्यायः–やり方、方法、व्यपगत–除去された、वि+अप+गम्+त, व्यपगतपृथ्वीधातून्–大地の要素が除去されたとする *bahu.*、रजांसि–2-3 > रजस्(रजः-रजसी-रजांसि), लक्षनिक्षेपः–意図的投棄、लक्षं 数十万を意味する、किं मन्यध्वे–あなたは何を考えるか、मन् लट् ii-iii, शक्यं (शक्याः)可能な、शक्+य, तुलयितुं–計る、重さを計る、तुल्+तुम्, उपलक्षयितुं–看取すること、उप+लक्ष्+तुम्

だが、その様に見てはならない。そうではなくて、実は、良家の息子達よ、私が正しい悟りを得て以来、幾千万億劫の時間が経過しているのだ。たとえてみれば、良家の息子達よ、五十・千万億という世界の構成要素の大地の粒子があるとする、さてある人が生れて、

この粒子の一個を手にして、東方の五十･千万億という無数の世界の要素を越えて行き、その粒子一個を捨てる。この方法で、その人が幾千万億劫かけて、全世界の要素を除去したとする。さらに同じ仕方で、その人が、それら全ての大地の粒子を一個づつ東方に捨てるとする。すると良家の息子達よ、あなた達はそれをどう考えるか。それら世界の大地の粒子の数は計測したり比較したり看取することが出来るであろうか。

४. एवमुक्ते मैत्रेयो बोधिसत्त्वो महासत्त्वः, स च सर्वावान् बोधिसत्त्व-गणो बोधिसत्त्व-राशिः, भगवन्तम् एतद् अवोचत्- असंख्येयाः ते भगवन् लोकधातवः अगणनीयाः चित्तभूमि-समतिक्रान्ताः। सर्व-श्रावक-प्रत्येकबु्): अपि भगवन् आर्येण ज्ञानेन न शक्यं चिन्तयितुं वा गणयितुं वा, तुलयितुं वा उपलक्षयितुं वा। अस्माकमपि तावद् भगवन् अवैवर्त्य-भूमि-स्थितानां बोधित्त्वानां महासत्त्वानाम् अस्मिन् स्थाने चित्तगोचरो न प्रवर्तते। तावद् अप्रमेया भगवन् ते लोक-धातवो भवेयुः इति।।

注：एवम् उक्ते–そのように語られて、वच्+त, 絶対依格、गणः–グループराशिः–集会、集団、लोकधातवः–世界の構成要素、चित्तभूमि-समतिक्रान्त–心の及ぶ範囲を越えているので、सम्+अति+क्रम्+त, श्रावकः–声聞、प्रत्येकबुद्धः–独覚、師匠なしで自力で悟りを得た、आर्येण ज्ञानेन–より高度の(高貴な)知識で、अवैवर्त्य-भूमिः–逆戻りしない不退転の境地、真っ直ぐ涅槃に行ける、चित्तगोचर–心により知覚できる範囲､प्रवर्तते–前進する､अप्रमेय–計測不能の

偉大な精神力を持つ弥勒菩薩はこの様に話し掛けられたので、他の全ての菩薩衆とともに、世尊に申し上げた。「世尊よ、それら世界の構成要素の粒子は無数であり、計測できず、心の届くレベルを越えております。全ての声聞、独覚達でさえ、その卓越した知識でも、推測したり、計算したり、重さを計ったり、比較したりすることは出来ません。世尊よ、実際それは、不退転の菩薩の立場にある我々の心の働く範囲を越えております。まことに、世尊よ、それら世界の構成要素は計測不可能であります」

५. एवमुक्ते भगवान् तान् बोधिसत्त्वान् महासत्त्वान् एतद् अवोचत्- आरोचयामि वः कुलपुत्राः, प्रतिवेदयामि वः, यावन्तः कुलपुत्राः ते लोकधातवो येषु तेन पुरुषेण तानि परमाणु-रजांसि उपनिक्षिप्तानि, येषु च न उपनिक्षिप्तानि, सर्वेषु तेषु कुलपुत्राः लोक-धातु-कोटी-नयुत-शत-

सहस्रेषु न तावन्ति परमाणुरजांसि संविद्यन्ते, यावन्ति मम कल्प-कोटी-नयुत-शत-सहस्राणि अनुत्तरां सम्यक्संबोधिम् अभिसंबुद्धस्य।

注：आरोचयामि–説明する、明らかにする、आ+रुच् *caus.,* वः–あなたに2-3 > युष्मद्, प्रतिवेदयामि–告げる、प्रति+विद् *caus.*, यावन्तः–*m.* 1-3>यावत् (यावान्-यावन्तौ-यावन्तः) तावत्と共に使われるयावत्は、ほど多くの、参照**32.4**節、उपनिक्षिप्त–投げられた、उप+नि+क्षिप्+त, तावन्ति–それほど多くの*n.* 1-3 > तावत् (तावत्-तावती-तावन्ति), संविद्यन्ते–見出される、सम्+विद् लट् pass.iii-iii

このように言上されたので、世尊は偉大な精神力のある菩薩衆に次のように語った。「良家の息子達よ、あなた方に説明しよう、あなた方に告知しよう。かの人が粒子を捨てた世界にせよ、捨てなかった世界せよ、それらすべて幾千万億の世界にどれほど多くの粒子があるにせよ、その数は私が正しい悟りを得て以来経過した幾千万億劫の数には及ばないのである」

६. यतः प्रभृति अहं कुलपुत्राः, अस्यां सहायां लोकधातौ सत्त्वानां धर्मं देशयामि अन्येषु च लोक-धातु-कोटी-नयुत-शत-सहस्रेषु, ये च मया कुलपुत्रा अत्रान्तराः तथागताः अर्हन्तः सम्यक्संबु)ाः परिकीर्तिताः दीपंकर-तथागत-प्रभृतयः, तेषां च तथागतानाम् अर्हतां सम्यक्संबु)ानां परिनिर्वाणानि, मयैव तानि कुलपुत्राः उपाय-कौशल्य-धर्म-देशनाभिनिर्हार-निर्मितानि। अपि तु खलु पुनः कुलपुत्राः, तथागतः आगतागतानां सत्त्वानाम् इन्द्रिय-वीर्य-वैमात्रतां व्यवलोक्य तस्मिन् तस्मिन् आत्मनो नाम व्याहरति। तस्मिन् तस्मिन् चात्मनः परिनिर्वाणं व्याहरति, तथा तथा च सत्त्वान् परितोषयति नानाविधैः धर्मपर्यायैः।

注：यतः प्रभृति–その時以来、सहा–サハーの世界（娑婆）、सत्त्वः–衆生、देशयामि–教示する、1-1>दिश् *caus.* लट्, अत्रान्तराः–その間に、अर्हन्तः–1-3 > अर्हत्– 仏教徒ならびにジャイナ教徒において高い悟りを得た人、परिकीर्तित–賞賛した、परि+कीर्त्+त、दीपंकर-तथागत-प्रभृतयः–ディーパンカラ如来（燃灯仏）のような、प्रभृतयः–等の、अर्हतां–6-3 > अर्हत्、परिनिर्वाणं–無上の悟り、涅槃、उपाय-कौशल्यं–巧妙な方便、उपायः–手段、方便、कौशल्यं–熟達、धर्मदेशना–説法、अभिनिर्हारः–成就、निर्मितानि >निर्+मा+त して見せる、आगतागतानां सत्त्वानां–幾度も(आगत+आगत) (私のもとに)やって来た衆生、इन्द्रियवीर्य–感覚と意志の力、वीर्य–力、能力、精液、वैमात्रता–相違、व्यवलोक्य–見届けて、वि+अव+लोक्+य, आत्मनो नाम व्याहरति–自分の名前を告げる、परितोषयति–満足させる、परि+तुष् *caus.*, नानाविध-धर्मपर्यायैः–ダルマを説明する様々な手段によって

その時以来、良家の息子達よ、私はこのサハー世界ならびにその他幾千万億の世界において、ダルマを一切衆生に説き続けてきた。またその間に、ディーパンカラ如来を始めとする諸々の如来無上等正覚者を賞賛してきた。それらの如来無上等正覚者達の無上の悟りのために、良家の息子達よ、私は巧みな方便や説法、悉地成就をしてみせてきた。それからまた良家の息子達よ、如来は幾度も生れて来た衆生の感覚や意志の力の相違を見届けた上で、それぞれの人に自分の名前を告げ、それぞれの人に自分の無上の悟りのことを語り、こうしてさまざまなダルマの説き方で衆生を満足させてきた。

७. तत्र कुलपुत्राः, तथागतो नानाधिमुक्तानां सत्त्वानाम् अल्प-कुशल-मूलानां बहूपक्लेशानाम् एवं वदति- दहरः अहमस्मि भिक्षवः जात्या अभिनिष्क्रान्तः। अचिराभिसंबुद्धोऽस्मि भिक्षवः अनुत्तरां सम्यक्संबोधिम्। यत्खलु पुनः कुलपुत्राः, तथागत एवं चिराभिसंबुद्ध एवं व्याहरति- अचिराभिसंबुद्धः अहमस्मि इति, न अन्यत्र सत्त्वानां परिपाचनार्थम्। अवतारणार्थम् एते धर्मपर्यायाः भाषिताः। सर्वे च ते कुलपुत्राः धर्मपर्यायाः तथागतेन सत्त्वानां विनयार्थाय भाषिताः।

注：नानाधिमुक्तानां–様々な傾向のある、नाना–*ind.* 様々な、अधिमुक्त-傾向のある、अल्पकुशलमूल–僅かな美徳しかない、(美徳の生活の小さな基礎)、*bahu.* 、बहूपक्लेश–多くの煩悩を持つ、*bahu.*,दहर–若い、जात्या–今生において、(जातिः–生れ、カースト), अभिनिष्क्रान्त–外に出た(家から)、अभि+निस्+क्रम्+त 、 अचिराभिसंबुद्धः– 最近 (अचिर) 悟りを開いた、चिराभिसंबुद्धः–遠い昔に (चिर)悟りを開いた、व्याहरति-言う वि+आ+हृ, न अन्यत्र–それ以外の目的はない、परिपाचनम्–成熟させる、परिपाचनार्थ–成熟させる目的で、 अवतारणार्थ–化身を顕す目的、विनयार्थाय– 教化する目的のために

良家の息子達よ、善根薄く煩悩の多い様々な性質を持つ一般衆生に対しては、「私は若い、比丘たちよ、今生で出家して、最近になって悟りを開いたのだ」と語る。だがしかし、良家の息子達よ、如来は「遠い昔すでに悟りを開いていたのだ」と告げる。「私は最近悟りを開いた」ということもある。しかし、そうではなく別の所では、衆生を成熟させる目的、化身を顕す目的で、こうしたダルマの言葉が語られるのである。良家の息子達よ、これら全てのダルマの言葉は如来によって衆生の教化のために語られたのである。

८. यां च कुलपुत्राः तथागतः सत्त्वानां विनयार्थं वाचं भाषते, आत्मोपदर्शनेन वा परोपदर्शनेन वा, आत्मारम्बणेन वा, परारम्बणेन वा, यत्किंचित् तथागतो व्याहरति, सर्वे ते धर्मपर्यायाः सत्याः तथागतेन भाषिताः। नास्त्यत्र तथागतस्य मृषा-वादः। तत्कस्य हेतोः? दृष्टं हि तथागतेन त्रैधातुकं यथाभूतं-न जायते, न म्रियते, न च्यवते, नोपपद्यते, न संसरति, न परिनिर्वाति, न भूतं, नाभूतं, न सन्तं, नासन्तं, न तथा, नान्यथा, न वितथा, नावितथा, न तथा त्रैधातुकं तथागतेन दृष्टं यथा बालपृथग्-जनाः पश्यन्ति।

注：आत्म-उपदर्श्नेनेन–自分自身の例により、पर-उपदर्शनेन–別人の例によって、आरम्बनं(आलम्बनं)-支持、基礎、आत्मारम्बरेण-自分を基礎にして、परारम्बरेण-他者を例にして、यत्किंचित्–何ごとであれ、मृषावादः–偽りの (मृषा) 言葉、तत् कस्य हेतोः–何故そうか、何の理由(हेतुः)で、त्रैधातुकं–三世とは過去、現在、未来又は誕生、成長、衰退の三つ、यथाभूतं–あるがままに、च्यवते–落ちる、沈む>च्यु लट् iii-i. pp. च्युत, न उपपद्यते–現れない、उप+पद् लट् iii-i、संसरति–動く、流転する、सम्+सृ लोट् iii-i, परिनिर्वाति–消滅する、परि+निर्+वा लट् iii-i, न भूतं न अभूतं–存在でも非存在でもなく、न सन्तं न असन्तं (न सत् न असत्)–実在でもなく非実在でもなく、न तथा न अन्यथा–ああでもなく、それと別のこうでもなく、न वितथा न अवितथा–ありのままと異なるわけでなく又ありのままから異ならないわけでなく、बालपृथक् जनाः–別の無知なる(बाल) 人間達

そして良家の息子達よ、如来は自分自身を実例にしたり、別人を実例にしたり、自分に喩えたり、別人に喩えたりして衆生の教化のための言葉を語るのだが、およそ如来が何事かを話すことは、それは全て如来によって語られた真実のダルマの言葉なのである。如来には偽りの言葉は存在しない。それは如何なる理由でそうなるのかというと、如来により三世界はあるがままに見られるからである。それは生れず、死せず、落下せず、現れず、流転せず、消滅せず、存在でも、非存在でもなく、実在でなく、非実在でもなく、このようでもなく、あのようでもなく、あるがままと異なるわけでもなく、あるがままと異ならないわけでもない。このように如来は三世界を無知な人々が見るのとは全く異なる仕方で眺めているのである。

९. प्रत्यक्षधर्मा तथागतः खल्वस्मिन् स्थाने असंप्रमोष-धर्मा। तत्र तथागतो यां कांचिद् वाचं व्याहरति, सर्वं तत्सत्यं, न मृषा, नान्यथा। अपि तु खलु पुनः सत्त्वानां नानाचरितानां नानाभिप्रायाणां संज्ञा-विकल्प-

चरितानां कुशल-मूल-संजननार्थं विविधान् धर्मपर्यायान् विविधैः आरम्बणैः व्याहरति। यद् हि कुलपुत्राः, तथागतेन कर्तव्यं तत् तथागतः करोति। तावत् चिराभिसंबुद्धः अपरिमितायुष्प्रमाणः तथागतः सदा स्थितः। अपरिनिर्वृतः तथागतः परिनिर्वाणम् आदर्शयति वैनेयवशात्। न च तावन्मे कुलपुत्राः, अद्यापि पौर्विकी बोधिसत्त्व-चर्या परिनिष्पादिता, आयुष्प्रमाणम् अपरिपूर्णम्। अपि तु खलु पुनः कुलपुत्राः, अद्यापि तद्द्विगुणेन मे कल्प-कोटी-नयुत-शत-सहस्राणि भविष्यन्ति आयुष्प्रमाणस्य आपरिपूर्णत्वात्।

注：प्रत्यक्षधर्मा–ダルマを直に知る、(प्रत्यक्ष), *bahu.*, असंप्रमोषधर्मा–ダルマを失うことのない、(संप्रमोषः–損失、脱落), *bahu.*, नानाचरित–様々なことをする、*bahu.*, नानाभिप्राय–様々な意図のある、संज्ञा-विकल्प-चरित–多様 (विकल्प), 理解(संज्ञा),行為 (चरित), 様々な理解と行動をする *bahu.*, कुशल-मूल-संजननार्थ–作り出す(संजनन), 基盤(मूल)有徳の生活の (कुशल),有徳の生活の基盤を作るために、विविध–様々な種類の、 विविधान् धर्मपर्यायान्–ダルマを教えるための様々な巧妙な方法、 आरंबणं (आरंभणं) 努力、実例、अपरिमित–無制限の、अ+परि+मा+त, (この語根 मा（測定する）は次の単語にも見られる：माया–何か別のものと測定したり比較する場合に存在するもの、しかし実際は存在しないもの）अपरिमित-आयुष्प्रमाणः–無制限の寿命のある、अपरिनिर्वृतः–最高の涅槃に到達していない、आदर्शयति–教示する、वैनेयवशात्–教示する必要のために、पौर्विकी–古代の、昔の、बोधिसत्त्वचर्या–菩薩の所業、परिनिष्पादिता–完結した、成就した、आयुष्प्रमाणम् अपरिपूर्ण–寿命はまだ尽きていない、तद्द्विगुणेन–その二倍である、आयुष्प्रमाणस्य आपूर्णत्वात्–私の全寿命が尽きるまで、接尾辞は、まで、の意、**24.2**節参照

ダルマを直接に覚知している如来は、真理性を少しも損なうことなく、事物を見る。そこで、如来が如何なる言葉を述べるにしろ、それは全て真実であって、偽りではなく、他の如何なるものでもない。しかし、又、様々な事をしたり、様々な意図を持ったり、様々な考え方や判断で行動したりしている衆生に対し、如来は善根を植付ける目的で、様々なダルマの教えを様々な根拠に基いて話すのである。良家の息子達よ、如来によって為されなければならないことを如来は行うのである。久しい昔に悟りを開いた如来は無制限の寿命を持ち、常在するのだ。入滅することのない如来ではあるが、教え導くために、入滅の姿を示す。良家の息子達よ、今日でもなお、遥か昔に菩薩としての所業が達成した寿命限界はまだ尽きてはいない。しかも、良家の息子達よ、今日でもなお、私の寿命はまだ尽きてはいないので、これまでよりもさらに幾千万億劫の二倍の長さになるであろう。

१०. इदानीं खलु पुनरहं कुलपुत्राः, अपरिनिर्वायमाण एव परिनिर्वाणम् आरोचयामि। तत्कस्य हेतोः? सत्त्वान् अहं कुलपुत्राः, अनेन पर्यायेण परिपाचयामि- मा हैव मेऽतिचिरं तिष्ठतः अभीक्ष्ण-दर्शनेन अकृत-कुशल-मूलाः सत्त्वाः, पुण्य-विरहिताः, दरिद्रभूताः, काम-लोलुपाः, अन्धाः, दृष्टि-जाल-संछन्नाः, तिष्ठति तथागत इति विदित्वा किणीकृतसंज्ञाः भवेयुः, न च तथागते दुर्लभसंज्ञाम् उत्पादयेयुः, आसन्ना वयं तथागतस्य इति वीर्यं न आरभेयुः त्रैधातुकात् निःसरणार्थम्, न च तथागते दुर्लभसंज्ञाम् उत्पादयेयुः।

注 : अपरिनिर्वायमाणः–最高の涅槃を達成することなく、अ+परि+निर्+वा–吹く、*pass.*+मान, परिपाचयामि–成熟させる、ह–強調分詞、मा ह एव–しないかもしれない、अतिचिरं तिष्ठतः–長期間滞在する、स्था+अत् 6-1, अभीक्ष्णं–あまり多くの、अभीक्ष्णदर्शनं–あるものを見過ぎること、अकृत-कुशल-मूल–有徳生活の根を培養していない *adj. bahu.*、पुण्य-विरहित–徳の欠けた、दरिद्रभूत–精神的に貧しい、काम-लोलुप–肉欲に耽る、 दृष्टि-जाल-संछन्न–ぼんやりした視力に曇らされた、 विदित्वा–知ったので、 किणः-傷、किणीकृत–傷あとのある、किणीकृत-संज्ञाः–ぼんやりした意識で、 दुर्लभसंज्ञा–希有なこと(दुर्लभ)という考え、न उत्पादयेयुः–産み出さないかもしれない、उत्+पद् *caus.* विधिलिङ् iii-iii, आसन्न–近い、वीर्यं न आरभेयुः–熱心に精神的努力はしないであろう、त्रैधातुकात् निस्सरणार्थं–三要素（三世）から救われる目的のために、निस्सरणं–外に出るという、निस्+सृ+अन

そこで今また、良家の息子達よ、私は入滅してはいないのに、入滅ということを説明するわけである。それは如何なる理由からか。良家の息子達よ、私はこうして様々な人達を成熟させるのだ。さもなければ、彼らは如来が長い間この世にあって、いつでも如来に会えると思っている。彼らは有徳の生活の根を育てることなく、徳もなく、精神も貧しく、欲深く、盲目で、視力は曖昧ではっきりしない。彼らは如来は常に自分達と共にあると考えて、彼らの理解力がなまってしまうのである。如来に近い所にいて、如来に出会うことが希有なことであるとは考えないのである。この三世から自由になろうとする真剣な努力をしないかもしれない。如来に出会うことは本当に滅多にない機会なのだとは思わないかもしれない。

११. ततः कुलपुत्राः, तथागतः उपायकौशल्येन तेषां सत्त्वानां दुर्लभ-प्रादुर्भावो भिक्षवः तथागतः इति वाचं व्याहरति स्म। तत्कस्य हेतोः? तथा हि तेषां सत्त्वानां बहुभिः कल्प-कोटी-नयुत-शत-सहस्रैः अपि तथागत-

दर्शनं भवति वा न वा। तथा खलु अहं कुलपुत्राः तद् आरम्बणं कृत्वा एवं वदामि। दुर्लभ-प्रादुर्भावाः हि भिक्षवः तथागताः इति। ते भूयस्या मात्रया दुर्लभ-प्रादुर्भावान् तथागतान् विदित्वा आश्चर्य-संज्ञाम् उत्पादयिष्यन्ति, शोकसंज्ञाम् उत्पादयिष्यन्ति। अपश्यन्तः च तथागतान् अर्हतः सम्यक् सम्बुद्धान् तृषिताः भविष्यन्ति तथागत-दर्शनाय। तेषां तानि तथागतारम्बण-मनस्कार-कुशल-मूलानि दीर्घ-रात्रम् अर्थाय हिताय सुखाय च भविष्यन्ति। एतम् अर्थं विदित्वा तथागतः अपरिनिर्वायन् एव परिनिर्वाणम् आरोचयति सत्त्वानां वैनेयवशम् उपादाय। तथागतस्य एष कुलपुत्राः धर्मपर्यायः यद् एवं व्याहरति। नास्त्यत्र तथागतस्य मृषावादः।।

注：दुर्लभप्रादुर्भावः–出現 (प्रादुर्भावः) が希有な人、*bahu.,* भिक्षवः-8-1>भिक्षु (भिक्षवः, तथागतः दुर्लभप्रादुर्भावः-比丘達よ、如来出現は希有なのだ)、वाचं व्याहरति–言葉を発する、भवति वा न वा–あるかもしれないしないかもしれない、तद् आरम्बणं(आलम्बनं) कृत्वा–そのことを根拠にして、भूयसी–大量 *f.* > भूयान्, 3-1, मात्रा–量、भूयस्या मात्रया–3-1,大量に、आश्चर्यसंज्ञा–驚嘆の念、शोकसंज्ञा–遺憾の念、अर्हतः–2-3 of अर्हत्, तृषित–渇いた、आरम्बण (आलम्बनं)–基礎、根拠、मनस्कारः–精神集中、कुशलमूलं–有徳の生活の基礎、दीर्घरात्रं–無明の長夜の間、अर्थः–明確な目的、対象、हितं–利益、恩恵、अपरिनिर्वायन्–最高の涅槃に入らずに、वैनेयवशम्–教化の目的、उपादाय–取り上げたので、उप+आ+दा+य, धर्मपर्यायः–ダルマを教える適切な方法、व्याहरति–話す、言う、वि+आ+हृ.

それ故、良家の息子達よ、如来がこの世に現われるのは希有なことなのだと如来は巧みな方法でそれらの人々に語ったのである。それは何故か、と言うとそれらの人々が如来に会うのは数千万億劫に一回もあるかないかのことだからである。そのことを根拠にして、私はその様に語ることにしたのだ。比丘達よ、如来は本当に滅多に現われないのだ。如来が滅多に現われないと言うことを知り、彼らは驚嘆の念、遺憾の念を募らせるのだ。光り輝く如来や阿羅漢に滅多に出会うことがないからこそ、彼等の中に如来への渇仰心が生じるのである。無知の長夜の中で、有徳の生活の基礎を作り上げて彼等の意識を改善させようとする如来の努力が開始されたのである。それはあくまで彼等の生活改善のため、彼等の利益と幸福のためなのである。この目的を知って、如来は入滅しないのに、彼等の教化のために最高の涅槃に入る（入滅する）と言うのである。良家の息子達よ、これは如来の巧妙な方便に過ぎない。ここでの如来の言葉に偽りはないのだ。

१२. तद् यथापि नाम कुलपुत्राः, कश्चिदेव वैद्यपुरुषो भवेत्—पण्डितो व्यक्तो मेधावी सुकुशलः सर्वव्याधि-प्रशमनाय। तस्य च पुरुषस्य बहवः पुत्राः भवेयुः—दश वा विंशतिर्वा त्रिंशद्वा चत्वारिंशद्वा पञ्चाशद् वा शतं वा। स च वैद्यः प्रवासगतो भवेत्, ते चास्य सर्वे पुत्रा गरपीडाः वा विषपीडाः वा भवेयुः । ते तेन गरेण वा विषेण दह्यमानाः पृथिव्यां प्रपतेयुः। अथ स तेषां वैद्यः पिता प्रवासाद् आगच्छेत्। ते चास्य पुत्राः तेन गरेण वा विषेण वा दुःखाभिः वेदनाभिः आर्ताः, केचिद् विपरीतसंज्ञिनो भवेयुः, केचिद् अविपरीतसंज्ञिनो भवेयुः। सर्वे च ते तेनैव दुःखेन आर्ताः तं पितरं दृष्ट्वा अभिनन्देयुः, एवं च एनं वदेयुः- दिष्ट्या असि तात क्षेम-स्वस्तिभ्याम् आगतः। तद् अस्माकम् अस्माद् आत्मोपरोधाद् गराद्वा विषाद्वा परिमोचयस्व। ददस्व नः तात जीवितम् इति।

注：तद् यथापि नाम–そこで例えば、वैद्यपुरुषः–アーユルヴェーダの専門家、医師、व्यक्त–学識ある、著名な、मेधावी–賢い、सुकुशल–極めて巧みな、सर्व-व्याधि-प्रशमनाय–あらゆる病気を治すために、व्याधिः–*m.* 病気、苦痛、प्रशमनं–鎮静、治療、प्रवासः–外国へ行くこと、家から離れて住むこと、गरं–ある種の有害な毒物、पीडा *f.* 苦痛、苦難、गरपीडाः–ある種の麻薬に冒されて、*bahu.*, विषपीडाः–ある種の毒の効果に冒されて、(विषं), *bahu.*, दह्यमान–燃えている、दह् *pass.* + मान, प्रपतेयुः–落ちるかもしれない、प्र+पत् विधिलिङ् iii-iii, दुःख–ここでは形容詞として使われている、*adj.*, 苦痛を起す、3-3, वेदना–苦痛、感覚、आर्त–苦しめられた、विपरीतसंज्ञिन्–意識が動転した、विपरीत–反対の、反対側の、अविपरीतसंज्ञिन्–意識が動転していない、正しい理解力のある、अभिनन्देयुः–歓迎する（喜ぶ）かもしれない、अभि+नन्द् विधिलिङ् iii-iii, दिष्ट्या–*ind.* 幸運に、क्षेमः–安全、幸福、स्वस्ति–福祉、幸福通常 *ind.*として使われる、क्षेमस्वस्तिभ्यां–自分達の安全と幸福のために、आत्म-उपरोधः–*adj.* 自分を妨害している、परिमोचयस्व–解放してほしい、परि+मुच् *caus.* लोट् ii-i, ददस्व (दत्स्व)–与えてほしい、दा *atm.* लोट् ii-i, नः–我々に、4-3 > अस्मद्, तात–父上よ8-1、年長者に対する呼掛け、जीवितं–生命

例えば、良家の息子達よ、学識があり、その分野で傑出した、非常に知的であらゆる種類の病気を癒すことに巧みな医師がいるとする。その人間には多くの息子がいるとする10人、30人、40人、50人、100人でもよいのだが。その医師が遠い国へ行っている間に、彼の息子達がある種の毒物又は毒薬に冒されてしまったとする。それら毒物又は毒薬に焼かれて、地上に倒れたとする。そこへ父親の医師が外国滞

在から戻ってきたとする。一方息子達はその毒物又は毒薬のために大変な苦痛を蒙っている。ある者は正気を失っているが、正気を保っているものもいる。皆同じ病気に罹っていながら、彼等は父を歓迎し、次のように語った。「よかった、父上様、私達の安全と幸福のために戻って来られた。私達を妨害している毒物若しくは毒薬から私共を解放して下さい。父上様、どうか私達に生命を与えて下さい」

१३. अथ खलु स वैद्यस्तान् पुत्रान् दुःखार्तान् दृष्ट्वा वेदनाभिभूतान् दह्यतः पृथिव्यां परिचेष्टमानान्, ततो महाभैषज्यं समुदानयित्वा वर्णसम्पन्नं गन्धसम्पन्नं रससम्पन्नं च, शिलायां पिष्ट्वा, तेषां पुत्राणां पानाय दद्यात्, एवं चैनान् वदेत्-पिबथ पुत्रा इदं महाभैषज्यं वर्णसंपन्नं गन्धसंपन्नं रससंपन्नम्। इदं यूयं पुत्रा महाभैषज्यं पीत्वा क्षिप्रम् एव अस्माद् गराद्वा विषाद्वा परिमोक्ष्यध्वे, स्वस्था भविष्यथ अरोगाश्च। तत्र ये तस्य वैद्यस्य पुत्रा आविपरीतसंज्ञिनः, ते भैषज्यस्य वर्णं च दृष्ट्वा, गन्धं च आघ्राय, रसं चास्वाद्य क्षिप्रम् एव अभ्यवहरेयुः। ते च अभ्यवहरन्तः तस्माद् आबाधात् सर्वेण सर्वं विमुक्ता भवेयुः। ये पुनः तस्य पुत्रा विपरीतसंज्ञिनः, ते तं पितरम् अभिनन्देयुः, एवं चैनं वदेयुः-दिष्ट्यासि तात क्षेमस्वस्तिभ्याम् आगतो यः त्वम् अस्माकं चिकित्सक इति। ते चैवं वाचं भाषेरन्, तच्च भैषज्यम् उपनामितं न पिबेयुः। तत्कस्य हेतोः? तथा हि तेषां तया विपरीतसंज्ञया तद् भैषज्यम् उपनामितं वर्णेनापि न रोचते, गन्धेनापि रसेनापि न रोचते।

注：दुःखार्त (दुःख+आर्त)—苦悩に苛まれた、वेदना-अभिभूत—苦痛に圧倒されてしまった、दह्यतः (दह्यमानान्)—2-3, 焼かれた、दह् *pass.* मान, परिचेष्टमान—転げ回っている、परि+चेष्ट्+मान, महाभैषज्यं—偉大な薬、समुदानयित्वा (समुदानाययित्वा) 混ぜて、一緒にして、सम्+उत्+आ+नी *caus.* +त्वा, वर्णसम्पन्न—よい色をした、गन्धसम्पन्न—よい香りのする、 रससम्पन्न—よい味のする、शिला—砥石、岩、पिष्ट्वा—挽いて、粉にして、पिष्+त्वा, पानं—*n.* 飲むこと、दद्यात्—与えてもよい、दा विधिलिङ् iii-i, एनान्—これらの(息子)に、एतान्の別形、क्षिप्रं—*ind.* 素早く、परिमोक्ष्यध्वे (परिमोक्षिष्यध्वे)—解放される、परि+मोक्ष् *pass.*लट् ii-iii, स्वस्थ—健康な、अरोग—病気のない、(रोगः), आघ्राय—匂いがする、 आ+घ्रा+य, आस्वाद्य—味わって、आ+स्वद्+य, अभ्यवहरेयुः—(薬、食べ物) をとる、अभि+अव+हृ विधिलिङ् iii-iii)、आबाधः—難儀、事件、सर्वेण सर्वं—全面的に、विमुक्त—自由な、चिकित्सकः—ヒーラー、医師、उपनामित—差出す、विपरीतसंज्ञा—動転した意識、तेषा रोचते は古典サンスクリットでは तेभ्यः रोचतとなる

その医師は自分の息子達が苦しみに苛まれ打ちひしがれ、地面を転げ回っているのを見て、岩の上で原料を磨り潰して、よい色をした、よい香りのある、しかもよい味のする素晴らしい薬を調合することになる。彼はそれを息子達に飲ませようとして与えて、次のように言ったとする。「我が息子達よ、よい色のよい香りのする味のよいこの素晴らしい薬を飲みなさい。この素晴らしい薬を飲めば、お前達は直ぐにも毒物か毒薬の反応が薄れ、健康になり、病気が治るだろう」すると、まだ正気を失っていない息子達はその薬の色を見て､匂いを嗅ぎ、味を試してから直ぐそれを服用することになる。その薬を飲むと、彼等は全面的に病気から解放されるだろう。しかし、正気を失った方の息子達は、父を歓迎したものの、次のように話すだけである。「よかった、父上様、私達の安全と幸福のために、あなた様が戻られれた。あなたは私達の医師です」そのように言いながらも、彼等はその薬を飲もうとはしないであろう。それは何故かと言うと、彼等は正気を失ってしまったので、差出されている薬の色も匂いも味も好きになれないからである。

१४. अथ खलु स वैद्यपुरुष एवं चिन्तयेत्-इमे मम पुत्रा अनेन गरेण वा विषेण वा विपरीतसंज्ञिनः। ते खलु इदं महाभैषज्यं न पिबन्ति, मां च अभिनन्दन्ति। यन् नु अहम् इमान् पुत्रान् उपाय-कौशल्येन इदं भैषज्यं पाययेयम् इति। अथ खलु स वैद्यस्तान् पुत्रान् उपाय-कौशल्येन तद् भैषज्यं पाययितुकाम एवं वदेत्- जीर्णोऽहम् अस्मि कुलपुत्राः, वृ)ो, महल्लकः। कालक्रिया च मे प्रत्युपस्थिता। मा च यूयं पुत्राः शोचिष्ठ, मा च क्लमम् आपद्यध्वम्। इदं वः मया महाभैषज्य् उपनीतम्। सचेद् आकाङ्क्षध्वे, तद् एव भैषज्यं पिबध्वम्। स एवं तान् पुत्रान् उपाय-कौशल्येन अनुशिष्य अन्यतरं जनपदप्रदेशं प्रक्रान्तः।

注：अभिनन्दन्ति–歓迎する、賞賛する、यन् नु–考えてごらん、पाययेयम्–飲ませるかもしれない、पा *caus.* विधिलिङ् i-i, पाययितुकामः–飲ませたい、जीर्ण–古るぼけた、擦り切れた、महल्लकः–年取った、कालक्रिया–死、क्रिया–行為、कालः–死の, प्रत्युपस्थित–到達した､प्रति+उप+स्था +त, मा शोचिष्ठ (शोचिषीष्ठाः)–悲しむな、शुच् आशीर्लिङ्, ii-i は ii-iiiの代用, क्लमः–疲労､落胆､आपद्यध्वम्–近よる、आ+पद् लोट् ii-iii, उपनीतं–もたらされた、सचेद्–もし､आकाङ्क्षध्वे–願うआ+काङ्क्ष्､ अनुशिष्य–教えて、अनु+शास्+य, अन्यतर–別の､जनपद-प्रदेशः–王国の領土､प्रक्रान्तः–外出した>प्र+क्रम्+त

そこで医師は次のように考える、「これらの私の息子達は毒物か毒薬のために正気を失っている。彼等は私を歓迎しながら、この優れた薬を飲もうとはしない。そこで巧い手立てを講じて、これらの息子達にこの薬を飲ませなければならない。そこで、巧い手立てでその薬をそれらの息子達に飲ませたいと思って、その医師は次のように言う。「息子達よ、私は年を取り、老衰してしまった。死期がやってきた。しかし、息子達よ、悲しんではならない、また気落ちしてもならない。私はお前達のためにこの素晴らしい薬を持ってきた。飲みたいと思えばこの薬を飲むがよい。このように巧みな方法で息子達に指示した後に、彼は他国へ出かけた。

१५. तत्र गत्वा कालगतम् आत्मानं तेषां ग्लानानां पुत्राणाम् आरोचयेत्। ते तस्मिन् समये अतीव शोचयेयुः, अतीव परिदेवेयुः- यो हि अस्माकं पिता नाथो जनकः अनुकम्पकः, सोऽपि नाम एकः कालगतः। ते अद्य वयम् अनाथाः संवृत्ताः। ते खलु अनाथभूतम् आत्मानं समनुपश्यन्तः अशरणम् आत्मानं समनुपश्यन्तः अभीक्ष्णं शोकार्ताः भवेयुः। तेषां च तया अभीक्ष्णं शोकार्ततया सा विपरीतसंज्ञा अविपरीतसंज्ञा भवेत्। यत् च तद् भैषज्यं वर्ण-गन्ध-रसोपेतं तद् वर्ण-गन्ध-रसोपेतम् एव संजानीयुः। ततः तस्मिन् समये तद्भैषज्यम् अभ्यवहरेयुः। ते च अभ्यवहरन्तः तस्माद् आबाधात् परिमुक्ताः भवेयुः।

注：कालगत–死んだ、आात्मानम् आरोचयेत्–自分のことを伝える、ग्लान–(ग्लायमान)–あることに嫌悪を抱く、शोचयेयुः–悲しむ、शुच् *caus.* विधिलिङ् iii-iii, परिदेवेयुः (परिदेवयेयुः)–悲しむかもしれない、परि+दिव् *caus.* विधिलिङ् iii-iii, नाथः–主人、扶養者、जनकः–作り手、父親、創造者、अनुकम्पकः–同情者、(अनुकम्पा–親切、同情、慈悲), अनाथ–孤児、主人のいない人、संवृत्त–成った、 सम्+वृत्+त, आत्मानं–自我、 आत्मन् の2-1、समनुपश्यन्तः–見ること、見なすこと、सम्+अनु+दृश्+अत् 1-3, अशरण–隠れ家もなく、避難場所のない (古典サンスクリット: अनाथभूतान् आत्मनः समनुपश्यन्तः अशरणान् आत्मनः समनुपश्यन्तः) अभीक्ष्णं–*ind.* 大変、とても、शोकार्त (शोक+आर्त) 悲しみに打ちひしがれて、शोकार्ततया–3-1 > शोकार्तता–悲しみに打ちのめされた状態、सा विपरीतसंज्ञा अविपरीतसंज्ञा भवेत्–転倒した意識が正常な意識に戻る、उपेत–備えた、संजानीयुः–知るであろう、सम्+ज्ञा विधिलिङ् iii-iii, अभ्यवहरेयुः–飲むかもしれない、आबाधात् परिमुक्त–苦難から離れる

そこに行ってから、彼は薬を嫌っていた息子達に、自分は死んだと、伝えるのだ。すると彼等は大変悲しみ、大変嘆いて、「我々の

父であり、主人であり、庇護者であり、慈悲深い人であった人が今や死んでしまった。今では我々は孤児になってしまった。自分を庇護者のいない孤児と思い、彼等は大変嘆くことであろう。その大きな悲嘆のために、彼等の転倒していた意識が正常な意識に戻ることになる。そこで彼等が色、香り、味を備えたその薬を試すと、色も香りも味も備えていることに気付くのである。そこで彼等はその薬を飲む。その薬を飲むと、彼等はすっかり病気から解放される。

१६. अथ खलु स वैद्यः तान् पुत्रान् आबाध-विमुक्तान् विदित्वा पुनः एव आत्मानम् उपदर्शयेत्। तत् किं मन्यध्वे कुलपुत्राः, मा ह एव तस्य वैद्यस्य तद् उपाय-कौशल्यं कुर्वतः कश्चित् मृषावादेन संचोदयेत्? आहुः- नो हि इदं भगवन्, नो हि इदं सुगत। आह-एवमेव कुलपुत्राः, अहमपि अप्रमेय-असंख्येय-कल्प-कोटी-नयुत-शत-सहस्राभिसंबुद्धः इमाम् अनुत्तरां सम्यक् संबोधिम्। अपि तु खलु पुनः कुलपुत्राः, अहम् अन्तरान्तरम् एवंरूपाणि उपाय-कौशल्यानि सत्त्वानाम् उपदर्शयामि विनयार्थम्। न च मे कश्चिद् अत्र स्थाने मृषावादो भवति।

अथ खलु भगवान् इमाम् एव अर्थ-गतिं भूयस्या मात्रया संदर्शयमानः तस्यां वेलायाम् इमाः गाथाः अभाषत।

注：विदित्वा—知って、विद्+त्वा、उपदर्शयेत्—提示するかもしれない、उप+दृश् caus. विधिलिङ् iii-i, किं मन्यध्वे—あなたはどう考えるか、मन् लट् ii-iii, मा ह एव—如何なる場合でもしない、कुर्वतः—達成すること、कृ+अत् 6-1, मृषावादेन संचोदयेत्—虚偽を咎めるかもしれない、सम्+चुद्—促す、激励する、विधिलिङ् iii-i, आहुः—彼等は言った、irreg. 不規則動詞、नो=न—否定、सुगत—仏陀の名前の一つ、人生行路を巧みに歩んだ人、आह—彼は言った、irreg. 不規則動詞、अप्रमेय—計り知れない、अन्तरान्तरं—度々、एवंरूपाणि—この様な、उपदर्शयामि—示す、立証する、विनयार्थ—教化の目的のために、अर्थ-गतिः-話しの目的を達成する(अर्थः)方法(गतिः)、भूयसी मात्रा-相当程度भूयसी f.> भूयान्, 29.2節参照、संदर्शयमानः (संदर्शयन्)-説明しながら、दृश् caus. + मान, वेला-時、場合、गाथा-偈文

そこで、医師は息子達が病気から解放されたことを知って、又姿を現わすことになる。良家の息子達よ、あなた達どのように考えるか。そのような巧妙な手段を用いたことで、その医師を非難する人は誰かいるだろうか。(彼等は)言う、「いや、世尊、とてもいませんよ」すると世尊は次のように言った。

「良家の息子達よ、このようにして、私は既に幾千万億劫以前から最高の悟りを達成していたのである。しかし、教化のために、私はその様な方便を示したのである。この点において何の偽りもないのだ」

そこで世尊は同じ講話の目的を更に説明するために、その時に、次の偈文を説いた。

自我偈

अचिन्तिया कल्पसहस्रकोट्यो　यासां प्रमाणं न कदाचि विद्यते।
प्राप्ता मया एष तदाग्रबोधिर्धर्मं　च देशेम्यहु नित्यकालम्।।१।।
अचिन्त्याः कल्प-सहस्र-कोट्यो यासां प्रमाणं न कदाचिद् विद्यते।
प्राप्ता मया एषा तदा अग्रबोधिः धर्मं च देशयामि अहं नित्यकालम्।।१।।

注：अचिन्त्याः–考えられない、कल्पसहस्रकोट्यः–幾千万億年、कल्पः–劫、途方もなく長い時間単位、कोटी,-टिः–千万、यासां प्रमाणं–その間、 न कदाचिद् विद्यते–決して考えられない、तदा–その時、एषा अग्रबोधिः–この最高の悟り、मया प्राप्ता–私により達成された、अहं च–そして私は、नित्यकालम्–常に、धर्मं देशयामि–法を説いている、दिश् *caus.* लट् i-i

幾千万億劫年という考えられないほど遥か遠い昔に、私はこの無上の悟りに到達し、以来、常に私は法を説き続けている。

समादपेमी बहुबोधिसत्त्वान्ब
ौधस्मि ज्ञानस्मि स्थपेमि चैव।
सत्त्वान कोटीनयुताननेकान्परिपाचयामी बहुकल्पकोट्यः।।२।।
समादापयामि बहु-बोधिसत्त्वान्　बोधौ, ज्ञाने स्थापयामि च एव।
सत्त्वान् कोटीः नयुताः अनेकाः परिपाचयामि बहु-कल्प-कोट्यः।।२।।

注：बहुबोधिसत्वान्–多くの菩薩衆を、समादापयामि–私は教化してきている。च एव-そして、बोधौ ज्ञाने-悟りと英知の境地に、स्थापयामि-確立させる、स्था *caus.* लट्, बहुकल्पकोट्यः–数千万劫年の間、सत्वानां–衆生の、अनेकाः–多くの、नयुताः–ナユタ、कोटीः–コーティー、極めて大きな数の単位、परिपाचयामि–成熟させるपरि+पच् *caus.* लट्

私は数多の菩薩衆を教化して、悟りと英知の境地に確立せしめてきて、無量億劫の間、無数億人もの衆生に成熟をもたらしてきている。

निर्वाणभूमिं चुपदर्शयामि विनयार्थ सत्त्वान वदाम्युपायम्।
न चापि निर्वाम्यहु तस्मि काले इहैव चो धर्मु प्रकाशयामि।।३।।

निर्वाणभूमिं च उपदर्शयामि विनयार्थं सत्त्वान् वदामि उपायम्।
न च अपि निर्वामि अहं तस्मिन् काले इह एव च धर्मं प्रकाशयामि।।३।।

注:निर्वाणभूमिम् उपदर्शयामि 私は涅槃の境地を示す、उप+दृश् *caus.* लट् i-i विनयार्थं 教化のために、सत्वान् (सत्वानि) 衆生に、उपायं वदामि–私は方便を説く、तस्मिन् काले अपि その時において、अहं न निर्वामि-私は涅槃に入ることなく、लट् i-i、 इह एव च-まさにここで、धर्मं प्रकाशयामि-私は法を開示する、प्र+काश् 見える、輝く、*caus.* लट् i-i

私は涅槃の境地を示現し、教化のため衆生に、方便を説いている、とはいえ、私は入滅することはなく、常にここに留まり、法を明示してきている。

तत्रापि चात्मानमधिष्ठहामि सर्वांश्च सत्त्वान तथैव चाह्म।
विपरीतबुद्धिः च नरा विमूढाः तत्रैव तिष्ठन्तु न पश्यिषू माम्।।४।।

तत्रापि च आत्मानम् अधिष्ठापयामि सर्वान् च सत्त्वान् तथा एव च अहम्।
विपरीतबुद्धियाः च नराः विमूढाः तत्र एव तिष्ठन्ति न पश्यन्ति माम्।।४।।

注 : तत्र अपि च-この地上で、आत्मानम् अधिष्ठापयामि-私は神通力を発揮する、अधि+स्था *caus.* लट् i-i, तथा एव च-その様な仕方で、 सर्वान् सत्त्वान् (नि)-全ての衆生、विपरीतबुद्धयः-倒錯した理解力、*bahu.*, विमूढाः-愚かな、नराः-人々、तत्र एव तिष्ठन्ति-その場所に留まっている、न मां पश्यन्ति-彼等は私の真の姿を見ない

この地上において、私は神通力を発揮し全ての衆生を救いの道へと導き続けている。しかし、倒錯した理解力しかない愚かな人々は私の真の姿を見ることなく、元の居場所に留まっている。

परिनिर्वृतं दृष्ट्व ममात्मभावं धातूषु पूजां विविधां करोन्ति।
मां च अपश्यन्त जनेन्ति तृष्णां ततोर्जुकं चित्त प्रभोति तेषाम्।।५।।

परिनिर्वृतं दृष्ट्वा मम आत्मभावं धातुषु पूजां विविधां कुर्वन्ति।
मां च अपश्यन्तः जनयन्ति तृष्णां ततः ऋजुकं चित्तं प्रभवति तेषाम्।।५।।

注 : मम आत्मभावं परिनिर्वृतं दृष्ट्वा-私の肉体が完全に死んだのを見て、परि+निर्+वृ、完全に解放される+त、(仏教では*ātman*という語は肉体を指

す、仏教哲学には魂は存在しないので）、धातुषु-私の遺骨の中に、विविधां पूजां कुर्वन्ति-種々の供養を行う、मां च अपश्यन्तः-そして私を見ない、तृष्णां जनयन्ति-彼等は（私を見たいと言う）渇仰心を起し、तेषां चित्तं-彼等の心、ऋजुकं प्रभवति-単純、率直、無邪気なる

私の身体が入滅したのを見ると、彼等は佛舎利に種々の供養を行い、私を見たいと言う渇仰心を起して、彼等の心は素直になる。

ऋजू यदा ते मृदु मार्दवाश्च उत्सृष्टकामाश्च भवन्ति सत्त्वाः।
ततो अहं श्रावकसंघ कृत्वा आत्मान दर्शेम्यह गृध्रकूटे।।६।।

ऋजवः यदा ते मृदु-मार्दवाः च उत्सृष्ट-कामाः च भवन्ति सत्त्वाः।
ततो अहं श्रावकसंघं कृत्वा आत्मानं दर्शयामि अहं गृध्रकूटे।।६।।

注：यदा ते सत्त्वा(नि) -それら衆生が、भवन्ति-なる、ऋजवः-率直で、मृदु. मार्दवाः-柔和で優しい、उत्सृष्टकामाः-渇望から離れた時、उत्+सृज्+त, *bahu.*, ततः-その時、श्रावकसंघं कृत्वा-弟子の僧団を作り出し、अहम् आत्मानं गृध्रकूटे दर्शयामि-私はグリドラクータに姿を現わす

彼等が率直で、柔和になり、渇望から解き放たれた時に、私は霊鷲山（グリドラクータ）に弟子の僧団を作り出して姿を現す。

एवं च हं तेष वदामि पश्चात् इहैव नाहं तद आसि निर्वृतः।
उपायकौशल्य ममेति भिक्षवः पुनः पुनो भोम्यहु जीवलोके।।७।।

एवं च अहं तेषां वदामि पश्चात् इहैव, न अहं तद् आसं निर्वृतः।
उपायकौशल्यं मम इदं भिक्षवः पुनः पुनः भवामि अहं जीवलोके।।७।।

注：पश्चात् च-その後、अहं तेषाम् (तान्) इदं वदामि-私は彼等に次のように語る、इह एव-常にここにいる、न तद् निर्वृतः आसम्-私はそのように入滅したわけではない、भिक्षवः-比丘達よ、इदं मम उपायकौशल्यम्-これは私の方便の巧みさである、そのお陰で、अहं जीवलोके पुनः पुनः भवामि-私はこの世に幾度も繰返し現われる

そのあと私は彼等にこう語る。「比丘達よ、私はいつでもここにおる。そのように入滅したわけではない。繰返し幾度もこの世に出現すると見えるのは、私の方便の巧みさ故である。

अन्येहि सत्त्वेहि पुरस्कृतोऽहं तेषां प्रकाशेमि ममाग्रबोधिम्।
यूयं च शब्दं न श्रृणोथ मह्यं अन्यत्र सो निर्वृतु लोकनाथः।।८।।

अन्यैः सत्त्वैः पुरस्कृतः अहं तेषां प्रकाशयामि मम अग्रबोधिम्।
यूयं च शब्दं न श्रृणुथ मम अन्यत्र सो निर्वृतः लोकनाथः।।८।।

注：अन्यैः सत्त्वैः पुरस्कृतः-他の人々により尊崇される पुरस्+कृ+त、अहं तेषाम् (तेभ्यः) मम अग्रबोधिं प्रकाशयामि-　私は彼等に私の無上の悟りを知らしめる、यूयं मम शब्दं न शृणुथ-貴方たちは私の言葉を聞こうとしない、सः लोकनाथः अन्यत्र निर्वृतः-（そこで貴方たちは思う）かの世間の主が他の場所に行ってしまったと

よその人々が私を尊崇してくれるので、私は彼等に自分の無上の悟りを説き明かすが、しかし、貴方たちは、この世間の保護者がどこか別の場所に行ってしまったと思わないかぎり、私の言葉には耳を貸さない。

पश्याम्यहं सत्त्व विहन्यमानान् न चाहु दर्शेमि तदात्मभावम्।
स्पृहेन्तु तावन्मम दर्शनस्य तृषितान सद्धर्मु प्रकाशयिष्ये।।९।।
पश्यामि अहं सत्त्वानि विहन्यमानान् न च अहं दर्शयामि तदा आत्मभावम्।
स्पृहयन्तु तावत् मम दर्शनाय तृषितान् सद्धर्मं प्रकाशयिष्यामि।।९।।

注：अहं सत्त्वानि पश्यामि-私は衆生を見る、 विहन्यमानान्-苦しんでいる状態にある、वि+हन्+य+मान 2-3, च-それでも、अहम् आत्मभावं न दर्शयामि-私は自分の姿を見せはしない、मम दर्शनाय तावत् स्पृहयन्तु-私を見ることを暫らくの間渇望させよう、स्पृह् लोट् iii-iii, तृषितान्-渇望させられている、सद्धर्मं प्रकाशयिष्यामि-真の教えをはっきり示すであろう

私は衆生達が苦悩しているのを見ても、彼等に自分の姿を見せることはない。暫くは、まず私を見たいと渇望させ、しかる後、私は彼等に真実の法を説き明すであろう。

सदाधिष्ठानं मम एतदीदृशं अचिन्तिया कल्पसहस्रकोट्यः।
न च च्यवामी इतु गृध्रकूटात् अन्यासु शय्यासनकोटिभिश्च।।१०।।
सदा अधिष्ठानं मम एतद् ईदृशम् अचिन्त्या कल्प-सहस्र-कोट्यः।
न च च्यवामि इतः गृध्रकूटात् अन्यासु शय्यासन-कोटिभिः च।।१०।।

注：मम एतद् अधिष्ठानं-私の神通力はこのようだ、अचिन्त्याः कल्प-सहस्र-कोट्यः-考えられないほど久しい幾千劫の間、सदा ईदृशं-常にこのようである、न च्यवामि-私は離れない च्यु लट् i-i、इतः गृध्रकूटात्-霊鷲山グリドラクータから、अन्यासु शय्यासनकोटिभिः च-他の数千万の寝台、座席から、(शय्या-寝台、आसन-座席）、

私の神通力は常にこのようで、数千億劫という考えられない久しい間、私は幾千万の寝台や座席のある霊鷲山グリドラクータから離れて別の場所に行くことはない。

यदापि सत्त्वा इम लोकधातुं पश्यन्ति कल्पेन्ति च दह्यमानम्।
तदापि चेदं मम बुद्धक्षेत्रं परिपूर्ण भोती मरुमानुषाणाम्।।११।।

यदा अपि सत्त्वाः इमं लोकधातुं पश्यन्ति कल्पयन्ति च दह्यमानम्।
तदा अपि च इदं मम बुद्धक्षेत्रं परिपूर्णं भवति मरुत्-मानुषाणाम्।।११।।

注：यदा अपि-その時でも、सत्त्वा (नि)-衆生、इमं लोकधातुं पश्यन्ति कल्पयन्ति च दह्यमानं -この世界のことを燃えていると見たり、思ったりする、तदा अपि-その時でも、मम इदं बुद्धक्षेत्रं-私の仏国土、नरमानुषाणां परिपूर्णं भवति-神々と人間で満ちあふれている (मरुत् 神、*m.* मरुत् मरुतौ मरुतः)

衆生がこの世界を、劫火で焼かれていると見たり、思ったりす時も、その時でも私のこの仏国土は天人や人間で満たされている。

क्रीडारती तेष विचित्र भोति उद्यानप्रासादविमानकोट्यः।
प्रतिमण्डितं रत्नमयैश्च पर्वतैः द्रुमैस्तथा पुष्पफलैरुपेतैः।।१२।।

क्रीडा-रतिः तेषां विचित्रा भवति उद्यान-प्रासाद-विमान-कोट्यः।
प्रतिमण्डितं रत्नमयैः च पर्वतैः द्रुमैः तथा पुष्पफलैः उपेतैः।।१२।।

注：तेषां-それらの人々には、क्रीडा-रतिः-遊びと楽しみ、विचित्रा भवति-様々なものがある、उद्यान-प्रासाद-विमान-कोट्यः-幾千万もの遊園、楼閣、宮殿、रत्नमयैः पर्वतैः प्रतिमण्डितं-宝石の山に飾られれた、तथा च-それにまた、 पुष्पफलैः उपेतैः द्रुमैः-花や果実をつけた樹木によって

（仏国土に住む）彼等には遊び戯れる様々なものがある、幾千万の遊園、楼閣、宮殿があり、それらは宝石の山や花や果実をつけた樹木によって飾られている。

उपरिं च देवाऽभिहनन्ति तूर्यान् मन्दारवर्षे च विसर्जयन्ति।
ममं च अभ्योकिरि श्रावकांश्च ये चान्य बोधाविह प्रस्थिता विदू।।१३।।

उपरि च देवाः अभिघ्नन्ति तूर्यान् मन्दारवर्षं च विसर्जयन्ति।
मां च अभिकिरन्ति श्रावकांश्च ये च अन्ये बोधौ इह स्थिताः विद्वांसः।।

注：उपरि च-上空では、देवाः-神々、तूर्यान् अभिघ्नन्ति-トゥールヤの楽器を打ち鳴らす、अभि+हन् लट् iii-iii, मंदारवर्षं च विसर्जयन्ति-マンダーラ華を降り注ぐ、वि-सृज् लट् iii-iiiए 花を降り注ぐ、मां अभिकिरन्ति-私を覆う、अभि+कॄ लट् iii-iii, श्रावकान् च-仏弟子達も、ये च अन्ये विद्वांसः-その他賢者達も、इह बोधौ

स्थिता-ここで悟りの境地を達成している

上空では神々がトゥールヤの楽器を打ち鳴らし、マンダーラの花の雨を降らせ、私や仏弟子、さらにはここで悟りの境地を成就した賢者達の上に散じている。

एवं च मे क्षेत्रमिदं सदा स्थितं अन्ये च कल्पेन्तिमु दह्यमानम्।
सुभैरवं पश्यिषु लोकधातुं उपद्रुतं शोकशताभिकीर्णम्।।१४।।

एवं च मे क्षेत्रमिदं सदा स्थितं अन्ये च कल्पयन्ति इमं दह्यमानम्।
सुभैरवं पश्यन्ति लोकधातुं उपद्रुतं शोक-शत-अभिकीर्णम्।।१४।।

注：मे च इदं क्षेत्र-そして私のこの土地は、एवं सदा स्थितं-このように常に安住している、अन्ये च-しかし、他の人々は、इमं कल्पयन्ति-この世界を～と見なす、दह्यमानं-燃えている、लोकधातुं पश्यन्ति-この世界を見ている、सुभैरवं-大変恐るべきもの、उपद्रुतं-困惑させられている、शोक-शत-अभिकीर्णम्-数百種類の苦難にあふれている、अभि+कॄ+त-散り散りになった、あふれた

私のこの国土は常にこのように安住しているにもかかわらず、他の人々にとっては、この世界は大変恐ろしく燃え盛っていて、数百種の苦悩で充満しているかに見える。

न चापि मे नाम श्रृणोन्ति जातु तथागतानां बहुकल्पकोटिभिः।
धर्मस्य वा मह्य गणस्य चापि पापस्य कर्मस्य फलेवरूपम्।।१५।।

न चापि मे नाम श्रृण्वन्ति जातु तथागतानां बहुकल्पकोटिभिः।
धर्मस्य वा मम गणस्य चापि पापस्य कर्मणः फलम् एवंरूपम्।।१५।।

注：न च जातु-決して～しない、बहु-कल्प-कोटिभिः-多くのコーティ劫、मम नाम अपि शृण्वन्ति-私の名前さえ聞くことがない、तथागतानां-如来達の、धर्मस्य वा-或いは教えについても、गणस्य च अपि-私の集団についても、पापस्य कर्मणः-悪行の、एवंरूपं फलं-このような結果も。

彼らは幾千万劫の間、私の名も諸々の如来達の名も、法の名、私の僧団の名についても決して聞くことがない。このような状態も悪行の結果なのだ。

यदा तु सत्त्वा मृदु मार्दवाश्च उत्पन्न भोन्तीह मनुष्यलोके।
उत्पन्नमात्राश्च शुभेन कर्मणा पश्यन्ति मां धर्मु प्रकाशयन्तम्।।१६।।

यदा तु सत्त्वाः मृदु-मार्दवाश्च उत्पन्नाः भवन्ति मनुष्यलोके।
उत्पन्नमात्राश्च शुभेन कर्मणा पश्यन्ति मां धर्मं प्रकाशयन्तम्।।१६।।

注：यदा तु-その時、मृदु-मार्दवाः सत्त्वाः (मार्दवानि सत्त्वानि)—柔和な衆生、

मनुष्यलोके उत्पन्नाः भवन्ति-この人の世に生れる、उत्पन्नमात्राः च-生れるやいなや、(उत्पन्नमात्राणि) मात्राः-時、शुभेन कर्मणा-(前世の)清浄な行いより、पश्यन्ति-彼等は見る、मां धर्मं प्रकाशयन्तं-私が法を説いているのを

柔和な性質の衆生がこの人間の世に生れると、清浄な行いの結果生れるやいなや、私が法を説いているのを見る。

न चाहु　भाषामि कदाचि तेषां इमां क्रियाम् इदृशिकीम् अनुत्तराम्।
तेनो अहं दृष्ट चिरस्य भोमि ततोऽस्य भाषामि सुदुर्लभा जिनाः।।१७।।

न चाहं　भाषे कदाचित् तेषां　इमां क्रियाम् ईदृशिकीम् अनुत्तराम्।
तेन उ अहं दृष्टः चिरस्य भवामि　ततोऽस्य भाषे सुदुर्लभा जिनाः।।१७।।

注：न च अहं कदाचित् तेषां भाषे-私は彼等に言ったことはない､भाष् लट् i-i, इमां क्रियाम्-このような働きについて、ईदृशिकीम्-このようなものである、अनुत्तराम्-無上の、तेन चिरस्य दृष्टः भवामि-久しぶりに私に会う人がいると(受動態)､ततः अपि भाषे-私は言う､जिनाः सुदुर्लभाः-最勝者(仏陀のこと)は非常に会い難い

しかし、私はいまだかつてこのように（私の寿命が）無際限であるということを告げたことはない。そこで久しぶりに私がまみえる人には、私は次のよう言う、「最勝者はまこと会い難い」と。

एतादृशं ज्ञानबलं ममेदं प्रभास्वरं यस्य न कश्चिदन्तः।
आयुश्च मे दीर्घमनन्तकल्पं समुपार्जितं पूर्व चरित्व चर्याम्।।१८।।

एतादृशं ज्ञानबलं ममेदं　प्रभास्वरं यस्य न कश्चिदन्तः।
आयुश्च मे दीर्घम् अनन्तकल्पं　समुपार्जितं पूर्वं चरित्वा चर्याम्।।१८।।

注：मम इदं ज्ञानबलम् एतादृशं-私の知恵の力はこのように見事で、प्र-भास्वरं-光り輝く、यस्य न कश्चिद् अन्तः-それには限界がない、मे दीर्घम् आयुः-私の寿命、अनन्तकल्पम्-無限である、समुपार्जितं-得たもの､सम्+उप+अर्ज्+त、पूर्वं-宿世の、चर्यां चरित्वा-宗教的修行を果たして（cf. चर्यां चरमानो 般若心経)

私の知恵の力はこのように光り輝き、終局がない。私の寿命は無量劫の久遠の長さであり、これは宿世から行を修して来て得たものである。

मा संशयं अत्र कुरुध्व पण्डिता विचिकित्सितं च जहथा अशेषम्।
भूतां प्रभाषाम्यहमेत वाचं मृषा मम नैव कदाचि वाग्भवेत्।।१९।।

मा संशयम् अत्र कुरुध्वं पण्डिता विचिकित्सितं च जहीत अशेषम्।、
भूतां प्रभाषे अहम् एतां वाचं मृषा मम नैव कदाचिद् वाग् भवेत्।।१९।।

注：पण्डिताः-知恵ある者よ、अत्र संशयं मा कुरुध्वं-そなた達は疑いを抱くなかれ、कृ *atm.* लोट् ii-iii、अशेषं च विचिकित्सितम्-そして全ての疑惑、जहीत-捨てなさい、हा लोट् ii-iii(जहित の別の形)、अहम् एतां भूतां वाचं प्रभाषे-私は真実の言葉を話す、भू+त *f.* (真実になるもの)、 प्र+भाष् लट् i-i、मम वाक्-私の話、न कदाचित् मृषा भवेत्-決して虚偽にはならない

知恵ある者よ、この点で決して疑念を抱いてはならぬ。疑惑は全て捨て去るべし。私は真実の言葉のみ話す。私の言葉は常に虚偽ではない。

यथा हि सो वैद्य उपायशिक्षितो विपरीतसंज्ञीन सुतान हेतोः।
जीवन्तमात्मान मृतेति ब्रूयात् तं वैद्यु विज्ञो न मृषेण चोदयेत्।।२०।।
यथा हि सो वैद्य उपाय-शिक्षितो विपरीतसंज्ञानां सुतानां हेतोः।
जीवन्तम् आत्मानं मृत इति ब्रूयात् तं वैद्यं विज्ञो न मृषया चोदयेत् ।।२०

注：यथा-丁度、 सः उपायशिक्षितः वैद्यः-かの方便に精通した医師、 सुतानां हेतोः-自分の息子達のために、विपरीतसंज्ञानां-倒錯した理解力の、संज्ञा-意識、理解力、*bahu.*, आत्मानं जीवन्तं मृत इति ब्रूयात्-肉体は生きているのに死んだと言う、ब्रू विधिलिङ् iii-i、 विज्ञः-知者、賢者、तं वैद्यं-かの医師、मृषया न चोदयेत्-虚偽のかどで非難しない、चुद् 謗る、विधिलिङ् iii-i

かの方便に精通した医師が、自分は生きているのに、倒錯した理解力の息子達のために、生きている自分を死んだと言ったとしても、賢者は彼を虚言の理由で非難することはあるまい。

यमेव हं लोकपिता स्वयंभूः चिकित्सकः सर्वप्रजान नाथः।
विपरीतमूढांश्च विदित्व बालान् अनिर्वृतो निर्वृत दर्शयामि।।२१।।
एवमेव अहं लोकपिता स्वयंभूः चिकित्सकः सर्वप्रजानां नाथः।
विपरीतमूढान् च विदित्वा बालान् अनिर्वृतो निर्वृतं दर्शयामि।।२१।।

注：एवम् एव-そのように、स्वयंभूः-独立自在者、 लोकपिता-この世の父、सर्वप्रजानां चिकित्सकः-あらゆる生き物の医師、 नाथः-主人、 विपरीतमूढान् बालान् विदित्वा-（真理から）逸脱した愚か者達(मूढ)を幼稚な者(बाल)と知って、वि+परि+इ+त, , दर्शयामि-私は自分を～として示す、 निर्वृतं-この世から立去ったものとして、अनिर्वृतः-本当はこの世から立去ることはなかったにもかかわらず、निर् + वृ + त

そのように、私はこの世の父にして独立自在者であり、あらゆる生あるものの医師であり、主人である。（真理から）逸脱した愚か者達をまだ幼稚な者達と知った上で、自分は決して入滅することがないのに、（最高の悟りを達成した後、）この世から立去ってしまったかのように見せているのだ。

किंकारणं मह्यमभीक्ष्णदर्शनात् विश्र) भोन्ती अबुधा अजानकाः।
विश्वस्त कामेषु प्रमत्त भोन्ती प्रमादहेतोः प्रपतन्ति दुर्गतिम्।।२२।।

किंकारणं, मम अभीक्ष्ण-दर्शनाद् विश्रद्धाः भवन्ति अबुधाः अज्ञानिनः।
विश्वस्ताः कामेषु प्रमत्ताः भवन्ति प्रमादहेतोः प्रपतन्ति दुर्गतिम्।।२२।।

注：किं कारणं-理由は何か、मम अभीक्ष्ण-दर्शनात्-私にいつでも会えることから、अबुधाः अज्ञानिनः-知恵のない愚かな人々、विश्रब्धाः भवन्ति-不浄な信を抱き、विश्वस्ताः-確信犯となり、कामेषु प्रमत्ताः भवन्ति-愛欲に耽る放逸者となる、प्रमादहेतोः-怠惰の理由から、दुर्गतिं प्रपतन्ति-悪道に落ちてゆく

それは何故か。もし私にいつでも会えるとなると、知恵のない愚かな人々は、不浄な信を抱き、恐れげなく愛欲に耽る放逸者となり、怠惰となるため、悪道に落ちてしまうからである。

चरिं चरिं जानिय नित्यकालं वदामि सत्त्वान तथा तथाहम्।
कथं नु बोधावुपनामयेयं कथ बुद्धधर्माण भवेयु लाभिनः।।२३।।

चर्यां चर्यां ज्ञात्वा नित्यकालं वदामि सत्त्वान् तथा तथाहम्।
कथं नु बोधौ उपनामयेयं कथं बुद्धधर्माणां भवेयुः लाभिनः।।२३।।

注：नित्यकालं-いつでも、चर्यां चर्यां ज्ञात्वा-衆生の様々な生き方を知って、अहं सत्त्वान् (नि) तथा तथा वदामि-私は衆生それぞれに相応した話し方をする。(この点で常に私の念頭にあるのは)、कथं बोधौ-どうすれば菩提に、उपनामयेयम्-衆生を導く、उप+नम् *caus.* विधिलिङ् i-i, उपनामयति-導き入れる、बुद्धधर्माणां लाभिनः भवेयुः-（どうすれば衆生に）仏陀の悟りの核心を会得させられるか लाभिनः-1-3 > लाभिन्-～見出す、भवेयुः-भू *opt.*

常日頃、衆生には様々な生き方があるのを知って、それに従い、それぞれ相応した教えを私は説いてきているが、（私の念頭にあるのは）どうしたら衆生を菩提に導いていけるか、如何にすれば仏陀の悟りの核心を会得させられるか、ということである。

第三十九課

カーリダーサ『シャクンタラー』*Śakuntalā*　第四幕

解説：カーリダーサは言うまでもなく最も偉大なサンスクリット詩人である。彼は詩人家族の師匠 *Kavi-kula-guru* といわれている。彼は皇帝ヴィクラマ・アーディティヤの宮廷詩人、世間的に最も名声を馳せていたのは西暦375年前後である。彼は戯曲も詩もよくしたが、最も有名な作品が戯曲『シャクンタラー』*Abhijñāna-Śakuntalam* と『ヴィクラマ・ウルヴァシーヤム』*Vikramorvaśīyam*　それから叙事詩『ラグ・ヴァンシャム』　the epic *Raghuvaṃśam*と短い抒情詩『メーガ・ドゥータム』the lyrical short poem *Meghadūtam*である。中でも『シャクンタラー』においては、繊細な言葉使いの極致と人間の本性に対する深い洞察が提示されている。

カーリダーサが特に知られるようになったのは、彼が、生き生きとした巧みな筆致で、自然を描写したことと人間と自然との密接な関わり方を強調したからである。彼は植物相や動物相を人間の生活と不可分のものとして扱って、人間と物理的に関わるだけでなく、人間の喜怒哀楽にも深く関るものとして描いている。その他の多くのインド詩人や哲学者と同様に、カーリダーサも様々な神々を取り上げ、人間生活の中でいろいろな役割を演じさせている。

カーリダーサの筆致の特色は、平明、明晰、簡潔なことである。彼の精彩あふれる直喩は有名である。カーリダーサは人間生活を単に叙述しただけでなく、それに寸鉄刺すが如き批判を下した。おびただしい彼の名言はサンスクリット語の格言*sūktis* となり、今日でも学者によってよく引用されている。古代インド人の生活と哲学を知る為に最も効果的で、かつ楽しい方法の一つはカーリダーサを読むことであるといえよう。

『シャクンタラー』*Śakuntalā*　(*Abhijñāna-Śākuntalam*).

この美しい戯曲の主人公は天女メーナカーと、ある人間の王との間に生まれた王女である。彼女は幼児期、母親に捨てられカンヴァ仙のアシュラムで、彼の養女として養育されることになった。ある日、ドゥフシャンタ王がカンヴァ仙の不在中に、アシュラムの近くまで狩り

に来た。ドゥフシャンタ王がシャクンタラーに出会うと、二人は相思相愛となり、ガーンダルヴァ *Gāndharva* 結婚することになった。王がそこに数日滞在中に、シャクンタラーは彼の子種を宿すことになった。ドゥフシャンタ王は都に帰って行くが、別れの際、シャクンタラーに認知の証として、自分の指輪を授けた。ところが、気もそぞろのシャクンタラーから、すげなくあしらわられて怒ったドゥルヴァーサス仙人から彼女の愛人が彼女を認知しないように呪いがかけられてしまった。その後、シャクンタラーの友人からの嘆願で、何らかの認知の証を示せば、彼女の愛人が彼女を認めるように、呪いは修正された。カンヴァ仙は旅行から戻ると、シャクンタラーを祝福し、彼女を彼女の夫の国もとへ送り届けようと決意した。王宮へ向かう途中、シャクンタラーは川を渡る際に、指輪を落してしまう。そこで王は彼女を認知することが出来ず、彼女を退去させてしまう。嘆き悲しむシャクンタラーの声に応え、天女メーナカーは彼女を連れ、賢者カシュヤップのアシュラムに住まわせた。シャクンタラーはそこで男子を出生した。そのうち、ある漁師が一匹の魚の中から指輪を見つけて、それを王に届けたので、王は何が起ったのかを思い出し、大いに悔やむことになった。後に、彼は神々の王インドラから悪魔との戦いにおける助勢を要請される。任務を首尾よくやり終えて、王が地上に戻って来た時、カシュヤップのアシュラムでライオンの子供と遊び戯れている少年を見つけた。そこで、彼はその母シャクンタラーにも出会い、彼女の足元にひれ伏して大いに詫び、彼女とその息子を丁重に都に連れ帰ることにした。

抒情詩中、シャクンタラーは優美この上なく、特に、その第四幕はその極致であると言われている。ここではその一部を若干簡略化して提示した。シャクンタラーの劇中に登場する女性はサンスクリットではなく、プラクリットで話している。見本として第四幕の最初の幾つかの会話では、プラクリット方言も載せることにした。その他の部分では標準サンスクリットを使用している。

この戯曲における主な登場人物を登場順に挙げておく。

シャクンタラーの友人、アナスーヤー、プリヤンヴァダー、
シャクンタラー自身、カンヴァ仙の妻ガウタミー、
カンヴァ仙、カンヴァ仙の弟子シャールンガラヴァ。

चतुर्थोऽङ्कः

(ततः प्रविशतः कुसुमावचयं नाटयन्त्यौ सख्यौ।)

अनसूया- हला प्रियंवदे, यद्यपि गान्धर्वेण विधिना निर्वृत्तकल्याणा शकुन्तला अनुरूपभर्तृगामिनी संवृत्ता इति मे हृदयं, तथाप्येतावत् चिन्तनीयम्। (पिअंवदे जइ वि गन्धव्वेण विहिण णिव्वुत्तकल्लाणा सउन्दला अणुरूवभत्तुगामिणी संवुत्तेति णिव्वुदं मे हिअअं तह वि एत्तिअं चिन्तणिज्जं।)

प्रियंवदा- कथमिव। (कहं विअ।)

अनसूया- अद्य स राजर्षिः इष्टिं परिसमाप्य ऋषिभिर्विसर्जित आत्मनो नगरं प्रविश्य अन्तःपुरसमागत इतोगतं वृत्तान्तं स्मरति वा न वेति। (अज्ज सो राएसी इट्ठि परिसमाविअ इसीहिं विसज्जिओ अत्तणो णअरं पविसिअ अन्तेउरसमागदो इदोगदं वुत्तन्तं सुमरदि वा ण वेत्ति।)

प्रियंवदा- विस्रब्धा भव। न तादृशा आकृतिविशेषा गुणविरोधिनो भवन्ति। तात इदानीमिमं वृत्तान्तं श्रुत्वा न जाने किं प्रतिपस्यते इति।

(वीसा होहि। ण तादिसा आकिदिविसेसा गुणविरोहिणो होन्ति। तादो वाणिं इमं वुत्तान्तं सुणिअ ण जाणे किं पडिवज्जिस्सदि त्ति।)

注：कुसुमावचयं–花摘み、नाटयन्ती–所作をしながら、सखी–*f.* 友人、गान्धर्व विधिः– ガーンダルヴァ方式の、年長者の同意も宗教儀式もなく行われる婚姻形式で、歌踊に明け暮れる半神半人の神話種族 ***gāndharvas*** の間で一般的な婚姻方式、कल्याणं– 幸運、ここでは結婚式の意味、निर्वृत्त– 達成した、निर्+वृत्+त, निर्वित्तकल्याणा–目出度いこと(結婚)を達成した人間、 *bahu.*, अनुरूप–適した、भर्तृगाामिनी– 夫のもとへ行く、 संवृत्ता– なった、 राजर्षिः– 王様付聖職、(राजा+ऋषिः), इष्टिः–火の儀式、護摩供 *yajna*, विसर्जित–見送った、अन्तःपुरं–王宮の大奥、इतोगतं–ここで起ったइतः+गतं、वृत्तान्तः–出来事、 विस्रब्ध– विश्रब्ध* とも表記、*自信あふれた、आकृतिविशेषाः–あの格好をした人間、गुणविरोधिन्–徳とは反対の、तातः–父親、जाने起源について、 प्रतिपत्स्यते–考えるであろう、प्रति+पद्–考える、受け容れる

अनसूया- यथाऽहं पश्यामि तथा तस्यानुमतं भवेत्।

(जह अहं देक्खामि तह तस्स अणुमदं भवे।)

प्रियंवदा- कथमिव। (कहं विअ।)

अनसूया- गुणवते कन्यका प्रतिपादनीया इत्ययं तावत् प्रथमः संकल्पः। तं यदि दैवमेव संपादयति ननु अप्रयासेन कृतार्थो गुरुजनः।

(गुणवदे कण्णआ पडिवादणिज्जेत्ति अअं दाव पढमो संकप्पो। तं जइ देव्वं एव्व संपादेदि णं अप्पआसेण किदत्थो गुरुअणो।)

प्रियंवदा- (*पुष्पभाजनं विलोक्य*) सखि अवचितानि बलिकर्मपर्याप्तानि कुसुमानि। (सहि अवइदाइँ वलिकम्मपज्जत्ताइँ कुसुमाइँ।)

注：अनुमतं - 認める、許可、अनुमतं–心地よい、गुणवते– गुणवान्の4-1. よい資質を持った人間、कन्यका–कन्या娘、少女の小辞形、प्रतिपादनीया–与えられるべきである、प्रति+पद् *caus.* +अनीय, संकल्पः–決意、दैवं–幸運、運命、संपादयति–達成する、 ननु–ind.確かに、अप्रयासेन–苦労もなく、 कृतार्थ–その目的(अर्थ) を達成した人、 *bahu.*, गुरुजनः–師匠たる人、 भाजनं–容器、अवचित–集めた、अव+चि+त, बलिकर्मपर्याप्तानि–儀式供物として十分な *bahu.*、बलिकर्म–供物、पर्याप्त- 十分な कुसुमं-花

अनसूया- ननु सख्याः शकुन्तलायाः सौभाग्यदेवताऽर्चनीया।

प्रियंवदा- युज्यते। (इति तदेव कर्मारभते।)

(*नेपथ्ये*) अयमहं भोः।

अनसूया- (कर्णं दत्वा) सखि अतिथीनामिव निवेदितम्।

प्रियंवदा- ननु उटजसंनिहिता शकुन्तला। (*आत्मगतम्*)

अनसूया-अद्य पुनर्हृदयेन असंनिहिता।

अनसूया- भवतु। अलमेतावद्भिः कुसुमैः। (*इति प्रस्थिते*)

(*नेपथ्ये*) आः अतिथिपरिभाविनि !

विचिन्तयन्ती यमनन्यमानसा तपोधनं वेत्सि न मामुपस्थितम्।
स्मरिष्यति त्वां न स बोधितोऽपि सन् कथां प्रमत्तः प्रथमं कृतामिव।।१।।

注： **अन्वयः** अनन्यमानसा (त्वं) यं विचिन्तयन्ती माम् उपस्थितं तपोधनं न वेत्सि, स बोधितः अपि सन् त्वां न स्मरिष्यति, प्रमत्तः प्रथमं कृतां कथाम् इव।

सौभाग्यदेवता–守護神、देवता–*f.*, देवः–*m.*, 神、देवी–女神、युज्यते–それは当然、आरभते–始まる、नेपथ्य- 舞台裏、अयमहं भोः–おい、私はここ、कर्णं दत्त्वा–聞いて、निवेदितम्–口上、उटज–草や葉で作られた小屋、संनिहिता–近くに行った、आत्मगतम् 独り言、अलम十分、कुसुमैः– 花で、नेपथ्यं– 劇中の舞台裏、अतिथिपरिभाविनि–客を軽蔑する者、8-1 >परिभाविन्(女性形)、परिभवः-軽蔑、侮辱

अनन्यमानसा–*f.*一点に絞った心で*bahu*

. अनन्य– 専ら一つに、मानसं=मनः–心、विचिन्तयन्ती 心配しているउपस्थित–傍にきて、तपोधन–苦行を富とする者、仙人*bahu.* वेत्सि–知っている、विद् लट् ii-i, बोधित अपि सन्–思い返した時でさえ、बुध् *caus.* + त, प्रमत्तः–酔っぱらい、प्रथमं कृतां–以前行った言動、

प्रियंवदा-हा धिक् हा धिक्। अप्रियमेव संवृत्तम्। कस्मिन्नपि पूजार्हेऽपरद्धा शून्यहृदया शकुन्तला।

अनसूया- न खलु यस्मिन् कस्मिन्नपि। एष दुर्वासाः सुलभकोपो महर्षिः तथा शप्त्वा वेगबलोत्फुल्लया दुर्वारया गत्या प्रतिनिर्वृत्तः। अनसूया-कोऽन्यो हुतवहाद् दग्धुं प्रभवति।

注 : हा धिक्–*ind.* おお、可哀相に、संवृत्तं–起った、पूजार्ह–尊崇すべきお方、7-1, अपराद्धा–罪を犯した、 अपराधः–罪状、罪、 न खलु यस्मिन् कस्मिन्नपि–全く普通の人ではない、दुर्वासाः–怒りっぽい仙人の名、सुलभकोपः–怒りっぽい、*bahu.*, शप्त्वा–呪って、वेगबलोत्फुल्ला– वेगः敏捷さ．बल力、उत्फुल्ला增幅された、दुर्वारा–統御し難い、प्रतिनिर्वृत्तः–戻った、हुतवहः–火の神、दग्धुं–燃やすこと、दह्+तुम् प्रभवति- 激しく

प्रियंवदा- (*प्रविश्य*) सखि, प्रकृतिवक्रः स कस्यानुनयं प्रतिगृह्णाति। किमपि पुनः सानुक्रोशः कृतः।

अनसूया- (*सस्मितम्*) तस्मिन् बह्वेतदपि। कथय।

प्रियंवदा- यदा निवर्तितुं नेच्छति तदा विज्ञापितो मया- भगवन्, प्रथम इति प्रेक्ष्य अविज्ञात-तपःप्रभावस्य दुहितृजनस्य भगवता एकोऽपराधो मर्षयितव्य इति।

अनसूया- ततस्ततः?

प्रियंवदा- ततो न मे वचनम् अन्यथाभवितुमर्हति, किंतु अभिज्ञानाभरणदर्शनेन शापो निवर्तिष्यते इति मन्त्रयन् स्वयमन्तर्हितः।

अनसूया- शक्यमिदानीमाश्वसितुम्। अस्ति तेन राजर्षिणा संप्रस्थितेन स्वनामधेयाङ्कितम् अङ्गुलीयकं स्मरणीयमिति। तस्मिन् स्वाधीनोपाया शकुन्तला भविष्यति।

।। विष्कम्भकः ।।

注 : प्रकृतिवक्रः– へそ曲りの性格の、अनुनयः–頼みごと、 प्रतिगृह्णाति–受け容れる、स+अनुक्रोशः–彼に同情心が、कृतः出て来た、 सस्मितं–微笑みをもって、तस्मिन् बह्वेतदपि *tasmin bahu etad api*それだけで十分、निवर्तितुं戻ること、 विज्ञापितः –依頼された、प्रेक्ष्य- 懇願して अविज्ञात-तपःप्रभाव–苦行による神通力に無知の、*bahu.*, दुहितृजनः–娘、भगवता–3-1 of भगवान्–礼拝すべき人、मर्षयितव्य–許すべきである、मृष्+तव्य, ततः–それで、अन्यथाभवितुं–別のものにすること、अर्हति- 出来る अभिज्ञा–それと分かる、आभरणं=आभूषणं–装身具、शापः- 呪い、निवर्तिष्यते–停止されるだろう、मंत्रयन्–告げると、अन्तर्हितः–消滅する、शक्यं–可能である、आश्वसितुं–息つくこと、संप्रस्थितेन–出立の際、नामधेयं–名前、अंकितं–烙印した、

अंगुलीयकं–指輪、स्मरणीयं–記憶されるべきです、स्वाधीन+उपाया–自分の手中にある手段

प्रियंवदा- (प्रविश्य सहर्षम्) सखि त्वरस्व, त्वरस्व, शकुन्तलायाः प्रस्थानकौतुकं निर्वर्तयितुम्।

अनसूया- सखि कथमेतत्?

प्रियंवदा- शृणु। इदानीं सुखशयनपृच्छिका शकुन्तलासकाशं गताऽस्मि।

अनसूया- ततस्ततः?

प्रियंवदा- ततो यावदेनां लज्जावनतमुखीं परिष्वज्य तातकण्वेन अभिनन्दितम्- दिष्ट्या धूमाकुलितदृष्टेरपि यजमानस्य पावके एवाहुतिः पतिता। वत्से सुशिष्यपरिदत्ता विद्येव अशोचनीया संवृत्ता। अद्यैव ऋषिरक्षितां त्वां भर्तुः सकाशं विसर्जयामीति।

अनसूया- अथ केन सूचितस्तातकण्वस्य वृत्तान्तः?

प्रियंवदा- अग्निसरणं प्रविष्टस्य शरीरं विना छन्दोमय्या वाण्या।

注：त्वरस्व–急いで、त्वर् लोट् ii-i, प्रस्थान-कौतुकं–旅立ちの幸運を祈る儀礼、निर्वर्तयितुम्–実行するため、सुखशयन-पृच्छिका–良く眠れたか尋ねたくて*bahu*、लज्जावनतमुखी–恥ずかしそうにうつむいて *bahu* 、परिष्वज्य–かき抱いて、अभिनन्दितम्–祝福された、दिष्ट्या–幸運にも、धूमाकुलदृष्टिः–煙に視力を曇らされた人、*bahu.*, यजमान–護摩導師、पावकः–火、 आहुतिः–護摩への供物、सुशिष्यपरिदत्ता–良き門弟に伝授した、अशोचनीया–悲嘆する必要なし अ+शुच्+अनीय、संवृत्ता–成就した、ऋषिरक्षिता–聖者の護衛を付けて、 सूचितः–授けられた、भर्तुः夫君の、सकाश居所へ、विसर्जयामि >विसृज् 派遣する वृत्तान्तः–、出来事、अग्निसरणं–護摩壇、शरीरं विना 姿形なき、छन्दोमय्या–賛歌の，वाण्या>वाणी–声で

(*नेपथ्ये*)

गौतमि ! आदिश्यन्तां शाङ्र्गरवमिश्राः शकुन्तलानयनाय।

प्रियंवदा- (*कर्णं दत्वा*) अनसूये त्वरस्व, त्वरस्व, एते खलु हस्तिनापुरगामिन ऋषयः शब्दापयन्ते।

अनसूया- सखि! एहि गच्छावः। (*इति परिक्रामतः।*)

प्रियंवदा- (*विलोक्य*) एषा सूर्योदये एव शिखामज्जिता स्वस्तिवाचनिकाभिः तापसीभिः अभिनन्द्यमाना शकुन्तला तिष्ठति। उपसर्पाव एनाम्। (*इत्युपसर्पतः।*)

(*ततः प्रविशति यथोद्दिष्टव्यापारा आसनस्था शकुन्तला।*)

तापसीनामन्यतमा- (*शकुन्तलां प्रति*) जाते, भर्तुर्बहुमानसूचकं महादेवीशब्दं लभस्व।

द्वितीया- वत्से वीरप्रसविनी भव।
तृतीया- वत्से भर्तुर्बहुमता भव।
(*इत्याशिषो दत्वा गौतमीवर्जं निष्क्रान्ताः।*)
सख्यौ- (*उपसृत्य*) सखि सुखमज्जनं ते भवतु।
शकुन्तला- स्वागतं मे सख्योः। इतो निषीदतम्।

注：गौतमि–गौतमीの8-1、आदिश्यन्ताम्–知らせなさい आ+दिश् *pass.* लोट् iii-iii、-मिश्राः–学者や高位の人の後につける接尾辞、आनयनं–持って来ること、 हस्तिनापुरगामिन्–ハスティナープルへ行く、शब्दापयन्ते–打診されている、शब्द् *caus.* लट् iii-iii、एहि-来なさい、आ+इ, लोट् ii-i、शिखामज्जिता–先端まで沐浴した मस्ज्+त、स्वस्तिवाचनिका–祝福の言葉を読誦する、स्वस्ति–*ind.* 祝福を意味する分詞、वाचनं–読誦、तापसी–女行者、अभिनन्द्यमाना–祝福される अभि+नन्द् *pass.*+मान *f.*、उपसर्पावः–近寄る उप+सृप्,लट् i-ii、प्रविशति-現われる、यथोद्दिष्टव्यापारा–そのような状態にある、*bahu.*, आसनस्था–席に座して、अन्यतमा–一人の、जाते–若い女性への愛情ある呼び掛け、बहुमानसूचकं–大きな敬意を表する、महादेवीशब्दः–*Mahadevi*の称号(お妃様)、वीरप्रसविनी–勇者の母 प्र+सू–産む、बहुमता–尊敬をかちえた、आशिषः–祝福>आशिस् *f.* の2-3 、गौतमीवर्जं–ガウタミー以外、सुखमज्जनं ते भवतु–あなたの沐浴に幸運がありますように、स्वागतं–歓迎、इतः निषीदतम्–ここに座りなさい、नि+ सद् लोट् ii-ii

उभे- (*मङ्गलपात्राण्यादाय उपविश्य*) हला सज्जा भव, यावत् ते मङ्गल-समालम्भनं विरचयावः।
शकुन्तला- इदमपि बहु मन्तव्यं, दुर्लभमिदानीं मे सखीमण्डनं भविष्यतीति।
(*वाष्पं विसृजति।*)
उभे- सखि! उचितं न ते मङ्गलकाले रोदितुम्। (*इत्यश्रूणि प्रमृज्य नाट्येन प्रसाधयतः।*)
(*ततः प्रविशति स्नानोत्तीर्णः कण्वः।*)
कण्वः–

यास्यत्यद्य शकुन्तलेति हृदयं संस्पृष्टमुत्कण्ठया
कण्ठः स्तम्भित-वाष्पवृत्ति-कलुषः, चिन्ताजडं दर्शनम्।
वैक्लव्यं मम तावदीदृशमिदं स्नेहाद् अरण्यौकसः
पीड्यन्ते गृहिणः कथं नु तनया-विश्लेष-दुःखैर्नवैः।।६।।

(*इति परिक्रामति*)

注 : मंगलपात्रं–吉祥香油の容器、हला–*ind.* 女性の友への呼掛け分詞、सज्जा–用意できている、मंगलसमालंभनं–吉祥香油、विरचयावः両人で仕上げる　इदमपि बहु मन्तव्यं–これだけでも沢山である、दुर्लभ–得るのが難しい、सखीमंडनं–友人達による化粧身支度、वाष्पः–涙、विसृजति 流す、प्रमृज्य–拭って、प्रसाधयतः-整える、飾る、प्र+साध् *caus.* लट् iii-ii、स्नानोत्तीर्ण–沐浴してから、संस्पृष्टं苛まれる、 उत्कण्ठया–憂愁に、कण्ठः –喉、स्तम्भित-वाष्पवृत्ति-कलुषः–涙の流れにむせんで、स्तम्भित–止まった、 वाष्पवृत्ति–涙の流れ、कलुषः–むせぶ、चिन्ताजडं–心配で呆然となる、दर्शनं–考え、哲学、वैक्लव्यं–心の弱さ、अरण्यौकसः–6-1> अरण्यौकस्–森の住人の、अरण्यं–森、ओकस्–住居　*bahu*、तावदीदृशमिदかくの如きこの、 पीड्यन्ते–苛まれる、गृहिणः–戸主達 > गृहिन्–、कथं नु–*ind.* 何と言うことか!、तनयाविश्लेषः–娘との別離、दुःखैर्नवैः–新たな悲しみ

गौतमी- जाते, एष ते आनन्दपरिवाहिणा चक्षुषा परिष्वजनाय इव गुरुरुपस्थितः। आचारं तावत्प्रतिपद्यस्व।

शकुन्तला- (*सव्रीडम्*) तात वन्दे।

कण्वः- वत्से !

ययातेरेव शर्मिष्ठा भर्तुर्बहुमता भव।
सुतं त्वमपि सम्राजं सेव पूरुमवाप्नुहि।।७।।

गौतमी- भगवन्, वरः खलु एषः, न आशीः।

कण्वः- वत्से! इतः सद्योहुताग्नीन् प्रदक्षिणीकुरुष्व। (*सर्वे परिक्रामन्ति।*)

कण्वः- प्रतिष्ठस्वेदानीम्। (*सदृष्टिक्षेपम्*) क्व ते शार्ङ्गरवमिश्राः ?

注 : अनन्दपरिवाहिन्–喜びの(涙の)流れ、चक्षुषा–3-1>चक्षुस्–眼、 परिष्वजनाय–抱擁するために、 आचारं प्रतिपद्यस्व–礼儀を尽くした挨拶をせよ、सव्रीडं–恥じらいをもって、व्रीडा–恥じらい、वन्दे–私は挨拶します、ययातिः–帝王ヤヤーティ、शर्मिष्ठा –シャルミシュター王妃、भर्तुर्बहुमता- 夫君の尊敬、 सम्राजं– 2-1 > सम्राज्–帝王、सेव–सा इव- 彼女のような、पूरु–プール: ヤヤーティとシャルミシュターの息子の名前、 अवाप्नुहि–得る、अव+आप् लोट् ii-i. वरः- 祈願、आशीः–*f.*祝福、सद्योहुत–供物が奉献された、सद्यः–たった今、प्रदक्षिणीकुरुष्व–右に廻れ(宗教的儀式として)、प्रतिष्ठस्व-さあ、お前、出かけなさい、प्र+स्था लोट् ii-i, सदृष्टिक्षेपं–一瞥する、दृष्टिः–一瞥、 क्व–*ind.* どこへ

शिष्यः- (*प्रविश्य*) भगवन्, इमे स्मः।

कण्वः- भगिन्यास्ते मार्गमादेशय।

शार्ङ्गरवः- इत इतो भवती। (*सर्वे परिक्रामन्ति।*)

कण्वः- भो भोः संनिहितदेवताः तपोवनतरवः
पातुं न प्रथमं व्यवस्यति जलं युष्मास्वपीतेषु या
नादत्ते प्रियमण्डनाऽपि भवतां स्नेहेन या पल्लवम्।
आद्ये वः कुसुमप्रसूतिसमये यस्या भवत्युत्सवः
सेयं याति शकुन्तला पतिगृहं सर्वैरनुज्ञायताम्।।९।।

शकुन्तला-(*सप्रणामं परिक्रम्य जनान्तिकम्*) हला प्रियंवदे! ननु आर्यपुत्रदर्शनोत्सुकाया आप्याश्रमपदं परित्यजन्त्या दुःखेन मे चरणौ पुरतः प्रवर्तते।

注：इतः इतः-こちらへ、आदेशय–教える、示す、 आ+दिश् *caus.* लोट् ii-i. संनिहितदेवताः–神々とともに、संनिहित–近くに置いた、सं+नि+धा+त, तपोवनम्–行者の森、 तरवः-木々3-1>तरु、 व्यवस्यति–試みる、अपीतेषु–水を飲まなかったので、अ+पा+त, 7-1,*loc.abs.* आदत्ते–取る、 प्रियमण्डना–髪飾りが好きながら、मण्डनं–装飾、 *bahu.*, पल्लवः–新芽、आद्य–最初の> आदिः–始り、 कुसुमप्रसूतिः–花々の開花、समय- 時、भवत्युत्सवः- お前の祝祭日、पतिगृहं–王宮（夫の家）、सर्वैः全て挙って、अनुज्ञायताम् *pass.* - 送り出される、 सप्रणामं–深く頭をたれて、हला –ind ネー、जनान्तिकं–*ind*別の人にささやく(劇中の指示)、 आर्यपुत्र–高貴な人の息子、上流社会で自分の夫への敬語、दर्शनोत्सुका–見たいと、 आश्रमपदं–アシュラムの場所、परित्यजन्ती–出発して、6-1, चरणः, -णं-足、 पुरतः प्रवर्तते–前進する

प्रियंवदा- न केवलं तपोवनविरहकातरा सखी एव, त्वया उपस्थितवियोगस्य तपोवनस्यापि तावत्समवस्था दृश्यते। पश्य-
उद्गलितदर्भकवला मृगाः, परित्यक्तनर्तना मयूराः।
अपसृतपाण्डुपत्रा मुञ्चन्त्यश्रूणीव लताः।।१२।।

शकुन्तला- (*स्मृत्वा*) तात लताभगिनीं वनज्योत्स्नां तावदामन्त्रयिष्ये।

कण्वः- अवैमि ते तस्यां सोदर्यस्नेहम्। इयं तावद् दक्षिणेन।

शकुन्तला- (*उपेत्य लतामालिङ्ग्य*) वनज्योत्स्ने, चूतसंगताऽपि मां प्रत्यालिङ्गय इतोगताभिः शाखाबाहुभिः। अद्यप्रभृति दूरपरिवर्तिनी ते खलु भविष्यामि। (*सख्यौ प्रति*) हला एषा द्वयोर्युवयोर्हस्ते निक्षेपः।

सख्यौ- अयं जनः कस्य हस्ते समर्पितः? (*इति वाष्पं विसृजतः*।)

注：तपोवनविरहकातरा– 行者の杜からの別離の辛さ、*bahu.*, उपस्थितवियोगः–別離とともに与えられた、समवस्था–同じだけ、उद्गलित–投げ出されてउत्+गल्+त 、

दर्भः–ダルバ薬草、कवलं–少量、परित्यक्तनर्तना– 踊りを捨てた मयूरः– 孔雀、अपसृत–落して、पाण्डुपत्रा(णि)–黄色い葉 *bahu.*、अश्रु–涙 (अश्रु–अश्रुणी–अश्रूणि) 、वनज्योत्स्ना–蔓の名前、अवैमि–私は知っている अव+इ, लट् i- i 、सोदर्य–同腹の、親しい兄弟姉妹、दक्षिणेन–右手に、उपेत्य–近寄ると、उप+इ+य, चूतं–マンゴー樹、प्रत्यालिङ्गय–抱く、इतोगताभिः शाखाबाहुभिः– 細い蔓をこちらに伸ばし、अद्यप्रभृति–今日から、दूरपरिवर्तिनी–遠くの所にいる、निक्षेपः–預託、समर्पित –渡した、वाष्पः बाष्पः– 涙、विसृजतः涙を流した

कण्वः- अनसूये अलं रुदित्वा। ननु भवतीभ्यामेव स्थिरीकर्तव्या शकुन्तला।

(*सर्वे परिक्रामन्ति*।)

शकुन्तला- तात एषा उटजपर्यन्तचारिणी गर्भमन्थरा मृगवधूः यदाऽनघप्रसवा भवति तदा मह्यं कमपि प्रियनिवेदयितृकं विसर्जयिष्यथ।

कण्वः- नेदं विस्मरिष्यामः।

शार्ङ्गरवः- भगवन् ओदकान्तं स्निग्धो जनोऽनुगन्तव्य इति श्रूयते। तदिदं सरस्तीरम्। अत्र संदिश्य प्रतिगन्तुमर्हसि।

कण्वः- शार्ङ्गरव ! इति त्वया मद् वचनात्स राजा शकुन्तलां पुरस्कृत्य वक्तव्यः-

अस्मान्साधु विचित्य संयमधनानुच्चैः कुलं चात्मनः
त्वय्यस्याः कथमप्यबान्धवकृतां स्नेहप्रवृत्तिं च ताम्।
सामान्यप्रतिपत्तिपूर्वकमियं दारेषु दृश्या त्वया
भाग्यायत्तमतः परं, न खलु तद्वाच्यं वधूबन्धुभिः।।१७।।

शार्ङ्गरवः- गृहीतः संदेशः।

注 : अलं रुदित्वा ＝अलं रोदनेन-泣くのは十分、もう泣くな、स्थिरीकर्तव्या–励ますべきの(स्थिर)、उटजपर्यन्तचारिणी–小屋までさ迷う、गर्भमन्थरा–仔を孕んでいてのろい、मृगवधूः–雌鹿、अनघप्रसवा–無事出産して、अनघ–無事な、प्रियनिवेदयितृक–良い便りの使者、विसर्जयिष्यथ– 派遣させよ ओदकान्तं–水辺まで、आ+उदक+अन्त, स्निग्ध–愛しい、जनः– 人、अनुगन्तव्य– 同伴されるべき、सरस्तीरं–湖岸(सरस्-सरः सरसी सरांसि)、तदिदं– かくてその、संदिश्य–言い聞かせて、प्रतिगन्तुम् अर्हसि–貴方様はお戻り下さい、मद् वचनात् स राजा – 私の言葉としてかの王様に、पुरस्कृत्य– 前に押し出して、वक्तव्यः–言上されるべである(वच्+तव्य)、साधु–*ind.* 確かに、विचित्य–知って वि+चित्+य、 संयमधन–瞑想を富とする、*bahu.* कथम् अपि अबान्धवकृता–親のしばりなき、स्नेहप्रवृत्तिः–愛の発露、सामान्यप्रतिपत्तिपूर्वकं–同等の配慮に従って、 प्रतिपत्तिः पूर्वकम्– 理解、दाराः–妃達、この語*m. pl.*で使われる、दृश्या त्वया– あなた様から示されますように、祈願法、 भाग्यायत्तं–運命の支配の下に、(भाग्य+आयत्त), अतः परं–これ以上は、न वाच्यं–語られるべきでない、वधूबन्धुभिः–花嫁の親より、गृहीतः संदेशः– 伝言拝受

कण्वः- वत्से! त्वमिदानीमनुशासनीयाऽसि। वनौकसोऽपि सन्तो लौकिकज्ञा वयम्।
शाङ्र्गरवः- न खलु धीमतां कश्चिदविषयो नाम।
कण्वः- सा त्वमितः पतिकुलं प्राप्य-

शुश्रूषस्व गुरून् , कुरु प्रियसखीवृत्तिं सपत्नीजने
पत्युः विप्रकृताऽपि रोषणतया मा स्म प्रतीपं गमः।
भूयिष्ठं भव दक्षिणा परिजने, भाग्येष्वनुत्सेकिनी
यान्त्येवं गृहिणीपदं युवतयो, वामाः कुलस्याधयः।।१८।।
कथं वा गौतमी मन्यते ?

注：अनुशासनीया–教えられるべきこと(教え、訓練) अनु+शास्+अनीय, *f.*、参照 अथ योगानुशासनम्- PatanjaliのYoga Sutra冒頭の言葉、 वनौकस्–森の住人 अरण्यौकस्と同じ、सन्तः–ある, 3-1> सन्、 लौकिकज्ञ–世(लोकः)の中を知っている、धीमतां–6-3> धीमत्–賢者、अविषयः–対象でない(知識の)、नाम *ind.*確かに、इतः–ここから、गुरून् शुश्रूषस्व–年長者に仕えよ、प्रियसखीवृत्ति–親しい友としての配慮、 सपत्नी–自分の夫の他の妻、पत्युः विप्रकृता अपि–夫に酷い仕打ちをされても、रोषणता–怒り、मा स्म प्रतीपं गमः–彼には手向かうな：माが使われているため अगमः（गम् लुङ् ii-i）の अ は省かれている、 भूयिष्ठं–最上の、दक्षिणा–*adj. f.* 気前よく報償を与える、グルや師匠へよく布施する、परिजनः–召使、भाग्येषु अनुत्सेकिनी–幸運時にも高慢さがない、 गृहिणीपदं–良き主婦としての地位、वामा–反対に、आधिः–破滅、悲惨

गौतमी- एतावान् वधूजनस्योपदेशः। जाते! एतत्खलु सर्वमवधारय।
कण्वः- वत्से! परिष्वजस्व मां सखीजनञ्च।
शकुन्तला- तात! इत एव किं प्रियंवदानसूये सख्यौ निवर्तिष्येते ?
कण्वः- वत्से! इमे अपि प्रदेये। न युक्तमनयोस्तत्र गन्तुम्। त्वया सह गौतमी यास्यति।

注：वधूजनः-花嫁、अवधारय–よく心に留める、अव+धृ लोट् ii-i, परिष्वजस्व–抱擁しなさい、 परि+श्वज्,लोट् ii-i、 निवर्तिष्येते-戻るでしょう、नि+वृत्, लृट् iii-ii、प्रदेय–与えられること、युक्तं–適当な

(*शकुन्तला पितुः पादयोः पतति।*)

कण्वः- यदिच्छामि ते तदस्तु।
शकुन्तला- (*सख्यावुपेत्य*) हला द्वे अपि मां सममेव परिष्वजेथाम्।
सख्यौ- (*तथा कृत्वा*) सखि! यदि नाम स राजा प्रत्यभिज्ञानमन्थरो भवेत् ततस्तस्येदम् आत्मनामधेयाङ्कितम् अंगुलीयकं दर्शय।

शकुन्तला- अनेन संदेहेन वाम् आकम्पितास्मि।
सख्यौ- मा भैषीः। स्नेहः पापशङ्की।
शाङ्र्गरवः- युगान्तरमारूढः सविता। त्वरतामत्रभवती।
कण्वः- वत्से! उपरुध्यते तपोऽनुष्ठानम्।

注：यदिच्छामि ते तदस्त- かくなるを私はお前に願う、 सख्यावुपेत्य–二人の友人に近づいて、 सख्यौの語尾औは *sandhi* でआव् に変わる、सम्म् एव–一緒に、परिष्वजेथाम्–抱擁する、परि+श्वज् लोट् ii-ii, प्रत्यभिज्ञान-मंथरः–認知に消極的なところ、*bahu.*, आत्मनामधेयांकितं–自分の名を刻印した、नामधेयं–名前、अङ्कित> अङ्कय – 烙印を押す、दर्शय–示す> दृश् *caus.*, अनेन संदेहेन このご心配により、 वाम्–あなた方二人の6-2> युष्मद्, आकंपिता–震える、मा भैषीः–恐れない、भी लुङ् ii-i, अभैषी, माがあるのでअがとれる、 स्नेहः पापशंकी–愛は何か不吉を恐れる、शंक्–疑う、पाप–不吉、युगान्तरं–子午線後半部（正午を過ぎた）、आरूढ–昇った、आ+रुह्+त, सविता–太陽、त्वरताम्–どうかお急ぎ下さい त्वर् लोट् iii-i、अत्रभवती–今側にいる女性への丁寧な呼び掛け、उपरुध्यते–遅らされているउप+रुध् pass. लट् iii-i 、तपोऽनुष्ठानं–儀式の執行

शकुन्तला- (भूयः पितरमाश्लिष्य) तपश्चरणपीडितं तातशरीरम्, तन्माऽतिमात्रं मम कृते उत्कण्ठितुम्।
कण्वः- (*सनिःश्वासम्*) -
शममेष्यति मम शोकः कथं नु वत्से त्वया रचितपूर्वम्।
उटजद्वारविरूढं नीवारवलिं विलोकयतः।।२१।।
गच्छ, शिवास्ते पन्थानः सन्तु।
(निष्क्रान्ता शकुन्तला सहयायिनश्च।)
सख्यौ- (*शकुन्तलां विलोक्य*) हा धिक् हा धिक् अन्तर्हिता शकुन्तला वनराज्या।
कण्वः- (*सनिःश्वासम्*) अनसूये, गतवती वां सहधर्मचारिणी। निगृह्य शो. कमनुगच्छतं मां प्रस्थितम्।
उभे- तात, शकुन्तलाविरहितं शून्यमिव तपोवनं कथं प्रविशावः।
कण्वः- स्नेहप्रवृत्तिः एवंदर्शिनी। (सविमर्शं परिक्रम्य) हन्त भोः शकुन्तलां पतिकुलं विसृज्य लब्धमिदानीं स्वास्थ्यम्। कुतः
अर्थो हि कन्या परकीय एव, तामद्य संप्रेष्य परिग्रहीतुः।
जातो ममायं विशदः प्रकामं प्रत्यर्पितन्यास इवान्तरात्मा।।
(इति निष्क्रान्ताः सर्वे।)

注 : भूयः–再び、तपश्चरणं–苦行執行、चरणं–> चर्, पीडितं–弱められる、तन्मा अतिमात्रं–あまり、मम कृते–私のため、उत्कंठितुं–心配、सनिःश्वासम्–溜め息をつきながら、*Anvaya* : वत्से, त्वया रचितपूर्वम् उटजद्वारविरूढं नीवारबलिं विलोकयतः मम शोकः कथं नु शमम् एष्यति,
शमम् एष्यति- 平安を祈念す、शोकः悲嘆、वत्से त्वयाいとし子よ、お前により रचितपूर्वम्–前に撒かれて、उटजद्वारविरूढं–小屋の戸口の前で発芽した、नीवारबलिं–野生米、विलोकयन्–見つめながら、वि+लोक्+अन्, 6-1, शिव–*adj.* 幸先のよい、पन्थानः–道6-1> पथिन्, शिवास्ते पन्थानः सन्तु は別れて行く人に幸運を祈る表現、सहयायिन्–同行者、> अनु+या–従う、हा धिक् - 間投詞、ああ、ついに、अन्तर्हिता–隠れた、वनराजी–森の木々の列、3-1, सहधर्मचारिणी–生活や儀礼を一緒にした、*f.*, निगृह्य–統御して、मां प्रस्थितम् अनुगच्छतम्–出立しようとしている私についてきなさい、 शकुन्तलाविरहित–シャクンタラーを失った、 शून्य–空ろな、तपोवनं-苦行林、स्नेहप्रवृत्तिः–愛情の働き、एवंदर्शिनी–このように見せている、सविमर्शं–良識を働かさせつつ、परिक्रम्य– 舞台を歩き回る、हन्त भोः – 喜ばしい驚きを表す分詞、पतिकुलं夫の館へ、विसृज्य–送り、लब्धम्–得られた、इदानीं–今やっと、स्वास्थ्यं–平安、कुतः–何故、अर्थः–宝物、कन्या- 娘、परकीय–他者に所属する〈स्वकीय–自分に所属〉、संप्रेष्य- 送って、परिग्रहीतुः–6-1 > परिग्रहीतृ- 夫、मम अयम् अन्तरात्मा प्रकामं विशदः जातः–私のこの心はまさに預かっていた品物を返した人の様ですっきり晴々としている。प्रकामं 全く विशदः 晴々した、 प्रत्यर्पितन्यास =प्रति-अर्पित-न्यासः–預かった物を返した人*bahu.* इवのようで、अन्तरात्मा- 心は

（訳文は次ページから）

苦行林で鹿や蛇とも遊ぶシャクンタラー

注 : 苦行林(तपोवनं)は森林の中のグル(師匠)を中心にしたアーシュラム。行者棟以外に、グルクラ（グルの家族）の成員として養育されている良家子女達が居住する庵もある。シャクンタラーは二人の友人と共に森に生きる様々な動植物との濃密な交流を楽しんでいた。

<<第四幕>>

(その時、シャクンタラーの二人の友人が花摘みの仕草をしながら登場)

アナスーヤ:ねえ、プリヤンヴァダー。シャクンタラーはガーンダルヴァ方式でお目出度い式を挙げ、相応しいご夫君の許に行くことになったのだと、自分の心では分かっているのだけれど、考えておかなくてはならないことがあるわね。（友人の会話はプラクリットでも表記）

プリヤンヴァダー：それって、一体何のこと？

アナスーヤ: 今日、王の儀礼職衆がしっかり護摩を焚き、その職衆達に見送られて、ご自身の城下町に戻られ、王宮の大奥に落ち着かれたところで、ここであったことを果たして思い出すでしょうかしら。

プリヤンヴァダー: 自信を持ってよ。あのような立派な姿のお方が徳に背く資質を持つことはないでしょう。でも、お父様(カンヴァ仙)は起ったことを聞いて、どうお考えになるでしょうか。

アナスーヤ:　私の見るところ、姫様へのお許しはきっとあるはずよ。

プリヤンヴァダー: それはどうして。。

アナスーヤ:息女をよい資質の婿殿に嫁がすというのが、お師匠様(カンヴァ仙)の当初からのご希望だったのです。それを既に運命が達成してしまったのですから、お師匠様の目的が自然に成就されてしまったわけですから。

プリヤンヴァダー: (花篭を見て)あなた、儀式の供物として十分な花はもう集まったでしょう。

アナスーヤ: ねあなた、シャクンタラーのご守護神様用にも集めなくてはね。

プリヤンヴァダー: そうだわね。(といって花摘みを続ける。)

(舞台裏で) おおーい、誰か。ここに吾輩が来ておるぞ。

アナスーヤ: (耳をそばだて)　誰かお客様の声みたいね。

プリヤンヴァダー: 確か、シャクンタラーは草葺きの庵にいるはずずね。（独り言で）　(しかし、今日、お姫様の心はどっかよそに行ったままね。).

アナスーヤ:　さて、これだけの花で、十分でしょう。（と言って二人は退場）

(舞台裏で)　おお、客人を軽蔑しておるのか。

「お前のことを、常日頃、いろいろ心配してきてやった験力あるこの儂がそばのそばまで来てるのに、お前は全く知らん顔だ。これで（気高き）王様がいくら思い出そうとしてみても、お前のことなど、すっぱり忘れてしまう筈。酔っぱらいが、自分で言ったりしたことを全く覚えてないように。」

プリヤンヴァダー: おお、お可哀相に。良くないことが本当に起こってしまったのだわ。心も上の空のシャクンタラーは尊崇すべきあのお方に大変失礼なことを仕出かしてしまったようね。
アナスーヤ: それも、ただの人ではないお方ね。すぐにかっと怒り出すドゥルヴァーサス仙人なのよ、シャクンタラーに呪いをかけると、かっかと抑えきれない勢いで戻って行かれたわ。火の神の他に誰が彼より激しく怒りの炎を燃やすことが出来るでしょうか。
（プリヤンヴァダーが立腹した仙人の説得に赴く）

プリヤンヴァダー: (戻って来ると) あなた。へそ曲がりの仙人は、全く誰の頼みも受けつけようとはされなかったわ。でも、粘ると、少し彼にも同情心が生まれたの。
アナスーヤ: （にっこりして）それだけで十分よ。その先、教えて。
プリヤンヴァダー: 彼が引き返すとは言わないので、私は彼に懇願しました。まず、私は言いました。「ご尊師様、恭しく拝礼を受けるお方なら、苦行による験力に無知な娘の過ちをお許しになられてもよいのではないですか。」
アナスーヤ: でそうしたら。
プリヤンヴァダー: それで「儂の言葉を変更するわけにはゆかぬ。しかし、何かそれと分かる身に付ける装身具を見せれば、呪いは解けることになっておる」と、こう告げて、姿を消されたのです。
アナスーヤ: やっと今、一息つけますわ。あの王様が出立する際、思い出の品として姫に授与したご自身の名前を刻印した指輪があるわ。そこにシャクンタラーの呪いを解く手立てがあるというわけね。

(幕合い)

プリヤンヴァダー： (嬉しそうに登場)あなた、急いで、急いで、シャクンタラーの旅立ちの幸運を祈る儀式が行われるのよ。
アナスーヤ: あなた。それはどうして。
プリヤンヴァダー：聞いて。たった今、よく眠れたかどうか、お尋ねしようとして、シャクンタラーのところへ行ってきたのよ。
アナスーヤ：それで、それから。
プリヤンヴァダー：それで、丁度その時、恥ずかしそうにうつむいておられた姫（シャクンタラー）を、お父上カンヴァ様が抱きしめられて、祝福されたの。

「幸い、護摩導師の眼が煙で曇ったにしても、供物は兎も角、導師の火の中に落ちた（成就した）のだ。良き門弟に伝授した知識と同様、お前のことを（居なくなっても）別に嘆くことはない。今日にもお前を（アシュラムの）職衆に護衛させ、お前を夫君のもとに送ることにしよう」と。

アナスーヤ：では、ここでの出来事は、誰によってお父上のカンヴァ様に伝えられたのでしょう。
プリヤンヴァダー：彼が護摩堂に入ろうとした時、顔形の見えない歌声から知ったのですわ。
(舞台裏で)
おお、ガウタミーよ、シャールンガラヴァとその他の職衆に、シャクンタラーに付き添ってついて行くよう指示しなさい。
プリヤンヴァダー：(耳を傾けながら) アナスーヤー、急いで、ハスティナープルへ行く人達が呼ばれているようだわ。
アナスーヤ：さあ、私達も行きましょう。 (二人は歩き回る)
プリヤンヴァダー：(じっと見ながら) この日の出と共に、シャクンタラーは全身くまなく沐浴されながら、お祝の言葉を繰返す女性行者達から祝福を受けられ、じっと座っておられるわ。私達も彼女の側に行きましょう。 (二人は近づく)
(その時、その状態で座った形でのシャクンタラーが登場)
女性行者の一人：（シャクンタラーに向かい）愛しきお方よ、御夫君の大きな敬意を示す王妃の称号を得られますように。
二人目の女性行者：愛しきお方よ、勇者の母になられますように。
三人目の女性行者：愛しきお方よ、御夫君の尊敬がありますように。
(と祝福し、ガウタミー以外のものは退場)
二人の友人：(傍に近寄り) シャクタラー、あなたの沐浴に幸運がありますように。
シャクンタラー：お二人、ようこそ。そこに座り下さい。
二人の友人：(吉祥香油の容器を手に持って座る) さあ、準備しましょう。あたし達二人で、吉祥香油を塗って身支度をさせて頂きます。
シャクンタラー：もうこれまでですね。これからは、お二人による、お化粧の身支度は難しくなるでしょう。(涙ぐむ)
二人の友人：このおめでたい時に、涙を流すなどのことは相応しくありませんわ。 (二人は涙を拭い、身支度をする。)
(そこへ沐浴を終えたカンヴァ仙が登場)
カンヴァ： シャクンタラーが、本日、離れ行くのだと思うと、我が心、深き愁に閉ざされる、喉は涙の流れにむせ込むばかり。頭の中は心配で凍てつくばかり。森に住む身の愛ゆえの、かくの如き心の弱さ。父親なるものは、初の娘との別れの辛さに何と悩むものだろうか。
(舞台の上を歩き回る)

第三十九課

ガウタミー： 愛しいお方よ、あなたのお父上が、目にいっぱい喜びの涙を浮かべながら、あなたを抱擁するために、今ここに来られました。顔面接足のご挨拶をしなさい。

シャクンタラー： (恥じらいながら) お父上様、ご機嫌うるわしく存じます。

カンヴァ： 愛しい娘よ、
　シャルミシュター王妃が帝王ヤヤーティから受けたような尊敬を、お前も夫君から授かるように。シャルミシュターが儲けたプールのような素晴らしい息子に恵まれますように。

ガウタミー： お師匠様、これは、祝福ではなくて、ご祈願ですね。

カンヴァ： 愛する娘よ、ここで、供物が奉献されたばかりの火壇の周りを右回りに廻れ。(一同火の周りを廻る)

カンヴァ： まあ座りなさい。(ぐるっと見回して) シャールンガラヴァ達は何処におるのかな。

弟子達： (登場して) お師匠様、私共はここにおります。

カンヴァ： お前達の妹へ道案内を頼むよ。

シャールンガラヴァ： こちらへ、こちらへ。お姫様。(一同舞台を歩き回る。)

カンヴァ： お、お、神々が住まう行者の杜の木々よ。お前達が水を飲む(根を潤す)前には水を飲もうとしなかったシャクンタラー、髪を飾るが大好きながら、お前を愛して若芽を取らず、初めて花が咲く時が彼女にとって、お前を祝う喜びの時だった。そのシャクンタラーが、王宮に赴くところじゃ。全ての木々から別れの言葉が送られる。

シャクンタラー： (深く頭を下げて、友人に囁く) さて、プリヤンヴァダーよ、確かに私は高貴なる背の君に会いたいとは思っているのだけれど、一方でアシュラムを去る心の痛みに耐えながら、足を前に運んでおります。

プリヤンヴァダー： 行者の杜からの別れの辛さは、貴女様だけではありませぬ。貴女様からの別れに、行者の杜も同じように、悲しみ沈んでいるのが見えます。ご覧なさい。鹿は口にくわえたダルバ草をはらりと落し、孔雀は踊りをはたとやめてしまい、蔓草は黄色い葉を落して泣いております。

シャクンタラー： (思い出しながら) お父上様、私は妹と思う蔓草ヴァナジョートスニーに今すぐ話し掛けます。

カンヴァ： 私は、お前がその蔓草を自分の妹として愛しているのを知っておる。それはすぐ右手にあるぞ。

シャクンタラー： (蔓草に近づいて抱く) ヴァナジョートスニーよ、お前はマンゴー樹に絡み付いているけれど、細い蔓をこちらに伸ばして私を抱いておくれ。今日からは私はお前から遠く離れて暮らすことに

なるのよ。(二人の友人に向かって): ねえ、この蔓はお二人の手にお任せするわ。

友人二人: このものは、誰の手に渡せるものですか。(二人は涙を出す)

カンヴァ: アナスーヤーよ、もう泣くな。お前達二人はシャクンタラーをしゃんとするように励ます役なのだから。(一同進んで行く)

シャクンタラー: お父上様、私の庵にやってきたこの雌鹿は、仔を孕んで動きがのろいけれど、無事に仔を産めたら、その良き知らせを使者に託し送って下さいませ。

カンヴァ: そのことは覚えておこう。

シャールンガラヴァ: お師匠様、愛しき方と一緒に歩くのは、湖水のほとりまでと、聞いております。もう湖岸まで参りました。この場所で、(言うべきことを) 私共に言い聞かせ、どうぞお戻り下さい。

カンヴァ: シャールンガラヴァよ、シャクンタラーを前に押し出して、私からの伝言として次のよう王様にしかと言上してもらいたい。

カンヴァ:我等はまことと、梵行を宝とする血筋、御身は高貴な血筋なり、こたびのこと、まことと、親の縛りなく、あなた様への彼女の自然な愛の発現でありまする。されば、後宮にても他の妃様達と同様の配慮が、あなた様から彼女にも示されますように。その後は運命に委せるのみ。これ以上、花嫁の親からは、言うべきことはございません。

シャールンガラヴァ: ご伝言しかと承りました。

カンヴァ: それでは我が娘よ、お前に言っておきたいことがある。私共は森に住んでおるが、この世のことも知っているのだ。

シャールンガラヴァ: 賢者が知らないことは何もありません。

カンヴァ: (夫の館では) 目上の者によく仕えなさい。夫の他の妃達には優しい態度で接しなさい。夫がお前を傷めても、決して夫に悪態をついてはならぬぞ。召使には寛大で、自分の幸運を鼻にかけてはならぬ。こうした筋道にそってこそ、若い女性はよき妃としての地位を獲得しうるのだ。これとは反対の人間は、家に災禍をもたらすのみ。
ガウタミーはどう思うか。

ガウタミ: これは花嫁が必要とする忠告です。お姫様、これを、よくよく心に留めて置くように。

カンヴァ: いとし子よ、儂とお前の友達を抱いておくれ。

シャクンタラー: お父上様、二人の友、プリヤンヴァダとアナスーヤーもここから戻ることになるのですか。

第三十九課

カンヴァ：いとし子よ、彼女等二人とも嫁がせなくてはならんのじゃ。二人があちらに行くのはよくない。お前と一緒に行くのはガウタミーじゃ。

      （シャクンタラーは父親の足下に伏す。）

カンヴァ：　儂は、かくなるをお前に願うのみ。

シャクンタラー：(二人の友に近づき) ご両人、どううかお二人で私を抱いておくれ。

二人の友：(そうしながら) いとしい友よ、かの王様があなたの認知をためらう素振りがもしあったなら、その時こそ、王ご自身の名前を刻印したこの指輪をお見せなさい。

シャクンタラー：あなた方お二人のこのご心配に震えてしまいます。

二人の友：恐がらないで下さい。愛は不吉なことを恐れますので。

シャールンガラヴァ：太陽が高く昇り«正午過ぎ»です。お急ぎ下さい。

カンヴァ：いとしい娘よ、儀式が遅れてしまっておる。

シャクンタラー：(いま一度父親を抱く) 父上のお身体は苦行で痛めつけられています。私のことであまり心配なさらないで下さいね。

カンヴァ：(ため息をつきながら)
 平安を祈る、この私の悲嘆はまたひとしおだ。いとし子のお前が蒔いた野生の稲が庵の戸口の前で芽を伸ばしてるのを眺める時は。
 まあ行け、お前の旅路の平安を祈る。

     （シャクンタラーは同行者達と一緒に立去る）

二人の友：(シャクンタラーに立ち去られて)　ああ、シャクンタラーは森の木陰に隠れてしまったわ。

カンヴァ：(ため息をつきながら) アナスーヤ、お前達二人が一緒に暮らしてきた友が行ってしまったな。悲しみをこらえて、これから出立しようとしている私についてきなさい。

両人：お師匠様、シャクンタラーがいなくなった、あのがらんとした行者の森にどう入って行けばよいでしょうか。

カンヴァ：愛があるためそう見えるだけだ。(思いめぐらしつつ歩き回る)　そう、シャクンタラーを夫の館に送って、今やっと心が落ちついた。何故なら、娘なる宝物は結局、他者に渡すもの。彼女を今日、送ったので夫のものになった。大事な預かりものを返せた人のように、私の心は全く晴々としている。

      （全員退場）

第四十課

> 『ヴェーダ』のマントラ　Mantras from the Vedas

　『ヴェーダ』文献は人類最古の書物である。それらは約五千年前に成立したとされる様々な主題のマントラが約一万六千以上も集められている。その中の重要なテーマの一つが神である。『ヴェーダ』の神の概念は幾多の宗教で説かれている神の概念とは全く異なっている。『ヴェーダ』の神は人間から分離していない。確かに、人間は神を崇拝したり畏れたりはする。こうした神の側面は『ヴェーダ』にも確かに認められる。しかし、神についての『ヴェーダ』の基本的立場は、神はこの世界にある全てのものの中に存在しているということである。神は宇宙を創造し、そして、そこにある一切の事物、一切の生き物とそれらの活動を通して常に顕現している。

　神は宇宙意識(*Puruṣa*)である。この意識は一切の創造物の個人意識の中にも顕れている。それ故、人間の魂は神と同一である。この考えに基づき、後世、「我はブラフマンなり」　अहं ब्रह्मास्मि　とか「汝はそれなり」　तत् त्वम् असि といった表現が、インドの賢者達によって作りだされた。

　人間の理解力には限界があるので、全てに遍満する見えざる神を人間は直接知ることは出来ない。そこで人間はこの世界を司っていると思われる幾多の神々を想定した。そうした神々の多くのものが既に『ヴェーダ』に見られる。しかし、『ヴェーダ』は一切の神々は唯一最高神の部分的顕現に過ぎない、と繰り返し宣言している。

　目に見える世界は神が創ったものである。しかし、神は見えるものや想像されたものより遥かに偉大である。神はこれまでに生れ出た万物の形で誕生している。しかし、将来誕生するものも、神だけなのである．その様な神を、我々はこれまでに存在したものだけによっては知ることが出来ない。我々が神について考えることは全て、既知の事柄を基礎にしている。しかし、既知のものから自分を解放して始めて、我々はあるがままの神を知ることが出来る。

१. पुरुष एवइदं सर्वं यद् भूतंयच्च भव्यम्।
उतामृतत्वस्य ईशानो यद्अन्नेन अतिरोहति ।। ऋग्वेद १०.९०.२

注：1 इदं सर्वं–これら全ては、2 यद् भूतं–かつて存在したもの、भू+त, 3 यत् च भव्यं–将来存在するもの、4 भू+य, 5 पुरुष एव–*puruṣa* つまり宇宙意識だけである、6 उत–そしてそのプルシャは、अमृतत्वस्य ईशानः–不死なるものの主である、7 यत्–それ (不死なる意識状態)、 8 अन्नेन अतिरोहति–食べ物 (目に見える楽しい世界)のレベルを越えている

この世に於いて、いま眼前に見ていることも、今までに起きたことも、これから未来に起こるであろう何事であれ、それは全て宇宙意識（プルシャ）である。このプルシャは生き物が享受している目に見える世界を超越している、不死の主である。

この世界には唯一つの意識があり、それがこの世界にあるすべてのものの中に顕在化しているというのがインド思想の根本的な考え方である。ヴェダーンタ哲学では、この宇宙の根源的要素にブラフマンという名前を与え、一方サンキャー哲学では「プルシャ」という名前を使った。現代の科学者の中にも、例えば、ノーベル賞受賞者アーウィン・シュレ ディンガーのように、この見解を支持する人もいる。彼等の述べるところでは、科学で我々が研究している物質的世界も意識の顕れである。

大多数の人々にとって、この世界は自分の舌で味わう食物のようなものである。幼児は何でも自分の口に入れてみる。これこそ幼児がこの世と関係し、この世を味わうやり方である。この世の全てを快楽の対象として見る傾向は大人になっても続く。このため人間は自然と外向きになり、絶えず自分を感覚的に満足させようと、試みる。この傾向が人間の視野を制限するので、人間は人生の深遠な性質や目的を知りえないのである。

人は本来的に死を恐れ、不死に到達したいと願う。人間が不死に到達するためには、自分が宇宙意識の一部であると認識しなければならない。我々は自分の個別意識を宇宙意識に融合させて、始めて不死に到達するのである。

२. परि द्यावापृथिवी सद्य इत्वा परि लोकान् परि दिशः परि स्वः ।
ऋतस्य तन्तुं विततं विचृत्य तदपश्यत् तदभवत् तदासीत् ।

यजुर्वेद ३२.१२

注: (究極の真理の探究者は) 1 द्यावापृथिवी परि–天地をめぐり、2 परि लोकान्–全ての天体をめぐり、3 परि दिशः–全ての方向をめぐり、4 परि स्वः–天国にも行って、6 सद्यः–速やかに、इत्वा–行って、इ+त्वा, 7 ऋतस्य तन्तुं–躍動的真理の糸を、 8 विततं–広がった、9 विचृत्य–知ってから、वि+चृ 知る+य、 10 (真理の探究者は) तत् अपश्यत्–その真理をよく見た、11 तत् अभवत्–その真理となり、 12 तत् आसीत्–彼は既にその真理を悟っていた

究極の真理を求めて、ある探求者が天界と地界の四方を巡り、他の天体も巡り、そして、天国も隈(くま)なく廻った。彼は、全ての場所に同じように"躍動する真理"が拡がっているのを知った。彼はその真理をつぶさに観察した。そして、彼はその真理の一部に成った。そして彼自身、「私は元からこの真理の一部であった」ことを悟った。

ヴェーダは、真理には二つのタイプがあると述べている。その一つは躍動する真理 ऋत で、生き物の誕生、生活、死を含むあらゆる事物、現象の中に顕現している。この躍動する真理のもとで、万物はある冷徹な法則に従い不断に変化している。我々全ては ऋत の諸法則の下で生まれ、それらの法則に従って活動している。

今一つの真理が सत्य である。सत्य という語はサンスクリットの「存在する」を意味する動詞 अस् の語根に由来する。सत्य の意味は、究極的に存在するということで、(人間の心が考え出したものではない)ということである。 सत्य には変化するものがないので、 सत्य は決して変化しない。

宇宙には万物を結ぶ躍動する糸若しくは網が存在する。現代科学も世界の全ての事象は相互連関しているといっている。 人間の誕生と人間の真理探究は全宇宙に広がる ऋत の広大な網目のほんの一部に過ぎない。このことを理解して、我々は自らあの中に 躍動する真理の糸を探究することができる。そして我々はこれまでも、そして今後も、常に真理の一部に過ぎないことを認識するのである。

३. वेदाहं सूत्रं विततं यस्मिन्नोताः प्रजा इमाः।
सूत्रं सूत्रस्याहं वेद अथो यद् ब्राह्मणं महत् ।। अथर्ववेद १०.८.३८

注：1 अहं वेद–私は知る、2 विततं सूत्रं–広く伸びた糸、3 यस्मिन्–その中で、ओताः–織り込まれている、4 इमाः प्रजाः–これら全ての生き物、5 सूत्रस्य सूत्रं(+अहं)–いろいろの糸をつなぐ糸、6 अथ उ–そして（その糸), ब्राह्मणं महत्–ブラフマンの偉大な糸

私はこれら一切の生き物が織り込まれている大きく広がったその糸を知っている。私は糸の糸のことも知っている。その偉大な結合の糸がブラフマン(宇宙意識)**の糸である。**

全宇宙は様々な事象の偉大な連鎖である。全ての事象は一定のパターンに従って生起している。地球上の動物や人間の誕生もその大きな連鎖の一部分である。全ての事象が関連しあっている。その鎖の何処かが壊れると、たちまち世界の運行が停止してしまう。我々各人の誕生も偉大な存在の連鎖の必然的一環である。我々の誕生だけでなく、我々の感情や思想や行動も我々の全てを結合している際限のない鎖の一部である。

自分の感情や思考も我々が自分で作り出しているわけではない。シュリー・オーロビンドが言う如く、「我々が思考するのではなく、思考が我々の中で生起している」のである。同じことは、感情についても言える。我々が感情を作り出しているのではない。我々は自分の中に起る感情に気付くだけで、それに応じて行動させられている。この感情の世界では、全てのものが一本の糸のまわりに織られているかのように結合しあっている。我々の感情や思考や行動の源泉は、明らかに我々の手の届かないところにある。

異なるレベルで動く多くの糸(スートラ)が存在する。あるものは自然現象を決定し、あるものは地上の動物や人間の誕生とそれらが行う活動を規制している。しかし、これら全ての糸も相互に関連しあっている。そして、それら全ての上に、一切の事象を結合させているブラフマン(宇宙意識)の結びの糸がある。ブラフマンこそ宇宙の森羅万象の源泉であり、維持者である。

४. एक एवाग्निः बहुधा समिद्धः एकः सूर्यो विश्वमनुप्रभूतः।
एकैवोषाः सर्वमिद विभाति एकं वा इदं वि बभूव सर्वम्।

ऋग्वेद ८.५८.२

注：1 एक एव अग्निः–ただ一つの火、2 बहुधा समिद्धः–様々な仕方で燃焼している、सम्+इन्ध्+त, 3 एकः सूर्य–一つの太陽、4 विश्वं–全宇宙、अनुप्रभूतः–全面的に広がっている、अनु+प्र+भू+त, 5 एका एव उषाः–唯一の暁、6 इदं सर्वं–この全世界、7 विभाति–照らす、8 एकं वा–唯一者、9 इदं सर्वं–この全世界、वि बभूव–様々な仕方でなる

唯一つの火が、全ての場所で様々な方法で燃えている。一つの太陽の輝きは宇宙の全てに広がっている。一つの暁は全ての世界を照らしつづけている。そして唯一の存在は四方に見える様々な形の中に現れつづけている。

宇宙には無数の星雲があり、また星雲各々の中には無数の星が含まれている。我々の太陽も我々の星雲即ち銀河系の中の一つの星に過ぎない。しかし、科学者たちも言っているように、全ての星雲とその中の星は自然の力を通じて相互に関連している。それらの星のどれもがそれ以外の星なくしては存在しえない。それら全てが絶えず他のものと影響を及ぼしあっている。そのような状況の中で、実際には唯一の発光体が、数多の恒星と言う形で顕現しているのである。無数の星雲に無数の恒星があると言え、到る所で輝いているのは結局同じ恒星である。同じ様に、地平線に暁の光が現れると、それはどこでも同じ永遠の光明をもたらす。ある場所の夜明けは別の個所の夜明けと異なっていない。

全宇宙を動かしている一つの究極の火 (**अग्नि**) 即ちエネルギーがある。世界の異なる場のエネルギーも同じ一のエネルギーである。ヴェーダでは、この究極のエネルギーに**अग्नि**という名を与えている。同じ**अग्नि**が全ての場所で燃焼し、この世界を動かしている。

宇宙は一つの根源的存在の表出であり、それが様々な形で顕現しているのだ、ということがヴェーダの基本的観念の一つである。我々が世界に見出す多様性は外見に過ぎず、マーヤーによって作り出されている。もし我々がマーヤーのこの働きに気付き、精神的探求を通じて、それを超越することが出来れば、我々は万物に顕現している究極の実相を発見し得るであろう。

第四十課

५. द्वा सुपर्णा सयुजा सखाया समानं वृक्षं परिषस्वजाते ।
   तयोरन्यः पिप्पलं स्वादु अत्ति अनश्नन् अन्यः अभिचाकशीति ।

ऋग्वेद १.१६४.२०

注：1 द्वा सुपर्णा–美しい翼を持つ二羽の小鳥、2 सयुजा–常に一緒にくっついて、समानं वृक्षं–同じ木、4 परिषस्वजाते–座り続けている(抱きあっている)、5 तयोः अन्यः–そのうちの一羽、6 पिप्पलं–その木の果実、7 स्वादु–おいしそうに、8 अत्ति–食べている、अद्, लट् iii-i, अन्यः–別の一羽、9 अनश्नन्–食べることをしないで、अन्+अश्+अत्, 10 अभिचाकशीति–ただ、眺めている、(अभि+काश् 特別の強調語、知覚する、照らす)

美しい翼を持った二羽の鳥が、お互いに友として常に一緒に同じ木に止まっている。その中の一羽の鳥は木の実をおいしそうに食べている。一方、別の一羽は木の実を食べず、ただ、眺めている。

　このマントラでは人間と神との関係を大変美しい比喩で表現されている。人間と神の間に基本的な違いはない。二者は常に一緒にいて、親友同士のようである。神の意識というものは人間の中にも部分的に顕現している。しかし、人間の意識には限界があり、世俗的快楽の方に引かれてしまう。外的活動に関わっていると人間は神からの分離を感じる。神が常に人間と一緒にいる友人であるのに、人間が神を見出し得ないのは、人間の内部に神がいるにもかかわらず、人間は常に外的事物を追い求めているからである。

　もし人間が世俗的快楽から離れて、内的霊的な探究を始めれば、人間は自分の内部に永続する平安と幸福を見出すであろう。そうなれば、人間は世俗的快楽を求める必要はなくなる。世俗から離れれば、人間は人生の超然たる観察者となる。神と一体になれば、人は自分のために何物も必要でなくなる。しかし、彼はこの世で苦闘している人々を進んで助けるであろう。何故なら神と一体になることで、人間は地球上のあらゆる生物の友人になるからである。

६. इन्द्रं मित्रं वरुणमग्निमाहुः अथो स दिव्यः सुपर्णो गरुत्मान्।
एकं सद् विप्रा बहुधा वदन्ति अग्निं यमं मातरिश्वानमाहुः।।

ऋग्वेद १.१६४.४

注：1 (人々は) आहुः–呼ぶ (その実体を)、इन्द्रं–インドラ、天空の神、 वरुणं–ヴァルナ、水の神、अग्निं–アグニ、火即ち宇宙的エネルギーの神、2 अथ उ–それで又、3 सः–その神は、4 दिव्यः–神々しい、5 सुपर्णः गरुत्मान्–美しい翼を持つ鳥、(と人々は आहुः–呼ぶ) 、6 एकं सत्–一つの真実、 7 विप्राः–学者、बहुधा वदन्ति–様々な仕方で呼ぶ、8 अग्निं–アグニ即ち火の神、9 यमं–ヤマ、死の神、10 मातरिश्वानं–マータリシュヴァーン即ち風神

ただ一つのパラマートマー(神)を、人々は、インドラ(天界の神)、ミトラ(太陽)、ヴァルナ(水の神)、そして、アグニ(火の神)と呼び、あるいは神々しい美しい翼を持つ鳥とも言った。

唯一の真理を学者達は多くの言い方で呼ぶ、即ちアグニ(火の神)、ヤマ(死の神)、そしてヴァーユ(風の神)などというのだ。

このマントラは古代インドの賢者により発見された一つの基本的真理を現わしている。人間は宇宙の背後に隠れた真理を知ろうとする。しかし、人間の視力は限られているので、宇宙を支配していると考えられる何らかの力を想像することになる。インドの伝統では、一つの根源的実相の様々な側面を現わすために、多くの神々が考え出された。あらゆる文化にそのような神観念がある。しかし、心によって作りだされたそれらイメージの背後を見ることが出来れば、人間は至る所に顕現している唯一の実相を悟る。しかし、全ての神々はその実相の部分的表現に過ぎない。

人間の言語は、実相を理解し、表現する上でいつも障害を作り出す。象を記述する六人の盲者のように、科学者を含め全ての人間は、実相を自分が感知したように記述する。心は常に実相を分割し、心が感知した部分を全体であるとして記述する。心のレベルを越え、言語によって作り出された混乱を乗越えて始めて、我々は根底にある実相を直接認知することができる。

Ekaṃ sad vipra bahudhā vadanti 「一つの真実を智者は様々に表現する」というのは、インド思想のモットーである。

७. एतावानस्य महिमा अतो ज्यायांश्च पूरुषः।
पादोऽस्य विश्वा भूतानि त्रिपादस्यामृतं दिवि ।। यजुर्वेद ३१.१

注：1 एतावान्+अस्य महिमा ＞ अस्य महिमा–この（神の）偉大さ、एतावान्–これくらい(目に見える宇宙の中で見られる)、2 अतो ज्यायां च पुरुष＞ च–そして、पूरुषः (पुरुषः)–神、अतो ज्यायान्–これより大きい、3 विश्वा भूतानि–一切の存在(生物）、4 अस्य पादः–彼の4分の1に過ぎない、4 अस्य त्रिपाद्–彼の4分の3、 दिवि अमृतम्–不死の形で輝く天体の中にある（पुरुषः という語は韻律の関係で、पूरुषः と書かれる)

この可視的な世界は、すべて神の栄光である。しかし、かの神こそ目に見えているものより、はるかに偉大である。世界中の物質及び生物もすべて神の四分の一の存在に過ぎない。あとの四分の三の部分こそ不死の形で輝く天体の中にある。

我々は自分たちの周囲の世界を基にして神を知ろうとする。このマントラの賢者は、「この目に見える世界は神の創造物の全てではない。人は如何に努力しても神の深さを計ることはできない」、と考えることは論理にかなっている。何故なら人間自身が神の創造物のごく一部分に過ぎないからである。

我々がこの思考と分析的手法の限界に気付けば、我々は神を知るために全く別の方法を試みるようになる。この目に見える世界は闇と死で満ちている。光と不死に対する願望によって人は他の手段を探究し始めるのである。そこで人は、目に見えるこの世界を基盤としてではなく、自分自身の中に神を見つけようとする。後にウパニシャドの中の有名な祈りの中で聖者は、「神様、私を無明から真理へ、暗黒から光へ、そして死から不死へ導いて下さい」(असतो मा सद गमय। तमसो मा ज्योतिर्गमय। मृत्योर्मा अमृतं गमय।) と言っている。この祈りはこのヴェーダ・マントラに表明されている観念をさらに拡張したものである。

こうした内面的探究が神の広大無限性の発見に結びつく。神の広大無限性を知って始めて、我々は神の全創造物と思っていたことが、神の真の姿の小部分の現われに過ぎないことを悟るのである。

८. एषो ह देवः प्रदिशोऽनु सर्वाः पूर्वो ह जातः स उ गर्भे अन्तः स एव जातः स जनिष्यमाणः प्रत्यङ् जनास्तिष्ठति सर्वतोमुखः ।।

यजुर्वेद ३२.८

注：1 एषः देवः—この神、ह—確かに、2 सर्वाः प्रदिशः अनु(गतः)—全ての方向に行渡っている、3 पूर्वो ह जातः—彼は何よりも先に生れた、4 स उ गर्भे अन्तः 彼は子宮の中にもいる、5 स एव जातः—これまでに生れたのは彼だけである、6 स जनिष्यमाणः—彼はこれからも生れるであろう、7 प्रत्यङ् जनाः +तिष्टति सर्वतोमुखः ＞ जनाः—あなた方、その神は、सर्वतोमुखः—あらゆる方向に顔を向けて、प्रत्यङ् तिष्ठति—あなたの内部にも存在している

この神はあらゆる方向に遍満している。彼は何より先に生まれ、しかも今子宮の中にもいる。彼だけが森羅万象のあらゆる形で生まれ続けてきたし、これからも生まれようとしている。彼は到るところに顔を持ち、しかもあなたの内部にも存在している。

前のマントラで、我々は現実に見える世界は神のごく一部分に過ぎないことを知った。このマントラは、たとえ我々が、現在の神の全貌を見ることが出来たとしても、彼の偉大さを知ることはできないと述べている。神は、過去において世界を創り、現在それを管理していると言った静的な存在として現われているわけではない。宇宙はたえず進展し続けるダイナミックな活動体である。我々は、宇宙の過去を基にしてそれが未来に辿るであろう方向を予測することはできない。神は万物の中に顕現しているという見方はヴェーダの基本的な教理である。彼こそあらゆる存在物として生まれ、そして将来も新しい姿で生まれ続ける。それ故、神はまさに子宮の中にいることになる。 神が将来どのような姿で現れるのか我々には予測できない。我々は知的推測によっては神を知ることができない。彼を知る唯一の方法は、我々によって発見されるべく永遠の相において常に神が存在している自分内部に深く沈潜することである。

१. उच्छिष्टे नामरूपं च उच्छिष्टे लोक आहितः।
उच्छिष्ट इन्द्रश्चाग्निश्च विश्वमन्तः समाहितम्॥ अथर्ववेद. ११.७.१

注：1 नामरूपं च–一切の名前と形態、2 उच्छिष्टे (उत्+शास्+त)–残余という神の中に存在している、 3 उच्छिष्टे लोक आहितः (आ+धा+त)–世の中の人々も残余という神の中に存在している、4 उच्छिष्टे इन्द्रश्च अग्निश्च–インドラとかアグニとかいう神々も残余という神の中に存在している、5 विश्वं–全世界、अन्तः समाहितं–残余という神の中に存在している

一切の名前と形態ならびにあるゆる人間は残余の中に存在している。（神は常に目に見える世界の彼方にあり、彼を知ろうとする人間の努力を越えたところに存在している）**インドラとかアグニなど全ての神々も残余の神の中に存在している。全世界が残余という神の中に存在しているのだ。**

よろずの神々も、またその残余の神の中に在る。目に見える世界は、隠れたところにあったものが、表面に異なった形と名前を持って現れたものである。それは丁度ろくろの上の土塊が様々な形になり、その物に名前が付けられるのに似ている。我々は形や名前の段階に留っていたのではその物の実態を知ることはできない。高名な物理学者エルヴィン・シュレディンガーも「科学の力では宇宙の全ての真理を解き明かすことはできない。また論理的思考によってあらゆる現象の基盤を把握することは到底できない。何故なら論理的思考そのものが全ての現象の一部分であり、そして全てその中に包括されているからである」と言っている。「時間の終末」におけるＪ・クリシュナムルティと物理学者デビット・ボームの対話でもこのことが明らかにされている。

宇宙の究極の真理はその性質からして我々には把握できないようになっている。何故なら、その真理は我々が探究し尽くし、考え尽くした後に残るものだからである。このマントラでは（全てが取り除かれた後に残るもの）という意味深い名前を与えられている。そのような神を我々は心の働きによっては知ることができない。神を知る唯一の方法は、我々の個別意識による全ての働きを停止して、我々自身を超越者と合一することである。

१०. सहस्रशीर्षाः पुरुषः सहस्राक्षः सहस्रपात् ।

स भूमिं विश्वतो वृत्वा अत्यतिष्ठद् दशांगुलम् ।। ऋग्वेद १०.९.१

注：1 सहस्रशीर्षाः पुरुषः–千の頭を持つプルシャ(神)、2 सहस्राक्षः–彼には千の眼もある。3 सहस्रपात्–千の足もある、4 सः–その神、5 भूमिं वृत्वा विश्वतः–大地をあらゆる面で覆っている、6 दशाङ्गुलम् अत्यतिष्ठत्–(10本の指から)少し離れたところに立っている、सहस्रशीर्षाः, सहस्राक्षः と सहस्रपात् には *bahubrihi* 合成語がある

千の(無数)の頭、無数の眼、そして無数の足を持つ神(プルシャ)は大地をあらゆる方向から覆っている。そして、彼は少し離れた所に立っている。

ヴェーダの見解では、神は全ての生物に顕現している。それ故に全ての生物の肢体のどの部分も神の力に従って動いている。神を知るために何処かへ行く必要はない。我々は神を全ての生物の生活や行動に見ることができる。正に我々は我々自身の中に神を見ることができる。ケーナ・ウパニシャドでは--「我々の心は何によって活気を与えられているのか？呼吸をさせているのは如何なる力か、人間の話し言葉を作り出しているものは何なのか、眼や耳の機能を司っているものは何なのかか？」-- と謳われている。自分の行動は自分が全てしているのだと思い込ませているのは我々のエゴである。もし、我々が自分で思考しているのだとすると、我々は自分が欲しない場合には思考を停止できる筈である。このように単純に考えただけでも、男女の会話や思考に潜在している何らかの力があると考えるのが至当である。あらゆる生物のどの肢体にも神が顕現している。生物の様々な行動を他の如何なる方法でも説明することはできない。我々が考えたり、喋ったりする過程で「我」の観念が形成される。クリシュナムルティは「思考がやむと思考する当の人間はいなくなる。」と常に語っていた。我々がこの幻想的な「我」から離脱するためには、しばしの間、心を全く平静に保ち、我々の生命を含め全宇宙を稼動せしめている力をじっと観察すればよい。神は動き、また動かない、彼は遠くにもあり、もたごく近くにもある、彼はこの世界の中にあり、同時に彼はその外にもいる。

११. तदेजति तन्नैजति तद् दूरे तदु अन्तिके।
तदन्तरस्य सर्वस्य तदु सर्वस्यास्य बाह्यतः ।। यजुर्वेद ४०.५

注：1 तद् एजति–それが(神)動く、2 तद् न एजति–それは動かない、तद् दूरे–それは遠い、4 उ तद् अन्तिके–そしてそれは近い、5 तद् सर्वस्य अन्तरस्य–それは全ての中にある、6 उ तद् अस्य सर्वस्य बाह्यतः–そしてそれは全ての外にある

神は動き、また動かない、彼は遠くにもあり、またごく近くにもある、彼はこの世界の中にあり、同時に彼はその外にもいる。

この世界は神の顕現であり、あらゆる物質及び生物の変化や動きは神そのもの活動である。ヴェーダの原則によると現在あるもの、過去にあったもの、未来に起こることも全て神 (プルシャ)であって、その他のものではあり得ない (पुरुष एव इदं सर्वम्-) 。もし宇宙に一つの要素しかなければ、それは今、現に起こっている全ての事象に現れているはずである。

しかし、神を自分の外部に探すのは人間の習性である。人間はこれまで一切の快楽、一切の知識を自分の外部に求めてきた。もし科学者が神を探すとすれば、彼は自分の外部の何らかの自然の中に求めるだろう。何故なら彼はそうした探究方法するように条件付けられてきたからである。神は外に求めても見つけられない。神を外部に求めれば求めるほど、人は神から遠ざかっていく。神を求める唯一の方法は自分の身体と言葉と心の働きを全て停止することである。そのような完全な静寂の状態において我々はまさに自身の中に神を発見することができる。海の波は大海を見つけるために他所へ行く必要はない。波は唯その場に留っていればよい。そうすれば大海の波は既に大海の一部であることに気付くであろう。

同様に我々は皆神と一体であり、その一部分である。所詮、我々がこの世に生まれたのは我々の意志によるのではなく、他の何らかの力により我々はこの姿に生まれてきているのである。その力は我々がに行うことの全ての中に当然顕現しているに違いない。もし我々が肉体的、精神的活動を全て停止して全くの静寂状態を作れば、我々はすぐさま自分の中に潜在するその力を見出すであろう。

補遺

代名詞、数詞の数と格による変化	372
名詞、形容詞の数と格による変化	374
名詞、形容詞の簡略・数と格による変化	378
主要動詞の活用表	380
動詞簡略活用表	405
総合項目別索引	422
サンスクリットの辞書類	426

文法術語の変更

　改訂版においてサンスクリットの文法用語を矢印→で示すように旧版から少し変更している。
名詞、代名詞、形容詞の格の名称は：
目的格→対格、従格→奪格、依格→所格
動詞関係では：
第十六課の継続分詞 *tvā* →絶対分詞 (Gerund 又は indeclinable participle)、
願望受動分詞 (Potential passive participle) →未来受動分詞（不可避性の分詞）

英和文法術語、略語、対応表

名詞・代名詞・形容詞の格変化用語		願望法	Optative
主格	Nom.(nominative)	単純未来	Simple Future
対格（目的格）	Acc.(accusative)	複合未来	Periphrastic Future
具格	Instr.(instrumental)	完了	Perfect
与格（為格）	Dat.(dative)	祈願法	Benedict
奪格（従格）	Abl.(ablative)	アオリスト	Aorist
属格（所有格）	Gen.(genitive)	受動態	Passive
所格（依格）	Loc.(locative)	過去受動分詞	Passive Past Participle
呼格	Voc.(vocative)	絶対分詞	Gerund
動詞活用関係用語（動詞簡略活用表関連）		未来受動分詞	Potential Passive Pt.*
現在	Present	不定詞	Infinitive
過去	Imperfect	現在分詞	Present Participle
命令法	Imperative		*Pt.　Participle の略記

Declension of pronouns and numerals　代名詞、数詞の変化

	単数	両数	複数		単数	両数	複数
	अस्मद्		第一人称		**युष्मद्**		第二人称
主	अहम्	आवाम्	वयम्	主	त्वम्	युवाम्	यूयम्
対	माम्, मा	आवाम्, नौ	अस्मान्, नः	対	त्वाम्, त्वा	युवाम्, वाम्	युष्मान्, वः
具	मया	आवाभ्याम्	अस्माभिः	具	त्वया	युवाभ्याम्	युष्माभिः
与	मह्यं, मे	आवाभ्याम्,नौ	अस्मभ्यं, नः	与	तुभ्यं, ते	युवाभ्याम्, वाम्	युष्मभ्यं, वः
奪	मत्	आवाभ्याम्	अस्मत्	奪	त्वत्	युवाभ्याम्	युष्मत्
属	मम, मे	आवयोः, नौ	अस्माकम्, नः	属	तव, ते	युवयोः, वाम्	युष्माकम्, वः
所	मयि	आवयोः	अस्मासु	所	त्वयि	युवयोः	युष्मासु
	तद् *m.*		代名・あれ		**तद्** *f.*		代名・あれ
主	सः	तौ	ते	主	सा	ते	ताः
対	तम्	तौ	तान्	対	ताम्	ते	ताः
具	तेन	ताभ्याम्	तैः	具	तया	ताभ्याम्	ताभिः
与	तस्मै	ताभ्याम्	तेभ्यः	与	तस्यै	ताभ्याम्	ताभ्यः
奪	तस्मात्	ताभ्याम्	तेभ्यः	奪	तस्याः	ताभ्याम्	ताभ्यः
属	तस्य	तयोः	तेषाम्	属	तस्याः	तयोः	तासाम्
所	तस्मिन्	तयोः	तेषु	所	तस्याम्	तयोः	तासु
	इदम् *m.*		代名・これ		**इदम्** *f.*		代名・これ
主	अयम्	इमौ	इमे	主	इयम्	इमे	इमाः
対	इमम्	इमौ	इमान्	対	इमाम्	इमे	इमाः
具	अनेन	आभ्याम्	एभिः	具	अनया	आभ्याम्	आभिः
与	अस्मै	आभ्याम्	एभ्यः	与	अस्यै	आभ्याम्	आभ्यः
奪	अस्मात्	आभ्याम्	एभ्यः	奪	अस्याः	आभ्याम्	आभ्यः
属	अस्य	अनयोः	एषाम्	属	अस्याः	अनयोः	आसाम्
所	अस्मिन्	अनयोः	एषु	所	अस्याम्	अनयोः	आसु
	एतद् *m.*		代名・これ		**एतद्** *f.*		代名・これ
主	एषः	एतौ	एते	主	एता	एते	एताः
対	एतम्, एनम्	एतौ, एनौ	एतान्, एनान्	対	एताम्	एते	एताः
具	एतेन, एनेन	एताभ्याम्	एतैः	具	एतया	एताभ्याम्	एताभिः
与	एतस्मै	एताभ्याम्	एतेभ्यः	与	एतस्यै	एताभ्याम्	एताभ्यः
奪	एतस्मात्	एताभ्याम्	एतेभ्यः	奪	एतस्याः	एताभ्याम्	एताभ्यः
属	एतस्य	एतयोः, एनयोः	एतेषाम्	属	एतस्याः	एतयोः	एतासाम्
所	एतस्मिन्	एतयोः, एनयोः	एतेषु	所	एतस्याम्	एतयोः	एतासु

Declension of pronouns and numerals　代名詞、数詞の変化

	単数	両数	複数
		सर्व *m.*	代名・全て
主	सर्वः	सर्वौ	सर्वे
対	सर्वम्	सर्वौ	सर्वान्
具	सर्वेण	सर्वाभ्याम्	सर्वैः
与	सर्वस्मै	सर्वाभ्याम्	सर्वेभ्यः
奪	सर्वस्मात्	सर्वाभ्याम्	सर्वेभ्यः
属	सर्वस्य	सर्वयोः	सर्वेषाम्
所	सर्वस्मिन्	सर्वयोः	सर्वेषु
		किम् *m.*	代名・何
主	कः	कौ	के
対	कम्	कौ	कान्
具	केन	काभ्याम्	कैः
与	कस्मै	काभ्याम्	केभ्यः
奪	कस्मात्	काभ्याम्	केभ्यः
属	कस्य	कयोः	केषाम्
所	कस्मिन्	कयोः	केषु
		अदस् *m.*	代名・あれ
主	असौ	अमू	अमी
対	अमुम्	अमू	अमून्
具	अमुना	अमूभ्याम्	अमीभिः
与	अमुष्मै	अमूभ्याम्	अमीभ्यः
奪	अमुष्मात्	अमूभ्याम्	अमीभ्यः
属	अमुष्य	अमुयोः	अमीषाम्
所	अमुष्मिन्	अमुयोः	अमीषु

	単数	両数	複数
		सर्व *f.*	代名・全て
主	सर्वा	सर्वे	सर्वाः
対	सर्वाम्	सर्वे	सर्वाः
具	सर्वया	सर्वाभ्याम्	सर्वाभिः
与	सर्वस्यै	सर्वाभ्याम्	सर्वाभ्यः
奪	सर्वस्याः	सर्वाभ्याम्	सर्वाभ्यः
属	सर्वस्याः	सर्वयोः	सर्वासाम्
所	सर्वस्याम्	सर्वयोः	सर्वासु
		किम् *f.*	代名・何
主	का	के	काः
対	काम्	के	काः
具	कया	काभ्याम्	काभिः
与	कस्यै	काभ्याम्	काभ्यः
奪	कस्याः	काभ्याम्	काभ्यः
属	कस्याः	कयोः	कासाम्
所	कस्याम्	कयोः	कासु
		अदस् *f.*	代名・あれ
主	असौ	अमू	अमूः
対	अमुम्	अमू	अमूः
具	अमुया	अमूभ्याम्	अमूभिः
与	अमुष्यै	अमूभ्याम्	अमूभ्यः
奪	अमुष्याः	अमूभ्याम्	अमूभ्यः
属	अमुष्याः	अमुयोः	अमूषाम्
所	अमुष्याम्	अमुयोः	अमूषु

Numerals　数詞

	एक ***m.***	एक ***f.***	द्वि ***m.***	द्वि ***f.n.***	त्रि ***m.***	त्रि ***f.***	त्रि ***n.***	चतुर् ***m.***	चतुर् ***f.***	चतुर् ***n.***	पंचन्
主	एकः	एका	द्वौ	द्वे	त्रयः	तिस्रः	त्रीणि	चत्वारः	चतस्रः	चत्वारि	पंच
対	एकम्	एकाम्	द्वौ	द्वे	त्रीन्	तिस्रः	त्रीणि	चतुरः	चतस्रः	चत्वारि	पंच
具	एकेन	एकया	द्वाभ्याम्	द्वाभ्याम्	त्रिभिः	तिसृभिः	त्रिभिः	चतुर्भिः	चतसृभिः	चतुर्भिः	पंचभिः
与	एकस्मै	एकस्यै	द्वाभ्याम्	द्वाभ्याम्	त्रिभ्यः	तिसृभ्यः	त्रिभ्यः	चतुर्भ्यः	चतसृभ्यः	चतुर्भ्यः	पंचभ्यः
奪	एकस्मात्	एकस्याः	द्वाभ्याम्	द्वाभ्याम्	त्रिभ्यः	तिसृभ्यः	त्रिभ्यः	चतुर्भ्यः	चतसृभ्यः	चतुर्भ्यः	पंचभ्यः
属	एकस्य	एकस्याः	द्वयोः	द्वयोः	त्रयाणाम्	तिसृणाम्	त्रयाणाम्	चतुर्णाम्	चतसृणाम्	चतुर्णाम्	पंचानाम्
所	एकस्मिन्	एकस्याम्	द्वयोः	द्वयोः	त्रिषु	तिसृषु	त्रिषु	चतुर्षु	चतसृषु	चतुर्षु	पंचसु

Declension of nouns and adjectives 名詞、形容詞の変化

	単数	両数	複数
	बालक ***m.***		少年
主	बालकः		बालकाः
対	बालकम्	बालकौ	बालकान्
具	बालकेन	बालकाभ्याम्	बालकैः
与	बालकाय	बालकाभ्याम्	बालकेभ्यः
奪	बालकात्	बालकाभ्याम्	बालकेभ्यः
属	बालकस्य	बालकयोः	बालकानाम्
所	बालके	बालकयोः	बालकेषु
	वन ***n.***		森
主	वनम्	वने	वनानि
対	वनम्	वने	वनानि
具	वनेन	वनाभ्याम्	वनैः
与	वनाय	वनाभ्याम्	वनेभ्यः
奪	वनात्	वनाभ्याम्	वनेभ्यः
属	वनस्य	वनयोः	वनानाम्
所	वने	वनयोः	वनेषु
	मुनि ***m.***		聖者
主	मुनिः	मुनी	मुनयः
対	मुनिम्	मुनी	मुनीन्
具	मुनिना	मुनिभ्याम्	मुनिभिः
与	मुनये	मुनिभ्याम्	मुनिभ्यः
奪	मुनेः	मुनिभ्याम्	मुनिभ्यः
属	मुनेः	मुन्योः	मुनीनाम्
所	मुनौ	मुन्योः	मुनिषु
	नदी ***f.***		川
主	नदी	नद्यौ	नद्यः
対	नदीम्	नद्यौ	नदीः
具	नद्या	नदीभ्याम्	नदीभिः
与	नद्यै	नदीभ्याम्	नदीभ्यः
奪	नद्याः	नदीभ्याम्	नदीभ्यः
属	नद्याः	नद्योः	नदीनाम्
所	नद्यां	नद्योः	नदीषु

	単数	両数	複数
	बालिका ***f.***		少女
主	बालिका	बालिके	बालिकाः
対	बालिकाम्	बालिके	बालिकाः
具	बालिकया	बालिकाभ्याम्	बालिकाभिः
与	बालिकायै	बालिकाभ्याम्	बालिकाभ्यः
奪	बालिकायाः	बालिकाभ्याम्	बालिकाभ्यः
属	बालिकायाः	बालिकयोः	बालिकानाम्
所	बालिकायां	बालिकयोः	बालिकासु
	गुरु ***m.***		先生
主	गुरुः	गुरू	गुरवः
対	गुरुम्	गुरू	गुरून्
具	गुरुणा	गुरुभ्याम्	गुरुभिः
与	गुरवे	गुरुभ्याम्	गुरुभ्यः
奪	गुरोः	गुरुभ्याम्	गुरुभ्यः
属	गुरोः	गुर्वोः	गुरूणाम्
所	गुरौ	गुर्वोः	गुरुषु
	पति ***m.***		夫
主	पतिः	पती	पतयः
対	पतिम्	पती	पतीन्
具	पत्या	पतिभ्याम्	पतिभिः
与	पत्ये	पतिभ्याम्	पतिभ्यः
奪	पत्युः	पतिभ्याम्	पतिभ्यः
属	पत्युः	पत्योः	पतीनाम्
所	पत्यौ	पत्योः	पतिषु
	स्त्री ***f.***		女性
主	स्त्री	स्त्रियौ	स्त्रियः
対	स्त्रीम्	स्त्रियौ	स्त्रीः, स्त्रयः
具	स्त्रिया	स्त्रीभ्याम्	स्त्रीभिः
与	स्त्रियै	स्त्रीभ्याम्	स्त्रीभ्यः
奪	स्त्रियाः	स्त्रीभ्याम्	स्त्रीभ्यः
属	स्त्रियाः	स्त्रियोः	स्त्रीणाम्
所	स्त्रियाम्	स्त्रियोः	स्त्रीषु

Voc. sing.呼・単: हे बालक, हे बालिके, हे वन, हे गुरो, हे मुने, हे पते, हे नदि, हे स्त्रि

Declension of nouns and adjectives 名詞、形容詞の変化

	単数	両数	複数		単数	両数	複数
	मति *f.*		理解		**धेनु** *f.*		雌牛
主	मतिः	मती	मतयः	主	धेनुः	धेनू	धेनवः
対	मतिम्	मती	मतीः	対	धेनुम्	धेनू	धेनूः
具	मत्या	मतिभ्याम्	मतिभिः	具	धेन्वा	धेनुभ्याम्	धेनुभिः
与	मत्यै,मतये	मतिभ्याम्	मतिभ्यः	与	धेन्वै,धेनवे	धेनुभ्याम्	धेनुभ्यः
奪	मत्याः,मतेः	मतिभ्याम्	मतिभ्यः	奪	धेन्वाः,धेनोः	धेनुभ्याम्	धेनुभ्यः
属	मत्याः,मतेः	मत्योः	मतीनाम्	属	धेन्वाः,धेनोः	धेन्वोः	धेनूनाम्
所	मत्यां, मतौ	मत्योः	मतिषु	所	धेन्वाम्,धेनौ	धेन्वोः	धेनुषु
	सखि *m.*		友人		**वारि** *n.*		水
主	सखा	सखायौ	सखायः	主	वारि	वारिणी	वारीणि
対	सखायम्	सखायौ	सखीन्	対	वारि	वारिणी	वारीणि
具	सख्या	सखिभ्याम्	सखिभिः	具	वारिणा	वारिभ्याम्	वारिभिः
与	सख्ये	सखिभ्याम्	सखिभ्यः	与	वारिणे	वारिभ्याम्	वारिभ्यः
奪	सख्युः	सखिभ्याम्	सखिभ्यः	奪	वारिणः	वारिभ्याम्	वारिभ्यः
属	सख्युः	सख्योः	सखीनाम्	属	वारिणः	वारिणोः	वारीणाम्
所	सख्यौ	सख्योः	सखिषु	所	वारिणि	वारिणोः	वारिषु
	वस्तु *n.*		物		**वधू** *f.*		妻
主	वस्तु	वस्तुनी	वस्तूनि	主	वधूः	वध्वौ	वध्वः
対	वस्तु	वस्तुनी	वस्तूनि	対	वधूम्	वध्वौ	वधूः
具	वस्तुना	वस्तुभ्याम्	वस्तुभिः	具	वध्वा	वधूभ्याम्	वधूभिः
与	वस्तुने	वस्तुभ्याम्	वस्तुभ्यः	与	वध्वै	वधूभ्याम्	वधूभ्यः
奪	वस्तुनः	वस्तुभ्याम्	वस्तुभ्यः	奪	वध्वाः	वधूभ्याम्	वधूभ्यः
属	वस्तुनः	वस्तुनोः	वस्तूनाम्	属	वध्वाः	वध्वोः	वधूनाम्
所	वस्तुनि	वस्तुनोः	वस्तुषु	所	वध्वाम्	वध्वोः	वधूषु
	पितृ *m.*		父		**नेतृ** *m.*	指導者	
主	पिता	पितरौ	पितरः	主	नेता	नेतारौ	नेतारः
対	पितरम्	पितरौ	पितॄन्	対	नेतारम्	नेतारौ	नेतॄन्
具	पित्रा	पितृभ्याम्	पितृभिः	具	नेत्रा	नेतृभ्याम्	नेतृभिः
与	पित्रे	पितृभ्याम्	पितृभ्यः	与	नेत्रे	नेतृभ्याम्	नेतृभ्यः
奪	पितुः	पितृभ्याम्	पितृभ्यः	奪	नेतुः	नेतृभ्याम्	नेतृभ्यः
属	पितुः	पित्रोः	पितॄणाम्	属	नेतुः	नेत्रोः	नेतॄणाम्
所	पितरि	पित्रोः	पितृषु	所	नेतरि	नेत्रोः	नेतृषु
Voc. sing.	呼・単: हे मते, हे धेनो, हे सखे, हे वारे, हे वस्तो, हे वध्वो, हे पितः, हे नेत						

	単数	両数	複数
		गो *mf.*	牛
主	गौः	गावौ	गावः
対	गाम्	गावौ	गाः
具	गवा	गोभ्याम्	गोभिः
与	गवे	गोभ्याम्	गोभ्यः
奪	गोः	गोभ्याम्	गोभ्यः
属	गोः	गवोः	गवाम्
所	गवि	गवोः	गोषु
		गच्छत् *m.*	現·能分詞
主	गच्छन्	गच्छन्तौ	गच्छन्तः
対	गच्छन्तम्	गच्छन्तौ	गच्छतः
具	गच्छता	गच्छद्भ्याम्	गच्छद्भिः
与	गच्छते	गच्छद्भ्याम्	गच्छद्भ्यः
奪	गच्छतः	गच्छद्भ्याम्	गच्छद्भ्यः
属	गच्छतः	गच्छतोः	गच्छताम्
所	गच्छति	गच्छतोः	गच्छत्सु
		राजन् *m.*	王様
主	राजा	राजानौ	राजानः
対	राजानम्	राजानौ	राज्ञः
具	राज्ञा	राजभ्याम्	राजभिः
与	राज्ञे	राजभ्याम्	राजभ्यः
奪	राज्ञः	राजभ्याम्	राजभ्यः
属	राज्ञः	राज्ञोः	राज्ञाम्
所	राज्ञि, राजनि	राज्ञोः	राजसु
		नामन् *n.*	名前
主	नाम	नाम्नी, नामनी	नामानि
対	नाम	नाम्नी, नामनी	नामानि
具	नाम्ना	नामभ्याम्	नामभिः
与	नाम्ने	नामभ्याम्	नामभ्यः
奪	नाम्नः	नामभ्याम्	नामभ्यः
属	नाम्नः	नाम्नोः	नाम्नाम्
所	नाम्नि, नामनि	नाम्नोः	नामसु

	単数	両数	複数
		महत् *m.*	大きい
主	महान्	महान्तौ	महान्तः
対	महान्तम्	महान्तौ	महतः
具	महता	महद्भ्याम्	महद्भिः
与	महते	महद्भ्याम्	महद्भ्यः
奪	महतः	महद्भ्याम्	महद्भ्यः
属	महतः	महतोः	महताम्
所	महति	महतोः	महत्सु
		जगत् *n.*	世界
主	जगत्	जगती	जगन्ति
対	जगत्	जगती	जगन्ति
具	जगता	जगद्भ्याम्	जगद्भिः
与	जगते	जगद्भ्याम्	जगद्भ्यः
奪	जगतः	जगद्भ्याम्	जगद्भ्यः
属	जगतः	जगतोः	जगताम्
所	जगति	जगतोः	जगत्सु
		आत्मन् *m.*	魂
主	आत्मा	आत्मानौ	आत्मानः
対	आत्मानम्	आत्मानौ	आत्मनः
具	आत्मना	आत्मभ्याम्	आत्मभिः
与	आत्मने	आत्मभ्याम्	आत्मभ्यः
奪	आत्मनः	आत्मभ्याम्	आत्मभ्यः
属	आत्मनः	आत्मनोः	आत्मनाम्
所	आत्मनि	आत्मनोः	आत्मसु
		युवन् *m.*	若い
主	युवा	युवानौ	युवानः
対	युवानम्	युवानौ	यूनः
具	यूना	युवभ्याम्	युवभिः
与	यूने	युवभ्याम्	युवभ्यः
奪	यूनः	युवभ्याम्	युवभ्यः
属	यूनः	यूनोः	यूनाम्
所	यूनि	यूनोः	युवसु

Voc. sing. 呼·単: हे गौः, (हे महत्, हे गच्छन्), हे जगत्, हे राजन्, हे आत्मन हे नामन्, हे युवन्

Declension of nouns and adjectives 名詞、形容詞の変化

	単数.	両数	複数
		पथिन् *m.*	道
主	पन्था	पन्थानौ	पन्थानः
対.	पन्थानम्	पन्थानौ	पथः
具	पथा	पथिभ्याम्	पथिभिः
与	पथे	पथिभ्याम्	पथिभ्यः
奪.	पथः	पथिभ्याम्	पथिभ्यः
属	पथः	पथोः	पथाम्
所	पथि	पथोः	पथिषु
		अप् *f.*	水
主	Used only in plural		आपः
対.	複数形のみ		अपः
具			अद्भि
与			अद्भ्यः
奪.			अद्भ्यः
属			अपाम्
所			अप्सु
		तादृश्	～のような
主	तादृक्	तादृशौ	तादृशः
対.	तादृशम्	तादृशौ	तादृशः
具	तादृशा	तादृग्भ्याम्	तादृग्भिः
与	तादृशे	तादृग्भ्याम्	तादृग्भ्यः
奪.	तादृशः	तादृग्भ्याम्	तादृग्भ्यः
属	तादृशः	तादृशोः	तादृशाम्
所	तादृशि	तादृशोः	तादृक्षु
		मनस् *n.*	心
主	मनः	मनसी	मनांसि
対.	मनः	मनसी	मनांसि
具	मनसा	मनोभ्याम्	मनोभिः
与	मनसे	मनोभ्याम्	मनोभ्यः
奪.	मनसः	मनोभ्याम्	मनोभ्यः
属	मनसः	मनसोः	मनसाम्
所	मनसि	मनसोः	मनस्सु

	単数	両数	複数
		धनिन् *m.*	金持ち
主	धनी	धनिनौ	धनिनः
対.	धनिनम्	धनिनौ	धनिनः
具	धनिना	धनिभ्याम्	धनिभिः
与	धनिने	धनिभ्याम्	धनिभ्यः
奪.	धनिनः	धनिभ्याम्	धनिभ्यः
属	धनिनः	धनिनोः	धनिनाम्
所	धनिनि	धनिनोः	धनिषु
		दिश् *f.*	方向
主	दिक्	दिशौ	दिशः
対.	दिशम्	दिशौ	दिशः
具	दिशा	दिग्भ्याम्	दिग्भिः
与	दिशे	दिग्भ्याम्	दिग्भ्यः
奪	दिशः	दिग्भ्याम्	दिग्भ्यः
属	दिशः	दिशोः	दिशाम्
所	दिशि	दिशोः	दिक्षु
		विद्वस्	学識ある
主	विद्वान्	विद्वांसौ	विद्वांसः
対.	विद्वांसम्	‘‘	विदुषः
具	विदुषा	विद्वद्भ्याम्	विद्वद्भिः
与	विदुषे	‘‘	विद्वद्भ्यः
奪.	विदुषः	‘‘	‘‘
属	विदुषः	विदुषोः	विदुषाम्
所	विदुषि	‘‘	विद्वत्सु
		चन्द्रमस् *m*	月
主	चन्द्रमाः	चन्द्रमसौ	चन्द्रमसः
対.	चन्द्रमसम्	चन्द्रमसौ	चन्द्रमसः
具	चन्द्रमसा	चन्द्रमोभ्याम्	चन्द्रमोभिः
与	चन्द्रमसे	चन्द्रमोभ्याम्	चन्द्रमोभ्यः
奪.	चन्द्रमसः	चन्द्रमोभ्याम्	चन्द्रमोभ्यः
属	चन्द्रमसः	चन्द्रमसोः	चन्द्रमसाम्
所	चन्द्रमसि	चन्द्रमसोः	चन्द्रमस्सु

Voc. sing 呼・単**:** हे पन्थाः, हे धनिन् , हे आपः, हे दिक्, हे तादृक्, हे विद्वन् , हे मनः, हे चन्द्रमः

Brief declension of nouns and adjectives　名詞、形容詞の簡略変化

	主/単	主/両	主/複	対/単	対/複	具/単	具/与/奪/両
अस्थि (骨) *n.*	अस्थि	अस्थिनी	अस्थीनि	अस्थि	अस्थीनि	अस्थ्ना	अस्थभ्याम्
अहन् (一日) *n.*	अहः	अहनी	अहानि	अहः	अहानि	अह्ना	अहोभ्याम्
उपानह् (靴) *f.*	उपानत्	उपानहौ	उपानहः	उपानहम्	उपानहः	उपानहा	उपानद्भ्याम्
कर्तृ (行為者) *m.*	कर्ता	कर्तारौ	कर्तारः	कर्तारम्	कर्तॄन्	कर्त्रा	कर्तृभ्याम्
कर्म (行為) *n.*	कर्म	कर्मणी	कर्माणि	कर्म	कर्माणि	कर्मणा	कर्मभ्याम्
दिव्, द्यौः (空) *f.*	द्यौः	दिवौ	दिवः	दिवम्	दिवः	दिवा	द्युभ्याम्
धनुष् (弓) *n.*	धनुः	धनुषी	धनूंषि	धनुः	धनूंषि	धनुषा	धनुर्भ्याम्
धीमत् (賢い) *m.*	धीमान्	धीमन्तौ	धीमन्तः	धीमन्तम्	धीमतः	धीमता	धीमद्भ्याम्
नृ (人間) *m.*	ना	नरौ	नरः	नरम्	नॄन्	न्रा	नृभ्याम्
नौ (舟) *f.*	नौः	नावौ	नावः	नावम्	नावः	नावा	नौभ्याम्
पुम्स्, पुमान् (人間) *m.*	पुमान्	पुमांसौ	पुमांसः	पुमांसम्	पुंसः	पुंसा	पुम्भ्याम्
प्राञ्च् (東の) *m.*	प्राङ्	प्राञ्चौ	प्राञ्चः	प्राञ्चम्	प्राचः	प्राचा	प्राग्भ्याम्
बलवत् (強い) *m.*	बलवान्	बलवन्तौ	बलवन्तः	बलवन्तम्	बलवतः	बलवता	बलवद्भ्याम्
बहु (多くの) *m.*	बहुः	बहू	बहवः	बहुम्	बहून्	बहुना	बहुभ्याम्
बहु (多くの) *n.*	बहु	बहुनी	बहूनि	बहु	बहूनि	बहुना	बहुभ्याम्
बहु (多くの) *f.*	बह्वी	बह्व्यौ	बह्व्यः	बह्वीम्	बह्वीः	बह्व्या	बह्वीभ्याम्
भवत् (あなた) *m.*	भवान्	भवन्तौ	भवन्तः	भवन्तम्	भवतः	भवता	भवद्भ्याम्
भवत् (あなた) *f.*	भवती	भवत्यौ	भवत्यः	भवतीम्	भवतीः	भवत्या	भवतीभ्याम्
भू (地球) *f.*	भूः	भुवौ	भुवः	भुवम्	भुवः	भुवा	भूभ्याम्
महत् (偉大な) *n.*	महत्	महती	महान्ति	महत्	महान्ति	महता	महद्भ्याम्
महिमन् (栄光) *m.*	महिमा	महिमानौ	महिमानः	महिमानम्	महिम्नः	महिम्ना	महिमभ्याम्
मातृ (母) *f.*	माता	मातरौ	मातरः	मातरम्	मातॄः	मात्रा	मातृभ्याम्
यशस् (名声) *n.*	यशः	यशसी	यशांसि	यशः	यशांसि	यशसा	यशोभ्याम्
लघीयस् (より少)*m.*	लघीयान्	लघीयांसौ	लघीयांसः	लघीयांसम्	लघीयसः	लघीयसा	लघीयोभ्याम्
वाच् (談話) *f.*	वाक्	वाचौ	वाचः	वाचम्	वाचः	वाचा	वाग्भ्याम्
शुचि (清浄) *n.*	शुचि	शुचिनी	शुचीनि	शुचि	शुचीनि	शुचिना	शुचिभ्याम्
श्री (高貴) *f.*	श्रीः	श्रियौ	श्रियः	श्रियम्	श्रियः	श्रिया	श्रीभ्याम्
श्वन् (犬) *m.*	श्वा	श्वानौ	श्वानः	श्वानम्	शुनः	शुना	श्वभ्याम्
सम्राज् (皇帝) *m.*	सम्राट्	सम्राजौ	सम्राजः	सम्राजम्	सम्राजः	सम्राजा	सम्राड्भ्याम्
सरित् (川) *f.*	सरित्	सरितौ	सरितः	सरितम्	सरितः	सरिता	सरिद्भ्याम्
सीमन् (制限) *m.*	सीमा	सीमानौ	सीमानः	सीमानम्	सीम्नः	सीम्ना	सीमभ्याम्
स्वसृ (姉妹) *f.*	स्वसा	स्वसारौः	स्वसारः	स्वसारम्	स्वसॄः	स्वस्रा	स्वसृभ्याम्

この表の使い方：

i. 対格両数は常に主格両数と同じである。

ii. 与格と奪格の両数は具格両数と同じである。

iii. अ で終わる男性と中性の名詞の場合を除き、与格と奪格の両数は具格複数の भिः を भ्यः に変換することで直ぐに導き出せる。

iv. अ でおわる男性と中性の名詞合を除き、属格単数は常に奪格単数と同じ形である。

Brief declension of nouns and adjectives　名詞、形容詞の簡略変化

具/複	与/単	奪/属/単	属/両	属/複	所/単	所/複
अस्थिभिः	अस्थ्ने	अस्थ्नः	अस्थ्नोः	अस्थ्नाम्	अस्थ्नि	अस्थिषु
अहोभिः	अह्ने	अह्नः	अह्नोः	अह्नाम्	अहनि	अहस्सु
उपानद्भिः	उपानहे	उपाानहः	उपानहोः	उपानहाम्	उपानहि	उपानत्सु
कर्तृभिः	कर्त्रे	कर्तुः	कर्त्रोः	कर्तृणाम्	कर्तरि	कर्तृषु
कर्मभिः	कर्मणे	कर्मणः	कर्मणोः	कर्मणाम्	कर्मणि	कर्मसु
द्युभिः	दिवे	दिवः	दिवोः	दिवाम्	दिवि	द्युषु
धनुर्भिः	धनुषे	धनुषः	धनुषोः	धनुषाम्	धनुषि	धनुष्षु
धीमद्भिः	धीमते	धीमतः	धीमतोः	धीमताम्	धीमति	धीमत्सु
नृभिः	न्रे	नुः	न्रोः	नृणाम्,	नरि	नृषु
नौभिः	नावे	नावः	नावोः	नावाम्	नावि	नौषु
पुम्भिः	पुंसे	पुंसः	पुंसोः	पुंसाम्	पुंसि	पुंसु
प्राग्भिः	प्राचे	प्राचः	प्राचोः	प्राचाम्	प्राचि	प्राक्षु
बलवद्भिः	बलवते	बलवतः	बलवतोः	बलवताम्	बलवति	बलवत्सु
बहुभिः	बहवे	बहोः	बह्वोः	बहूनाम्	बहौ	बहुषु
बहुभिः	बहुने, बहवे	बहुनः, बहोः	बहुनोः, बह्वोः	बहूनाम्	बहुनि, बहौ	बहुषु
बह्वीभिः	बह्व्यै	बह्व्याः	बह्व्योः	बह्वीनाम्	बह्व्याम्	बह्वीष्
भवद्भिः	भवते	भवतः	भवतोः	भवताम्	भवति	भवत्सु
भवतीभिः	भवत्यै	भवत्याः	भवत्योः	भवतीनाम्	भवत्याम्	भवतीषु
भूभिः	भुवे	भुवः	भुवोः	भुवाम्	भुवि	भूषु
महद्भिः	महते	महतः	महतोः	महताम्	महति	महत्सु
महिमभिः	महिम्ने	महिम्नः	महिम्नोः	महिम्नाम्	महिम्नि	महिमसु
मातृभिः	मात्रे	मातुः	मात्रोः	मातृणाम्	मातरि	मातृषु
यशोभिः	यशसे	यशसः	यशसोः	यशसाम्	यशसि	यशस्सु
लघीयोभिः	लघीयसे	लघीयसः	लघीयसोः	लघीयसाम्	लघीयसि	लघीयस्सु
वाग्भिः	वाचे	वाचः	वाचोः	वाचाम्	वाचि	वाक्षु
शुचिभिः	शुचिने,शुचये	शुचिनः, शुचेः,	शुचिनोः, शुच्योः	शुचीनाम्	शुचिनि, शुचौ	शुचिषु
श्रीभिः	श्रियै, श्रिये	श्रियाः, श्रियः	श्रियोः	श्रीणाम्, श्रियाम्	श्रियाम्, श्रियि	श्रीषु
श्वभिः	शुने	शुनः	शुनोः	शुनाम्	शुनि	श्वसु
सम्राड्भिः	सम्राजे	सम्राजः	सम्राजोः	सम्राजाम्	सम्राजि	सम्राट्सु
सरिद्भिः	सरिते	सरितः	सरितोः	सरिताम्	सरिति	सरित्सु
सीमभिः	सीम्ने	सीम्नः	सीम्नोः	सीम्नाम्	सीम्नि	सीमसु
स्वसृभिः	स्वस्रे	स्वसुः	स्वस्रोः	स्वसृणाम्	स्वसरि	स्वसृषु

v. 所格両数は常に属格両数と同形である。

vi. 上記名詞の呼格単数 ; अस्थे, अहः , उपानत् , कर्तः , कर्मन् , द्यौः , धनुः , धीमन् , नः , नौः , पुमन् , प्राङ् , बलवन् , भूः , महिमन् , मातः , यशः , वाक् , श्रीः , श्वन् , सम्राट् , सरित् , सीमन् , स्वसः

vii. 呼格両数と複数は、主格両数と複数と同形である。

Full conjugations of major verbs　主要動詞の活用表

अस् (to be 在る) 2 P.　　　　　**आप्** (to get 得る) 5 P.

लट् (Present)現在

III	अस्ति	स्तः	सन्ति	आप्नोति	आप्नुतः	आप्नुवन्ति
II	असि	स्थः	स्थ	आप्नोषि	आप्नुथः	आप्नुथ
I	अस्मि	स्वः	स्मः	आप्नोमि	आप्नुवः	आप्नुमः

लङ् (Imperfect)過去

III	आसीत्	आस्ताम्	आसन्	आप्नोत्	आप्नुताम्	आप्नुवन्
II	आसीः	आस्तम्	आस्त	आप्नोः	आप्नुतम्	आप्नुत
I	आसम्	आस्व	आस्म	आप्नवम्	आप्नुव	आप्नुम

लोट् (Imperative)命令法

III	अस्तु	स्ताम्	सन्तु	आप्नोतु	आप्नुताम्	आप्नुवन्तु
II	एधि	स्तम्	स्त	आप्नुहि	आप्नुतम्	आप्नुत
I	असानि	असाव	असाम	आप्नवानि	आप्नवाम	आप्नवाम

विधिलिङ् (Optative)願望法

III	स्यात्	स्याताम्	स्युः	आप्नुयात्	आप्नुयाताम्	आप्नुयुः
II	स्याः	स्यातम्	स्यात	आप्नुयाः	आप्नुयातम्	आप्नुयात
I	स्याम्	स्याव	स्याम	आप्नुयाम्	आप्नुयाव	आप्नुयाम

लृट् (Future)未来

III	भविष्यति	भविष्यतः	भविष्यन्ति	आप्स्यति	आप्स्यतः	आप्स्यन्ति
II	भविष्यसि	भविष्यथः	भविष्यथ	आप्स्यसि	आप्स्यथः	आप्स्यथ
I	भविष्यामि	भविष्यावः	भविष्यामः	आप्स्यामि	आप्स्यावः	आप्स्यामः

लिट् (Perfect)完了

III	बभूव	बभूवतुः	बभूवुः	आप	आपतुः	आपुः
II	बभूविथ	बभूवथुः	बभूव	आपिथ	आपथुः	आप
I	बभूव	बभूविव	बभूविम	आप	आपिव	आपिम

लुङ् (Aorist)

III	अभूत्	अभूताम्	अभूवन्	आपत्	आपताम्	आपन्
II	अभूः	अभूतम्	अभूत	आपः	आपतम्	आपत
I	अभूवम्	अभूव	अभूम	आपम्	आपाव	आपाम

लुट् (Periphrastic Future)複合未来

III	भविता	भवितारौ	भवितारः	आप्ता	आप्तारौ	आप्तारः
II	भवितासि	भवितास्थः	भवितास्थ	आप्तासि	आप्तास्थः	आप्तास्थ
I	भवितास्मि	भवितास्व	भवितास्म	आप्तास्मि	आप्तास्व	आप्तास्म

आशीर्लिङ् (Benedictive)祈願法

III	भूयात्	भूयास्ताम्	भूयासुः	आप्यात्	आप्यास्ताम्	आप्यासुः
II	भूयाः	भूयास्तम्	भूयास्त	आप्याः	आप्यास्तम्	आप्यास्त
I	भूयासम्	भूयास्व	भूयास्म	आप्यासम्	आप्यास्वः	आप्यास्मः

लृङ् (Conditional)条件法

III	अभविष्यत्	अभविष्यताम्	अभविष्यन्	आप्स्यत्	आप्स्यताम्	आप्स्यन्
II	अभविष्यः	अभविष्यतम्	अभविष्यत	आप्स्यः	आप्स्यतम्	आप्स्यत
I	अभविष्यम्	अभविष्याव	अभविष्याम	आप्स्यम्	आप्स्याव	आप्स्याम

Full conjugations of major verbs　主要動詞の活用表

अधि + इ (to study 学ぶ) 2 A.　　**इष्** (to desire 望む) 6 P.

लट् (Present) 現在

III	अधीते	अधीयाते	अधीयते	इच्छति	इच्छतः	इच्छन्ति
II	अधीषे	अधीयाथे	अधीध्वे	इच्छसि	इच्छथः	इच्छथ
I	अधीये	अधीवहे	अधीमहे	इच्छामि	इच्छावः	इच्छामः

लङ् (Imperfect)過去

III	अध्यैत	अध्यैयाताम्	अध्यैयत	ऐच्छत्	ऐच्छताम्	ऐच्छन्
II	अध्यैथाः	अध्यैयाथाम्	अध्यैध्वम्	ऐच्छः	ऐच्छतम्	ऐच्छत
I	अध्यैयि	अध्यैवहि	अध्यैमहि	ऐच्छम्	ऐच्छाव	ऐच्छाम

लोट् (Imperative)命令法

III	अधीताम्	अधीयाताम्	अधीयताम्	इच्छतु	इच्छताम्	इच्छन्तु
II	अधीष्व	अधीयाथाम्	अधीध्वम्	इच्छ	इच्छतम्	इच्छत
I	अध्ययै	अध्ययावहै	अध्ययामहै	इच्छानि	इच्छाव	इच्छाम

विधिलिङ् (Optative)願望法

III	अधीयीत	अधीयीयाताम्	अधीयीरन्	इच्छेत्	इच्छेताम्	इच्छेयुः
II	अधीयीथाः	अधीयीयाथाम्	अधीयीध्वम्	इच्छेः	इच्छेतम्	इच्छेत
I	अधीयीय	अधीयीवहि	अधीयीमहि	इच्छेयम्	इच्छेव	इच्छेम

लृट् (Future)未来

III	अध्येष्यते	अध्येष्येते	अध्येष्यन्ते	एषिष्यति	एषिष्यतः	एषिष्यन्ति
II	अध्येष्यसे	अध्येष्येथे	अध्येष्यध्वे	एषिष्यसि	एषिष्यथः	एषिष्यथ
I	अध्येष्ये	अध्येष्यावहे	अध्येष्यामहे	एषिष्यामि	एषिष्यावः	एषिष्यामः

लिट् (Perfect)完了

III	अधिजगे	अधिजगाते	अधिजगिरे	इयेष	ईषतुः	ईषुः
II	अधिजगिषे	अधिजगाथे	अधिजगिध्वे	इयेषिथ	ईषथुः	ईष
I	अधिजगे	अधिजगिवहे	अधिजगिमहे	इयेष	ईषिव	ईषिम

लुङ् (Aorist)アオリスト

III	अध्यैष्ट	अध्यैषाताम्	अध्यैषत	ऐषीत्	ऐषिष्टाम्	ऐषिषुः
II	अध्यैष्ठाः	अध्यैषाथाम्	अध्यैढ्वम्	ऐषीः	ऐषिष्टम्	ऐषिष्ट
I	अध्यैषि	अध्यैष्वहि	अध्यैष्महि	ऐषिषम्	ऐषिष्व	ऐषिष्म

लुट् (Periphrastic Future)複合未来

III	अध्येता	अध्येतारौ	अध्येतारः	एषिता	एषितारौ	ऐषितारः
II	अध्येतासे	अध्येतासाथे	अध्येताध्वे	एषितासि	एषितास्थः	एषितास्थ
I	अध्येताहे	अध्येतास्वहे	अध्येतास्महे	एषितास्मि	एषितास्वः	ऐषितास्मः

आशीर्लिङ् (Benedictive)祈願法

III	अध्येषीष्ट	अध्येषीयास्ताम्	अध्येषीरन्	इष्यात्	इष्यास्ताम्	इष्यासुः
II	अध्येषीष्ठाः	अध्येषीयास्थाम्	अध्येषीध्वम्	इष्याः	इष्यास्तम्	इष्यास्त
I	अध्येषीय	अध्येषीवहि	अध्येषीमहि	इष्यासम्	इष्यास्व	इष्यास्म

लृङ् (Conditional)条件法

III	अध्यैष्यत	अध्यैष्येताम्	अध्यैष्यन्त	ऐषिष्यत्	ऐषिष्यताम्	ऐषिष्यन्
II	अध्यैष्यथाः	अध्यैष्येथाम्	अध्यैष्यध्वम्	ऐषिष्यः	ऐषिष्यतम्	ऐषिष्यत
I	अध्यैष्ये	अध्यैष्यावहि	अध्यैष्यामहि	ऐषिष्यम्	ऐषिष्याव	ऐषिष्याम

Full conjugations of major verbs　主要動詞の活用表

कथ् (to say 語る) 10 P.　　　कुप् (to be angry 怒る) 4P.

	कथ्			कुप्		
	लट् (Present) 現在					
III	कथयति	कथयतः	कथयन्ति	कुप्यति	कुप्यतः	कुप्यन्ति
II	कथयसि	कथयथः	कथयथ	कुप्यसि	कुप्यथः	कुप्यथ
I	कथयामि	कथयावः	कथयामः	कुप्यामि	कुप्यावः	कुप्यामः
	लङ् (Imperfect)過去					
III	अकथयत्	अकथयताम्	अकथयन्	अकुप्यत्	अकुप्यताम्	अकुप्यन्
II	अकथयः	अकथयतम्	अकथयत	अकुप्यः	अकुप्यतम्	अकुप्यत
I	अकथयम्	अकथयाव	अकथयाम	अकुप्यम्	अकुप्याव	अकुप्याम
	लोट् (Imperative)命令法					
III	कथयतु	कथयताम्	कथयन्तु	कुप्यतु	कुप्यताम्	कुप्यन्तु
II	कथय	कथयतम्	कथयत	कुप्य	कुप्यतम्	कुप्यत
I	कथयानि	कथयाव	कथयाम	कुप्यानि	कुप्याव	कुप्याम
	विधिलिङ् (Optative)願望法					
III	कथयेत्	कथयेताम्	कथयेयुः	कुप्येत्	कुप्येताम्	कुप्येयुः
II	कथयेः	कथयेतम्	कथयेत	कुप्येः	कुप्येतम्	कुप्येत
I	कथयेयम्	कथयेव	कथयेम	कुप्येयम्	कुप्येव	कुप्येम
	लृट् (Future)					
III	कथयिष्यति	कथयिष्यतः	कथयिष्यन्ति	कोपिष्यति	कोपिष्यतः	कोपिष्यन्ति
II	कथयिष्यसि	कथयिष्यथः	कथयिष्यथ	कोपिष्यसि	कोपिष्यथः	कोपिष्यथ
I	कथयिष्यामि	कथयिष्यावः	कथयिष्यामः	कोपिष्यामि	कोपिष्यावः	कोपिष्यामः
	लिट् (Perfect)完了					
III	कथयामास	कथयामासतुः	कथयामासुः	चुकोप	चुकुपतुः	चुकुपुः
II	कथयामासिथ	कथयामासथुः	कथयामास	चुकोपिथ	चुकुपथुः	चुकुप
I	कथयामास	कथयामासिव	कथयामासिम	चुकोप	चुकुपिव	चुकुपिम
	लुङ् (Aorist)アオリスト					
III	अचकथत्	अचकथताम्	अचकथन्	अकुपत्	अकुपताम्	अकुपन्
II	अचकथः	अचकथतम्	अचकथत	अकुपः	अकुपतम्	अकुपत
I	अचकथम्	अचकथाव	अचकथाम	अकुपम्	अकुपाव	अकुपाम
	लुट् (Periphrastic Future)複合未来					
III	कथयिता	कथयितारौ	कथयितारः	कोपिता	कोपितारौ	कोपितारः
II	कथयितासि	कथयितास्थः	कथयितास्थ	कोपितासि	कोपितास्थः	कोपितास्थ
I	कथयितास्मि	कथयितास्वः	कथयितास्मः	कोपितास्मि	कोपितास्व	कोपितास्म
	आशीर्लिङ् (Benedictive)祈願法					
III	कथ्यात्	कथ्यास्ताम्	कथ्यासुः	कुप्यात्	कुप्यास्ताम्	कुप्यासुः
II	कथ्याः	कथ्यास्तम्	कथ्यास्त	कुप्याः	कुप्यास्तम्	कुप्यास्त
I	कथ्यासम्	कथ्यास्व	कथ्यास्म	कुप्यासम्	कुप्यास्व	कुप्यास्म
	लृङ् (Conditional)条件法					
III	अकथयिष्य	अकथयिष्यताम्	अकथयिष्यन्	अकोपिष्यत्	अकोपिष्यताम्	अकोपिष्यन्
II	अकथयिष्य	अकथयिष्यतम्	अकथयिष्यत	अकोपिष्यः	अकोपिष्यतम्	अकोपिष्यत
I	अकथयिष्य	अकथयिष्याव	अकथयिष्याम	अकोपिष्यम्	अकोपिष्याव	अकोपिष्याम

Full conjugations of major verbs　主要動詞の活用表

कृ (to do 為す) 8 P.　　　　　कृ (to do 為す) 8A.

लट् (Present) 現在

III	करोति	कुरुतः	कुर्वन्ति	कुरुते	कुर्वाते	कुर्वते
II	करोषि	कुरुथः	कुरुथ	कुरुषे	कुर्वाथे	कुरुध्वे
I	करोमि	कुर्वः	कुर्मः	कुर्वे	कुर्वहे	कुर्महे

लङ् (Imperfect) 過去

III	अकरोत्	अकुरुताम्	अकुर्वन्	अकुरुत	अकुर्वाताम्	अकुर्वत
II	अकरोः	अकुरुतम्	अकुरुत	अकुरुथाः	अकुर्वाथाम्	अकुरुध्वम्
I	अकरवम्	अकुर्व	अकुर्म	अकुर्वि	अकुर्वहि	अकुर्महि

लोट् (Imperative) 命令法

III	करोतु	कुरुताम्	कुर्वन्तु	कुरुताम्	कुर्वाताम्	कुर्वताम्
II	कुरु	कुरुतम्	कुरुत	कुरुष्व	कुर्वाथाम्	कुरुध्वम्
I	करवाणि	करवाव	करवाम	करवै	करवावहै	करवावहै

विधिलिङ् (Optative) 願望法

III	कुर्यात्	कुर्याताम्	कुर्युः	कुर्वीत	कुर्वीयाताम्	कुर्वीरन्
II	कुर्याः	कुर्यातम्	कुर्यात	कुर्वीथाः	कुर्वीयाथाम्	कुर्वीध्वम्
I	कुर्याम्	कुर्याव	कुर्याम	कुर्वीय	कुर्वीवहि	कुर्वीमहि

लृट् (Future) 未来

III	करिष्यति	करिष्यतः	करिष्यन्ति	करिष्यते	करिष्येते	करिष्यन्ते
II	करिष्यसि	करिष्यथः	करिष्यथ	करिष्यसे	करिष्येथे	करिष्यध्वे
I	करिष्यामि	करिष्यावः	करिष्यामः	करिष्ये	करिष्यावहे	करिष्यामहे

लिट् (Perfect) 完了

III	चकार	चक्रतुः	चक्रुः	चक्रे	चक्राते	चक्रिरे
II	चकर्थ	चक्रथुः	चक्र	चकृषे	चक्राथे	चकृढ्वे
I	चकार	चकृव	चकृम	चक्रे	चकृवहे	चकृमहे

लुङ् (Aorist) アオリスト

III	अकार्षीत्	अकार्ष्टाम्	अकार्षुः	अकृत	अकृषाताम्	अकृषत
II	अकार्षीः	अकार्ष्टम्	अकार्ष्ट	अकृथाः	अकृषाथाम्	अकृढ्वम्
I	अकार्षम्	अकार्ष्व	अकार्ष्म	अकृषि	अकृष्वहि	अकृष्महि

लुट् (Periphrastic Future) 複合未来

III	कर्ता	कर्तारौ	कर्तारः	कर्ता	कर्तारौ	कर्तारः
II	कर्तासि	कर्तास्थः	कर्तास्थ	कर्तासे	कर्तासाथे	कर्ताध्वे
I	कर्तास्मि	कर्तास्वः	कर्तास्मः	कर्ताहे	कर्तास्वहे	कर्तास्महे

आशीर्लिङ् (Benedictive) 祈願法

III	क्रियात्	क्रियास्ताम्	क्रियासुः	कृषीष्ट	कृषीयास्ताम्	कृषीरन्
II	क्रियाः	क्रियास्तम्	क्रियास्त	कृषीष्ठाः	कृषीयास्थाम्	कृषीढ्वम्
I	क्रियासम्	क्रियास्व	क्रियास्म	कृषीय	कृषीवहि	कृषीमहि

लृङ् (Conditional) 条件法

III	अकरिष्यत्	अकरिष्यताम्	अकरिष्यन्	अकरिष्यत	अकरिष्येताम्	अकरिष्यन्त
II	अकरिष्यः	अकरिष्यतम्	अकरिष्यत	अकरिष्यथा	अकरिष्येथाम्	अकरिष्यध्व
I	अकरिष्यम्	अकरिष्याव	अकरिष्याम	अकरिष्ये	अकरिष्यावहि	अकरिष्यामहि

Full conjugations of major verbs　主要動詞の活用表

क्री (to buy 買う) 9 P.　　　　गम् (to go 行く) 1 P.

लट् (Present) 現在

III	क्रीणाति	क्रीणीतः	क्रीणन्ति	गच्छति	गच्छतः	गच्छन्ति
II	क्रीणासि	क्रीणीथः	क्रीणीथ	गच्छसि	गच्छथः	गच्छथ
I	क्रीणामि	क्रीणीवः	क्रीणीमः	गच्छामि	गच्छावः	गच्छामः

लङ् (Imperfect)過去

III	अक्रीणात्	अक्रीणीताम्	अक्रीणन्	अगच्छत्	अगच्छताम्	अगच्छन्
II	अक्रीणाः	अक्रीणीतम्	अक्रीणीत	अगच्छः	अगच्छतम्	अगच्छत
I	अक्रीणाम्	अक्रीणीव	अक्रीणीम	अगच्छम्	अगच्छाव	अगच्छाम

लोट् (Imperative)命令法

III	क्रीणातु	क्रीणीताम्	क्रीणन्तु	गच्छतु	गच्छताम्	गच्छन्तु
II	क्रीणीहि	क्रीणीतम्	क्रीणीत	गच्छ	गच्छतम्	गच्छत
I	क्रीणानि	क्रीणाव	क्रीणाम	गच्छानि	गच्छाव	गच्छाम

विधिलिङ् (Optative)願望法

III	क्रीणीयात्	क्रीणीयाताम्	क्रीणीयुः	गच्छेत्	गच्छेताम्	गच्छेयुः
II	क्रीणीयाः	क्रीणीयातम्	क्रीणीयात	गच्छेः	गच्छेतम्	गच्छेत
I	क्रीणीयाम्	क्रीणीयाव	क्रीणीयाम	गच्छेयम्	गच्छेव	गच्छेम

लृट् (Future)未来

III	क्रेष्यति	क्रेष्यतः	क्रेष्यन्ति	गमिष्यति	गमिष्यतः	गमिष्यन्ति
II	क्रेष्यसि	क्रेष्यथः	क्रेष्यथ	गमिष्यसि	गमिष्यथः	गमिष्यथ
I	क्रेष्यामि	क्रेष्यावः	क्रेष्यामः	गमिष्यामि	गमिष्यावः	गमिष्यामः

लिट् (Perfect)完了

III	चिक्राय	चिक्रियतुः	चिक्रियुः	ज्गाम	जग्मतुः	जग्मुः
II	चिक्रयिथ	चिक्रियथुः	चिक्रिय	जगमिथ	जग्मथुः	जग्म
I	चिक्राय	चिक्रियिव	चिक्रियिम	ज्गाम	जग्मिव	जग्मिम

लुङ् (Aorist)アオリスト

III	अक्रैषीत्	अक्रैष्टाम्	अक्रैषुः	अगमत्	अगमताम्	अगमन्
II	अक्रैषीः	अक्रैष्टम्	अक्रैष्ट	अगमः	अगमतम्	अगमत
I	अक्रैषम्	अक्रैष्व	अक्रैष्म	अगमम्	अगमाव	अगमाम

लुट् (Periphrastic Future)複合未来

III	क्रेता	क्रेतारौ	क्रेतारः	गन्ता	गन्तारौ	गन्तारः
II	क्रेतासि	क्रेतास्थः	क्रेतास्थ	गन्तासि	गन्तास्थः	गन्तास्थ
I	क्रेतास्मि	क्रेतास्वः	क्रेतास्मः	गन्तास्मि	गन्तास्वः	गन्तास्मः

आशीर्लिङ्　(Benedictive)祈願法

III	क्रीयात्	क्रीयास्ताम्	क्रीयासुः	गम्यात्	गम्यास्ताम्	गम्यासुः
II	क्रीयाः	क्रीयास्तम्	क्रीयास्त	गम्याः	गम्यास्तम्	गम्यास्त
I	क्रीयासम्	क्रीयास्व	क्रीयास्म	गम्यासम्	गम्यास्व	गम्यास्म

लृङ्　(Conditional)条件法

III	अक्रेष्यत्	अक्रेष्यताम्	अक्रेष्यन्	अगमिष्यत्	अगमिष्यताम्	अगमिष्यन्
II	अक्रेष्यः	अक्रेष्यतम्	अक्रेष्यत	अगमिष्यः	अगमिष्यतम्	अगमिष्यत
I	अक्रेष्यम्	अक्रेष्याव	अक्रेष्याम	अगमिष्यम्	अगमिष्याव	अगमिष्याम

Full conjugations of major verbs　主要動詞の活用表

ग्रह् (to seize つかむ) 9 P.　　**जन् (to be born 生まれる) 4 A.**

लट् (Present) 現在

III	गृह्णाति	गृह्णीतः	गृह्णन्ति	जायते	जायेते	जायन्ते
II	गृह्णासि	गृह्णीथः	ग्रह्णीथ	जायसे	जायेथे	जायध्वे
I	गृह्णामि	गृह्णीवः	गृह्णीमः	जाये	जायावहे	जायामहे

लङ् (Imperfect)過去

III	अगृह्णात्	अगृह्णीताम्	अगृह्णन्	अजायत	अजायेताम्	अजायन्त
II	अगृह्णाः	अगृह्णीतम्	अगृह्णीत	अजायथाः	अजायेथाम्	अजायध्वम्
I	अगृह्णाम्	अगृह्णीव	अगृह्णीम	अजाये	अजायावहि	अजायामहि

लोट् (Imperative)命令法

III	गृह्णातु	गृह्णीताम्	गृह्णन्तु	जायताम्	जायेताम्	जायन्ताम्
II	गृहाण	गृह्णीतम्	गृह्णीत	जायस्व	जायेथाम्	जायध्वम्
I	गृह्णानि	गृह्णाव	गृह्णाम	जायै	जायावहै	जायामहै

विधिलिङ् (Optative)願望法

III	गृह्णीयात्	गृह्णीयाताम्	गृह्णीयुः	जायेत	जायेयाताम्	जायेरन्
II	गृह्णीयाः	गृह्णीयातम्	गृह्णीयात	जायेथाः	जायेयाथाम्	जायेध्वम्
I	गृह्णीयाम्	गृह्णीयाव	गृह्णीयाम	जायेय	जायेवहि	जायेमहि

लृट् (Future)未来

III	ग्रहीष्यति	ग्रहीष्यतः	ग्रहीष्यन्ति	जनिष्यते	जनिष्येते	जनिष्यन्ते
II	ग्रहीष्यसि	ग्रहीष्यथः	ग्रहीष्यथ	जनिष्यसे	जनिष्येथे	जनिष्यध्वे
I	ग्रहीष्यामि	ग्रहीष्यावः	ग्रहीष्यामः	जनिष्ये	जनिष्यावहे	जनिष्यामहे

लिट् (Perfect)完了

III	जग्राह	जगृहतुः	जगृहुः	जज्ञे	जज्ञाते	जज्ञिरे
II	जग्रहिथ	जगृहथुः	जगृह	जज्ञिषे	जज्ञाथे	जज्ञिध्वे
I	जग्राह	जगृहिव	जगृहिम	जज्ञे	जज्ञिवहे	जज्ञिमहे

लुङ् (Aorist)アオリスト

III	अग्रहीत्	अग्रहीष्टाम्	अग्रहीषुः	अजनिष्ट	अजनिषाताम्	अजनिषत
II	अग्रहीः	अग्रहीष्टम्	अग्रहीष्ट	अजनिष्ठाः	अजनिषाथाम्	अजनिध्वम्
I	अग्रहीषम्	अग्रहीष्व	अग्रहीष्म	अजनिषि	अजनिष्वहि	अजनिष्महि

लुट् (Periphrastic Future)複合未来

III	ग्रहीता	ग्रहीतारौ	ग्रहीतारः	जनिता	जनितारौ	जनितारः
II	ग्रहीतासि	ग्रहीतास्थः	ग्रहीतास्थ	जनितासे	जनितासाथे	जनिताध्वे
I	ग्रहीतास्मि	ग्रहीतास्वः	ग्रहीतास्मः	जनिताहे	जनितास्वहे	जनितास्महे

आशीर्लिङ् (Benedictive)祈願法

III	गृह्यात्	गृह्यास्ताम्	गृह्यासुः	जनिषीष्ट	जनिषीयास्ताम्	जनिषीरन्
II	गृह्याः	गृह्यास्तम्	गृह्यास्त	जनिषीष्ठाः	जनिषीयास्थाम्	जनिषीध्वम्
I	गृह्यासम्	गृह्यास्व	गृह्यास्म	जनिषीय	जनिषीवहि	जनिषीमहि

लृङ् (Conditional)条件法

III	अग्रहीष्यत्	अग्रहीष्यताम्	अग्रहीष्यन्	अजनिष्यत	अजनिष्येताम्	अजनिष्यन्त
II	अग्रहीष्यः	अग्रहीष्यतम्	अग्रहीष्यत	अनिष्यथाः	अजनिष्येथाम्	अजनिष्यध्व
I	अग्रहीष्यम्	अग्रहीष्याव	अग्रहीष्याम	अजनिष्ये	अजनिष्यावहि	अजनिष्यामि

Full conjugations of major verbs 主要動詞の活用表

जागृ (to awake 目覚める) 2 P.   जि (to win 勝つ) 1 P.

लट् (Present)現在

III	जागर्ति	जागृतः	जाग्रति	जयति	जयतः	जयन्ति
II	जागर्षि	जागृथः	जागृथ	जयसि	जयथः	जयथः
I	जागर्मि	जागृवः	जागृमः	जयामि	जयावः	जयामः

लङ् (Imperfect)過去

III	अजागः	अजागृताम्	अजागरुः	अजयत्	अजयताम्	अजयन्
II	अजागः	अजागृतम्	अजागृत	अजयः	अजयतम्	अजयत
I	अजागरम्	अजागृव	अजागृम	अजयम्	अजयाव	अजयाम

लोट् (Imperative)命令法

III	जागर्तु	जागृताम्	जाग्रतु	जयतु	जयताम्	जयन्तु
II	जागृहि	जागृतम्	जागृत	जय	जयतम्	जयत
I	जागराणि	जागराव	जागराम	जयानि	जयाव	जयाम

विधिलिङ् (Optative)願望法

III	जागृयात्	जागृयाताम्	जागृयुः	जयेत्	जयेताम्	जयेयुः
II	जागृयाः	जागृयातम्	जागृयात	जयेः	जयेतम्	जयेत
I	जागृयाम्	जागृयाव	जागृयाम	जयेयम्	जयेव	जयेम

लृट् (Future)未来

III	जागरिष्यति	जागरिष्यतः	जागरिष्यन्ति	जेष्यति	जेष्यतः	जेष्यन्ति
II	जागरिष्यसि	जागरिष्यथः	जागरिष्यथ	जेष्यसि	जेष्यथः	जेष्यथ
I	जागरिष्यामि	जागरिष्यावः	जागरिष्यामः	जेष्यामि	जेष्यावः	जेष्यामः

लिट् (Perfect)完了

III	जजागार	जजागरतुः	जजागरुः	जिगाय	जिग्यतुः	जिग्युः
II	जजागरिथ	जजागरथुः	जजागर	जिगयिथ	जिग्यथुः	जिग्य
I	जजागार	जजागरिव	जजागरिम	जिगाय	जिग्यिव	जिग्यिम

लुङ् (Aorist)アオリスト

III	अजागरीत्	अजागरिष्टाम्	अजागरिषुः	अजैषीत्	अजैष्टाम्	अजैषुः
II	अजागरीः	अजागरिष्टम्	अजागरिष्ट	अजैषीः	अजैष्टम्	अजैष्ट
I	अजागरिष	अजागरिष्व	अजागरिष्म	अजैषम्	अजैष्व	अजैष्म

लुट् (Periphrastic Future)複合未来

III	जागरिता	जागरितारौ	जागरितारः	जेता	जेतारौ	जेतारः
II	जागरितासि	जागरितास्थः	जागरितास्थ	जेतासि	जेतास्थः	जेतास्थ
I	जागरितास्मि	जागरितास्वः	जागरितास्मः	जेतास्मि	जेतास्वः	जेतास्मः

आशीर्लिङ् (Benedictive)祈願法

III	जागर्यात्	जागर्यास्ताम्	जागर्यासुः	जीयात्	जीयास्ताम्	जीयासुः
II	जागर्याः	जागर्यास्तम्	जागर्यास्त	जीयाः	जीयास्तम्	जीयास्त
I	जागर्यासम्	जागर्यास्व	जागर्यास्म	जीयासम्	जीयास्व	जीयास्म

लृङ् (Conditional)条件法

III	अजागरिष्यत्	अजागरिष्यताम्	अजागरिष्यन्	अजेष्यत्	अजेष्यताम्	अजेष्यन्
II	अजागरिष्यः	अजागरिष्यतम्	अजागरिष्यत	अजेष्यः	अजेष्यतम्	अजेष्यत
I	अजागरिष्यम्	अजागरिष्याव	अजागरिष्याम	अजेष्यम्	अजेष्याव	अजेष्याम

Full conjugations of major verbs　主要動詞の活用表

ज्ञा (to know 知る) 9 P.   ज्ञा (to know 知る) 9 A.

लट् (Present) 現在

III	जानाति	जानीतः	जानन्ति	जानीते	जानाते	जानते
II	जानासि	जानीथः	जानीथ	जानीषे	जानाथे	जानीध्वे
I	जानामि	जानीवः	जानीमः	जाने	जानीवहे	जानीमहे

लङ् (Imperfect) 過去

III	अजानात्	अजानीताम्	अजानन्	अजानीत	अजानाताम्	अजानत
II	अजानाः	अजानीतम्	अजानीत	अजानीथाः	अजानाथाम्	अजानीध्वम्
I	अजानाम्	अजानीव	अजानीम	अजानि	अजानीवहि	अजानीमहि

लोट् (Imperative) 命令法

III	जानातु	जानीताम्	जानन्तु	जानीताम्	जानाताम्	जानताम्
II	जानीहि	जानीतम्	जानीत	जानीष्व	जानाथाम्	जानीध्वम्
I	जानानि	जानाव	जानाम	जानै	जानावहै	जानामहै

विधिलिङ् (Optative) 願望法

III	जानीयात्	जानीयाताम्	जानीयुः	जानीत	जानीयाताम्	जानीरन्
II	जानीयाः	जानीयातम्	जानीयात	जानीथाः	जानीयाथाम्	जानीध्वम्
I	जानीयाम्	जानीयाव	जानीयाम	जानीय	जानीवहि	जानीमहि

लृट् (Future) 未来

III	ज्ञास्यति	ज्ञास्यतः	ज्ञास्यन्ति	ज्ञास्यते	ज्ञास्येते	ज्ञास्यन्ते
II	ज्ञास्यसि	ज्ञास्यथः	ज्ञास्यथ	ज्ञास्यसे	ज्ञास्येथे	ज्ञास्यध्वे
I	ज्ञास्यामि	ज्ञास्यावः	ज्ञास्यामः	ज्ञास्ये	ज्ञास्यावहे	ज्ञास्यामहे

लिट् (Perfect) 完了

III	जज्ञौ	जज्ञतुः	जज्ञुः	जज्ञे	जज्ञाते	जज्ञिरे
II	जज्ञिथ,	जज्ञथुः	जज्ञ	जज्ञिषे	जज्ञाथे	जज्ञिध्वे
I	जज्ञौ	जज्ञिव	जज्ञिम	जज्ञे	जज्ञिवहे	जज्ञिमहे

लुङ् (Aorist) アオリスト

III	अज्ञासीत्	अज्ञासिष्टाम्	अज्ञासिषुः	अज्ञास्त	अज्ञासाताम्	अज्ञासत
II	अज्ञासीः	अज्ञासिष्टम्	अज्ञासिष्ट	अज्ञास्थाः	अज्ञासाथाम्	अज्ञाध्वम्
I	अज्ञासिषम्	अज्ञासिष्व	अज्ञासिष्म	अज्ञासि	अज्ञास्वहि	अज्ञास्महि

लुट् (Periphrastic Future) 複合未来

III	ज्ञाता	ज्ञातारौ	ज्ञातारः	ज्ञाता	ज्ञातारौ	ज्ञातारः
II	ज्ञातासि	ज्ञातास्थः	ज्ञातास्थ	ज्ञातासे	ज्ञातासाथे	ज्ञाताध्वे
I	ज्ञातास्मि	ज्ञातास्वः	ज्ञातास्मः	ज्ञाताहे	ज्ञातास्वहे	ज्ञातास्महे

आशीर्लिङ् 未来

III	ज्ञेयात्	ज्ञेयास्ताम्	ज्ञेयासुः	ज्ञासीष्ट	ज्ञासीयास्ताम्	ज्ञासीरन्
II	ज्ञेयाः	ज्ञेयास्तम्	ज्ञेयास्त	ज्ञासीष्ठाः	ज्ञासीयास्थाम्	ज्ञासीध्वम्
I	ज्ञेयासम्	ज्ञेयास्व	ज्ञेयास्म	ज्ञासीय	ज्ञासीवहि	ज्ञासीमहि

लृङ् (Conditional)

III	अज्ञास्यत्	अज्ञास्यताम्	अज्ञास्यन्	अज्ञास्यत	अज्ञास्येताम्	अज्ञास्यन्त
II	अज्ञास्यः	अज्ञास्यतम्	अज्ञास्यत	अज्ञास्यथाः	अज्ञास्येथाम्	अज्ञास्यध्वम्
I	अज्ञास्यम्	अज्ञास्याव	अज्ञास्याम	अज्ञास्ये	अज्ञास्यावहि	अज्ञास्यामहि

Full conjugations of major verbs　主要動詞の活用表

दा (to give 与える) 3 P.　　　　दा (to give 与える) 3 A.

लट् (Present) 現在

III	ददाति	दत्तः	ददति	दत्ते	ददाते	ददते
II	ददासि	दत्थः	दत्थ	दत्से	ददाथे	दद्ध्वे
I	ददामि	दद्वः	दद्मः	ददे	दद्वहे	दद्महे

लङ् (Imperfect)

III	अददात्	अदत्ताम्	अददुः	अदत्त	अददाताम्	अददत
II	अददाः	अदत्तम्	अदत्त	अदत्थाः	अददाथाम्	अदद्ध्वम्
I	अददाम्	अदद्व	अदद्म	अददि	अदद्वहि	अदद्महि

लोट् (Imperative)

III	ददातु	दत्ताम्	ददतु	दत्ताम्	ददाताम्	ददताम्
II	देहि	दत्तम्	दत्त	दत्स्व	ददाथाम्	दद्ध्वम्
I	ददानि	ददाव	ददाम	ददै	ददावहै	ददामहै

विधिलिङ~ (Optative)

III	दद्यात्	दद्याताम्	दद्युः	ददीत	ददीयाताम्	ददीरन्
II	दद्याः	दद्यातम्	दद्यात	ददीथाः	ददीयाथाम्	ददीध्वम्
I	दद्याम्	दद्याव	दद्याम	ददीय	ददीवहि	ददीमहि

लृट् (Future)

III	दास्यति	दास्यतः	दास्यन्ति	दास्यते	दास्यते	दास्यन्ते
II	दास्यसि	दास्यथः	दास्यथ	दास्यसे	दास्येथे	दास्यध्वे
I	दास्यामि	दास्यावः	दास्यामः	दास्ये	दास्यावहे	दास्यामहे

लिट् (Perfect)

III	ददौ	ददतुः	ददुः	ददे	ददाते	ददिरे
II	ददिथ	ददथुः	दद	ददिषे	ददाथे	ददिध्वे
I	ददौ	ददिव	ददिम	ददे	ददिवहे	ददिमहे

लुङ् (Aorist)

III	अदात्	अदाताम्	अदुः	अदित	अदिषाताम्	अदिषत
II	अदाः	अदातम्	अदात	अदिथाः	अदिषाथाम्	अदिध्वम्
I	अदाम्	अदाव	अदाम	अदिषि	अदिष्वहि	अदिष्महि

लुट् (Periphrastic Future)

III	दाता	दातारौ	दातारः	दाता	दातारौ	दातारः
II	दातासि	दातास्थः	दातास्थ	दातासे	दातासाथे	दाताध्वे
I	दातास्मि	दातास्वः	दातास्मः	दाताहे	दातास्वहे	दातास्महे

आशीर्लिङ् (Benedictive)

III	देयात्	देयास्ताम्	देयासुः	दासीष्ट	दासीयास्ताम्	दासीरन्
II	देयाः	देयास्तम्	देयास्त	दासीष्ठाः	दासीयास्थाम्	दासीध्वम्
I	देयासम्	देयास्व	देयास्म	दासीय	दासीवहि	दासीमहि

लृङ् (Conditional)

III	अदास्यत्	अदास्यताम्	अदास्यन्	अदास्यत	अदास्येताम्	अदास्यन्त
II	अदास्यः	अदास्यतम्	अदास्यत	अदास्यथाः	अदास्येथाम्	अदास्यध्वम्
I	अदास्यम्	अदास्याव	अदास्याम	अदास्ये	अदास्यावहि	अदास्यामहि

Full conjugations of major verbs　主要動詞の活用表

	दा (यच्छ् to give 与える) 1 P.			दृश् (to see 見る) 1 P.		

लट् (Present) 現在

III	यच्छति	यच्छतः	यच्छन्ति	पश्यति	पश्यतः	पश्यन्ति
II	यच्छसि	यच्छथः	यच्छथ	पश्यसि	पश्यथः	पश्यथ
I	यच्छामि	यच्छावः	यच्छामः	पश्यामि	पश्यावः	पश्यामः

लङ् (Imperfect)過去

III	अयच्छत्	अयच्छताम्	अयच्छन्	अपश्यत्	अपश्यताम्	अपश्यन्
II	अयच्छः	अयच्छतम्	अयच्छत	अपश्यः	अपश्यतम्	अपश्यत
I	अयच्छम्	अयच्छाव	अयच्छाम	अपश्यम्	अपश्याव	अपश्याम

लोट् (Imperative)命令法

III	यच्छतु	यच्छताम्	यच्छन्तु	पश्यतु	पश्यताम्	पश्यन्तु
II	यच्छ	यच्छतम्	यच्छत	पश्य	पश्यतम्	पश्यत
I	यच्छानि	यच्छाव	यच्छाम	पश्यानि	पश्याव	पश्याम

विधिलिङ् (Optative)願望法

III	यच्छेत्	यच्छेताम्	यच्छेयुः	पश्येत्	पश्येताम्	पश्येयुः
II	यच्छेः	यच्छेतम्	यच्छेत	पश्येः	पश्येतम्	पश्येत
I	यच्छेयम्	यच्छेव	यच्छेम	पश्येयम्	पश्येव	पश्येम

लृट् (Future)未来

III	दास्यति	दास्यतः	दास्यन्ति	द्रक्ष्यति	द्रक्ष्यतः	द्रक्ष्यन्ति
II	दास्यसि	दास्यथः	दास्यथ	द्रक्ष्यसि	द्रक्ष्यथः	द्रक्ष्यथ
I	दास्यामि	दास्यावः	दास्यामः	द्रक्ष्यामि	द्रक्ष्यावः	द्रक्ष्यामः

लिट् (Perfect)完了

III	ददौ	ददतुः	ददुः	ददर्श	ददृशतुः	ददृशुः
II	ददिथ	ददथुः	दद	ददर्शिथ	ददृशथुः	ददृश
I	ददौ	ददिव	ददिम	ददर्श	ददृशिव	ददृशिम

लुङ् (Aorist)アオリスト

III	अदात्	अदाताम्	अदुः	अद्राक्षीत्	अद्राष्टाम्	अद्राक्षुः
II	अदाः	अदातम्	अदात	अद्राक्षीः	अद्राष्टम्	अद्राष्ट
I	अदाम्	अदाव	अदाम	अद्राक्षम्	अद्राक्ष्व	अद्राक्ष्म

लुट् (Periphrastic Future)複合未来

III	दाता	दातारौ	दातारः	द्रष्टा	द्रष्टारौ	द्रष्टारः
II	दातासि	दातास्थः	दातास्थ	द्रष्टासि	द्रष्टास्थः	द्रष्टास्थ
I	दातास्मि	दातास्वः	दातास्मः	द्रष्टास्मि	द्रष्टास्वः	द्रष्टास्मः

आशीर्लिङ् (Benedictive)祈願法

III	देयात्	देयास्ताम्	देयासुः	दृश्यात्	दृश्यास्ताम्	दृश्यासुः
II	देयाः	देयास्तम्	देयास्त	दृश्याः	दृश्यास्तम्	दृश्यास्त
I	देयासम्	देयास्व	देयास्म	दृश्यासम्	दृश्यास्व	दृश्यास्म

लृङ् (Conditional)条件法

III	अदास्यत्	अदास्यताम्	अदास्यन्	अद्रक्ष्यत्	अद्रक्ष्यताम्	अद्रक्ष्यन्
II	अदास्यः	अदास्यतम्	अदास्यत	अद्रक्ष्यः	अद्रक्ष्यतम्	अद्रक्ष्यत
I	अदास्यम्	अदास्याव	अदास्याम	अद्रक्ष्यम्	अद्रक्ष्याव	अद्रक्ष्याम

Full conjugations of major verbs　主要動詞の活用表

धा (to place 置く) 3 P.　　**धा (to place 置く) 3 A.**

			लट् (Present) 現在			
III	दधाति	धत्तः	दधति	धत्ते	दधाते	दधते
II	दधासि	धत्थः	धत्थ	धत्से	दधाथे	दद्ध्वे
I	दधामि	दध्वः	दध्मः	दधे	दध्वहे	दध्महे
			लङ् (Imperfect)過去			
III	अदधात्	अधत्ताम्	अदधुः	अधत्त	अदधाताम्	अदधत
II	अदधाः	अधत्तम्	अधत्त	अधत्थाः	अदधाथाम्	अधद्ध्वम्
I	अदधाम्	अदध्व	अदध्म	अदधि	अदध्वहि	अदध्महि
			लोट् (Imperative)命令法			
III	दधातु	धत्ताम्	दधतु	धत्ताम्	दधाताम्	दधताम्
II	धेहि	धत्तम्	धत्त	धत्स्व	दधाथाम्	धद्ध्वम्
I	दधानि	दधाव	दधाम	दधै	दधावहै	दधामहै
			विधिलिङ् (Optative)願望法			
III	दध्यात्	दध्याताम्	दध्युः	दधीत	दधीयाताम्	दधीरन्
II	दध्याः	दध्यातम्	दध्यात	दधीथाः	दधीयाथाम्	दधीध्वम्
I	दध्याम्	दध्याव	दध्याम	दधीय	दधीवहि	दधीमहि
			लृट् (Future)未来			
III	धास्यति	धास्यतः	धास्यन्ति	धास्यते	धास्येते	धास्यन्ते
II	धास्यसि	धास्यथः	धास्यथ	धास्यसे	धास्येथे	धास्यध्वे
I	धास्यामि	धास्यावः	धास्यामः	धास्ये	धास्यावहे	धास्यामहे
			लिट् (Perfect)完了			
III	दधौ	दधतुः	दधुः	दधे	दधाते	दधिरे
II	दधिथ	दधथुः	दध	दधिषे	दधाथे	दधिध्वे
I	दधौ	दधिव	दधिम	दधे	दधिवहे	दधिमहे
			लुङ् (Aorist)アオリスト			
III	अधात्	अधाताम्	अधुः	अधित	अधिषाताम्	अधिषत
II	अधाः	अधातम्	अधात	अधिथाः	अधिषाथाम्	अधिध्वम्
I	अधाम्	अधाव	अधाम	अधिषि	अधिष्वहि	अधिष्महि
			लुट् (Periphrastic Future)複合未来			
III	धाता	धातारौ	धातारः	धाता	धातारौ	धातारः
II	धातासि	धातास्थः	धातास्थ	धातासे	धातासाथे	धाताध्वे
I	धातास्मि	धातास्वः	धातास्मः	धाताहे	धातास्वहे	धातास्महे
			आशीर्लिङ् (Benedictive)祈願法			
III	धेयात्	धेयास्ताम्	धेयासुः	धासीष्ट	धासीयास्ताम्	धासीरन्
II	धेयाः	धेयास्तम्	धेयास्त	धासीष्ठाः	धासीयास्थाम्	धासीध्वम्
I	धेयासम्	धेयास्व	धेयास्म	धासीय	धासीवहि	धासीमहि
			लृङ् (Conditional)条件法			
III	अधास्यत्	अधास्यताम्	अधास्यन्	अधास्यत	अधास्येताम्	अधास्यन्त
II	अधास्यः	अधास्यतम्	अधास्यत	अधास्यथाः	अधास्येथाम्	अधास्यध्वम्
I	अधास्यम्	अधास्याव	अधास्याम	अधास्ये	अधास्यावहि	अधास्यामहि

Full conjugations of major verbs　主要動詞の活用表

नश् (to be destroyed 壊れる) 4 P.　　　**पठ्** (to read 読む) 1 P.

लट् (Present) 現在

III	नश्यति	नश्यतः	नश्यन्ति	पठति	पठतः	पठन्ति
II	नश्यसि	नश्यथः	नश्यथ	पठसि	पठथः	पठथ
I	नश्यामि	नश्यावः	नश्यामः	पठामि	पठावः	पठामः

लङ् (Imperfect) 過去

III	अनश्यत्	अनश्यताम्	अनश्यन्	अपठत्	अपठताम्	अपठन्
II	अनश्यः	अनश्यतम्	अनश्यत	अपठः	अपठतम्	अपठत
I	अनश्यम्	अनश्याव	अनश्याम	अपठम्	अपठाव	अपठाम

लोट् (Imperative) 命令法

III	नश्यतु	नश्यताम्	नश्यन्तु	पठतु	पठताम्	पठन्तु
II	नश्य	नश्यतम्	नश्यत	पठ	पठतम्	पठत
I	नश्यानि	नश्याव	नश्याम	पठानि	पठाव	पठाम

विधिलिङ् (Optative) 願望法

III	नश्येत्	नश्येताम्	नश्येयुः	पठेत्	पठेताम्	पठेयुः
II	नश्येः	नश्येतम्	नश्येत	पठेः	पठेतम्	पठेत
I	नश्येयम्	नश्येव	नश्येम	पठेयम्	पठेव	पठेम

लृट् (Future) 未来

III	नशिष्यति[1]	नशिष्यतः	नशिष्यन्ति	पठिष्यति	पठिष्यतः	पठिष्यन्ति
II	नशिष्यसि	नशिष्यथः	नशिष्यथ	पठिष्यसि	पठिष्यथः	पठिष्यथ
I	नशिष्यामि	नशिष्यावः	नशिष्यामः	पठिष्यामि	पठिष्यावः	पठिष्यामः

लिट् (Perfect) 完了

III	ननाश	नेशतुः	नेशुः	पपाठ	पेठतुः	पेठुः
II	नेशिथ	नेशथुः	नेश	पेठिथ	पेठथुः	पेठ
I	ननाश	नेशिव	नेशिम	पपाठ	पेठिव	पेठिम

लुङ् (Aorist) アオリスト

III	अनशत्	अनशताम्	अनशन्	अपाठीत्	अपाठिष्टाम्	अपाठिषुः
II	अनशः	अनशतम्	अनशत	अपाठीः	अपाठिष्टम्	अपाठिष्ट
I	अनशम्	अनशाव	अनशाम	अपाठिषम्	अपाठिष्व	अपाठिष्म

लुट् (Periphrastic Future) 複合未来

III	नशिता	नशितारौ	नशितारः	पठिता	पठितारौ	पठितारः
II	नशितासि	नशितास्थः	नशितास्थ	पठितासि	पठितास्थः	पठितास्थ
I	नशितास्मि	नशितास्वः	नशितास्मः	पठितास्मि	पठितास्वः	पठितास्मः

आशीर्लिङ् (Benedictive) 祈願法

III	नश्यात्	नश्यास्ताम्	नश्यासुः	पठ्यात्	पठ्यास्ताम्	पठ्यासुः
II	नश्याः	नश्यास्तम्	नश्यास्त	पठ्याः	पठ्यास्तम्	पठ्यास्त
I	नश्यासम्	नश्यास्व	नश्यास्म	पठ्यासम्	पठ्यास्व	पठ्यास्म

लृङ् (Conditional) 条件法

III	अनशिष्यत्	अनशिष्यताम्	अनशिष्यन्	अपठिष्यत्	अपठिष्यताम्	अपठिष्यन्
II	अनशिष्यः	अनशिष्यतम्	अनशिष्यत	अपठिष्यः	अपठिष्यतम्	अपठिष्यत
I	अनशिष्यम्	अनशिष्याव	अनशिष्याम	अपठिष्यम्	अपठिष्याव	अपठिष्याम

पा (to drink 飲む) 1 P.　　　पुष् (to nourish 養う) 4 P.

लट् (Present)現在

III	पिबति	पिबतः	पिबन्ति	पुष्यति	पुष्यतः	पुष्यन्ति
II	पिबसि	पिबथः	पिबथ	पुष्यसि	पुष्यथः	पुष्यथ
I	पिबामि	पिबावः	पिबामः	पुष्यामि	पुश्यावः	पुष्यामः

लङ् (Imperfect)過去

III	अपिबत्	अपिबताम्	अपिबन्	अपुष्यत्	अपुष्यताम्	अपुष्यन्
II	अपिबः	अपिबतम्	अपिबत	अपुष्यः	अपुष्यतम्	अपुष्यत
I	अपिबम्	अपिबाव	अपिबाम	अपुष्यम्	अपुष्याव	अपुष्याम

लोट् (Imperative)命令法

III	पिबतु	पिबताम्	पिबन्तु	पुष्यतु	पुष्यताम्	पुष्यन्तु
II	पिब	पिबतम्	पिबत	पुष्य	पुष्यतम्	पुष्यत
I	पिबानि	पिबाव	पिबाम	पुष्यानि	पुष्याव	पुष्याम

विधिलिङ् (Optative)願望法

III	पिबेत्	पिबेताम्	पिबेयुः	पुष्येत्	पुष्येताम्	पुष्येयुः
II	पिबेः	पिबेतम्	पिबेत	पुष्येः	पुष्येतम्	पुष्येत
I	पिबेयम्	पिबेव	पिबेम	पुष्येयम्	पुष्येव	पुष्येम

लृट् (Future)未来

III	पास्यति	पास्यतः	पास्यन्ति	पोक्ष्यति	पोक्ष्यतः	पोक्ष्यन्ति
II	पास्यसि	पास्यथः	पास्यथ	पोक्ष्यसि	पोक्ष्यथः	पोक्ष्यथ
I	पास्यामि	पास्यावः	पास्यामः	पोक्ष्यामि	पोक्ष्यावः	पोक्ष्यामः

लिट् (Perfect)完了

III	पपौ	पपतुः	पपुः	पुपोष	पुपुषतुः	पुपुषुः
II	पपिथ	पपथुः	पप	पुपोषिथ	पुपुषथुः	पुपुष
I	पपौ	पपिव	पपिम	पुपोष	पुपुषिव	पुपुषिम

लुङ् (Aorist)アオリスト

III	अपात्	अपाताम्	अपुः	अपुष्यत्	अपुष्यताम्	अपुष्यन्
II	अपाः	अपातम्	अपात	अपुष्यः	अपुष्यतम्	अपुष्यत
I	अपाम्	अपाव	अपाम	अपुष्यम्	अपुष्याव	अपुष्याम

लुट् (Periphrastic Future)複合未来

III	पाता	पातारौ	पातारः	पोष्टा	पोष्टारौ	पोष्टारः
II	पातासि	पातास्थः	पातास्थ	पोष्टासि	पोष्टास्थः	पोष्टास्थ
I	पातास्मि	पातास्वः	पातास्मः	पोष्टास्मि	पोष्टास्वः	पोष्टास्मः

आशीर्लिङ् (Benedictive)祈願法

III	पेयात्	पेयास्ताम्	पेयासुः	पुष्यात्	पुष्यास्ताम्	पुष्यासुः
II	पेयाः	पेयास्तम्	पेयास्त	पुष्याः	पुष्यास्तम्	पुष्यास्त
I	पेयासम्	पेयास्व	पेयास्म	पुष्यासम्	पुष्यास्व	पुष्यास्म

लृङ् (Conditional)条件法

III	अपास्यत्	अपास्यताम्	अपास्यन्	अपोक्ष्यत्	अपोक्ष्यताम्	अपोक्ष्यन्
II	अपास्यः	अपास्यतम्	अपास्यत	अपोक्ष्यः	अपोक्ष्यतम्	अपोक्ष्यत
I	अपास्यम्	अपास्याव	अपास्याम	अपोक्ष्यम्	अपोक्ष्याव	अपोक्ष्याम

Full conjugations of major verbs　主要動詞の活用表

प्रच्छ् (to ask 尋ねる) 1 P.　　**बन्ध्** (to bind 縛る) 9 P.

लट् (Present)現在

III	पृछति	पृच्छतः	पृच्छन्ति	बध्नाति	बध्नीतः	बध्नन्ति
II	पृच्छसि	पृच्छथः	पृच्छथ	बध्नासि	बध्नीथः	बध्नीथ
I	पृच्छामि	पृच्छावः	पृच्छामः	बध्नामि	बध्नीवः	बध्नीमः

लङ् (Imperfect)過去

III	अपृच्छत्	अपृच्छताम्	अपृच्छन्	अबध्नात्	अबध्नीताम्	अबध्नन्
II	अपृच्छः	अपृच्छतम्	अपृच्छत	अबध्नाः	अबध्नीतम्	अबध्नीत
I	अपृच्छम्	अपृच्छाव	अपृच्छाम	अबध्नाम्	अबध्नीव	अबध्नीम

लोट् (Imperative)命令法

III	पृच्छतु	पृच्छताम्	पृच्छन्तु	बध्नातु	बध्नीताम्	बध्नन्तु
II	पृच्छ	पृच्छतम्	पृच्छत	बधान	बध्नीतम्	बध्नीत
I	पृच्छानि	पृच्छाव	पृच्छाम	बध्नानि	बध्नाव	बध्नाम

विधिलिङ् (Optative)願望法

III	पृच्छेत्	पृच्छेताम्	पृच्छेयुः	बध्नीयात्	बध्नीयाताम्	बध्नीयुः
II	पृच्छेः	पृच्छेतम्	पृच्छेत	बध्नीयाः	बध्नीयातम्	बध्नीयात
I	पृच्छेयम्	पृच्छेव	पृच्छेम	बध्नीयाम्	बध्नीयाव	बध्नीयाम

लृट् (Future)未来

III	प्रक्ष्यति	प्रक्ष्यतः	प्रक्ष्यन्ति	भन्त्स्यति	भन्त्स्यतः	भन्त्स्यन्ति
II	प्रक्ष्यसि	प्रक्ष्यथः	प्रक्ष्यथ	भन्त्स्यसि	भन्त्स्यथः	भन्त्स्यथ
I	प्रक्ष्यामि	प्रक्ष्यावः	प्रक्ष्यामः	भन्त्स्यामि	भन्त्स्यावः	भन्त्स्यामः

लिट् (Perfect)完了

III	पप्रच्छ	पप्रच्छतुः	पप्रच्छुः	बबन्ध	बबन्धतुः	बबन्धुः
II	पप्रच्छिथ	पप्रच्छथुः	पप्रच्छ	बबन्धिथ	बबन्धथुः	बबन्ध
I	पप्रच्छ	पप्रच्छिव	पप्रच्छिम	बबन्ध	बबन्धिव	बबन्धिम

लुङ् (Aorist)アオリスト

III	अप्राक्षीत्	अप्राष्टाम्	अप्राक्षुः	अभान्त्सीत्	अबन्)ाम्	अभान्त्सुः
II	अप्राक्षीः	अप्राष्टम्	अप्राष्ट	अभान्त्सीः	अबान्)म्	अबान्)
I	अप्राक्षम्	अप्राक्ष्व	अप्राक्ष्म	अभान्त्सम्	अभान्त्स्व	अभान्त्स्म

लुट् (Periphrastic Future)複合未来

III	प्रष्टा	प्रष्टारौ	प्रष्टारः	बन्धा	बन्धारौ	बन्धारः
II	प्रष्टासि	प्रष्टास्थः	प्रष्टास्थ	बन्धासि	बन्धास्थः	बन्धास्थ
I	प्रष्टास्मि	प्रष्टास्वः	प्रष्टास्मः	बन्धास्मि	बन्धास्वः	बन्धास्मः

लृङ् (Benedictive)祈願法

III	पृच्छ्यात्	पृच्छ्यास्ताम्	पृच्छ्यासुः	बध्यात्	बध्यास्ताम्	बध्यासुः
II	पृच्छ्याः	पृच्छ्यास्तम्	पृच्छ्यास्त	बध्याः	बध्यास्तम्	बध्यास्त
I	पृच्छ्यासम्	पृच्छ्यास्व	पृच्छ्यास्म	बध्यासम्	बध्यास्व	बध्यास्म

लृङ् (Conditional)条件法

III	अप्रक्ष्यत्	अप्रक्ष्यताम्	अप्रक्ष्यन्	अभन्त्स्यत्	अभन्त्स्यताम्	अभन्त्स्यन्
II	अप्रक्ष्यः	अप्रक्ष्यतम्	अप्रक्ष्यत	अभन्त्स्यः	अभन्त्स्यतम्	अभन्त्स्यत
I	अप्रक्ष्यम्	अप्रक्ष्याव	अप्रक्ष्याम	अभन्त्स्यम्	अभन्त्स्याव	अभन्त्स्याम

Full conjgations of major verbs　主要動詞の活用表

ब्रू (to speak 話す) 2 P.　　ब्रू (to speak 話す) 2 A.

लट् (Present)現在

III	ब्रवीति	ब्रूतः	ब्रुवन्ति	ब्रूते	ब्रुवाते	ब्रुवते
II	ब्रवीषि	ब्रूथः	ब्रूथ	ब्रूषे	ब्रुवाथे	ब्रूध्वे
I	ब्रवीमि	ब्रूवः	ब्रूमः	ब्रुवे	ब्रूवहे	ब्रूमहे

लङ् (Imperfect)過去

III	अब्रवीत्	अब्रूताम्	अब्रुवन्	अब्रूत	अब्रुवाताम्	अब्रुवत
II	अब्रवीः	अब्रूतम्	अब्रूत	अब्रूथाः	अब्रुवाथाम्	अब्रूध्वम्
I	अब्रवम्	अब्रूव	अब्रूम	अब्रुवि	अब्रूवहि	अब्रूमहि

लोट् (Imperative)命令法

III	ब्रवीतु	ब्रूताम्	ब्रुवन्तु	ब्रूताम्	ब्रुवाताम्	ब्रुवताम्
II	ब्रूहि	ब्रूतम्	ब्रूत	ब्रूष्व	ब्रूवाथाम्	ब्रूध्वम्
I	ब्रवाणि	ब्रवाव	ब्रवाम	ब्रवै	ब्रवावहै	ब्रवामहै

विधिलिङ् (Optative)願望法

III	ब्रूयात्	ब्रूयाताम्	ब्रूयुः	ब्रुवीत	ब्रुवीयाताम्	ब्रुवीरन्
II	ब्रूयाः	ब्रूयातम्	ब्रूयात	ब्रुवीथाः	ब्रुवीयाथाम्	ब्रुवीध्वम्
I	ब्रूयाम्	ब्रूयाव	ब्रूयाम	ब्रुवीय	ब्रुवीवहि	ब्रुवीमहि

लृट् (Future)未来

III	वक्ष्यति	वक्ष्यतः	वक्ष्यन्ति	वक्ष्यते	वक्ष्येते	वक्ष्यन्ते
II	वक्ष्यसि	वक्ष्यथः	वक्ष्यथ	वक्ष्यसे	वक्ष्येथे	वक्ष्यध्वे
I	वक्ष्यामि	वक्ष्यावः	वक्ष्यामः	वक्ष्ये	वक्ष्यावहे	वक्ष्यामहे

लिट् (Perfect)完了

III	उवाच	ऊचतुः	ऊचुः	ऊचे	ऊचाते	ऊचिरे
II	उवचिथ	ऊचथुः	ऊच	ऊचिषे	ऊचाथे	ऊचिध्वे
I	उवाच	ऊचिव	ऊचिम	ऊचे	ऊचिवहे	ऊचिमहे

लुङ् (Aorist)アオリスト

III	अवोचत्	अवोचताम्	अवोचन्	अवोचत	अवोचेताम्	अवोचन्त
II	अवोचः	अवोचतम्	अवोचत	अवोचथाः	अवोचेथाम्	अवोचध्वम्
I	अवोचम्	अवोचाव	अवोचाम्	अवोचे	अवोचावहि	अवोचामहि

लुट् (Periphrastic Future)複合未来

III	वक्ता	वक्तारौ	वक्तारः	वक्ता	वक्तारौ	वक्तारः
II	वक्तासि	वक्तास्थः	वक्तास्थ	वक्तासे	वक्तासाथे	वक्ताध्वे
I	वक्तास्मि	वक्तास्वः	वक्तास्मः	वक्ताहे	वक्तास्वहे	वक्तास्महे

आशीर्लिङ् (Benedictive)祈願法

III	उच्यात्	उच्यास्ताम्	उच्यासुः	वक्षीष्ट	वक्षीयास्ताम्	वक्षीरन्
II	उच्याः	उच्यास्तम्	उच्यास्त	वक्षीष्ठाः	वक्षीयास्थाम्	वक्षीध्वम्
I	उच्यासम्	उच्यास्व	उच्यास्म	वक्षीय	वक्षीवहि	वक्षीमहि

लृङ् (Conditional)条件法

III	अवक्ष्यत्	अवक्ष्यताम्	अवक्ष्यन्	अवक्ष्यत	अवक्ष्येताम्	अवक्ष्यन्त
II	अवक्ष्यः	अवक्ष्यतम्	अवक्ष्यत	अवक्ष्यथाः	अवक्ष्येथाम्	अवक्ष्यध्वम्
I	अवक्ष्यम्	अवक्ष्याव	अवक्ष्याम	अवक्ष्ये	अवक्ष्यावहि	अवक्ष्यामहि

Full conjgations of major verbs　主要動詞の活用表

भिद् (to break 壊す) 7 P.　　　　**भी** (to be afraid 恐れる) 3 P.

लट् (Present)現在

III	भिनत्ति	भिन्तः	भिन्दन्ति	बिभेति	बिभीतः	बिभ्यति
II	भिनत्सि	भिन्त्थः	भिन्त्थ	बिभेषि	बिभीथः	बिभीथ
I	भिनद्मि	भिन्द्वः	भिन्द्मः	बिभेमि	बिभीवः	बिभीमः

लङ् (Imperfect)過去

III	अभिनत्	अभिन्ताम्	अभिन्दन्	अबिभेत्	अबिभीताम्	अबिभयुः
II	अभिनः	अभिन्तम्	अभिन्त	अबिभेः	अबिभीतम्	अबिभीत
I	अभिनदम्	अभिन्द्व	अभिन्द्म	अबिभयम्	अबिभीव	अबिभीम

लोट् (Imperative)命令法

III	भिनत्तु	भिन्ताम्	भिन्दन्तु	बिभेतु	बिभीताम्	बिभ्यतु
II	भिन्धि	भिन्तम्	भिन्त	बिभीहि	बिभीतम्	बिभीत
I	भिनदानि	भिनदाव	भिनदाम	बिभयानि	बिभयाव	बिभयाम

विधिलिङ् (Optative)願望法

III	भिन्द्यात्	भिन्द्याताम्	भिन्द्युः	बिभीयात्	बिभीयाताम्	बिभीयुः
II	भिन्द्याः	भिन्द्यातम्	भिन्द्यात	बिभीयाः	बिभीयातम्	बिभीयात
I	भिन्द्याम्	भिन्द्याव	भिन्द्याम	बिभीयाम्	बिभीयाव	बिभीयाम

लृट् (Future)未来

III	भेत्स्यति	भेत्स्यतः	भेत्स्यन्ति	भेष्यति	भेष्यतः	भेष्यन्ति
II	भेत्स्यसि	भेत्स्यथः	भेत्स्यथ	भेष्यसि	भेष्यथः	भेष्यथ
I	भेत्स्यामि	भेत्स्यावः	भेत्स्यामः	भेष्यामि	भेष्यावः	भेष्यामः

लिट् (Perfect)完了

III	बिभेद	बिभिदतुः	बिभिदुः	बिभाय	बिभ्यतुः	बिभ्युः
II	बिभेदिथ	बिभिदथुः	बिभिद	बिभयिथ	बिभ्यथुः	बिभ्य
I	बिभेद	बिभिदिव	बिभिदिम	बिभाय,	बिभ्यिव	बिभ्यिम

लुङ्~ (Aorist)アオリスト

III	अभैत्सीत्	अभैत्ताम्	अभैत्सुः	अभैषीत्	अभैष्टाम्	अभैषुः
II	अभैत्सीः	अभैत्तम्	अभैत्त	अभैषीः	अभैष्टम्	अभैष्ट
I	अभैत्सम्	अभैत्स्व	अभैत्स्म	अभैषम्	अभैष्व	अभैष्म

लुट् (Periphrastic Future)複合未来

III	भेता	भेतारौ	भेतारः	भेता	भेतारौ	भेतारः
II	भेतासि	भेतास्थः	भेतास्थ	भेतासि	भेतास्थः	भेतास्थ
I	भेतास्मि	भेतास्वः	भेतास्मः	भेतास्मि	भेतास्वः	भेतास्मः

आशीर्लिङ् (Benedictive)祈願法

III	भिद्यात्	भिद्यास्ताम्	भिद्यासुः	भीयात्	भीयास्ताम्	भीयासुः
II	भिद्याः	भिद्यास्तम्	भिद्यास्त	भीयाः	भीयास्तम्	भीयास्त
I	भिद्यासम्	भिद्यास्व	भिद्यास्म	भीयासम्	भीयास्व	भीयास्म

लृङ् (Conditional)条件法

III	अभेत्स्यत्	अभेत्स्यताम	अभेत्स्यन्	अभेष्यत्	अभेष्यताम्	अभेष्यन्
II	अभेत्स्यः	अभेत्स्यतम्	अभेत्स्यत	अभेष्यः	अभेष्यतम्	अभेष्यत
I	अभेत्स्यम्	अभेत्स्याव	अभेत्स्याम	अभेष्यम्	अभेष्याव	अभेष्याम

Full conjgations of major verbs　主要動詞の活用表

भुज् (to enjoy 楽しむ) 7 P.　　　**भुज् (to enjoy 楽しむ) 7 A.**

लट् (**Present**)現在

III	भुनक्ति	भुङ्क्तः	भुञ्जन्ति	भुङ्क्ते	भुञ्जाते	भुञ्जते
II	भुनक्षि	भुङ्क्थः	भुङ्क्थ	भुङ्क्षे	भुञ्जाथे	भुङ्ग्ध्वे
I	भुनज्मि	भुञ्ज्वः	भुञ्ज्मः	भुञ्जे	भुञ्ज्वहे	भुञ्ज्महे

लङ् (**Imperfect**)過去

III	अभुनक्	अभुङ्क्ताम्	अभुञ्जन्	अभुङ्क्त	अभुञ्जाताम्	अभुञ्जत
II	अभुनक्	अभुङ्क्तम्	अभुङ्क्त	अभुङ्क्थाः	अभुञ्जाथाम्	अभुङ्ग्ध्वम्
I	अभुनजम्	अभुञ्ज्व	अभुञ्ज्म	अभुञ्जि	अभुञ्ज्वहि	अभुञ्ज्महि

लोट् (**Imperative**)命令法

III	भुनक्तु	भुङ्क्ताम्	भुञ्जन्तु	भुङ्क्ताम्	भुञ्जाताम्	भुञ्जताम्
II	भुङ्ग्धि	भुङ्क्तम्	भुङ्क्त	भुङ्क्ष्व	भुञ्जाथाम्	भुङ्ग्ध्वम्
I	भुनजानि	भुनजाव	भुनजाम	भुनजै	भुनजावहै	भुनजामहै

विधिलिङ् (**Optative**)願望法

III	भुञ्ज्यात्	भुञ्ज्याताम्	भुञ्ज्युः	भुञ्जीत	भुञ्जीयाताम्	भुञ्जीरन्
II	भुञ्ज्याः	भुञ्ज्यातम्	भुञ्ज्यात	भुञ्जीथाः	भुञ्जीयाथाम्	भुञ्जीध्वम्
I	भुञ्ज्याम्	भुञ्ज्याव	भुञ्ज्याम	भुञ्जीय	भुञ्जीवहि	भुञ्जीमहि

लृट् (**Future**)未来

III	भोक्ष्यति	भोक्ष्यतः	भोक्ष्यन्ति	भोक्ष्यते	भोक्ष्येते	भोक्ष्यन्ते
II	भोक्ष्यसि	भोक्ष्यथः	भोक्ष्यथ	भोक्ष्यसे	भोक्ष्येथे	भोक्ष्यध्वे
I	भोक्ष्यामि	भोक्ष्यावः	भोक्ष्यामः	भोक्ष्ये	भोक्ष्यावहे	भोक्ष्यामहे

लिट् (**Perfect**)完了

III	बुभोज	बुभुजतुः	बुभुजुः	बुभुजे	बुभुजाते	बुभुजिरे
II	बुभोजिथ	बुभुजथुः	बुभुज	बुभुजिषे	बुभुजाथे	बुभुजिध्वे
I	बुभोज	बुभुजिव	बुभुजिम	बुभुजे	बुभुजिवहे	बुभुजिमहे

लुङ् (**Aorist**)アオリスト

III	अभौक्षीत्	अभौक्ताम्	अभौक्षुः	अभुक्त	अभुक्षाताम्	अभुक्षत
II	अभौक्षीः	अभौक्तम्	अभौक्त	अभुक्थाः	अभुक्षाथाम्	अभुग्ध्वम्
I	अभौक्षम्	अभौक्ष्व	अभौक्ष्म	अभुक्षि	अभुक्ष्वहि	अभुक्ष्महि

लुट् (**Periphrastic Future**)複合未来

III	भोक्ता	भोक्तारौ	भोक्तारः	भोक्ता	भोक्तारौ	भोक्तारः
II	भोक्तासि	भोक्तास्थः	भोक्तास्थ	भोक्तासे	भोक्तासाथे	भोक्ताध्वे
I	भोक्तास्मि	भोक्तास्वः	भोक्तास्मः	भोक्ताहे	भोक्तास्वहे	भोक्तास्महे

आशीर्लिङ् (**Benedictive**)祈願法

III	भुज्यात्	भुज्यास्ताम्	भुज्यासुः	भुक्षीष्ट	भुक्षीयास्ताम्	भुक्षीरन्
II	भुज्याः	भुज्यास्तम्	भुज्यास्त	भुक्षीष्ठाः	भुक्षीयास्थाम्	भुक्षीध्वम्
I	भुज्यासम्	भुज्यास्व	भुज्यास्म	भुक्षीय	भुक्षीवहि	भुक्षीमहि

लृङ् (**Conditional**)条件法

III	अभोक्ष्यत्	अभोक्ष्यताम्	अभोक्ष्यन्	अभोक्ष्यत	अभोक्ष्येताम्	अभोक्ष्यन्त
II	अभोक्ष्यः	अभोक्ष्यतम्	अभोक्ष्यत	अभोक्ष्यथाः	अभोक्ष्येथाम्	अभोक्ष्यध्वम्
I	अभोक्ष्यम्	अभोक्ष्याव	अभोक्ष्याम	अभोक्ष्ये	अभोक्ष्यावहि	अभोक्ष्यामहि

Full conjgations of major verbs　主要動詞の活用表

भू (to be 在る) 1 P.　　　　　या (to go 行く) 2 P.

लट् (Present)現在

III	भवति	भवतः	भवन्ति	याति	यातः	यान्ति
II	भवसि	भवथः	भवथ	यासि	याथः	याथ
I	भवामि	भवावः	भवामः	यामि	यावः	यामः

लङ् (Imperfect)過去

III	अभवत्	अभवताम्	अभवन्	अयात्	अयाताम्	अयुः
II	अभवः	अभवतम्	अभवत	अयाः	अयातम्	अयात
I	अभवम्	अभवाव	अभवाम	अयाम्	अयाव	अयाम

लोट् (Imperative)命令法

III	भवतु	भवताम्	भवन्तु	यातु	याताम्	यान्तु
II	भव	भवतम्	भवत	याहि	यातम्	यात
I	भवानि	भवाव	भवाम	यानि	याव	याम

विधिलिङ् (Optative)願望法

III	भवेत्	भवेताम्	भवेयुः	यायात्	यायाताम्	यायुः
II	भवेः	भवेतम्	भवेत	यायाः	यायातम्	यायात
I	भवेयम्	भवेव	भवेम	यायाम्	यायाव	यायाम

लृट् (Future)未来

III	भविष्यति	भविष्यतः	भविष्यन्ति	यास्यति	यास्यतः	यास्यन्ति
II	भविष्यसि	भविष्यथः	भविष्यथ	यास्यसि	यास्यथः	यास्यथ
I	भविष्यामि	भविष्यावः	भविष्यामः	यास्यामि	यास्यावः	यास्यामः

लिट् (Perfect)完了

III	बभूव	बभूवतुः	बभूवुः	ययौ	ययतुः	ययुः
II	बभूविथ	बभूवथुः	बभूव	ययिथ	ययथुः	यय
I	बभूव	बभूविव	बभूविम	ययौ	ययिव	ययिम

लुङ् (Aorist)アオリスト

III	अभूत्	अभूताम्	अभूवन्	अयासीत्	अयासिष्टाम्	अयासिषुः
II	अभूः	अभूतम्	अभूत	अयासीः	अयासिष्टम्	अयासिष्ट
I	अभूवम्	अभूव	अभूम	अयासिषम्	अयासिष्व	अयासिष्म

लुट् (Periphrastic Future)複合未来

III	भविता	भवितारौ	भवितारः	याता	यातारौ	यातारः
II	भवितासि	भवितास्थः	भवितास्थ	यातासि	यातास्थः	यातास्थ
I	भवितास्मि	भवितास्वः	भवितास्मः	यातास्मि	यातास्वः	यातास्मः

आशीर्लिङ् (Benedictive)祈願法

III	भूयात्	भूयास्ताम्	भूयासुः	यायात्	यायास्ताम्	यायासुः
II	भूयाः	भूयास्तम्	भूयास्त	यायाः	यायास्तम्	यायास्त
I	भूयासम्	भूयास्व	भूयास्म	यायासम्	यायास्व	यायास्म

लृङ् (Conditional)条件法

III	अभविष्यत्	अभविष्यताम्	अभविष्यन्	अयास्यत्	अयास्यताम्	अयास्यन्
II	अभविष्यः	अभविष्यतम्	अभविष्यत	अयास्यः	अयास्यतम्	अयास्यत
I	अभविष्यम्	अभविष्याव	अभविष्याम	अयास्यम्	अयास्याव	अयास्याम

Full conjgations of major verbs　主要動詞の活用表

युज् (to unite 結ぶ) 7 P.　　**युज्** (to unite 結ぶ) 7 A.

लट् (Present)現在

III	युनक्ति	युङ्क्तः	युञ्जन्ति	युङ्क्ते	युञ्जाते	युञ्जते
II	युनक्षि	युङ्क्थः	युङ्क्थ	युङ्क्षे	युञ्जाथे	युङ्ग्ध्वे
I	युनज्मि	युञ्ज्वः	युञ्ज्मः	युञ्जे	युञ्ज्वहे	युञ्ज्महे

लङ् (Imperfect)過去

III	अयुनक्	अयुङ्क्ताम्	अयुञ्जन्	अयुङ्क्त	अयुञ्जाताम्	अयुञ्जत
II	अयुनक्	अयुङ्क्तम्	अयुङ्क्त	अयुङ्क्थाः	अयुञ्जाथाम्	अयुङ्ग्ध्वम्
I	अयुनजम्	अयुञ्ज्व	अयुञ्ज्म	अयुञ्जि	अयुञ्ज्वहि	अयुञ्ज्महि

लोट् (Imperative)命令法

III	युनक्तु	युङ्क्ताम्	युञ्जन्तु	युङ्क्ताम्	युञ्जाताम्	युञ्जताम्
II	युङ्ग्धि	युङ्क्तम्	युङ्क्त	युङ्क्ष्व	युञ्जाथाम्	युङ्ग्ध्वम्
I	युनजानि	युनजाव	युनजाम	युनजै	युनजावहै	युनजामहै

विधिलिङ् (Optative)願望法

III	युञ्ज्यात्	युञ्ज्याताम्	युञ्ज्युः	युञ्जीत	युञ्जीयाताम्	युञ्जीरन्
II	युञ्ज्याः	युञ्ज्यातम्	युञ्ज्यात	युञ्जीथाः	युञ्जीयाथाम्	युञ्जीध्वम्
I	युञ्ज्याम्	युञ्ज्याव	युञ्ज्याम	युञ्जीय	युञ्जीवहि	युञ्जीमहि

लृट् (Future)未来

III	योक्ष्यति	योक्ष्यतः	योक्ष्यन्ति	योक्ष्यते	योक्ष्येते	योक्ष्यन्ते
II	योक्ष्यसि	योक्ष्यथः	योक्ष्यथ	योक्ष्यसे	योक्ष्येथे	योक्ष्यध्वे
I	योक्ष्यामि	योक्ष्यावः	योक्ष्यामः	योक्ष्ये	योक्ष्यावहे	योक्ष्यामहे

लिट् (Perfect)完了

III	युयोज	युयुजतुः	युयुजुः	युयुजे	युयुजाते	युयुजिरे
II	युयोजिथ	युयुजथुः	युयुज	युयुजिषे	युयुजाथे	युयुजिध्वे
I	युयोज	युयुजिव	युयुजिम	युयुजे	युयुजिवहे	युयुजिमहे

लुङ् (Aorist)アオリスト

III	अयौक्षीत्	अयौक्ताम्	अयौक्षुः	अयुक्त	अयुक्षाताम्	अयुक्षत
II	अयौक्षीः	अयौक्तम्	अयौक्त	अयुक्थाः	अयुक्षाथाम्	अयुग्ध्वम्
I	अयौक्षम्	अयौक्ष्व	अयौक्ष्म	अयुक्षि	अयुक्ष्वहि	अयुक्ष्महि

लुट् (Periphrastic Future)複合未来

III	योक्ता	योक्तारौ	योक्तारः	योक्ता	योक्तारौ	योक्तारः
II	योक्तासि	योक्तास्थः	योक्तास्थ	योक्तासे	योक्तासाथे	योक्ताध्वे
I	योक्तास्मि	योक्तास्वः	योक्तास्मः	योक्ताहे	योक्तास्वहे	योक्तास्महे

आशीर्लिङ् (Benedictive)祈願法

III	युज्यात्	युज्यास्ताम्	युज्यासुः	युक्षीष्ट	युक्षीयास्ताम्	युक्षीरन्
II	युज्याः	युज्यास्तम्	युज्यास्त	युक्षीष्ठाः	युक्षीयास्थाम्	युक्षीध्वम्
I	युज्यासम्	युज्यास्व	युज्यास्म	युक्षीय	युक्षीवहि	युक्षीमहि

लृङ् (Conditional)条件法

III	अयोक्ष्यत्	अयोक्ष्यताम्	अयोक्ष्यन्	अयोक्ष्यत	अयोक्ष्येताम्	अयोक्षन्त
II	अयोक्ष्यः	अयोक्ष्यतम्	अयोक्ष्यत	अयोक्ष्यथाः	अयोक्ष्येथाम्	अयोक्ष्यध्वम्
I	अयोक्ष्यम्	अयोक्ष्याव	अयोक्ष्याम	अयोक्ष्ये	अयोक्ष्यावहि	अयोक्ष्यामहि

Full conjgations of major verbs　主要動詞の活用表

रुच् (to like 好む) 1A.　　**रुद् (to weep 泣く) 2 P.**

लट् (Present)現在

III	रोचते	रोचेते	रोचन्ते	रोदिति	रुदितः	रुदन्ति
II	रोचसे	रोचेथे	रोचध्वे	रोदिषि	रुदिथः	रुदिथ
I	रोचे	रोचावहे	रोचामहे	रोदिमि	रुदिवः	रुदिमः

लङ् (Imperfect)過去

III	अरोचत	अरोचेताम्	अरोचन्त	अरदीत्	अरुदिताम्	अरुदन्
II	अरोचथाः	अरोचेथाम्	अरोचध्वम्	अरोदीः’	अरुदितम्	अरुदित
I	अरोचे	अरोचावहि	अरोचामहि	अरोदम्	अरुदिव	अरुदिम

लोट् (Imperative)命令法

III	रोचताम्	रोचेताम्	रोचतन्ताम्	रोदितु	रुदिताम्	रुदन्तु
II	रोचस्व	रोचेथाम्	रोचध्वम्	रुदिहि	रुदितम्	रुदित
I	रोचै	रोचावहै	रोचामहै	रोदानि	रोदाव	रोदाम

विधिलिङ् (Optative)願望法

III	रोचेत	रोचेयाताम्	रोचेरन्	रुद्यात्	रुद्याताम्	रुद्युः
II	रोचेथाः	रोचेयाथाम्	रोचेध्वम्	रुद्याः	रुद्यातम्	रुद्यात
I	रोचेय	रोचेवहि	रोचेमहि	रुद्याम्	रुद्याव	रुद्याम

लृट् (Future)未来

III	रोचिष्यते	रोचिष्येते	रोचिष्यन्ते	रोदिष्यति	रोदिष्यतः	रोदिष्यन्ति
II	रोचिष्यसे	रोचिष्येथे	रोचिष्यध्वे	रोदिष्यसि	रोदिष्यथः	रोदिष्यथ
I	रोचिष्ये	रोचिष्यावहे	रोचिष्यामहे	रोदिष्यामि	रोदिष्यावः	रोदिष्यामः

लिट् (Perfect)完了

III	रुरुचे	रुरुचाते	रुरुचिरे	रुरोद	रुरुदतुः	रुरुदुः
II	रुरुचिषे	रुरुचाथे	रुरुचिध्वे	रुरोदिथ	रुरुदथुः	रुरुद
I	रुरुचे	रुरुचिवहे	रुरुचिमहे	रुरोद	रुरुदिव	रुरुदिम

लुङ् (Aorist)アオリスト

III	अरोचिष्ट	अरोचिषाताम्	अरोचिषत	अरोदीत्	अरोदिष्टाम्	अरोदिषुः
II	अरोचिष्ठाः	अरोचिथाम्	अरोचिध्वम्	अरोदीः	अरोदिष्टम्	अरोदिष्ट
I	अरोचिषि	अरोचिष्वहि	अरोचिष्महि	अरोदिषम्	अरोदिष्व	अरोदिष्म

लुट् (Periphrastic Future)複合未来

III	रोचिता	रोचितारौ	रोचितारः	रोदिता	रोदितारौ	रोदितारः
II	रोचितासे	रोचितासथे	रोचिताध्वे	रोदितासि	रोदितास्थः	रोदितास्थ
I	रोचिताहे	रोचितास्वहे	रोचितास्महे	रोदितास्मि	रोदितास्वः	रोदितास्मः

आशीर्लिङ् (Benedictive)祈願法

III	रोचिषीष्ट	रोचिषीयास्ताम्	रोचिषीरन्	रुद्यात्	रुद्यास्ताम्	रुद्यासुः
II	रोचिषीष्ठाः	रोचिषीयास्थाम्	रोचिषीध्वम्	रुद्याः	रुद्यास्तम्	रुद्यास्त
I	रोचिषीय	रोचिषीवहि	रोचिषीमहि	रुद्यासम्	रुद्यास्व	रुद्यास्म

लृङ् (Conditional)条件法

III	अरोचिष्यत	अरोचिष्येताम्	अरोचिष्यन्त	अरोदिष्यत्	अरोदिष्यताम्	अरोदिष्यन्
II	अरोचिष्यथ	अरोचिष्येथाम्	अरोचिष्यध्वम्	अरोदिष्यः	अरोदिष्यतम्	अरोदिष्यत
I	अरोचिष्ये	अरोचिष्याव	अरोचिष्यामहे	अरोदिष्यम्	अरोदिष्याव	अरोदिष्याम

रुध् (to obstruct 妨害する) 7 P.　　रुध् (to obstruct 妨害する) 7 A.

लट् (Present)現在

III	रुणद्धि	रुन्धः	रुन्धन्ति	रुन्धे	रुन्धाते	रुन्धते
II	रुणत्सि	रुन्धः	रुन्ध	रुन्त्से	रुन्धाथे	रुन्ध्वे
I	रुणध्मि	रुन्ध्वः	रुन्ध्मः	रुन्धे	रुन्ध्वहे	रुन्ध्महे

लङ् (Imperfect)過去

III	अरुणत्	अरुन्धाम्	अरुन्धन्	अरुन्ध	अरुन्धाताम्	अरुन्धत
II	अरुणः	अरुन्धम्	अरुन्ध	अरुन्धाः	अरुन्धाथाम्	अरुन्ध्वम्
I	अरुणधम्	अरुन्ध्व	अरुन्ध्म	अरुन्धि	अरुन्ध्वहि	अरुन्ध्महि

लोट् (Imperative)命令法

III	रुणद्धु	रुन्धाम्	रुन्धन्तु	रुन्धाम्	रुन्धाताम्	रुन्धताम्
II	रुन्धि	रुन्धम्	रुन्ध	रुन्त्स्व	रुन्धाथाम्	रुन्ध्वम्
I	रुणधानि	रुणधाव	रुणधाम	रुणधै	रुणधावहै	रुणधामहै

विधिलिङ् (Optative)願望法

III	रुन्ध्यात्	रुन्ध्याताम्	रुन्ध्युः	रुन्धीत	रुन्धीयाताम्	रुन्धीरन्
II	रुन्ध्याः	रुन्ध्यातम्	रुन्ध्यात	रुन्धीथाः	रुन्धीयाथाम्	रुन्धीध्वम्
I	रुन्ध्याम्	रुन्ध्याव	रुन्ध्याम	रुन्धीय	रुन्धीवहि	रुन्धीमहि

लृट् (Future)未来

III	रोत्स्यति	रोत्स्यतः	रोत्स्यन्ति	रोत्स्यते	रोत्स्येते	रोत्स्यन्ते
II	रोत्स्यसि	रोत्स्यथः	रोत्स्यथ	रोत्स्यसे	रोत्स्येथे	रोत्स्यध्वे
I	रोत्स्यामि	रोत्स्यावः	रोत्स्यामः	रोत्स्ये	रोत्स्यावहे	रोत्स्यामहे

लिट् (Perfect)完了

III	रुरोध	रुरुधतुः	रुरुधुः	रुरुधे	रुरुधाते	रुरुधिरे
II	रुरोधिथ	रुरुधथुः	रुरुध	रुरुधिषे	रुरुधाथे	रुरुधिध्वे
I	रुरोध	रुरुधिव	रुरुधिम	रुरुधे	रुरुधिवहे	रुरुधिमहे

लुङ् (Aorist)アオリスト

III	अरौत्सीत्	अरौद्धाम्	अरौत्सुः	अरुद्ध	अरुत्साताम्	अरुत्सत
II	अरौत्सीः	अरौद्धम्	अरौद्ध	अरुद्धाः	अरुत्साथाम्	अरुद्ध्वम्
I	अरौत्सम्	अरौत्स्व	अरोत्स्म	अरुत्सि	अरुत्स्वहि	अरुत्स्महि

लुट् (Periphrastic Future)複合未来

III	रोद्धा	रोद्धारौ	रोद्धारः	रोद्धा	रोद्धारौ	रोद्धारः
II	श्रोद्धासि	रोद्धास्थः	रोद्धास्थ	रोद्धासे	श्रोद्धासाथे	श्रोद्धाध्वे
I	रोद्धास्मि	श्रोद्धास्वः	श्रोद्धास्मः	श्रोद्धाहे	श्रोद्धास्वहे	श्रोद्धास्महे

आशीर्लिङ् (Benedictive)祈願法

III	रुध्यात्	रुध्यास्ताम्	रुध्यासुः	रुत्सीष्ट	रुत्सीयास्ताम्	रुत्सीरन्
II	रुध्याः	रुध्यास्तम्	रुध्यास्त	रुत्सीष्ठाः	रुत्सीयास्थाम्	रुत्सीध्वम्
I	रुध्यासम्	रुध्यास्व	रुध्यास्म	रुत्सीय	रुत्सीवहि	रुत्सीमहि

लृङ् (Conditional)条件法

III	अरोत्स्यत्	अरोत्स्यता	अरोत्स्यन्	अरोत्स्यत	अरोत्स्येताम्	अरोत्स्यन्त
II	अरोत्स्यः	अरोत्स्यतम्	अरोत्स्यत	अरोत्स्यथाः	अरोत्स्येथाम्	अरोत्स्यध्वम्
I	अरोत्स्यम्	अरोत्स्याव	अरोत्स्याम	अरोत्स्ये	अरोत्स्यावहि	अरोत्स्यामहि

Full conjgations of major verbs　主要動詞の活用表

लभ् (to get 得る) 1A.　　　**लिख् (to write 書く) 6 P.**

लट् (Present)現在

III	लभते	लभेते	लभन्ते	लिखति	लिखतः	लिखन्ति
II	लभसे	लभेथे	लभध्वे	लिखसि	लिखथः	लिखथ
I	लभे	लभावहे	लभामहे	लिखामि	लिखावः	लिखामः

लङ् (Imperfect)過去

III	अलभत	अलभेताम्	अलभन्त	अलिखत्	अलिखताम्	अलिखन्
II	अलभथाः	अलभेथाम्	अलभध्वम्	अलिखः	अलिखतम्	अलिखत
I	अलभे	अलभावहि	अलभामहि	अलिखम्	अलिखाव	अलिखाम

लोट् (Imperative)命令法

III	लभताम्	लभेताम्	लभन्ताम्	लिखतु	लिखताम्	लिखन्तु
II	लभस्व	लभेथाम्	लभध्वम्	लिख	लिखतम्	लिखत
I	लभै	लभावहै	लभामहै	लिखानि	लिखाव	लिखाम

विधिलिङ् (Optative)願望法

III	लभेत	लभेयाताम्	लभेरन्	लिखेत्	लिखेताम्	लिखेयुः
II	लभेथाः	लभेयाथाम्	लभेध्वम्	लिखेः	लिखेतम्	लिखेत
I	लभेय	लभेवहि	लभेमहि	लिखेयम्	लिखेव	लिखेम

लृट् (Future)未来

III	लप्स्यते	लप्स्येते	लप्स्यन्ते	लेखिष्यति	लेखिष्यतः	लेखिष्यन्ति
II	लप्स्यसे	लप्स्येथे	लप्स्यध्वे	लेखिष्यसि	लेखिष्यथः	लेखिष्यथ
I	लप्स्ये	लप्स्यावहे	लप्स्यामहे	लेखिष्यामि	लेखिष्यावः	लेखिष्यामः

लिट् (Perfect)完了

III	लेभे	लेभाते	लेभिरे	लिलेख	लिलिखतुः	लिलिखुः
II	लेभिषे	लेभाथे	लेभिध्वे	लिलेखिथ	लिलिखथुः	लिलिख
I	लेभे	लेभिवहे	लेभिमहे	लिलेख	लिलिखिव	लिलिखिम

लुङ् (Aorist)アオリスト

III	अलब्ध	अलप्साताम्	अलप्सत	अलेखीत्	अलेखिष्टाम्	अलेखिषुः
II	अलब्धाः	अलप्साथाम्	अलब्ध्वम्	अलेखीः	अलेखिष्टम्	अलेखिष्ट
I	अलप्सि	अलप्स्वहि	अलप्स्महि	अलेखिषम्	अलेखिष्व	अलेखिष्म

लुट् (Periphrastic Future)複合未来

III	लब्धा	लब्धारौ	लब्धारः	लेखिता	लेखितारौ	लेखितारः
II	लब्धासे	लब्धासाथे	लब्धाध्वे	लेखितासि	लेखितास्थः	लेखितास्थ
I	लब्धाहे	लब्धास्वहे	लब्धास्महे	लेखितास्मि	लेखितास्वः	लेखितास्मः

आशीर्लिङ् (Benedictive)祈願法

III	लप्सीष्ट	लप्सीयास्ताम्	लप्सीरन्	लिख्यात्	लिख्यास्ताम्	लिख्यासुः
II	लप्सीष्ठाः	लप्सीयास्थाम्	लप्सीध्वम्	लिख्याः	लिख्यास्तम्	लिख्यास्त
I	लप्सीय	लप्सीवहि	लप्सीमहि	लिख्यासम्	लिख्यास्व	लिख्यास्म

लृङ् (Conditional)条件法

III	अलप्स्यत	अलप्स्येताम्	अलप्स्यन्त	अलेखिष्यत्	अलेखिष्यताम्	अलेखिष्यन्
II	अलप्स्यथाः	अलप्स्येथाम्	अलप्स्यध्वम्	अलेखिष्यः	अलेखिष्यतम्	अलेखिष्यत
I	अलप्स्ये	अलप्स्यावहि	अलप्स्यामहि	अलेखिष्यम्	अलेखिष्याव	अलेखिष्याम

Full conjgations of major verbs　主要動詞の活用表

विद् (to know 知る) 2 P.　　　शक् (to be able 出来る) 5 P.

लट् (Present)現在

III	वेत्ति	वित्तः	विदन्ति	शक्नोति	शक्नुतः	शक्नुवन्ति
II	वेत्सि	वित्थः	वित्थ	शक्नोषि	शक्नुथः	शक्नुथ
I	वेद्मि	विद्वः	विद्मः	शक्नोमि	शक्नुवः	शक्नुमः

लङ् (Imperfect)過去

III	अवेत्	अवित्ताम्	अविदुः	अशक्नोत्	अशक्नुताम्	अशक्नुवन्
II	अवेः	अवित्तम्	अवित्त	अशक्नोः	अशक्नुतम्	अशक्नुत
I	अवेदम्	अविद्व	अविद्म	अशक्नवम्	अशक्नुव	अशक्नुम

लोट् (Imperative)命令法

III	वेत्तु	वित्ताम्	विदन्तु	शक्नोतु	शक्नुताम्	शक्नुवन्तु
II	विद्धि	वित्तम्	वित्त	शक्नुहि	शक्नुतम्	शक्नुत
I	वेदानि	वेदाव	वेदाम	शक्नवानि	शक्नवाव	शक्नवाम

विधिलिङ् (Optative)願望法

III	विद्यात्	विद्याताम्	विद्युः	शक्नुयात्	शक्नुयाताम्	शक्नुयुः
II	विद्याः	विद्यातम्	विद्यात	शक्नुयाः	शक्नुयातम्	शक्नुयात
I	विद्याम्	विद्याव	विद्याम	शक्नुयाम्	शक्नुयाव	शक्नुयाम

लृट् (Future)未来

III	वेदिष्यति	वेदिष्यतः	वेदिष्यन्ति	शक्ष्यति	शक्ष्यतः	शक्ष्यन्ति
II	वेदिष्यसि	वेदिष्यथः	वेदिष्यथ	शक्ष्यसि	शक्ष्यथः	शक्ष्यथ
I	वेदिष्यामि	वेदिष्यावः	वेदिष्यामः	शक्ष्यामि	शक्ष्यावः	शक्ष्यामः

लिट् (Perfect)完了

III	विवेद	विविदतुः	विविदुः	शशाक	शेकतुः	शेकुः
II	विवेदिथ	विविदथुः	विविद	शेकिथ	शेकथुः	शेक
I	विवेद	विविदिव	विविदिम	शशाक	शेकिव	शेकिम

लुङ् (Aorist)アオリスト

III	अवेदीत्	अवेदिष्टाम्	अवेदिषुः	अशकत्	अशकताम्	अशकन्
II	अवेदीः	अवेदिष्ट	अवेदिष्टम्	अशकः	अशकतम्	अशकत
I	अवेदिषम्	अवेदिष्व	अवेदिष्म	अशकम्	अशकाव	अशकाम

लुट् (Periphrastic Future)複合未来

III	वेदिता	वेदितारौ	वेदितारः	शक्ता	शक्तारौ	शक्तारः
II	वेदितासि	वेदितास्थः	वेदितास्थ	शक्तासि	शक्तास्थः	शक्तास्थ
I	वेदितास्मि	वेदितास्वः	वेदितास्मः	शक्तास्मि	शक्तास्वः	शक्तास्मः

आशीर्लिङ् (Benedictive)祈願法

III	विद्यात्	विद्यास्ताम्	विद्यासुः	शक्यात्	शक्यास्ताम्	शक्यासुः
II	विद्याः	विद्यास्तम्	विद्यास्त	शक्याः	शक्यास्तम्	शक्यास्त
I	विद्यासम्	विद्यास्व	विद्यास्म	शक्यासम्	शक्यास्व	शक्यास्म

लृङ् (Conditional)祈願法

III	अवेदिष्यत्	अवेदिष्यताम्	अवेदिष्यन्	अशक्ष्यत्	अशक्ष्यताम्	अशक्ष्यन्
II	अवेदिष्यः	अवेदिष्यतम्	अवेदिष्यत	अशक्ष्यः	अशक्ष्यतम्	अशक्ष्यत
I	अवेदिष्यम्	अवेदिष्याव	अवेदिष्याम	अशक्ष्यम्	अशक्ष्याव	अशक्ष्याम

Full conjgations of major verbs　主要動詞の活用表

शिक्ष् (to learn 学ぶ) 1 A. शिक्ष् (teach 教える) 10 P.

लट् (Present)現在

III	शिक्षते	शिक्षेते	शिक्षन्ते	शिक्षयति	शिक्षयतः	शिक्षयन्ति
II	शिक्षसे	शिक्षेथे	शिक्षध्वे	शिक्षयसि	शिक्षयथः	शिक्षयथ
I	शिक्षे	शिक्षावहे	शिक्षामहे	शिक्षयामि	शिक्षयावः	शिक्षयामः

लङ् (Imperfect)過去

III	अशिक्षत	अशिक्षेताम्	अशिक्षन्त	अशिक्षयत्	अशिक्षताम्	अशिक्षयन्
II	अशिक्षथाः	अशिक्षेथाम्	अशिक्षध्वम्	अशिक्षयः	अशिक्षयतम्	अशिक्षयत
I	अशिक्षे	अशिक्षावहि	अशिक्षामहि	अशिक्षयम्	अशिक्षयाव	अशिक्षयाम

लोट् (Imperative)命令法

III	शिक्षताम्	शिक्षेताम्	शिक्षन्ताम्	शिक्षयतु	शिक्षयताम्	शिक्षयन्तु
II	शिक्षस्व	शिक्षेथाम्	शिक्षध्वम्	शिक्षय	शिक्षयतम्	शिक्षयत
I	शिक्षै	शिक्षावहै	शिक्षामहै	शिक्षयानि	शिक्षयाव	शिक्षयाम

विधिलिङ् (Optative)願望法

III	शिक्षेत्	शिक्षेयाताम्	शिक्षेरन्	शिक्षयेत्	शिक्षयेताम्	शिक्षयेयुः
II	शिक्षेथाः	शिक्षेयाथाम्	शिक्षेध्वम्	शिक्षयेः	शिक्षयेतम्	शिक्षयेत
I	शिक्षेयेयम्	शिक्षेवहि	शिक्षेमहि	शिक्षये	शिक्षयेव	शिक्षयेम

लृट् (Future)未来

III	शिक्षिष्यते	शिक्षिष्येते	शिक्षिष्यन्ते	शिक्षयिष्यति	शिक्षयिष्यतः	शिक्षयिष्यन्ति
II	शिक्षिष्यसे	शिक्षिष्येथे	शिक्षिष्यध्वे	शिक्षयिष्यसि	शिक्षयिष्यथः	शिक्षयिष्यथ
I	शिक्षिष्ये	शिक्षिष्यावहे	शिक्षिष्यामहे	शिक्षयिष्यामि	शिक्षयिष्यावः	शिक्षयिष्यामः

लिट् (Perfect)完了

III	शिशिक्षे	शिशिक्षाते	शिशिक्षिरे	शिक्षयामास		शिक्षयामासुः
II	शिशिक्षिषे	शिशिक्षाथे	शिशिक्षिध्वे	शिक्षयामासि	शिक्षयामासथुः	शिक्षयामास
I	शिशिक्षे	शिशिक्षावहे	शिशिक्षामहे	शिक्षयामास	शिक्षयामासिव	शिक्षयामासिम

लुङ् (Aorist)アオリスト

III	अशिक्षिष्ट	अशिक्षिषात	अशिक्षिषत	अशिशिक्षत्	अशिशिक्षताम्	अशिशिक्षन्
II	अशिक्षिष्ठाः	अशिक्षिषाथ	अशिक्षिढ्वम्	अशिशिक्षः	अशिशिक्षतम्	अशिशिक्षत
I	अशिक्षिषि	अशिक्षिष्वहि	अशिक्षिष्महि	अशिशिक्षम्	अशिशिक्षाव	अशिशिक्षाम

लुट् (Periphrastic Future)複合未来

III	शिक्षिता	शिक्षितारौ	शिक्षितारः	शिक्षिता	शिक्षितारौ	शिक्षितारः
II	शिक्षितासे	शिक्षितासाथ	शिक्षिताध्वे	शिक्षितासि	शिक्षितास्थः	शिक्षितास्थ
I	शिक्षिताहे	शिक्षितास्व	शिक्षितास्महे	शिक्षितास्मि	शिक्षितास्वः	शिक्षितास्मः

आशीर्लिङ् (Benedictive)祈願法

III	शिक्षिषीष्ट	शिक्षिषीयास्ता	शिक्षिषीरन्	शिक्ष्यात्	शिक्ष्यास्ताम्	शिक्ष्यासुः
II	शिक्षिषीष्ठाः	शिक्षिषीयास्था	शिक्षिषीध्वम्	शिक्ष्याः	शिक्ष्यास्तम्	शिक्ष्यास्त
I	शिक्षिषीय	शिक्षिषीवहि	शिक्षिषीमहि	शिक्ष्यासम्	शिक्ष्यास्व	शिक्ष्यास्म

लृङ् (Conditional)条件法

III	अशिक्षिष्यत	अशिक्षिष्येताम्	अशिक्षिष्यन्त	अशिक्षयिष्यत्	अशिक्षयिष्यताम्	अशिक्षयिष्यन्
II	अशिक्षिष्यथाः	अशिक्षिष्येथाम्	अशिक्षिष्यध्वम्	अशिक्षयिष्यः	अशिक्षयिष्यतम्	अशिक्षयिष्यत
I	अशिक्षिष्य	अशिक्षिष्यावहि	अशिक्षिष्यामहि	अशिक्षयिष्यम्	अशिक्षयिष्याव	अशिक्षयिष्याम

Full conjgations of major verbs　主要動詞の活用表

शी (to sleep 眠る) 2 A.　　　श्रु (to hear 聞く) 5 P.

लट् (Present)現在

III	शेते	शयाते	शेरते	शृणोति	शृणुतः	शृण्वन्ति
II	शेषे	शयाथे	शेध्वे	शृणोषि	शृणुथः	शृणुथ
I	शये	शेवहे	शेमहे	शृणोमि	शृणुवः, शृण्वः	शृणुमः, शृण्मः

लङ् (Imperfect)過去

III	अशेत	अशयाताम्	अशेरत	अशृणोत्	अशृणुताम्	अशृण्वन्
II	अशेथाः	अशयाथाम्	अशेध्वम्	अशृणोः	अशृणुतम्	अशृणुत
I	अशयि	अशेवहि	अशेमहि	अशृण्वम्	अशृणुव	अशृणुम

लोट् (Imperative)命令法

III	शेताम्	शयाताम्	शेरताम्	शृणोतु	शृणुताम्	शृण्वन्तु
II	शेष्व	शयाथाम्	शेध्वम्	शृणु	शृणुतम्	शृणुत
I	शयै	शयावहै	शयामहै	शृणवानि	शृणवाव	शृणवाम

विधिलिङ् (Optative)願望法

III	शयीत	शयीयाताम्	शयीरन्	शृणुयात्	शृणुयाताम्	शृणुयुः
II	शयीथाः	शयीयाथाम्	शयीध्वम्	शृणुयाः	शृणुयातम्	शृणयात
I	शयीय	शयीवहि	शयीमहि	शृणुयाम्	शुणृयाव	शृणुयाम

लृट् (Future)未来

III	शयिष्यते	शयिष्येते	शयिष्यन्ते	श्रोष्यति	श्रोष्यतः	श्रोष्यन्ति
II	शयिष्यसे	शयिष्येथे	शयिष्यध्वे	श्रोष्यसि	श्रोष्यथः	श्रोष्यथ
I	शयिष्ये	शयिष्यावहे	शयिष्यामहे	श्रोष्यामि	श्रोष्यावः	श्रोष्यामः

लिट् (Perfect)完了

III	शिश्ये	शिश्याते	शिश्यिरे	शुश्राव	शुश्रुवतुः	शुश्रुवुः
II	शिश्यिषे	शिश्याथे	शिश्यिवे	शुश्रोथ	शुश्रुवथुः	शुश्रुव
I	शिश्ये	शिश्यिवहे	शिश्यिमहे	शुश्राव	शुश्रुव	शुश्रुम

लुङ् (Aorist)アオリスト

III	अशयिष्ट	अशयिषाताम्	अशयिषत	अश्रौषीत्	अश्रौष्टाम्	अश्रौषुः
II	अशयिष्ठाः	अशयिषाथाम्	अशयिध्वम्	अश्रौषीः	अश्रौष्टम्	अश्रौष्ट
I	अशयिषि	अशयिष्वहि	अशयिष्महि	अश्रौषम्	अश्रौष्व	अश्रौष्म

लुट् (Periphrastic Future)複合未来

III	शयिता	शयितारौ	शयितारः	श्रोता	श्रोतारौ	श्रोतारः
II	शयितासे	शयितासाथे	शयिताध्वे	श्रोतासि	श्रोतास्थः	श्रोतास्थ
I	शयिताहे	शयितास्वहे	शयितास्महे	श्रोतास्मि	श्रोतास्वः	श्रोतास्मः

आशीर्लिङ् (Benedictive)祈願法

III	शयिषीष्ट	शयिषीयास्ताम्	शयिषीरन्	श्रूयात्	श्रूयास्ताम्	श्रूयासुः
II	शयिपीष्ठाः	शयिषीयास्थाम्	शयिषीध्वम्	श्रूयाः	श्रूयास्तम्	श्रूयास्त
I	शयिषीय	शयिषीवहि	शयिषीमहि	श्रूयासम्	श्रूयास्व	श्रूयास्म

लृङ् (Conditional)条件法

III	अशयिष्यत	अशयिष्येताम्	अशयिष्यन्त	अश्रोष्यत्	अश्रोष्यताम्	अश्रोष्यन्
II	अशयिष्यथाः	अशयिष्येथाम्	अशयिष्यध्वम्	अश्रोष्यः	अश्रोष्यतम्	अश्रोष्यत
I	अशयिष्ये	अशयिष्यावहि	अशयिष्यामहि	अश्रोष्यम्	अश्रोष्याव	अश्रोष्याम

स्ना (to bathe 水浴する) 2 P. स्मृ (to remember 覚える) 1 P.

लट् (Present)現在

III	स्नाति	स्नातः	स्नान्ति	स्मरति	स्मरतः	स्मरन्ति
II	स्नासि	स्नाथः	स्नाथ	स्मरसि	स्मरथः	स्मरथ
I	स्नामि	स्नावः	स्नामः	स्मरामि	स्मरावः	स्मरामः

लङ् (Imperfect)過去

III	अस्नात्	अस्नाताम्	अस्नुः	अस्मरत्	अस्मरताम्	अस्मरन्
II	अस्नाः	अस्नातम्	अस्नात	अस्मरः	अस्मरतम्	अस्मरत
I	अस्नाम्	अस्नाव	अस्नाम	अस्मरम्	अस्मराव	अस्मराम

लोट् (Imperative)命令法

III	स्नातु	स्नाताम्	स्नान्तु	स्मरतु	स्मरताम्	स्मरन्तु
II	स्नाहि	स्नातम्	स्नात	स्मर	स्मरतम्	स्मरत
I	स्नानि	स्नाव	स्नाम	स्मराणि	स्मराव	स्मराम

विधिलिङ् (Optative)願望法

III	स्नायात्	स्नायाताम्	स्नायुः	स्मरेत्	स्मरेताम्	स्मरेयुः
II	स्नायाः	स्नायातम्	स्नायात	स्मरेः	स्मरेतम्	स्मरेत
I	स्नायाम्	स्नायाव	स्नायाम	स्मरेयम्	स्मरेव	स्मरेम

लृट् (Future)未来

III	स्नास्यति	स्नास्यतः	स्नास्यन्ति	स्मरिष्यति	स्मरिष्यतः	स्मरिष्यन्ति
II	स्नास्यसि	स्नास्यथः	स्नास्यथ	स्मरिष्यसि	स्मरिष्यथः	स्मरिष्यथ
I	स्नास्यामि	स्नास्यावः	स्नास्यामः	स्मरिष्यामि	स्मरिष्यावः	स्मरिष्यामः

लिट् (Perfect)完了

III	सस्नौ	सस्नतुः	सस्नुः	सस्मार	सस्मरतुः	सस्मरुः
II	सस्निथ	सस्नथुः	सस्न	सस्मर्थ	सस्मरथुः	सस्मर
I	सस्नौ	सस्निव	सस्निम	सस्मार	सस्मरिव	सस्मरिम

लुङ् (Aorist)アオリスト

III	अस्नासीत्	अस्नासिष्टाम्	अस्नासिषुः	अस्मार्षीत्	अस्मार्ष्टाम्	अस्मार्षुः
II	अस्नासीः	अस्नासिष्टम्	अस्नासिष्ट	अस्मार्षीः	अस्मार्ष्टम्	अस्मार्ष्ट
I	अस्नासिषम्	अस्नासिष्व	अस्नासिष्म	अस्मार्षम्	अस्मार्ष्व	अस्मार्ष्म

लुट् (Pariphrastic Future)複合未来

III	स्नाता	स्नातारौ	स्नातारः	स्मर्ता	स्मर्तारौ	स्मर्तारः
II	स्नातासि	स्नातास्थः	स्नातास्थ	स्मर्तासि	स्मर्तास्थः	स्मर्तास्थ
I	स्नातास्मि	स्नातास्व	स्नातास्म	स्मर्तास्मि	स्मर्तास्वः	स्मर्तास्मः

आशीर्लिङ् (Benedictive)祈願法

III	स्नायात्	स्नायास्ताम्	स्नायासुः	स्मर्यात्	स्मर्यास्ताम्	स्मर्यासुः
II	स्नायाः	स्नायास्तम्	स्नायास्त	स्मर्याः	स्मर्यास्तम्	स्मर्यास्त
I	स्नायासम्	स्नायास्व	स्नायास्म	स्मर्यासम्	स्मर्यास्व	स्मर्यास्म

लृङ् (Conditional)条件法

III	अस्नास्यत्	अस्नास्यताम्	अस्नास्यन्	अस्मरिष्यत्	अस्मरिष्यताम्	अस्मरिष्यन्
II	अस्नास्यः	अस्नास्यतम्	अस्नास्यत	अस्मरिष्यः	अस्मरिष्यतम्	अस्मरिष्यत
I	अस्नास्यम्	अस्नास्याव	अस्नास्याम	अस्मरिष्यम्	अस्मरिष्याव	अस्मरिष्याम

Full conjugations of major verbs　主要動詞の活用表

स्था (to stay 留まる)1 P.　　**स्वप्** (to sleep 眠る) 2 P.

लट् (Present)現在

III	तिष्ठति	तिष्ठतः	तिष्ठन्ति	स्वपिति	स्वपितः	स्वपन्ति
II	तिष्ठसि	तिष्ठथः	तिष्ठथः	स्वपिषि	स्वपिथः	स्वपिथ
I	तिष्ठामि	तिष्ठावः	तिष्ठामः	स्वपिमि	स्वपिवः	स्वपिमः

लङ् (Imperfect)過去

III	अतिष्ठत्	अतिष्ठताम्	अतिष्ठन्	अस्वपत्	अस्वपिताम्	अस्वपन्
II	अतिष्ठः	अतिष्ठतम्	अतिष्ठत	अस्वपः	अस्वपितम्	अस्वपित
I	अतिष्ठम्	अतिष्ठाव	अतिष्ठाम	अस्वपम्	अस्वपिव	अस्वपिम

लोट् (Imperative)命令法

III	तिष्ठतु	तिष्ठताम्	तिष्ठन्तु	स्वपितु	स्वपिताम्	स्वपन्तु
II	तिष्ठ	तिष्ठतम्	तिष्ठत	स्वपिहि	स्वपितम्	स्वपित
I	तिष्ठानि	तिष्ठाव	तिष्ठाम	स्वपानि	स्वपाव	स्वपाम

विधिलिङ् (Optative)願望法

III	तिष्ठेत्	तिष्ठेताम्	तिष्ठेयुः	स्वप्यात्	स्वप्याताम्	स्वप्युः
II	तिष्ठेः	तिष्ठेतम्	तिष्ठेत	स्वप्याः	स्वप्यातम्	स्वप्यात
I	तिष्ठेयम्	तिष्ठेव	तिष्ठेम	स्वप्याम्	स्वप्याव	स्वप्याम

लृट् (Future)未来

III	स्थास्यति	स्थास्यतः	स्थास्यन्ति	स्वप्स्यति	स्वप्स्यतः	स्वप्स्यन्ति
II	स्थास्यसि	स्थास्यथः	स्थास्यथ	स्वप्स्यसि	स्वप्स्यथः	स्वप्स्यथ
I	स्थास्यामि	स्थास्यावः	स्थास्यामः	स्वप्स्यामि	स्वप्स्यावः	स्वप्स्यामः

लिट् (Perfect)完了

III	तस्थौ	तस्थतुः	तस्थुः	सुष्वाप	सुषुपतुः	सुषुपुः
II	तस्थिथ	तस्थथुः	तस्थ	सुष्वपिथ	सुषुपथुः	सुषुप
I	तस्थौ	तस्थिव	तस्थिम	सुष्वाप	सुषुपिव	सुषुपिम

लुङ् (Aorist)アオリスト

III	अस्थात्	अस्थाताम्	अस्थुः	अस्वाप्सीत्	अस्वाप्ताम्	अस्वाप्सुः
II	अस्थाः	अस्थातम्	अस्थात	अस्वाप्सीः	अस्वाप्तम्	अस्वाप्त
I	अस्थाम्	अस्थाव	अस्थाम	अस्वाप्सम्	अस्वाप्स्व	अस्वाप्स्म

लुट् (Periphrastic Future)複合未来

III	स्थाता	स्थातारौ	स्थातारः	स्वप्ता	स्वप्तारौ	स्वप्तारः
II	स्थातासि	स्थातास्थः	स्थातास्थ	स्वप्तासि	स्वप्तास्थः	स्वप्तास्थ
I	स्थातास्मि	स्थातास्वः	स्थातास्मः	स्वतास्मि	स्वप्तास्वः	स्वतास्मः

आशीर्लिङ् (Benedictive)祈願法

III	स्थेयात्	स्थेयास्ताम्	स्थेयासुः	सुप्यात्	सुप्यास्ताम्	सुप्यासुः
II	स्थेयाः	स्थेयास्तम्	स्थेयास्त	सुप्याः	सुप्यास्तम्	सुप्यास्त
I	स्थेयासम्	स्थेयास्व	स्थेयास्म	सुप्यासम्	सुप्यास्व	सुप्यास्म

लृङ् (Conditional)条件法

III	अस्थास्यत्	अस्थास्यताम्	अस्थास्यन्	अस्वप्स्यत्	अस्वप्स्यताम्	अस्वप्स्यन्
II	अस्थास्यः	अस्थास्यतम्	अस्थास्यत	अस्वप्स्यः	अस्वप्स्यतम्	अस्वप्स्यत
I	अस्थास्यम्	अस्थास्याव	अस्थास्याम	अस्वप्स्यम्	अस्वप्स्याव	अस्वप्स्याम

हन् (to kill 殺す) 2 P.　　　　**हा** (to abandon 見捨てる) 3 P.

लट् (Present)現在

III	हन्ति	हतः	घ्नन्ति	जहाति	जहितः	जहति
II	हंन्सि	हथः	हथ	जहासि	जहिथः	जहिथ
I	हन्मि	हन्वः	हन्मः	जहामि	जहिवः	जहिमः

लङ् (Imperfect)過去

III	अहन्	अहताम्	अघ्नन्	अजहात्	अजहिताम्	अजहुः
II	अहन्	अहतम्	अहत	अजहाः	अजहितम्	अजहित
I	अहनम्	अहन्व	अहन्म	अजहाम्	अजहिव	अजहिम

लोट् (Imperative)命令法

III	हन्तु	हताम्	घ्नन्तु	जहातु	जहिताम्	जहतु
II	जहि	हतम्	हत	जहाहि	जहितम्	जहित
I	हनानि	हनाव	हनाम	जहानि	जहाव	जहाम

विधिलिङ् (Optative)願望法

III	हन्यात्	हन्याताम्	हन्युः	जह्यात्	जह्याताम्	जह्युः
II	हन्याः	हन्यातम्	हन्यात	जह्याः	जह्यातम्	जह्यात
I	हन्याम्	हन्याव	हन्याम	जह्याम्	जह्याव	जह्याम

लृट् (Future)未来

III	हनिष्यति	हनिष्यतः	हनिष्यन्ति	हास्यति	हास्यतः	हास्यन्ति
II	हनिष्यसि	हनिष्यथः	हनिष्यथ	हास्यसि	हास्यथः	हास्यथ
I	हनिष्यामि	हनिष्यावः	हनिष्यामः	हास्यामि	हास्यावः	हास्यामः

लिट् (Perfect)完了

III	जघान	जघ्नतुः	जघ्नुः	जहौ	जहतुः	जहुः
II	जघनिथ	जघ्नथुः	जघ्न	जहिथ	जहथुः	जह
I	जघान	जघ्निव	जघ्निम	जहौ	जहिव	जहिम

लुङ् (Aorist)アオリスト

III	अवधीत्	अवधिष्टाम्	अवधिषुः	अहासीत्	अहासिष्टाम्	अहासिषुः
II	अवधीः	अवधिष्टम्	अवधिष्ट	अहासीः	अहासिष्टम्	अहासिष्ट
I	अवधिषम्	अवधिष्व	अवधिष्म	अहासिषम्	अहासिष्व	अहासिष्म

लुट् (Periphrastic Future)複合未来

III	हन्ता	हन्तारौ	हन्तारः	हाता	हातारौ	हातारः
II	हन्तासि	हन्तास्थः	हन्तास्थ	हातासि	हातास्थः	हातास्थ
I	हन्तास्मि	हन्तास्वः	हन्तास्मः	हातास्मि	हातास्वः	हातास्मः

आशीर्लिङ् (Benedictive)祈願法

III	वध्यात्	वध्यास्ताम्	वध्यासुः	हेयात्	हेयास्ताम्	हेयासुः
II	वध्याः	वध्यास्तम्	वध्यास्त	हेयाः	हेयास्तम्	हेयास्त
I	वध्यासम्	वध्यास्व	वध्यास्म	हेयासम्	हेयास्व	हेयास्म

लृङ् (Conditional)条件法

III	अहनिष्यत्	अहनिष्यताम्	अहनिष्यन्	अहास्यत्	अहास्यताम्	अहास्यन्
II	अहनिष्यः	अहनिष्यतम्	अहनिष्यत	अहास्यः	अहास्यतम्	अहास्यत
I	अहनिष्यम्	अहनिष्याव	अहनिष्याम	अहास्यम्	अहास्याव	अहास्याम

語根	部類	意味	現在	過去	命令法	願望法	単純未来	複合未来
अद्	2 P	食べる	अत्ति	आदत्	अत्तु	अद्यात्	अत्स्यति	अत्ता
अर्च्	1 P	拝む	अर्चति	आर्चत्	अर्चतु	अर्चेत्	अर्चिष्यति	अर्चिता
अर्ज्	1 P.	獲得する「	अजर्ति	आर्जत्	अर्जतु	अर्जेत्	अर्जिष्यति	अर्जिता
अर्ह्	1 P.	に値する	अर्हति	आर्हत्	अर्हतु	अर्हेत्	अहिर्ष्यति	अर्हिता
अश्	5 A.	浸透する	अश्नुते	आश्नुत	अश्नुताम्	अश्नुवीत	अशिष्यते	अशिता
अश्	9 P	食べる	अश्नाति	आश्नात्	अश्नातु	अश्नीयात्	अशिष्यते	अशिता
अस्	2 P	存在する	अस्ति	आसीत्	अस्तु	स्यात्	भविष्यति	भविता
आप्	5 P	得る	आप्नोति	आप्नोत्	आप्नोतु	आप्नुयात्	आप्स्यति	आप्ता
आस्	2 A.	坐る	आस्ते	आस्त	आस्ताम्	आसीत	आसिष्यति	आसिता
इ	2 P.	行く	एति	ऐत्	एतु	इयात्	एष्यति	एता
अधि+इ	2 A.	学習する」	अधीते	अध्यैत	अधीताम्	अधीयीत	अध्येष्यते	अध्येता
इष् (इच्छ्)	6 P.	に値する	इच्छति	ऐच्छत्	इच्छतु	इच्छेत्	एषिष्यति	एषिता
ईक्ष्	1 A.	観察する	ईक्षते	ऐक्षत्	ईक्षताम्	ईक्षेत	ईक्षिष्यते	ईक्षिता
एध्	1 A.	生育する	एधते	ऐधत	एधताम्	एधेत	एधिष्यते	एधिता
कथ्	10 PA.	語る	कथयति	अकथयत्	कथयतु	कथयेत्	कथयिष्यति	कथयिता
कम्प्	1 A.	震える	कम्पते	अकम्पत	कम्पताम्	कम्पेत	कम्पिष्यते	कम्पिता
काङ्क्ष्	1 P	熱望する	कांक्षति	अकांक्षत्	कांक्षतु	कांक्षेत्	कांक्षिष्यति	कांक्षिता
काश्	1 A	輝く	काशते	अकाशत	काशताम्	काशेत	काशिष्यते	काशिता
कुप्	4 P.	怒る	कुप्यति	अकुप्यत्	कुप्यतु	कुप्येत्	कोपिष्यति	कोपिता
कूर्द्	1 PA	飛び跳ねる	कूर्दते	अकूर्दत	कूर्दताम्	कूर्देत	कूर्दिष्यते	कूर्दिता
कृ	8 PA.	為す	करोति	अकरोत्	करोतु	कुर्यात्	करिष्यति	कर्ता
	Atm.		कुरुते	अकुरुत	कुरुताम्	कुर्वीत	करिष्यते	कर्ता
कृत्	6 P.	切る	कृन्तति	अकृन्तत्	कृन्ततु	कृन्तेत्	कर्तिष्यति	कर्तिता
कृष्~ i	1 P.	引き寄せる	कर्षति	अकर्षत्	कर्षतु	कर्षेत्	कर्क्ष्यति	कर्ष्टा
कृष् ii	6 P	耕す」	कृषति	अकृषत्	कृषतु	कर्षेत्	कर्क्ष्यति	कर्ष्टा
कॄ	6 P.	散らす	किरति	अकिरत्	किरतु	किरेत्	करिष्यति	करिता
क्लृप्	1 A	に適する	कल्पते	अकल्पत	कल्पताम्	कल्पेत	कल्पिष्यते	कल्पिता
क्रन्द्	1 P.	叫ぶ	क्रन्दति	अक्रन्दत्	क्रन्दतु	क्रन्देत्	क्रदिष्यति	क्रन्दिता
क्रम्	1 P.	歩む	क्रामति	अक्रामत्	क्रामतु	क्रामेत्	क्रमिष्यति	क्रमिता
क्री	9 PA	購入する	क्रीणाति	अक्रीणात्	क्रीणातु	क्रीणीयात्	क्रेष्यति	क्रेता
	Atm.		क्रीणीते	अक्रीणीत	क्रीणीताम्	क्रीणीत	क्रेष्यते	क्रेता
क्रीड्	1 P.	遊ぶ	क्रीडति	अक्रीडत्	क्रीडतु	क्रीडेत्	क्रीडिष्यति	क्रीडिता

完了	祈願法	アオリスト	受動態	過去受動	継続分詞	未来受動	不定詞	現在分詞
आद	अद्यात्	अघसत्	अद्यते	जग्ध	जग्ध्वा	अदनीय	अत्तुम्	अदन्
आनर्च	अर्च्यात्	आर्चीत्	अर्च्यते	अर्चित	अर्चित्वा	अर्चनीय	अर्चितुम्	अर्चन्
आनर्ज	अर्ज्यात्	आर्जीत्	अर्ज्यते	अर्जित	अर्जित्वा	अर्जनीय	अर्जितुम्	अर्जन्
आनर्ह	अर्ह्यात्	आर्हीत्	अर्ह्यते	अर्हित	अर्हित्वा	अर्हणीय	अर्हितुम्	अर्हन्
आनशे	अशिषीष्ट	आशीष्ट	अश्यते	अशित	अशित्वा	अशनीय	अशितुम्	अशन्
आश	अश्यात्	आशीत्	अश्यते	अशित	अशित्वा	अशनीय	अशितुम्	अश्नुवा
बभूव	भूयात्	अभूत्	भूयते	भूत	भूत्वा	भवितव्य	भवितुम्	सन्
आप	आप्यात्	आपत्	आप्यते	आप्त	आप्त्वा	आप्तव्य	आप्तुम्	आप्नुवन्
आस्त	आसिसीष्ट	आसिष्ट	आस्यते	आसित	आसित्वा	आसनीय	आसितुम्	आसीन
इयाय	ईयात्	अगात्	ईयते	इत	इत्वा	एतव्य	एतुम्	यन्
अधिजगे	अध्येषीष्ट	अध्यैष्ट	अधीयते	अधीत	अधीत्य	अध्येतव्य	अध्येतुम्	अधीयान
इयेष	इष्यात्	ऐषीत्	इष्यते	इष्ट	ऐषित्वा	ऐषितव्य	ऐषितुम्	इच्छन्
ईक्षांचक्रे	ईक्षिषीष्ट	ऐक्षिष्ट	ईक्ष्यते	ईक्षित	ईक्षित्वा	ईक्षणीय	ईक्षितुम्	ईक्षमाण
एधांचक्रे	एधिषीष्ट	ऐधिष्ट	एध्यते	एधित	एधित्वा	एधितव्य	एधितुम्	एधमान
कथयामास	कथ्यात्	अचकथत्	कथ्यते	कथित	कथयित्वा	कथितव्य	कथयितुम्	कथयन्
चकम्पे	कम्पिषीष्ट	अकम्पिष्ट	कम्प्यते	कम्पित	कम्पित्वा	कम्पितव्य	कम्पितुम्	कम्पमान
चकांक्ष	कांक्ष्यात्	अकांक्षीत्	कांक्ष्यते	कांक्षित	कांक्षित्वा	कांक्षितव्य	कांक्षितुम्	कांक्षन्
चकाशे	काशिषीष्ट	अकाशिष्ट	काश्यते	काशित	काशित्वा	काशितव्य	काशितुम्	काशमा
चुकोप	कुप्यात्	अकुपत्	कुप्यते	कुपित	कोपित्वा	कोपितव्य	कोपितुम्	कुप्यन्
चुकूर्दे	कूर्दिषीष्ट	अकूर्दिष्ट	कूर्द्यते	कूर्दित	कूर्दित्वा	कूर्दितव्य	कूर्दितुम्	कूर्दमान
चकार	क्रियात्	अकार्षीत्	क्रियते	कृत	कृत्वा	कर्तव्य	कर्तुम्	कुर्वन्
चक्रे	कृषीष्ट	अकृत	,,	,,	,,	,,	,,	,,
चकर्त	कृत्यात्	अकर्तीत्	कृत्यते	कृत्त	कर्तित्वा	कर्तितव्य	कर्तितुम्	कृन्तन्
चकर्ष	कृष्यात्	अकार्क्षीत्	कृष्यते	कृष्ट	कृष्ट्वा	कर्षणीय	कर्ष्टुम्	कर्षन्
चकर्ष	कृष्यात्	अकार्क्षीत्	कृष्यते	कृष्ट	कृष्ट्वा	कर्षणीय	कर्ष्टुम्	कृषन्
चकार	कीर्यात्	अकारीत्	कीर्यते	कीर्ण	कीर्त्वा	करितव्य	करितुम्	किरन्
चक्लृपे	कल्पिषीष्ट	अक्लृपत	क्लृप्यते	क्लृप्त	क्लृप्त्वा	कल्पनीय	कल्पितुम्	कल्पन्
चक्रन्द	क्रन्द्यात्	अक्रन्दीत्	क्रन्द्यते	क्रन्दित	क्रन्दित्वा	क्रन्दनीय	क्रन्दितुम्	क्रन्दन्
चक्राम	क्रम्यात्	अक्रमीत्	क्रम्यते	क्रान्त	क्रमित्वा	क्रमणीय	क्रमितुम्	क्राम्यन्
चिक्राय	क्रीयात्	अक्रैषीत्	क्रीयते	क्रीत	क्रीत्वा	क्रेतव्य	क्रेतुम्	क्रीणन्
चिक्रिये	क्रेषीष्ट	अक्रेष्ट	क्रीयते	क्रीत	क्रीत्वा	क्रेतव्य	क्रेतुम्	क्रीणान
चिक्रीड	क्रीड्यात्	अक्रीडीत्	क्रीड्यते	क्रीडित	क्रीडित्वा	क्रीडितव्य	क्रीडितुम्	क्रीडन्

語根	部類	意味	現在	過去	命令法	願望法	単純未来	複合未来
क्रुश्	1 P.	呪う	क्रोशति	अक्रोशत्	क्रोशतु	क्रोशेत्	क्रोक्ष्यति	क्रोष्टा
क्लम्	4 P.	疲れる	क्लाम्यति	अक्लाम्यत्	क्लाम्यतु	क्लाम्येत्	क्लमिष्यति	क्लमिता
क्षम्	1 A.	許す	क्षमते	अक्षमत	क्षमताम्	क्षमेत	क्षमिष्यते	क्षमिता
क्षल्	10 PA.	洗う	क्षालयति	अक्षालयत्	क्षालयतु	क्षालयेत्	क्षालयिष्यति	क्षालयिता
क्षिप्	6 PA.	投げる	क्षिपति	अक्षिपत्	क्षिपतु	क्षिपेत्	क्षेप्स्यति	क्षेप्ता
खन्	1 PA.	掘る	खनति	अखनत्	खनतु	खनेत्	खनिष्यति	खनिता
खाद्	1 P.	食べる	खादति	अखादत्	खादतु	खादेत्	खादिष्यति	खादिता
खिद्	4 A.	悩まされる	खिद्‌यते	अखिद्‌यत	खिद्यताम्	खिद्येत	खेत्स्यते	खेत्ता
गण्	10 P.	数える	गणयति	अगणयत्	गणयतु	गणयेत्	गणयिष्यति	गणयिता
गम्	1 P.	行く	गच्छति	अगच्छत्	गच्छतु	गच्छेत्	गमिष्यति	गन्ता
गर्ज्	1 P.	咆哮する	गर्जति	अगर्जत्	गर्जतु	गर्जेत्	गर्जिष्यति	गर्जिता
गवेष्	1 PA.	探す	गवेषयति	अगवेषयत्	गवेषयतु	गवेषयेत्	गवेषयिष्यति	गवेषयिता
गुह्	1 PA.	隠す	गूहति	अगूहत्	गूहतु	गूहेत्	गूहिष्यति	गूहिता
गॄ	6 P.	飲みこむ	गिरति	अगिरत्	गिरतु	गिरेत्	गरिष्यति	गरिता
गै	1 P.	詠唱する	गायति	अगायत्	गायतु	गायेत्	गास्यति	गाता
ग्रस्	1 A.	飲みこむ	ग्रसते	अग्रसत	ग्रसताम्	ग्रसेत	ग्रसिष्यते	ग्रसिता
ग्रह्	9 P.	捉える	गृह्‌णाति	अगृह्‌णात्	गृह्‌णातु	गृह्‌णीयात्	ग्रहीष्यति	ग्रहीता
घुष्	10 PA.	聞こえる	घोषयति	अघोषयत्	घोषयताम्	घोषयेत	घोषयिष्यति	घोषयिता
घ्रा	1 P.	匂いをかぐ	जिघ्रति	अजिघ्रत्	जिघ्रतु	जिघ्रेत्	घ्रास्यति	घ्राता
चर्	1 P.	歩く	चरति	अचरत्	चरतु	चरेत्	चरिष्यति	चरिता
चल्	1 P.	移動する	चलति	अचलत्	चलतु	चलेत्	चलिष्यति	चलिता
चि	5 PA.	集める	चिनोति	अचिनोत्	चिनोतु	चिनुयात्	चेष्यति	चेता
चिन्त्	10 P.	考える	चिन्तयति	अचिन्तयत्	चिन्तयतु	चिन्तयेत्	चिन्तयिष्यति	चिन्तयिता
चुर्	10 P.	盗む	चोरयति	अचोरयत्	चोंरयतु	चोरयेत्	चोरयिष्यति	चोरयिता
चेष्ट्	1 A.	努力する	चेष्टते	अचेष्टत	चेष्टताम्	चेष्टेत	चेष्टिष्यते	चेष्टिता
छिद्	7 PA.	切断する	छिनत्ति	अच्छिनत्	छिनत्तु	छिन्द्यात्	छेत्स्यति	छेत्ता
जन्	4 A.	生まれる	जायते	अजायत	जायताम्	जायेत	जनिष्यते	जनिता
जप्	1 P.	つぶやく	जपति	अजपत्	जपतु	जपेत्	जपिष्यति	जपिता
जागृ	2 P.	覚醒する	जागर्ति	अजागः	जागर्तु	जागृयात्	जागरिष्यति	जागरिता
जि	1 P.	勝つ	जयति	अजयत्	जयतु	जयेत्	जेष्यति	जेता
जीव्	1 P.	生活する	जीवति	अजीवत्	जीवतु	जीवेत्	जीविष्यति	जीविता
जॄ	4 P.	年老いる	जीर्यति	अजीर्यत्	जीर्यतु	जीर्येत्	जरिष्यति	जरिता

完了	祈願法	アオリスト	受動態	過去受動	継続分詞	未来受動	不定詞	現在分詞
चुक्रोष	क्रुश्यात्	अक्रुक्षत्	क्रुश्यते	क्रुष्ट	क्रुष्ट्वा	क्रोष्टव्य	क्रोष्टुम्	क्रोशन्
चक्लाम	क्लम्यात्	अक्लमत्	क्लम्यते	क्लान्त	क्लान्त्वा	क्लमितव्य	क्लमितुम्	क्लाम्यन्
चक्षमे	क्षमिषीष्ट	अक्षमिष्ट	क्षम्यते	क्षान्त	क्षमित्वा	क्षन्तव्य	क्षमितुम्	क्षममाण
क्षालयामास	क्षाल्यात्	अचिक्षलत्	क्षाल्यते	क्षालित	क्षालयित्वा	क्षालनीय	क्षालयितुम्	क्षालयन्
चिक्षेप	क्षिप्यात्	अक्षैप्सीत्	क्षिप्यते	क्षिप्त	क्षिप्त्वा	क्षेप्तव्य	क्षेप्तुम्	क्षिपन्
चखान	खन्यात्	अखनीत्	खन्यते	खात	खनित्वा	खननीय	खनितुम्	खनन्
चखाद	खाद्यात्	अखादीत्	खाद्यते	खादित	खादित्वा	खादितव्य	खादितुम्	खादन्
चिखिदे	खित्सीष्ट	अखित्त	खिद्यते	खिन्न	खित्त्वा	खेदनीय	खेत्तुम्	खिद्यमान
गणयामास	गण्यात्	अजीगणत्	गण्यते	गणित	गणयित्वा	गणनीय	गणयितुम्	गणयन्
जगाम	गम्यात्	अगमत्	गम्यते	गत	गत्त्वा	गन्तव्य	गन्तुम्	गच्छन्
जगर्ज	गर्ज्यात्	अगर्जीत्	गर्ज्यते	गर्जित	गर्जित्वा	गर्जितव्य	गर्जितुम्	गर्जन्
गवेषयामास	गवेष्यात्	अजगवेषत्	गवेष्यते	गवेषित	गवेषयित्वा	गवेषणीय	गवेषयितुम्	गवेषयन्
जुगूह	गुह्यात्	अगूहीत्	गुह्यते	गूढ	गूहित्वा	गुह्य	गूहितुम्	गूहन्
जगार	गीर्यात्	अगारीत्	गीर्यते	गीर्ण	गीर्त्वा	गरणीय	गरितुम्	गिरन्
जगौ	गेयात्	अगासीत्	गीयते	गीत	गीत्वा	गेय	गातुम्	गायन्
जग्रसे	ग्रसिसीष्ट	अग्रसिष्ट	ग्रस्यते	ग्रस्त	ग्रसित्वा	ग्रारितव्य	ग्रसितुम्	ग्रसमाण
जग्राह	गृह्यात्	अग्रहीत्	गृह्यते	गृहीत	गृहीत्वा	ग्रहीतव्य	ग्रहीतुम्	गृह्णन्
घोषयामास	घोष्यात्	अजूघुषत्	घोष्यते	घुषित	घोषयित्वा	घोषणीय	घोषितुम्	घोषयन्
जघ्रौ	घ्रेयात्	अघ्रात्	घ्रायते	घ्रात	घ्रात्वा	घ्रातव्य	घ्रातुम्	जिघ्रन्
चचार	चर्यात्	अचारीत्	चर्यते	चरित	चरित्वा	चरणीय	चरितुम्	चरन्
चचाल	चल्यात्	अचालीत्	चल्यते	चलित	चलित्वा	चलनीय	चलितुम्	चलन्
चिचाय	चीयात्	अचैषीत्	चीयते	चित	चित्वा	चयनीय	चेतुम्	चिन्वन्
चिन्तयामा	चिन्त्यात्	अचिचिन्तत्	चिन्त्यते	चिन्तित	चिन्तयित्वा	चिन्तनीय	चिन्तयितुम्	चिन्तयन्
चोरयामास	चोर्यात्	अचूचुरत्	चोर्यते	चोरित	चोरयित्वा	चोरयितव्य	चोरयितुम्	चोरयन्
चिचेष्टे	चेष्टिषीष्ट	अचेषिष्ट	चेष्ट्यते	चेष्टित	चेष्टित्वा	चेष्टव्य	चेष्टितुम्	चेष्टमान
चिच्छेद	छिद्यात्	अच्छैत्सीत्	छिद्यते	छिन्न	छित्वा	छेत्तव्य	छेत्तुम्	छिन्दन्
जज्ञे	जनिषीष्ट	अजनिष्ट	जन्यते	जात	जनितव्य	जनित्वा	जनितुम्	जायमान
जजाप	जप्यात्	अजपीत्	जप्यते	जपित	जपितव्य	जपित्वा	जपितुम्	जपन्
जजागार	जागर्यात्	अजागरीत्	जागर्यते	जागरित	जागरितव्य	जागरित्वा	जागरितुम्	जाग्रन्
जिगाय	जीयात्	अजैषीत्	जीयते	जित	जेतव्य	जित्वा	जेतुम्	जयन्
जिजीव	जीव्यात्	अजीवीत्	जीव्यते	जीवित	जीवितव्य	जीवित्वा	जीवितुम्	जीवन्
जजार	जीर्यात्	अजारीत्	जीर्यते	जीर्ण	जरितव्य	जरित्वा	जरितुम्	जीर्यन्

語根	部類	意味	現在	過去	命令法	願望法	単純未来	複合未来
ज्ञा	9 Pa.	知る	जानाति	अजानात्	जानातु	जानीयात्	ज्ञास्यति	ज्ञाता
ज्ञा	Atm.	"	जानीते	अजानीत	जानीताम्	जानीत	ज्ञास्यते	ज्ञाता
ज्वल्	1 P.	焼く	ज्वलति	अज्वलत्	ज्वलतु	ज्वलेत्	ज्वलिष्यति	ज्वलिता
डी	4 A.	飛ぶ	डीयते	अडीयत	डीयताम्	डीयेत	डयिष्यते	डयिता
तन्	8 PA.	引延ばす	तनोति	अतनोत्	तनोतु	तनुयात्	तनिष्यति	तनिता
तप्	1 P.	熱くする	तपति	अतपत्	तपतु	तपेत्	तप्स्यति	तप्ता
तुद्	6 PA.	悩ます	तुदति	अतुदत्	तुदतु	तुदेत्	तोत्स्यति	तोत्ता
तुष्	4 P.	喜ぶ	तुष्यति	अतुष्यत्	तुष्यतु	तुष्येत्	तोक्ष्यति	तोष्टा
तृप्	4 P.	満足する	तृप्यति	अतृप्यत्	तृप्यतु	तृप्येत्	तर्पिष्यति	तर्पिता
तॄ	1 P.	泳ぎ渡る	तरति	अतरत्	तरतु	तरेत्	तरिष्यति	तरिता
त्यज्	1 P.	離れる	त्यजति	अत्यजत्	त्यजतु	त्यजेत्	त्यक्ष्यति	त्यक्ता
त्रुट्	6 P.*	壊れる	त्रुटति	अत्रुटत्	त्रुटतु	त्रुटेत्	त्रुटिष्यति	त्रोटिता
दंश्	1 P.	噛む	दशति	अदशत्	दशतु	दशेत्	दंक्ष्यति	दंष्टा
दण्ड्	10 PA.	罰する	दण्डयति	अदण्डयत्	दण्डयतु	दण्डयेत्	दण्डयिष्यति	दण्डयिता
दम्	4 P.	躾ける	दाम्यति	अदाम्यत्	दाम्यतु	दाम्येत्	दमिष्यति	दमिता
दह्	1 P.	焼く	दहति	अदहत्	दहतु	दहेत्	धक्ष्यति	दग्धा
दा/यच्छ	1 P.	与える	यच्छति	अयच्छत्	यच्छतु	यच्छेत	दास्यति	दाता
दा	3 P.	与える	ददाति	अददात्	ददातु	दद्यात्	दास्यति	दाता
दा	Atm.	授ける	दत्ते	अदत्त	दत्ताम्	ददीत	दास्यते	दाता
दिव्	4 P.	輝く	दीव्यति	अदीव्यत्	दीव्यतु	दीव्येत्	देविष्यति	देविता
दिश्	6 PA.	示す	दिशति	अदिशत्	दिशतु	दिशेत्	देक्ष्यति	देष्टा
दुष्	4 P.	堕落する	दुष्यति	अदुष्यत्	दुष्यतु	दुष्येत्	दोक्ष्यति	दोष्टा
दुह्	2 PA.	搾乳する	दोग्धि	अधोक्	दोग्धु	दुह्यात्	धोक्ष्यति	दोग्धा
दृश्	1 P.	見る	पश्यति	अपश्यत्	पश्यतु	पश्येत्	द्रक्ष्यति	द्रष्टा
द्रुह्	4 P.	傷つける	द्रुह्यति	अद्रुह्यत्	द्रुह्यतु	द्रुह्येत्	द्रोहिष्यति	द्रोहिता
द्विष्	2 P.A.	憎む	द्वेष्टि	अद्वेट्	द्वेष्टु	द्विष्यात्	द्वेक्ष्यति	द्वेष्टा
धा	3 PA.	置く	दधाति	अदधात्	दधातु	दध्यात्	धास्यति	धाता
धाव्	1 P.	洗う	धावति	अधावत्	धावतु	धावेत्	धाविष्यति	धाविता
धृ	1 PA.	保つ	घरति	अधरत्	धरतु	धरेत्	धरिष्यति	धर्ता
ध्यै	1 P.	考える	ध्यायति	अध्यायत्	ध्यायतु	ध्यायेत्	ध्यास्यति	ध्याता
नन्द्	1 P.	楽しむ	नन्दति	अनन्दत्	नन्दतु	नन्देत्	नन्दिष्यति	नन्दिता
नम्	1 P.	身を屈める	नमति	अनमत्	नमतु	नमेत्	नंस्यति	नन्ता

完了	祈願法	アオリスト	受動態	過去受動	継続分詞	未来受動.	不定詞	現在分詞
जज्ञौ	ज्ञेयात्	अज्ञासीत्	ज्ञायते	ज्ञात	ज्ञातव्य,ज्ञेय	ज्ञात्वा	ज्ञातुम्	जानन्
जज्ञे	ज्ञासीष्ट	अज्ञास्त	ज्ञायते	ज्ञात	ज्ञातव्य	ज्ञात्वा	ज्ञातुम्	जानन्
जज्वाल	ज्वल्यात्	अज्वालीत्	ज्वल्यते	ज्वलित	ज्वलितव्य	ज्वलित्वा	ज्वलितुम्	ज्वलन्
डिड्ये	डयिषीष्ट	अडयिष्ट	डीयते	डीन	डयितव्य	डयित्वा	डयितुम्	डीयमान
ततान	तन्यात्	अतानीत्	तन्यते	तत	तनितव्य	तनित्वा	तनितुम्	तन्वन्
तताप	तप्यात्	अताप्सीत्	तप्यते	तप्त	तप्तव्य	तप्त्वा	तप्तुम्	तपन्
तुतोद	तुद्यात्	अतौत्सीत्	तुद्यते	तुन्न	तोद्य	तुत्त्वा	तोत्तुम्	तुदन्
तुतोष	तुष्यात्	अतुषत्	तुष्यते	तुष्ट	तोष्य	तुष्ट्वा	तोष्टुम्	तुष्यन्
ततर्प	तृप्यात्	अतृपत्	तृप्यते	तृप्त	तर्पणीय	तृप्त्वा	तर्पितुम्	तृप्यन्
ततार	तीर्यात्	अतारीत्	तीर्यते	तीर्ण	तरणीय	तीर्त्वा	तरितुम्	तरन्
तत्याज	त्यज्यात्	अत्याक्षीत्	त्यज्यते	त्यक्त	त्याज्य	त्यक्त्वा	त्यक्तुम्	त्यजन्
तुत्रोट	त्रुट्यात्	अत्रुटीत्	त्रुट्यते	त्रुटित	त्रोटणीय	त्रुटित्वा	त्रोटितुम्	त्रुटन्
ददंश	दश्यात्	अदांक्षीत्	दश्यते	दष्ट	दंष्टव्य	दंष्ट्वा	दंष्टुम्	दशन्
दण्डयामास	दण्ड्यात्	अददण्डत्	दण्ड्यते	दण्डित	दण्डनीय	दण्डयित्वा	दण्डयितुम्	दण्डयन्
ददाम	दम्यात्	अदमत्	दम्यते	दान्त	दम्य	दमित्वा	दमितुम्	दाम्यन्
ददाह	दह्यात्	अधाक्षीत्	दह्यते	दग्ध	दाह्य	दग्ध्वा	दग्धुम्	दहन्
ददौ	देयात्	अदात्	दीयते	दत्त	देय	दत्त्वा	दातुम्	यच्छन्
ददौ	देयात्	अदात्	दीयते	दत्त	दातव्य	दत्त्वा	दातुम्	ददन्
ददे	दासीष्ट	अदित	दीयते	आत्त	देय	दत्त्वा	दातुम्	ददन्
दिदेव	दीव्यात्	अदेवीत्	दीव्यते	द्यूत	देवितव्यस	देवित्वा	देवितुम्	दीवयन्
दिदेश	दिश्यात्	अदिक्षत्	दिश्यते	दिष्ट	देश्य	दिष्ट्वा	देष्टुम्	दिशन्
दुदोष	दुष्यात्	अदुषत्	दुष्यते	दुष्ट	दूष्य	दुष्ट्वा	दोष्टुम्	दूषन्
दुदोह	दुह्यात्	अधुक्षत्	दुह्यते	दुग्ध	दोग्धव्य	दुग्ध्वा	दोग्धुम्	दुहन्
ददर्श	दृश्यात्	अद्राक्षीत्	दृश्यते	दृष्ट	द्रष्टव्य	दृष्ट्वा	द्रष्टुम्	पश्यन्
दुद्रोह	द्रुह्यात्	अद्रुहत्	द्रुह्यते	द्रुग्ध	द्रुह्य	द्रुग्ध्वा	द्रोग्धुम्	द्रुह्यन्
दिद्वेष	द्विष्यात्	अद्विक्षत्	द्विष्यते	द्विष्ट	द्वेष्य	द्विष्ट्वा	द्वेष्टुम्	द्विषन्
दधौ	धेयात्	अधात्	धीयते	हित	धातव्य	हित्वा	धातुम्	दधत्
दधाव	धाव्यात्	अधावीत्	धाव्यते	धावित	धावितव्य	धावित्वा	धावितुम्	धावन्
दधार	ध्रियात्	अधार्षीत्	ध्रियते	धृत	धरणीय	धृत्वा	धर्तुम्	धरन्
दध्यौ	ध्यायात्	अध्यासीत्	ध्यायते	ध्यात	ध्येय,ध्यातव्य	ध्यात्वा	ध्यातुम्	ध्यायन्
ननन्द	नन्द्यात्	अनन्दीत्	नन्द्यते	नन्दित	नन्दनीय, नन्द्य	नन्दित्वा	नन्दितुम्	नन्दन्
ननाम	नम्यात्	अनंसीत्	नम्यते	नत	नमनीय, नम्य	नत्वा	नन्तुम्	नमन्

語根	部類	意味	現在	過去	命令法	願望法	単純未来	複合未来
नश्	4 P.	滅する	नश्यति	अनश्यत्	नश्यतु	नश्येत्	नशिष्यति	नशिता
निन्द्	1 P.	非難する	निन्दति	अनिन्दत्	निन्दन्तु	निन्देत्	निन्दिष्यति	निन्दिता
नी	1PA	導く,運ぶ	नयति	अनयत्	नयतु	नयेत्	नेष्यति	नेता
नृत्	4 P.	踊る	नृत्यति	अनृत्यत्	नृत्यतु	नृत्येत्	नर्तिष्यति	नर्तिता
पच्	1 PA.	調理する	पचति	अपचत्	पचतु	पचेत्	पचिष्यति	पक्ता
पठ्	1 P.	読む	पठति	अपठत्	पठतु	पठेत्	पठिष्यति	पठिता
पत्	1 P	落ちる	पतति	अपतत्	पततु	पतेत्	पतिष्यति	पतिता
पद्	4 A.	行く	पद्यते	अपद्यत	पद्यताम्	पद्येत	पत्स्यते	पत्ता
पा i	1 P.	飲む	पिबति	अपिबत्	पिबताम्	पिबेत्	पास्यति	पाता
पा ii	2 P.	保護する	पाति	अपात्	पातु	पायात्	पास्यति	पाता
पीड्	10 P.	苦しめる	पीडयति	अपीडयत्	पीडयतु	पीडयेत्	पीडयिष्यति	पीडयिता
पुष	4 P.	養育する	पुष्यति	अपुष्यत्	पुष्यतु	पुष्येत्	पोक्ष्यति	पोष्टा
पूज्	10 PA.	尊敬する	पूजयति	अपूजयत्	पूजयतु	पूजयेत्	पूजयिष्यति	पूजयिता
प्रच्छ्	6 P.	問う	पृच्छति	अपृच्छत्	पृच्छतु	पृच्छेत्	प्रक्ष्यति	प्रष्टा
फल्	1 P.	実がなる	फलति	अफलत्	फलतु	फलेत्	फलिष्यति	फलिता
बन्ध्	9 P.	束縛する	बध्नाति	अबध्नात्	बध्नातु	बध्नीयात्	भन्त्स्यति	बन्द्धा
बाध्	1 A.	苦しめる	बाधते	अबाधत	बाधताम्	बाधेत	बाधिष्यते	बाधिता
बुध्	1 PA.	理解する	बोधति	अबोधत्	बोधतु	बोधेत्	बोधिष्यति	बोधिता
ब्रू	2 PA.	話す	ब्रवीति	अब्रवीत्	ब्रवीतु	ब्रूयात्	वक्ष्यति	वक्ता
	Atm.	"	ब्रूते	अब्रूत	ब्रूताम्	ब्रुवीत	वक्ष्यते	वक्ता
भक्ष्	10 P.	食べる	भक्षयति	अभक्षयत्	भक्षयतु	भक्षयेत्	भक्षयिष्यति	भक्षयिता
भज्	1 PA.	没頭する	भजति	अभजत्	भजतु	भजेत्	भक्ष्यति	भक्ता
भंज्	7 P.	壊す	भनक्ति	अभनक्	भनक्तु	भंज्यात्	भंक्ष्यति	भंक्ता
भाष्	1 A.	話す	भाषते	अभाषत	भाषताम्	भाषेत	भाषिष्यते	भाषिता
भास्	1 A.	輝く	भासते	अभासत	भासताम्	भासेत	भासिष्यते	भासिता
भिद्	7 PA.	壊す	भिनत्ति	अभिनत्	भिनत्तु	भिन्द्यात्	भेत्स्यति	भेत्ता
भी	2 P.	怖がる	बिभेति	अबिभेत्	बिभेतु	बिभीयात्	भेष्यति	भेता
भुज्	7 P.	喜ぶ	भुनक्ति	अभुनक्	भुनक्तु	भुंज्यात्	भोक्ष्यति	भोक्ता
	Atm.	食べる	भुङ्क्ते	अभुङ्क्त	भुङ्क्ताम्	भुंजीत	भोक्ष्यते	भोक्ता
भू	1 P.	成る	भवति	अभवत्	भवतु	भवेत्	भविष्यति	भविता
भूष्	10 PA.	飾る	भूषयति	अभूषयत्	भूषयतु	भूषयेत्	भूषयिष्यति	भूषयिता
भृ	3 P.	死ぬ	बिभर्ति	अबिभः	बिभर्तु	बिभृयात्	भरिष्यति	भर्ता

完了	祈願法	アオリスト	受動態	過去受動	継続分詞	未来受動	不定詞	現在分詞
ननाश	नश्यात्	अनशत्	नश्यते	नष्ट	नशित्वा	नाश्य	नाशितुम्	नश्यन्
निनिन्द	निन्द्यात्	अनिन्दीत्	निन्द्यते	निन्दित	निन्दित्वा	निन्दनीय	निन्दितुम्	निन्दन्
निनाय	नीयात्	अनैषीत्	नीयते	नीत	नीत्वा	नेय	नेतुम्	नयन्
ननर्त	नृत्यात्	अनर्तीत्	नृत्यते	नृत्त	नर्तित्वा	नृत्य	नर्तितुम्	नृत्यन्
पपाच	पच्यात्	अपाक्षीत्	पच्यते	पक्व	पक्त्वा	पक्तव्य	पक्तुम्	पचन्
पपाठ	पठ्यात्	अपाठीत्	पठ्यते	पठित	पठित्वा	पठनीय	पठितुम्	पठन्
पपात	पत्यात्	अपप्तत्	पत्यते	पतित	पतित्वा	पतनीय	पतितुम्	पतन्
पेदे	पत्सीष्ट	अपादि	पद्यते	पन्न	पत्त्वा	पाद्य	पत्तुम्	पद्यमान
पपौ	पेयात्	अपात्	पीयते	पीत	पीत्वा	पेय	पातुम्	पिबन्
पपौ	पायात्	अपासीत्	पायते	पा;लिद्धत	पा;लिद्धत्वा	पालनीय	पातुम्	पायन्
पीडयामास	पीड्यात्	अपिपीडत्	पीड्यते	पीडित	पीडयित्वा	पीडनीय	पीडितुम्	पीडयन्
पुपोष	पुष्यात्	अपुषत्	पुष्यते	पुष्ट	पुष्ट्वा	पोष्य	पोष्टुम्	पुष्यन्
पूजयामास	पूज्यात्	अपूपुजत्	पूज्यते	पूजित	पूजयित्वा	पूज्य	पूजयितुम्	पूजयन्
पप्रच्छ	पृच्छ्यात्	अप्राक्षीत्	पृच्छ्यते	पृष्ट	पृष्ट्वा	प्रष्टव्य	प्रष्टुम्	पृच्छन्
पफाल	फल्यात्	अफालीत्	फल्यते	फलित	फलित्वा	फलनीय	फलितुम्	फलन्
बबन्ध	बध्यात्	अभान्त्सीत्	बध्यते	बद्‌ध	बद्‌ध्वा	बन्धनीय	बन्द्‌धुम्	बध्नन्
बबाधे	बाधिषीष्ट	अबाधिष्ट	बाध्यते	बाधित	बाधित्वा	बाधनीय	बाधितुम्	बाधमान
बुबोध	बुध्यात्	अबुधत्	बुध्यत	बुद्‌ध	बोधित्वा	बोधितव्य	बोधितुम्	बोधन्
उवाच	उच्यात्	अवोचत्	उच्यते	उक्त	उक्त्वा	वचनीय	वक्तुम्	ब्रुवन्
ऊचे	वक्षीष्ट	अवोचत	उच्यते	उक्त	उक्त्वा	वचनीय	वक्तुम्	ब्रुवाण
भक्षयामास	भक्ष्यात्	अबभक्षत्	भक्ष्यते	भक्षित	भक्षयित्वा	भक्षितव्य	भक्षयितुम्	भक्षयन्
बभाज	भज्यात्	अभाक्षीत्	भज्यते	षीष्ट	भक्त्वा	भजनीय	भक्तुम्	भजन्
बभंज	भज्यात्	अभांक्षीत्	भज्यते	भग्न	भ;ङ्द्धक्त्वा	भंजनीय	भङ्क्तुम्	भंजन्
बभाषे	भाषिषीष्ट	अभाषिष्ट	भाष्यते	भाषित	भाषित्वा	भाषणीय	भाषितुम्	भाषमाण
बभासे	भासिषीष्ट	अभासिष्ट	भास्यते	भासित	भासित्वा	भासितव्य	भासितुम्	भासमान
बिभेद	भिद्यात्	अभिदत्	भिद्यते	भिन्न	भित्त्वा	भेत्तव्य	भेत्तुम्	भिन्दन्
बिभाय	भीयात्	अभैषीत्	भीयते	भीत	भीत्वा	भेतव्य	भेतुम्	बिभ्यत्
बुभोज	भुज्यात्	अभौक्षीत्	भुज्यते	भुक्त	भु;ङ्द्धक्त्वा	भोक्तव्य	भोक्तुम्	भुञ्जन्
बुभुजे	भुक्षीष्ट	अभुक्त	भुज्यते	भुक्त	भुक्त्वा	भोज्य	भोक्तुम्	भुञ्जान
बभूव	भूयात्	अभूत्	भूयते	भूत	भूत्वा	भवितव्य	भवितुम्	भवन्
भूषयामास	भूष्यात्	अबुभूषत्	भूष्यते	भूषित	भूषयित्वा	भूषितव्य	भूषयितुम्	भूषयन्
बभार	भ्रियात्	अभार्षीत्	भ्रियते	भृत	भृत्वा	भरणीय	भर्तुम्	बिभ्रन्

語根	部類	意味	現在	過去	命令法	願望法	単純未来	複合未来
भ्रंश्	1 A.	落ちる	भ्रंशते	अभ्रंशत	भ्रंशताम्	भ्रंशेत	भ्रंशिष्यते	भ्रंशिता
भ्रम्	1 P.	歩き回る	भ्रमति	अभ्रमत्	भ्रमतु	भ्रमेत्	भ्रमिष्यति	भ्रमिता
भ्रम्	4 P.	"	भ्राम्यति	अभ्राम्यत्	भ्राम्यतु	भ्राम्येत्	भ्रमिष्यति	भ्रमिता
मन्	4 A.	考える	मन्यते	अमन्यत	मन्यताम्	मन्येत	मंस्यते	मन्ता
मन्थ्	9 P.	かき回す	मथ्नाति	अमथ्नात्	मथ्नातु	मथ्नीयात्	मन्थिष्यति	मन्थिता
मा	3 A.	測る	मिमीते	अमिमीत	मिमिताम्	मिमीत	मास्यते	माता
मार्ज्	10 PA.	清浄にする	मार्जयति	अमार्जयत्	मार्जयतु	मार्जयेत्	मार्जयिष्यति	मार्जयिता
मिल्	6 PA.	会う	मिलति	अमिलत्	मिलतु	मिलेत्	मिलिष्यति	मेलिता
मुच्	6 PA.	開放する	मुंचति	अमुंचत्	मुंचतु	मुंचेत्	मोक्ष्यति	मोक्ता
मुद्	1 A.	喜ぶ	मोदते	अमोदत	मोदताम्	मोदेत	मोदिष्यते	मोदिता
मुह्	4 P.	当惑する	मुह्यति	अमुह्यत्	मुह्यतु	मुह्येत्	मोहिष्यति	मोहिता
मृ	6 A.	死ぬ	म्रियते	अम्रियत	म्रियताम्	म्रियेत	मरिष्यति	मर्ता
यज्	1 PA.	犠牲にする	यजति	अयजत्	यजतु	यजेत्	यक्ष्यति	यष्टा
यत्	1 A.	努力する	यतते	अयतत	यतताम्	यतेत	यतिष्यते	यतिता
या	2 P.	行く	याति	अयात्	यातु	यायात्	यास्यति	याता
याच्	1 PA.	懇願する	याचते	अयाचत	याचताम्	याचेत	याचिष्यते	याचिता
युज्	7 PA.	繋ぐ	युनक्ति	अयुनक्	युनक्तु	युंज्यात्	योक्ष्यति	योक्ता
युध्	4 A.	戦う	युध्यते	अयुध्यत	युध्यताम्	युध्येत	योत्स्यते	योद्धा
रक्ष्	1 P.	保護する	रक्षति	अरक्षत्	रक्षतु	रक्षेत्	रक्षिष्यति	रक्षिता
रच्	10 PA.	作る	रचयति	अरचयत्	रचयतु	रचयेत्	रचयिष्यति	रचयिता
रंज्	4 PA.	愛着する	रज्यति	अरज्यत्	रज्यतु	रज्येत्	रङ्क्ष्यति	रङ्क्ता
रभ्-आ	1 A.	始まる	रभते	अरभत	रभताम्	रभेत	रप्स्यते	रब्धा
रम्	1 A.	楽しむ	रमते	अरमत	रमताम्	रमेत	रंस्यते	रन्ता
राज्	1 PA.	輝く	राजते	अराजत	राजताम	राजेत	राजिष्यते	राजिता
रुच्	1 A.	気に入る	रोचते	अरोचत	रोचताम्	रोचेत	रोचिष्यते	रोचिता
रुद्	2 P.	泣く	रोदिति	अरोदीत्	रोदितु	रुद्यात्	रोदिष्यति	रोदिता
रुध्	7 PA.	抑制する	रुणद्धि	अरुणत्	रुणद्धु	रुन्ध्यात्	रोत्स्यति	रोद्धा
रुह्	1 P.	繁茂する	रोहति	अरोहत्	रोहतु	रोहेत्	रोक्ष्यति	रोढा
लभ्	1 A.	獲得する	लभते	अलभत	लभताम्	लभेत	लप्स्यते	लब्धा
लम्ब्	1 A.	垂れ下がる	लम्बते	अलम्बत	लम्बताम्	लम्बेत	लम्बिष्यते	लम्बिता
लिख्	6 P.	書く	लिखति	अलिखत्	लिखतु	लिखेत्	लेखिष्यति	लेखिता
लिप्	6 PA.	塗りつける	लिम्पति	अलिम्पत्	लिम्पतु	लिम्पेत्	लेप्स्यति	लेप्ता

完了	祈願法.	アオリスト	受動態	過去受動	継続分詞	未来受動	不定詞	現在分詞
बभ्रंशे	भ्रंशिषीष्ट	अभ्रंशिष्ट	भ्रश्यते	भ्रष्ट	भ्रशित्वा	भ्रशितव्य	भ्रंशितुम्	भ्रंशमान
बभ्राम	भ्रम्यात्	अभ्रमीत्	भ्रम्यते	भ्रान्त	भ्रान्त्वा	भ्रमणीय	भ्रान्तुम्	भ्रमन्
बभ्राम	भ्रम्यात्	अभ्रमीत्	भ्रम्यते	भ्रान्त	भ्रान्त्वा	भ्रमणीय	भ्रान्तुम्	भ्राम्यन्
मेने	मंसीष्ट	अमंस्त	मन्यते	मत	मत्त्वा	मननीय	मंतुम्	मन्यमान
ममन्थ	मथ्यात	अमन्थीत्	मथ्यते	मथित	मन्थित्वा	मन्थनीय	मन्थितुम्	मथ्नन्
ममे	मोसीष्ट	अमास्त	मीयते	मित	मित्वा	मातव्य	मातुम्	मिमान
मार्जयामा	मार्ज्यात्	अममार्जत्	मार्ज्यते	मार्जित	मार्जयित्वा	मार्जनीय	मार्जयितुम्	मार्जयन्
मिमेल	मिल्यात्	अमेलीत्	मिल्यते	मिलित	मिलित्वा	मेलनीय	मेलितुम्	मिलन्
मुमोच	मुच्यात्	अमुचत्	मुच्यते	मुक्त	मुक्त्वा	मोचनीय	मोक्तुम्	मुंचन्
मुमुदे	मोदिषीष्ट	अमोदिष्ट	मुद्यते	मुदित	मुदित्वा	मोदनीय	मोदतुम्	मोदमान
मुमोह	मुह्यात्	अमुहत्	मुह्यते	मुग्ध	मोहित्वा	मोहनीय	मोहितुम्	मुह्यन्
ममार	मृषीष्ट	अमृत	म्रियते	मृत	मृत्वा	मरणीय	मर्तुम्	म्रियमाण
इयाज	इज्यात्	अयाक्षीत्	इज्यते	इष्ट	इष्ट्वा	यजनीय	यष्टुम्	यजमान’
येते	यतिषीष्ट	अयतिष्ट	यत्यते	यतित	यतित्वा	यतनीय	यतितुम्	यतमान
ययौ	यायात्	अयासीत्	यायते	यात	यात्वा	यातव्य	यातुम्	यापन्
ययाचे	याचिषीष्ट	अयाचिष्ट	याच्यते	याचित	याचित्वा	याचितव्य	याचितुम्	याचमान
युयोज	युज्यात्	अयुजत्	युज्यते	युक्त	युक्त्वा	योक्तव्य	योक्तुम्	युंजन्
युयुधे	युत्सीष्ट	अयुद्ध	युध्यते	युद्ध	युद्ध्वा	योद्धव्य	योद्धुम्	युद्ध्यमान्
ररक्ष	रक्ष्यात्	अरक्षीत्	रक्ष्यते	रक्षित	रक्षित्वा	रक्षणीय	रक्षितुम्	रक्षन्
रचयामा	रच्यात्	अररचत्	रच्यते	रचित	रचयित्वा	रचनीय	रचयितुम्	रचयन्
ररंज	रज्यात्	अरज्यत्	रज्यते	रक्त	रङ्क्त्वा	रंजनीय	रङ्क्तुम्	रज्यन्
रेभे	रप्सीष्ट	अरब्ध	रभ्यते	रब्ध	रब्ध्वा	रभनीय	रब्धुम्	रभमाण
रेमे	रंसीष्ट	अरंस्त	रम्यते	रत	रंत्वा	रमणीय	रन्तुम्	रममाण
रेजे	राजिषीष्ट	अराजिष्ट	राज्यते	राजित	राजित्वा	(वि)राज्य	राजितुम्	राजमान
रुरुचे	रोचिषीष्ट	अरोचिष्ट	रुच्यते	रुचित	रुचित्वा	रोचनीय	रोचितुम्	रोचमान
रुरोद	रुद्यात्	अरुदत्	रुद्यते	रुदित	रुदित्वा	रोदितव्य	रोदितुम्	रुदन्
रुरोध	रुध्यात्	अरुधत्	रुध्यते	रुद्ध	रुद्ध्वा	रोद्धव्य	रोद्धुम्	रुन्धन्
रुरोह	रुह्यात्	अरुहत्	रुह्यते	रूढ	रुध्द्वा	रोहणीय	रोढुम्	रोहन्
लेभे	लप्सीष्ट	अलब्ध	लभ्यते	लब्ध	लब्ध्वा	लभ्य	लब्धुम्	लभमान
ललम्बे	लम्बिषीष्ट	अलम्बिष्ट	लम्ब्यते	लम्बित	लम्बित्वा	लम्बनीय	लम्बितुम्	लम्बमान
लिलेख	लिख्यात्	अलेखीत्	लिख्यते	लिखित	लिखित्वा	लेखनीय	लेखितुम्	लिखन्
लिलेप	लिप्यात्	अलिपत्	लिप्यते	लिप्त	लिप्त्वा	लेप्य	लेप्तुम्	लिम्पन्

語根	部類	意味	現在	過去	命令法	願望法	単純未来	複合未来
लुप्	4 P.	消滅する	लुप्यति	अलुप्यत्	लुप्यतु	लुप्येत्	लोपिष्यति	लोपिता
लुभ्	4 P.	切望する	लुभ्यति	अलुभ्यत्	लुभ्यतु	लुभ्येत्	लोभिष्यति	लोभिता
वच्	2 P.	話す	वक्ति	अवचत्	वक्तु	वोचेत्	वक्ष्यति	वक्ता
वद्	1 P.	語る	वदति	अवदत्	वदतु	वदेत्	वदिष्यति	वदिता
वन्द्	1 A.	挨拶する	वन्दते	अवन्दत	वन्दताम्	वन्देत	वन्दिष्यते	वन्दिता
वस्	1 P.	住む	वसति	अवसत्	वसतु	वसेत्	वत्स्यति	वस्ता
वह्	1 P.	運ぶ	वहति	अवहत्	वहतु	वहेत्	वक्ष्यति	वोढा
वांछ्	1 P.	願望する	वांछति	अवांछत्	वांछतु	वांछेत्	वांछिष्यति	वांछिता
विद् i	2 P.	知る	वेत्ति	अवेत्	वेत्तु	विद्यात्	वेदिष्यति	वेदिता
विद् ii	6 P	見つける	विन्दति	अविन्दत्	विन्दतु	विन्देत्	वेदिष्यति	वेदिता
विश् (प्र)	6 P.	入る	विशति	अविशत्	विशतु	विशेत्	वेक्ष्यति	वेष्टा
वृ i	5 P.	選ぶ	वृणोति	अवृणोत्	वृणोतु	वृणुयात्	वरिष्यति	वरिता
वृ ii	10 PA.	阻む	वारयति	अवारयत्	वारयतु	वारयेत्	वारयिष्यति	वारयिता
वृज्	10 PA.	避ける	वर्जयति	अवर्जयत्	वर्जयतु	वर्जयेत्	वर्जयिष्यति	वर्जयिता
वृत्	1 A.	存在する	वर्तते	अवर्तत	वर्तताम्	वर्तेत्	वर्तिष्यते	वर्तिता
वृध्	1 A.	生育する	वर्धते	अवर्धत	वर्धताम्	वर्धेत	वर्धिष्यते	वर्धिता
वृष्	1 P.	雨が降る	वर्षति	अवर्षत्	वर्षतु	वर्षेत्	वर्षिष्यति	वर्षिता
व्यथ्	1 A.	蒙る	व्यथते	अव्यथत	व्यथताम्	व्यथेत	व्यथिष्यते	व्यथिता
व्यध्	4 P.	貫く	विध्यति	अविध्यत्	विध्यतु	विध्येत्	व्यत्स्यति	व्यद्धा
शंस्	1 P.	称賛する	शंसति	अशंसत्	शंसतु	शंसेत्	शंसिष्यति	शंसिता
शक्	5 P.	出来る	शक्नोति	अशक्नोत्	शक्नोतु	शक्नुयात्	शक्ष्यति	शक्ता
शम्	4 P.	鎮まる	शाम्यति	अशाम्यत्	शाम्यतु	शाम्येत्	शमिष्यति	शमिता
शिक्ष्	1 A.	学ぶ	शिक्षते	अशिक्षत	शिक्षताम्	शिक्षेत	शिक्षिष्यते	शिक्षिता
शिक्ष्	10 P.	教える	शिक्षयति	अशिक्षयत	शिक्षयतु	शिक्षयेत्	शिक्षयिष्यति	शिक्षयिता
शी	2 A.	眠る	शेते	अशेत	शेताम्	शयीत	शयिष्यते	शयिता
शुच्	1 P.	嘆き悲しむ	शोचति	अशोचत्	शोचतु	शोचेत्	शोचिष्यति	शोचिता
शुभ्	1 A.	きらめく	शोभते	अशोभत	शोभताम्	शोभेत	शोभिष्यते	शोभिता
शुष्	4 P.	枯渇する	शुष्यति	अशुष्यत्	शुष्यतु	शुष्येत्	शोक्ष्यति	शोष्टा
श्रम्	4 P.	疲れる	श्राम्यति	अश्राम्यत्	श्राम्यतु	श्राम्येत्	श्रमिष्यति	श्रमिता
श्रु	5 P.	聞く	शृणोति	अशृणोत्	शृणोतु	शृणुयात्	श्रोष्यति	श्रोता
श्वस्	2 P.	呼吸する	श्वसिति	अश्वसीत्	श्वसितु	श्वस्यात्	श्वसिष्यति	श्वसिता
सह्	1 A.	我慢する	सहते	असहत	सहताम्	सहेत	सहिष्यते	सोढा

完了	祈願法	アオリスト	受動態	過去受動	継続分詞	未来受動	不定詞	現在分詞
लुलोप	लुप्यात्	अलुपत्	लुप्यते	लुप्त	लुप्त्वा	लोप्य	लोप्तुम्	लुप्यन्
लुलोभ	लुभ्यात्	अलोभीत्	लुभ्यते	लुब्ध	लुब्ध्वा	लोभ्य	लोब्धुम्	लुभ्यन्
उवाच	उच्यात्	अवोचत्	उच्यते	उक्त	उक्त्वा	वाच्य	वक्तुम्	वचन्
उवाद	उद्यात्	अवादीत्	उद्यते	उदित	उदित्वा	वदितव्य	वदितुम्	वदन्
ववन्दे	वन्दिषीष्ट	अवन्दिष्ट	वन्द्यते	वन्दित	वन्दित्वा	वन्दनीय	वन्दितुम्	वन्दमान
उवास	उष्यात्	अवात्सीत्	उष्यते	उषित	उषित्वा	वस्तव्य	वस्तुम्	वसन्
उवाह	उह्यात्	अवाक्षीत्	उह्यते	ऊढ	ऊढ्वा	वाह्य	वोढुम्	वहन्
ववांछ	वांछ्यात्	अवांछीत्	वांछ्यते	वांछित	वांछित्वा	वांछनीय	वांछितुम्	वांछन्
विवेद	विद्यात्	अवेदीत्	विद्यते	विदित	विदित्वा	वेद्य	वेदितुम्	विदन्
विवेद	विद्यात्	अविदत्	विद्यते	विदित	विदित्वा	वेतव्य	वेत्तुम्	विन्दन्
विवेश	विश्यात्	अविक्षत्	विश्यते	विष्ट	विष्ट्वा	वेश्य	वेष्टुम्	विशन्
ववार	व्रियात्	अवारीत्	व्रियते	वृत	वृत्वा	वरणीय	वरितुम्	वृण्वन्
वारयामास	वार्यात्	अवीवरत्	वार्यते	वृत	वारयित्वा	वारणीय	वारयितुम्	वारयन्
वर्जयामास	वर्ज्यात्	अवीवृजत्	वर्ज्यते	वर्जित	वर्जयित्वा	वर्जनीय	वर्जयितुम्	वर्जयन्
ववृते	वर्तिषीष्ट	अवर्तिष्ट	वृत्यते	वृत्त	वर्तित्वा	वर्तितव्य	वर्तितुम्	वर्तमान
ववृधे	वर्धिषीष्ट	अवर्धिष्ट	वृध्यते	वृद्ध	वर्धित्वा	वर्धनीय	वर्धितुम्	वर्धमान
ववर्ष	वृष्यात्	अवर्षीत्	वृष्यते	वृष्ट	वृष्ट्वा	वर्षणीय	वर्षितुम्	वर्षन्
विव्यथे	व्यथिषीष्ट	अव्यथिष्ट	व्यथ्यते	व्यथित	व्यथित्वा	व्यथ्य	व्यथितुम्	व्यथन्
विव्याध	विध्यात्	अव्यात्सीत्	विध्यते	विद्ध	विद्ध्वा	वेध्य	वेद्धुम्	विध्यन्
शशंस	शंस्यात्	अशंसीत्	शस्यते	शंसित	शस्त्वा	शस्य	शंसितुम्	शंसन्
शशाक	शक्यात्	अशकत्	शक्यते	शक्त	शक्त्वा	शक्तव्य	शक्तुम्	शक्नुवन्
शशाम	शम्यात्	अशमत्	शम्यते	शान्त	शमित्वा	शमनीय	शमितुम्	शाम्यन्
शिशिक्षे	शिक्षिषीष्ट	अशिक्षिष्ट	शिक्ष्यते	शिक्षित	शिक्षित्वा	शिक्षणीय	शिक्षितुम्	शिक्षमाण
शिक्षयामास	शिक्ष्यात्	अशिशिक्षत्	शिक्ष्यते	शिक्षित	शिक्षयित्वा	शिक्षणीय	शिक्षयितुम्	शिक्षयन्
शिश्ये	शयिषीष्ट	अशयिष्ट	शय्यते	शयित	शयित्वा	शयनीय	शयितुम्	शयान
शुशोच	शुच्यात्	अशोचीत्	शुच्यते	शोचित	शोचित्वा	शोचनीय	शोचितुम्	शोचन्
शुशुभे	शोभिषीष्ट	अशोभिष्ट	शुभ्यते	शोभित	शोभित्वा	शोभनीय	शोभितुम्	शोभमान
शुशोष	शुष्यात्	अशुषत्	शुष्यते	शुष्क	शुष्ट्वा	शोष्य	शोष्टुम्	शुष्यन्
शश्राम	श्रम्यात्	अश्रमत्	श्रम्यते	श्रान्त	श्रान्त्वा	;विद्धश्राम	श्रान्तुम्	श्राम्यन्
शुश्राव	श्रूयात्	अश्रौषीत्	श्रूयते	श्रुत	श्रुत्वा	श्रोतव्य	श्रोतुम्	शृण्वन्
शश्वास	श्वस्यात्	अश्वसीत्	श्वस्यते	श्वसित	श्वसित्वा	श्वास्य	श्वसितुम्	श्वसन्
सेहे	सहिषीष्ट	असहिष्ट	सह्यते	सोढ	सोढ्वा	सह्य	सोढुम्	सहमान

Brief conjugation　動詞簡略活用表　左

語根	部類	意味	現在	過去	命令法	願望法	単純未来	複合未来.
सिच्	6 PA.	注ぐ	सिंचति	असिंचत्	सिंचतु	सिंचेत्	सेक्ष्यति	सेक्ता
सूच्	10 PA.	示唆する	सूचयति	असूचयत्	सूचयतु	सूचयेत्	सूचयिष्यति	सूचयिता
सृज्	6 P.	創造する	सृजति	असृजत्	सृजतु	सृजेत्	स्रक्ष्यति	स्रष्टा
सेव्	1 A.	世話する	सेवते	असेवत	सेवताम्	सेवेत	सेविष्यते	सेविता
स्था	1 P.	留まる	तिष्ठति	अतिष्ठत्	तिष्ठतु	तिष्ठेत्	स्थास्यति	स्थाता
स्ना	2 P.	沐浴する	स्नाति	अस्नात्	स्नातु	स्नायात्	स्नास्यति	स्नाता
स्निह्	4 PA.	愛する	स्निह्यति	अस्निह्यत्	स्निह्यतु	स्निह्येत्	स्नेहिष्यति	स्नेहिता
स्पर्ध्	1 A.	競争する	स्पर्धते	अस्पर्धत	स्पर्धताम्	स्पर्धेत	स्पर्धिष्यते	स्पर्धिता
स्पृश्	6 P.	触れる	स्पृशति	अस्पृशत्	स्पृशतु	स्पृशेत्	स्प्रक्ष्यति	स्प्रष्टा
स्मृ	1 P.	記憶する	स्मरति	अस्मरत्	स्मरतु	स्मरेत्	स्मरिष्यति	स्मर्ता
स्वप्	2 P.	眠る	स्वपिति	अस्वपीत्	स्वपितु	स्वप्यात्	स्वप्स्यति	स्वप्ता
हन्	2 P.	殺害する	हन्ति	अहन्	हन्तु	हन्यात्	हनिष्यति	हन्ता
हस्	1 P.	笑う	हसति	अहसत्	हसतु	हसेत्	हसिष्यति	हसिता
हा	3 P.	見捨てる	जहाति	अजहात्	जहातु	जह्यात्	हास्यति	हाता
हिंस्	7 P.	傷つける	हिनस्ति	अहिनत्	हिनस्तु	हिंस्यात्	हिंसिष्यति	हिंसिता
हु	2 P.	奉献する	जुहोति	अजुहोत्	जुहोतु	जुहुयात्	होष्यति	होता
हृ	1 P.	略奪する	हरति	अहरत्	हरतु	हरेत्	हरिष्यति	हर्ता

完了	祈願法	アオリスト	受動態	過去受動	継続分詞	未来受動	不定詞	現在分詞
सिषेच	सिच्यात्	असिचत्	सिच्यते	सिक्त	सिक्त्वा	सेच्य	सेक्तुम्	सिंचन्
सूचयामास	सूच्यात्	असूसुचत्	सूच्यते	सूचित	सूचयित्वा	सूचनीय	सूचयितुम्	सूचयन्
ससर्ज	सृज्यात्	अस्राक्षीत्	सृज्यते	सृष्ट	सृष्ट्वा	स्रष्टव्य	स्रष्टुम्	सृजन्
सिषेवे	सेविषीष्ट	असेविष्ट	सेव्यते	सेवित	सेवित्वा	सेव्य	सेवितुम्	सेवमान
तस्थौ	स्थेयात्	अस्थात्	स्थीयते	स्थित	स्थित्वा	स्थातव्य	स्थातुम्	तिष्ठन्
सस्नौ	स्नायात्	अस्नासीत्	स्नायते	स्नात	स्नात्वा	स्नेतिव्य	स्नातुम्	स्नानिन्
सिष्णेह	स्निह्यात्	अस्निहत्	स्निह्यते	स्निग्ध	स्निग्ध्वा	स्नेह्य	स्नेहितुम्	स्निह्यन्
पस्पर्धे	स्पर्धिषीष्ट	अस्पर्धिष्ट	स्पर्ध्यते	स्पर्धित	स्पर्धित्वा	स्पर्ध्य	स्पर्धितुम्	स्पर्धमान
पस्पर्श	स्पृश्यात्	अस्प्राक्षीत्	स्पृश्यते	स्पृष्ट	स्पृष्ट्वा	स्पृश्य	स्प्रष्टुम्	स्पृशन्
सस्मार	स्मर्यात्	अस्मार्षीत्	स्म्रियते	स्मृत	स्मृत्वा	स्मरणीय	स्मर्तुम्	स्मरन्
सुष्वाप	सुप्यात्	अस्वाप्सीत्	सुप्यते	सुप्त	सुप्त्वा	स्वप्तव्य	स्वप्तुम्	स्वपन्
जघान	वध्यात्	अवधीत्	हन्यते	हत	हत्वा	हन्तव्य	हन्तुम्	घ्नन्
जहास	हस्यात्	अहसीत्	हस्यते	हसित	हसित्वा	हसनीय	हसितुम्	हसन्
जहौ	हेयात्	अहासीत्	हीयते	हीन	हित्वा	हेयातव्य	हातुम्	जहन्
जिहिंस	हिंस्यात्	अहिंसीत्	हिंस्यते	हिंसित	हिंसित्वा	हिंस्य	हिंसितुम्	हिंसन्
जुहाव	हूयात्	अहौषीत्	हूयते	हुत	हुत्वा	होतव्य	होतुम्	जुह्वन्
जहार	ह्रियात्	अहार्षीत्	ह्रियते	हृत	हृत्वा	हरणीय	हर्तुम्	हरन्

SUBJECT INDEX
総合項目別索引

Adjective:形容詞
  decl., gender, case and number of 性、数、格による変化 4.4;
  decl. of उ-ending *adjs*. उ-で終わる形容詞の格変化 14.2;
  fem. of उ-ending *adjs*. उ-で終わる形容詞女性形格変化 14.2;
  adjs. declined like pronouns (पूर्व, उत्तर etc.)代名詞のような格変化をする形容詞 17.9;
  adj. compounds ending in आदि, आदि で終わる複合形容詞 11.4;
  decl. of cons.-ending *mas*. and *fem. adjs*.子音で終わる男性、女性形容詞の格変化 19.1-2, 19.5;
  decl. of cons.-ending neut. *adjs*. 子音で終わる中性形容詞の格変化 20.2.
  Adjs. like मदीय, मादृश, मादृक् 21.5
  Comparison of adjectives 形容詞の比較 29.2-3
  Formation of adjectives with secondary suffixes 接尾辞による二次的形容詞の作り方 32.6
Alphabet:アルファベット
  Vowels 母音 1.1-2;
  vowel marks 母音記号 1.4;
  Consonants: 子音 1.5-2.14,
  table of consonants 子音表 1.5; stops 閉鎖音 1.5, 1.6;
  simple 単純子音 1.7;
  ha and *visarga* 1.8,
  asp. unvoiced 無声帯気音 1.10,
  voiced unasp. 有声無気音 1.11,
  asp. voiced 有声帯気音 1.12,
  nasals 鼻音 1.13,
  semi-vowels 半母音 1.14,
  sibilants 歯擦音 1.14,
  consonants clusters: 子音結合 2.1, 2.8;
  nasals in consonants 子音中の鼻音 2.9, 2.12;
  soft consonants 軟子音 8.5b.
Anusvara: アヌスワーラ 3.7
Avagraha: アヴァグラハ 2.19
Cases: 格、
  Nom. 主格 3.2;
  Acc. 対格 5.3-4;
  Instr. 具格 7.2,
  Dat. 与格 7.3,
  Abl. 奪格 7.4,
  Gen. 属格 3.4,
  Loc. 所格 9-1,
  Loc. abs. 絶対所格 25.7
  Voc. 呼格 9-5
Compounds :複合語
  Tatpuruṣa タットプルシャ 26.5a
  Bahubrīhi バフブリーヒ 26.5b
  Avyayībhāva アヴヤイーバヴァ 27.5
  Dvandva ドワンドワ 32.2
  Karmadhāraya カルマダーラヤ 32.3a,
  Dvigu ドヴィグ 32.3b
  नञ् ナン compound 32.3c
Devanagari script :
  デーヴァナーガリー書体 1.3,1.5, 1.15-6, 2.1, 2.18;
  avagraha mark (ऽ)アヴァグラハ 2.19;

symbol ॐ オーム 2.20;
Dialogues: 会話 5.12, 7.10, 10.8, 12.9, 14.8, 18.6, 28.7,
Halanta mark:ハランタマーク 2.1
Indeclinables: 不変化詞
  of place 場所 4.9;
  of time 時間 6.12,
  of manner 仕方 32.9
  with suffix 語尾 तस् (त:)12.8;
  Particles: 不変化小辞
  च 4.7., चित् 12.1, स्म 12.4., मा 30.3
Infinitive तुम् :不定詞 17.1
Letters: 手紙 8.8, 20.7
Nouns general: 名詞一般 3.1;
  Declension of: 名詞格変化,
  अ-ending mas. and neut. nouns, and आ-ending fem. nouns, अ-で終わる男性と中性名詞の格変化、आ-で終わる女性名詞 9.4;
  इ-ending and उ-ending mas. nouns, इ-と उ-で終わる男性名詞 11.1;
  ई-ending and ऊ-ending fem. nouns ई- と ऊ -で終わる女性名詞 13.1;
  इ-ending and उ-ending fem. nouns, इ- と उ-で終わる女性名詞 13.2;
  इ-ending and उ-ending neut. nouns इ-と उ-で終わる中性名詞 14.1;
  ऋ-ending nouns, ऋ-で終わる名詞 18.1;
  consonant-ending mas. and fem. nouns 子音で終わる男性と女性名詞 19.1-2, 19.5;
  cons.-ending neut. nouns 子音で終わる中性名詞 20.1-2.
  irregular nouns धी, भू, स्त्री, लक्ष्मी, पति, सखि, गो 不規則名詞 22.1

Abstract nouns, formation of, 抽象名詞の作り方 27.6
Feminine nouns, formation of, 女性名詞の作り方 27.7
Numerals: 数詞
  cardinal numbers from 1 to 10, (1から 10)基数詞 14.3-4;
  ordinal numbers from 1 to 10, (1から 10) 序数詞 17.11;
  writing of 数詞の書き方 2.22.
  cardinal and ordinal numbers from 11 to 18 (11 から 18)基数詞
  Numbers from 19 to 100, and 1000 (19 から 100,1000)基数詞 24.6-8,
Participles: 分詞
  Continuitive Part. -त्वाध्य 絶対分詞 （ジェランド）16.7, 16.8;
  Pot. Pass. Part. तव्य, अनीय, य 18.5;
  Pass.Perf.Part.त 受動完了分詞 20.4;
  Act.Perf.Part. तवत् 能動完了分詞 20.5.
  Pres. Act. Part. 現在能動分詞 अत् 21.1, मान 21.2
  Pres. Pass. Part. मान 現在受動分詞 21.3
Prefixes 接頭辞 7.5. 24.2; 24.4; आविस्, तिरस्, अलम् 24.3
Prajñā-pāramitā hṛdaya sutra : 般若心経 pp.26-27, 第 36 課
Prātipadika :基本形 3.1.
Pronouns: 代名詞
  gender in pronouns 代名詞の性 3.11;
  full declensions of personal pronouns अस्मद्, युष्मद्, तद् 人称代名詞の全格変化 9.9;

एतद् 3.12, 9.7, 9.10;
सर्व, किम्, यत् 6.6,
भवत् 5-11,
dem. pron. इदम् 指示代名詞 11.6,
refl. pron. 再帰代名詞 स्व 11.9,
यत्, तत् in pairs 相関詞 6.11, 32.4
refl. स्वयम् 再帰代名詞 12.10,
पूर्व, अवर, उत्तर, अधर etc. declined like pronouns 代名詞的形容詞 17.9;
reflex.再帰代名詞 स्व 11.9.
decl. of एक, पर, अपर, विश्व, स्व 代名詞格変化 21.5
अदस् 24.9

Questions: 質問文
  yes-no type イエス、ノー形式 4.6;

Sandhi ： サンディ
  Nature of Sandhi サンディ特性 8.5;
  vowel sandhi:of similar vowels 母音サンディ 8.5a;
  गुण sandhi グナ・サンディ(अ, आ + इ, उ, ऋ, ॠ, ऌ,) 10.6①,
  वृद्धि sandhi (अ, आ + ए, ऐ, ओ, औ) ブリディ・サンディ 10.6②,
  (इ, ई, उ, ऊ + any dissimilar vowel それ以外の母音)14.7.
  ए, ऐ, ओ, औ + any vowel 23.5
  Visarga sandhi:ヴィサルガ・サンディ visarga + च, छ 22.3①,
  अ before visarga + soft consonant 軟子音 8.5b①;
  अ + visarga + अ 8.5b②;
  सः, एषः followed by visarga 8.5b③;
  visarga + च, छ, त्, थ्, ट्, ठ् 22.3①
  visarga after any volwel except अ and आ + any vowel or soft cons. अ,आ 以外の母音と軟子音が来る時のヴィサルガ 22.3②
  visarga after आ + any vowel or soft cons. आ +ヴィサルガ+母音又は軟子音 22.3③
  Consonant sandhi 子音サンディ
  म् followed by any vowel, म्の後に母音が続く場合 2.24;
  change of न् to ण्,の変化 3.3,
  Final म् + any consonant 3.7;
  change of स् into ष् の変化 9.2;
  न् + च्,छ्, त्,थ् 12.2.
  त group cons. + च group cons. 22.2①,
  hard cons. + any vowel or soft cons. 硬子音+ 母音又は軟子音 22.2②
  short vowel before न् + any vowel 短母音+ न् +母音 22.2③.

Stories and biographies :物語、寓話
  सिंह.शशकयोः कथा 獅子と兎の物語 12.5,
  लोभस्य फलं 貪欲の果実 15.8,
  चतुरः वानरः 賢い猿 16.10,
  दशमः त्वमसि 十番目はお前だ 17.12,
  भर्तृहरेः वैराग्यं バルトリハリの遁世 18.6
  सम्राट् अशोकः アショカ大王 19.6
  शठे शाठ्यं समाचरेत् 騙し屋には騙しで立向うべし 21.7
  मूर्खपण्डितानां कथा 愚かな学者の物語 22.6
  श्री रामकृष्ण シュリー・ラーマクリシュナの話 23.7
  शास्त्रदर्पः 聖典についての己惚れ 24.10
  कः देवः कः असुरः誰が神で、誰が悪魔か 25.8
  गङ्गदत्तप्रियदर्शनयोः कथा ガンガダ

ッタとプリヤダルシャナの物語 26.6
रामायणकथा ラーマーヤナの物語 29.1
महाभारतकथा マハーバーラタの物語 30.4-6
बुद्धचरितम् 仏陀の物語 33
नचिकेतसः कथा, याज्ञवल्क्य-मैत्रैयी कथा ナチケータの物語、ヤージャヴァルキャとマイレーイーの物語 37
शकुन्तला カーリダーサーのシャクンタラー 39

Time indicators: 時間表現
  days of week 曜日 17.6;
  words of time 時間の単語 17.7;
  indeclinables of time 時についての不変化辞 6.12.

Verbs: 動詞
  अस्, pres. tense (लट्) अस्現在時制 4.1;
  imperfect. (लङ्) 過去時制 11.7;
  imperative (लोट्) 命令法 15.3,
  all four conjugational tenses and moods ：4つの特別時制と法 27.3
  भू-(1st) class pres. tense (लट्) 第1類動詞現在時制 5.1-2, 5.6-7; 5.9, 6.8;
  दिव्-(4th) class pres. tense (लट्) 第4類動詞現在時制 8.1;
  तुद्.(6th) class pres. tense (लट्) 第6類動詞現在時制 10.;
  कृ pres. tense (लट्) 現在 8.3;
    imperfect (लङ्) 過去 11.8;
    imperative (लोट्) 命令 15.3;
  चुर्-(10th) class pres. tense (लट्) 第10類動詞現在時制 10.3;
  verbs of अ-group paras. अ-群動詞 paras. 10.5;
  imperfect (लङ्) 過去時制 11.7;

parasmaipada and *ātmanepada* 13.4;
ātm. present tense of अ-group अ-群動詞 *ātm.*現在 13.4;
*ātm.*imperfect (लङ्) *ātm.*過去 13.6;
*paras.*imperative (लोट्) of अ-group *paras.*命令法 15.1;
ātm. imperative (लोट्) of अ-group *ātm.*命令法 15.2;
paras. pot. mood (विधिलिङ्) of अ-group 願望法 15.5;
रुच् takes dative 与格が来る 13.4;
ātm. pot. mood (विधिलिङ्) of अ-group, *ātm.*願望法 15.6;
इ-group and non-इ-group of verbs इ-群と non-इ-群 16.2;
simple fut. and periphrastic fut. 単純未来と複合未来 16.1;
simple fut. 単純未来 16.3-5;
pass. voice 受動態 17.3-4;
impersonal pass.非人称受動態 18.4;
5th (सु) group) 第5類動詞 23.4-5
8th (तन्) group 第8類動詞 24.1
3rd (हु) group 第3類動詞 25.1-2
9th (क्री) group 第9類動詞 25.4-5
7th (रुध्) group 第7類動詞 26.1-2
2nd (अद्) group 第2類動詞 27.1-2
Perfect tense:完了時制 28.1-4
Periphrastic future:複合未来 28.5
Aorist tense:アオリスト 30.1-2
Conditional tense: 条件時制 31.1
Benedictive mood: 祈願法 31.2
Causative verbs: 使役動詞 31.3
Desiderative verbs:意欲動詞 32.7-8
Visarga: ヴィサルガ 1.8
Word-order in Sanskrit:サンスクリットの語順 6.3;

サンスクリットの辞書

1. サンダハン編著『基本梵英和辞典』（縮刷版）東方出版刊
   本書姉妹図書。初学者向け、本格的辞書に親しむ前の辞書。
   サンスクリットはデーヴァナーガリーとローマ字を併記
2. V.S.Apte:"*The Practical Sanskrit-English Dictionary*"（改訂増補版）臨川書店刊。定番の辞書、中辞典。ソフトカバー。
3. M. Monier Williams: "*The Sanskrit English Dictionary*"
   原典講読に絶対必要となる定番の大辞典。ハードカバー。
4. M. Monier Williams: "*The English Sanskrit Dictionary*"
   サンスクリットで文章を書く際に必要となる大辞典。
5. 『漢訳対照　梵和大辞典』（新訂版）鈴木学術財団編　山喜房佛書林　ローマ字でサンスクリット表記。最初の本格的梵和辞典。
6. 平岡昇修著（改訂版）『初心者のためのサンスクリット辞典』
   山喜房佛書林

サンスクリット辞書のアプリケーションソフト

上記 Apte と Monier の辞書に基づいた iPhone、iPad 等用辞書。
App Store のアプリ内で『Sanskrit Dictionary』と入力して検索。
アプリ名称『Academic　Room　Sanskrit-English　Dictionary
Sanskrit Dictionary based on Monier-Williams,Apte,and Sandic』

デーヴァナーガリー文字を入力するには「設定」アプリをタップして表示された「設定」のメインメニューから「一般」をタップ選択→表示された「一般」サブメニューから「キーボード」をタップ選択→「キーボード」のサブメニューからさらに「キーボード」をタップ選択→その下位「キーボード」サブメニューの中の「新しいキーボードを追加」をタップ選択。表示された言語の中から「ヒンディー語・デーヴァナーガリー文字」をタップ選択。するとキーボードに言語が追加される。
同時に文字入力キーボード中「地球」アイコンに「हिन्दि」の文字が表示される。
これを選択すると、デーヴァナーガリー文字が入力可能となる。

訳者あとがき

還暦間近になってから私はサンスクリット学習を志し、多くの同志の協力を得て、本格的なテキストの制作に関わり得たことに深い感慨を覚えている。そうした気持ちが芽生えたのは、八年前に旧知の悉曇梵字研究家の窪田成円女史から友人アニル・ヴィディヤランカール教授に、正しい梵語の発音指導の依頼があったからである。梵語発音指導会がサンスクリット学習塾に発展した。とはいえ、教科書作りがスムースに進んだ訳ではない。DOS/V 初期のパソコンではデーヴァナーガリーと日本語との混在が難しかったからである。本書で言えば第二十一課の内容が出来上った頃から、英語の Word データが日本語版 Windows の上でも共存可能となり、教科書作りが軌道に乗り始めた。

本書では原典に親しむことが最初から意図されているので、読者は自然な形でインド思想への理解を深めながらサンスクリットを学習してゆける。例えていえば、本書はインド哲学の神髄にいたるハイウエイである。それは著者が単なる語学や哲学の専門家ではなく、インド伝統の瞑想法にも習熟し、究極的真理を自ら体験しているからである。その片鱗は本書後半に出てくる般若心経、ダンマパダ、法華経、ギーター、ウパニッシャッド、ヴェーダの解釈の仕方に認められるであろう。

訳者は、20 歳台の後半、日露戦争直後からインドに 30 年間も滞在し、カルカッタ大学でサンスクリット、仏教史、密教の研究に従事する一方、26 年間も詩聖ダゴールに師事された立正大学名誉教授の木村日紀先生から、インド哲学や仏教の話しを親しく聞く機会を持った。その時に蒔かれた種がアニル教授との出会いを縁にして発芽し、まず、1999 年暮れに、基本梵英和辞典が、次いでこの度、本書が結実することになった。

本書の完成は、教授の尽力に加えて、同学同志の絶えざる支援に負うところが大きい。部内的資料が、立派な刊行図書として日の目をみることができたのは、ひとえに東方出版の板倉白雨氏の熱意のお陰である。特に、お力添えを頂いた方々の氏名は、著者の序言に特記されているが、その他ヨーガ関係者やさまざまな方々から有形無形の助力を頂いている。それら多数の方々に、訳者も心から謝意を表する。

今後、本システムでサンスクリットを習得した人々とも協力しながら、インターネットなどを積極的に活用し、サンスクリット学習に関する情報の交流をさらに活発に振興させていたいと考えている。

2001 年 10 月 30 日　　日本サンダハン主幹　中島 巖

改訂増補縮刷版の発行によせて

　初版の刊行から 14 年以上して、この度、改訂増補版を発行する機会に恵まれたことは、本書の真価が次第に認知され始めて来たことの証であると思う。こうした機会を与えてくれた東方出版の今東成人氏に心から感謝する。著者アニル・ヴィディヤンカール教授が、サンスクリット文献に自然に親しんで行けるような、文法に偏しない段階的サンスクリット学習法の構想を固めたのは 25 年以上前のことであるが、まずそれが日本で実現したことは我々にとって非常に有り難いことであった。近年、本講座のヒンディー語版が教授編集の雑誌に、連載されてはいるが、インドでは一巻の書物にはなっていない。英語版の出版見込みもまだ立っていない。こうした状況の中で日本語版のみ増補改訂版まで出せたことは本当に幸運なことである。

　これまで本書によりサンスクリットを学習してきたのは、ハタ・ヨーガを実修する壮年クラスの人々である。その多くはインドを旅行し、リシケシのヨーガ・アーシュラムでマントラ詠唱を耳にしてから、サンスクリットに興味を抱くようになった人々で、学習意欲が旺盛なため、そうした人々に本書はかなり役立ってきた。しかし、我々としては、もっと若い人々が本書の方法に従い、サンスクリットに親しむようになってくれることを期待している。若い人々なら壮年の人の数倍の速度でサンスクリットの神髄に触れることができるからである。本書はサンスクリットで書かれた古代インド文献への門戸を一般人のために開くことを最初から目指していた。第三十三課以降の原典講読のところの構成は必ずしも統一がとれていないが、それは般若心経、バガヴァッド・ギーター、ヴェーダ讃歌、等の主題で開かれたサンダハン・キャンプの雰囲気を残しているからである。

　我々は各種文献を文法的にしっかり理解しながら、一方でサンスクリットの詩句を朗々と読誦、詠唱することにも配慮している。我々の同志の間には、後進の人々に個別的な学習指導をしている人もが幾人かいるので、これからサンスクリットに挑戦しようとする方は、出版社を通じて日本サンダハンに問合せしてきてもらいたい。同志を介して、音声教材やワークブック情報にも触れることが出来るであろう。同学の士が周りにいれば、学習意欲もおのずから強まることであろう。日本におけるサンスクリット研究の機運を今後とも大いに盛り上げてゆきたいと思っている。

　今回の改訂増補を行うにあたり、様々な形で協力してくれた東日本地区の佐竹博之氏、川井貞子氏、柏木頼子氏、水野美和子氏ならびに西日本地区の真下尊吉氏、山本良子氏には、心から御礼申し上げる。

　　　　　　　　　2016 年 9 月 3 日　　　　　　日本サンダハン主幹　　中島 巖

Anil Vidyalankar　Ph.D.
1928 年インドに生れる。伝統的師弟教育機関グルクラカングリ 1950 年卒業。1950 年～1958 年アグラ大学大学院修了。言語学、哲学専攻。1961 年～1989 年インド連邦政府国立教育訓練所勤務、退官時人文・社会学研究部長。1965 年コロンビア大学教育学修士、1979 年デリー大学哲学博士。　1979 年～1981 年文部省教育研究所・ユネスコ共催「アジア地域の道徳教育研究」プロジェクト・統括議長として報告書作成。
主要著書
サンダハンの『基本梵英和辞典』1999 年共著中島巖・東方出版刊
『サンダハンの入門サンスクリット』2002 年共著中島・東方出版刊
『ギーター・サール』2005 年長谷川澄夫訳・東方出版刊

中島　巖　（法名翠巖）
1934 年横浜市に生れる。1956 年一橋大学経済学部卒、1959 年同大学院修士・社会学専攻。　1958 年 NHK 放送文化研究所・放送学研究室勤務、開発途上国のコミュニケーション研究に従事。パキスタン情報放送省、ブラジル文化省に勤務したことがある。1975 年 NHK 退職。柏市・豊受稲荷本宮代表。
訳書・共著
デュマズディエ著『余暇文明へ向かって』1972 年東京創元社刊
ゴーピ・クリシュナ著『クンダリニー』1980 年平河出版刊
共著　サンダハンの『基本梵英和辞典』1999 年東方出版刊
共著『サンダハンの入門サンスクリット』2002 年東方出版刊

日本サンダハン　suigan@22.catv-yokohama.ne.jp

入門サンスクリット　改訂・増補・縮刷版

2016年11月11日　初版第１刷発行

著　者　A. ヴィディヤランカール
　　　　中　島　　巖
発行者　稲　川　博　久
発行所　東　方　出　版㈱
〒543-0062　大阪市天王寺区逢阪2-3-2
TEL06-6779-9571　FAX06-6779-9573
装　幀　濱　崎　実　幸
印刷所　亜　細　亜　印　刷㈱

乱丁・落丁本はお取替え致します。　ISBN978-4-86249-272-2

ヨーガ・スートラ　パタンジャリ哲学の精髄　原典・全訳・注釈付
A・ヴィディヤーランカール著　中島巖編訳　3000円

基本梵英和辞典　縮刷版
B&A・ヴィディヤランカール／中島巖　8000円

ギーター・サール　バガヴァッドギーターの神髄　改訂新版・CD付
A・ヴィディヤーランカール著　長谷川澄夫訳　2800円

バガヴァッド・ギーター詳解
藤田晃　4500円

ヨーガ　幸福への12の鍵
スワミ・チダナンダ著／友永淳子訳　1600円

人間ガンディー　世界を変えた自己変革
E・イーシュワラン著／スタイナー紀美子訳　2000円

永遠の生命　死を超えて未知の国へ
E・イーシュワラン著／スタイナー紀美子訳　1500円

玄奘三蔵のシルクロード　インド編
安田暎胤著／安田順惠写真　1800円

＊表示の値段は消費税を含まない本体価格です。